Detlef Graf von Schwerin

»Dann sind's die besten Köpfe, die man henkt«

SERIE PIPER
Band 1953

Zu diesem Buch

Kurz nach dem Attentat vom 20. Juli 1944 war der Gestapo ein zentraler Fakt der Verschwörung aufgefallen: »Der Verschwörerkreis war durch vielfältige sippenmäßige, verwandtschaftliche, dienstliche und berufliche, gesellschaftliche und andere Bindungen und Beziehungen stärkstens verknüpft... Für die gesamte Planung spielten die persönlichen Bindungen... wesentlich mit.« Nachdem Detlef Schwerin, Sohn von Ulrich-Wilhelm Graf Schwerin, der an dem Attentat maßgeblich beteiligt war, diese Beobachtung bestätigt fand, schrieb er eine Gruppenbiographie, die es in dieser Art noch nicht gab. Sie zeigt, was diese Männer zusammenführte, die als Verwaltungsbeamte, Gutsbesitzer und Diplomaten einem Staat dienten, den sie schon früh als Unrechtsstaat erkannten.

Detlef Graf von Schwerin, geboren 1944. Dr. phil., ist Historiker. Nach mehreren Jahren im Entwicklungsdienst jetzt Polizeipräsident von Potsdam.

Detlef Graf von Schwerin

»Dann sind's die besten Köpfe, die man henkt«

Die junge Generation im deutschen Widerstand

Mit 20 Abbildungen

Piper
München Zürich

ISBN 3-492-11953-0
Neuausgabe Juni 1994
2. Auflage, 5.–10. Tausend Juni 1994
(1. Auflage, 1.–6. Tausend dieser Ausgabe)

Umschlag: Federico Luci
Foto: Bundesarchiv, Koblenz
Gesetzt aus der Aldus-Antiqua
Gesamtherstellung: Clausen & Bosse, Leck
Printed in Germany

Meinen Söhnen
Maximilian und Ulrich-Wilhelm

Inhaltsverzeichnis

Anhang

Einleitung

Wenige Tage nach dem fehlgeschlagenen Staatsstreichversuch vom 20. Juli 1944 war den Untersuchungsbeamten der Gestapo bereits ein ganz zentraler Punkt der personellen Zusammensetzung der Verschwörer aufgefallen. Im Bericht vom 29. Juli heißt es: »Der Verschwörerkreis war durch vielfältige sippenmäßige, verwandtschaftliche, dienstliche und berufliche, gesellschaftliche und andere Bindungen und Beziehungen stärkstens verknüpft... Für die gesamte Planung des Putsches (spielten) bis in den zivilen Bereich hinein die persönlichen Verbindungen, oft langjähriger Art, z. T. von den Vätern her Tradition geworden, wesentlich mit.«[1] Als ich begann, mich intensiver mit dem Lebensweg meines Vaters auseinanderzusetzen, stellte ich sehr bald die Richtigkeit dieser Beobachtung fest. Mir wurde deutlich, daß ich weder meinem Vater selbst noch den Situationen, in denen er sich befunden hatte, gerecht werden konnte, wenn ich mich ausschließlich seiner Person zuwandte. Aktiver Gegner des »Dritten Reiches« zu sein, sich gegen die Überzeugung der überwältigenden Mehrheit der deutschen Bevölkerung zu stellen, konnte offenbar nur durchstehen, wer mit seinen Ansichten Rückhalt bei Freunden, bei einer Gruppe fand.

Diese Einsicht veranlaßte mich, das Vorhaben einer Lebensbeschreibung meines Vaters auszudehnen auf eine Gruppenbiographie: Die fünf Männer, die ich neben meinem Vater beschreibe und die ebenfalls dem Widerstand angehörten, waren mit meinem Vater langjährig verbunden. Es sind somit subjektive Gesichtspunkte, nämlich die der Freundschaft mit meinem Vater, die mich zu Eduard Brücklmeier, Albrecht Kessel, Fritz-Dietlof Schulenburg, Botho Wussow und Peter Yorck führten. Ginge man von einem anderen der Männer, beispielsweise von Peter Yorck aus, würde sich die Gruppe mit einigen Überschneidungen etwas anders ausnehmen, vielleicht so: Eugen Gerstenmaier, Albrecht Kessel, Helmuth Moltke, Fritz-Dietlof Schulenburg, Adam Trott.

Immer wieder ergaben sich natürlich auch Modifikationen in der Intensität der Beziehungen der Gruppenmitglieder untereinander. Nicht nur der Gestapo, sondern auch den Hinterbliebenen bereitete die Zuordnung zu einzelnen Gruppierungen Schwierigkeiten. Ein bekanntes Beispiel sind die Kreisauer um Peter Yorck und Helmuth Moltke, deren Zuordnung sogar noch relativ klaren Kriterien unterliegt.[2]

Ein gruppenbiographischer Ansatz, wie ich ihn hier vorlege, scheint besser als die Einzelbiographie geeignet, »das Spannungsverhältnis zwischen Anpassung, Teilanpassung, Kooperation, Teilwiderstand und Konspiration in nachvollziehbarer, nicht also allein postulierender, abstrakter Weise zu analysieren«,[3] erkannte man auf der Internationalen Konferenz zum 40. Jahrestag des 20. Juli 1944. Dies ist der Anspruch, den ich hier einzulösen versuche. So wird etwa die Person und das Handeln Claus Stauffenbergs ab September 1943 im Rahmen der Gruppe verständlich und faßbar, denn Stauffenbergs Vorgehen und Tat waren nicht die eines Einzelgängers wie die Johann Georg Elsers, der am 8. November 1939 im Münchner Bürgerbräukeller ein Attentat gegen Hitler durchführte, sondern wurde erst durch die Einbindung in eine Gruppe von Menschen, auch derer, die hier beschrieben werden, ermöglicht. Ebenso ist der dynamische Schulenburg, dem mit Recht in den letzten Jahren steigendes Interesse entgegengebracht wird, ohne die Rückkoppelung und das über Jahre laufende Gespräch mit seinen Freunden nicht denkbar.

Der Versuch einer Gruppenbiographie, wie ich ihn hier unternehme, ist in der Literatur über den Widerstand bisher ohne Beispiel. Seine Schwierigkeiten liegen zunächst in der Darstellung, da der Lebensweg der Personen über lange Strecken nicht dicht beieinander liegt und so ein Nebeneinander nicht immer zu vermeiden ist. Dabei habe ich die weitgehend chronologische Darstellung an drei Stellen bewußt unterbrochen. In getrennten Kapiteln setze ich mich mit Erfahrungen und Tätigkeiten von Schulenburg, Schwerin und Yorck auseinander, die für diese drei Männer individuell besonders wichtig und bezeichnend waren und so ihre Widerstandstätigkeit prägten. Im Falle Schulenburgs zeigen seine Denkschriften aus den Jahren 1931–1938 und 1942/44, welche Hoffnungen und Ideale er mit dem Nationalsozialismus verknüpfte, wie er Abstand gewann und welchen Ideen er bis zuletzt verhaftet blieb (Kapitel 6). Für Schwerin war in Hinblick auf den Nationalsozialismus seine Arbeit für die deutsche Minderheit in Polen eine erste wichtige politische Erfahrung (Kapitel 3). Bezeichnend für Yorck war seine Initiative zur Gründung eines Gesprächskreises 1938 und seine Leitung des Kreisauer Kreises zusammen mit Helmuth Moltke (Kapitel 14). Seine Initiativen trugen ganz wesentlich zum geistigen Rüstzeug des deutschen Widerstandes bei. Ähnlich ausgeprägte Erfahrungen und Tätigkeiten liegen bei Brücklmeier, Kessel und Wussow nicht vor. Der Vorzug eines gruppenbiographischen Ansatzes liegt in der erweiterten Perspektive, die zudem durch die Subjektivität der Personenwahl – eben des Freundeskreises meines Vaters – unterstützt wird. Einzelne Personen zu beschreiben hieße, sie zu isolieren, entgegen der Realität die Vielfalt ihrer häufig nicht von vornherein zielgerichteten Interaktionen zu vernachlässigen, die gerade im Umkreis der Freundesgruppe gut zu beobachten sind. Wenn ich hier von »Gruppe« spreche, so ist dies Wort nicht etwa im Sinn einer politischen »Zelle« mißzuverstehen. Dieser Freundesverbund war in keiner Weise formalisiert oder organisiert. Es war ein loser Zusammenschluß von Männern, die sich alle untereinander seit langem, zum Teil seit der Schulzeit kannten und durch persönliche Freundschaft wie durch die gemeinsame Ablehnung des Regimes verbunden waren. Sie waren in ihren Ansichten auch keineswegs gleichgeschaltet. Es gab erhebliche Meinungsverschiedenheiten, wie die jeweilige politische Situation zu bewerten und was daraus zu folgern sei. Ab 1940 ging die Auseinandersetzung zwischen dem »Kreisauer« Peter Yorck auf der einen und Kessel, Schulenburg und Schwerin auf der anderen Seite vor allem darum, welche Maßnahmen zur Beseitigung des Regimes notwendig und unterstützungswürdig seien oder ob man sich auf die Vorbereitung für die Zeit »danach« beschränken solle. Die Differenzen waren fruchtbar und führten dazu, daß die Männer sich nach außen, nach allen Seiten orientierten und Verbindungen im Sinne des Widerstandes herstellten. Ihre über die Jahre unterschiedlichen Aktivitäten mündeten dann zusammen in den Staatsstreichversuch vom Juli 1944.

So subjektiv nun das Kriterium der Freundesgruppe erscheint, es ergeben sich doch einige beispielhafte Aspekte für den Teil des deutschen Widerstandes, der am 20. Juli 1944 kulminierte. Zunächst: Es handelt sich um eine Gruppe der »Jungen Generation«, ein im Widerstand selbst verwendeter Begriff, der jedoch relativ zu verstehen ist: Diese Männer standen 1944 in der Mitte ihres Lebens, jung waren sie im Verhältnis zu der um 20 Jahre älteren Gruppe um Ludwig Beck, Carl Goerdeler, Ulrich Hassell und Johannes Popitz. Die daraus resultierenden Unterschiede der Erfahrungen und Sichtweisen waren beträchtlich. So hatten die Jungen weder das Kaiserreich noch den Ersten Weltkrieg als Erwachsene erlebt. Es fehlte ihnen auch, bis auf Schulenburg, die Erfahrung einer verantwortlichen Spitzenstellung. Diese geringere Erfahrung machte sie andererseits freier, nach neuen Wegen zu suchen, was besonders bei den Kreisauern zu beobachten ist, und gab ihnen eine Dynamik, die erst den Staatsstreichversuch ermöglichte. Gewaltsame Veränderungen im Staat werden in der Regel von jüngeren Menschen getragen, Militärcoups sehr oft von den Hauptleuten bis Obristen. So war es auch hier. Ohne Claus Graf Schenk von Stauffenberg, Henning von Tresckow und ihre gleichaltrigen Freunde wäre es bei rastlosem Diskutieren und müßigem Zorn geblieben. Das Tresckowsche »Coûte que coûte« war nicht das Wort eines Hasardeurs, sondern eines Menschen, der die Kraft hatte, seinen Einsichten verantwortliches Handeln folgen zu lassen.

Ein weiterer Aspekt, der im gruppenbiographischen Ansatz gut dargestellt werden kann, ist die unterschiedliche Nähe der Mitglieder zum aktiven Zentrum des Widerstandes. Schulenburg hat von vier Kreisen gesprochen. Der äußere, vierte Kreis, waren die Sympatisanten, der innere das Zentrum des Staatsstreiches.[4] Wussow gehörte zum äußeren Kreis, während Schulenburg, Schwerin und Yorck am 20. Juli sich nicht zufällig auch physisch im Brennpunkt des Geschehens befanden, in der Bendlerstraße.

Bezeichnend ist schließlich die soziale Herkunft dieser sechs Männer. Sie alle waren Söhne der alten deutschen Oberschicht. Schon vor mehr als 20 Jahren hat der Historiker Hans Mommsen auf die vergleichsweise soziale Homogenität dieses Teils des aktiven deutschen Widerstandes hingewiesen, »der ganz überwiegend (aus) Angehörigen der Oberschicht« bestand. Er trat damit einer nach 1945 verbreiteten Sichtweise entgegen, die den Widerstand aus Vertretern aller politischen Richtungen und aller sozialen Schichten paritätisch zusammengesetzt sah.[5] Dies war zwar ein Wunschziel vor allem der jüngeren Generation im Widerstand gewesen, es hatte sich aber unter den Bedingungen des gleichgeschalteten NS-Polizeistaates nur in wenigen wichtigen Ausnahmen verwirklichen lassen. Der überwiegende Teil der Führung der deutschen Arbeiterbewegung war entweder ermordet oder wurde in Konzentrationslagern festgehalten beziehungsweise war in die Emigration gezwungen worden. Der Arbeitskontakt, ja die Freundschaften, die sich schließlich doch zu Männern der deutschen Linken wie Theodor Haubach, Julius Leber, Wilhelm Leuschner, Hermann Maas, Carlo Mierendorff und Adolf Reichwein ergaben, waren eine wichtige und schon damals positiv bewertete Erfahrung für die sechs Männer und ihre gleichaltrigen Freunde. Die Überbetonung dieser Zusammenarbeit nach dem Krieg war selbst eine Reaktion auf die nachwirkende Nazi-Propaganda gewesen, die die Männer des 20. Juli als kleine Clique reaktionärer Ehrgeizlinge zu diffamieren trachtete.

Eine Fragestellung, die in diesem Zusammenhang besonderes Interesse verdient, ist die scheinbare Diskrepanz, daß Söhne traditionell staatstreuer, ja staatstragender Familien sich gegen die Träger der Staatsmacht wandten. Sie waren in jeder Hinsicht saturiert. Sie hätten ja nur wie die Mehrheit der Deutschen und die meisten ihrer Bekannten sich anpassen und ruhig verhalten müssen, um vermutlich ohne Probleme das »Dritte Reich« zu überleben. Statt dessen setzten sie alles, selbst Leben und Familie aufs Spiel. Von diesen sechs Männern entgingen nur zwei dem Henker – vermutlich, weil sie in Rom und Lissabon dem Zugriff der Gestapo entzogen waren. Um zu erklären, was diese Männer in den Widerstand führte, ist es notwendig, weit auszuholen, ihr Leben umfassend zu beschreiben: ihren sozialen Hintergrund, die Erfahrungen in ihrer täglichen Arbeit und die politische Einschätzung dessen, was sich vor ihren Augen abspielte. Viele biographische Details müssen dargestellt werden, um ihre Entscheidung für den Hochverrat zu begründen.

Aber nicht nur über ihren Weg in den Widerstand, sondern auch über die unterschiedliche Art und Weise ihrer Beteiligung daran kann der gruppenbiographische Ansatz Aufschluß geben, zumal da über Schulenburg bisher nur eine biographische Arbeit vorlag und über Yorck lediglich eine umfangreichere biographische Skizze existierte. Beide Arbeiten sind mehr als 20 Jahre alt und längst ergänzungsbedürftig.[6] Über die anderen vier Männer gab es bisher nur einzelne unsystematische Hinweise in der Literatur.

Die durch die vorliegende Arbeit gewonnenen Erkenntnisse über die Lebenswege dieser sechs Männer des deutschen Widerstandes machen schließlich eine Auseinandersetzung mit dem Begriff der »nationalkonservativen Opposition« notwendig. Der Begriff bietet zwar eine bestechende theoretische Erklärung für den historischen Verlauf des deutschen Widerstandes an, er wird jedoch der komplexen Wirklichkeit nicht gerecht. Klaus-Jürgen Müller, der diesen Begriff insbesondere propagiert, weist allerdings selbst darauf hin, daß diese »Gruppierung von fraglos sehr ausgeprägten Individuen nur mit Vorbehalten unter einer gemeinsamen Etikettierung zusammengefaßt werden« kann. Wenn das »gemeinsame Etikett« aber in weiten Bereichen unzutreffend erscheint, verliert es als Erklärungshilfe und ordnendes Element für die wissenschaftliche Diskussion an Bedeutung. Zur Erläuterung: Der Begriff hat eine Sichtweise zur Voraussetzung, nach der die »Machtergreifung« vom 30. Januar 1933 nur durch eine Art von »Entente« zwischen den traditionellen Machteliten, repräsentiert durch Papen, und der Führung der NS-Bewegung unter Hitler zustande kommen konnte. Die alte Elite habe diese Allianz befürwortet, da ihr zunehmend die Machtbasis in der Gesellschaft entglitten sei. Mit der »Entente« hoffte sie, laut Müller:

»1. ihre politisch-gesellschaftliche Führungsposition durch eine neue Machtbasis im Rahmen eines autoritären Systems wieder zu konsolidieren,
2. außenpolitisch die Gewinnung einer europäischen Hegemonial- oder gar einer globalen Großmachtposition des Reiches«.[7]

Dieser Argumentation zufolge kam die »nationalkonservative Opposition« dadurch zustande, daß die traditionelle Elite die zwei genannten Grundvoraussetzungen der »Entente« durch die Politik des »Dritten Reiches« zunehmend bedroht sah. Sie habe sich deshalb in einem mehrstufigen Prozeß aus der Kooperation mit dem »Dritten Reich« gelöst und sei zur Opposition übergegangen, nicht ohne in Teilbereichen weiter zu kooperieren oder ähnliche Gedanken und Ziele zu verfolgen wie das Regime. Müller führt als Beispiel Männer wie Ludwig Beck, Carl Goerdeler, Henning Tresckow und Ernst Weizsäcker an.[8]

Nun hat zwar Weizsäcker an den Staatsstreichversuchen von 1943 und 1944 nicht teilgenommen, aber es ist doch von besonderer Bedeutung, welche Haltung und Sichtweise gegenüber dem »Dritten Reich« die genannten Exponenten des Widerstands im Lauf der Jahre eingenommen haben. Ist es aber angemessen, sie als beispielhaft für die etwa 150–200 Menschen zu betrachten, die zu dem Teil des deutschen Widerstandes gerechnet werden können, der in den 20. Juli 1944 mündete? Und: Selbst wenn sie teilweise wie Millionen anderer Deutsche den Versprechungen Hitlers anfänglich Glauben geschenkt und im Chaos der Wirtschaftskrise ihre Hoffnung auf ihn gesetzt haben sollten, darf ihnen dann allein aufgrund ihrer sozialen Herkunft unterstellt werden, sie hätten die Führungsrolle ihrer Klasse schützen und retten wollen?

Im Hinblick auf eine relativ so große Gruppe von Menschen bedeutet dies eine Simplifizierung komplexer Zusammenhänge. Fragwürdig scheint zudem die zweite von Müller behauptete Voraussetzung: Mußte, wer den 30. Januar begrüßte, seine Hoffnung notwendig auch auf eine deutsche Expansion setzen? Die Stichhaltigkeit dieser These für die Gesamtgruppe des Widerstandes scheint keineswegs erwiesen.

Von den sechs Männern, die im folgenden beschrieben werden, fällt Schulenburgs Verhalten noch am ehesten unter das Stichwort »nationalkonservative Opposition«. Jedoch begrüßte er die Machtergreifung nicht, weil sie in der »Entente« seine Klasseninteressen schützte, sondern weil er zu der Zeit überzeugter Nationalsozialist war, gerade aufgrund seiner Überzeugung, daß die alten Eliten abgewirtschaftet hatten.[9] Die anderen fünf Männer sind keine Nationalsozialisten gewesen. Sie betrachteten die Machtergreifung distanziert bis ablehnend. Sie waren Nationalisten und wünschten eine Revision von Versailles, aber sie träumten nicht von einer Expansion des Reiches. Als Wussow Mitte 1935 nach elf Jahren im Ausland nach Deutschland zurückkehrte, fand er in seinen alten Schulfreunden Kessel, Schwerin und Yorck Gegner des »Dritten Reiches«.[10]

Das Etikett »nationalkonservative Opposition« erweist sich bei näherem Hinsehen in so vielen Fällen als unhaltbar, daß es unbrauchbar scheint. Da Etiketten und Ordnungskriterien in der wissenschaftlichen Debatte eine positive Funktion haben, befürworte ich den Begriff »bürgerlicher Widerstand«, der auf den relativ homogenen sozialen Hintergrund dieser Männer abhebt. Das eigentlich Verbindende und die Basis für die Rekrutierung unter den Bedingungen der Diktatur waren die soziale Herkunft.

Für eine historische Arbeit ist die Quellenlage von besonderer Bedeutung. Bedauerlicherweise konnte ich die Arbeit erst beginnen, als auch die letzten Überlebenden gestorben waren. Von den sechs Männern, die im Mittelpunkt dieser Untersuchung stehen, ist Schulenburg am besten dokumentiert und Brücklmeier wohl am schlechtesten. Der Mangel an Detailinformationen liegt einerseits im Wesen der konspirativen Widerstandstätigkeit, andererseits aber auch an der Vernichtung von schriftlichem Material nach dem 20. Juli oder durch Kriegseinwirkung. Auf diese Weise gingen nahezu sämtliche Briefe Schwerins und Yorcks an ihre Frauen sowie weitere Korrespondenzen verloren; bei Brücklmeier bestehen große Lücken. Die Ehefrauen von Brücklmeier, Schulenburg und Schwerin lebten während des ganzen Krieges von ihren Männern getrennt auf dem Lande. Um sie nicht mit Wissen zu belasten, wurden sie von ihren Männern nur in groben Umrissen informiert: Sie wußten von der Gegnerschaft ihrer Männer gegen das Regime. Sie wußten auch, daß diese mit ihren Freunden etwas gegen die Diktatur planten. Die Einzelheiten kannten sie nicht. Dennoch konnte eine große Fülle von Material zusammengetragen werden, das in manchen Fällen zum erstenmal benutzt beziehungsweise jemandem außerhalb der Familie zugänglich gemacht wurde, etwa die Nachlässe und Korrespondenzsammlungen nach 1945 von Brücklmeier, Karl-Ludwig Guttenberg, Caesar Hofacker, Kessel, Schulenburg, Schwerin, Wussow und Yorck, ferner

Briefe von Gertrud Oster an ihre Tochter, Alexander v. Voß an seine Frau, Erwin v. Witzleben an seine Tochter; auch stand die ursprüngliche Materialsammlung und Korrespondenz des Schulenburg-Biographen Albrecht Krebs wieder zur Verfügung. Im Hinblick auf Yorck war es eine wesentliche Hilfe, vorab Einsicht in die Briefe Moltkes an seine Frau zu nehmen, die inzwischen veröffentlicht wurden. Diese Liste ließe sich verlängern.

Dennoch blieben Fragen. Dies gilt insbesondere für die Rolle Brücklmeiers im Widerstand, von dem ich aufgrund seiner Nähe zu dem Gewerkschaftsführer Wilhelm Leuschner annehme, daß es über ihn mehr zu berichten gäbe, als die Quellen überliefern. Nur wenig besser ist die Quellenlage bei Yorck. Auch wenn sich seine Ansichten in den Kreisauer Dokumenten widerspiegeln, so ist doch sein eigentlicher schriftlicher Nachlaß so geringfügig, daß er neben Moltke blaß wirkt. Moltke dominiert in der Literatur den Kreisauer Kreis auch deshalb so sehr, weil seine nahezu tagebuchartigen Briefe an seine Frau vollständig erhalten sind.

Dieser vergleichsweise mangelhaften Quellenlage war bei Yorck nicht wirklich abzuhelfen. Bei Schulenburg ist trotz überreicher Dokumentation wegen seiner konspirativen Vorsicht der Ablösungsprozeß vom Nationalsozialismus und sein Bruch mit dem Regime an Hand der Selbstzeugnisse nicht eindeutig nachvollziehbar. Der Historiker ist bei Schulenburg verstärkt auf Interpretation angewiesen, was reizvoll, aber nicht durchweg befriedigend ist.

So bleibt mir nur noch, meinen Dank all den Menschen abzustatten, die mir mit ihren Erinnerungen, Auskünften und der Überlassung von Material geholfen haben. An erster Stelle ist hier meiner inzwischen verstorbenen Mutter Marianne Schwerin zu gedenken, dann Amschy Dziembowska, verwitwete Brücklmeier, Charlotte Schulenburg und Marion Yorck. Meine zwei Arbeitgeber während der langen Entstehungszeit dieser Untersuchung, »Dienste in Übersee« und der »Deutsche Entwicklungsdienst«, haben mich durch Gewährung unbezahlten Urlaubs unterstützt, die »Deutsche Forschungsgemeinschaft« hat diese dreizehn Monate finanziert. Allen drei Institutionen gilt mein Dank, besonders meinen Arbeitgebern und Kollegen, die für meine Freistellung einige Schwierigkeiten überwinden mußten. Schließlich muß ich gestehen, daß das Buch ohne die moralische und praktische Unterstützung meiner Frau während der letzten mehr als zehn Jahre nicht hätte entstehen können. Für meine beiden Söhne gewinnt vielleicht später einmal mit Hilfe des Buches ein Wort Heinrich Bölls über ihren Großvater an Bedeutung, der 1958 an einen jungen Katholiken schreibt: »... oder falls sie ein Vorbild suchen, das Aktion vollzog: wählen Sie den Grafen Schwerin von Schwanenfeld, der vor dem Volksgerichtshof, von Freisler angebrüllt, mit leiser klarer Stimme sagte: Ich dachte an die vielen Morde... Ein Christ und Offizier, der verbündet war mit Männern, die ihm seiner Herkunft und seiner politischen Tradition nach so vollkommen entgegengesetzt waren: mit Marxisten und Gewerkschaftlern.« Böll spricht hier eine wichtige und von den Männern des Widerstandes positiv erlebte Erfahrung an, die auch in anderen europäischen Widerstandsbewegungen gemacht wurde. Er endet mit der Feststellung: »Der Geist dieser Verbrüderung und des Bündnisses hat sich nicht erhalten, ist nicht in die Nachkriegspolitik eingegangen.«[11] Leider!

1. Kapitel

haus und Kindheit

chei

ıd über alles!« Erst seit 30 Jahren wehen die
en von der Maas bis an die Memel. Die
es noch jungen Reiches produzieren bereits
ɜrende England. Dort ging im Januar 1901
ıe Epoche zu Ende. In Deutschland regiert
n II. An seiner Seite steht Graf Bülow, der
nach dem Tod seines Gründers Bismarck
h noch unerschüttert. Für die deutsche
r für sie, ist die Welt noch heil.
ıicherten Zeit« (A. v. Kessel)[1] im ersten Jahrfünft des neuen Jahrhunderts wurden die sechs Männer geboren, deren Lebensweg und Schicksal hier im Mittelpunkt stehen. Fünf von ihnen: Albrecht Kessel, Fritz-Dietlof Schulenburg, Ulrich-Wilhelm Schwerin, Botho Wussow und Peter Yorck entstammten dem ostdeutschen evangelischen Adel. Ihre Familien waren seit Jahrhunderten östlich der Elbe ansässig. Für sie waren die Hohenzollern etwas zu spät zugezogene »Parvenus«, ließen sich doch die pommerschen Schwerins und Wussows bis 1178 beziehungsweise 1277 zurückverfolgen, die Schulenburgs in der Altmark bis 1237 und die Kessels in Thüringen bis 1388. Die Yorcks, die nicht den Vorteil beurkundeter ellenlanger Stammbäume aufzuweisen hatten, verwiesen dafür auf eine andere Besonderheit der Herkunft: Als Anhänger der katholischen Stuarts seien sie in der Zeit Cromwells aus England ausgewandert, vermutlich gehörten sie jedoch dem Kaschubischen Kleinadel an.[2] Im Laufe der Zeit verbreiteten sich vor allem die Schulenburgs und Schwerins weit über das nördliche und östliche Deutschland. Sie wurden nicht unbedingt im einzelnen, aber als Familienverbände zu stattlichen Großgrundbesitzern.

Seit der Brechung der dem absolutistischen Staat feindlichen Adelsprivilegien im 17. und 18. Jahrhundert entwickelten sie ein besonderes Loyalitätsverhältnis zu den Hohenzollern. Viele ihrer Mitglieder erreichten hohe und höchste Militär- und Staatsämter. Es ist aber auch typisch für das Europa des Ancien régime, daß dies nicht nur unter der Standarte des Landesfürsten geschah. So verteidigte z. B. ein Schulenburg als venezianischer Feldmarschall Korfu gegen die Türken. Typisch vielleicht auch das selbstbewußte Verantwortungsgefühl für den Staat, mit dem der friderizianische Feldmarschall Schwerin 1741 seinen jungen, unerfahrenen König vom Schlachtfeld schickte und danach die Schlacht bei Mollwitz gewann; oder der Generalleutnant Yorck, der spätere Generalfeldmarschall, der 1812 mit der Konvention von Tauroggen die Hand seines zögernden Königs führte und damit Napoleons Schicksal besiegelte.

So sehr im populären Vorurteil die Namen dieser Familien vor allem einen militärischen Beigeschmack haben, so einseitig ist diese Sicht. In der vorindustriellen ständischen Zeit verkörperten diese Familien die staatstragende Schicht und stellten daher immer wieder auch die zivilen Ratgeber ihrer Souveräne. Als erster Minister des Großen Kurfürsten verhandelte ein Schwerin 1660 den Frieden von Oliva, ein Schulenburg vertrat 1814 den König von Sachsen bei dem Wiener Kongreß. Weniger häufig begegnen wir in diesen Familien Männern mit den Neigungen etwa eines Paul Yorck, der mit dem Philosophen Dilthey befreundet und ein Denker eigenen Rechts war.[3]

Die Markgrafen von Brandenburg und die preußischen Könige zeigten sich in der Regel den Stützen ihres Thrones gegenüber erkenntlich. Sie gewährten ihnen Ländereien, Titel und Privilegien und versuchten sie auch gegen wirtschaftliche Fährnisse abzuschirmen. 1854/56 kam diese besondere Bindung darin zum Ausdruck, daß die Familien Schulenburg, Schwerin und Yorck das Recht erhielten, je ein Familienmitglied in das neugegründete preußische Herrenhaus zu delegieren. Dies war ein Privileg, das nur noch 131 anderen der circa 29000 adeligen Familien des Landes zugestanden wurde.[4] Die sechste Familie hingegen, die Brücklmeiers, war bürgerlich, katholisch und kam aus Niederbayern. Sie hatte offenbar eine lange Reihe von Juristen und Verwaltungsbeamten hervorgebracht.

Als die sechs Jungen Anfang dieses Jahrhunderts geboren wurden, waren ihre Eltern überdurchschnittlich situiert. Die berufliche Stellung der Väter versprach den Söhnen vielfältige Möglichkeiten der Förderung.

Der älteste von ihnen, *Botho* Johann Georg Ulrich von Wussow, wurde am 28. September 1901 geboren. Sein Vater Waldemar von Wussow hatte 1894 Editha von Dieskau, die Tochter eines preußischen Offiziers, geheiratet. Bei der Geburt seines dritten Sohnes war der 36jährige Verwaltungsjurist am Regierungspräsidium in Lüneburg tätig. Die aus Pommern stammenden Wussows hatten während der letzten 200 Jahre den Hohenzollern hervorragende Offiziere gestellt. Ein Großvater war preußischer Generalleutnant und Kommandeur des Ersten Garderegimentes gewesen.[5] Der Vater war zuletzt Staatsminister des kleinen Herzogtums Sachsen-Altenburg. Die Revolution von 1918, die das Ende seiner beruflichen Karriere bedeutete, und die Inflation, die ihn ruinierte, trafen ihn schwer. Seine Welt lag in Scherben. Er starb 1938.

Ein Jahr nach Wussow wurde am 5. September 1902 in London Fritz-Dietlof, Sohn des Rittmeisters Friedrich Graf von der Schulenburg, geboren. Sein Vater war in der Hauptstadt des britischen Weltreiches für knappe vier Jahre deutscher Militärattaché. Der preußische Offizier aus altmärkischem Geschlecht kommentierte das deutsch-englische Verhältnis in diesen Jahren der Bündnisgespräche besorgt und kritisch. Der Kaiser schrieb an den Rand eines seiner Berichte: »Der junge Mann sieht zu schwarz.« Auch nach Kriegsausbruch 1914 schrieb der Vater, inzwischen Kommandeur der feinen Garde du Korps, aus dem Felde pessimistische Briefe nach Hause. Bereits 1915 gab er den Krieg verloren.[6]

Obwohl die Vorfahren Friedrich Schulenburgs auf dem 2672 ha großen Güterkomplex Tressow in Mecklenburg passionierte und gescheite Landwirte gewesen waren, hielt er sich selbst dazu für ungeeignet und verpachtete kurzerhand den Besitz. Die Agrarkrise von 1888 mochte bei dieser Entscheidung mit eine Rolle gespielt haben. 1897 heiratete er dann in Muskau Freda-Marie Gräfin v. Arnim-Gollmitz, die in Italien und später auf der 27000 ha großen Standesherrschaft Muskau in Schlesien aufgewachsen war.

Das Ehepaar hatte fünf Söhne und eine Tochter. Fritz-Dietlof war das vierte Kind. Die Karriere des Vaters führte die Familie von London über Münster und Berlin nach Potsdam. Im Krieg siedelte sie endgültig nach Tressow über. Der Vater, inzwischen zum Generalmajor avanciert und mit dem Pour le mérite ausgezeichnet, leitete als Chef des Stabes praktisch die Heeresgruppe Kronprinz. Einer seiner Stabsoffiziere war Ludwig Beck. Schulenburg und Beck nahmen an dem entscheidenden Kronrat am 9. November 1918 in Spa teil. Die Flucht des Kaisers und die anschließende Revolution erschütterten sie zutiefst. Der General zog sich auf sein Gut nach Mecklenburg zurück. Er starb 1939 im Alter von 74 Jahren.

Vettern zweiten Grades von Fritz-Dietlof Schulenburg und mit ihm nahezu gleichaltrig waren *Albrecht* Theobald Georg Anton von Kessel, geboren am 6. November 1902 in Ober-Glauche, Schlesien, und Ulrich-Wilhelm Graf von Schwerin von Schwanenfeld, geboren am 21. Dezember 1902 in Kopenhagen. Die Verwandtschaft lief in allen drei Fällen über die Mütter zu gemeinsamen Arnimschen Urgroßeltern. Die Mütter von Kessel und Schwerin waren die Schwestern Theodora und Freda von Bethmann-Hollweg; Theodora, die ältere der Schwestern, hatte 1891 auf dem elterlichen Gut Runowo Kurt von Kessel, Freda vier Jahre später Ulrich Graf von Schwerin geheiratet. Der Großvater der beiden schönen Schwestern aus Runowo war preußischer Kultusminister (1858–1862) gewesen, ein Vetter wurde der fünfte Kanzler des Kaiserreichs. Der Kesselschen Ehe entstammten neben dem jüngsten, Albrecht, noch zwei weitere Söhne und eine Tochter. Kurt Kessel, der Vater, war in erster Linie Landwirt auf dem mehr als 500 ha großen Ober-Glauche in Schlesien. Daneben war er als Mitglied der Konservativen Partei politisch aktiv. Er war nahezu zwei Jahrzehnte Mitglied des preußischen Abgeordnetenhauses. Dort machte er sich als Berichterstatter des Agrarausschusses einen Namen. Im März 1920 nahm er an der Seite Kapps am Putsch gegen die Reichsregierung teil und floh nach dessen Scheitern nach Dänemark. Er starb bereits 1921, noch nicht 59 Jahre alt. Ulrich Schwerin, der die jüngere Schwester Freda geheiratet hatte, war eine vergleichsweise schlechte Partie. Sein Vater hatte als Landwirt keine glückliche Hand gehabt und war schließlich am kleinen Hof des

Großherzogs von Mecklenburg-Strelitz als Hofmarschall beschäftigt worden. Ulrich studierte Jura; die Verhältnisse waren allerdings so bescheiden, daß er nicht einmal einem der standesgemäßen weißen Corps beitreten konnte. Auch nach seinem Eintritt in das Auswärtige Amt lebte er in beengten finanziellen Verhältnissen. Er konnte deswegen nur die konsularische Laufbahn einschlagen. Erst sieben Jahre später, 1898, gelang ihm aufgrund besonderer Bewährung in Haiti der Sprung in die diplomatische Karriere.[7] Trotz der beträchtlichen Mitgift Freda Bethmann-Hollwegs blieb die finanzielle Lage auch wegen der dienstlich notwendigen Repräsentation für Ulrich Schwerin ein lebenslanges Problem.[8] Nach der Geburt des einzigen Sohnes Ulrich-Wilhelm – es sollten insgesamt sechs Geschwister werden – führte die Laufbahn des Vaters von Kopenhagen über München, Wien, Guatemala und Luxemburg nach Dresden. Dort nahm der Gesandte 1919 mit 55 Jahren seinen vorzeitigen Abschied.

Zwei Jahre nach den Vettern Kessel, Schulenburg und Schwerin wurde Hans Ludwig David Carl Maximilian Ernst *Peter* Graf Yorck v. Wartenburg am 13. November 1904 auf dem väterlichen Besitz Klein-Oels in Schlesien geboren. Peter Yorck war das fünfte von zehn Geschwistern. Der Tauroggener Yorck hatte von Friedrich-Wilhelm III. die säkularisierte Malteser Kommende Klein-Oels mit vielen Nebengütern als Dotation erhalten. Es folgten ein Yorck als Mitbegründer der altliberalen Partei, energischer Befürworter der jüdischen Emanzipation und Freund Ludwig Tiecks, in der nächsten Generation dann der Freund des Philosophen Wilhelm Dilthey und schließlich der Vater Peter Yorcks, universal gebildet mit einer besonderen Vorliebe für die Klassik und das Griechische. Er begann seine berufliche Laufbahn als promovierter Jurist in der inneren Verwaltung. 1896 heiratete er eine Nachfahrin Götz von Berlichingens aus Jagsthausen. Er bezeichnete sich gern als Seiner Majestät loyale Opposition. Als Wilhelm II. 1901 fünf Landräte in Schleswig-Holstein entließ, weil sie im Provinziallandtag gegen die kaiserlichen Kanalbaupläne gestimmt hatten, trat er demonstrativ vom Posten des Landrats seines Heimatkreises Ohlau zurück. In seinem Demissionsschreiben begründet er diesen Schritt, er wolle nicht auch in die Verlegenheit kommen, sich wegen Meinungsverschiedenheiten mit Seiner Majestät in Auffassungen, die zu vertreten sein Gewissen ihn verpflichtete, hinauswerfen lassen, wie wenn er silberne Löffel gestohlen hätte.[9] Er zog sich mit Würde auf die Verwaltung seines 3114 ha großen Besitzes Klein-Oels zurück. Als erbliches Mitglied des preußischen Herrenhauses und geachteter Redner vertrat er dort weiterhin seine politischen Auffassungen mit Verve und Sachkunde. Er starb 1923, noch nicht 62 Jahre alt.

Eduard Robert Wolfgang Brücklmeier wurde am 8. Juni 1903 in München geboren. Sein Großvater hatte als Journalist für die Nordsee-Zeitung in Bremen gearbeitet. Der Vater Bruno studierte Jura wie viele seiner Vorfahren, wurde Justizrat und heiratete Albine Nachbauer, die verwöhnte Tochter des berühmten, wohlhabenden Franz Nachbauer, des Kammersängers Ludwigs II. 1906 wurde der erfolgreiche Jurist als jüngster bayerischer Rechtsanwalt im Alter von 35 Jahren an das Reichsgericht nach Leipzig berufen – eine wichtige Auszeichnung. Eduard Brücklmeier hatte noch drei ältere Brüder und eine jüngere Schwester. Der Vater blieb bis kurz vor seinem Tod 1943 in Leipzig. Höhepunkt seiner Tätigkeit als Rechtsanwalt waren Prozesse während des »Dritten Reichs«, die einen Mut und Einsatz erforderten, zu dem viele seiner Kollegen nicht bereit waren.

Das Verbindende dieser sechs Elternhäuser war ihre stark konservative, monarchistische Ausrichtung. Der 9. November 1918 war für sie ein traumatisches Datum. Nach dem ersten knappen Ausblick auf die Geschichte der Familien, der Berufs- und Lebensumstände kann dies nicht überraschen, zumal die sechs Väter Kinder der Dekade nach 1861 gewesen waren. Sedan, der Spiegelsaal von Versailles und die Gründerjahre mit ihrem enormen wirtschaftlichen Aufschwung bestimmten ihre Welt, Bismarck war ihr Idol. Die Revolution, den Umsturz erlebten sie in der zweiten Hälfte oder im letzten Drittel ihres Lebens. Bruno Brücklmeier war mit damals 47 Jahren der jüngste von ihnen. Mochten sie auch, wie etwa Friedrich Schulenburg, starke Zweifel am Verhalten des Kaisers und des Kronprinzen gehabt haben,[10] die Zielrichtung blieb restaurativ gegen Weimar und das, was es symbolisierte, gerichtet. Diejenigen von ihnen, die politisch aktiv wurden, taten dies wie Schulenburg und Brücklmeier im Rahmen der Deutschnationalen Volkspartei (DNVP). Schulenburg war 1924–28 für die DNVP im Reichstag, Brücklmeier gehörte in Sachsen der Parteileitung an. Im übrigen war »man« eben qua Herkunft schwarz-weiß-rot, deutschnational gesinnt und wählte entsprechend.

Allerdings wäre es zu einfach, diese Vätergeneration als »verbiesterte« Deutschnationale abstempeln zu wollen. Ihre politischen Erfahrungen waren in der Regel doch zu differenziert, als daß sie in eine derartige Schablone gepreßt werden könnten. So galt z. B. Ulrich Schwerin in seinem Bekanntenkreis als politisch tolerant. Seinem halbwüchsigen Sohn, der in den Revolutionsmonaten von den »politischen Feinden« sprach, erklärte er, daß es sich in einer Demokratie nur um einen »politischen Gegner« handeln könne. Als nach der Niederschlagung des Spartakistenaufstandes in Berlin Rosa Luxemburg und Liebknecht ermordet wurden, war er der Überzeugung, daß sie zumindest einen geordneten Prozeß verdient hätten. Nach 1918 waren nur Schulenburg und Brücklmeier noch politisch aktiv, Yorck starb zu früh, als daß er noch irgendwelche politischen Initiativen hätte ergreifen können. Wussow und Schwerin zogen sich resigniert ins Private zurück. Beide Familien hatten zudem nach der Inflation ständig Geldsorgen.

Die Kindheit der sechs Jungen war nach heutigen Begriffen von sehr autoritären Vatergestalten überschattet. Joachim Ringelnatz, der 1912 ein knappes Jahr die berühmte und laufend erweiterte Bibliothek in Klein-Oels betreute, reimte über den Vater Heinrich Yorck:

> »Er verlangte von den Jungen,
> was sein Alter sich errungen,
> und übersah erfahrungssatt,
> daß jede Zeit eigne Augen hat.«[11]

Die Väter verteilten Strafen mit der Reitpeitsche und gaben den Ton an, die Mütter blieben, gütig und geliebt, im Hintergrund. Zwischen Eltern und Kindern schob sich in der Regel eine Heerschar von englischen Nannies, französischen Gouvernanten, Hauslehrern, Dienern, Zofen und Köchinnen. Bei Schulenburgs mußten die Kinder schweigen, wenn sie den Vater einmal am Tage beim Abendessen sahen.[12]

Selbst Wussow, der seine Kindheit als unendlich glücklich beschrieb – »ich bin mit Liebe erzogen worden und nicht mit Strenge«[13] – und von seinem Vater als Freund sprach, erlebte diesen in der Kindheit nur aus der Ferne. Als er einmal als kleiner Junge zufällig in das Arbeitszimmer seines Vaters geriet, fragte er seine Mutter: »Wer ist denn der fremde Mann dort?« Bei Yorcks, erinnerte sich Ringelnatz, »lag es Mittags oft wie eine Schwüle über der Tafel. Außer dem Grafen sprach eigentlich niemand etwas selbständig.«[14] Der Vater liebte den schlagfertigen Witz und die humanistische Bildung. Seine lateinischen und griechischen Zitate machten später die Mahlzeiten nicht nur für das Unterhaus, wie Ringelnatz sich und andere gehobene Angestellte des Yorckschen Haushaltes zu nennen pflegte, sondern auch für die Gäste der Kinder zu ungemütlichen Angelegenheiten – Schwerin sollte sich ein Leben daran erinnern. Andererseits war es für ihn eine regelmäßige Übung, den Kindern abendelang vorzulesen oder mit ihnen Theater zu spielen.

Auch bei Kessels konnte der Vater beanspruchen, »daß seine Familie mit ihm strahlte oder stöhnte, wann immer ihm danach zumute war«.[15] Allerdings war im ländlichen Haushalt die Welt der Väter weniger von der der Kinder separiert als bei den Familien, in denen die Väter einem Büroberuf nachgingen. Auch bei Brücklmeiers lastete der väterliche Schatten auf den Lernbemühungen der Kinder. Der Druck verstärkte sich, nachdem sich der Vater 1915 – Eduard Brücklmeier war gerade zwölf Jahre alt – von der Mutter, einer begeisterungsfähigen, eher künstlerischen Natur, getrennt hatte. Die Kinder durften sie nach dem Willen des Vaters nur noch einmal im Jahr sehen. Ehescheidungen waren in jener Zeit allerdings die Ausnahme, auch wenn die gemeinsame Basis stark erschüttert sein mochte oder überhaupt fehlte. So hielten die Eltern von Ulrich-Wilhelm Schwerin ihre Ehe in strenger Pflichterfüllung durch, auch wenn sie in strittigen Punkten bei neun denkbaren Antworten stets die zehnte Alternative fanden, die für den Partner die problematische war.

Im Leben der Kinder spielten die Mütter und vor allem die wechselnden Erzieherinnen die Hauptrollen. Die Mütter waren meist etwa zehn Jahre jünger als ihre Männer. Sie waren in der Regel von Hauslehrern in nicht immer konsequenter Weise unterrichtet worden. Die

Ehen waren für die Frauen in den ersten zehn, zwanzig Jahren bei der Vielzahl der Kinder und den häufigen Fehlgeburten eine lange Kette von Schwangerschaften. Die Stellung der Männer, vor allem bei den Schulenburgs, Schwerins und Wussows, brachte zudem zeitraubende und aufwendige gesellschaftliche Verpflichtungen mit sich, die häufig auch nur aus Pflichtgefühl absolviert wurden. In den ländlichen Haushalten der Kessels und Yorcks ging es ruhiger zu, obwohl ostdeutsche Gutshäuser traditionell gastfreundlich waren und die Gäste, meist aus der zahlreichen Verwandtschaft, häufig kamen und lange blieben. Hier gehörte es seit langem zu dem Aufgabenkreis der Gutsfrau, sich um die Alten, Kranken, Mütter und Kinder der Gutsbevölkerung zu kümmern.

Die Mutter Schulenburgs etwa nahm sich, als sie im Frühjahr 1916 mit ihren sechs Kindern nach Tressow übersiedelte, in besonderer Weise dieser Aufgabe an. Sie half, wo immer sie konnte, und verteilte im Dorf freigebig, was sie hatte und was gebraucht wurde. Wegen ihres sozialen Engagements hieß sie bald allgemein die »rote Marie« – ein Schuß Verwunderung und Bewunderung schwang dabei mit, ohne daß es politisch gemeint war. Der Sohn Fritz-Dietlof sollte ein Dutzend Jahre später in der gleichen Weise apostrophiert werden.[16]

Die Cousine der »roten Marie«, Freda Schwerin, war in Dresden ebenfalls karitativ engagiert. Sie leitete den dortigen Frauenverein, ab 1927 die im Deutschen Roten Kreuz organisierten Dresdner Frauen, die sich besonders für die Überseedeutschen einzusetzen suchten.

Die Frauen verkörperten häufig das musische Element in den Häusern: Freda-Marie Schulenburg spielte Chopin, Liszt und Brahms, ihre Cousine Schwerin malte, die dritte Cousine, Theodora Kessel, war musikalisch und sehr belesen. Sie unterrichtete ihre Kinder bis in die hohen Klassen in Religion und Geschichte, Naturwissenschaften und Geographie.[17]

Auch Sophie Yorck war für eine Frau ihrer Generation ungewöhnlich gebildet. An stillen Winterabenden wurden im Familienkreis gelegentlich die Platon-Dialoge mit verteilten Rollen im Urtext gelesen. Sophie Yorck wurzelte tief im Luthertum, das sie an ihre Kinder weitergab, deren Religionsunterricht sie selbst übernommen hatte.

Es waren konventionelle Frauenleben, der sozialen Herkunft, der Epoche und der Sitte entsprechend, aber doch von einem Tiefgang, einer Breite und einem Engagement, wie dies wohl nicht in allen Familien üblich war.

Für die Kinder waren in erster Linie die Erzieherinnen und später die Hauslehrer wichtig. Vor allem bei den ständig wandernden Familien der Schulenburgs und Schwerins wechselten die Erzieher häufig, aber auch dort kam es schließlich zu jahrelanger Kontinuität, die so wichtig ist für den Seelenfrieden und die Entwicklung von Kindern: Fräulein Junker bei den Schwerins, Miss Bull bei den Schulenburgs, Selle bei den Kessels. Sie hatten entscheidenden Einfluß auf die ersten Kindheitsjahre – und kannten dabei bisweilen wenig Zurückhaltung. »Fritz Dietlof von der Schulenburg, I'll give you a box on the ears«, kündigte Miss Bull ihre Strafen an. Peng, da lag der kleine Fünfjährige. Eine andere ihrer Strafen war, daß Fritzi, wie Schulenburg ein Leben lang genannt werden sollte, in ein leeres Schrankzimmer verbannt wurde. Mit dem Kopf schlug er unaufhörlich gegen die Tür. Wie das Rattern eines Zuges klang sein Protest und verhallte ungehört. Fritzis Schwester war der Meinung, daß ihr Bruder in diesen Situationen seine vollkommene Selbstbeherrschung erworben habe, und: »Wir kannten den Tyrannenhaß, die älteren Brüder kannten ihn nicht.«[18] Fritzi, in seinem ersten Jahrzehnt körperlich zart, empfindlich, lesehungrig und frech, mußte zwischen den älteren Brüdern bestehen. Die Spiele in dem Jungenhaushalt waren wild. Die einzige Schwester bezwang den ältesten Kaiserenkel im Ringkampf, was nicht ganz im Sinne der herbeieilenden Erzieher war. Albrecht Kessel fühlte sich in dieser Vetternschar wie ein unter eine Horde von Menschenfressern gefallener Mitteleuropäer.[19]

Bei den sechs Schwerinschen Geschwistern waren die Verhältnisse genau entgegengesetzt. Dort wurde der einzige Sohn zwar verwöhnt und bevorzugt, aber durch die fünf Schwestern majorisiert. Der Ton war gesittet und zart. »Wir waren die gehorsamsten Kinder, die man sich denken kann«, schrieb eine Schwester. Aber selbst in diesem sanften Geschwisterkreis fiel der Bruder als auch körperlich klein, scheu und wortkarg auf. In Luxemburg, wo sich die Kinder mit den großherzoglichen Prinzessinen anfreundeten, entwickelte das stille, blasse Kind eine Art des Unbeschäftigtseins, die seine Mutter beunruhigte. Andererseits lernten sie dort nicht nur tadellos Englisch und Französisch, sondern auch in der von Reglements bestimmten Welt der Diplomatie eine Selbstbeherrschung, die sie später als wichtige Hilfe empfanden.[20]

Albrecht Kessel, das jüngste von vier Geschwistern, entsprach nicht der eigenen Vorstellung von einem robusten Landjungen. Der Vater bemängelte das geringe landwirtschaftliche Interesse seines Sohnes, der bis ins Erwachsenenalter unter Asthma litt, begleitet von einer Melancholie, die sich bis zum Todessehnen steigern konnte.[21]

Wie Schulenburg, Schwerin und Kessel gehörte auch der zwei Jahre jüngere Peter Yorck im zehnköpfigen Geschwisterkreis eher zu den Zurückgezogenen und Verschlossenen. Ähnlich wie bei den Schulenburgs waren die Sitten vor allem unter den Brüdern rauh, die Älteren schurigelten die Jüngeren. Als Peter einmal auf die Frage nach seinem Berufswunsch sagte »Feldmarschall« oder »Koch« und der Vater meinte, »beides ist aber sehr schwer«, antwortete der kleine Junge, »ich kann es ja versuchen«.

Nur Brücklmeier, Schulenburg und vielleicht Wussow besuchten von Beginn an öffentliche Schulen, die drei anderen wurden über Jahre privat unterrichtet. Erst mit elf Jahren sah Schwerin eine öffentliche Schule von innen, das Vitzthumsche Gymnasium in Dresden. Sein enger Freund dort wurde Gottfried von Nostitz, mit dem er ein Leben lang in Verbindung bleiben sollte. Yorck und Kessel entkamen erst mit 16 und 17 Jahren dem Privatunterricht. Diese Isolierung der Kinder hatte nicht mit ideologieträchtiger Absonderung zu tun, sondern mit den praktischen Schwierigkeiten, die sich aus dem Land- und Diplomatenleben ergaben: Als Schulenburgs 1916 nach Tressow zogen, hätte der Besuch der öffentlichen Schule eine tägliche 32 km lange Radtour nach Wismar und zurück bedeutet, weshalb sie in Lübeck mit einer Hausdame etabliert wurden.[22] Für die Entwicklung Schwerins, aber auch Kessels war die jahrelange Beschränkung auf den kleinen Familienkreis sicherlich nicht zuträglich gewesen. Schwerin blieb auch in der Dresdener Schulzeit ein ausgesprochener Außenseiter.

Dafür lernten die Kinder in ihren Elternhäusern schon früh, sich mit politischen Themen zu beschäftigen. Das brachte die Tätigkeit der Väter im preußischen Herren- wie Abgeordnetenhaus, im Generalstab, Auswärtigen Amt oder der Landesverwaltung selbstverständlich mit sich. Die Väter fühlten sich von der Tradition ihrer Familien wie von ihrer Arbeit her dem Staat in seiner monarchischen Prägung besonders verpflichtet. Trotzdem waren sie nicht blind gegenüber den Fehlern des Kaisers.[23] Schwerin und Yorck lehnten die Politik Bethmann-Hollwegs ab.[24] Ihre Überlegungen wurden vor den Kindern erörtert. Der elfjährige Schwerin fragte kurz vor Ausbruch des Weltkrieges die verdutzte Tafelrunde: »Wie steht es mit der politischen Lage?«[25] Vater Schulenburg haßte die Alldeutschen, Vater Yorck wetterte gegen die Aufrichtung des Königreichs Polen. Der 9. November 1918 bestürzte sie alle zutiefst. Typisch für den spöttischen, seine Gefühle kaschierenden Fritzi Schulenburg war, daß er ausgerechnet jetzt die Familie mit einem 1848er Lied schockierte: »Schmiert die Guillotine mit det Fett von de Aristokratie.«[26] Der ebenfalls 15jährige Schwerin weinte dagegen eine Nacht lang und sagte als einziger seiner Klasse die gerade begonnene Tanzstunde ab. Die Situation im revolutionären Dresden ging ihm so unter die Haut, daß die Eltern einen Ortswechsel, möglichst weg von aller politischen Aufregung, für richtig hielten. Es wurde die Klosterschule Roßleben erwogen, wo 14 Jahre zuvor Lutz Krosigk, ein älterer Vetter Schwerins, als primus omnium Abitur gemacht hatte.

Waldemar Wussow, dessen Sohn Botho seit einigen Jahren in Roßleben war, riet sehr dazu. Roßleben, eine Stiftung der Familie von Witzleben und von Melanchthon gegründet, sei zwar schulisch nicht mehr sehr anspruchsvoll, aber die Jungen würden dort zu selbständigen, selbstbewußten Menschen erzogen.

Als Schwerin Ostern 1919 nach Roßleben in die Unterprima kam, fand er dort bereits Botho Wussow, Paul Yorck und Nikolaus Halem vor. Albrecht Kessel kam einige Monate später, im Herbst 1920 auch Peter Yorck. Die Internatsjahre wurden für diese Jungen auf der Schwelle zum Erwachsenenalter zu einer sehr wichtigen Erfahrung und insgesamt zu einer glücklichen Zeit. Die ungefähr 80 Internen stammten fast alle aus ostdeutschem Adel. In manchen Familien wurden die Söhne seit Generationen nach Roßleben geschickt. Die

Väter waren Landwirte, Beamte und Offiziere. Die Söhne schlossen in Roßleben Freundschaften, die ein Leben lang halten sollten.

Schwerin befreundete sich hier eng mit seinem Vetter Albrecht Kessel und mit Botho Wussow, Kessel wiederum mit dem zwei Jahre jüngeren Peter Yorck. Für die Vettern Schwerin und Kessel bedeutete das Internat einen entscheidenden Entwicklungsschub; Kessel formulierte später: »Da wurde wie durch ein Wunder alles mit einem Male besser und mein Bild, das mir aus dem Spiegel der Welt entgegentrat, war nicht mehr blaß und von Schwächen und Ängsten verzerrt, sondern fügte sich harmlos heiter in den bunten Rahmen.«[27] Roßleben war aus heutiger Sicht ein sehr spartanisches Institut mit skurrilen Seiten, in dem die jahrhundertealten Traditionen und die harte Hand der Schülerselbstverwaltung den Alltag bestimmten. Das Leben spielte sich zwischen den Wohn- und den Schlafzellen ab, in denen Gruppen von sechs bis acht Jungen unterschiedlichen Alters unter Führung eines Oberprimaners zusammenlebten. Die Jungen hatten sich in der Regel in festen Freundeskreisen organisiert, in die man auf Beschluß und mit Initiationsritus aufgenommen wurde.

Kessel, Schwerin und die Brüder Peter und Paul Yorck gehörten in ihren Klassen zu den Besten. Peter Yorck konnte sich aus einer gewissen Hemmung heraus mündlich nicht gut darstellen und war daher in der Klasse eher zurückhaltend. Diese Scheu verließ ihn sein Leben lang nicht, so daß Unbekannte ihn leicht für distanziert oder hochmütig-reserviert hielten. Im schriftlichen Ausdruck dagegen kamen seine Fähigkeit zur prägnanten Formulierung und seine große Belesenheit zum Ausdruck. Luther, Goethe, Ranke waren oft gelesen und gern zitiert, Bismarck verehrte er.[28] Der 18jährige Peter Yorck bestand, vom Mündlichen befreit, Ostern 1923 das Abitur.

Zwei Jahre zuvor, Ostern 1921, hatte bereits Schwerin Roßleben mit dem Abiturzeugnis verlassen, Kessel und Paul Yorck folgten Ostern 1922.

Roßleben war in diesen Jahren kein so windstiller Platz, wie es sich mancher Vater wohl gewünscht hätte. 1919 schloß sich die Oberprima für einige Wochen einer bayerischen Division an, die in Sachsen gegen die Anhänger des Kommunisten Hölz zu Felde zog.

Von den Freunden, die mit ihren sechzehneinhalb Jahren wohl noch als zu jung galten, ging keiner mit.

Für Fritzi Schulenburg, der seit 1916 das Katharineum in Lübeck besuchte, waren seine 16 Jahre kein Hinderungsgrund, es endlich seinen drei kriegsgedienten älteren Brüdern gleichzutun. Er meldete sich im Frühjahr 1919 zu dem Freiwilligenverband »Grenzschutz Ost«, der zur Verteidigung der deutschen Ostgrenzen aufgestellt wurde. Die überstürzte Demobilisierung der regulären Armee hatte für derartige Aufgaben nicht mehr genügend Kräfte gelassen. Zum Glück kam der Verband nicht mehr zum Einsatz; nur einmal lag der junge Soldat hinter einer Barrikade am Berliner Alexanderplatz. Als er im Frühsommer nach Tressow zurückkehrte, erkannte die Mutter den Sohn nicht gleich, so hatten ihn Hunger und Ruhr verändert.[29] Nach diesem militärischen Abenteuer ging Schulenburg noch einmal nach Lübeck auf die Schulbank zurück und machte dort mit 17 Jahren Ostern 1920 das Abitur.

Unsicher und wenig geborgen erscheinen Kindheit und Jugend Brücklmeiers. Die Ehe seiner Eltern scheiterte nach Meinung des Sohnes an dem idealisierten Mutterbild des Vaters, das die Ehefrau niemals erreichen konnte. Der Vater bestimmte über die Zukunft seiner vier Söhne. Eduard, der zu Hause Geige gespielt und geschichtliche Bücher verschlungen hatte, gab dies Interesse nach Eintritt in die Kadettenanstalt auf: Er sollte Offizier werden. Acht Jahre lebte er in dieser strikt-militärischen Institution. Von Karlsruhe wurde er nach Naumburg versetzt. In Lichterfelde machte er schließlich 1923 sein Abitur. Es waren für ihn die unglücklichsten Jahre seines Lebens, so daß er es später sogar ablehnte, mit seiner Frau darüber zu sprechen. Als sie ihm 1937 zum ersten gemeinsam gefeierten Geburtstag einen Kuchen präsentierte, war er zu Tränen gerührt. So viel Zuneigung hatte er nach der Trennung von seiner Mutter nicht mehr erlebt. Seit diesen traumatischen Erfahrungen der Jugend lehnte er jeden Zwang und alles Militärische ab. Seiner eigenen Einschätzung zufolge entwickelte er Selbstsicherheit erst nach dem Start ins Berufsleben.[30]

2. Kapitel

Universitätsjahre

»Denk ich an Deutschland in der Nacht, so bin ich um den Schlaf gebracht.« Diese Heine-Verse zitierte Wolf-Werner, ein älterer Bruder Fritzi Schulenburgs, wenn in Tressow nächtelang diskutiert wurde, wie Deutschland nach Krieg und Revolution wieder auf die Beine zu helfen sei.[1]

Die »glücklichen gesicherten Zeiten« der Kindheit waren dahin, zu Ende die festgefügte Welt der Monarchien. Die Armee, »unbesiegt im Felde«, hatte, trotz Langemarck und fast zwei Millionen Toten, die alte Ordnung nicht mehr sichern können. Und wieder Versailles, diesmal mit dem »Schanddiktat«, das innere Chaos, und später die Inflation. Den Elternhäusern in Tressow, Klein-Oels, und Ober-Glauche, in Dresden, Leipzig und Altenburg waren die umwälzenden Veränderungen nur mit Mühe verständlich. Sie trauerten um das Alte und verzweifelten am Neuen. Sie sahen nicht, daß der industriellen Revolution der letzten Jahrzehnte zwangsläufig eine Veränderung im politischen und gesellschaftlichen Gefüge hatte folgen müssen. Vor allem aber: Sie erkannten keine Chancen in diesem Neuanfang. Statt dessen hingen sie einem restaurativen Nationalismus und einer monarchistischen Restaurationsideologie (Bracher) an, wie sie von der DNVP vertreten wurden. So entfernt uns diese Haltung heute erscheint, generationsbedingt gehörten sie damit einer stattlichen Minderheit an, schließlich war die DNVP während der 20er Jahre die zweitstärkste Partei. Mit Ausnahme einer Tochter Schulenburgs revoltierten die Kinder nicht gegen die Elternhäuser. Gewiß, sie paßten sich den neuen Umständen an, in der einen oder anderen Frage mochten sie auch neue Wege gegangen sein; im großen und ganzen fühlten sie sich jedoch der Tradition der Familie, dem elterlichen Erbe, so wie sie es verstanden, verpflichtet.

Und was sicher auch eine Rolle spielte: Materiell war es in all diesen Familien inzwischen schwierig geworden, vor allem bei den vorzeitig pensionierten Vätern Schulenburg, Schwerin und Wussow. Am wenigsten veränderten sich wahrscheinlich die Verhältnisse bei dem relativ jungen, gut verdienenden Vater Brücklmeier. Schulenburg verlor infolge des Krieges seine in England »sicher« angelegten Ersparnisse von 900 000 Goldmark. Es ist bezeichnend für die wenig materiell ausgerichteten Schulenburgs, daß die Kinder diese Nachricht mit Gelächter aufnahmen. Die Komik lag darin, daß sie aufgrund ihrer sehr spartanischen Erziehung immer angenommen hatten, die Familie müsse eher arm sein, und nun zu spät das Gegenteil entdecken mußten. Tatsächlich waren Sparsamkeit im Materiellen und Bescheidenheit im Auftreten Erziehungsprinzipien in all diesen Familien. Sie galten als Ingredienzien des rechtverstandenen Preußentums, ebenso wie Unbestechlichkeit, und sei es auch in Kleinigkeiten.

Da die Sieger des Weltkrieges die allgemeine Wehrpflicht abgeschafft hatten, konnten die Abiturienten sofort mit dem Studium beginnen. Es ist charakteristisch für das politische Interesse dieser jungen Männer, daß sie bis auf zwei Ausnahmen in den Staatsdienst drängten. Erleichtert wurde diese Entscheidung dadurch, daß Kessel, Schulenburg und Yorck als jüngere Söhne keinen oder so gut wie keinen Grundbesitz zu erwarten hatten.[2] Sie wählten daher eine der in ihren Familien gängigen Alternativen und studierten Jura. Auch Brücklmeier entschloß sich zu diesem Sprungbrett in den Staatsdienst. Schwerin dagegen versagte es sich, seinen Neigungen, die dem Auswärtigen Dienst galten, zu folgen. Er studierte aus Pflichtgefühl Landwirtschaft, denn Wilhelm Schwerin, der kinderlose Bruder seines Vaters, hatte ihn zum Erben seiner großen Güter in Mecklenburg und Westpreußen bestimmt. Aus Gründen der Erbschaftsbesteuerung, aber auch um mehr Einfluß auf die Erziehung des jungen Mannes nehmen zu können, hatte der Onkel seinen Neffen 1924 adoptiert. Das Verhältnis zwischen beiden war allerdings nicht unbelastet, da der alte Mann für die scheue, wenig forsche Art des Jungen keinerlei Verständnis aufbrachte.[3] Zwei Jahre lang lernte Schwerin nach dem Abitur als Eleve die forst- und landwirtschaftliche Praxis kennen. Als er auf einem Randowschen Besitz in der Nachbarschaft von Tressow arbeitete, besuchte er öfters die Verwandten Schulenburg. Es war wohl im Sommer 1922, daß er sich mit dem gleichaltrigen und gleichgestimmten Fritzi anfreundete. Der junge Schulenburg kehrte in den Semesterferien meist nach Hause zurück, da der monatliche Wechsel etwas anderes kaum erlaubte. Aus dieser Begegnung erwuchs eine umfangreiche Korrespondenz politischen Inhalts.[4]

Schulenburg hatte sich gleich nach dem Abitur als 17jähriger zum Sommersemester 1920 für das Studium der Rechts- und Staatswissenschaften in Göttingen eingeschrieben. Wie sein älterer Bruder trat er dem Korps Saxonia bei. Hier wurde aus dem Bücherwurm und verlegenen Jungen ein lebhafter, oft übermütiger junger Mann mit vielen Freunden.[5] In Göttingen freundete er sich auch mit dem sechs Jahre älteren Studenten und Weltkriegsteilnehmer Caesar v. Hofacker an, der ihn wenige Jahre später mit seinem Onkel Uexkuell wie mit seinen Vettern Stauffenberg bekannt machen sollte. Mit seinem älteren Bruder Wolf-Werner diente er im Göttinger Studentenbataillon, einer jener nach dem Versailler Vertrag illegalen Reserveeinheiten der noch jungen Reichswehr. Als es nach der für Deutschland günstig ausgegangenen Abstimmung in Oberschlesien vom 20. März 1921 dort zum dritten polnischen Aufstand kam, übernahm der Vater für ein Dreivierteljahr den Gesamtbefehl über die dort operierenden Freicorps; die Söhne Wolf-Werner und Fritzi kämpften während zweier Monate in den Reihen eines der Freiwilligenverbände mit.

Das entsprach ihrer nationalen Gesinnung, war aber zudem gewiß auch motiviert durch den Wunsch, etwas von der rauhen Weihe des Frontsoldatentums zu erlangen. Nach drei weiteren Semestern schloß Schulenburg am 13. Oktober 1923 sein Studium mit dem Referendarexamen und einem »voll befriedigend« ab.[6]

Brücklmeier, Kessel und Schwerin begannen ihr Studium in München 1922 bzw. 1923. Brücklmeiers Vater veranlaßte seinen Sohn mit einigem Nachdruck, seinem alten Korps Bavaria beizutreten, schließlich folgte er widerwillig. Kessel und Schwerin schlossen sich dagegen der 1905 gegründeten Münchner Gesellschaft an. Die Münchner Gesellschaft war eine Gegengründung gegen die traditionellen waffentragenden Verbindungen. Sie war Auffangbecken »bei vergleichsweise bescheidenem Aufwand« für die nach München kommenden ostdeutschen Adligen und dementsprechend konservativ. Es war ein bewußter Entschluß, sich gegen die sehr viel üblicheren schlagenden Verbindungen zu entscheiden. Schwerin folgte wohl dem Beispiel seines Vetters Kessel, der bereits seit dem vorhergehenden Wintersemester Mitglied der Gesellschaft war. Schwerin wurde auf dem Höhepunkt der Inflation im Wintersemester 1923/24 – allein seine Beleggebühren betrugen mehr als 56 Milliarden Mark – zum Senior gewählt. In diesen Monaten war die wirtschaftliche Situation für die meisten Studenten äußerst schwierig, hinzu kam für Schwerin noch das Unverständnis des alten Erbonkels Wilhelm für das Phänomen der Inflation. Er murrte über die ständigen Geldforderungen Schwerins und fürchtete, der junge Mann könnte zu verschwenderisch leben!

Zum Münchner Freundeskreis gehörten alte und neue Gesichter. Gottfried von Nostitz, der Schulfreund Schwerins aus Dresden, war bereits seit dem Sommersemester 1922 dort; im Herbst 1923 kam auch Botho Wussow, der Roßleber Freund, an die Isar. Wussow hatte Roßleben ein Jahr vor dem Abitur verlassen, eine landwirtschaftliche Lehre absolviert, im Sommer 1923 »gejobt« und war dann als Gasthörer nach München gekommen. Aber seine Ersparnisse waren nach wenigen Monaten aufgebraucht, eine langdauernde Unterstützung durch seine sehr bescheiden lebenden Eltern kam nicht in Frage. So wanderte er 1924 nach Chile aus, wo ein älterer Bruder bereits seit 1919 versuchte, sein Glück zu machen. Wussow kehrte erst 1935 nach Deutschland zurück.

Als neuer Freund in dieser ostdeutschen Runde ist vor allem Karl Ludwig Freiherr von und zu Guttenberg zu nennen. Guttenberg, auch Jahrgang 1902, entstammte einer katholischen Familie des fränkischen Uradels. Wie Brücklmeier, Kessel und Nostitz studierte er Jura, wechselte jedoch später zur Geschichte über und promovierte 1929 mit dem Thema »Die zeitgenössische Presse Deutschlands über Lenin«. Ähnlich wie Schulenburg folgte er 1919 den Aufrufen an die wehrwillige national gesinnte Jugend und gliederte sich in die »Marschabteilung Würzburg« ein, die Franken vor dem Ausufern des thüringischen Hölz-Aufruhrs sichern sollte. Im September 1923 nahm er, wahrscheinlich zusammen mit dem neuen Freund Schwerin, an einer Übung der »Schwarzen Reichswehr« in Passau teil. Solche freiwilligen militärischen Einsätze gehörten bei der »nationalen«, vor allem der adeligen Jugend dazu, entsprachen sie doch den militärischen Traditionen der Familien und waren gleichzeitig ein Akt des Protestes gegen Versailles. Die auf 100000 Mann zwangsgeschrumpfte Reichswehr bildete auf diese Weise in schwarzen, das heißt illegalen Einheiten Reseverdienstgrade aus.

Guttenberg engagierte sich in einem Führungsgremium des »Hochschulrings deutscher Art«, der Dachorganisation fast aller farbentragenden Verbindungen, die es sich angesichts der politischen Wirren zur Aufgabe machte, die alte Kluft zwischen schlagenden und nicht-schlagenden Verbindungen zu überwinden. Guttenberg lernte Schwerin schon sehr bald nach dessen Ankunft in München kennen, denn unter dem Datum 17. Juni 1923 schrieb Guttenberg eine Tagebuchnotiz, die Schwerins etwas zu ernsthafte und schwerfällige Art mit Humor illustriert: »Plettenberg und ich hatten Schwerin getroffen. Die Sonne sank und ein Gespräch über Politik flammte auf. Plettenberg langweilte sich. Sah zwei Mädchen in der Brienner Straße. Ich sah sie auch. Schwerin ganz Politik, wir ganz Mädchen... Die Wolken am politischen Horizont waren noch nicht zerteilt, dafür hatten aber die Mädchen sich schon dreimal umgesehen... Schwerin merkt nichts, spricht immer noch von Politik. War wieder einmal ganz Preuße. Da verabschiedeten wir uns einfach mitten im Satz und ließen ihn stehen...«[7]

Die politische und wirtschaftliche Lage Deutschlands war 1923, auf dem Höhepunkt der Nachkriegsmisere, verzweifelt: Am 11. Januar besetzen die Franzosen die Ruhr, am 26. September bricht der neue Reichskanzler Stresemann den passiven Ruhrkampf ab und ruft den Ausnahmezustand aus, am 13. Oktober verabschiedet der Reichstag ein bis März 1924 befristetes Ermächtigungsgesetz, am 21. Oktober wird in Aachen die Rheinische Republik ausgerufen – das Ganze eingebettet in eine Inflation, wie sie noch kein Zeitgenosse durchlitten hatte. Die Ersparnisse eines ganzen Lebens und eines ganzen Volkes verschwanden in wenigen Wochen. Einzig die völkische Bewegung im Süden Deutschlands hatte Aufwind. Am Abend des 8. November landete Hitler im Herzen der bayerischen Ordnungszelle im Bürgerbräu seinen Theatercoup und rief sich zum »Reichsdiktator« aus. Seine überrumpelten Bundesgenossen, der Generalstaatskommissar v. Kahr und der Reichswehrbefehlshaber v. Lossow, desertierten von der »nationalen Sache« noch in der gleichen Nacht. Hitler versuchte, am nächsten Morgen die Situation durch Mobilisierung der Bevölkerung zu seinen Gunsten und gegen die »Novemberverbrecher« in Berlin zu wenden. Als der Zug die Feldherrenhalle erreichte, wurde er von einer dichten Mauer von Zuschauern erwartet, unter ihnen auch Schwerin und Brücklmeier, die sich allerdings zu diesem Zeitpunkt noch nicht kannten. Die beiden Zweitsemestrigen hörten den Gesang der näherkommenden Marschkolonne, dann plötzlich die wilde Schießerei. Sie sahen, wie sich die Fronterfahrenen im Zug zu Boden warfen und wie nur Ludendorff aufrecht durch die Reihen der schießenden Landespolizei hindurch weitermarschierte.[8] Am Abend zuvor hatte Hitler getönt: »Der Morgen findet entweder in Deutschland eine nationale Regierung oder uns tot.« Tatsächlich starben 19 Menschen, Hitler dagegen lag auf der Bahre eines parteieigenen Krankenwagens, der ihn in wilder Fahrt in das Landhaus seines reichen Förderers Putzi Hanfstaengl evakuierte.

Botho Wussow war, wie ein großer Teil der Bevölkerung, über die »nationale Revolution« begeistert. Es war bereits die allgemeine Wehrpflicht proklamiert worden. Als er mit dem skeptischen Kessel am Bayerischen Kriegsministerium vorbeiging, das von Männern unter dem Befehl des jungen Himmler besetzt war, fragte er einen Posten, wann er sich zum Militär melden könne.

Differenzierter war da schon Guttenbergs politisches Urteil in jenen Tagen. In den ersten drei Semestern hatte er als Studentenführer bereits an Statur gewonnen. Am Krankenbett, das der 21jährige nach der Passauer Wehrübung hüten mußte, besuchten ihn zahlreiche Emissäre völkischer Gruppen: Vertreter des Freikorpsführers Kapitän Ehrhardt und des Generalstaatskommissars von Kahr, Fritz Gerlich, der Hauptschriftleiter der Münchner Neuesten Nachrichten, Sanitätsrat Pittinger von den Vaterländischen Verbänden und Dr. v. Scheubner-Richter, Hitlers Verbindungsmann zu den feinen und finanzkräftigen Kreisen, der ein Opfer des Marsches auf die Feldherrenhalle werden sollte. Schließlich arrangierte Guttenberg in seinem Krankenzimmer eine »psychologisch höchst interessante« Unterredung zwischen dem ehemaligen Polizeipräsidenten Pöhner und Oswald Spengler. Wie Guttenberg wenig später schrieb, sollte dies dazu dienen, die »widerstrebenden Kräfte« der völkischen Bewegung und des Staates für den »Freiheitskampf« zusammenzubringen. Kahr und Hitler, Lossow und Ludendorff, Guttenberg und die mit ihm befreundeten Studenten waren sich einig: Eine wahrhaft nationale Regierung war zu bilden, Berlin mußte im Sturm genommen und das deutsche Volk gerettet werden. Dann aber blieb der »Führer« ohne Erfolg.

Guttenberg analysierte eine Woche nach dem 9. November den Marsch auf die Feldherrenhalle und seine Folgen: »In den letzten Tagen erlebten wir hier die Scheidung in Herz und Verstand. Die Beteiligung der Massen an Hitlers Wahnsinnsunternehmen ist nur aus ihrem übergroßen Aktivismus, ihrer rein gefühlsmäßigen Einstellung zu den nationalen Dingen zu werten. Wir müssen Kahr zugeben, daß er nach seiner Kenntnis der Verhältnisse im Reich nichts anderes tun konnte, als den verfrühten Staatsstreich zurückzuweisen. Daß er hierbei keinen andern Weg ausfindig machen konnte als den Betrug, und im weiteren Verlauf deutsches Blut, und zwar der Besten, vergießen mußte, ist die furchtbare Tragik jener Tage. Die Gefallenen stehen nun gleich unüberbrückbaren Klüften zwischen der nationalen Bewegung. Nach wie vor muß unser ganzes Bestreben darin bestehen, diese Kluft zu schließen. Wir können den Freiheitskampf mit reiner Staatsraison nicht vorbereiten; deshalb brauchen wir unbedingt das Feuer der völkischen Bewegung. Reibt sich die gefühlsmäßig eingestellte Seite der nationalen Bewegung im Kampf gegenüber dem Verstand der Staatsmänner und ihrer Machtmittel (Reichswehr) auf, dann können wir die Hoffnung auf den Erfolg der nationalen Bewegung begraben... Wir müssen unseren ganzen Einfluß dahingehend geltend machen, daß sich die Erkenntnis durchringt, mit Gefühl allein rette man keine Staaten.«[9]

Der 9. November 1923 wurde für die Münchner Freunde zu einem nachhaltig wirkenden Erlebnis. Sie hatten Hitlers erfolgreiche Demagogie, aber auch seine Unseriosität und Irrationalität erlebt und die ersten Opfer seines Vorgehens selbst gesehen. Kessel datierte Jahre später Schwerins Ablehnung von Hitler auf diese Erlebnisse von 1923.[10]

Wenige Tage nach den Schüssen am Odeonsplatz, am 12. November, hatten Guttenberg und Schwerin eine gemeinsame Erfahrung, die sie stark beeindruckte. Große Teile der Studentenschaft hatten sich im Lichthof der Universität versammelt, um zugunsten Hitlers und gegen die Polizei auf die Straße zu gehen. Kahr, der noch vor kurzem zusammen mit Hitler Deutschland hatte retten wollen, ließ den Rektor wissen, daß er Gewalt mit Gewalt werde abwehren müssen. Eine erneute blutige Konfrontation schien bevorzustehen. Vergeblich versuchten die bei den Studenten beliebten Professoren v. Müller, Kisch und Sauerbruch die Wogen zu glätten. Es kam zu Tumulten, Schwerin und Guttenberg mußten Sauerbruch durch einen Nebeneingang in Sicherheit bringen. Schließlich rief Guttenberg den Freikorpsführer Kapitän Ehrhardt zu Hilfe, der den Studenten gut zuredete und sie zum Nachhausegehen bewegen konnte.

Das Wintersemester endete für Guttenberg mit einer weiteren Aufregung. Kurz vor Weihnachten sollte eine feierliche Rektoratsübergabe in Anwesenheit von Kultusminister Matt stattfinden. Dieser hatte sich aber den Zorn der nationalgesinnten Studentenschaft zugezogen, weil er die bayerische Bevölkerung aufgerufen hatte, »dem Preußen Ludendorff und seinem Anhang« die Gefolgschaft zu versagen. Um einen Eklat zu vermeiden, bewog Guttenberg zusammen mit Ernst Starhemberg, dem späteren österreichischen Vizekanzler, den Rektor, die Feier abzusagen. Dadurch kamen die beiden Studenten in den Verdacht, den Rektor unter Druck gesetzt zu haben. Es kam zu einem Relegierungsverfahren vor dem Senat, das sie jedoch mit Bravour bestanden.[11]

Am 4. 5. 1924 durften sie zum erstenmal einen Reichstag mitwählen. Die Frage, was er wählen würde, wurde auch an Guttenberg gestellt. Zwar liege, so schrieb er damals, die eigentlich nationale Kraft bei den Völkischen, nämlich der NSDAP, aber ihre starke Traditionsfeindlichkeit, ihr »kommunistisches Wirtschaftsprogramm«

und ihre nur »aus der Idee« sanktionierte Irrationalität mache sie unwählbar. Er tendiere daher zu den Deutschnationalen, die auch die geistige Führungsschicht in Männern wie dem evangelischen Theologen Friedrich Brunstäd oder dem katholischen Historiker Martin Spahn aufzuweisen hätten.[12] Es kann angenommen werden, daß die Freunde ab 1924 den Deutschnationalen ihre Stimme gaben, um später zu der Deutschen Volkspartei des erfolgreichen Außenministers Stresemann überzuwechseln. Die Deutsche Volkspartei stand zwar auch rechts, bekannte sich aber zur Republik, mehr als die Deutschnationalen.[13] Die Söhne lösten sich damit von der politischen Bevormundung der Väter. Es war ein Schritt gegen die Welt der alten Exzellenzen, gegen das Gestern.

Als erste verließen Kessel und Wussow nach diesem ereignisreichen Winter die Stadt, Kessel, um in Breslau weiterzustudieren, Wussow, um nach Chile auszuwandern. Schwerin bestand im Juli 1924 mit einem Notendurchschnitt von 1,4 die Diplom-Vorprüfung für Landwirte. Zum Wintersemester ging er nach Berlin, wo er Fritzi Schulenburg und Paul Yorck wiederbegegnete. Schulenburg hatte nach seinem Referendarexamen Anfang 1924 zusammen mit seinem Corpsbruder Stürcken eine Südamerikareise unternommen. Während der Überfahrten arbeitete er als Tellerwäscher und lernte in den Gesprächen mit der Schiffsbesatzung, linke politische Argumente nicht von vornherein abzutun.

Schulenburg ging die Ochsentour der Juristen für die Laufbahn der inneren Verwaltung, Gerichtsreferendar und Regierungsreferendar. Mit einem anderen Göttinger Freund, dem Juristen Karl von Oppen, bewohnte er ein einfaches Mietzimmer. Als Schwerin im November 1924 nach Berlin kam, gingen Schulenburg, Paul (Bia) Yorck und er immer mal wieder in das berühmte Hotel Adlon und amüsierten sich bei einer geteilten Flasche billigsten Weins.

Schulenburg aß in dieser Zeit häufig im Kasino des Infanterie-Regiments 9, des »Graf 9«, wie es wegen seines nahezu ausschließlich adligen Offizierscorps genannt wurde. Das Regiment war, wie auch andere Einheiten in diesen Jahren, dazu übergegangen, einige Regierungsreferendare zu den Mahlzeiten einzuladen. Die Offiziere versprachen sich davon Verbindung zum zivilen Leben. Schulenburg sollte mit der Armee in der einen oder anderen Weise immer verbunden bleiben, bis er schließlich am 1. 6. 1940 ganz zum Militär wechselte.

Schwerin entschloß sich, zum Sommersemester 1925 nach Breslau zu wechseln, wo bereits Kessel und Peter Yorck in der Nähe der elterlichen Besitze studierten. Peter Yorck hatte nach seinem Abitur 1923 in Bonn mit dem Studium der Rechtswissenschaft begonnen. Wie schon sein älterer Bruder Paul und sein Vater vor ihm, war er bei den Bonner Preußen aktiv geworden. Als Freund aus dieser Zeit blieb ihm Silvius Graf Pückler zeit seines Lebens verbunden; Pücklers Hochzeit sollte er vorzeitig verlassen, um am 20. Juli 1944 rechtzeitig zum Staatsstreich in Berlin zurückzusein. Ein anderer Korpsbruder gleichen Jahrgangs, der später noch eine Rolle spielen sollte, war Baron Steengracht, Nachfolger Weizsäckers als Staatssekretär im Auswärtigen Amt.

Peter wird als amüsant und witzig beschrieben, wenn er auch auf Fernerstehende kühl bis arrogant wirken mochte. Peter Yorck und seine Borussen-Freunde gingen ab und an in die Vorlesungen berühmter Professoren, um überhaupt etwas von der Universitätsatmosphäre mitbekommen zu haben. Sonst füllte das »Aktivsein« die Studenten in spe voll aus. Das war keineswegs unüblich. Mit Politik beschäftigten sich die Korpsbrüder nicht besonders. Verbreitet war jedoch eine ablehnende Haltung gegenüber der »roten« Reichsregierung, die doch tatsächlich unter den Reichskanzlern Cuno, Stresemann und Marx alles andere als »rot« war. Der Geburtsfehler dieser Regierungen war in den Augen der Korpsstudenten, daß sie der jungen Republik vorstanden und nicht vom Kaiser bestellt waren. Die Bonner Preußen drängten nach dem Hitlerputsch in die gleiche Richtung wie die Mehrheit der Münchner Kommilitonen. Sie stellten Überlegungen an, wie sie Hitler und seiner Bewegung helfen könnten. Die jungen Heißsporne wurden vor unüberlegten Schritten durch den Kölner Bankier und Hitlers späteren »Steigbügelhalter« Kurt Freiherr von Schröder bewahrt, der dringend von irgendwelchen Aktionen zugunsten Hitlers abriet. Ihren Aktivismus befriedigten sie dann in einer achtwöchigen Übung mit der »Schwarzen Reichswehr« im Frühjahr 1924 in München. Peter Yorck und Silvius

Pückler siedelten im Oktober 1924 von Bonn nach Breslau über, um ihr Jurastudium nun ernsthaft zu beginnen. Yorck traf dort auch seine alten Roßleber Freunde Kessel und Gersdorf wieder. Das nahe und traditionell gastliche Klein-Oels sah die vier Jurastudenten häufig an Wochenenden und zu den turnusmäßigen Jagden. Am 14. Oktober 1926 bestanden sie das Referendarexamen.[14]

Schwerin hatte bereits einige Monate zuvor im März 1926 in Breslau seine Diplomprüfung mit »gut« bestanden. Nach Vorarbeiten für eine volkswirtschaftliche Dissertation mußte er die Universität und Breslau endgültig Mitte November verlassen, um nach dem Tod seines Onkels das Erbe in Mecklenburg und Polen anzutreten.

1927 beendete Brücklmeier sein Studium mit dem Referandarexamen und der Promotion. Auch sein Promotionsthema über die Konsulargerichtsbarkeit hatte er ganz auf den Eintritt ins Auswärtige Amt ausgerichtet – ein Entschluß, der durch den Widerstand des Vaters nur noch fester wurde.[15] Anfang Mai trat Brücklmeier zusammen mit Kessel und Gottfried Nostitz den Vorbereitungsdienst im Auswärtigen Amt an.

Das I-Tüpfelchen nach der Universitätsausbildung waren die Auslandsreisen, die Schulenburg und Yorck nach ihrem Referendarexamen unternahmen. Auslandsreisen waren damals für die Mehrzahl der Deutschen kaum erschwinglich, auch wenn sie für die gehobene Bildungsschicht als nahezu klassisches Mittel fundierter Bildung gelten mochten. Schwerin suchte es Schulenburg gleichzutun. Er hatte nach seinem Examen bereits eine Stelle auf einem Hapag-Dampfer nach Argentinien angenommen, als der alte Erbonkel Wilhelm sein Veto einlegte. Seine einzigen Erfahrungen jenseits der deutschen Grenzen blieben bis zu seiner Ehe die Aufenthalte in Polen und eine kurze Universitätsexkursion nach Ungarn.

Yorck und Gersdorff reisten nach dem Referendarexamen nach Istanbul. Yorcks zweitälteste Schwester hatte kurz zuvor den deutschen Botschaftsrat in der Türkei, Hans-Adolf von Moltke, geheiratet. Die beiden Referendare besuchten sie und durchwanderten auf dem Rückweg, in Antike schwelgend, gemeinsam den Peloponnes.

Brücklmeier, der bereits ein Lausanner Semester eingeschaltet hatte, ging nach dem Rigorosum für einige Wochen nach London, um sich auf die Sprachprüfung des Auswärtigen Amtes vorzubereiten.

Auf diese Weise waren für alle die Universitätsjahre zu Ende gegangen, wenn auch noch nicht ihre Ausbildung. Keiner der Freunde war beim Abschlußexamen älter als 23, Yorck und Schulenburg waren sogar erst 21 Jahre alt!

3. Kapitel

Schwerin und die deutsche Minderheit in Polen

Das folgende Kapitel ist ausschließlich Schwerins Zeit in Polen bis zum Kriegsausbruch gewidmet. Während die Berufsbiographie der Freunde so eng mit ihrer Aktivität für den Widerstand verknüpft ist, daß sich beide Bereiche in der Darstellung verschränken, gilt dies nicht für Schwerins Berufstätigkeit, deren Beschreibung deshalb der der anderen vorangestellt wird. Schwerins Leben als Gutsbesitzer in Polen gibt Aufschluß über einen ganz anderen Ausschnitt der zeitgenössischen Wirklichkeit an einem ihrer politischen Konfliktpunkte. Entsprechend anders verläuft der Erkenntnisprozeß, der Schwerin zum Widerstand führt: Frühzeitig ist er konfrontiert mit dem Imperialismus der nationalsozialistischen Politik und ihrer Mißachtung der Minderheitenproblematik.

Schwerins Leben zwischen Studienabschluß und Kriegsbeginn wurde wesentlich durch den Kontakt zu den Problemen der deutschen Minderheit in Polen geprägt. Als der 70jährige Erbonkel im Oktober 1926 starb, mußte Schwerin alle Promotions- und Reisepläne aufgeben. Der 23jährige, aus bescheidenen pekuniären Verhältnissen stammend, trat ein auch für ostdeutsche Begriffe sehr großes, wenn auch wirtschaftlich wie politisch stark gefährdetes Erbe an: land- und forstwirtschaftliche Betriebe in Mecklenburg (Göhren) und Polen (Sartowitz) von insgesamt ca. 7600 ha.

Der Besitz der engeren Familie ging auf Otto Schwerin (1616–1679), den ersten Minister des Großen Kurfürsten zurück. Hermann Schwerin fügte durch Kauf 1839/41 u. a. die Güter Göhren und Georginenau in Mecklenburg-Strelitz hinzu. Um Göhren gruppierten sich fünf weitere Güter mit einer Gesamtfläche von knapp über 3000 ha (1926). Die Göhrener Güter hatten sehr schwierige Bodenverhältnisse, die sich erst durch den Einsatz von Maschinen, speziell Traktoren, besser bewältigen ließen.[1] Es wurde behauptet, daß dort noch jede dritte Generation bankrott gemacht habe. Schwerins Großvater Wilhelm hatte beinahe Konkurs anmelden müssen. Sein gleichnamiger Sohn, Schwerins Erbonkel, war dagegen sehr gewissenhaft, hatte reich geheiratet und gut geerbt, nämlich Sartowitz im späteren Polen. Trotz dieser günstigen Ausgangslage und der wirtschaftlichen Verbesserung der Güter mußte er nach dem Weltkrieg den 314 ha großen landwirtschaftlichen Teil des Nebengutes Wilhelmshain verkaufen und war auch noch gezwungen, weiter Schulden zu machen. Schwerin selbst mußte in der Weltwirtschaftskrise, die auch einen Zusammenbruch der Erzeugerpreise bewirkte, noch einmal 570 ha Ackerland des Betriebes Hildebrandshagen verkaufen. Obwohl er das Geld verwandte, um Göhren zu sanieren, blieben die Mecklenburger Betriebe bis zum Schluß höchst problematisch. Wie groß die Belastung durch ererbte Schulden, die Erbschaftssteuer sowie die Abfindung zahlreicher weiterer Erbansprüche gewesen war, wird deutlich, wenn Schwerin 1942 erleichtert und stolz berichtet, er habe alle Schulden bis auf einen Restposten von RM 100 000,– abgedeckt.[2] Es blieb die Frage, ob es nicht besser sei, die Göhrener Betriebe ganz zu verkaufen und dafür anderswo einen besser zu bewirtschaftenden, wenn auch kleineren Besitz zu erwerben.[3]

Das eigentliche Problem nach Erbantritt war aber der polnische Besitz Sartowitz; ihm galt daher Schwerins Hauptsorge in den folgenden drei Jahren. 1782 hatte Ernst Sartorius von Schwanenfeld die etwa 4600 ha großen Güter erworben. Sartowitz mit dem klassizistischen Herrenhaus über der Weichsel lag zwischen Graudenz und Schwetz im alten Ordensland und war 1772 durch die erste polnische Teilung zu Preußen gekommen. Die protestantische Familie Schwanenfeld war im Zuge der religiösen Verfolgungen Kaiser Leopolds I. (1640–1705) aus Ungarn in das damals bekannt liberale Polen emigriert. Ernst Schwanenfeld, seit 1776 Generalpostmeister der polnischen Krone, war wie alle polnischen Beamten nach der dritten polnischen Teilung 1795 von den Preußen abgesetzt worden. Sein Besitz Sartowitz kam durch Erbgang 1906 an Wilhelm Schwerin, dessen Mutter eine Schwanenfeld gewesen war, und 20 Jahre später an Ulrich-Wilhelm Schwerin.

Schwerins Sartowitzsches Erbe war mit der politischen Entwicklung eng verknüpft. Mit der Unterzeichnung des Versailler Vertrages wurde 124 Jahre nach der dritten Teilung Polens ein unabhängiger polnischer Staat wiedererrichtet. Die Polen waren nach mehr als einem Jahrhundert der verweigerten Staatlichkeit und der blutig niedergeschlagenen Aufstände auf einmal in der Lage, selbst ihre Geschicke zu bestimmen. Das neue Polen war von Beginn an mit der Hypothek einer bunt gemischten Bevölkerung belastet, in der das polnische Staatsvolk nur 69 % auf sich vereinigte.[4] In den durch Versailles von Deutschland an Polen abgetretenen Gebieten im Polnischen Korridor, das heißt in den ehemaligen preußischen Provinzen Posen und Westpreußen, waren die Polen auch schon vor dem Krieg in der Mehrheit gewesen; der deutsche Bevölkerungsanteil belief sich 1910 auf nur 37 % oder 1,1 Millionen Menschen. Da die deutsche Bevölkerung jedoch ungleichmäßig gesiedelt hatte, hatte immerhin ein Viertel der Landkreise Westpreußens eine deutsche Mehrheit gehabt. Dies Verhältnis änderte sich zwischen 1918 und 1926 drastisch. Nach einer polnischen Volkszählung von 1931 war der deutsche Anteil von 37 % auf 9 % oder 298 000 Personen geschrumpft. Sicherlich war die deutsche Abwanderung auf polnischen Druck zurückzuführen, ebenso wie es vorher Germanisierungspressionen gegeben hatte. Da die Landwirtschaft den wichtigsten Erwerbszweig der deutschen und polnischen Bevölkerung bildete, war der deutsche Landbesitz ein bevorzugtes Angriffsziel des polnischen Nationalismus. Dabei stand der Großgrundbesitz politisch besonders im Rampenlicht.

Schwerin erbte Sartowitz zu einem Zeitpunkt, als die polnischen Maßnahmen gegen den deutschen Grundbesitz ihren Höhepunkt erreicht hatten. Vor allem durch Angstverkäufe und durch die sogenannte Liquidation war ein knappes Drittel des ehedem (1914) deutschen Grundbesitzes an Polen gelangt. Die Agrarreform sollte ab 1926 weitere 111 000 ha fordern.[5] Das Instrument der »Liquidation« ermöglichte den alliierten Gegnern, im Vorgriff auf deutsche Reparationen deutsches Auslandsvermögen einzuziehen. Dem wiedererstandenen Polen war dieses Recht ebenfalls zugestanden worden. Hinzu kam weiter, daß für die polnische Agrarreform vor allem der deutsche Großgrundbesitz herangezogen wurde. Die Reform war in ihrer Zielsetzung, der Beseitigung der ländlichen Not durch Schaffung von existenzgewährenden Bauernstellen, unumstritten. Das zweite Agrarreformgesetz von 1925 sah deshalb eine Begrenzung der Anbaufläche auf 180 ha vor; die freiwerdende Fläche sollte für Umverteilungen zur Verfügung stehen. Bald wurde jedoch offensichtlich, daß der polnische zu Lasten des deutschen Grundbesitzes geschont wurde.

Als Schwerin im November 1926 zum Antritt der Erbschaft nach Sartowitz fuhr, sah er sich daher hauptsächlich mit zwei Drohungen konfrontiert: Liquidation und Agrarreform. Sartowitz besaß für das Deutschtum in Pommerellen einen besonderen Signalcharakter, da es im ehemaligen Westpreußen der zweitgrößte Besitz überhaupt war. In der Gruppe der 579 deutschen Besitze im Korridor, die dem Agrarreformgesetz unterlagen, gab es nur fünfzehn gleich große oder größere Besitze als Sartowitz. Um jeden dieser Betriebe führten die Polen und Deutschen einen erbitterten Kampf. Die Polen wandten alle legalen und viele illegale Mittel an; die Deutschen wehrten sich mit Hilfe geheimer Fonds aus Berlin und unzähligen Eingaben an die polnische Regierung, vor allem aber an den Völkerbund in Genf, dem der Minderheitenschutz in seine Statuten geschrieben war. Wie andere Minoritäten suchte auch die deutsche Volksgruppe die Weltöffentlichkeit für sich zu mobilisieren.

War schon in Deutschland die Revision des Versailler Vertrages ein politisches Hauptziel, so erst recht für die Deutschen in den abgetretenen Gebieten. Einmal eingenommene Positionen wurden eifersüchtig zu schützen gesucht. So wurde innerhalb der Volksgruppe gegen die Emigration ins »Reich« und natürlich gegen jede Besitzaufgabe polemisiert. Diese Haltung sollte Schwerins Onkel Joachim Bethmann-Hollweg Anfang 1928 zu spüren bekommen, als er sich durch die veränderte politische Situation und die daraus resultierende finanzielle Bedrängnis gezwungen sah, Runowo zu einem einigermaßen vertretbaren Preis an die polnische Landwirtschaftsbank zu verkaufen. Für die Deutschen war dies der vollendete Skandal. Die führende »Deutsche Rundschau« in Bromberg unter ihrem Chefredakteur Gotthold Starke formulierte: »Wir bedauern den Verlust von so viel deutschem Grund und Boden, wir bedauern den Verlust von zahlreichen deutschen Arbeitern und Gutsbeamten; den Verlust des Gutsherrn bedauern wir nicht.«[6]

In dieser Atmosphäre des Trotzes und der Angst trat Schwerin seine Erbschaft in Polen an. Um der Liquidation zu entgehen, hatte Wilhelm Schwerin, wie die anderen deutschen Grundbesitzer auch, die polnische Staatsbürgerschaft beantragt. Die zuständige Woiwodschaft (Regierungspräsidium) in Thorn lehnte nach längerem Tauziehen ab; deutlich wurde bei dem Verfahren auch das persönliche Interesse des Innenministers an der Liquidation von Sartowitz, die seiner Familie den Zugriff auf einen Teil der Liquidationsmasse ermöglicht haben würde. Schwerin rief ein zweites Mal – in diesem Verfahren – das Oberverwaltungsgericht an.

Im Privatleben war Schwerin in diesen Monaten glücklicher. Im September 1927 verlobte er sich mit der knapp 20jährigen ältesten Tochter Marianne des Senatspräsidenten des Freistaates Danzig, Heinrich Sahm. Im darauffolgenden Mai fand in Danzig die große Hochzeit statt. Für den jungen Schwerin war der Rat und die Unterstützung seines erfahrenen Schwiegervaters sicher eine Hilfe. Sahm war im Februar 1919 zum Oberbürgermeister von Danzig gewählt worden und hatte sich seitdem ständig mit Polen auseinandersetzen müssen. Trotz der noch ausstehenden Entscheidung des Oberverwaltungsgerichtes mußte Schwerin jederzeit mit der Liquidation rechnen. Zweimal hatte es in diesen Jahren so ernst ausgesehen, daß die Möbelpacker bestellt worden waren.

Seit Ende 1925 wurde hinter den Kulissen zwischen der deutschen und der polnischen Regierung zäh um ein Ende der Liquidationen gerungen. Im September 1927 übergab die polnische Regierung eine Liste, in der die liquidablen Objekte in die Gruppen A, B und C unterteilt waren. Sartowitz gehörte zur Gruppe B und damit zu jenen Betrieben, welche die Polen aus militärischen oder wirtschaftlichen Gründen auf jeden Fall liquidieren wollten. Für Sartowitz galten angeblich militärische Gründe.

Schwerin setzte nun alle Beziehungen ein, um die drohende Liquidation so lange wie möglich hinauszuzögern, in der Hoffnung, die Zukunft könnte eine positive Wende bringen. Alle Interventionen –

durch Oldenburg-Januschau bei Hindenburg, durch den Staatssekretär im Auswärtigen Amt v. Schubert beim polnischen Außenminister Zaleski, durch Sahm bei einer Völkerbundsitzung in Genf – all dies führte nur dazu, daß das Oberverwaltungsgericht entgegen seiner Gewohnheit überraschend schnell bereits am 16. März 1928 entschied und das negative Votum der Thorner Woiwodschaft bestätigte. Schwerin erfuhr, daß die Richter unter Druck gesetzt worden seien. Bis Anfang 1929 wurde die Liquidation jedoch ausgesetzt, da auf Anregung der Polen inzwischen über einen Generalfinanzausgleich der beiden Länder verhandelt wurde.

Am 9. Januar 1929 kündigten die Polen die endgültige Liquidation der Gruppen A und B an. Der deutsche Gesandte in Warschau, Rauscher, wurde von der Reichsregierung beauftragt, auf dem Verhandlungswege dagegen vorzugehen. Das Liquidationsamt in Posen schrieb am 11. Mai Sartowitz zum Verkauf aus, der Schätzwert lag bei 4300000 Zloty.[7] Schwerin versuchte deshalb erneut, das Auswärtige Amt in Berlin zu mobilisieren. Es sollte versucht werden, beim Gemischten Schiedsgericht des Völkerbundes eine einstweilige Verfügung gegen die Fortsetzung des Liquidationsverfahrens zu erwirken. Schwerin fuhr dazu nach Paris. Das Gericht erklärte, die Situation sei für eine einstweilige Verfügung nicht dringend genug, obgleich sich die vierwöchige Frist zur Abgabe von Kaufangeboten für Sartowitz ihrem Ende zuneigte. Schwerin erreichte durch Bestechung, daß die Sartowitz betreffenden Akten unbearbeitet beim Posener Liquidationsamt liegen blieben.

Der 15. Juni brachte schließlich die Wende. Der Völkerbundsrat beschloß, daß Deutschland und Polen über die in einer Eingabe der deutschen Minderheit aufgeworfenen kontroversen Fragen verhandeln sollten. Am 31. Oktober 1929 wurde ein Abkommen zwischen den zwei Ländern unterzeichnet, das das Ende der Liquidationen bewirkte. Der deutsche Gesandte in Warschau, Rauscher, beurteilte das Abkommen als »den größten Dienst, den das Deutsche Reich bis heute seiner Minderheit in Polen zu leisten in der Lage war«. Deutschland erkenne damit Polen als Mitglied der europäischen Völkerfamilie an. Die Kriegsfolgen zwischen den beiden Ländern seien nunmehr liquidiert, die Vergangenheit belaste nicht mehr die Gegenwart und Zukunft.

Rauscher, der sich mit Recht einen guten Anteil an diesem Verhandlungserfolg zuschrieb, schätzte hier seine deutschen und polnischen Zeitgenossen falsch ein. Sie blieben Gefangene einer Vergangenheit, die seit den polnischen Teilungen des 18. Jahrhunderts Ressentiments und Haß zwischen den beiden Nationalitäten hinterlassen hatte. Auch Rauscher selbst war nicht frei davon, wenn er abschließend bemerkte, daß der Vertrag zu einem »Werkzeug wirtschaftlicher und politischer Expansion« gemacht werden könne und solle.[8]

Für Sartowitz trat nun das Problem der Agrarreform in den Vordergrund. Ein Anspruch auf 1542 ha für Agrarreformzwecke war bereits im Staatsanzeiger bekanntgemacht worden. Die Entschädigung betrug in der Regel nur ein Viertel des Marktwertes und wurde zudem zu 80 Prozent in mehr oder weniger wertlosen Staatsverschreibungen ausgezahlt. Schwerin schwankte, ob er das landwirtschaftlich sehr viel wertvollere Nebengut Morsk oder Sartowitz behalten sollte. Er entschied sich für Sartowitz, dessen von seiner Urgroßmutter angelegter Park ein beliebtes Ausflugsziel von Deutschen und Polen aus dem nahen Graudenz war und damit einen propagandistischen Wert für das Deutschtum besaß. Nach elfstündigen Verhandlungen wurde der Verkaufsvertrag am 12. Oktober 1929 unterschrieben. 1777 ha mußte Schwerin verkaufen, er behielt aber immerhin noch 2860 ha, davon 350 ha Ackerland. Sartowitz war im wesentlichen zu einem Waldgut geworden.

Damit hatte der noch nicht 27jährige Schwerin nach drei Jahren seinen Kampf um die Erhaltung von Sartowitz abgeschlossen, einen Kampf, den der erfahrene Schwiegervater Sahm als aussichtslos angesehen hatte. Die Achtung, die dieses Ergebnis Sahm gegenüber Schwerin abnötigte, war ein wesentlicher Baustein für die Freundschaft, die die beiden Männer bis zu Sahms Tod 1939 verbinden sollte. Schwerins Vetter Krosigk urteilte sicher richtig, wenn er meinte, daß diese drei Jahre Schwerins »Sicherheit und Selbstbehauptung« gestärkt hätten.[9] Die polnische Presse, welche die Verbindung Schwerin–Sahm mit Argwohn zur Kenntnis genommen hatte, kommentierte: »Jetzt, da die Frage Sartowitz erledigt ist, kehrt Herr Sahm zu seiner alten Gewohnheit zurück und wirft Polen wie früher Knüppel zwischen die Beine.«[10]

Die verhältnismäßig erfolgreiche Behauptung von Sartowitz stärkte nicht nur Schwerins Selbstwertgefühl, sie brachte ihn auch den politischen Führern der deutschen Minderheit in Polen nahe: ihrem Doyen Eugen Naumann oder Erik von Witzleben, dem politischen Nachfolger Naumanns, mit dem auch ein lebhafter gesellschaftlicher Verkehr gepflegt wurde. Enge persönliche Freunde wurden vor allem der bereits erwähnte Chefredakteur der Bromberger »Deutschen Rundschau«, Gotthold Starke, und der um drei Jahre jüngere Landwirt Hans Kohnert.

In Pommerellen/Posen, von der Anzahl der dort lebenden Deutschen her das wichtigste Gebiet der deutschen Minderheit, lag die politische Führung von 1919 bis 1933 fest in den Händen des ehemaligen Landrates Naumann. Er war Vorsitzender des in Bromberg ansässigen »Hauptarbeitsausschusses der deutschen Minderheiten«, auch »Neunerrat« genant. Naumann wurde in dieser Position im Februar 1933 von Witzleben abgelöst.

Der Ausschuß war die Spitze einer Vertrauensmänner- und Honoratiorengruppe, die auch die Berliner Subventionen verteilte. Eine umfassende deutsche Massenorganisation fehlte in Polen. Hitlers Machtergreifung im »Reich« veränderte sehr bald die politischen Bedürfnisse und Bedingungen innerhalb der Minderheit. Auftrieb bekam damit die »Jungdeutsche Partei für Polen« (JDP), die 1922 als »Deutscher nationalsozialistischer Verein für Polen« in Bielitz gegründet worden war und bis 1933 lokal begrenzt blieb. Sie beanspruchte für sich die Alleinvertretung der inzwischen siegreichen NS-Ideologie. In der bisherigen Deutschtumsführung witterte sie deutschnationalen Muff und Reaktion. Im März 1934 kam es in Graudenz zu ersten blutigen Auseinandersetzungen zwischen den Anhängern der beiden Richtungen.

In der Weimarer Republik waren die deutschen Minderheiten in Polen wie auch in den anderen durch Versailles abgetrennten Gebieten mit öffentlichen Mitteln, unter anderen aus den Budgets des Auswärtigen Amtes und des preußischen Innenministeriums, unterstützt und subventioniert worden. Diese Gelder flossen aus Tarnungsgründen über verschiedene, zum Teil für diesen Zweck gegründete Vereine und Gesellschaften den Minderheiten zu: dem »Verein für das

Deutschtum im Ausland» (VDA, gegründet 1881), der »Deutschen Stiftung« (gegründet 1920), der »Ossa-Vermittlungs- und Handelsgesellschaft« und den »Vereinigten Finanzkontoren« unter Winkler.

Den Führern der deutschen Minderheit in Polen war Schwerin durch seinen Einsatz für Sartowitz bald aufgefallen; zudem ermöglichte ihm seine deutsche Nationalität Reisen zwischen Deutschland und Polen, die den Deutschen polnischer Nationalität nur illegal möglich waren. So wurde Schwerin zum Verbindungsmann zwischen den Minderheitenvertretern Witzleben und Kohnert und den Berliner Ministerien, zu denen er seit den Auseinandersetzungen um Sartowitz guten Kontakt hatte.

Nach dem 30. Januar 1933 versuchten die verschiedenen NSDAP-Dienststellen, die bisherigen Minderheiten-Organisationen zu dominieren, aber auch die Parteistellen selbst konkurrierten um Einfluß auf diesem diffizilen außenpolitischen Gebiet – und schließlich ging es bei der Subventionierung der deutschen Minderheit auch um Millionenbeträge.[11] Die Deutschtumsarbeit hatte Hitler seit Oktober 1933 an Heß delegiert. Der VDA, die Ministerien und der 1933 als parteineutrale Dachorganisation gegründete »Volksdeutsche Rat« unter Vater und Sohn Haushofer stellten sich gegen die Jungdeutsche Partei, die wiederum von den an Polen angrenzenden NSDAP-Gauleitungen und der NSDAP-»Auslandsorganisation« unter Bohle favorisiert wurde. Zu einem Einigungsversuch 1933 zwischen der »alten« Führungsriege und der Jungdeutschen Partei war auch Schwerin geladen. Ein weiterer Vermittlungsversuch Albrecht Haushofers im darauffolgenden Jahre erwies sich als Fehlschlag, die Fronten verhärteten sich. Kohnert, der 1936 Witzleben als Vorsitzenden der neu gegründeten »Deutschen Vereinigung« ablöste, setzte die Unvereinbarkeit einer Doppelmitgliedschaft bei den Jungdeutschen und der Deutschen Vereinigung durch, wobei die letztere einen weitaus größeren Mitgliederzuwachs verzeichnen konnte.[12] Die Unterordnung der Volkstumsarbeit unter die NSDAP mit ihren imperialistischen Zielsetzungen war ein langwieriger, intrigenreicher Prozeß, der im Januar 1937 damit enden sollte, daß die »Volksdeutsche Mittelstelle« als Nachfolgeorgan des »Volksdeutschen Rates« unter dem SS-Obergruppenführer Werner Lorenz geschaffen und der VDA-Bundesleiter entlassen wurde.[13] Die politische Betreuung der deutschen Minderheit war vom Imperium Himmlers absorbiert worden.

Auslandsdeutsche waren nach 1933, da sie nicht mit den Realitäten des Dritten Reiches leben mußten, noch anfälliger für die pausenlos hämmernde Goebbelssche Propaganda als Reichsdeutsche. Sie sahen Deutschland von außen: seinen Glanz, seine ständig wachsende Stärke. So war auch die »Deutsche Vereinigung« kein antifaschistischer Kampfbund, aber sie ließ sich auch nicht gleichschalten. Sie stand in der deutschnationalen Tradition und wurde von den NSDAP-Dienststellen, dem Propagandaministerium und natürlich den Jungdeutschen als nicht-nationalsozialistisch abgelehnt. Zweifellos hätte sie als eine reichsdeutsche Institution keine Überlebenschance gehabt. So verhalfen ihr aber das geschickte Taktieren Kohnerts und außenpolitische Rücksichtnahmen des Auswärtigen Amtes zum Überleben.

Die »Deutsche Vereinigung« baute so etwas wie eine Verwaltung für die deutsche Minderheit in Posen und Pommerellen auf. Sie hatte eine Rechtsabteilung, die etwa die Agrarreformprozesse gegen den polnischen Staat führte, ferner eine Schul- und eine Organisationsabteilung. Ein Wohlfahrtsbund mit Fürsorgeaufgaben zahlte die Pensionen an ehemalige Beamte aus.[14] Schwerin unterstützte die Arbeit der Deutschen Vereinigung durch seine Verbindungsdienste, vor allem aber durch die Beschaffung von Geldern aus Berlin für die Prozesse gegen die Agrarreform und die so verschleierte Enteignung der Deutschen, aber auch für die wenigen verbliebenen Schulen und Krankenhäuser.[15]

In diesem Zusammenhang müssen auch Schwerins Beitritte zu zwei diametral entgegengesetzten Organisationen gesehen werden. Am 26. Juni 1933 trat Schwerin dem Johanniterorden bei: Familientradition und das soziale Ambiente legten diese Entscheidung nahe, obwohl Schwerin rein adelig ausgerichtete Verbände für anachronistisch hielt. Zu diesem Beitritt veranlaßte ihn die Aussicht, dadurch verstärkt Hilfe für deutsche Einrichtungen in Polen mobilisieren zu können. Die gleiche Überlegung mündete schließlich auch in den Entschluß, der NSDAP beizutreten: Die NSDAP hatte für Reichsdeutsche in Polen eine Landesgruppe gegründet; dieser trat Schwerin in Bromberg am 1. 6. 1935 bei. Die Landesgruppe unterstand organisatorisch der »Auslandsorganisation« unter Bohle, der – wie erwähnt – die Jungdeutschen als wahre NS-Gralshüter ansah und förderte. Schwerins Eintritt erfolgte in der Erwartung, die Belange der »Deutschen Vereinigung« bei der im Grunde feindlichen »Auslandsorganisation« und bei den staatlichen Dienststellen stärker vertreten zu können. Er genierte sich, das Parteiabzeichen zu tragen, und steckte es nur an, wenn ihm dies unumgänglich schien.[16] Wenn er besonders riskante Dienststellen besuchte, informierte er zuvor seine Frau. Zur gleichen Zeit zog er sich von ehemals befreundeten Gutsnachbarn zurück, die sich von der NS-Ideologie hatten einfangen lassen.

Wie die meisten seiner deutschen Mitbürger war Schwerin im Hinblick auf Versailles und speziell den Korridor Revisionist. Er stand ganz im Dienst der deutschen Minderheit und ihrer Probleme. Tiefschürfende historische Betrachtungen über die Berechtigung deutscher Ansprüche etwa auf die Provinz Posen waren ihm ebenso fremd wie die Frage, warum Gnesen, Sitz des polnischen Erzbischofs, Krönungsstadt und zeitweilige Residenz der polnischen Könige, 126 Jahre der Krone Preußens unterstanden hatte. Der aggressive polnische Nationalismus und die Schikanierung der deutschen Minderheit förderten derartige Reflexionen nicht. Schwerins Kenntnisse der Geschichte Polens waren sehr begrenzt. Dies rührte einmal daher, daß er nur knapp die Hälfte seiner Zeit tatsächlich in Sartowitz verbringen konnte,[17] zum anderen war der gesellschaftliche Verkehr mit Polen für einen deutschen Gutsbesitzer geächtet; die wenigen, die es dennoch taten, wurden von den übrigen Deutschen geschnitten. Auch sprach Schwerin, im Gegensatz zu den übrigen Gutsbesitzern, so gut wie kein Polnisch, und dies schien auch nicht nötig, da der tägliche Betrieb von dem hervorragenden Verwalter August Schlegel geleitet wurde, der 1924 nach Sartowitz gekommen war und bis zum Ende blieb. Selbst die polnischen Arbeiter, die ja bis 1919 noch durch deutsche Schulen gegangen waren, sprachen Deutsch. So hatte Schwerin zu Polen ein sehr distanziertes Verhältnis, das sich auf Geschäftsbeziehungen beschränkte.

Für Schwerin war seine »Deutschtumsarbeit«, wie das damals genannt wurde, die grundlegende politische Erfahrung seines Lebens. Aus ihr leitete sich auch ein Teil seiner Motivation zum Widerstand gegen Hitler ab. Er hat darüber offenbar ausführlich mit dem vernehmenden Gestapobeamten gesprochen. Auch Freisler ging während der Verhandlung vor dem Volksgerichtshof am 21. August 1944 darauf ein. Schwerins Kritik an der nationalsozialistischen Polenpolitik bewegte sich auf zwei Ebenen: Einmal richtete sie sich gegen die außenpolitische Konzeption Hitlers und später gegen die Behandlung der Polen durch die Besatzungsmacht.

Die Außenpolitik des »Dritten Reiches« beschränkte sich nicht, wie viele deutsche Zeitgenossen annahmen, auf die Revision des Versailler Vertrages, und Hitler war nicht der übliche Revisionspolitiker; er war vielmehr Lebensraumpolitiker, eine bis dahin unbekannte Spezies.[18] Daß Hitler die Revision von Versailles auf seinen Schild gehoben hatte und viele der »Fesseln« auch tatsächlich sprengte, sicherte ihm jedoch eine breite Zustimmung.

Unbehagen hatte in Schwerin bereits der Austritt aus dem Völkerbund am 14. Oktober 1933 geweckt, den er für eine wichtige Institution gehalten hatte, um Minderheitenbelange zur Sprache zu bringen.[19] Er und seine Freunde erkannten im wesentlichen jedoch erst durch die Sudetenkrise und die wenig später folgende Annexion der Tschechoslowakei den Imperialismus des NS-Regimes. Es ist bezeichnend, daß z. B. Peter Yorck nach einer Reise ins Sudetenland im November 1938 von dem imperialistischen Denken der Partei sprach, dem es entgegenzutreten gelte.[20]

Hitler, der ein Gegner kollektiver Sicherheit und speziell auch des Völkerbundes war, befürwortete bilaterale Abkommen. Als Pilsudski ihm daher die Möglichkeit zu einem Ausgleich mit Polen und damit gleichzeitig einen Ausbruch aus der durch den Völkerbundaustritt entstandenen Isolation bot, griff Hitler zu. Im Januar 1934 wurde der deutsch-polnische Nichtangriffs- und Verständigungspakt geschlossen. Für Schwerin und seine Freunde in der Deutschen Vereinigung ging der Ausgleich auf Kosten der deutschen Minderheit, da ihnen durch den Völkerbundaustritt und das deutsch-polnische Abkommen der »Minderheitenschutz in Genf jetzt praktisch genommen sei«. Auf einem Diner ihrer Eltern erläuterte Marianne Schwerin Außenminister v. Neurath, der den Vertrag unterzeichnet hatte, welch seltsame Entwicklungen sich nach dem Vertragsabschluß für die Deutschen in Polen ergeben hatten. Im Windschatten des Vertrags wurde mit Hochdruck polonisiert. Da der Weg nach Genf praktisch verbaut war, beschloß der sogenannte Neunerrat, also das Exekutivorgan der Deutschen Vereinigung, der Reichsregierung den Abschluß eines bilateralen Minderheitenabkommens mit Polen vorzuschlagen. Der Rat schickte Schwerin nach Berlin, um diesen Gedanken vorzubringen und um für Gotthold Starke, Chefredakteur der Deutschen Rundschau in Polen, einen Termin mit dem Außenminister zu arrangieren.

Schwerin sprach am 3. September 1934 im Auswärtigen Amt vor und drängte auf einen umgehenden Gesprächstermin für Starke. Eine Woche später würde nämlich auf der Vollversammlung des Völkerbundes über einen polnischen Minderheitenantrag beraten werden. Nach drei Tagen erschien Schwerin wieder in der Wilhelmstraße 74/76, um diesmal einen Brief Starkes an den Außenminister zu überbringen. Starke verwies darin auf das polnisch-tschechische und das gerade verhandelte rumänisch-bulgarische Minderheitenabkommen als Beispiele für den vom Neunerrat angestrebten Minderheitenschutz. Am 7. September ging Schwerin erneut ins Auswärtige Amt, um zu erfahren, wie der Brief Starkes aufgenommen worden war. Sehr typisch für die schwerfällige Ministerialbürokratie wurde ihm bedeutet, daß »in dieser Angelegenheit jede Überstürzung vermieden werden müsse« und »zu gegebener Zeit«... Die Zeit aber arbeitete gegen die deutsche Minderheit in Polen. Am 13. September 1934 kündigte Polen in Genf den Minderheitenschutzvertrag, womit der deutschen Minderheit praktisch und theoretisch das so bewährte Instrument der Völkerbundpetiton entwunden war.[21]

Kleinliche Minderheitenfragen, auch wenn es sich um deutsche Minderheiten handelte, interessierten Hitler bei seiner säkularen Perspektive nicht. Dies war übrigens auch der Fall bei der Südtirol-Problematik, für die sich Fritzi Schulenburg besonders interessierte. Während in Polen die Deutschen der Freundschaft mit Pilsudski »geopfert« wurde, setzte sich Hitler über die Südtiroler zugunsten seiner Annäherungen an Mussolini hinweg.

Obwohl die Freunde im Sommer und Herbst 1938 mit allen ihnen zur Verfügung stehenden Mitteln gegen das Sudetenabenteuer gekämpft hatten, worüber an anderer Stelle noch zu berichten sein wird, waren sie nach dessen Ende dafür, die entstandene außenpolitische Konstellation zu einer Revision der Korridor- und Danzig-Frage zu nutzen. Der Augenblick schien besonders günstig, nachdem Polen unmittelbar in Reaktion auf die Münchner Konferenz am 2. Oktober 1938 das Olsagebiet um Teschen annektiert hatte. Dies hatte dem Ansehen Polens in Paris und London schwer geschadet. Schwerin und mit ihm wohl die Mehrheit der deutschen Berufsdiplomatie sahen die Stunde einer »friedlichen Revision« gekommen; aber Hitler war, wie Kessel schreibt, »nicht zu bewegen, die polnische Frage auch nur zu diskutieren«. Statt dessen betrieb er unter Brechung des Münchner Abkommens die Zerstörung der Tschechoslowakei, die im März 1939 mit der Besetzung Prags endete.[22]

Erst danach wandte er sich Polen zu; jedoch nicht, um eine »friedliche Revision« zu erreichen, sondern um das östliche Nachbarland im Rahmen seiner »Lebensraum«-Pläne zu erobern.

Schwerin hatte Sartowitz Mitte August 1938 wegen der sich abzeichnenden Kriegsgefahr verlassen und sollte nur noch sporadisch und zu kurzen Aufenthalten zurückkehren. Seinen deutschen Freunden in Polen war ein derartiges Ausweichen nicht möglich. Als der Krieg schließlich ausbrach, teilten sie das Schicksal der gesamten deutschen Minderheit. Starke schrieb am 1. September 1939 im Leitartikel der »Deutschen Rundschau«: »Wir stehen unter polnischem Gesetz. Wir wissen, daß sich niemand von uns zu Handlungen hinreißen lassen wird, die der ganzen Volksgruppe zum Verderben gereichen müssen. Als getreue Söhne unserer Heimat haben wir diese Situation zu überstehen, die für alle Völker wahrhaft tragisch ist, nicht zuletzt für uns Deutsche in Polen... Wir haben der ganzen Härte eines nicht von uns heraufbeschworenen, aber auch nicht durch uns abwendbaren Schicksals, wir haben selbst dem Tod ins Gesicht zu sehen...«

Der letzte Satz sollte sich umgehend bewahrheiten. Starke und Kohnert wurden nach vorbereiteten Listen wie Tausende anderer Deutscher am 2. September verhaftet und mit zuletzt 4000 Leidensgenossen über 240 km zu Fuß in Marsch gesetzt. Nur etwa 3000 erlebten die Befreiung durch die deutschen Truppen in Lowicz sieben Tage später. In anderen Teilen Polens bewegten sich diese Züge von Verschleppten noch tagelang fort. Schlegel entging in Sartowitz der Verhaftung nur durch die unerwartete Fürsprache des, wie man bis dahin angenommen hatte, stark anti-deutsch eingestellten polnischen Schmieds. Einen Tag nach Starkes Verschleppung aus Bromberg kam es dort am 3. September aufgrund der sich bereits abzeichnenden polnischen Niederlage zu einer anti-deutschen Psychose, die als Bromberger Blutsonntag bekannt geworden ist. Die deutsche Minderheit hatte durch Hitlers ersten Blitzkrieg 4000 bis 5000 Tote zu beklagen, die die Goebbelssche Propaganda zur Begründung und Bemäntelung der eigenen Mordorgie zu 58000 Toten aufblähte.[23]

Schwerin und seine Freunde wußten sehr bald, daß die veröffentlichten Zahlen der getöteten Deutschen etwa um das Zehnfache übertrieben waren. Schwerin hatte dies den ihn vernehmenden Gestapobeamten auseinandergesetzt – es war ihnen neu gewesen.[24]

Hitlers ungeheuerliche Mordaktionen in Polen wurden dem Widerstand und auch Schwerin umgehend bekannt. Als Schwerin Ende September 1939 zum erstenmal seit Ende des Feldzuges nach Sartowitz fahren konnte, wurde er höchstwahrscheinlich Zeuge von Erschießungen in einer Kiesgrube im Sartowitzer Forst.[25] Verantwortlich für diese Erschießungen war der Selbstschutz in Westpreußen unter dem SS-Oberführer Ludolph v. Alvensleben. Im Landkreis Schwetz, in dem auch Sartowitz lag, wurde der Selbstschutz seit dem 13. September von dem reichsdeutschen SS-Obersturmbannführer Joachim Teetzmann organisiert. Dem Selbstschutz, der aus sogenannten Volksdeutschen gebildet wurde, »oblag es«, in der verhüllenden Sprache der SS, »Ruhe und Ordnung in den besetzten Gebieten des Generalgouvernements herzustellen und reichsfeindliche Elemente auszuschalten«. Nach den angstvollen Wochen seit Kriegsausbruch war der Zulauf zum Selbstschutz groß. Teetzmann hatte bald 2000 Freiwillige versammelt. Für Anfang Oktober gab Alvensleben die Stärke des Selbstschutzes bereits mit 17667 Männern an. Am 7. Oktober meldete der SS-Oberführer nach Berlin, daß der Selbstschutz in Westpreußen »mit den schärfsten Maßnahmen ... gegen

4247 ehemalige polnische Staatsangehörige« vorgehen mußte. Damit war in der Regel ihre Ermordung gemeint. »Physisch liquidiert« wurden alle Polen, die »a) in der Vergangenheit auf polnischer Seite irgendwie führend hervorgetreten sind oder b) in Zukunft Träger eines polnischen Widerstandes sein können«. Von Teetzmann ist bekannt, daß er auf dem Schwetzer Judenfriedhof am 7./8. Oktober von einem vierköpfigen Kommando nicht nur etwa 80 Erwachsene, sondern auch ihre 16 zwei- bis achtjährigen Kinder erschießen ließ.[26] Ermordet wurde die polnische Intelligenz, allen voran Teile des katholischen Klerus, ermordet wurden die Juden, ermordet wurden die Geisteskranken. In der Sartowitzer Kiesgrube, die offenbar während der Dauer des ganzen Krieges eine der Marterstätten der Region bleiben sollte, wurden die Juden aus dem nahen Graudenz und die Patienten der Heil- und Pflegeanstalt Schwetz umgebracht. Am Tag nach der »Räumung« wurden baltische Umsiedler in der Anstalt einquartiert.

Schwerin hat über seine Erlebnisse Ende September 1939 in der Sartowitzer Kiesgrube mit niemandem gesprochen, so daß der Grad seiner Zeugenschaft nicht bekannt ist. Drei Jahre später fügte er folgenden Zusatz seinem Testament ein: »Ich bestimme ferner, daß an der Stelle im Kieslager meines Sartowitzer Forst, wo die Ermordeten aus dem Spätherbst 1939 ruhen, sobald die Zeitumstände es erlauben, ein sehr hohes Holzkreuz aus Eiche gesetzt wird mit folgender Inschrift: ›Hier ruhen 1400–1500 Christen und Juden. Gott sei ihrer Seele und ihren Mördern gnädig.‹«[27]

Ein Detail, auch in Hinblick auf das, was nach 1945 geschah, bleibt hier noch zu erwähnen: Gerade nach seinen eigenen Erlebnissen mit Liquidation und Agrarreform war Schwerin entsetzt über die nun einsetzenden Enteignungen polnischer Bauern und Gutsbesitzer. Die Polen wurden ohne viel Federlesens aus ihren Häusern und Höfen vertrieben, deutsche Umsiedler aus Bessarabien, dem Baltikum etc. rückten sofort nach. Während in der Regel den neuen Besitzern keine Vorhaltungen zu machen waren, da sie sich selbst in einer Notlage befanden, war Schwerin empört, daß sich ein Mann wie Guderian ausgerechnet ein derartig enteignetes Gut im Buchwert von RM 1,2 Millionen als Dotation von Hitler schenken ließ.[28]

Über diese und andere Widerwärtigkeiten wurde Schwerin von seinem Freund Kohnert auf dem laufenden gehalten, der seit 1940 als Landesbauernführer des Reichsgaues Wartheland fungierte. Kohnert befand sich sehr bald in dem typischen Dilemma vieler damaliger Beamten und Funktionäre, nach außen eine Politik vertreten zu müssen, die sie im Grunde ablehnten. Er wollte sich in diesen Jahren des öfteren diesem Zwang entziehen und zurücktreten. Schwerin bestärkte seinen Freund jedoch im Ausharren, um dessen wichtige Positionen nicht in die Hände eines Nazi fallen zu lassen.[29]

Schwerins politisches Handeln läßt sich in zwei Abschnitte gliedern: Seine Arbeit für die deutsche Minderheit in Polen und seine Mitarbeit im Widerstand. Die eine Aufgabe verlangte Diskretion, die andere absolute Geheimhaltung. Aufgrund fehlender Quellen konnte Schwerins Minderheitenarbeit nur in Umrissen nachgezeichnet werden. Es ist aber deutlich, daß sich seine Erfahrungen in den beiden Bereichen gegenseitig ergänzten und beeinflußten. Den Deutschen in Polen hatte er voraus, Hitlers Terrorsystem im Reich persönlich erlebt zu haben, im Gegensatz zu den Reichsdeutschen wiederum konnte er die Auswirkungen eines Stücks nationalsozialistischer Außenpolitik aus eigener unmittelbarer Erfahrung beurteilen. Beides führte ihn von einer bloßen Ablehnung Hitlers sehr bald in den aktiven Widerstand. Mehr und mehr beherrschte die Gefahr Hitler sein Denken und Handeln; die Minderheitenfragen traten dagegen langsam in den Hintergrund. Ab 1937/38 widmete er sich dann in erster Linie dem Kampf gegen den Nationalsozialismus.

4. Kapitel

Politische Entwicklungen und persönliche Entscheidungen: Die Zeit bis zur Machtergreifung

Kessel und Brücklmeier

Nachdem Kessel und Yorck im Oktober 1926 in Breslau gemeinsam das erste juristische Staatsexamen bestanden hatten, trennten sich ihre beruflichen Wege. Während Kessel ein gutes halbes Jahr später mit Brücklmeier und Gottfried Nostitz in den Vorbereitungsdienst des Auswärtigen Amtes eintrat, schlug Yorck, wie vor ihm schon Schulenburg, die Laufbahn der inneren Verwaltung ein. Nach der Ausbildung in Berlin in der Wilhelmstraße und dem Bestehen der diplomatisch-konsularischen Prüfungen wurden die jungen Beamten im Mai 1930 auf ihre ersten Auslandsposten versetzt. Für Kessel war dies die Quirinals-Botschaft beim Vatikan in Rom, für Brücklmeier Bagdad, dann Teheran unter Friedrich Werner Graf von der Schulenburg, und für Nostitz Belgrad unter Ulrich von Hassell.

Aus der Berliner Ausbildungszeit datiert die Freundschaft Adam von Trott zu Solz mit Kessel und Nostitz. Trott, noch nicht 20 und Jurastudent, lernte die beiden im Februar 1929 über seinen Freund Hugh Montgomery, den dritten Sekretär der englischen Botschaft, und über Josias von Rantzau kennen, der der gleichen Attaché-Gruppe angehörte wie Kessel und Nostitz.[1] Kessel charakterisierte den Trott jener Jahre: »Weltschmerz, russische Literatur und extrem linksgerichtete politische Ideen waren die Fahnen, auf die er schwor ... Er war ein junges Genie, sensibel und reizbar, und niemand hat den Umgang mit ihm leicht gefunden«.[2] Die gemeinsame Zeit in Berlin dauerte ein gutes Jahr. Erst 1939 mit dem Ende ihrer Auslandstätigkeit trafen sie wieder zusammen – und dies markierte den Beginn von Trotts aktiver Widerstandstätigkeit.

Yorck war in den ersten eineinhalb Jahren nach seinem Referendarexamen Referendar an den Gerichten in Wansen und Brieg. Das winzige Wansen und die nicht wesentlich größere Kreisstadt Brieg waren nur wenige Kilometer von Klein-Oels entfernt, wo er jetzt wieder wohnte. Yorck war in jenen Tagen ein begeisterter Motorradfahrer,[3] später wechselte er zu stets klapprigen Autos. Damals entstand seine Dissertation über »Die Haftung der Körperschaften des öffentlichen Rechts für Maßnahmen der Arbeiter- und Soldatenräte« – neun Jahre nach der Revolution nicht gerade eine brisante Frage. Es war ein theoretisches Problem, das Yorck hier nüchtern und präzise erörterte. Die Novemberrevolution behandelte er völlig unsentimental. Das Legitimitätsprinzip des 19. Jahrhunderts, nach dem der Erwerb der Staatsgewalt rechtmäßig sein müsse, lehnte er ab; er konnte sich dabei allerdings schon auf Bismarck berufen. Anfang Oktober 1927 promovierte er zum Doktor der Rechte und ging acht Monate später zur Fortsetzung seiner Referandarzeit nach Berlin.

Bei einer Hochzeit auf der schlesischen Wasserburg Montschütz lernte Yorck Marion Winter, seine zukünftige Frau, kennen. Seither waren Peter Yorck und Marion Winter, die in Berlin vor ihrem Referendarexamen stand, unzertrennlich, wenn auch lange Zeit in aller Heimlichkeit.

Die Idylle währte ein knappes Jahr, dann teilte Peter der Mutter seine Absichten mit. Diese nahm die Braut ihres Zweitältesten mit viel Wärme auf. Im Mai 1930 heirateten sie in dem später durch Goebbels zu »literarischem« Ruhm gelangten Hotel Kaiserhof in Berlin.[4]

Albrecht Kessel, seit sechs Wochen in Rom, kehrte zu diesem Ereignis kurz zurück. Es galt auch den Assessor zu feiern, den Yorck drei Tage vor seiner Hochzeit bestanden hatte. Ab Juli 1930 arbeitete er nun als Gerichtsassessor im Büro des Rechtsanwalts Arthur Lindgren mit, bei dem er schon als Referendar tätig gewesen war, und der sich unter anderem mit Immobilien befaßte. Diese Art der Geschäfte war Yorck so fremd und wurde ihm so problematisch, daß er nach 14 Monaten kündigte. Es folgte ein halbes Jahr an den Gerichten in

Wansen und Oppeln. Schließlich kam er auf dem absoluten Höhepunkt der Arbeitslosigkeit 1932 im Berliner Büro der Osthilfe unter. Auf den Reisen zu Gütern in der Mark und in Sachsen knüpfte er engen Kontakt mit deren Besitzern und lernte ihre wirtschaftlichen Probleme kennen. Yorck nahm seine Arbeit bei der Osthilfe zu einem brisanten Zeitpunkt auf. Brüning, sein Minister und Ostsiedlungskommissar Schlange-Schöningen kamen mit der von ihnen vertretenen Linie der Osthilfe zunehmend unter Beschuß. Agrarbolschewismus nannten die Großagrarier die Siedlungspläne der Osthilfe. Man wollte die durch die Weltwirtschaftskrise schwer angeschlagenen Güter entweder »entschulden« oder, falls dies nicht mehr möglich war, zu Siedlungszwecken für Bauern aufkaufen; im Rahmen dieses Plans mußten das Schwerinsche Nebengut Hildebrandshagen und das Schulenburgsche Bobitz verkauft werden. Tatsächlich wurde die Osthilfepolitik mit ein Faktor, der zu Brünings Sturz führte.

Dem jungen Ehepaar Yorck ging es finanziell zunächst nicht sehr gut. Zwar war Yorck nicht wie sechs Millionen Deutsche arbeitslos, aber sein Gehalt war kümmerlich. Brüning hatte als Reaktion auf die Weltwirtschaftskrise die Beamtengehälter gekürzt und eingefroren. An dieser Situation änderte sich bis zum Zusammenbruch des »Dritten Reiches« nichts wesentliches. So betrug die letzte Gehaltsüberweisung für den Oberregierungsrat Yorck im Juli 1944 ganze 623 Mark. Für den jungen Assessor des Jahres 1932 war sie entsprechend geringer.[5] Yorck spottete, das »travailler pour le roi de Prusse« habe den »roi de Prusse« überdauert. Tatsächlich wurden die pekuniären Verhältnisse bald so eng, daß das Ehepaar seine große Wohnung am Lützowufer an Ausländer untervermietete. Sie selbst zogen in die sehr viel billigere Hinterhofwohnung eines Freundes.

Dieser Freund war der zu einem moderaten Expressionismus tendierende Maler Heinrich Graf Luckner, mit dem das Ehepaar Yorck nun einen gemeinsamen Haushalt führte.

Luckner wurde für Yorck zu einem sehr wichtigen Vertrauten, dem er vor allem im Bereich der Bildenden Künste viel verdankte. Durch ihn lernte Peter Yorck die Maler des deutschen Expressionismus kennen und lieben.

Diese Auseinandersetzung mit der zeitgenössischen Kunst bedeutete darüber hinaus einen Schritt der Emanzipation vom Elternhaus und dem traditionsverhafteten adligen Milieu, das damals derartigen »entarteten Malexzessen« fern, ja zuweilen feindlich gegenüberstand. Durch Luckner lernten die Yorcks den Schriftsteller und Historiker Reinhold Schneider kennen.

Noch zwei weitere enge Freunde aus dieser Berliner Zeit müssen genannt werden: Martin von Katte und Nikolaus Graf von Uexkuell-Gyllenband. Katte, Landwirt und Lyriker, lebte westlich von Berlin im »Kattenwinkel« auf seinem Gut Zollchow, wo ihn die Yorcks übers Wochenende öfter besuchten. Es war wohl das Künstlerische, das Yorck zu Katte zog, und nicht die sehr entfernte verwandtschaftliche Beziehung.[6] Yorck war in seinen kulturellen Ambitionen ein typischer Vertreter der gebildeten deutschen Oberschicht. Von dem Geschmack seiner sozialen Gruppe konnte er sich nur teilweise lösen. So wichtig ihm der musische Bereich war, so wurde ihm Kunst doch nie zu einem zentralen Anliegen. Der Schwerpunkt seiner Interessen blieb der historisch-politische Bereich.

Außer im musischen Zollchow verkehrten die Yorcks auch im wenige Kilometer von Cottbus entfernten Gut Branitz beim Studienfreund Silvius Pückler.

Der Anknüpfungspunkt bei Uexkuell war wie bei Katte eine sehr entfernte Verwandtschaft. Diese verwandtschaftlichen Beziehungen ebneten in der Regel aber nur den Weg für Menschen, die sich aus ganz anderen Gründen sympathisch waren. Uexkuell, Jahrgang 1877 und ehemaliger aktiver k. u. k. Offizier, wurde für Yorck, die Brüder Stauffenberg, aber auch für Schulenburg zu einem väterlichen Freund. Die Mutter der Stauffenberg-Brüder, ebenso wie die Caesar Hofackers, Schulenburgs altem Freund aus Göttingen, waren Schwestern von Uexkuell. Aufgrund dieser verwandtschaftlichen Umwege bezeichneten sich die Stauffenbergs und Yorck stets als Vettern.[7] Uexkuell muß für sie eine starke Ausstrahlung besessen haben. Er war eine kraftvolle, universal gebildete Persönlichkeit und vermittelte den Jüngeren stets das Gefühl, ernst genommen zu werden. Die jungen Männer sahen in ihm ein Vorbild, den Idealtypus des Edelmannes.

In diese ersten Berliner Ehejahre fällt ein Ereignis, das zu einem wesentlichen Bestandteil von Yorcks Leben und Interessen werden sollte. Der 3114 ha große Güterkomplex Klein-Oels war nach den Regeln des Fideikomiß[8] an den ältesten Bruder Bia übertragen worden. Mit dem Ertragsanteil, der seinen neun Geschwistern zustand, war Bia Yorck infolge der Wirtschaftskrise in Verzug geraten. Man einigte sich, daß alle Ansprüche durch Übereignung des 370 ha großen Teilgutes Kauern an die neun »Nichterben« abgegolten sein sollten. Kauern mit dem roten Schloß und seinem sehr guten Ackerboden wurde dann von Hans Yorck so erfolgreich bewirtschaftet, daß die vier Schwestern ausgezahlt werden konnten. Nachdem die Brüder Hans und Heinrich im Krieg gefallen waren, wurde Peter im wesentlichen zum Alleinbesitzer von Kauern. Yorck kümmerte sich von Berlin aus um die Bewirtschaftung des Gutes. Für die tägliche Verwaltungsarbeit stand der sehr geschätzte Gutsinspektor Lampel seit 1930 gerade. Finanziell war die Teilhabe an Kauern für die Yorcks während der ersten Jahrzehnte kein Gewinn; emotional aber bedeutete Yorck, der sehr an seiner schlesischen Heimat hing, dieses Miteigentum viel.

Schulenburg

Fritzi Schulenburg verbrachte den ersten Teil seiner Zeit als Regierungsreferendar vom September 1925 bis August 1926 bei Landrat Egidi in Kyritz in der Mark Brandenburg. In dessen Haus sah er auch zum erstenmal die Unterprimanerin Charlotte Kotelmann, die er später heiraten sollte. Egidi nahm sich der Ausbildung der Referendare sehr persönlich an und trug sicherlich zu Schulenburgs Leitbild des Landrates entscheidend bei. In Potsdam arbeitete er dann im Regierungspräsidium und machte sich dort schon als Referendar unter den Vorgesetzten den Namen eines profilierten und charakterlich hervorragenden Verwaltungsmannes.

Einige seiner Interessen wurden hier in Potsdam noch vertieft. So befaßte sich eine Arbeitsgemeinschaft der Referendare mit dem Thema »Reichsreform«, das Schulenburg bis ans Ende seines Lebens beschäftigen sollte. Bei dem Schriftsteller August Winnig, der ihn in seinen »Ausspracheabend« aufnahm, dominierten Themen um die »soziale Frage«, etwa Siedlungsformen für Arbeiter und Arbeitslose.[9]

Schulenburgs ausgeprägtes politisches Selbstverständnis beschreibt seine Schwester: »Wir sahen den Adel als Verpflichtung, ja, ich möchte sagen, wir waren von unserer geschichtlichen Verpflichtung überzeugt. Wir empfanden es, daß die Zeit die stärksten Anforderungen an uns stellte... Dieser Anspruch, den die Situation stellte, brachte Fritzi dahin, sich immer mehr auf dies eine Ziel hin zu erziehen – den Einsatz für das Land.«

Teil dieser »Selbsterziehung« war auch seine Haltung sich selbst und anderen gegenüber, »die ihn manchmal scharf (machte), ja verletzend und ausfallend. Aber sie machte ihn auch unbestechlich.« Ebenso übte er sich in Disziplin durch regelmäßigen Sport, in »Unabhängigkeit«, indem er etwa periodisch das Rauchen aufgab, und in »Verzicht« durch einen bescheidenen Lebensstil. Sein Erscheinungsbild entsetzte selbst Freunde: Zerknitterte und verschmutzte Hosenbeine gehörten zu ihm wie die ungekämmte Locke in der Stirn. Wäsche und Frack verschenkte er an Bedürftige, einen Teil seines Erbes überließ er Neusiedlern, die das Darlehen nie zurückzahlten. Diese Unbestechlichkeit und Unabhängigkeit gehören vor allem auch später zum Verschwörer Schulenburg.[10]

Im September 1928 machte Schulenburg sein Assessorexamen und setzte dann seine Ausbildung in Recklinghausen fort. Die Versetzung ins »Revier« war auf eigenen Wunsch zustandegekommen. Ihn interessierte die direkte Begegnung mit den Industriearbeitern und dem Katholizismus, für ihn gänzlich neue Erfahrungen. Auch hier erregte er durch seine »wilden« Eskapaden und sein unkonventionelles Auftreten Aufsehen. In Recklinghausen verschreckte er die Bürger mehr durch Vorträge im Arbeiterbildungsverein, seine Freunde vom linken Spektrum hingegen durch Zitate aus dem Grimmschen Bestseller von 1928 »Volk ohne Raum« oder die Gründung einer Ortsgruppe des »Völkischen Turnerbundes«. Andere Bekannte sahen ihn bereits in den Armen der KPD und riefen seinen Vater zu Hilfe.[11]

Spätestens im März 1931, als er sein Referat über »Preußisches Beamtentum« hielt, war Schulenburg fern aller kommunistischen Neigungen. Nach dem nationalsozialistischen Wahlerfolg vom September 1930 sah er bereits im Frühjahr 1931 »die nationale Bewegung in den nächsten Monaten die Macht ergreifen«. Ganz so schnell sollte es bekanntlich nicht gehen.

Schulenburg war 29 Jahre alt, als er Anfang 1932 ins ostelbische agrarische und protestantische Milieu (Labiau) zurückkehrte. In diese Zeit fällt auch das Datum seines Beitritts zur NSDAP.

Die Haltung gegenüber dem Staat von Weimar

Deutschland erlebte in der zweiten Hälfte der 1920er Jahre vor allem durch einen hohen Kapitalzufluß aus den Vereinigten Staaten eine nach dem Desaster der Inflation ermutigende Konjunktur. Sie bildete die wirtschaftliche Grundlage für die »roaring twenties«, deren produktives intellektuelles Klima nicht zuletzt durch die vielgeschmähte Novemberrevolution ermöglicht worden war. Das politische Leben wurde wesentlich durch die Persönlichkeit des Außenministers Gustav Stresemann geprägt. Er war der überlegene Architekt von Locarno, der eine konstruktive Phase deutscher Westeuropapolitik eingeleitet hatte bei gleichzeitigem Revisionismus gegenüber dem Osten.

Die allgemeine Grundstimmung war weithin positiv, als vier der sechs jungen Leute 1926/7 die Universitäten verließen. Ihre eigene Haltung gegenüber ihrem Staat blieb jedoch von zweifelhafter Loyalität. So umschrieb Kessel rückschauend seine Einstellung: »An den dauernden Bestand der Weimarer Republik habe ich nie geglaubt, dieser ›Nachtwächterstaat‹, wie ihn die extremen Liberalisten predigten, war ein Gegenstand des Bedauerns, höchstens als Notbehelf in Übergangszeiten brauchbar.«[12] Schulenburg kam 1931 als Regierungsassessor zu folgender vernichtender Beurteilung des Staates, dem er diente: »Auf die Dauer aber kann das hysterische Geschrei von Republik, Verfassung und Flagge nicht einmal notdürftig das Fehlen jeder schöpferischen Staatsidee verdecken, kann auch nicht das Aufdämmern der Erkenntnis im Volke verhindern, daß nicht staatspolitische Ziele die Regierungsparteien bewegen, sondern volksfremde, außer- und widerstaatliche Kräfte, daß im tiefsten Grunde die Parteien nur zusammengefaßt sind ... durch persönliche egoistische Ziele, nämlich die Sicherung von Pfründen und Ämtern.«[13]

Diese von Schulenburg und Kessel überlieferte Kritik rüttelte an den Grundpfeilern der Weimarer Republik, denn dies waren keineswegs isolierte Stimmen, und besonders im Beamtentum war diese Haltung tief verwurzelt: Der Parteikampf war böswilliger »Hader«, für die Einheit des Vaterlandes schädlich. Schulenburg formulierte bündig: »Die Summe der Interessen der Regierungsparteien kann niemals identisch sein mit dem Interesse des Volkes und des Staates.«[14] Diese für das Bestehen der Weimarer Republik so abträgliche Sicht wurde nicht erst in der Krisenperiode der jungen Republik geäußert, sondern begleitete sie von Anfang an. Sie war ein Produkt der obrigkeitsstaatlich-antiparlamentarischen Tradition seit der Reichsgründung.

Wenn selbst ein so namhafter Staatsrechtler wie Triepel in seiner Berliner Rektoratsrede von 1927 von der »Veredelung der egalitären Demokratie durch ihre Umwandlung in eine Führeroligarchie« sprach, und von den Parteien, deren »Stunde auch schlagen wird«, dann ist wohl kaum verwunderlich, daß junge Leute mit dem beschriebenen sozialen Hintergrund wie Schulenburg und Kessel dem nichts entgegenzusetzen vermochten.[15] Es ist kaum anzunehmen, daß Yorck, Brücklmeier und Schwerin in diesem Punkt eine wesentlich andere Auffassung vertraten als ihre Freunde. Daß diese Ansichten selbst bei Staatsdienern allgemein akzeptiert wurden, zeigt die Tatsache, daß Schulenburg sie, ohne Repressalien zu erleiden, 1931 öffentlich in Vorträgen vertreten konnte.

Trotzdem wandten sich Schwerin, Kessel und Yorck bald, nachdem sie 1923/25 wahlberechtigt geworden waren, von den Deutschnationalen, der traditionellen Partei ihrer Schicht, ab und wählten die Deutsche Volkspartei des erfolgreichen Außenministers Stresemann. Schwerin tat dies bei der Reichstagswahl im Mai 1928, also noch bevor Hugenberg die Deutschnationalen auf scharfen Kurs gegen Stresemann gebracht hatte. Die vollkommen negative Obstruktionspolitik, zu der sich die DNVP unter der Leitung ihres amtierenden Parteivorsitzenden und Pressezaren Hugenberg dann bekannte, machte sie in den Augen der jungen Männer 1929/30 vollends unwählbar. Kessel weist darauf hin, daß sich seine politische Haltung und die einiger seiner Freunde durch den Einblick in die praktischen Probleme, die ihm seine Mitarbeit im Auswärtigen Amt seit 1927 bot, wandelte. Immer mal wieder war ihnen ein Blick hinter die Kulissen möglich. Einer dieser Vorfälle war der Plan des Stahlhelms, eine Tagung in Danzig durchzuführen. Der Schwiegervater Schwerins, der Danziger Senatspräsident Sahm, sah sich im Mai 1929 gezwungen, diese nationalistische, gegen Polen gerichtete Demonstration zu verbieten, um möglichen Forderungen ähnlicher, aber polnischer Verbände zuvorzukommen und um den Polen bei den zu befürchtenden Krawallen keinen Vorwand zum verfassungsmäßig möglichen »ordnenden« Eingreifen zu geben. Das rechts organisierte Deutschland, ganz besonders auch Hugenberg und die Deutschnationalen, schäumten. Stahlhelmführer Seldte rief in Königsberg: »Vor der Zukunft und dem Himmel wird Herr Sahm seinen Verrat an Deutschland zu verantworten haben.« Auf Schwerin und Kessel, die die Hintergründe kannten und die sich in diesen Tagen gerade zur Taufe von Schwerins ältestem Sohn Wilhelm in Göhren trafen, blieben die unsachlichen ultrarechten Angriffe auf Sahm nicht ohne Wirkung. Als Brüning Ende März 1930 Reichskanzler wurde, zählten sie zu seinen Anhängern.[16]

1947 schrieb Kessel geradezu überschwenglich, Brüning sei ihm und seinen Freunden »als der erste Vertreter unserer eigenen Zeit und ihrer Ideale« erschienen. »Seine Würde, die Sauberkeit seiner Worte und Handlungen, die Meisterschaft seiner Außenpolitik erweckten in uns die Hoffnung auf eine neue Epoche.«[17] Brünings Minderheitsregierung stützte sich auch auf einen kleinen Teil von ehemaligen DNVP-Abgeordneten, die den destruktiven Kurs der »Nationalen Opposition« Hugenbergs nicht mehr mitmachen wollten. Unter Führung des Hugenberg-Vorgängers Graf Westarp und Treviranus gründeten sie im Juli 1930 die Konservative Volkspartei zur Unterstützung der Brüningschen Sanierungsmaßnahmen.

Einer der Mitunterzeichner des Gründungsaufrufes war der Vater Schulenburgs, der dem Reichstag in der Legislaturperiode 1924–1928 mit einem deutschnationalen Mandat angehört hatte. Zwar war die Parteigründung knapp zwei Monate vor der nächsten Reichstagswahl deutlich aussichtslos, aber Schwerin und wohl auch Kessel wählten am 14. 9. 1930 die Volkskonservativen von Treviranus.

Die Niederlage der neuen Partei war mit nur 0,8 % der abgegebenen Stimmen vernichtend. Von den insgesamt 577 Sitzen erhielten sie vier, die DVP, die von Yorck gewählt worden war, 30, die Nazis dagegen 107. Die NSDAP verdrängte damit die Deutschnationalen von ihrem seit 1920 gehaltenen Platz als zweitstärkste Partei nach der SPD. Schulenburgs Vater berichtete nach dem Mißerfolg in einem Brief an Westarp von »seinen Erfahrungen, daß nur wenige vor der Wahl ein Bekenntnis zu den Volkskonservativen gewagt hätten... Jetzt sei die Stimmung natürlich noch trostloser, die Landwirtschaft teils Hugenberg, die Mehrzahl dem Landvolk und sehr viele auch der NSDAP zugefallen.« Tatsächlich hatten die Nazis in Mecklenburg (20 Prozent) bereits sehr viel mehr Stimmen auf sich vereinigen können als im Reichsdurchschnitt (18,3 Prozent). Schließlich wies der alte General »eindringlich auf die brüningfeindliche Stimmung seiner ganzen engeren und weiteren Umgebung hin«.[18]

Schwerin hatte seine Frau bereits vor der Heirat gewarnt, er sei unter seinesgleichen das schwarze Schaf. Sein Eintreten für Brüning und seine Wahlentscheidung vom September 1930 unterschied ihn erneut deutlich von seinen mecklenburgischen Gutsnachbarn.[19]

Die Haltung gegenüber der NSDAP

Mochte der Vater Schulenburg im September 1930 auch noch die Konservative Volkspartei gewählt haben, seine Söhne standen vermutlich schon im Lager der NSDAP, die vor allem die jüngere Generation ansprach. Am Vorabend ihres ersten großen Wahlsieges waren knapp 37 Prozent der NSDAP-Mitglieder 30 Jahre alt und jünger, 31 Prozent zwischen 31 und 40 Jahre alt. Der zweitälteste Schulenburg-Sohn Wolf-Werner, gerade 31 Jahre alt, eröffnete im November 1930 den Reigen der Schulenburgschen Parteieintritte. Ihm sollten alle Familienmitglieder folgen, ausgenommen die Schwester Tisa, die 1928 den jüdischen Kaufmann Fritz Heß geheiratet hatte, und den jüngsten Bruder Wilhelm, der aktiver Offizier werden wollte. Fritzi Schulenburg, der bereits im Frühjahr 1930 mit der Partei Fühlung aufgenommen hatte und im März 1931 die absehbare Machtergreifung der »nationalen Bewegung« vorhergesagt hatte, trat am 1. Februar 1932 der NSDAP bei.

Sein im Familienkontext relativ später Parteieintritt hängt wahrscheinlich damit zusammen, daß in Preußen den Beamten der Beitritt zur NSDAP verboten war. Vielleicht mit aus diesem Grund wurde er vier Wochen später vom Ruhrgebiet in das entfernte Ostpreußen versetzt.[20]

Schulenburg schrieb damals aus Ostpreußen: »Ich bin Nationalsozialist geworden. Einmal unter dem Eindruck der Verhältnisse im Norden Deutschlands. Die nationalsozialistische Partei ist derart zur Volksbewegung geworden. Sie hat dort auch gute Führer. Dann habe ich bei der Vorbereitung auf das, was in Preußen in der Verwaltung zu machen ist, eingesehen, daß unter einer anderen Fahne keine Sammlung möglich ist. Ich kenne die Schattenseiten der Partei; ich weiß, daß manche Führer nichts taugen, aber auch dort ist alles in Bewegung. Es scheint, als ob das norddeutsche und preußische Element sich mehr durchzusetzen beginnt.«[21] Schulenburg bezieht sich hier auf sein Referat vom März 1931 über das »Preußische Beamtentum«. Dort hatte er als die Wurzel allen Übels analysiert, daß »den entscheidenden Lebensproblemen keine schöpferische Idee des Staates gegenüberstand«. Dieses Vakuum und die nach der Revolution einsetzende Parteienherrschaft, die eine Bündelung »persönlicher, egoistischer Ziele« darstelle, hätten das für die Sicherung des Gemeinwesens so wichtige Instrumentarium der Beamtenschaft ruiniert. Einen Ausweg schien hier »die Bewegung« zu versprechen.

Im übrigen: Die Gegenwart war zum Verzweifeln. 1932 hatte die Arbeitslosigkeit ihren Höhepunkt erreicht, Straßenschlachten waren an der Tagesordnung. Das Regierungssystem, das sich irgendwo zwischen parlamentarischer Demokratie und rechter Diktatur befand, ruhte im wesentlichen auf den schwachen Schultern eines 85jährigen Greises. Millionen Deutsche liefen zu den Nationalsozialisten über. Sechs Wochen nach Schulenburgs Parteieintritt stimmten bei der Reichspräsidentenwahl bereits 13,4 Millionen Deutsche für Hitler.

Schulenburg war in diesen ersten Monaten nach seinem Parteieintritt ein Bewunderer Gregor Strassers, den er öfter in Königsberg sprach. Er schwärmte von ihm als dem »neuen Typ des Führers, Volksmann *und* Führer mit Fingerspitzengefühl und feinsten Nuancen, wie ihn seit den Bauernkriegen Deutschland nicht hatte«.[22] Strasser stand damals an der Spitze der sozialistischen Opposition innerhalb der Partei. Sein Bruder Otto hatte bereits 1930 der Partei mit der Losung den Rücken gekehrt, »die Sozialisten verlassen die NSDAP«. Nun sollte man die »sozialistische Komponente« bei Gregor Strasser nicht überbewerten; für ihn war Sozialismus »das Leistungsprinzip des preußischen Offiziers, des deutschen unbestechlichen Berufsbeamten, die Mauern, das Rathaus, der Dom, das Spital einer freien Reichsstadt, das alles«.[23] Derartige Aussagen und der sozialistische Anspruch kamen Schulenburg entgegen. Er war daher »erschüttert«, als Strasser, »der einzige Mann wirklich großen Formats«, Ende 1932 wegen Spaltungsabsichten aus der NSDAP ausgeschlossen wurde.

Auch für die anderen Freunde stellte sich 1932 dringend die Frage, wie sie die Bewegung einschätzen sollten, deren kometenhafter Aufstieg in der Wählergunst begleitet wurde von einem massenhaften Zulauf in die Reihen der Partei. In der Zeit zwischen der Reichstagswahl vom September 1930 und der Machtergreifung wuchs die Zahl der NSDAP-Mitglieder um stolze 550 % auf 850000. Selbst Kessel, der bisher jede Parteimitgliedschaft grundsätzlich abgelehnt hatte, schwankte. Zwar hatte der Hitlerputsch 1923 bei ihm »einen zweifelhaften Beigeschmack« hinterlassen, aber wenn man schon »Parlamentarismus spielte«, mußten auch die Nationalsozialisten in die Verantwortung genommen werden – »nötigenfalls gegen ihren eigenen Willen mit der Alternative: Eintritt in die Regierung oder Auflösung und Verbot der Partei«.[24]

Bei den Yorcks war vor allem der älteste Bruder Paul von Hitler und seiner Bewegung angetan. Als seine Schwägerin Marion Yorck sich weigerte, für eine Hitler-Rede in der Breslauer Jahrhunderthalle 20 Mark Eintritt aufzuwenden, meinte er: »Da hast du nun mal die Gelegenheit, mit einem Genie zu leben und ihn zu hören, und da sind dir zwanzig Mark zuviel?!« Paul Yorck wurde Parteimitglied und machte Klein-Oels zu einem Treffpunkt der schlesischen Parteiprominenz. Diese nahm seine Gastfreundschaft nur zu gern an, da in der ersten Zeit nach der Machtergreifung die Verbindung mit einer Familie wie den Yorcks als nützlich angesehen wurde. Die Juni-Morde von 1934 wurden dann für Paul Yorck zum Wendepunkt. Er erzwang ein Parteiausschlußverfahren gegen sich, wurde Mitglied der Bekennenden Kirche und sollte seinen anfänglichen Irrtum nach dem 20. Juli mit Enteignung und vielmonatiger Gefängnis- und KZ-Haft schwer büßen.[25]

Sein jüngerer Bruder Peter in Berlin konnte sich dagegen zum Parteieintritt nicht entschließen. Er mochte wohl in diesen Monaten, wie er dann vor dem Volksgerichtshof erwähnte, die NSDAP gewählt haben, zum Eintritt reichte sein Enthusiasmus aber nicht aus. Wenig später beendete der Mord von Potempa, auf den weiter unten eingegangen wird, bei Schwerin und Kessel jede Erwägung, der Partei mit einer positiven Grundhaltung beizutreten.

Das Ende von Weimar und der Beginn des Terrors

Schwerins Schwiegervater Sahm war im Januar 1931 durch eine deutschnational-nationalsozialistische Koalition nach zehnjähriger Tätigkeit als Danziger Senatspräsident gestürzt worden.[26] Drei Monate später wurde er Oberbürgermeister von Berlin. Er hatte einen Kommunisten, nämlich Wilhelm Pieck, und einen deutschnationalen Gegenspieler gehabt, war aber als parteiloser Kompromißkandidat von den Parteien der Weimarer »Großen Koalition« gewählt worden. Als 1932 die Neuwahl des Reichspräsidenten bevorstand, gab es unter den herrschenden politischen Umständen nur einen möglichen Kandidaten, der auf eine genügend breite Zustimmung rechnen konnte: Hindenburg. Der französische Botschafter Francois-Poncet soll gar gesagt haben, entweder werde Hindenburg wiedergewählt, was in

Frankreich entspannend wirken würde, oder Frankreich könne nur noch Verträge mit der Unterschrift Hitlers anerkennen!«[27] Allerdings galt es erst einmal den Sieger von Tannenberg dazu zu bewegen, sich einer erneuten Kandidatur zu stellen. Diese Aufgabe übernahm Sahm. Er organisierte den »Hindenburg-Ausschuß«, in dessen Listen sich innerhalb von zwei Wochen drei Millionen Deutsche eintrugen. Ein Satz anläßlich der Überreichung dieser Listen am 16. Februar durch Sahm an Hindenburg kennzeichnet dessen resignative Stimmung. Als er sich zur Kandidatur bereit erklärt hatte, meinte er mit Blick auf einen Stich, der Friedrich II. an der Bahre des Feldmarschalls Graf Schwerin zeigte: »Solch einen Tod habe ich mir immer gewünscht, aber es ist anders gekommen.«

Am folgenden Tag zog sich Sahm nach Rücksprache mit Sohn und Schwiegersohn Schwerin von der weiteren Ausschußarbeit zurück, um sich nicht parteipolitisch exponieren zu müssen.[28]

Der Grund für Hindenburgs Stimmung war, daß sich ihm, dem Vertreter des Schwarz-Weiß-Roten Deutschland, dem Ersatzkaiser, sein politisches Hinterland versagte. Vor allem die Verweigerung des Stahlhelm, dessen Ehrenpräsident er war, schmerzte ihn tief. Die zerstrittene Harzburger Front präsentierte schließlich zwei Gegenkandidaten, Duesterberg für die DNVP/Stahlhelm und Hitler für die NSDAP. Letzterer besaß die Unterstützung des Kronprinzen!

Der Wahlkampf lief auf ein Rennen zwischen Hindenburg und Hitler hinaus. Der kaiserliche Feldmarschall als demokratischer Sammelkandidat! In den Wochen vor der Wahl hielt Schwerin mehrere Reden im östlichen Mecklenburg für Hindenburg und gegen Hitler. Es sollte der einzige Anlaß in Schwerins Leben bleiben, daß er vor einer wenn auch begrenzten Öffentlichkeit politisch Stellung bezog. Hitler unterlag Hindenburg schließlich mit 13,4 zu 19,4 Millionen Stimmen im zweiten Wahlgang. Deutschland war noch einmal eine kleine Atempause gegönnt. Gegenüber der Reichstagswahl von 1930 hatte Hitler sieben Millionen Stimmen hinzugewonnen; Hugenberg mit seinem Kandidaten Duesterberg konnte endgültig nicht mehr mit der braunen Bewegung konkurrieren.

Leider erfüllte Brüning nicht die in ihn gesetzten Erwartungen. Kessel warf ihm vor allem seine Passivität in innerpolitischer Hinsicht vor. Die Aufforderung des Kanzlers, das wirtschaftliche Chaos und den Hunger mit frommer Gelassenheit zu ertragen, habe aufreizend gewirkt. Von Leuten wie Hitler und seiner Rotte dürfe man sich nicht in die Defensive drängen lassen. So habe er bei Brünings Abgang im Sommer 1932 unklugerweise aufgeatmet, dessen quietistisches Preußentum und katholischer Pietismus hätten ihn damals sehr enttäuscht.[29]

Sahm teilte Kessels Meinung über Brüning. Er habe Brüning sehr verehrt, weil er reinen Herzens gewesen sei. Er habe aber selbst wiederholt feststellen können, daß der Kanzler zwar alles einsehe, aber doch niemals zu einem Entschluß komme.[30]

1932 begrüßte Kessel daher den »Neuen Staat« Papens als letztes Bollwerk gegen den Nationalsozialismus und Kommunismus; Papens Staatsstreich gegen Preußen, das tatsächlich letzte Bollwerk der Weimarer Demokratie, fand er ausgezeichnet. Das Kabinett der Barone war der Optik wegen zwar nicht ganz nach Kessels Geschmack, aber der »Neue Staat« war es wohl.[31]

Man kann davon ausgehen, daß Schwerin das alles ganz ähnlich beurteilte. Wo war die Alternative? Die Konservative Volkspartei hatte keinen Boden unter die Füße bekommen. Der sehr geschätzte Brüning war über die Intrigen am Neudecker Hof gefallen. Hitler lehnte er ab, die SPD und alles links davon sowieso. Papens Kabinett hatte zudem den versöhnlichen Zug, seinen sehr geschätzten Vetter Lutz von Krosigk als Finanzminister in seinen Reihen zu haben. Krosigk hatte in der Familie wegen seiner Intelligenz, seines Charmes und seiner Bescheidenheit einen sehr guten Ruf – und zudem war er alter Roßleber.

Der Name des winzigen oberschlesischen Dorfes Potempa markiert eine Wasserscheide im politischen Entscheidungsprozeß Kessels und Schwerins. Mochten sich die beiden Freunde im Frühjahr 1932 noch ernsthaft mit dem Für und Wider eines Eintritts in die NSDAP auseinandergesetzt haben, nach »Potempa« war für sie die Frage eindeutig geklärt.

Am 9. August 1932 drangen nachts fünf SA-Leute in Potempa in das Haus eines polnischen, kommunistischen Arbeiters ein und prügelten ihn, der im Bett lag, vor den Augen seiner Mutter zu Tode.

Nun war über das Reich seit Aufhebung des SA-Verbots am 29. Juni bereits eine außergewöhnliche Welle politischen Terrors hinweggerollt, die Opfer auf allen Seiten gefordert hatte. Der Altonaer Blutsonntag im Juli hatte allein 17 Menschen das Leben gekostet. Der Mord von Potempa war eine zynische Antwort auf die am gleichen Tage verkündete Strafverschärfung für politisch motivierte Gewalttaten und wurde von der Parteispitze der NSDAP in einem offenen Bekenntnis zugunsten der Mörder gutgeheißen. Als die Mörder noch im August von einem Sondergericht in Beuthen zu Todes- und Zuchthausstrafen verurteilt wurden, sandte Hitler sein berüchtigtes Telegramm: »Eure Freiheit ist von diesem Augenblick an eine Frage unserer Ehre.« Offen und schamlos räsonierte Rosenberg im »Völkischen Beobachter«, im Beuthener Urteil wiege »laut bürgerlicher Justiz ein dazu noch polnischer Kommunist fünf deutsche Frontsoldaten auf... Für ihn (den Nationalsozialismus) ist nicht Seele gleich Seele, nicht Mensch gleich Mensch; für ihn gibt es ›kein Recht an sich‹, sondern sein Ziel ist der starke deutsche Mensch, sein Bekenntnis ist der Schutz dieser Deutschen, und alles Recht auf Gesellschaftsleben, Politik und Wirtschaft hat sich nach dieser Zwecksetzung einzustellen«.[32] Für Kessel und Schwerin bedeutete Hitlers Telegramm das Ende aller Überlegungen, aus innerer Überzeugung der Partei beizutreten.[33] Es bleibt hier festzustellen, daß von der engeren Freundesgruppe allein Schulenburgs Parteieintritt aus dieser Motivation heraus erfolgte. Allein bei Schulenburg ist auch eine eindeutige geistige Ausrichtung auf die ›Konservative Revolution‹, insbesondere auf Oswald Spengler, festzustellen, die dann nahtlos in den Nationalsozialismus überging.

Für die anderen, für Brücklmeier, Kessel, Schwerin und Yorck, kann man nur festhalten, daß sie aufgrund ihrer sozialen Herkunft sowie ihrer Erfahrungen auf den Universitäten und im Beruf konservativ geprägt waren. Ihr Wahlverhalten blieb immer im rechten Spektrum, tendierte aber eher zur Mitte als zum Extrem. Nur zum Teil (Yorck?) gehörten sie im Juli 1932 zu den 37,4 Prozent Wahlberechtigten, die Hitlers Wahlsieg ermöglichten. Ihre Mitverantwortung für das, was sich nach 1933 in Deutschland abspielte, gründet sich auf ihre Zugehörigkeit zu der traditionellen deutschen Oberschicht, die auch nach 1918 die staatliche Führungsmannschaft stellte und die in den Krisen während der ersten Hälfte des Jahrhunderts versagt hat. Sie hat Entwicklungen nicht verhindert, sondern geradezu gefördert, die nahezu jeder Familie Deutschlands und Europas die schwersten physischen, psychischen und materiellen Opfer abverlangt haben. Wer führen will und auch geführt hat, kann sich dann nicht hinter den nahezu 14 Millionen Deutschen verstecken, die 1932 Hitler wählten. Ganz besonders handgreiflich ist diese Verantwortung natürlich bei dem konservativen Teil der unseligen Harzburger Front und ihren Führern, allen voran dem Kronprinzen, Hugenberg, Seldte.

Bei den einzelnen Mitgliedern der Freundesgruppe wird zu prüfen sein, wieweit sie der Sichtweise ihrer Schicht verbunden blieben beziehungsweise wieweit sie offen für neue Erfahrungen und Fragen waren.

5. Kapitel

Das Leben unter dem Hakenkreuz

Am 30. Januar 11 Uhr empfing Hindenburg die Aspiranten. Bereits die Mittagsmeldungen brachten die Nachricht, daß der Reichspräsident den Führer der stärksten Partei Deutschlands, Adolf Hitler, zum Reichskanzler ernannt habe. »Wir haben ihn uns engagiert«, tönte Papen. In dem neuen Elf-Mann-Kabinett waren neben Hitler nur zwei weitere Nationalsozialisten vertreten: Frick und Göring. Sie konnten sich jedoch auf eine riesige Parteimaschinerie stützen, auf eine schlagkräftige Parteiarmee und nahezu zwölf Millionen Wähler. Die anderen, die Hugenberg, Gürtner und Seldte, die Papen, Blomberg, Neurath, Krosigk und Eltz hatten dem außer Phrasen nichts entgegenzusetzen. Das wurde bereits wenige Stunden später augenfällig, als der »Führer« der »nationalen Erhebung« mit einem Fackelzug ohnegleichen gefeiert wurde. Bis ein Uhr nachts wogte der Zug an der Reichskanzlei vorbei, jubelten die nationalsozialistischen Massen Hitler, Göring, Goebbels und Heß zu, die oben am Fenster standen.

Schwerin, der zu der gerade stattfindenden »Grünen Woche« nach Berlin gekommen war, sah sich zusammen mit einem Schwager das Spektakel an. Wie schon am 9. November 1923 in München nutzte er die Gelegenheit, um sich selbst ein Bild zu machen. Auch Yorcks sahen zu. Peter Yorck war entsetzt und angeekelt von der sich hier so deutlich manifestierenden Massenpsychose.

Am 30. Januar 1933 passierte Brücklmeiers Schiff auf der Fahrt von Colombo nach Genua den Suezkanal. Als die Nachricht von der Machtergreifung durchkam, dinierte er gerade mit dem deutschfreundlichen Ex-König von Spanien, Alfons XIII., dessen Sohn Brücklmeier in Ceylon beherbergt hatte. Der junge Diplomat, der wegen seiner Anwesenheit vor der Feldherrenhalle oft lachend sagte, eigentlich müsse ja auch er als Blutordensträger geehrt werden, war fassungslos. Es konnte doch wohl nicht sein, daß dieser Möchtegern-Putschist, dieser Hinterzimmer-Stratege Kanzler eines 64-Millionen Volkes geworden war. Als sein Vater, der Reichsgerichtsanwalt, ihn vom Schiff abholte, waren sich beide einig, daß dieses Experiment nicht von langer Dauer sein konnte.

Hinter Brücklmeier lagen zweieinhalb in vollen Zügen genossene Jahre, erst in Badgad, dann in Teheran und schließlich in Colombo. In Colombo hatte er vertretungsweise die Leitung des Konsulats übernommen. Nach seiner Rückkehr schwärmte er so sehr von Stadt und Insel im Indischen Ozean, daß er seitdem von seinen Freunden nur noch »Colombo« genannt wurde. Über den 28jährigen Attaché schrieb der Nachfolger Friedrich Werner Schulenburgs in Teheran, der Gesandte v. Blücher: »Er geht mit einer gewissen Frische an alles heran und verfügt über Entschlußfähigkeit. Er ist forscher Reiter, guter Polospieler und ausgezeichneter Skiläufer und Alpinist. Durch diese sportlichen Interessen und seine liebenswürdige, offene Art hat er sich bei seinen Altersgenossen im Diplomatischen Corps eine ausgezeichnete Stellung geschaffen und war vor allem bei sämtlichen Engländern überaus beliebt.«[1] Nach diesen unbeschwerten Jahren voller Exotik, die mehr Brücklmeiers körperliche Gewandtheit und gesellschaftliches Talent beansprucht hatten als seinen politischen Verstand, wurde er in das polnisch gewordene Oberschlesien versetzt. Ende April 1933 traf er in Kattowitz ein. Am Generalkonsulat der Industriestadt fand er bereits Kessel vor, der im September 1932 Rom gegen diese »ins Grandiose gesteigerte Häßlichkeit« eingetauscht hatte. In den nächsten Monaten wurden die beiden jungen Männer enge Freunde.

Brücklmeier kam in eine Situation hinein, die knapp an einem deutsch-polnischen Krieg vorbeigeführt hatte. Pilsudski hatte sich mit Präventivkriegsabsichten getragen, und »die Parteihäuptlinge in Breslau und Oppeln«[2] hätten auch am liebsten losgeschlagen. Brücklmeier berichtete wenige Tage nach seiner Ankunft: »Wäre ein Krieg irgendwie möglich, wäre er sicher gekommen. Aber alle Völker sind zu schwach, heute Krieg zu führen, und niemand wagt an Krieg zu denken. ... Unsere Regierung ist viel vernünftiger als man sich denkt (Hitler hatte sich am Tage zuvor gegenüber dem polnischen Gesandten sehr maßvoll gegeben[3], d. Verf.). Die Disziplin bei der SA und SS hier an der Grenze ist mustergültig. Nur so war es uns möglich, wirklich ernste Zusammenstöße zu vermeiden. Und es bedeutet viel, hier in dem Hexenkessel nationaler Leidenschaften, wo man selbst stets in Gefahr ist, den Kopf zu verlieren, wirkliche Disziplin zu bewahren«.[4] Sechs Jahre später würde Hitler durch einen fingierten Überfall auf den Sender Gleiwitz den Krieg zu bemänteln versuchen.

Brücklmeier und Kessel beobachteten in diesen Monaten das neue Regime. Kessel hatte Silvester 1932 zusammen mit einem Freund (Yorck?) eine Bilanz der innenpolitischen Lage und Kräfte gezogen, die trostlos ausgefallen war. »Schlimmer kann es nicht mehr kommen, es muß etwas geschehen«.[5] Nun war etwas geschehen, und sie warteten ab. Da gab es viele Details und Aspekte abzuwägen. Die schlesischen Parteigewaltigen hatten zwar gehetzt, aber waren die Parteigruppen an der Grenze nicht mustergültig diszipliniert gewesen? Und die Regierung? Hatte sich Hitler nicht sehr viel zurückhaltender gezeigt als erwartet? Überhaupt Hitler, seine erste offizielle Äußerung nach der Machtergreifung war noch ganz patriotisch-konservativ gehalten; sie schloß mit dem salbungsvollen Anruf: »Möge der allmächtige Gott unsere Arbeit in seine Gnade nehmen, unseren Willen recht gestalten, unsere Einsicht segnen und uns mit dem Vertrauen unseres Volkes beglücken«. Es waren die Monate, in denen die SA noch in geschlossenen Formationen in die Kirche zog, in der die Farce von Potsdam (21. März 1933) die Deutschen irreführen sollte. Die Stimmung im Ausland gegenüber dem Regime war offenbar auch nicht so schlecht, und eine Gruppe durchreisender amerikanischer Journalisten hatte in Kattowitz verbreitet, daß »es mit den Juden gar nicht so ernst ist«. Mussolini soll Göring bei dessen Rom-Besuch im April den Kopf gewaschen haben mit positiven Rückwirkungen auf Berlin.[6]

Nachhaltig prägte sich Kessel die hysterische Reaktion einiger Hotelgäste in Oberstdorf auf die Meldung vom Reichstagsbrand am 27. Februar ein. In diesem Augenblick überfiel ihn, wie er später schrieb, »zum erstenmal jene unsagbare Mischung von Ekel und Angst«, die für ihn zu einer ständigen Begleiterscheinung der nächsten Jahre werden sollte. Einige Tage später auf dem Rückweg nach Kattowitz machte Kessel in Berlin Station und erlebte die »revolutionäre SA«: »Bei Tag Übergriffe gegen die Juden und Vertreter der Linken, bei Nacht Besäufnis«. In Gesprächen mit Schwerin äußerte er seine Hoffnung auf ein Durchgreifen des Polizeipräsidenten Admiral v. Levetzow. Einer der beiden meinte: »Wenn das so weitergeht, landen wir beim Faschismus«.[7] Nun, sie waren mittendrin.

In diesen ersten Monaten nach der Machtergreifung lebte aufs neue die Debatte um den Parteieintritt auf, wenn auch mehr aus Gründen der Taktik denn der inneren Überzeugung. Die älteren Mitglieder des Auswärtigen Amtes vertraten damals die Ansicht, viele gerade der jüngeren Beamten sollten der Partei beitreten, sei es auch nur, um die Stellung des Amtes in der Partei zu stärken. Brücklmeier und Kessel taten sich mit diesem Entschluß schwer, sie zögerten monatelang. Schließlich stellten beide ihre Aufnahmeanträge am 15. Februar 1934, Kessel mit dem Zusatz, als ehemaliges Mitglied des Jungstahlhelms halte er sich zu einem Beitritt besonders berechtigt, da er immer »nationale und konservative Anschauungen« vertreten habe. Dies war – halb gewollt, halb ungeplant – der falsche Zungenschlag. Die in erster Linie zuständige NSDAP-Auslandsorganisation – der Antrag war ja im polnischen Kattowitz gestellt worden – ließ jahrelang nichts von sich hören. Kessel war das gar nicht so recht, da seine Beförderung, wie er meinte, ins Stocken kam und er an »zahllose sichtbare und unsichtbare Schranken« stieß. Mit der Zeit lernte er aber »diesen Zustand als Privileg zu betrachten«, als »Symbol« seiner »Unabhängigkeit«. Es wurde ihm zum »sportlichen Vergnügen«, dem 1939 mit massivem Druck von der Behörde geforderten Parteieintritt durch falsch adressierte Anträge, durch Verschiebung von Terminen zu umgehen. Schließlich wurde sein Aufnahmeantrag aber doch bearbeitet – und im September 1943 abgelehnt, da keine »besonderen Momente, wie etwa Einsatz für die Bewegung« dafür sprächen. Kessel blieb damit einer der wenigen Nichtparteimitglieder des Auswärtigen Dienstes, obwohl er sich schließlich keine Gewissensbisse gemacht hätte einzutreten, da »Tausende von Menschen, die ebenso dachten wie ich«, der Partei angehörten.[8]

Auch Brücklmeiers Antrag blieb nahezu vier Jahre liegen, in seinem Fall vermutlich infolge von Konflikten mit der Auslandsorganisation im Sommer/Herbst 1935. Am 22. November 1935 wurde er dann zum erstenmal im »Dritten Reich« denunziert. Im Generalkonsulat war er zuständig für Abwanderungsfragen, Verhaftungen und juristische Beratung der deutschen Minderheitsangehörigen, denen es miserabel ging. Die durch die Weltwirtschaftskrise verursachten Entlassungen trafen im polnischen Oberschlesien vorzugsweise die Deutschen. Im Winter 1933/34 stand praktisch im Kattowitzer Industriegebiet kein einziger deutscher Gruben- oder Hüttenarbeiter mehr in Arbeit. Da die polnische Arbeitslosenunterstützung zum Leben nicht reichte,[9] versuchte »das Reich« zu helfen. Brücklmeier verwaltete einen dieser »schwarzen« Fonds, den er direkt mit dem Auswärtigen Amt abrechnete.

Vermutlich nationalsozialistische Minderheitenfunktionäre, wahrscheinlich der Jungdeutschen Partei, bedrängten ihn, Mittel zweckfremd, nämlich für ihren privaten Konsum auszuschütten. Brücklmeier weigerte sich empört und warf die Parteifunktionäre aus dem Zimmer. Ihre Beschwerde bei der NSDAP-Auslandsorganisation in Breslau-Carlowitz wurde nach Berlin gemeldet, veranlaßte das Auswärtige Amt aber nur zu einer Ermahnung. Vier Wochen nach der Denunziation wurde er nach zweieinhalb Jahren Kattowitz, also etwa turnusmäßig, nach London versetzt. Schon im Januar 1934 hatte Generalkonsul Graf Adelmann in sein Zeugnis geschrieben: »Charakterlich kann ich ihn nur loben. Er scheint mir ein gerader und guter Mensch zu sein.«[10]

Krankheitsbedingt hatte Kessel bereits im Herbst 1934 Kattowitz den Rücken kehren müssen, nur um sich nach einem kurzen Berliner Gastspiel in einem anderen östlichen Provinznest, in Memel, wiederzufinden. Kurz bevor sein Freund Brücklmeier nach London ging, konnte Kessel im Osten endgültig die Koffer packen. Mitte November 1935 trat er seinen Dienst an der Gesandtschaft in Bern bei Weizsäcker an.[11]

Wussow

Im Frühjahr 1935 war Wussow nach elfjähriger Abwesenheit aus Chile nach Deutschland zurückgekehrt. Er hatte in Südamerika für eine große englische Firma landwirtschaftliche Betriebe so erfolgreich verwaltet, daß er sich schließlich selbst einen Anteil an einem Besitz hatte kaufen können. Nun war er zurückgekommen, um seine alten Eltern wiederzusehen, möglichst zu heiraten und um das »neue Deutschland« kennenzulernen. Im Gegensatz zu vielen Auslandsdeutschen hatte er sich offenbar eine gehörige Portion Skepsis gegenüber den Entwicklungen in Deutschland bewahrt. In Darmstadt, wo seine Eltern lebten, wurde er bald nach seiner Ankunft Zeuge einer Boykottaktion gegen jüdische Geschäfte, ein pensionierter Offizier wurde dabei mißhandelt. Die Polizei schaute zu. Die Mutter erzählte ihm auch von einem befreundeten Pfarrer, der aufgrund seiner Weigerung, sich den »Deutschen Christen« anzuschließen, zusammengeschlagen worden sei. Mit diesen ersten Eindrücken fuhr er Ende Mai 1935 nach Berlin, wo er seine alten Roßleber Freunde Schwerin und Yorck und bald auch Kessel, der aus Memel nach Berlin gekommen war, wiedersah.

Schon in den ersten Gesprächen stellte Wussow fest, daß die drei alten Schulfreunde das Regime ablehnten und auf der Suche nach Gleichgesinnten waren. Schwerin sagte zu ihm: »Kannst du nicht hierbleiben? Wir brauchen Leute, die so wie du denken.«[12] Gern wäre Wussow eine Weile in Deutschland geblieben, doch dazu brauchte er Geld oder eine Anstellung. Seine Schulfreunde konnten ihm bei der Stellensuche nicht wirksam helfen, weil sie als Nichtparteimitglieder keine Beziehungen zu der allmächtigen Partei hatten. Wussow suchte und fand daher die Protektion eines alten Nazi, der bei Hitler seinetwegen vorstellig wurde. Aufgrund von Wussows langjähriger Auslandserfahrung verwies Hitler den Fall an Ribbentrop, der in diesen Monaten gerade sein außenpolitisches Büro aufbaute. Bezeichnenderweise war Ribbentrop in dem Einstellungsgespräch Mitte Juni 1935 an Wussows lateinamerikanischer Erfahrung nicht interessiert, sondern nur an dessen Beziehungen nach England. Wussow, der noch nie in England gewesen war und nur sehr wenig Englisch sprach, bluffte mit den Namen seiner ehemaligen Chefs, für deren Firma er in Südamerika gearbeitet hatte. Er brachte die Namen dieser drei englischen Lords so geschickt ins Spiel, daß Ribbentrop mit seinem Adelstick ihm als Englandkenner umgehend eine gut dotierte Stellung in seinem Büro, das damals einschließlich der Sekretärinnen nicht mehr als 15 bis 20 Personen umfaßte, anbot. Wussow war es in seiner Haut gar nicht wohl. Weder war er Englandkenner, noch war er ein Nazi, noch Parteimitglied. Ribbentrop erschien ihm nach seinen ersten Gesprächen als ein Mensch »voller Hemmungen und Komplexe, von krankhaftem Ehrgeiz verzehrt«. Aber Wussow nahm an. Nach dem Erfolg des deutsch-englischen Flottenabkommens vom 18. Juni 1935, das Hitler als persönlichen Erfolg Ribbentrops buchte, galt dieser als nächster Außenminister. Wussows Eltern waren selig, daß ihr jüngster Sohn nicht wieder ins unwirtliche, ferne Südamerika zurückmußte und eine Stelle mit großen Zukunftsaussichten hatte. Seine Roßleber Freunde, aber auch Goerdeler, ein Bekannter seines Vaters, bestärkten ihn, da sie daran interessiert waren, in allen wichtigen Stellen Vertrauensleute im Sinne der Opposition sitzen zu haben. Als Wussow Zweifel äußerte, ob er dieser Aufgabe gewachsen sei, soll Schwerin zu ihm gesagt haben: »Wir alle müssen unser Äußerstes tun, ob es uns angenehm ist oder nicht.«[13]

Sehr bezeichnend für das, was ihn erwartete, war Ribbentrops Reaktion auf Wussows ersten Bericht im September 1935. Wussow hatte zur Vorbereitung seiner neuen Tätigkeit den Sommer in England verbracht. Er konnte feststellen, »daß man allgemein in England eine Erstarkung Deutschlands begrüßte und die Methoden, die dabei die Hitlerregierung anwandte, nur in beschränktem Maße mißbilligte«.[14] In seinem Ribbentrop vorgelegten Bericht wies Wussow daher auf das große Interesse in England und die starken Sympathien für das neue Deutschland hin. Allein das Verhalten gegenüber den

Juden und die Kirchenfrage verhinderten, daß diese Gefühle in eine offene Freundschaft für Deutschland umschlugen. Während Ribbentrop den ersten Teil befriedigt zur Kenntnis nahm, meinte er zu den Schlußbemerkungen, *so* könne er den Bericht nicht dem Führer vorlegen. Wussow war erstaunt, daß kritische Äußerungen nicht zur Kenntnis gebracht werden durften, ebenso aber auch darüber, daß sein Anfängerbericht wert sein sollte, Hitler überhaupt vorgelegt zu werden. Den sich hier offenbarenden Dilletantismus fand er bedenklich. Als er dies Kessel, Schwerin und dem Rechtsanwalt Eduard Wätjen erzählte, meinten sie nur, er solle nicht so viele Skrupel haben und erst einmal seine Stellung bei Ribbentrop festigen, was er auch tat.

Solange Ribbentrop auf eine deutsch-englische Verständigung hoffte, war Wussows Stellung bei ihm erst in Berlin, dann in London als »Englandspezialist«, der sogar einmal König Eduard VIII. gesprochen hatte, recht gut. Nach zwei Monaten im Vorzimmer Ribbentrops, wo er die beiden Haushofers kennenlernte, erhielt er den Auftrag, die Gründung der Deutsch-Englischen Gesellschaft vorzubereiten, die um die Jahreswende 1935/36 auch erfolgte. Einer der Engländer, die er in diesem Zusammenhang kennenlernte, war Conwell-Evans, der Ribbentrop in den Tagen der Rheinlandbesetzung Anfang März 1936 in einer unnachgiebigen Haltung bestärkte. Zu Wussow sagte er: »I can only advise you not to give in, fortify the Rhinelandzone as fast and as much as you can and nobody will risk a war to throw you out«.[15] Als Wussow dann zu Beck und Fritsch gerufen wurde, um über die englische Haltung zu berichten, konnte er nur diese Sichtweise weitergeben, die sich ja auch als richtig herausstellte. Wussow reiste 1936 mehrmals nach England, zum Teil als Begleitung von Ribbentrop, zum Teil in seinem Auftrag.

Neben seinem Kollegen Graf Dürckheim war er weiterhin das einzige Nichtparteimitglied im Büro Ribbentrop. Um diesem auffallenden abzeichen- und uniformlosen Zustand ein Ende zu machen, wurde ihm der Eintritt in die SS nahegelegt. Um die Pille zu versüßen, sollte er gleich den Rang eines Sturmführers (Major) erhalten. Wussow erbat sich Bedenkzeit und lehnte mit der Begründung ab, daß er den SS-Ansprüchen nicht genügen könne, da er fest an Gott und Christus glaube und an diesem Glauben auch in Zukunft festhalten wolle. Zu seiner Überraschung geschah gar nichts. Ribbentrop nahm ihn weiterhin überall mit hin: zu den Olympischen Spielen, nach Bayreuth, auf den Reichsparteitag in Nürnberg im September 1936. Als Ribbentrop im Oktober die Nachfolge des verstorbenen Botschafters v. Hoesch in London antrat, ging Wussow wieder mit.

In London befreundeten sich Brücklmeier und Wussow, die durch Kessel voneinander wußten. Brücklmeier hatte Anfang Januar 1936 seinen Dienst in London noch unter Hoesch angetreten. Sehr bald war er zu Otto Bene, dem Leiter der NSDAP-Auslandsorganisation zitiert worden, der über Brücklmeiers Zusammenstoß mit der Partei in Kattowitz informiert worden war. Bene, der den Diplomaten zu NS-konformem Verhalten vergattern wollte, war jedoch schließlich sehr verständnisvoll, als ihm Brücklmeier seine Version der Kattowitzer-Ereignisse darlegte. Brücklmeier bearbeitete dienstlich zuerst die Fragen der Rheinlandbesetzung. Ab Mitte September 1936 arbeitete er dann im spanischen Nichteinmischungsausschuß, der in London tagte, mit. Als der neue Botschafter im Oktober eintraf und sich aufgrund des politischen Stellenwerts besonders für die Arbeit des Ausschusses zu interessieren begann, mußte ihm Brücklmeier sehr häufig Vortrag halten. Trotz der Vorurteile Ribbentrops gegenüber Karrierediplomaten verstand es Brücklmeier, seinen Chef, wie Wussow urteilte, »glänzend zu nehmen«.[16] Brücklmeier machte sehr bald, ähnlich wie Wussow, die Erfahrung, daß man sich von Ribbentrop nichts gefallen lassen durfte. Wurde der Chef laut, war es Brücklmeier auch, Ribbentrop honorierte diese Unerschrockenheit mit einer gewissen Achtung und mit Vertrauen.

Zu Beginn seiner Tätigkeit als Botschafter in London hatte Ribbentrop in einem Interview ausgeführt, die Basis einer deutsch-britischen Verständigung liege in einer gemeinsamen anti-bolschewistischen Haltung. Die Resonanz in England war außergewöhnlich negativ gewesen, der Start für Ribbentrop damit sehr unfreundlich. Der Rücktritt des »deutschfreundlichen« Eduard VIII. wegen seiner beabsichtigten Heirat mit einer geschiedenen Amerikanerin ließ Ribbentrops völlig unrealistische Vorstellungen über einen deutsch-britischen Ausgleich, in dem der König eine wichtige Rolle gespielt hätte, Ende 1936 endgültig platzen. Sein Interesse wandte sich von England ab und Italien und Spanien zu. Damit war auch Wussows Funktion für ihn weitgehend beendet, die vor allem in Wussows zahlreichen und guten Kontakten zu Engländern bestanden hatte. Seit Herbst 1935 hatte Wussow an Ribbentrops Seite im Zentrum des deutsch-englischen Verhältnisses gestanden. Er war hin und her gerissen zwischen Faszination »am politischen Spiel« und Beunruhigung über seine eigene Rolle, da er als Nicht-Nationalsozialist im ständigen Widerspruch zu Ribbentrops Absichten und Vorgehen stand. Obwohl er immer mit dem Gedanken einer Rückkehr ins unkomplizierte Südamerika spielte und auch Angebote dahingehend gehabt hatte, fand er den Absprung nicht.

Ende 1936 wollte er nur noch die Krönung des neuen Königs miterleben, da lernte er bei Brücklmeier seine zukünftige Frau kennen. Es war die Engländerin Mary Pilcher, die er vier Monate später im Juni 1937 in London heiratete. Seine Kollegen hielten diesen Schritt für karriereabträglich, da für Mitglieder des Auswärtigen Amtes, was Wussow allerdings nicht war, ein verschärftes Heiratsverbot mit Ausländern bestand. Er war inzwischen in eine windstille Nische der Botschaftsarbeit abgedrängt worden und bereitete eine große, für die deutsche Kunst der letzten 1000 Jahre repräsentative Ausstellung in London vor, die schließlich von Hitler nicht genehmigt wurde. Im wesentlichen war er daher 1937 mit Kulturfragen und mit seinem Privatleben befaßt. Auf dem Rückweg von seiner Hochzeitsreise stellte er in Berlin fest, daß Dürckheim, das einzige andere Nichtparteimitglied im Büro Ribbentrops, dem Druck der Partei hatte weichen müssen. Dies und seine bevorstehende Versetzung nach Berlin veranlaßten Wussow vermutlich, am 1. Dezember 1937 seinen Aufnahmeantrag zu stellen. Da er weder Beiträge zahlte noch seine neue Adresse mitgeteilt hatte, wurde zwei Jahre später sein Verhalten »als stillschweigende Zurückziehung des Aufnahmeantrages« gewertet und die vorgesehene Mitgliedsnummer gelöscht. Statt der halb erwarteten Kündigung teilte ihm Ribbentrop Ende 1937 mit, daß er nach Berlin zurückversetzt werde, um Hewel, den Nachfolger Dürckheims, abzulösen. Wussow und seine schwangere Frau trafen Anfang 1938 in Berlin ein, gerade rechtzeitig, um die nächste große innenpolitische Krise in Deutschland mitzuerleben.[17]

Auch Brücklmeier hatte 1937 geheiratet. Die Hochzeit mit der Österreicherin Klotilde v. Obermayer-Marnach, die er in London kennengelernt hatte, fand im März in Zagreb statt. Das Ehepaar war beruflich wie privat gern in London. Trotzdem versuchte er, eine Versetzung herbeizuführen, um dem ständigen dienstlichen Kontakt mit Ribbentrop zu entgehen. Zweimal hatte er die Versetzung nach Kairo bzw. nach Athen bereits in der Tasche. Sie wurde aber jedesmal von Ribbentrop verhindert. Als dieser, auch für ihn selbst überraschend, am 4. Februar 1938 von Hitler zum Außenminister ernannt wurde, holte Ribbentrop zwei ihm von London vertraute Personen, Brücklmeier und Erich Kordt, in sein Ministerbüro in die ihm feindliche Wilhelmstraße. Brücklmeier war dieser Vertrauensbeweis gar nicht recht. Mit Hilfe der Personalabteilung versuchte er diesmal, in London zu bleiben. Die Entscheidung ging hin und her, schließlich trat Brücklmeier seinen neuen Posten im Ministerbüro am 11. Juli 1938 an.

Zusammen mit Kessel hatte Brücklmeier, wie oben erwähnt, im Februar 1934 einen Aufnahmeantrag für die NSDAP gestellt, der sich vermutlich aufgrund des Kattowitzer Zusammenstoßes jedoch verzögerte. Am 1. Dezember 1937, noch in London, war es dann so weit. Ende des Monats wurde Brücklmeier zusätzlich in die SS aufgenommen, beziehungsweise die von Ribbentrop herbeigeführte Aufnahme in die SS wurde auf den 31. 12. 1937 datiert. Der Vorgang war bizarr! Ribbentrop hatte immer versucht, zu Himmler und seiner SS als aufsteigendem Machtfaktor im »Dritten Reich« engen Kontakt zu halten, etwa indem er sich mit jungen SS-Adjutanten umgab. Wussow hatte dies Verhalten Ribbentrops auf dessen Eitelkeit zurückgeführt, und auch Frau v. Ribbentrop sei gern zusammen mit gutaussehenden jungen SS-Offizieren aufgetreten.[18] Aber dies war sicher nur ein Teil des Beweggrundes, der Ribbentrops Handeln bestimmte. Vielleicht aufgrund der Erfahrungen mit Wussow 1936 fragte Ribbentrop seine Untergebenen, die er mit einem SS-Rang beglücken wollte, gar nicht mehr. Im Herbst 1938 teilte er Brücklmeier plötzlich mit, er sei auf seinen, Ribbentrops Vorschlag, als Obersturmführer in die SS aufgenommen worden. Auch Erich Kordt, Dörnberg und andere erhielten auf diese Weise SS-Ränge. Brücklmeier ging darauf zu dem SS-Obergruppenführer Lorenz, der ihm empfohlen worden war, und bat um Hilfe zum Wiederaustritt, da er sich den Anforderungen an einen SS-Offizier nicht gewachsen fühle. Lorenz soll nur geantwortet haben: »Dies werde ich nicht tun, denn ich bin froh, so anständige Leute wie Sie in der SS zu haben.« Dabei blieb es. Brücklmeier wurde daher im Dezember 1938 rückwirkend zum 31. Dezember 1937 in die SS aufgenommen. Er erhielt eine Uniform verpaßt und wurde in den folgenden neun Monaten sogar noch einmal befördert. Irgendwelche praktische Pflichten ergaben sich aus dieser SS-Mitgliedschaft nicht. Es war ein Ehrenrang, wie ihn damals viele erhielten, die Himmler an sich binden wollte.[19]

Yorck

Zweieinhalb Monate vor den Juni-Morden kam Yorck beruflich zurück nach Schlesien. Am 10. April 1934 wurde er am Oberpräsidium in Breslau probeweise als Justiziar eingestellt. Er hatte seine Stelle bei der Osthilfe aufgegeben, um danach den für Beamtenanwärter vorgeschriebenen »freiwilligen« Arbeitsdienst abzuleisten. Yorck wurde noch von dem Oberpräsidenten Helmut Brückner nach Breslau geholt, obwohl er nicht Mitglied der NSDAP war. Das war bereits in den ersten zwölf Monaten des »Dritten Reichs« eine Ausnahme, die besonders vermerkt wurde. Bis zum Oberregierungsrat wurde Yorck noch in regulären Abständen befördert, dann aber kam seine Karriere endgültig zum Stillstand. Schon bei seiner Beförderung zum Oberregierungsrat zum 1. Oktober 1938 hatte die Dienststelle des Stellvertreters des Führers, die in Personalangelegenheiten mitzuentscheiden hatte, »unmißverständlich zum Ausdruck gebracht, daß eine weitere Beförderung nicht befürwortet werden könne, wenn Graf Yorck in seiner passiven Haltung gegenüber den nationalsozialistischen Organisationen beharre«.[20] Bereits 1937 waren 81 Prozent der preußischen Kollegen Yorcks als Mitglieder der Partei registriert. Joseph Wagner, »goldener Pg«, frommer Katholik, Gauleiter von Westfalen-Süd, seit dem 12. Dezember 1934 zusätzlich Gauleiter und Oberpräsident von Schlesien sowie ab 1936 Reichskommissar für

Preisbildung, schätzte Yorck sehr und legte ihm einmal sogar einen fertig ausgefüllten Aufnahmeantrag für die Partei zur Unterschrift vor, um eine weitere Beförderung zu ermöglichen. Yorck blieb bei seinem Nein. Damit war die Beförderung zum Ministerialrat, um die sich seine Vorgesetzten mehrfach, zuletzt 1941 bemühten, nicht mehr durchzusetzen.[21]

Yorck hatte es im Breslauer Oberpräsidium mit seinen Vorgesetzten, dem Gauleiter-Oberpräsidenten Wagner und dem Vizepräsidenten Flottmann, gut getroffen. Wagner, der mit Dienstwagen und Stander sonntags in den Dom zur Messe fuhr, wußte natürlich um Yorcks »distanziertes« Verhältnis zum Nationalsozialismus. Ihm war aber bei seinen Mitarbeitern fachliche Qualifikation und Charakter wichtiger als Parteimitgliedschaft. Flottmann soll des öfteren gesagt haben: »Ich habe in meiner Behörde sehr viele hervorragende Beamte, aber nur einen mit eigenen Ideen, und das ist Graf Yorck«.[22] So waren die Breslauer Jahre, in denen Yorck am Oberpräsidium für die Problembereiche Landwirtschaft und Preisbildung zuständig war,[23] dienstlich befriedigend. Auch im Privaten war dies eine anregende Zeit für Yorck. Wie schon sein Großvater Paul, der Dilthey-Freund, fand er Zugang zu einem Professorenkreis der Breslauer Universität, zu dem auch der evangelische Theologe Friedrich Gogarten, der Mitbegründer der dialektischen Theologie, der Maler Kowalski, ein Staatsrechtler, der Bildhauer Goosen und der Historiker Rossow gehörten. Sie trafen sich reihum in ihren Wohnungen, auch bei Yorcks in der Lindenallee, und jeweils einer der Teilnehmer referierte über ein Thema, das sein Arbeitsgebiet berührte. Dies war eine auf Yorck zugeschnittene Form der Geselligkeit: unprätentiös, aber horizonterweiternd. Neben dem Studium generale oder universalis, wie sie es nannten, spielte auch der Künstlerbund Schlesiens in den Breslauer Jahren Yorcks eine Rolle.[24] Er folgte hier seinem durch den Malerfreund Luckner erschlossenen Interesse.

Es waren friedliche, eher introvertierte Jahre. Politik war zwar immer auch ein Thema, aber nicht ein derart zentrales Anliegen wie in den Jahren danach. In der engsten Familie unter seinen Geschwistern löste sich der älteste Bruder Bia, der einzige, der in die Partei eingetreten war, nach dem Juni-Massaker von 1934 wieder mit einiger Anstrengung von ihr. Klein-Oels blieb seitdem den Nationalsozialisten verschlossen.

Am 29. Oktober 1936 war Joseph Wagner auch noch zum Reichskommissar für die Preisbildung berufen worden. Dies geschah auf Veranlassung von Göring gegen den Wunsch des Wirtschaftsministers Schacht, der lieber Goerdeler auf diesem Posten gesehen hätte. Goerdeler hatte sich schon zweimal, 1931/32 und 1934/35, jeweils für wenige Monate an diesem Amt versucht. Mit seiner großen Denkschrift vom 17. September 1936 über die Wirtschaftspolitik des Reiches, mit einer eindrücklichen Warnung vor Schuldenwirtschaft und übermäßiger Kreditexpansion, hatte er sich aber in den Augen Hitlers disqualifiziert.[25] Nun entstand das Preiskommissariat als Teil des Göringschen Vierjahresplans wieder. Hitler hatte in einer geheimen Denkschrift für den Vierjahresplan festgelegt: »1. die deutsche Armee muß in vier Jahren einsatzfähig sein, 2. die deutsche Wirtschaft muß in vier Jahren kriegsfähig sein.«[26] Göring übernahm diese Aufgabe am 18. Oktober 1936. Zwei Monate später hielt er eine große Rede, in der er sich mit dem Vierjahresplan auseinandersetzte. Yorck und seine Kollegen waren unter den Zuhörern. Ein Teilnehmer der anschließend stattfindenden Diskussionsrunde erinnert sich: »Es setzte eine scharfe, aber sehr sachliche Kritik an den Ausführungen Görings ein. Ich war nicht nur beeindruckt, sondern geradezu erschüttert, da mir bis zu diesem Zeitpunkt von der Parteimißwirtschaft noch wenig bekannt war.«[27]

Das Reichskommissariat für Preisbildung mußte als Behörde ganz neu aufgebaut werden. Wagner nahm verständlicherweise vertraute Mitarbeiter aus Breslau mit nach Berlin. Flottmann wurde in der neuen Behörde am Leipziger Platz wieder sein Stellvertreter und Yorck der erste Organisationsreferent. Daneben war Yorck noch für Grundsatzfragen zuständig. Das Kommissariat wurde vor allem durch den Personalreferenten Robert Brebeck zu einer Zitadelle der Schlesier und Nicht-Nationalsozialisten ausgebaut.[28] Durch Yorcks Vermittlung kam auch sein alter Freund Nikolaus Uexkuell sowie Nikolaus Halem hier unter. Als Organisationsreferent war Yorck maßgeblich am Aufbau der Zentralbehörde wie der nachgeordneten Preisbildungs- und Preisüberwachungsstellen beteiligt. Als Grundsatzreferent arbeitete er an allen wichtigen Maßnahmen der Behörde mit. So ging die Abfassung der Preisstoppverordnung in großen Teilen auf ihn zurück. Bereits in den ersten Wochen am Leipziger Platz entwarf er eine Denkschrift, die eindeutig gegen die inflationäre NS-Wirtschaftspolitik Stellung bezog. Die von Jahr zu Jahr steigenden Fehlbeträge im Reichshaushalt wurden mit einer zunehmenden Neuverschuldung gedeckt, die im Durchschnitt der ersten fünf Jahre nach der Machtergreifung 3,7 Milliarden Mark pro Jahr betrug. Man kann annehmen, daß Yorck hier Gedankengänge aus Goerdelers September-Gutachten übernahm, das ihm dienstlich bekannt gewesen sein dürfte.[29]

Seine Kollegen im Kommissariat bescheinigten ihm ein »ausgeprägtes soziales Verständnis«. So brachte er immer die unterrepräsentierten Interessen der Verbraucher in den Diskussionen zur Geltung, die allzuleicht aufgrund der ausgefeilten Argumente der Lobbyisten von Industrie und Handel zu kurz kamen. Obwohl Yorck durch Klein-Oels und Kauern sowie durch seine Tätigkeit bei der Osthilfe die Wichtigkeit von kostendeckenden Erzeugerpreisen kannte, war er insgesamt gegenüber Preiserhöhungen in diesem Bereich wegen ihrer direkten Auswirkung auf die Lebensmittelpreise für die städtische Bevölkerung sehr zurückhaltend. Zusammen mit einem Kollegen brach er 1939 bei Wagner für die preisregulierende Wirkung der Kaufhäuser eine Lanze. Er tat das so überzeugend, daß Wagner meinte, wenn es die Kaufhäuser nicht bereits gäbe, so müßten sie, nach dem, was Yorck vorgetragen habe, schleunigst erfunden werden.[30] Im »Dritten Reich« war dies ein besonders heikler Punkt, da Punkt 16 des NSDAP-Programmes die Kommunalisierung der Kaufhäuser vorsah.[31] So wurde Yorck, der sich praktisch seit 1932, seit der Osthilfe, mit volkswirtschaftlichen Fragen befaßt hatte, im Laufe der Jahre zu einem Fachmann in Teilen dieses weiten Gebietes. Sein Vorgesetzter Flottmann hielt ihn für einen »besonders befähigten Verwaltungsbeamten mit ausgesprochen wirtschaftlicher Begabung«.[32]

Während Yorcks deutliche Ablehnung der Partei, dokumentiert durch seine Verweigerung der Mitgliedschaft, seiner Karriere ebenso deutlich schadete, während Kessel und Brücklmeier trotz ihrer Parteimitgliedschaft wegen ihrer Affronts gegenüber Parteigrößen um ihre Laufbahn fürchteten, blühte Schulenburgs Karriere erst einmal auf. Er hatte eine der sehr bald selten werdenden Parteinummern unter einer Million, er gehörte zu jener 39 Prozent großen Minderheit preußischer Beamter (1937), die bereits vor der Machtergreifung der Partei beigetreten waren.[33] Der Name Schulenburg-Tressow hatte zudem in der Partei einen guten Klang. Der Vater, 1933 bereits 68 Jahre alt, wurde zu einem ausgesprochenen Aushängeschild für die Bewegung. Im September 1934 kam er für den Wahlkreis 6 in Pommern wieder in den Reichstag zurück. 1938 erhielt er das Goldene Parteiabzeichen. Die SA machte ihn zu einem ihrer Oberführer, und die SS, die ihn im März 1936 von der SA übernahm, erhob ihn kurz vor seinem Tod 1939 in den Rang eines Obergruppenführers; das entsprach dem militärischen Dienstgrad eines Generals der Kavallerie. Zweifellos hätte sein Sohn Fritzi aus eigenem Recht, aufgrund seiner Intelligenz, ja Verwaltungsbegabung, seiner Initiative und seines Charisma auch unter »normalen« Umständen sehr wahrscheinlich eine gute bis ausgezeichnete Laufbahn gemacht. Diese persönlichkeitsimmanenten Faktoren, kombiniert mit den politischen und familiären, machten ihn für die braunen Machthaber erst einmal unwiderstehlich.

Nachdem Schulenburg zum 1. März 1932 nach Ostpreußen versetzt worden war – wenig später bürgerte es sich ein, unfähige Ministerialbeamte nach Ostpreußen und Schlesien gleichsam ins Exil abzuschieben,[34] – arbeitete er für die nächsten zwölf Monate in drei verschiedenen Landratsämtern: Labiau, Gerdauen und Heiligenbeil. In Gerdauen und Heiligenbeil vertrat er den Landrat. In diesen Monaten waren vor allem seine außerdienstlichen Aktivitäten bemerkenswert. So bemühte er sich um die Ausbreitung des »Nationalsozialistischen Landvolks« als Gegenorganisation zum deutschnational ausgerichteten »Reichslandbund«. Dieser, auch als Mitglied der

Harzburger Front bekannt, vertrat vor allem großagrarische Interessen, während das NS-Landvolk sich um die Interessen des Klein- und Mittelbesitzes bemühte.

Dies war eine typisch Schulenburgsche Initiative, da sie sich sozusagen gegen seine ererbten, übernommenen Interessen richtete. Schulenburg überraschte immer wieder durch Ansichten und Einsichten, die man landläufig bei einem Mann seiner Herkunft nicht vermutete. Er fiel aus dem Rahmen. So verwundert es nicht, daß er von dem damaligen zweiten Geschäftsführer des Reichslandbundes in Heiligenbeil, Willy Bludau, als »Sozialist aus Überzeugung«, nicht im Sinne des Marxismus, »sondern aus einem echten Streben nach sozialer Gerechtigkeit« apostrophiert wird. Schulenburg wandte sich gegen überkommene Traditionen, etwa die selbstverständlichen Privilegien der alten Eliten. Bludau fährt fort: »Er war alles andere als ein preußischer Junker in dem etwas anrüchigen Sinne... Dabei war Graf v. d. Schulenburg ein entschiedener Gegner primitiver Nivellierung. Mit der uneingeschränkten Anerkennung jeder charaktervollen Persönlichkeit und jeder echten Leistung, die er nicht nur theoretisch schätzte, sondern auch in der Paxis in jeder Weise förderte, verband er den Anspruch auf Führung und Autorität für alle diejenigen, die nach strengem Ausleseprinzip in entsprechende Funktionen hineingestellt worden waren oder hineingehörten. Namen, Titel und Besitz allein bedeuteten ihm absolut nichts. Diese Haltung betonte er bei jeder sich bietenden Gelegenheit. Er schockierte dadurch recht oft manche dünkelhaften Zeitgenossen.«[35]

In den Monaten vor der Machtergreifung nahm er an einer Diskussionsrunde und losen Arbeitsgemeinschaft im nahen Königsberg teil: Unter Führung des Gauleiters Koch hatte sich dort ein Kreis jüngerer Nationalsozialisten zusammengefunden, im wesentlichen aus der Verwaltung, die die Zeit nach der Machtergreifung programmatisch vorbereiten wollten. Es wurde eine Reihe von Denkschriften zur zukünftigen Form von Staat und Wirtschaft ausgearbeitet. Schulenburg steuerte einen Teil über Führernachwuchs und Nachwuchserziehung bei, dem er im April 1933 eine endgültige Fassung und die Überschrift gab: »Neuaufbau des höheren Beamtentums«.[36] Diese ostpreußischen Parteiintellektuellen fanden engen Kontakt zur Parteileitung, besonders zu Gregor Strasser. Wir haben bereits gesehen, welchen überhöhten Platz Schulenburg ihm in der deutschen Geschichte in den ersten Monaten nach seinem Parteieintritt zubilligte. Dagegen hatte er wenig über Hitler zu sagen. Neben Schulenburg konnten auch die anderen Gesprächsteilnehmer versuchen, ihren Zukunftsvisionen in der Wirklichkeit Form und Gestalt zu geben, so Dr. Hermann Bethke als Vize-Oberpräsident in Ostpreußen, der Volkswirtschaftler Prof. Hans-Bernhard v. Grünberg als Rektor der Albertina (Universität von Königsberg), Dr. Fritz Goerdeler (Bruder des Leipziger Oberbürgermeisters Carl Goerdeler) als Stadtkämmerer von Königsberg, die Beamten Kurt Angermann, Dr. Klaus v. d. Groeben, Paul Kanstein, Dr. Erich Keßler in verschiedenen Verwaltungsstellen. In der Presse wurde der Kreis vertreten durch Weber-Krohse, Hauptschriftleiter der »Preußischen Zeitung«[37], einer Kampfzeitung des »Gaues«, wie so etwas damals hieß.

Klaus Groeben, dem wir einen Bericht über diese Runde verdanken,[38] macht mit Recht darauf aufmerksam, daß Schulenburg von Anfang an auch die negativen Aspekte der Partei sah, daß ihn aber bei diesem offensichtlichen Aufbruch von Millionen die Möglichkeit der Gestaltung, der Mitwirkung reizte. Schulenburg hatte ja selbst zwei Monate später geschrieben: »Ich kenne die Schattenseiten der Partei« (vgl. S. 72). Schulenburg kam es dabei nicht so sehr darauf an, die vorformulierten, eher vagen Ziele der Partei in die Realität umsetzen zu helfen, sondern für seine eigenen Ideen zu werben, die Partei dafür als Forum zu benutzen. Dafür war die Diskussionsrunde ein vorzüglicher Platz, und das Urteil Groebens, daß diese Monate einen Höhepunkt in Schulenburgs Leben darstellten, erscheint sehr treffend. Das Hochgefühl, in vorderster Reihe zu stehen, eine neue Zeit mitzubegründen, entsprach ganz den idealistischen Wunschvorstellungen Schulenburgs. In dieser Haltung erlebte er den 30. Januar 1933.

Bald wurde Schulenburg ein einflußreiches Parteiamt übertragen. Koch machte ihn zum Personalreferenten in der politischen Abteilung der Gauleitung. Das war eine Position nach dem Herzen Schulenburgs, dem in seiner Verwaltungstätigkeit Auswahl und Ausbildung von Mitarbeitern ein zentrales Anliegen war. Er galt bald als so »unentbehrlich«, daß die Gauleitung seine Versetzung von Heiligenbeil an das Oberpräsidium nach Königsberg betrieb.[39] Dort trat der Regierungsassessor am 1. März an, und zwar als Leiter des »Generalreferates für politische Angelegenheiten und Polizeisachen«. Er wurde offenbar Nachfolger eines Regierungsrates Biedermann, der seit längerem als »haßerfüllter Nazigegner« galt und zum Beispiel auf die Anzeigen der Gauleitung gegen das Königsberger SPD-Blatt »Volkszeitung« nichts unternommen hatte.[40] Schulenburg konnte man in diesen Anfangsmonaten derartige Vorwürfe nicht machen. Mit eine seiner ersten Amtshandlungen in Königsberg muß die Mitwirkung bei der Haftentlassung des Chauffeurs des Gauleiters Koch zwei Tage nach der Reichstagswahl vom 5. März 1933 gewesen sein. Es war dabei zu einer Nötigung des NS-ablehnenden Oberstaatsanwaltes gekommen, was diesen zu einer Beschwerde an den Justizminister veranlaßt hatte. Am 9. März, es war Schulenburgs Polterabend, wurde er zusammen mit Gauleiter Koch zum preußischen Innenminister Göring bestellt, der jedoch zu dem zweifellos illegalen Akt der Gefangenenbefreiung nur erklärte, daß er in einer gleichen Lage ähnlich gehandelt haben würde. Göring nahm den jungen Assessor zum Essen bei Hitler mit und führte ihn als den »wilden Schulenburg aus Ostpreußen« ein.[41]

Als er am Abend verspätet bei Braut und Gästen eintraf – sein Vater hatte bereits seine Entlassung befürchtet –, erzählte er ironisch von seiner Begegnung mit den neuen Größen, nicht ohne sich über das »Bonzentum« von einigen unter ihnen ausgelassen zu haben. Seine Braut war die um sieben Jahre jüngere Charlotte Kotelmann, die Schulenburg bereits im Sommer 1926 als Unterprimanerin in Kyritz, wo er Referendar gewesen war, kennengelernt hatte. Sie war das einzige Kind eines bereits 1915 in Frankreich gefallenen Kaufmanns. Als Schulenburg die inzwischen 23jährige als Philosophiestudentin in Königsberg wiedertraf, stand die gemeinsame Zukunft nach einer Woche fest. Am 4. Juni 1932 verlobten sie sich. Die junge Braut wurde in Tressow herzlich aufgenommen. Die Eltern Schulenburgs verhielten sich nicht anders als die Eltern Schwerins oder Yorcks, obwohl der Adel noch ganz überwiegend untereinander heiratete, und daran hielt man sich größtenteils auch in diesen drei Familien. Zur Hochzeit am 10. März 1933 hatte Schulenburg nur seinen Studienfreund Caesar von Hofacker mit seiner Frau geladen.[42] Die Trauung war selbstverständlich kirchlich.

Schulenburg betrieb zunächst vor allem die weitere Gleichschaltung in Ostpreußen. Der von Papen eingesetzte Oberpräsident Kutscher war noch immer im Amt. Koch, seit 1928 Gauleiter in Königsberg, stand ungeduldig ante portas. Hindenburg sperrte sich wohl gegen Kochs weiteren Aufstieg.[43] In dieser Situation schrieb Schulenburg, inzwischen Leiter des Politischen Amtes der Gauleitung, in seiner Parteieigenschaft am 1. April 1933 an den Reichsminister und preußischen Innenminister Göring, daß Kutscher, wie er vertraulich erfahren habe, Papen sein Amt zur Verfügung gestellt habe. Schulenburg fuhr fort: »Meines Erachtens wäre hier eine günstige Gelegenheit, um dem unerträglichen Zustand ein Ende zu bereiten, der darin besteht, daß der Oberpräsident mit der politischen Linie des Nationalsozialismus nicht übereinstimmt und seine Politik immer wieder in grundsätzlichen Fragen oft in direktem Gegensatz zur nationalsozialistischen Politik steht. Die Spannungen sind infolge der Gegensätze in den grundsätzlichen Anschauungen derart, daß sie auf die Dauer nicht weiter ertragen werden können«. Auch die ostpreußische Bevölkerung »verlange eine nationalsozialistische Führung«.[44] Schulenburg dürfte in der Zukunft diese kleine Hilfestellung zu Kochs Aufstieg bitter bereut haben. Koch wurde am 1. Juni 1933 Oberpräsident und ernannte Schulenburg, den er ganz familiär »Fritzi« rief, zu seinem persönlichen Referenten.[45] Der neugebackene Oberpräsident renommierte nur allzugern mit seinem »Pg«-Grafen.[46]

Schulenburg selbst war in jenen Wochen und Monaten in seiner amtlichen wie in seiner Parteistellung mit der Durchführung des »Gesetzes zur Wiederherstellung des Berufsbeamtentums« vom 7. April befaßt, das die Dienstentlassung von sogenannten Parteibuchbeamten, von Kommunisten und Beamten jüdischer Abstammung verlangte. Unter Parteibuchbeamten verstand man »Beamte, die seit dem 9. November 1918 in das Beamtenverhältnis eingetreten sind, ohne die für ihre Laufbahn vorgeschriebene oder übliche Vorbildung oder sonstige Eignung zu besitzen«.[47] Schulenburg wird vor allem mit der Entfernung der Parteibuchbeamten – gegen sie hatte er bereits in seiner Denkschrift vom März 1931 Stellung genommen – und mit der von »kommunistischen« Beamten, falls es sie überhaupt gab, sehr einverstanden gewesen sein. In jenen Wochen schrieb er: »Das alte preußische Beamtentum mit seinen hervorragenden Eigenschaften in Geist, Charakter und Leistung ist zerbrochen. Es muß völlig auf neuem Geist wieder aufgebaut werden«. Und: »Die Bürokratie, die zum großen Teil dem Nationalsozialismus ohne inneres Verstehen gegenübertritt, arbeitet... ohne Schwungkraft, hemmt die Arbeit und treibt z. T. Sabotage. Der politische Wille des Nationalsozialismus muß aber unter allen Umständen durchgesetzt werden«.[48] Grundsätzlich sei zwar das Prinzip der Fachbeamten weiter gültig, aber unter den herrschenden Umständen empfiehlt Schulenburg zur Überbrückung, bis der eigene NS-Beamtennachwuchs herangezogen sei, sogar die Besetzung von wesentlichen Beamtenstellen mit Nichtfachbeamten, also etwa mit Koch: Parteibuchbeamte, nur diesmal der eigenen Couleur. Schulenburg erlebte jetzt in der Praxis das gleiche Dilemma wie seinerzeit die Ziehväter der abgelehnten, ja bekämpften Weimarer Republik. Es ist nicht überliefert, ob er sich dessen bewußt war.

Wie im einzelnen Schulenburgs Maßnahmen bei der Durchführung des »Gesetzes zur Wiederherstellung des Berufsbeamtentums« aussahen, ist nicht bekannt. Nach einem Bericht soll er vielen geschadet haben,[49] und wenn er auch nur annähernd versucht hat, seine Ansichten entsprechend der Denkschrift zu verwirklichen, gibt es daran keinen Zweifel; Position, Auftrag und rechtliche Handhabe dazu hatte er. Nach Schulenburg sollten Kriterien der nationalsozialistischen Personalpolitik »politische Einsatzfähigkeit«, »Charakter«, »Können« und »sofortige Beseitigung aller derer, die vor einer dieser Forderungen versagten« sein.[50] Als Richtlinie war dies zwar durch Koch gebilligt worden, in der Praxis kam es aber bald zu Auseinandersetzungen mit dem stellvertretenden Gauleiter Großherr und dem Gauorganisationsleiter Dargel, die die Ansprüche alter Parteigenossen anmeldeten, sowie mit dem neuen Vizeoberpräsidenten Bethke. Schließlich unterlag Schulenburg, als eine von ihm betriebene Entscheidung, den Bürgermeister von Marienwerder wegen Mangel an Erfahrung abzusetzen, durch Koch rückgängig gemacht wurde. Koch ordnete an, daß Schulenburg vor jedem Personalvorschlag mit

Bethke, Großherr, Dargel und Klimmeck, dem Leiter des Amtes für Kommunalpolitik im Gaustab, Einvernehmen herstellen sollte. Damit waren Schulenburgs personalpolitische Vorstellungen im staatlichen Bereich nicht mehr durchsetzbar. Überall im Reich wurden in diesen ersten Monaten nach der Machtübernahme die Beamten im Sinne des Gesetzes vom 7. April 1933 überprüft. Während insgesamt 10 Prozent der Beamten Opfer dieses Gesetzes wurden, waren es in Preußen mit »preußischer Pflichterfüllung« 25 Prozent.[51]

Auch ein anderes personalpolitisches Feld beobachtete Schulenburg mit zunehmender Kritik, wenn er dort auch persönlich keine Verantwortung trug: die parteiinternen Personalentscheidungen. Hierfür war der Gauorganisationsleiter Dargel zuständig, über den Schulenburg urteilte: »Nicht jeder, der auf Führerschulen sportlich und militärisch gut abgeschnitten hat und militärische Einheiten gut führt, (kann) politisch führen; denn dazu gehört politisches Urteil, sicherer Instinkt und Zivilcourage nach oben, auch im kleinsten Bereich«.[52] Viele Führer ersetzten den fehlenden inneren Rang durch scharfes Auftreten, seien anmaßend und träten großschnäuzig als kleine Diktatoren auf. »Wenn sie um jeden Preis gehalten, bei offensichtlichen Fehlern gedeckt, bei Strafvergehen nicht scharf zur Verantwortung gezogen werden, leidet auch das Vertrauen zur Führung der Provinz«.[53]

Noch einen dritten kritischen Bereich, den er allerdings an erster Stelle nannte, führte Schulenburg in seinem Brief an Koch von Silvester 1935 an: Während vor der Machtübernahme das »Bonzentum« angegriffen und Bescheidenheit und Einfachheit gepredigt worden seien, entspräche jetzt Lebensstil und Auftreten etwa bei Koch selbst diesen Forderungen nicht. Darauf habe er bereits warnend in einem Brief an den Gauleiter im Juli 1933 hingewiesen. Bei derartigen Widersprüchen verliere das Volk – und auch Schulenburg – Glaube und Vertrauen.[54]

Falsche Personalpolitik und »unpreußischen« Lebensstil hielt Schulenburg Gauleiter Koch Ende 1935 vor, als er ihm seine »Stellung zu den politischen Fragen der Provinz« auseinandersetzte. Schon damals bemerkte er: »Ich habe diese Dinge anfangs nur nebelhaft gesehen« und »ich muß für mich in Anspruch nehmen, daß ich immer wieder maßgeblichen Führern gegenüber in großer Schärfe die Fehler und ihre Folgen schonungslos klargelegt habe«.[55] Als er nach dem 20. Juli 1944 gegenüber der Gestapo schriftlich zu den Beweggründen seines Abfalls vom Nationalsozialismus Stellung nahm, war die Liste seiner Gründe sehr viel länger und diese sehr viel grundsätzlicher geworden (vgl. Kap. 7). Zu dem Prozeß seiner Abkehr schrieb er 1944: »Aus einem Anhänger der nationalsozialistischen Idee, als der ich noch während der Verbotszeit als preußischer Beamter in die Partei eintrat, wurde ich unter dem Eindruck gewisser Entwicklungszüge, die die praktische nationalsozialistische Politik einschlug, mehr und mehr zu einem Gegner der nationalsozialistischen Politik... Je mehr ich über die Entwicklung nachdachte, desto klarer wurde mir, daß alle ihre Züge im Grunde eine Wurzel hatten: Gewalt ohne Maß, innen und außen. Anfangs suchte ich noch nach Möglichkeiten, dieses Übel im Wege der Reform zu heilen. Allmählich aber kam ich zu der Erkenntnis: Eine Reform hilft nicht mehr, da alles ineinander verkettet ist und in Grundtatsachen beruhte, die mit dem Charakter des Systems unwandelbar verbunden sind«.[56] Noch im Sinne und zur Unterstützung von Reformanstrengungen sammelte Schulenburg im Frühjahr 1934 auf einem Lehrgang der Gauführerschule Rippen, wo er zu »seinem« Thema, »Die Tugenden des preußischen Beamten«, referierte, Material für ein Schwarzbuch über Korruption, Übergriffe und Fehlentscheidungen der Clique um Koch.[57] Doch im weiteren Verlauf des Jahres 1934 rückte er offenbar immer weiter von seiner bisherigen Sicht der NSDAP ab. Einer seiner Freunde, Klaus v. d. Groeben, erinnerte sich, daß er schon 1934 »kaum eine Hoffnung auf Wandel hatte«.[58]

Bereits Anfang Juni hatte Schulenburg sein Amt im Oberpräsidium als Leiter des Referates »Politische Angelegenheiten und Polizeisachen« verloren.[59] Als am Sonntag, den 1. Juli 1934, die Nachrichten durchsickerten über das, was am Samstag geschehen und was immer noch im Gange war, fühlte er sich so wenig wohl in seiner Haut, daß er zusammen mit seiner Frau sicherheitshalber in ein Jagdhaus von Freunden in den Masuren verschwand. Tatsächlich fragten in seiner Abwesenheit zweimal SS-Männer in seiner Königsberger Wohnung nach ihm. In jenen Tagen wurden außer den SA-Führern auch andere politische Gegner ermordet. Schulenburg war erschüttert. Jetzt war ihm klar, dies war das »Ende des Rechtsstaates«, es war nur noch »ein wildes Mordsystem«.[60] Schwerin sagte danach »wer es jetzt noch nicht kapiert...«. Schulenburg hatte begriffen.

Schulenburg wurde aus dem Zentrum der Macht in Ostpreußen abgeschoben und Ende November 1934 als Landrat in Fischhausen politisch kaltgestellt. Bevor er bei Koch vorstellig werden konnte, um seine Parteiämter aufzugeben, kam ihm dieser Ende Januar 1935 zuvor und löste das Politische Amt innerhalb der Gauleitung auf. Schulenburg erfuhr von der Auflösung erst 14 Tage später. Zum »Trost« wurde ihm die »Gauamtsleiteruniform« angetragen, die er ablehnte. Seitdem vermied er jeden Kontakt zum Gaustab.[61]

Schulenburgs Tätigkeit als Landrat, einer der klassischen preußischen Beamtenpositionen, war jedoch eine produktive erfreuliche Zeit. Er konnte endlich zeigen, wie er sich praktische Verwaltungstätigkeit vorstellte. Sein Schwung, seine Initiative fanden Anerkennung, so daß der Kreisausschuß ihn nach sechs Monaten einstimmig als Landrat bestätigte. Ein Mitarbeiter erinnerte sich: »Ich weiß, daß selbst Freunde, die bereits gute Stellungen sicher hatten, mich um die Tatsache beneideten, unter Schulenburg arbeiten zu dürfen.«[62] Sein Nachfolger berichtete, daß die Bürgermeister des Kreises »noch viele Jahre nach seinem Fortgang mit einer besonderen, aus Scheu und Liebe gemischten Achtung von ihm sprachen, obwohl er in seiner genialischen Art nicht eigentlich verwaltet, sondern mehr regiert hatte und dabei als strenger Vorgesetzter galt«.[63]

32 Monate konnte Schulenburg im Mikrokosmos von Fischhausen mit viel Phantasie »regieren«. Einen Haupterfolg erzielte er in der Sanierung der Kreisfinanzen durch Sparsamkeit,[64] Hilfe aus dem preußischen Finanzministerium und Innovation zur Entlastung des Kreishaushaltes. Er wehrte sich gegen eine erneute Versetzung, über die gesprochen und korrespondiert wurde: »Ich kann es dem Kreis gegenüber nicht verantworten, freiwillig fortzugehen«, schrieb er am 7. Mai 1936 seiner Frau.[65] Schulenburgs Stellung in Ostpreußen wurde jedoch durch sein gespanntes Verhältnis zu Koch und der Gauleitung zunehmend schwieriger. So nahm er 1937 wahrscheinlich die Sache selbst in die Hand und sondierte bei dem zuständigen Personal-

referenten des Preußischen Innenministeriums Dr. Dellbrügge. Der Stein kam nun überraschend schnell ins Rollen und endete mit einer bemerkenswerten Beförderung.[66] Schon gleich nach der Machtübernahme, möglicherweise nach seiner Begegnung mit Göring am 9. März 1933, hatte dieser Schulenburg zum Polizeipräsidenten von Stettin machen wollen. Der damalige Staatssekretär von Bismarck im preußischen Innenministerium redete Göring diese Idee jedoch aus, wohl mit Hinweis auf Schulenburgs jugendliche 30 Jahre.[67] Diesmal war der Aufstieg jedoch nicht mehr aufzuhalten; am 30. Juli 1937 trat Schulenburg, zunächst vertretungsweise, seine neue Stelle als Polizeivizepräsident von Berlin unter Graf Helldorf an.

Helldorf hatte eine reichlich bewegte Vergangenheit, die ihn vom aktiven kaiserlichen Offizier über Freicorps und Kapp-Putsch zu NSDAP und SA gebracht hatte. Dort machte er eine steile Karriere als preußischer Landtagsabgeordneter (1925), SA-Gruppenführer (1931), als Polizeipräsident von Potsdam (1933) und schließlich 1935 von Berlin. Er hatte sich anfangs gegen Schulenburg gesträubt, da jener ihm nur durch die Gerüchte aus der Zeit der Machtübernahme bekannt war. Seine Bedenken wurden aber schnell zerstreut, und es kam zu einer guten Zusammenarbeit zwischen den beiden Männern.[68] Schulenburg war zwar sehr ungern aus Fischhausen und aus Ostpreußen fortgegangen, in Berlin brauchte er sich jedoch nicht mehr mit Personen wie dem Fischhausener Kreisleiter Post oder mit Koch, dem »orientalischen Satrapen«, wie er ihn nannte, herumzuschlagen. Zu August Winnig äußerte er nach seiner Ankunft in Berlin: »Ich hatte mich zu entscheiden, ob ich den Dienst quittieren oder der Fouché Hitlers werden sollte, und ich habe das zweite gewählt«.[69]

6. Kapitel

Schulenburgs Denkschriften und Vorträge

Innerhalb der Freundesgruppe ist Schulenburg mit seinem frühen Parteieintritt und seiner vor allem anfänglich positiven Haltung zum Nationalsozialismus ein Einzelfall. Dies wurde bereits aus den vorhergehenden Kapiteln deutlich. Die Fragen, die ihn im Zusammenhang mit der Bedeutung der »Bewegung«, der Rolle der Partei und des Beamtentums im Staate bewegten, erörterte Schulenburg in den Jahren 1931 bis 1943 in einer Anzahl von Denkschriften und Vorträgen. Sie gehören zu den wenigen Selbstzeugnissen aus dem engeren Kreis seiner altersgleichen Freunde und Mitverschworenen. Mit Ausnahme selbstverständlich der bekannten Kreisauer Dokumente und einem Denkschriften-Fragment aus der Feder Kessels existieren aus dem Freundeskreis keine programmatischen Politikschriften. Schulenburgs Schriften spiegeln seine eigenen Anschauungen und Ideale wider, nicht die seiner in diesem Buch behandelten Freunde. Ob er sie mit ihnen erörtert hat, ist nicht bekannt, also auch nicht deren Reaktion auf Schulenburgs Weltsicht, die sich hier dokumentiert.

Wenn diese Sicht auch durchaus nicht typisch oder repräsentativ für seinen Freundeskreis war, so entsprach sie in vieler Hinsicht dem »Zeitgeist«.[1] Seine Formulierungen und Gedanken sind daher oft nicht originell, sondern z. T. phrasen- und klischeehaft. Für das Verständnis seiner Persönlichkeit sind sie jedoch wichtig. Zudem lassen sich in einem Vergleich seiner Argumente über den gegebenen Zeitraum 1931–1944 einige Aufschlüsse über sein sich wandelndes Verhältnis zum Nationalsozialismus gewinnen. Allerdings bleiben hierbei Aussage und Taten nicht deckungsgleich, d. h., es gelingt nicht, gewisse Widersprüche in dieser Entwicklung aufzuheben.

Schulenburgs programmatische Schriften stammen überwiegend

aus den Jahren 1931 bis 1937/8, weitere drei sind aus den Jahren 1942/44 zu gesamtgesellschaftlichen Fragestellungen überliefert. Die Fragen, die ihn bewegten, waren sehr stark die seiner Generation und seiner Berufsgruppe. Preußentum und Nationalsozialismus, Staat und Volk, staatliche Verfassung und Beamtenschaft. Die Antworten, die er fand, stammten aus dem anti-demokratischen Nährboden der Weimarer Rechten, überwölbt von einem sehr typischen Preußenmythos.

Die wesentlichen Bestandteile seiner politischen Einsichten schrieb der 28jährige Schulenburg bereits in seinem ersten Vortrag »Preußisches Beamtentum« vom März 1931 fest. Das Vehikel zur Umsetzung seiner Ideen und seiner zum Teil hohen Ideale (»Eigentum kann nur Auftrag sein« oder »Nur Leistung darf den Rang geben, nicht Beziehungen, Reichtum oder Geburt«)[2] glaubte er, im Nationalsozialismus gefunden zu haben. Ein knappes Jahr nach diesem ersten Vortrag trat er der NSDAP bei. Bevor der Inhalt seiner Arbeiten vorgestellt werden soll, ist noch zu fragen, welches sein allgemeiner Bildungsstand war, als er die Schriften verfaßte, beziehungsweise welcher Art seine politischen Einsichten waren.

Zeit seines Lebens galt er als ein vielseitiger Leser vorwiegend anspruchsvoller Literatur, ja als Büchernarr, der schon als Schüler in Potsdam Stammkunde der großen Buchhandlung Max Jaeckel gewesen war[3], und als sorgsamer Bewahrer und Mehrer seiner Bibliothek. Ein systematischer, analytischer Forscher war er sicherlich nicht; seine Interessen waren breit gestreut, seine Lektüre durch tagespolitische Entwicklungen angeregt. Zu den Autoren, die ihn zu jenem Zeitpunkt fesselten, gehörten u. a. Jünger – später wurde er zum ausgesprochenen Jünger-Anhänger –, Schauwecker, Beumelburg, Moeller v. d. Bruck, Wilamowitz-Moellendorf, Haushofer, Bies.[4] Eine exakte Leseliste ist natürlich nicht mehr beizubringen. Sicher ist jedoch, daß Schulenburg von Oswald Spengler beeindruckt war und vor allem dessen Buch »Preußentum und Sozialismus« verschlungen hatte. In seinen früheren Aufsätzen war Spengler deutlich präsent.[5] Dabei übernahm Schulenburg auch unkritisch mystifizierende Darstellungen seines Vorbildes.[6] Weiterhin hat wohl auch August Winnig entscheidende Einflüsse auf Schulenburg ausgeübt.

Im Buchtitel »Preußentum und Sozialismus« befinden sich die Komponenten von Schulenburgs Weltanschauung: Sein »Sozialismus« hatte mit dem der Sozialdemokraten wenig gemein; nach Spenglers Definition, es handele sich hier um einen »altpreußischen Lebensstil«, lag er mehr auf der Linie seines zeitweiligen Beinamens der »rote Graf«. Er war also kaum als »Linker« einzustufen. Sein Interesse an der sozialen Frage entstand aus dem traditionellen Verantwortungsgefühl der Aristokratie und Beamten für das Volk, es war paternalistisch und nicht emanzipatorisch.

Zur Lektüre Schulenburgs gehörten auch die Schriften des Freiherrn vom Stein, die er über die Jahre immer wieder hervorholte.[7] Stein hatte seine Reformen des preußischen Staatswesens nicht abschließen können. Hier sollte wieder angeknüpft werden, um in »preußischer Tradition«, die stark idealisiert wurde, einen eigenen, original deutschen Weg zu beschreiten. Diese Anknüpfung an Stein gewährleistete auch die »Bewahrung der geschichtlichen Kontinuität Deutschlands«.[8] Stein eignete sich zudem als ein Mann mit tiefverwurzeltem Verantwortungsgefühl gegenüber dem Staate nicht nur für den Reformer Schulenburg, sondern auch für den Widerständler als Vorbild. Eine indirekte Beziehung und Parallele ließ sich aus dem Widerstand Steins gegen die napoleonische Unterdrückung Europas und Deutschlands ableiten. Auch Goerdeler,[9] Popitz, Hassell sowie Delp, Moltke, Trott, Haubach und Mierendorf beriefen sich in der einen oder anderen Weise auf Steins Reformen oder seine Gedanken.

Die andere Seite dieser oftmals unkritischen Preußenverehrung bei Schulenburg und anderen Zeitgenossen war die scharfe Ablehnung westlich-liberaler politischer Traditionen, aus denen Demokratie und Parteienwesen entsprungen waren. Die Erfahrungen von Weimar und die Identifizierung westlich-demokratischer Systeme mit Schwäche und Dekadenz machten Schulenburgs Generation empfänglich für die Alternative eines zentralistischen Führerstaates.[10] Die Idee des Führerstaates beruhte bei Schulenburg u. a. auf dem Glauben an die Erziehbarkeit des Menschen zum gerechten Führer, wobei er insbesondere auch an den Beamten als Führer dachte. Besonders dieser letzte Gedanke ist ein Glaubensartikel Schulenburgs, dessen ganzes Staatsgebäude allein durch eine »richtige« Personalpolitik die erstrebte innere Qualität erhalten hätte. Sein Geschichtsverständnis und sein politisches Bewußtsein waren stark geprägt von der Idee der Persönlichkeit. Darum setzte seine spätere Kritik auch nicht grundsätzlich am System des NS-Regimes, sondern im wesentlichen an Personen an.

Preußentum und Nationalsozialismus

Spengler hatte 1920 in dem für Schulenburg so wichtigen Buch »Preußentum und Sozialismus« parallele und symbiotische Beziehungen zwischen diesen beiden Begriffen herausgearbeitet. Schulenburg übertrug dies Beziehungsmuster auf den Nationalsozialismus. Am 5. Juli 1937 sagte er in einem Vortrag der Verwaltungsakademie Stuttgart: »Bei der heutigen Lage von Volk und Reich stimmen die Forderungen des altpreußischen Staatsgedankens stärker denn je mit der nationalsozialistischen Aufgabe überein«. Wenn das seine eigene Einschätzung war, so konnte Schulenburg auch darauf verweisen, daß die NS-Propagandisten, allen voran Hitler und Goebbels selbst, immer wieder die Einheit zwischen Nationalsozialismus und Altpreußentum herausgestellt hätten. Goebbels habe bereits im April 1932, wie er in seiner Rede zitierte, festgestellt: »Ideen, die wir zu erreichen trachten, sind in verjüngter Form die Ideale, denen Friedrich Wilhelm I., Friedrich der Große und Bismarck nachstrebten«. Ähnliche Aussagen im »Mein Kampf« und der Mythos des »Tages von Potsdam« (21. März 1933) hatten ihren Eindruck auf Schulenburg nicht verfehlt. Er hielt seinen Stuttgarter Vortrag »Das Erbe des Preußischen Staates« mit leichten Varianten im Verlauf der nächsten Jahre immer wieder. Als er ihn aber 1941 erneut überarbeitete, schrieb er dazu an seine Frau: »Die Rolle der preußischen Institutionen im kommenden Reich sind mir dabei klargeworden, da die Partei dann ausfällt...«.[11] Mit dem »kommenden Reich« meinte er ein Deutschland nach Hitler und ohne NSDAP. Diese Vision war im Januar 1941, zu einem Zeitpunkt, da Hitler als unangefochtener Herr des kontinentalen Westeuropas erschien, nicht selbstverständlich.

1937 war die Partei für Schulenburg jedoch noch »Willensträger der Nation«, »in ihr sollen sich immer von neuem die politischen Kräfte des Volkes formen, Volk und Staat mit neuem Leben erfüllen«.[12] 1941 wiederholte er diese Passage offenbar nicht mehr.

Niemand hatte Schulenburg zu seinen programmatischen Äußerungen ab 1931 gezwungen. Hätten seine Vorträge und Denkschriften nicht seinen Überzeugungen entsprochen, wäre Schweigen einfach gewesen. Es ist daher zulässig, Schulenburg beim Wort zu nehmen.

Abgesehen von dem Preußenmythos, der auf der deutschen Rechten, vor allem natürlich in den preußischen Reichsteilen gepflegt wurde, war Schulenburg von der familiären Tradition her diesen Idealen besonders ausgesetzt. Was machte für ihn das Wesen des Altpreußentums aus? Zunächst, der Weg Preußens zu historischer Größe gelang nur durch Zusammenfassung aller Kräfte im Staat und Unterwerfung unter einen, den königlichen Willen. Die Ingredienzien recht verstandenen Preußentums waren Dienst, Pflicht und Opfer gegenüber nicht dem Volksganzen oder den Mitmenschen, sondern gegenüber dem Staat, außerdem Leistung, innere Verantwortung und Bescheidenheit des einzelnen. Heer, Staatsverwaltung, Finanzen und »gerade auch das Recht«, wie Schulenburg im März 1938 betonte, waren die Grundpfeiler, auf denen der preußische Staat ruhte. Allerdings hatte Schulenburg schon zwei Jahre zuvor die Ansicht vertreten, »daß Preußentum anders als christlich nicht zu denken ist und daß wir beide – Preußentum und Christentum – gerade heute mehr brauchen denn je«. Seine Sicht der Zeit nach dem verklärten Friedrich II. war durchaus nicht unkritisch, der eigentliche Verfall und Niedergang setzte aber für ihn erst nach 1918 mit Weimar ein. Das, was er an Preußen für wesentlich hielt, erklärte er auch zum »Lebensgesetz der deutschen politischen und staatlichen Existenz«. Preußendeutschlands Weg in den Abgrund wurde schließlich sozusagen im letzten Moment vom Nationalsozialismus verbaut. Denn »Nationalsozialismus ist die politische Idee unseres Zeitalters, das Preußentum ist das Gesetz unseres staatlichen Lebens.«[13] Schulenburg projizierte sein hochgespannt-idealistisches persönliches Preußenbild einfach auf die herrschende Ideologie, was ihm durch entsprechende Äußerungen Hitlers und seiner Paladine relativ einfach gemacht wurde.

Wie weit er noch 1938 an diese Symbiose glaubte oder sein Vortrag mehr den Charakter einer Beschwörung hatte, wird sich wohl mit letzter Sicherheit nicht mehr feststellen lassen. Fünf Jahre später stellte er auf alle Fälle die Unvereinbarkeit der betriebenen Politik »mit der Tradition des Staates und seinem inneren Gesetz« fest.[14]

Staat und Beamtenschaft

Schulenburg war Beamter aus Passion. Seine Sicht des Beamten war überaus anspruchsvoll. In seinem ersten überlieferten Vortrag vom März 1931 mit dem bezeichnenden Thema »Preußisches Beamtentum« definierte er den Lebens- und Arbeitsstil des preußischen Beamten schlicht als aus Kampf und Arbeit bestehend, als lächelnden Verzicht auf äußeren Schein und äußere Anerkennung, als Führen durch Vorleben. Zwei Jahre später, kurz nach der Machtergreifung, fügte er hinzu: »Jeder Beamte muß sich zu seinen Taten bekennen und ihre Folgen tragen. An jeder Staatsstelle muß ein Risiko hängen, das Einsatz der ganzen Person erfordert«.[15] Schulenburgs Attraktion für vor allem auch jüngere Menschen beruhte darauf, daß er diesen Grundsätzen nachzuleben versuchte.

Wenn auch heute wie damals diese Forderungen Schulenburgs an den Beamten fremd, ja überspannt klingen, so würde man doch eine zumindest teilweise Ausrichtung an diesen Idealen begrüßen. Anders steht es jedoch mit Schulenburgs Sicht des Wesens und der Stellung der Beamtenschaft im Staat, wobei er Preußen und Deutschland, preußisch und deutsch zumindest nach der Reichsgründung gleichsetzte. Nach Spengler und somit Schulenburg wird das Schicksal eines Volkes und Staates von einem geheimen ihm eigenen Gesetz bestimmt, das aus den Gegebenheiten des Blutes, des Bodens und der Geschichte resultiert. In Preußendeutschland schuf dieses eherne Gesetz das Beamtentum, »wies ihm seine besondere Stellung im Staat und Gesellschaft, seine preußische Sendung und Aufgabe zu«. Das Wort Sendung ist hier sehr aufschlußreich. Für Schulenburg war der Beamte Träger der Staatsidee, Führer des Volkes, ja die Verkörperung des Staates und des Volkes schlechthin. Dieses Sendungsbewußtsein teilte Schulenburg mit vielen der höheren Beamten seiner Zeit, die Staats- mit ihren Standesinteressen gleichsetzten. Der Mythos vom Staat und seinen Institutionen, denen sich alles andere unterzuordnen hatte, teilte Schulenburg mit der gesamten deutschen Rechten. Bezeichnend ist die enge Fixierung auf Deutschland, der mangelnde Blick über die Grenzen und damit auch der fehlende, auch historische Vergleich. Wäre dieser gezogen worden, hätte der preußische Beamte nicht derart idealisiert, ja mystifiziert werden können.

Wenn sich in der Beamtenschaft auch schon vor 1918 »Schwäche und Degenerationserscheinungen« gezeigt hatten, so trat der besorgniserregende Verfall, gegen den Schulenburg polemisierte, jedoch erst nach der Revolution mit dem Beginn der Parteienherrschaft auf. Der Beamte verkaufte Seele und Unabhängigkeit an die Parteien und erhielt dafür seine Karriere, Partei- und Partikularinteressen schoben sich damit vor die »Staatsidee«. War eine Erneuerung der Beamtenschaft und eine Rückbesinnung auf die alten Werte unter dem herrschenden System möglich? Schulenburg verneinte dies 1931 und forderte eine radikale Umwälzung aus einer neuen deutschen Weltanschauung heraus. Erst dann könne eine Regeneration des »Beamtenstandes« erfolgreich ins Auge gefaßt werden. Entscheidend ist hierbei die Auslese der Führer, die zur Herrschaft der Besten, einer Beamtenaristokratie, führen müsse, und die praxisnahe Ausbildung der Beamten in Lehr-, Wander- und Meisterjahren. Der zukünftige Beamte solle nicht an der Universität und schon gar nicht ausschließlich in der Jurisprudenz, sondern an speziell zu schaffenden Führerschulen ausgebildet werden.[16]

Der Beamte und seine Stellung im Staat blieben auch nach der Machtergreifung ein zentrales Thema Schulenburgs. Im April 1933 legte er noch einmal in gestraffter Form seine Gedanken zu Auslese und Ausbildung zukünftiger Beamten nieder, wobei er im wesentlichen auf seinen inzwischen zwei Jahre alten Vortrag »Preußisches Beamtentum« zurückgriff. Eine Konzession an die jüngste Entwicklung war jedoch nun die Forderung der nationalsozialistischen Ausrichtung der Beamtenschaft, wenn nötig mit Hilfe von Nichtbeamten, gegen die er sich zuvor mit Blick auf die Weimarer Parteien gewandt hatte.[17]

Schulenburg mußte jedoch sehr bald den Unterschied zwischen Theorie und Praxis erleben. An anderer Stelle wurde bereits beschrieben, wie er sich als Leiter des Politischen Amtes der Gauleitung von Ostpreußen, als der er auch für die staatliche Personalpolitik zuständig war, mit seinen strengen personalpolitischen Ansichten nicht durchsetzen konnte. Er sah bald, wie er im Oktober 1934 an seine Frau schrieb: »die verheerende Wirkung der falsch verstandenen Parole: die Partei befiehlt dem Staat«. Diese von ihm in Ostpreußen erlebte Fehlentwicklung sei jedoch nicht auf die Provinz beschränkt, sondern gelte für ganz Deutschland.[18]

Im September 1937 – Schulenburg war gerade zum stellvertretenden Polizeipräsidenten von Berlin ernannt worden – ging es ihm daher in einer weiteren Denkschrift nicht mehr um Neuausrichtung der Beamtenschaft und Renaissance tradierter preußischer Werte, sondern nur noch um Verteidigung »des schöpferischen Beamtentums«.

Diesmal wurde das Beamtentum durch die Zersplitterung der Staatsgewalt, d. h. durch den dem »Dritten Reich« immanenten Kompetenzwirrwarr bedroht; durch die politischen Angriffe seitens der Partei und durch mangelnde Bezahlung. Schulenburgs Lösungsvorschläge ergaben sich aus seiner Analyse der Krisensymptome.[19] Schulenburgs letzte öffentliche Äußerung zu diesem ihm so wichtigen Thema stammt aus dem Frühjahr 1939. In einem Diskussionsbeitrag auf einer Tagung des Reichskommissars für Preisbildung in Stuttgart wandte er sich in einer für seine Zuhörer deutlichen Sprache gegen die Partei, die die Ehre der Beamtenschaft angreife, in den Kot ziehe und sie als vertrottelte Bürokraten verlache. In Stuttgart erhielt Schulenburg Beifall, aus der Münchener Parteikanzlei kam dagegen wenig später ein Rundschreiben, das die Gauleitungen anwies, ähnliche Äußerungen Schulenburgs zu unterbinden.[20]

Auch in seinen öffentlichen Äußerungen hatte Schulenburg damit seit 1931, seit seiner Forderung nach einer radikalen Umwälzung aus einer neuen deutschen Weltanschauung heraus, einen weiten Weg zurückgelegt. Während er nach der Machtergreifung die NSDAP als Trägerin dieser Weltanschauung zunächst positiv auch in Hinblick auf die innere Ausrichtung der Beamtenschaft bewertete, beurteilte er die Partei zumindest seit 1937 als wesentliches Hindernis für eine erfolgreiche Arbeit der Beamtenschaft. Das Rundschreiben der Parteikanzlei zeigt, daß Schulenburg richtig verstanden worden war. 1944 gab Schulenburg der Gestapo als Grund für seine Gegnerschaft gegen den Nationalsozialismus u. a. zu Protokoll, daß die »Partei dem Beamtentum das Rückgrat gebrochen habe«.[21]

Reichsreform und Verwaltungsaufbau

Schulenburg war bewußt, daß auch ein erneut von »eherner Zucht und treuer Pflichterfüllung« beseeltes Beamtentum der Kontrolle und Korrektur bedürfe. Mittelbar könne dies durch kommunale und ständische Selbstverwaltung, direkt durch eine gewählte Körperschaft des Gesamtvolkes und zusätzlich durch eine unabsetzbare und unabhängige Behörde nach Art des Rechnungshofes erfolgen. Auch die Kritik einer unabhängigen öffentlichen Meinung, vor allem der Presse, sei nicht zu entbehren! Entferne sich die Verwaltung dennoch »vom Staatsinteresse und dem wahren Willen des wahren Volkes«, könne die Korrektur durch Volksbegehren und Volksentscheid herbeigeführt werden.[22]

Drei Jahre später, ein Jahr nach der Machtergreifung und wenige Wochen nach dem »Gesetz über den Neuaufbau des Reiches« vom 30. Januar 1934, mit dem die traditionell föderalistische Struktur des Reiches zerschlagen worden war, verfaßte Schulenburg seine Denkschrift »Reichsreform«. Unter diesem Stichwort war seit 1919 ohne Umsetzung in die Praxis eine politische Diskussion geführt worden, die sich wesentlich mit dem Verhältnis Reich–Preußen beziehungsweise mit der territorialen Neugliederung des Reiches befaßte. Nach der Machtergreifung entbrannte diese Diskussion bis zu einem schließlichen Verbot durch Hitler erneut, diesmal jedoch mit der Fragestellung, wie der zukünftige nationalsozialistische Führerstaat aussehen solle. Das Verhältnis Reich–Preußen war hierbei nur von untergeordneter Bedeutung. Nachdem mit dem Gesetz vom 30. Januar 1934 die Länderparlamente aufgelöst, die Länderregierungen dem Reich unterstellt und die Hoheitsrechte der Länder auf das Reich übergegangen waren, war zwar in einem ersten Schritt die zentrale

Reichsgewalt und damit die braune Diktatur enorm gestärkt worden, die notwendig nächsten Schritte des angestrebten nationalsozialistischen Umbaus blieben aber weiterhin ungeklärt.

Das wesentliche staatsrechtliche Problem nach der Machtergreifung war nicht mehr wie zuvor das Verhältnis Reich–Länder, sondern das Verhältnis Reich–Partei. Schulenburg löste es in seiner Denkschrift dadurch, daß »in den Schlüsselstellungen des Staates und der Partei die einheitliche Führung durch Personalunion hergestellt wird«. Der sog. Einheitsführer steht auf allen Ebenen (Reich, Gau, Kreis, Gemeinde) sowohl allen staatlichen wie Parteistellen vor. Der Einheitsführer wird nicht gewählt – »die Verbindung mit dem Volk durch Wahlen ist nicht mehr gegeben« –, sondern von der nächsthöheren hierarchischen Stufe ernannt. Der Einheitsführer ist nur seinem vorgesetzten Führer verantwortlich, »eine Auslese von unten durch Vertrauensentziehung gibt es nicht«. Auf jeder Ebene wird der Einheitsführer beraten durch einen Rat, der zur Hälfte aus vom Einheitsführer ernannten Mitgliedern besteht, zur anderen Hälfte aus ex-officio-Mitgliedern. Sehr bezeichnend für die gesamte Ideologie nennt Schulenburg das Beratungsorgan des Führers auf Reichsebene »Ordensrat«.

Da bei Schulenburg die politischen Führungskräfte nicht durch den demokratischen Prozeß, sondern durch Kooptation gewonnen werden, betont er Erziehung und Auslese des Führernachwuchses, die sich der Einheitsführer aufgrund ihrer Bedeutung für das ganze System selbst zu einer seiner Hauptaufgaben machen muß. Der skizzierte Ausbildungsgang, in der Grundausbildung zunächst für die zukünftigen Staats- wie Parteikader gleich, entspricht weitgehend Schulenburgs Vorstellungen über die Beamtenerziehung aus den Jahren 1931/32. Auslesegrundsatz ist zuerst der Charakter und dann die Leistung.[23]

Während Schulenburg 1931 noch rudimentäre demokratische und plebiszitäre Institutionen vorgesehen hatte, war davon jetzt nichts mehr zu sehen. Mit seinen Vorschlägen folgte er der ideologischen Hauptströmung der Anfangsjahre des »Dritten Reiches«. Der »Einheitsführer« Schulenburgs entsprach Vorstellungen, wie sie auch von Ministerialrat Franz Albrecht Medicus aus dem Reichsinnenministerium kurz zuvor entwickelt worden waren, oder den mit Schulenburg gleichzeitig vorgestellten Vorschlägen von Rudolf Heß, Stellvertreter des Führers. Man kann annehmen, daß Schulenburg zumindest über die Diskussion im Innenministerium informiert war.[24]

Schulenburg war in erster Linie Beamter und nicht Parteimann. Das wird ganz deutlich bei der Aufgabe, die er der Partei zumißt. Zwar »muß die Partei den Staat erobern und mit ihm zu einer Einheit zusammenwachsen«, aber »die Übernahme sachlicher Verwaltungsaufgaben durch die Partei zerstört die einheitliche Bearbeitung, führt zu Doppelarbeit und Reibungen und zur Verwässerung des Führertyps«. Hier schlugen sich schon Schulenburgs sachliche Erfahrungen in Ostpreußen aus den ersten 15 Monaten des »Dritten Reiches« nieder. Explizit schloß Schulenburg die Partei vom staatlichen Machtapparat aus, wenn er formulierte: »Die besondere Aufgabe der Partei ist ausschließlich die weltanschauliche Führung. Alle Verwaltungsaufgaben des öffentlichen Lebens sind auf den Staat und auf die Selbstverwaltung zu übertragen«. Den spenglerschen Begriff der Aristokratie, der Herrschaft der Besten, übertrug Schulenburg auf die »Partei als Orden der Besten zur Ideen- und Willensformung und Führung des Staates und zur Auslese und der Erziehung der Führerschicht«. »Der staatliche Apparat ... die ungeheure Fülle der tatsächlichen Macht« wollte Schulenburg der Beamtenschaft vorbehalten sehen.[25]

Fast ein Jahrzehnt lang äußerte sich Schulenburg nicht mehr so umfassend zu Fragen des staatlichen Aufbaus und Gliederung wie in seiner Denkschrift »Reichsreform« von Pfingsten 1934. Es sind zumindest aus diesem langen Zeitraum keine ensprechenden Schriftstücke aus seiner Feder bekannt geworden. Das Thema beschäftigte ihn jedoch gedanklich weiter. Mitten im Vormarsch in Rußland schrieb er in sein Tagebuch: »Die Zeit der großen Verwaltungsreform ist gekommen«, und zwar im Kriege, »denn nur die harte Faust des Krieges vermag diesen Gordischen Knoten durchzuhauen«.[26] Es scheint so, als ob er noch einmal zweieinhalb Jahre seit dieser Tagebucheintragung brauchte, um seine letzte große Denkschrift zu schreiben. Wie viele seiner Ausarbeitungen wurde sie offenbar von Ola Rüdt getippt.[27] Anfang Januar 1944 zeigte er einem Kollegen

»eine stichwortartige Ausarbeitung, wie er sich die Umgestaltung des gesamten öffentlichen Verwaltungslebens einschließlich aller Spezialgebiete nach der Beseitigung des Nazi-Regimes dachte«.[28] Schulenburg sprach um die Jahreswende 1943/44 und in den Monaten danach mit mehreren überlebenden Vertrauten über diese Denkschrift. Gelesen hat sie dann von diesen niemand. Sie fiel in die Hände der Gestapo und gelangte von dort an den Staatssekretär im Reichsinnenministerium Stuckart. Der Staatssekretär soll sich noch im Oktober 1944 in ministeriumsinternen Besprechungen sehr positiv über Schulenburgs »hervorragendes, richtungweisendes und umfassendes Gedankenwerk« ausgesprochen haben. Die Gestapo bestätigte Schulenburg einen »erheblichen Anteil« an den vom Widerstand ventilierten Vorstellungen zum Verwaltungsaufbau, »da die Fragen der Verwaltungsvereinfachung und des Wiederaufbaus nach dem Krieg sein Spezialinteresse waren.« Sie fand diese Gedankengänge so diskussionswürdig, daß ein Beamter des Reichssicherheitshauptamtes den Angehörigen der Abteilung I (Verfassung, Verwaltung, Gesetzgebung) des Reichsinnenministeriums darüber Ende 1944 einen mehrstündigen Vortrag hielt.[29]

Obwohl der Text dieser großen Denkschrift Schulenburgs nicht vorliegt, haben sich einige seiner überlebenden Gesprächsteilnehmer nach dem Krieg an die wichtigsten der von Schulenburg eingenommenen Positionen aus dem Zeitraum 1943/44 erinnert. Danach war er zu einem Befürworter des Föderalismus geworden, dessen Abschaffung durch das Gesetz vom 30. Januar 1934 er damals begrüßt hatte. An anderer Stelle wird noch zu berichten sein, wie Schulenburg im Februar 1943 die Reichsstelle für Raumordnung beauftragte, Vorschläge für die territoriale Neugliederung Deutschlands auszuarbeiten. Dr. Isenberg, der Hauptgesprächspartner Schulenburgs in der Reichsstelle, nannte diesen einen »gemäßigten Föderalisten«. Die Länder stellten sie sich als »eigenstaatliche Länder unter einer Bundesgewalt« vor. Erich Keßler, seit 1942 von Schulenburg in die Umsturzpläne eingeweiht, nannte ihn im Gegensatz zu sich selbst »weitgehend föderalistisch«. Das »weitgehend« bezog sich auf die Überzeugung Schulenburgs, daß aufgrund der kommenden schwierigen Finanzsituation das Reich und nicht die Länder die Finanzhoheit haben müßten. Schulenburg befürwortete einen Verwaltungsaufbau der von der Gemeinde, über den Kreis, den Regierungsbezirk und über das Land zum Reich führte. Der »schädliche Zentralismus« des »Dritten Reiches« hatte dazu geführt, daß zum Schluß mehrere Dutzend oberste Reichsbehörden die Verwaltungsgeschäfte an sich gezogen hatten. Nach Schulenburgs Planung sollte es auf Reichsebene nur noch neun Kernministerien geben. Den Rest dezentralisierte, dekonzentrierte er nach unten.

Nach Keßler war Schulenburg wie die Kreisauer ein Anhänger der indirekten stufenweisen Wahl. Direkt sollten nur Persönlichkeiten aus der überschaubaren Gemeinde als Gemeinde- und Kreisverordnete gewählt werden. Damit sollte einer Renaissance der Weimarer Parteienherrschaft entgegengewirkt werden.[30]

Die hier skizzierten, Schulenburg zugesprochenen Positionen zeigen eine deutliche Distanzierung von seiner Reichsreform-Denkschrift von 1934, sie zeigen aber auch eine deutliche Nähe zu Kreisauer Gedankengängen. Dies erschien sehr plausibel, da er mit Yorck und dann mit Moltke über Jahre einen engen Gesprächskontakt gehalten hatte.

Schulenburgs letzte große Denkschrift wurde, wie bereits dargelegt, von der Gestapo beschlagnahmt. Er hat sie nicht selbst dem Innenministerium überreicht. Die von manchen Autoren geäußerte Vermutung, er habe vielleicht nicht die letzte, aber thematisch eine ähnliche Denkschrift dem Innenminister vorgelegt, ist nicht abwegig. Tatsächlich befindet sich zu dem Thema Neugliederung des Reiches und Verwaltungsreform ein handschriftlicher Gliederungsentwurf mit der Überschrift »Denkschrift für den Innenminister Rf. Himmler« in Schulenburgs Nachlaß. Da Himmler in weiterer Machtkonzentration erst am 24. August 1943 zum Innenminister ernannt wurde, läßt sich dieser Gliederungsentwurf zeitlich eingrenzen. Obwohl Schulenburg also mit dem Gedanken gespielt hat, eine Denkschrift zu seinem zentralen Thema Himmler vorzulegen, gibt es für die tatsächliche Ausführung dieses Gedankens keinen konkreten Hinweis von überlebenden Kollegen und Vertrauten. Statt dessen überreichte er, wie in seinem Freundeskreis bekannt war, u. a. dem Innenministerium Mitte November seine Denkschrift »Bombenzerstörung und Wiederaufbau« über die an anderer Stelle zu sprechen sein wird (vgl. S. 260).

Warum Schulenburg seinem ersten Gedanken nicht folgend seine »große« Denkschrift schließlich doch nicht Himmler vorgelegt hat, darüber läßt sich nur mutmaßen. Einen Hinweis ergibt vielleicht der Bericht von Walter Muthmann, Mitarbeiter der Reichsstelle für Raumordnung, dem Schulenburg »eine Ausarbeitung über die Richtlinien eines künftigen Staatsaufbaus« zeigte. Schulenburg versteckte nach dem Gespräch seine Unterlagen wieder, wobei Muthmann das Versteck zwischen Büchern für nicht sicher genug hielt. Diese Vorsichtsmaßnahme zeigt m. E., daß die Ausarbeitung ganz offensichtlich nicht zur offiziellen Übergabe gedacht war. Ferner zeigt es auch, daß Schulenburg offenbar das Thema so regimefern geraten war, daß er es lieber versteckt hielt, auch wenn Staatssekretär Stuckart in den letzten Monaten des Dritten Reiches die große Denkschrift Schulenburgs als richtungweisend loben sollte.[31]

In Schulenburgs Nachlaß befindet sich ein undatiertes, nicht gezeichnetes Denkschriftenfragment, das von Charlotte Schulenburg selbst wie auch von Krebs, Mommsen und Heinemann als Arbeit Schulenburgs angesehen wurde. Obwohl Zweifel bestehen bleiben, da erwiesenermaßen auch nicht von Schulenburg stammende Schriftstücke in seinem Nachlaß waren, gibt es wenig gute Gründe, seine Autorenschaft in Frage zu stellen. Im August 1941 hatte Schulenburg geschrieben, daß die Zeit für die große Verwaltungsreform gekommen sei. Verschiedene Anhaltspunkte sprechen dafür, daß das Fragment in den Monaten nach Juni 1941, sehr wahrscheinlich nach Schulenburgs Rückkehr aus Rußland in der ersten Hälfte 1942 entstanden ist. Es gibt jedoch keinen Hinweis darauf, wie bereits weiter oben dargestellt, daß dieses Denkschriftenfragment oder eines ähnlichen Inhalts Himmler »aus Tarnungsabsichten« vorgelegt wurde, wie Krebs vermutet. Eine Reihe von Gründen sprechen auch gegen die Annahme von Mommsen und Heinemann, daß das Denkschriftenfragment Teil der »letzten großen Denkschrift« gewesen sei.[32]

In dem Denkschriftenfragment befürwortet Schulenburg »trotz großer Selbständigkeit im Kleinen eine straffe Reichspolitik« und damit weiterhin wie 1934 einen unitarischen Reichsaufbau. Im Föderalismus, in der »Machtansammlung bei den Ländern« sieht er eine »Gefährdung der Reichseinheit«. Auffallend ist auch hier wiederum die Abwesenheit einer wirklichen Repräsentation der Bevölkerung. Die Bürgermeister werden je nach Größenordnung der Gemeinde vom Landrat oder vom Reichsstatthalter ernannt.

Die eigentlichen Träger der Regierungsgewalt, Schulenburg nennt sie »Regierungsträger«, sind die Landräte und Oberbürgermeister kreisfreier Städte. Sie sind »das Fundament des ganzen Reichsaufbaues«. Ihre Kontrolle, und wenn nötig, ihre Beurlaubung, erfolgt nicht durch gewählte Vertreter des Volkes, die nicht vorgesehen sind, sondern durch den dem Land präsidierenden Reichsstatthalter. Interessant ist auch, daß die Besoldung des ländlichen Pfarrers und Lehrers sowie des Landrates und Oberbürgermeisters zum Teil durch ein Bargehalt, zum anderen Teil durch Bewirtschaftung eines Ackers bzw. eines Gutes erfolgt! Es ist dies ein Lieblingsgedanke Schulenburgs, mit dem er Beamten zu Bodenständigkeit und Nähe zum Bauerntum verhelfen wollte. Schulenburg ist hier einer nationalsozialistischen Agrarromantik verhaftet, die nur als vormodern bezeichnet werden kann. Gleiches gilt für die Einschränkung des Wohnrechts in den Städten. Mit dieser Reglementierung sollte jeder Ansatz einer Proletariatsbildung verhindert werden.[33]

In seiner Nachlaßedition führt Ulrich Heinemann manche von Schulenburgs hier dargestellten Gedankengänge über die deutsche Gemeindeordnung von 1935 bis zum Allgemeinen Preußischen Landrecht von 1794 zurück! Mit vollem Recht schreibt Heinemann daher: »Schulenburgs Gedanken haftet unverkennbar der Charakter einer rückwärts gewandten Utopie an. Auffallend am Denkschriftenfragment ... die starke Rückbesinnung auf die feudale Welt der Väter, die in den früheren Memoranden längst nicht so deutlich hervorgetreten war.« Die »ideologische Regression«, von der Heinemann spricht, zeigt sich auch besonders deutlich in dem Abschnitt des Denkschriftenfragmentes, der sich mit Sozialpolitik befaßt. Hier polemisierte Schulenburg gegen das »gewaltige Fürsorge- und Versicherungswesen« Deutschlands und forderte ein »Höchstmaß an Selbsthilfe«, wobei eine »gesunde gutrassige Jugend die beste Bürgschaft für den Lebensabend kinderreicher Eltern ist«.[34]

Schulenburg hatte 1942 eine vorindustrielle Agraridylle im Kopf, die wenig mit der Wirklichkeit in Vergangenheit und Gegenwart gemein hatte. Es war eine Utopie, die ihre nationalsozialistischen Wurzeln nicht leugnete. Wie lassen sich nun diese Vorstellungen Schulenburgs aus dem Jahr 1942 mit den weiter oben dargestellten Positionen aus der letzten großen Denkschrift von 1943/44 vereinbaren? Es liegen Welten dazwischen.

Wenn man davon ausgeht, daß die Nachkriegserinnerungen der Kollegen und Vertrauten Schulenburgs weitgehend stimmen und ihre Berichte nicht nur »ein starkes Element der Idealisierung, in das sich Selbststilisierung und das Streben nach persönlicher Exkulpierung mischt«[35], enthalten, so muß es eine plausible Erklärung geben. Diese Erklärung ist m. E. auf zwei Ebenen zu suchen. Einerseits bleibt Schulenburg bis zum Schluß bestimmten Positionen des Nationalsozialismus innerlich verhaftet; andererseits übernimmt er pragmatisch und kompromißbereit die schriftlich formulierten Ergebnisse der zweiten Kreisauer Gespräche vom Oktober 1942. Damals legten Moltke, Yorck und ihre Gesprächspartner in Kreisau ihre Haltung zum Staatsaufbau fest. Drei Wochen später schreibt Moltke über ein Gespräch mit Schulenburg: »Es dauert lange, bis Fritzi so ganz integriert ist, aber er ist auf dem besten Wege, und ich hoffe sehr, daß es nun bald gelingen wird. Er hatte zu den Kreisauer Texten eine ganze Menge constructive criticism zu offerieren, aber das bezog sich auf Einzelheiten, beruhte manchmal auf Mißverständnissen und ging zum Teil auf Dinge, die wir auch nie schön gefunden hatten, wie die Reichsfachämter«.[36] Im Kreisauer Folgedokument vom August 1943 sind dann die Reichsfachämter, die Schulenburg kritisiert hatte, fallengelassen worden. Die Kreisauer Texte vom Oktober 1942 zielen auf einen föderalistischen Staatsaufbau mit Repräsentativorganen auf allen Ebenen, wobei die Vertretungen auf Gemeinde- und Kreisebene in geheimer unmittelbarer Wahl gewählt werden. Aktives Wahlrecht hat jeder, der das 21. Lebensjahr vollendet hat oder Kriegsteilnehmer ist, passives Wahlrecht jeder, der das 27. Lebensjahr vollendet hat. Schulenburg kritisierte im Gespräch mit Moltke diese Vorschläge zum Staatsaufbau in Einzelheiten, nicht im Grundsätzlichen. Er wußte um die ungewöhnlich intensive Vorbereitung der Beschlüsse, an deren Formulierungen sein sehr guter Freund Yorck mitgewirkt hatte. Er schätzte die intellektuellen Fähigkeiten Moltkes, den er seit 1940 kannte, hoch ein, auch wenn er dies in die ironische Formulierung kleidete: »Ich bin ja dumm, Moltke ist klug«.[37] Schulenburg war in erster Linie an einer guten Regierungs- und Verwaltungspraxis interessiert, im Widerstand daran, daß dieser endlich Ergebnisse zeigte. Aus diesem Grund sollte er gerade im Herbst 1942 versuchen, die ältere Generation um Goerdeler mit der jüngeren Generation um Moltke/Yorck an einen Tisch zu bringen, um die bestehenden Differenzen auszubügeln. Schulenburg war zwar ideologisch fixiert, aber kein bornierter Ideologe, sondern ein Pragmatiker. Aus diesem Grund übernahm er zur Wahrung des Konsens' die Vorschläge der Kreisauer, über die innerhalb einer größeren Gruppe von Menschen bereits Übereinstimmung herrschte, anstatt seine eigenen, nicht konsensfähigen Vorstellungen zu propagieren. Von ihm sollte kein weiterer Dissens in die Widerstandsgruppen getragen werden. Nur so läßt sich Moltkes Bemerkung von Ende November 1942 erklären: »Der leichte Abstand, den Fritzi immer zu uns hatte, hat sich sichtlich verringert und ist wohl auf dem Wege, ganz zu verschwinden.«[38] Nur so läßt sich auch ein Jahr später Schulenburgs gutes Einvernehmen mit Leber erklären. Allen gemeinsam war zwar nach den Erfahrungen von vor 1933 die Ablehnung des Weimarer Parteienstaates, aber auf der Basis des Denkschriftenfragmentes von Anfang 1942 hätte Schulenburg weder mit den Kreisauern noch mit einem Mann wie Leber vertrauensvoll zusammenarbeiten können. Schulenburg ließ daher sein Denkschriftenfragment wohlweislich in seiner Truhe in Mecklenburg liegen. Er stellte es bei seinen Freunden und Bekannten in Berlin nicht zur Diskussion. Statt dessen legte er seiner letzten großen Denkschrift vom Herbst 1943/Anfang 1944 die entsprechenden Kreisauer Vorstellungen zugrunde und baute auf ihnen seine Verwaltungsreformvorschläge auf.

7. Kapitel
Über die Motivation zum Widerstand

Sie nannten ihre Tätigkeit nicht »Widerstand«, sie standen in der »Opposition«. Es war allerdings nicht mehr die systemloyale Opposition von Peter Yorcks Vater. Es war eine Opposition, für die der juristische Terminus sehr bald der des Hochverrats sein sollte. Die Entwicklung dahin erfolgte stufenweise über mehrere Jahre. Der Historiker Hans Mommsen sagt dazu: »Zugleich war aktiver Widerstand nicht einfach das Resultat einer einmal gefaßten gesinnungsethischen Entscheidung, vielmehr abhängig von sich verändernden Erwartungshaltungen, Dispositionen und Handlungsmöglichkeiten, zugleich von der äußeren und inneren Entwicklung des Regimes selbst«.[1] Und Kessel schreibt, die Aktivitäten seines engsten Freundeskreises, zu dem er Brücklmeier, Schwerin und Yorck rechnete, hätten im »Dritten Reich« drei Phasen durchlaufen. »Von 1933–1937 glaubten wir, es genüge, die Majorität des deutschen Volkes von den verbrecherischen Neigungen und Absichten der Nazis zu überzeugen, um das Regime gleichsam automatisch zu stürzen.« Das habe sich als Illusion herausgestellt. Zwar seien die Deutschen zunehmend anti-nationalsozialistisch geworden, sie seien dafür aber durch Angst und Fatalismus gelähmt gewesen.

»Die zweite Phase war gekennzeichnet durch den Plan, die Wehrmacht und insbesondere das Heer mit dem Generalstab zu einem Sturz des Regimes zu veranlassen«. Der Höhepunkt dieser Phase sei in den Jahren 1938/39 erreicht gewesen, und habe mit der Casablanca-Forderung nach bedingungsloser Kapitulation 1943 ein Ende gefunden. In der dritten Phase sei es darum gegangen, »eine möglichst große Anzahl von Heerführern zu einer wohlwollenden Duldung der Vorbereitungen zu einem Umsturz und zur aktiven Mitarbeit nach Beseitigung Hitlers zu veranlassen.« Der Plan, Hitler und gleichzeitig seine Mitarbeiter durch ein Attentat zu beseitigen, sei am 20. Juli 1944 gescheitert.[2]

Interessant an dieser Periodisierung Kessels, die bereits aus dem Jahre 1944/45 stammt, ist die Zäsur, die er in den Jahren 1938 und 1939 sieht. Aufgrund der Kriegsfurcht des deutschen Volkes und der Kriegspolitik Hitlers erschien 1938 zum erstenmal die Situation für einen Staatsstreich reif. Die Freunde nahmen an den Vorbereitungen dazu teil. Bevor wir uns den Widerstandsaktivitäten der Freunde im Jahre 1938 und danach zuwenden, ist jedoch zu fragen, was sie bewog, von der Haltung der passiven Gegnerschaft zu der des bewußten aktiven Hochverrats zu wechseln. Natürlich konnten ihre hochverräterischen Handlungen nur im Rahmen der Staatsstreichplanung stattfinden, deren Hauptakteure sie 1938 nicht waren. Aber sie hatten die Nähe zu den Hauptverantwortlichen wie Hans Oster und Erwin v. Witzleben bewußt gesucht und gepflegt, und das heißt: Sie sind in den Hochverrat nicht durch Zufall hineingeschlittert, sondern sie hatten eine Entscheidung getroffen, die schon damals den Tod bedeuten konnte. Die konservativen Opfer des 30. Juni 1934 um den Vizekanzler Franz v. Papen wie Herbert v. Bose, Ferdinand v. Bredow, Edgar Jung, Erich Klausener und andere, die viel weniger konkret gehandelt hatten, waren eine deutliche Warnung.

Auch die Gestapo fragte in der Untersuchung nach dem fehlgeschlagenen Staatsstreich des 20. Juli 1944 nach den Beweggründen für den Hochverrat. Es entsprach dies gängiger kriminalpolizeilicher Ermittlungstechnik. Durch die Ausbreitung der so gewonnenen Erkenntnisse in den Berichten, die für Hitler zusammengestellt wurden, verfolgte das Reichssicherheitshauptamt angesichts der sich mehr und mehr abzeichnenden äußeren Niederlage ganz offensichtlich die Absicht, dem Diktator die innere Entwicklung des Regimes spiegelbildlich vorzuhalten. Dies wird z. B. ganz deutlich bei den immer wieder zitierten und sehr ausführlichen Aussagen Schulenburgs, des »alten Kämpfers«, über die Beweggründe seines Abfalls vom Regime. Während die Gestapo Motivationsforschung betrieb, versuchte Freisler, jede Aussage über Motive in den Schauprozessen vor dem Volksgerichtshof zu unterbinden. Schwerin und Yorck kamen so über ein, zwei Sätze nicht hinaus.

Sicherlich war die Motivation zum Hochverrat 1938 in manchen Aspekten eine andere als sechs Jahre später, vor allem wegen der entsetzlichen Verbrechen des Regimes während des Krieges, aber ihre Grundstruktur blieb ähnlich. Als Kessel ab September 1944 im Vatikan seine Erinnerungen schrieb, nannte er als wichtigsten Grund seiner frühen Ablehnung des Regimes um die Jahreswende 1933/34 die Zerstörung der Rechtsordnung, wie sie in der propagandistisch geschickten Formel »Recht ist, was dem deutschen Volke nützt« zum Ausdruck kam. Das Wort »Recht« sei nur als Synonym für den persönlichen Nutzen und Vorteil Hitlers und seiner Spießgesellen zu verstehen gewesen. Derjenige, der sich der Humanität und der christlichen Tradition als den Grundpfeiler unserer Kultur verpflichtet gefühlt habe, habe mit einem Fuß im KZ gestanden. Bei Schwierigkeiten oder gar Widerstand habe »mit großer Präzision der Terror« eingesetzt, der »wie alles Wesentliche an der nationalsozialistischen Revolution, diszipliniert und unauffällig« gewesen sei.

Der Terror zielte laut Kessel auf einzelne, mit dem Effekt: »Einer ist betroffen – Tausende vergehen vor Angst«. Die totale Monopolisierung des Nachrichtenwesens habe mit der Zeit »zu einer Verdummung der Masse und zur völligen Desorientierung des politisch gebildeten Individuums« geführt. »Wer nicht das seltene Glück hatte, die Dinge ab und zu vom Ausland aus betrachten und sich ein abgerundetes Bild der Lage machen zu können, fiel ratlos von einem Extrem ins andere«. Als besonders abschreckend erwähnt Kessel auch »das ekelhafte Schauspiel der freiwilligen Gleichschaltung« nach den Wahlen vom 5. März 1933. »Ohne wirklichen Druck, meist nur auf die Vermutung eines solchen hin, wurde überall der Sachkenner, die Kapazität entfernt und durch einen nationalsozialistischen Hohlkopf oder Lumpen ersetzt«.[3]

Diese Aussagen Kessels sind deshalb besonders wertvoll, da sie zwar in der Sicherheit des Vatikans, aber zeitgleich mit denen seiner Freunde entstanden sind, die vor der Gestapo aussagten. Kessels Erläuterungen bewegen sich auf einer hohen Abstraktionsebene. Was mit »Rechtsbeugung« und »Terror« gemeint war, wird zum Beispiel mit Kessels und Schwerins entsetzter Reaktion auf den Mord von Potempa im August 1932 und auf das berüchtigte Telegramm Hitlers an die Mörder deutlich. Ähnliche Reaktionen sind auch nach dem Röhm-Putsch von Schwerin und Schulenburg bekannt.

Zehn Jahre später konnte Schwerin nur die »vielen Morde im In- und Ausland« erwähnen, bevor ihm Freisler das Wort abschnitt. Dies war ein für die Ablehnung des Regimes ganz zentraler Punkt, den auch Schulenburg und Yorck in ihren Aussagen gegenüber der Gestapo anführten. Schulenburg sprach von dem »Verlassen der Rechtsbasis und der Entwicklung zum reinen Polizeistaat mit Eingriffen in allen Lebensbereichen«. In den Gestapo-Berichten werden ähnliche Aussagen aus dem engeren Freundeskreis auch von Guttenberg, Oster und Uexkuell zitiert. Oster hielt die 85 Toten der Röhm-Affäre für einen der Marksteine seiner Ablehnung des Regimes.[4] In die gleiche Richtung ging Brücklmeiers Reaktion, als er 1938/39 im Auswärtigen Amt ein Schriftstück in die Hand bekam, in dem eine Erhöhung der Anzahl der Henker gefordert wurde, da diese mit der Arbeit nicht mehr fertig wurden.[5]

Der entsetzlichste Ausdruck von Rechtsbeugung und Terror des NS-Staates war jedoch die Behandlung der deutschen Juden und später die Ermordung des europäischen Judentums. Es ist von Kessel und Schulenburg bekannt, daß sie ihre Dienststellungen im Auswärtigen Amt und als Stellvertretender Polizeipräsident von Berlin ausnutzten, um Juden zu helfen. Schulenburg hat nach dem Pogrom vom November 1938 die summarisch verhafteten Juden in der Reichshauptstadt wieder entlassen.[6]

Leider erscheint in den überlieferten Gestapo- und Gerichtsprotokollen lediglich Yorck mit einer dezidierten Stellungnahme zu diesen zentralen Verbrechen des Nationalsozialismus. Gegenüber dem vernehmenden Gestapobeamten hatte Yorck, wie Freisler im Prozeß salopp zitierte, erklärt: »In der Judenfrage passe (ihm) die Judenausrottung nicht, die nationalsozialistische Auffassung von Recht hätte (ihm) nicht gepaßt.« Als im Frühsommer 1944 die etwa 400000 ungarischen Juden nach Auschwitz gebracht und ermordet wurden, meinte Yorck zu seiner Frau, er wisse nicht, wie man noch schlafen könne, wenn gleichzeitig derartige Verbrechen geschähen.[7]

Generell muß der innere Kreis gut über das, was sich vor allem in Osteuropa abspielte, unterrichtet gewesen sein. Zahlreiche Briefstellen Moltkes an seine Frau belegen das, so wenn er zum Beispiel am 13. November 1941 schreibt: »Ich habe auch zwei Nächte sehr wenig geschlafen, weil ich so um drei bereits erwachte und an die Juden und Russen dachte«. 16 Monate später schrieb er aus Stockholm – und daher ganz unverblümt – an einen englischen Freund: »Ich glaube, mindestens neun Zehntel der Bevölkerung weiß nicht, daß wir Hunderttausende von Juden umgebracht haben«.[8] Seine Freunde wußten es jedenfalls, zum Teil waren sie Augenzeugen gewesen.

Schulenburg hatte bereits im Herbst 1940 im polnischen Städtchen Brest Kujawsk ein Juden-Pogrom miterlebt. Am 27./28. Juni 1941 schrieb er auf dem Vormarsch in Rußland in sein Tagebuch: »Als wir Bialystok durchziehen, liegen auf den Straßen erschlagene Juden. Die SS hat die Gelegenheit benutzt, um auf die Juden Hetzjagd zu machen. Es wird erzählt, daß sie, wie so oft, die Juden in der Synagoge zusammengetrieben und diese dann angesteckt haben«. Als er ein Jahr später wieder in Rußland war, und zwar im Stab Manstein auf der Krim, hörte er von Massenerschießungen der Juden im rückwärtigen Armeegebiet. Er sprach Manstein auf diese Information an, und der erklärte ihm irritiert: »Schulenburg, ich befinde mich mitten in einer der größten Artillerieschlachten. Diese Sache muß warten«. Dem Oberbefehlshaber der 11. Armee war natürlich bekannt, welche entsetzliche Aufgabe die Einsatzgruppe D unter Ohlendorf in seinem rückwärtigen Gebiet durchführte. Aber Manstein hatte in einem Befehl vom 20. November 1941 ja selbst von der »Notwendigkeit der harten Sühne am Judentum, dem geistigen Träger des bolschewistischen Terrors« gesprochen. Von ihm war deshalb keine andere Reaktion zu erwarten. Schulenburg nahm dieses Beispiel zum Anlaß, um seinem Freund Bussche brieflich auseinanderzusetzen, wie unmenschlich eine geläufige Argumentation sei, wonach erst der Krieg siegreich beendet werden müsse, bevor man sich dem innenpolitischen Aufräumen zuwenden könne.[9]

Es wurde oben schon erwähnt (vgl. S. 60), daß Schwerin im August 1942 testamentarisch bestimmte, in der Sartowitzer Kiesgrube eine Gedenkstätte für die im Spätherbst 1939 ermordeten Christen und

Juden einzurichten, »sobald die Zeitumstände es erlauben«. Die Vermutung liegt nahe, daß er inzwischen Kenntnis von der beginnenden »Endlösung der Judenfrage« erhalten hatte, für die der Weg auf der Wannseekonferenz vom 20. Januar 1942 geebnet worden war. Tatsächlich war die Liquidierung der polnischen Intelligenz ab September 1939 immer auch begleitet gewesen von Morden an Juden, so daß Schwerin von Beginn des Krieges an um das Schicksal der Juden gewußt haben mußte. Wenn er daher Freisler gegenüber von den Morden im In- und Ausland sprach, waren damit auch die Morde an den Juden gemeint.[10]

Die Gestapo-Berichte stellten über die Motive der »maßgebenden Persönlichkeiten des Verschwörerkreises« fest: »Grundsätzliche Bestandteile des Programms wie Rassenfrage und Kirchenfrage verneinen sie entweder im Grundsatz oder verwässern sie derart, daß von der grundsätzlichen Forderung kaum etwas übrig bleibt ... Sie stehen stur auf dem Standpunkt des liberalen Denkens, das den Juden grundsätzlich die gleiche Stellung zuerkennen will wie jedem Deutschen«.[11]

Ein weiterer Aspekt der Ablehnung des Regimes war neben Rechtsbeugung, Terror und Rassenfrage der sogenannnte Kirchenkampf, der auf evangelischer Seite seinen ersten sichtbaren Ausdruck in den Synoden von Barmen und Dahlem im Jahre 1934 fand. Kessel schrieb dazu: »Der Kampf der Nazis gegen das Christentum bewegte unseren Freundeskreis ohnehin aufs tiefste ... In der ersten Periode des Kirchenkampfes habe ich innerlich ganz auf seiten der Bekennenden Kirche gestanden«.[12]

Zwei von Schwerins Vettern, Arnim-Kröchlendorff und Arnim-Lützlow hatten den Synoden der Bekennenden Kirche im Mai und Oktober 1934 angehört, Arnim-Kröchlendorff war auch Mitglied des Bruderrates der Deutschen Evangelischen Kirche. Einige Jahre später ermöglichte Schwerin einem jungen Pfarrer der Bekennenden Kirche eine Anstellung in Fürstenwerder. Schwerin, der das von Lilje mitherausgegebene Organ der Bekennenden Kirche »Junge Kirche« abonniert hatte, stand aufgrund seiner Gegnerschaft gegen das Regime der Bekennenden Kirche nahe, ohne ihr auch formal anzugehören. Bei den Yorcks spielte der älteste Bruder Paul nach seinem Parteiaustritt im Anschluß an die Morde vom Juni 1934 eine herausragende Rolle in der Bekennenden Kirche.

Für die Haltung Peter Yorcks ist bezeichnend, daß er gleich zu Beginn seiner Diskussion mit Moltke, aus der dann der Kreisauer Kreis entstand, das Thema des Verhältnisses von Glaube und Staat einbrachte. Schon in seinem ersten Brief an Moltke vom 7. Juli 1940 schrieb Yorck: »Der wahre Inhalt des Staates ergibt sich mir nun dort, wo er als Trieb göttlicher Ordnung den Menschen erscheint und von ihnen empfunden wird.« Moltke antwortete darauf, daß er es für außerordentlich gefährlich halte, einer staatlichen Ordnung eine religiöse Erklärung und einen religiösen Unterbau zu geben. Von diesen Ausgangspunkten bis zum Eingangssatz im Kreisauer Dokument »Grundsätze für die Neuordnung« war ein langer Klärungsprozeß notwendig. Am 9. August 1943 einigten sich Yorck, Moltke und ihre Freunde, auf folgenden Grundatz: »Die Regierung des Deutschen Reiches sieht im Christentum die Grundlage für die sittliche und religiöse Erneuerung unseres Volkes ... für den Neuaufbau der europäischen Völkergemeinschaft. Der Ausgangspunkt liegt in der verpflichtenden Besinnung des Menschen auf die göttliche Ordnung, die sein inneres und äußeres Dasein trägt«.

Yorck hatte in seiner Korrespondenz mit Moltke aus dem Sommer 1940 eine Stelle aus dem Matthäus-Evangelium zitiert, die Schwerin später seinem jüngsten Sohn als Taufspruch mitgab: »Was hülfe es dem Menschen, so er die ganze Welt gewönne und nähme doch Schaden an seiner Seele«.

Zu diesem Gedanken kehrte Yorck vor dem Volksgerichtshof wieder zurück, wenn er als Kernpunkt seiner Gegnerschaft gegen den Nationalsozialismus formulierte, daß der Totalitätsanspruch des Staates gegenüber dem Staatsbürger dessen religiöse und sittliche Verpflichtungen Gott gegenüber ausgeschaltet habe. Diese sehr grundsätzliche Sicht der nationalsozialistischen Diktatur wurde von Freisler nicht verstanden.[13] Richtig stellte die Gestapo für Schwerin und Yorck fest, daß sie die nationalsozialistische Kirchenpolitik abgelehnt hätten, und daß ihre Einstellung zum Nationalsozialismus von ihrer »konfessionellen Bindung« bestimmt worden sei. Auch Schulenburg gab der Gestapo als einen seiner Gründe zur Gegnerschaft zu

Protokoll, daß »der Nationalsozialismus mit seinem Kampf gegen das Christentum die religiöse Basis schlechthin verlassen habe«.[14]

So waren sich Stauffenberg, Schwerin, Schulenburg und Yorck in einem Gespräch Ende Juni 1944 einig, daß »das Christentum wieder die tragende seelische Kraft der Zukunft sein solle«, und Witzleben formulierte gegenüber der Gestapo knapp, daß in der neuen Regierung das »Christentum stärker in den Vordergrund gestellt werden sollte«.[15]

Viele Menschen in Deutschland veränderten aufgrund der Erfahrungen ab 1933 ihre religiöse Haltung. Bei Schulenburg, Schwerin und Yorck vertiefte und aktivierte sich ihr Verhältnis zum christlichen Glauben. Moltke formulierte das 1942 gegenüber einem englischen Freund ganz offen: »Vielleicht erinnern Sie sich, daß ich in Gesprächen vor dem Kriege der Meinung war, daß der Glaube an Gott nicht wesentlich sei... Heute weiß ich, daß ich unrecht hatte, ganz und gar unrecht«. Gerstenmaier, der seit Ende August 1943 mit Yorck zusammenlebte, beurteilte Yorcks Religiosität: »Vielleicht war sein Verhältnis zur Religion und Kirche immer etwas mehr als nur konventionell gewesen. Aber nun, in den letzten Jahren seines Lebens, war er regelmäßiger Kirchgänger, ein standfester, gläubiger Christ«.[16] Tatsächlich war Yorck erst in den letzten Monaten seines Lebens zu häufigen Gottesdienstbesuchen übergegangen. Eine wichtige Rolle spielten dabei die Predigten von Hanns Lilje, des Begründers der Bekennenden Kirche, in der Lichterfelder Johanneskirche, die auch Moltke, Schulenburg und Schwerin besuchten. Wenn Yorck auch lange Jahre kein regelmäßiger Kirchgänger gewesen war, so ging sein Christentum mit abendlichem Bibellesen und theologischen Studien seit langem über das Übliche hinaus. Nicht zufällig war er es auch, der 1940 das Thema Glaube und Staat gegenüber Moltke anschnitt. Mit Theodor Haubach, einem Sozialdemokraten und Mitglied des Kreisauer Kreises, führte er einen ausgedehnten Briefwechsel über religionsphilosophische Fragen. Wenige Tage nach dem Staatsstreichversuch äußerte er aus dem Zellenbau des KZ-Ravensbrück Bücherwünsche in dieser Reihenfolge: Die Bibel, ein Buch des Theologen Holl, die Weltgeschichte des Onkels Maximilian Yorck und volkswirtschaftliche Bücher. Seiner Mutter schrieb er zum Abschied voller Gottvertrauen: »Ich habe über zwei Wochen Zeit gehabt, mich und mein Handeln vor Gott zu stellen und bin überzeugt, in ihm einen gnädigen Richter zu finden«.[17]

Schulenburg schrieb selbst nach dem Tod seines Bruders 1940 über seinen religiösen Weg: »Gott hat, nachdem die Kinderfrömmigkeit verweht war, wie ein ferner Hall in mein Leben hineingeschwungen. Erst später trat er mehr in den Mittelpunkt meines Lebens, und erst in der letzten Zeit ist er mir oft gegenwärtig und klar wie der Glockenschlag der Garnisonskirche« (in Potsdam, Verf.). Schon 1936 hatte er an seine Frau geschrieben: »Ich glaube, daß ich jetzt den Weg zu Gott gefunden habe. In meinem ganzen Leben hat er wie ein leises Motiv geklungen, das ich erahnt habe. Jetzt ist es wie ein Orgelton, der mein Leben beherrschen wird«. Später war einer seiner Zukunftsträume, nach dem Erwachsenwerden der Kinder in Paris und Rom Theologie zu studieren und Pfarrer zu werden, »denn in der religiösen Wiedererneuerung liegt die entscheidende Aufgabe unseres Jahrhunderts«. Kurz vor Beginn des Krieges mit Rußland äußerte er in einem Brief, daß der Gegensatz dieses Jahrhunderts der zwischen Christentum und Atheismus sei. Ob allerdings die Kirche in der gegenwärtigen Situation in der Lage sei, die »erstarrte Sprache der Theologie« so zu reformieren, daß die christliche Verkündigung wieder verstanden werde, sei sehr fraglich. Im gleichen Brief zog er eine Bilanz seines Glaubens: »Ich glaube an Gott, die überirdische Macht, die auf geheimnisvolle Art in unser Leben hineinragt, für uns mit dem Verstand nicht erkennbar und nur mit dem Herzen erfaßbar ist. Ich glaube an eine Führung durch Gott, ich habe sie in meinem Leben des öfteren gespürt. Ich glaube, daß man seiner Kraft teilhaftig wird, wenn man ihn liebt, sich ihm hingibt und zu ihm betet«. Als Soldat, bekennt Schulenburg seiner Frau und den Kindern, habe er Kraft und Ruhe gefunden durch das langsame Sprechen des »Vater Unser«.[18]

Schwerin schließlich, der nach der Konfirmation sagte, nun habe er seinen ersten Meineid geschworen[19], tat sich mit seinem Glauben nicht leicht. Ein Zuviel an theologischen Debatten im Elternhaus – seine Mutter war im Umkreis der Vandsburger Erweckungsbewegung aufgewachsen – führte bei ihm dazu, daß er so gut wie nie über seinen Glauben sprach. Der Abendmahlritus erschien ihm problematisch – er war auch in der Patronatskirche nicht zu bewegen, an der Abendmahlfeier teilzunehmen. Gleichwohl war die Ausstrahlung des von ihm bewußt gepflegten christlichen Familienlebens so stark, daß sich 1943/44 zweimal Menschen aus der nächsten Umgebung seiner Familie taufen ließen.

Für die Kirche nach Ende des »Dritten Reichs« sah er die Notwendigkeit einer Reformation, wie er seiner Frau in seinen letzten Wochen auseinandersetzte. Es war dies wohl ein Echo der Diskussion mit seinen Freunden in Berlin. Seine Haltung zum Glauben drückt vielleicht folgender Satz aus seiner Rede zur Konfirmation des ältesten Sohnes aus: »In einer solchen Zeit des Leidens und der allgemeinen Verirrung bedürfen wir alle eines Haltes und einer inneren Kraft, die uns stark macht, und es ist sicher, daß die Lehre Christi, die fast 2000 Jahre Geltung hat, uns die innere Hilfe bringt, derer wir bedürfen«.[20]

Für diese Männer wurde das Christentum zunehmend zur Grundlage ihres Koordinatensystems, das sie gegen die schreckliche Wirklichkeit des Regimes hielten.

Den innenpolitischen Motiven Schulenburgs wurde in den für Hitler bestimmten Gestapo-Berichten besondere Aufmerksamkeit gewidmet. Neben den bereits genannten Gründen für eine Ablehnung des Nationalsozialismus wird erwähnt:

– »die Führerschicht habe sich von den Grundsätzen der Einfachheit und Schlichtheit abgekehrt, die sie in der Kampfzeit gepredigt habe,
– der Kampf der Partei gegen den Staat habe dem Beamtentum das Rückgrat gebrochen,
– der nationalsozialistische Staat habe einem schädlichen Zentralismus gehuldigt,
– er habe das Volk zur Masse atomisiert, die kollektivistisch mit Gewalt und Propaganda beherrscht würde«.[21]

Schon am 12. Juli 1933 hatte Schulenburg in einem Brief an Koch, den »preußischen Lebensstil des Kampfes und der Arbeit« eingefordert, wovon »wir uns auch im Nationalsozialismus weit entfernt haben«.

Silvester 1935 bezog sich Schulenburg ausdrücklich auf dieses Schreiben und stellte gegenüber dem ostpreußischen Gauleiter fest:

»In der Kampfzeit hatte man jede Form des Bonzentums angegriffen und Bescheidenheit und Einfachheit gepredigt. Der Lebensstil, das Auftreten entsprach diesen Forderungen nicht... Das Vertrauen des Volkes erlitt den ersten schweren Stoß.«[22] Schulenburgs Kritik am Lebensstil der Führungsschicht des Dritten Reiches wurde von vielen im Widerstand geteilt und in den Gestapo-Berichten besonders breit dargestellt, vermutlich weil der Berichterstatter das sehr ähnlich sah.[23] Als besonderes Steckenpferd Schulenburgs bezeichnet der Gestapo-Bericht seine Kritik an dem »schädlichen Zentralismus«. Schulenburg hatte schon frühzeitig, nämlich bereits 1937 von der zentralistischen Erstarrung, der zersplitternden Schwäche einer unschöpferischen Bürokratie gesprochen. Während seiner Zeit als Vizepräsident in Breslau (1939/40) hatte er dazu eine kurze Denkschrift verfaßt.[24] Seit Juni 1940 war Schulenburg bis auf befristete Ausnahmen Soldat. Nach einem dieser Zwischenspiele schrieb er 1943 an seine Frau: »Und da die Politik der jetzt führenden Schicht autonom ist und der Tradition des Staates und seinem innersten Gesetz zuwiderläuft, heißt es für das Beamtentum als Ganzes biegen oder brechen. Viele sind gebrochen... Die Mehrzahl biegt sich«.[25]

Außenpolitische Gründe

Für Schwerin, aber auch für Kessel war frühzeitig die Polen- beziehungsweise die Minderheitenpolitik Hitlers ein Stein des Anstoßes. Kessel schrieb dazu: »... die Parteihäuptlinge in Breslau und Oppeln hätten am liebsten (Frühjahr 1933, Verf.) einen frisch-fröhlichen Krieg gegen Polen angefangen. Es waren dieselben Leute, die im Jahr darauf, als Hitler seinen Vertrag mit Polen (26. Januar 1934, Verf.) abschloß, die Reize der Außenpolitik entdeckten. Sie warfen daraufhin das Steuer herum, liefen den Polen nach und waren nur zu bereit, den Volkstumskampf abzubrechen und die Minderheit zu verraten«. Zugleich warf Kessel den neuen Machthabern vor, die »großzügige und kluge« Politik des letzten preußischen Innenministers, des SPD-Politikers Karl Severing, gegenüber der polnischen Minderheit in Schlesien nicht mehr fortgesetzt zu haben.[26]

Vor dem Volksgerichtshof bezog sich Schwerin auf diese inkonsistente Politik Hitlers gegenüber Polen, die schließlich mit dem Überfall auf Polen endete, wenn er von dem »vielfachen Hin und Her in der Einstellung den Polen gegenüber« sprach. Es war dies ein Aspekt seiner Gegnerschaft gegenüber dem Nationalsozialismus.

Wäre Hitler der übliche Revisionspolitiker Weimarer Prägung gewesen, was viele Deutsche irrtümlicherweise lange von ihm annahmen, so hätten auch Schwerin und Kessel außenpolitisch gegen Hitler nichts einzuwenden gehabt. Aber Hitler war eben kein Revisionist, was sich schon früh in seiner Polenpolitik zeigte, sondern ein Imperialist. Yorck formulierte diese Einsicht nach einer Dienstreise durch das neugewonnene Sudetenland im Oktober 1938. Die offenen imperialistischen Tendenzen der Partei seien eine schwere Gefahr für den Frieden. Schulenburg charakterisierte 1944 gegenüber der Gestapo das Dritte Reich als ein System, »in dem der uneingeschränkte Machttrieb der einzige Maßstab des Handelns sei«. Die Wurzel des Übels sei »Gewalt ohne Maß, innen und außen« gewesen. Es war diese Sicht, die Yorck dazu veranlaßte, Hitler als den deutschen Dschingis Khan zu bezeichnen.[27]

Gravierender aber als Divergenzen über Details nationalsozialistischer Außen- wie Deutschtumspolitik war die zum Krieg führende Gesamtlinie der Politik Hitlers. Die Kommunisten hatten es gesagt, und auch die Freunde hatten es gewußt: Hitler bedeutete Krieg. Im Sommer 1934, schreibt Kessel, habe er auf die Frage eines Neffen nach der Zukunft geantwortet: »Wenn wir Hitler nicht bald umbringen, treibt er uns in den Krieg – und der geht so aus, daß es besser ist, vorher Selbstmord zu verüben«.[28] Speziell Brücklmeier, Kessel und Wussow waren aufgrund ihrer beruflichen Tätigkeit mit den Möglichkeiten und Grenzen deutscher Außenpolitik laufend befaßt. Sie bewunderten und fürchteten das weltumspannende britische Imperium und beurteilten seine Reaktionen gänzlich anders als Ribbentrop und mit ihm Hitler.[29] Als die nationalsozialistische Außenpolitik durch die Sudetenfrage den nächsten Krieg mit den Westmächten anzusteuern schien, beteiligten sich Brücklmeier, Kessel, Schulenburg und Schwerin an den Vorbereitungen zum Sturz der NS-Regierung, für den die Zeit »reif« zu sein schien. Es war die Kriegspolitik

Hitlers, die ihnen die Möglichkeiten zum sinnvollen aktiven Widerstand eröffnete. Sie versuchten vor allem 1938 und in geringerem Maße 1939 nach besten Kräften mitzuhelfen, den Krieg zu verhindern, der für Deutschland tödlich ausgehen mußte. Nach der Besetzung von Prag, mehr noch nach den unerwarteten anfänglichen deutschen Waffenerfolgen waren sie entsetzt über den Verlauf der deutschen Besatzungspolitik, die Unterdrückung der Tschechen, der Verbrechen in Polen, das mangelnde Eingehen auf die kooperationswilligen französischen Kräfte, um nur die krassesten Fehlentwicklungen bis Ende 1940 zu nennen. Schulenburg sprach sicher weitgehend für seine Freunde mit, wenn er als weitere Gründe seiner Ablehnung des Nationalsozialismus der Gestapo gegenüber äußerte:

»... es ist eine Außenpolitik betrieben worden, die die ganze Welt gegen Deutschland aufgebracht hat«, und »... in den besetzten Gebieten sei eine kurzsichtige Politik der Unterwerfung und der Ausbeutung durchgeführt worden, anstatt die beherrschten Völker für die Führung des Reiches zu gewinnen«.[30]

Von der Gegnerschaft zum aktiven Widerstand

Nun ist es ja ein Unterschied, ob man 1943/44 nach Stalingrad zum aktiven Widerstand stieß, oder bereits 1937/1938 in den Zeiten triumphaler Erfolge des »Dritten Reiches« den Hochverrat wählte. Viele werden in dieser Zeit wie der 73jährige Schulenburg-Vater gefühlt haben, der nach dem Einmarsch in Österreich vom Führer als »Gottesgeschenk«, als »außergewöhnliches Genie« schwärmte, der »in seiner Staatsführung Wunder an Wunder« gereiht habe.[31] Wenige Tage vorher hatte sein Sohn bereits versucht, Teile des Heeres zu einem Putsch zu bewegen. Trotzdem ist es Fritzi Schulenburg gerade, der dem interpretierenden Historiker beim Nachzeichnen seines Weges in den Widerstand am meisten Schwierigkeiten bereitet. Bei Brücklmeier, Kessel, Schwerin, Wussow und Yorck ist der Weg in den aktiven Widerstand sehr viel geradliniger und problemloser verlaufen. Sie standen von Beginn an dem Nationalsozialismus distanziert gegenüber. Sehr schnell hatte sich die Distanz und Ablehnung in bewußte Gegnerschaft verwandelt. Die außenpolitischen Erfolge Hitlers hatten für sie nie die innenpolitischen Fehlentwicklungen überdecken können, auch wenn sie als Nationalisten, die sie waren, den Anschluß Österreichs z. B. durchaus begrüßt hatten. Aufgrund ihrer beruflichen Erfahrungen und Kenntnisse wußten sie um die Bedingtheit gerade von Hitlers außenpolitischen Gewinnen und ließen sich von ihnen nicht wie zum Beispiel der Schulenburg-Vater blenden.

Sie waren auch nicht aufgrund persönlicher Schwierigkeiten und Zurücksetzungen durch die neuen Machthaber in die Ablehnung gegen das Regime getrieben worden, sie hatten durch die Machtergreifung persönlich keinen Nachteil gehabt. Schwerin war als Landwirt auf eigenem Grund und Boden sowieso unabhängig, und die anderen vier hatten auch nicht über Karrierenachteile zu klagen. Brücklmeier war trotz seines Zusammenstoßes 1935 mit der Partei nach London versetzt und dann sogar in das Ministerbüro in die Wilhelmstraße geholt worden. Selbst Yorck wurde ohne Parteimitgliedschaft 1938 noch regulär befördert. Hätte Wussow sich im Büro Ribbentrop angepaßter verhalten können, hätte ihm vermutlich als einem der ältesten Mitarbeiter des Büros eine glänzende Karriere offengestanden. Seine Kollegen Abetz, Dörnberg, Hewel, Schmidt, Stahmer, und Steengracht zeigten dann, wie derartige Nazi-Karrieren aus dem Nichts aussehen konnten. Nein, es waren schon grundsätzliche innen- und außenpolitische Einwände, die sie 1938 in den aktiven Widerstand führten.

Motive und auch Zeitpunkt ihres Wechsels von der Opposition in den aktiven Widerstand sind dargestellt. Es bleibt die Frage, warum gerade diese sechs Männer diesen Schritt taten, jedoch viele ihrer Freunde mit ähnlich gelagerten Ansichten nicht? Ihr Verhalten sprengte die Norm, und es genügt nicht, darauf hinzuweisen, daß sie der traditionellen Elite angehörten mit einem anerzogenen besonderen Verantwortungsbewußtsein gegenüber Staat und Volk. Auch nicht, daß sie in ihren Elternhäusern aufgrund der Tätigkeit und der Interessen ihrer Väter frühzeitig mit politischen Fragen konfrontiert worden waren. Es ist zwar richtig, daß Kessel, Schulenburg und Schwerin von Jugend an politisch besonders interessiert waren, von den anderen dreien kann das nicht behauptet werden. Die genannten

Faktoren waren sicherlich wichtige Rahmenbedingungen, genauso wie die äußeren Lebensumstände, die sie alle 1937/38 in Berlin zusammenführten und damit einen leichteren Gedankenaustausch ermöglichten. Die Erklärung für den Schritt von der Opposition zum aktiven Widerstand muß – diese Rahmenbedingungen vorausgesetzt – vermutlich auch im individualpsychologischen Bereich gesucht werden.

Dabei fällt auf, daß sie im Verhältnis zu den Geschwistern als scheu, zurückhaltend, introvertiert und gehemmt beschrieben werden. Dies gab sich zum Teil erst während der Universitätsjahre beziehungsweise in ihren Ehen. Sie wurden zu offenen, auch sozial offenen Menschen. Es ist bezeichnend, daß sie alle bis auf Brücklmeier bürgerlich heirateten, ebenso wie die Freunde Haeften, Moltke und Trott, obwohl dies in den jeweiligen Geschwisterkreisen durchaus noch unüblich war. Ihre Offenheit ließ sie über das Übliche hinaus hinhören und hinsehen. Da die Presse gleichgeschaltet war und als Informationsquelle bald nicht mehr genügte, begannen sie, systematisch selbst Nachrichten zu sammeln. Bereits 1934 stellte so Schulenburg für ein »Schwarzbuch« die schlimmsten Fehlleistungen der Partei in Ostpreußen zusammen. Von Schwerin, der auf dem Land immer ein bißchen abseits saß, sind stundenlange Telefonate in diesem Zusammenhang bezeugt,[32] bei den anderen sorgten ihre dienstlichen Positionen beim Reichskommissar für Preisbildung, im Berliner Polizeipräsidium, im Auswärtigen Amt und im Büro Ribbentrop für eine überdurchschnittliche Informationsbasis. Dies alles, Beruf, Wohnort, die genannten Rahmenbedingungen und ihre psychische Konstitution ließ sie schließlich den Schritt zum Hochverrat tun.

8. Kapitel

Das Jahr der Krisen

Ab Oktober 1936 kehrten die Freunde bis auf Schwerin, der in Mecklenburg oder Westpreußen saß, alle nach Berlin zurück. Yorck hatte den Anfang gemacht. Kessel folgte im Januar 1937. Er hatte in seinem Berner Chef Weizsäcker bald einen väterlichen Freund gefunden. Nachdem dieser im Sommer 1936 nach Berlin zurückgekehrt war, hielt es Kessel nicht mehr lange in der Schweiz, zumal Sigismund v. Bibra als neuernannter Botschaftsrat und NSDAP-Landesgruppenleiter den Ton in der Gesandtschaft negativ veränderte. Kessel kehrte also nach sieben Auslandsjahren in die Wilhelmstraße in das Protokoll unter v. Bülow-Schwante zurück. Im Juli wurde Schulenburg nach Berlin versetzt. Im Januar und Mai 1938 folgten dann Wussow und Brücklmeier.

Diese räumliche Nähe führte dazu, daß die alten Freundschaften wiederaufgenommen und intensiviert wurden. So sah Schulenburg noch am Abend seines ersten Berliner Arbeitstages seinen väterlichen Freund Nikolaus Uexkuell, eine Woche später war er bei Peter und Marion Yorck zusammen mit Uexkuell, Kessel und einem Vorgesetzten von Yorck eingeladen. Wenige Tage danach traf er Schwerin und Anfang September besuchte er Hofackers.[1] Kessel, der Junggeselle geblieben war, tat viel für die Pflege der freundschaftlichen Beziehungen. »Wie eine Spinne im Netz«, meinte später Harald Poelchau, zog er überall seine Fäden hin.[2] Er, der mit Schwerin, Yorck, Wussow, Brücklmeier und Trott zum Teil länger und intensiver befreundet war, als diese Männer untereinander,[3] brachte seine Freunde zusammen und versuchte, neue Kontakte zu knüpfen. Auch Schwerin und Schulenburg sahen sich jetzt häufiger.[4] Die beiden hatten zwar auch in der ostpreußischen Zeit Schulenburgs den Kontakt nicht abreißen lassen; so vermittelten sie sich gegenseitig ihre Freunde Kohnert und den Hauptschriftleiter der »Preußischen Zeitung« in Königsberg Weber-Krohse,[5] und Schwerin besuchte Schulenburg einmal in Fischhausen. Aber Ostpreußen war nicht nur geographisch, sondern auch in allen anderen Beziehungen abgelegen. Schwerin hatte geschäftlich dort nichts zu tun, während für ihn in Berlin auch neben der Politik ständig etwas anlag.

Die beiden Freunde unterhielten auch Beziehungen zur militärischen Abwehr und dem Militär im allgemeinen, da es dem Freundeskreis langsam deutlich geworden war, daß eine Veränderung des Regimes nur über das Militär zu erreichen war.[6] Für Schwerin war die wichtigste Kontaktperson in der Abwehr Hans Oster. Oster war ein alter Freund der Familie aus seiner Zeit beim Wehrkreiskommando IV in Dresden (1918–1924).[7] Er hatte Schwerin damals Reitunterricht gegeben. Die beiden Männer konnten auf fundierte und vertraute Beziehungen zurückgreifen, als sie nach Osters Umzug von Münster nach Berlin den Kontakt wiederaufnahmen. Schwerin trat im August 1936 seine erste Wehrübung unter dem Motto an, er müßte Offizier werden, damit ihn Oster bei dem mit Sicherheit kommenden Krieg dorthin stecken könne, wo er ihn brauche.

Schulenburg lernte Oster 1937 kennen. Ein ehemaliger Referendarkollege, Julius v. Lantz, stellte die beiden quasi im Vorbeigehen einander vor.[8] Da Schulenburg aber für die Öffentlichkeit ein engagierter Nationalsozialist war, ist anzunehmen, daß das gegenseitige Erkennen als Regimegegner erst durch Schwerin ermöglicht wurde. Oster dürfte für beide Männer auch die Türen zu General v. Witzleben geöffnet haben, der damals als Befehlshaber des Wehrkreises III das Schlüsselkommando für Berlin innehatte. Oster und Witzleben waren seit ihrer gemeinsamen Zeit unter Seutter, einem Schwager Schwerins, in Dresden freundschaftlich verbunden.[9]

Schwerin wiederum führte Kessel 1936/37 bei Oster und 1938 bei Witzleben ein. Der Anlaß für die erste Begegnung Kessels und Osters waren in Berlin umlaufende Gerüchte über einen eventuellen Militärputsch gewesen. Schwerin hatte zu diesem Treffen auch Albrecht Haushofer zu Oster mitgenommen.[10] Kessel stellte im Gegenzug den Kontakt zwischen Weizsäcker und Schwerin her, über den an anderer Stelle zu berichten sein wird (vgl. S. 189). Schulenburg und Yorck steuerten diesem sich ausweitenden Geflecht von Beziehungen zwischen Gegnern des Nationalsozialismus ihre Bekanntschaft mit Beck bei.

Der Generalstabschef des Heeres, Beck, hatte unter Schulenburgs Vater in der Heeresgruppe Kronprinz gedient und war seitdem mit seinem ehemaligen Vorgesetzten befreundet geblieben. Dieser setzte daher testamentarisch Beck und seinen Sohn Fritz-Dietlof zu Verwaltern seines schriftlichen Nachlasses ein. All das Hin und Her, Fädenziehen, Kontaktknüpfen stand jetzt schon im Zeichen des Widerstandes. Sie wußten noch nicht, wann und wie sie all diese vielfältigen Beziehungen einsetzen würden, aber sie bereiteten sich vor. Sie waren dabei im Staatsgefüge so plaziert, daß ihnen nichts Wesentliches entgehen konnte: in der Abwehr, im Berliner Polizeipräsidium, im Auswärtigen Amt und in der Dienststelle Ribbentrop.

Die Fritschkrise

Der Wendepunkt war der 5. November 1937. An diesem Tag erklärte Hitler seinem Außenminister, dem Kriegsminister und den drei Oberbefehlshabern der Teilstreitkräfte die Notwendigkeit eines Krieges zur »Eroberung neuen Lebensraums«. Entsprechend dem berühmt gewordenen Gedächtnisprotokoll von Oberst Hoßbach, dem Wehrmachtsadjutanten Hitlers, sollten zuerst die Tschechoslowakei, der »Flugzeugträger Frankreichs«, und Österreich zur Sicherung der Flanke niedergeworfen werden.[11] Die Bedenken, die einige der höchst beunruhigten Generale in den folgenden Tagen vortrugen, versetzten Hitler in Wut, und die Skandale, in die wenig später die Generäle Blomberg und Fritsch verwickelt wurden, boten dem Diktator dann die willkommene Gelegenheit, sich ihrer zu entledigen. Bei Blomberg mußte eine Mesalliance herhalten, um ihm den Abschied nahezulegen – die Akte ging übrigens über Schulenburgs Schreibtisch.[12] Nachdem Fritzi Schulenburgs Vater das Angebot, Blombergs Nachfolger zu werden, abgelehnt hatte,[13] empfahl der scheidende Kriegsminister seinem Führer, das Ministerium selbst zu übernehmen. Damit war dieser Fall abgeschlossen. Anders lag die Sache mit Fritsch.

Am 24. Januar trug Göring Hitler nicht nur das Mißgeschick Blombergs vor, sondern zog auch ein Dossier über Fritsch hervor, in dem der Oberbefehlshaber des Heeres wider besseres Wissen der Homosexualität beschuldigt wurde. Göring selbst hoffte auf den Posten des Kriegsministers. Himmler, dessen Gestapo das Fritsch-Dossier ausgebrütet hatte, suchte einen Widersacher gegen die Ausbreitung seines Imperiums loszuwerden, und Hitler sah eine Gelegenheit, um einen der kritischen Heeresgenerale vom 5. November 1937 auszuschalten. So verbanden sich mächtige Interessen in der Fritschkrise gegen den General.

Diese Krise gab Anlaß zu ersten koordinierten Aktivitäten von Oppositionellen, deren Zahl wuchs und deren Beziehungen komplexer und enger zu werden begannen. Die aktivsten waren in jenen Tagen ohne Zweifel Oster und Gisevius. Die Abwehr konstituierte sich als Zentrum der aktiven Regimegegner. Bereits am 29. Januar 1938 fuhr Oster nach Hannover, Gisevius nach Münster und Goerdeler nach Dresden, um mit den kommandierenden Generalen der jeweiligen Wehrkreiskommandos, mit Ulex, v. Kluge und List, zu sprechen. Die zwölf kommandierenden Generale des Reiches sollten zu einer gemeinsamen Aktion zugunsten von Fritsch aufgefordert werden. Goerdeler drängte List in Dresden, wenn er schon nicht zum Staatsstreich bereit sei, doch zumindest die Gestapo in der Prinz-Albrecht-Straße 8 »auszuräuchern«. Aber die Generale in der Provinz, die bis zu diesem Zeitpunkt völlig uninformiert gewesen waren, konnten sich ebensowenig zu einer Aktion aufraffen, die auch nur andeutungsweise nach Ungehorsam ausgesehen hätte, wie der Hauptbetroffene Fritsch selbst oder sein Stabschef Beck.[14]

So warteten sie alle ergeben auf den nächsten Schritt Hitlers, der am 4. Februar seinen personalpolitischen Rundschlag bekanntgab. Ihre Posten verloren neben Blomberg, Fritsch, Neurath, die Botschafter Papen in Wien, Hassell in Rom, Dirksen in Tokio sowie 12 weitere Generäle in den Wochen danach. In den Sattel gehoben wurde v. Brauchitsch als Oberbefehlshaber des Heeres, der eitle und anmaßende Ribbentrop als Außenminister, und Funk als Wirtschaftsminister, der als homosexuell galt. Vor allem die Ernennung Funks war ein direkter Affront gegen das Heer, das gerade wegen angeblicher

Homosexualität seinen sehr anerkannten Oberbefehlshaber verloren hatte.

Die Öffentlichkeit erfuhr von den Hintergründen der Fritsch-Affäre kaum etwas. Sie lief als »Geheime Reichssache«. Auch die Freundesgruppe war im wesentlichen ahnungslos. Yorck könnte etwas von seinem jüngeren Bruder Heinrich erfahren haben, der zusammen mit seinem Freund Achim Oster Vater Oster in der Abwehr berichtete, die jungen Offiziere der Garnison Stettin stünden fest zu Fritsch. Hans Osters Reaktion: »Schert euch nach Hause, ihr Lümmel. Revolution wird von oben gemacht«.[15] Kessel, der noch Ende 1937 oder Anfang 1938 den Generalstabsoffizier Maximilian Fretter-Pico mit Blick auf Beck und Fritsch vor Machenschaften der SS gegen Fritsch gewarnt hatte,[16] war seit etwa 1. Oktober 1937 wegen seines Asthmas beurlaubt und las von den Ereignissen nur in der Zeitung; Wesen und Bedeutung der Krise meinte er, habe er erst später erkannt.[17] Schwerin lebte seit Sommer 1937 wieder einmal in Sartowitz fern der Ereignisse. Später verwies Schwerin vor allem auf die Vorgänge um Fritsch, wenn er die ihm bekannten Offiziere im Sinne der Opposition zu »bearbeiten« versuchte.

Der einzige in der Freundesgruppe, der dicht genug an den Ereignissen plaziert war, um informiert zu sein, war Schulenburg. Helldorf muß Schulenburg über die Vorgänge unterrichtet haben, als dieser am Morgen des 28. Februar von seinen Skiferien in den Bergen[18] nach Berlin zurückkehrte. Es ist bekannt, daß Helldorf sich an diesem Tag gegenüber General Joachim v. Stülpnagel, ohne ein Blatt vor den Mund zu nehmen, höchst entrüstet über die Intrige und das Vorgehen gegen Fritsch äußerte.[19] Wenige Tage vorher war Fritsch zum drittenmal von der Gestapo, die ja den ganzen Fall gegen ihn inszeniert hatte, in einer unbewohnten Wannseevilla verhört worden und zwar nicht nur über die Anschuldigung der Homosexualität, sondern auch über seine politische Einstellung. Darüber gab Fritsch den Satz zu Protokoll: »Eine solche Behandlung ist nicht nur unwürdig für mich, sie ist zugleich entehrend für die ganze Armee«.[20]

Zwei Tage nach Schulenburgs Rückkehr fand Fritschs Verteidiger Rüdiger Graf v. d. Goltz heraus, daß die Fritsch zur Last gelegten homosexuellen Handlungen von einem Rittmeister von Frisch begangen worden waren. Die Verteidigung hatte den von der Gestapo unterdrückten »Doppelgänger« am Abend des 2. März gefunden. Am nächsten Tag spielte Helldorf die Polizeiakte ›Frisch‹ Oster zu.[21] Dies alles veranlaßte Schulenburg zu zwei später bekanntgewordenen Schritten: 1. Am Sonntag, den 6. März, tauchte Schulenburg bei dem ihm seit früher Jugend bekannten Fritsch-Verteidiger Goltz auf, um ihn vor der Bespitzelung durch die Gestapo zu warnen und zu fragen, ob die Hausangestellten zuverlässig seien. Ferner veranlaßte er, daß Goltz' Telefon auf ein Abhörmikrophon überprüft wurde. Das Ergebnis war negativ.[22]

2. Wahrscheinlich noch in den Tagen vor Eröffnung des Kriegsgerichtsverfahrens gegen Fritsch am 10. März suchte Schulenburg den General v. Witzleben auf, um mit ihm die Möglichkeit eines bewaffneten Eingreifens des Heeres zu besprechen. Witzleben war in den letzten Januartagen, als Oster, Gisevius und Goerdeler in den anderen Wehrkreiskommandos sondierten, krank gewesen. Jetzt war er durchaus »zugänglich«. Er berichtete Schulenburg, daß der Kommandeur des ihm unterstellten Infanterieregimentes 50 in Landsberg/Warthe, Oberst v. Hase, bereit sei, in einem derartigen Fall an der Spitze seiner Truppe nach Berlin zu marschieren. Witzleben hatte also bereits von sich aus in dieser Richtung Gespräche geführt.[23]

Von Witzleben ist bekannt, daß er schon nach den Juni-Morden des Jahres 1934, zu deren Opfer ja auch die Heeresgenerale v. Schleicher und v. Bredow gehört hatten, auf eine kriegsgerichtliche Untersuchung der Morde beim Kriegsminister v. Blomberg gedrängt hatte. Freilich vergeblich![24] Und im September 1937 hatte er sondiert, wie wohl die Haltung der Generäle v. Rundstedt und Fromm wäre, wenn sie zu einem Vorgehen gegen Hitlers Kriegskurs aufgefordert würden. Er und seine Freunde seien der Meinung, daß Hitler auf den Krieg zusteuere und daß dem Einhalt geboten werden müsse. Die Antwort von Fromm soll schon damals negativ gewesen sein.[25] Einer dieser Freunde Witzlebens im September 1937 war sicherlich Oster, der seinerseits die Verbindung zu Schulenburg und Schwerin hergestellt hatte.

Witzleben, der im deutschen Widerstand eine so positive Rolle spielte – gehörte er doch zu den wenigen höheren Militärs, die bereit waren, die Dinge beim Namen zu nennen und die daraus zu ziehenden Schlußfolgerungen in Handlungen umzusetzen –, und der für Schwerin persönlich so wichtig werden sollte, wurde von Gisevius charakterisiert: »Witzleben war ein Mann von erfrischender Unkompliziertheit. Politische Finessen, wie sie der Bürogeneral Halder erwog, lagen ihm nicht. Er war ein typischer Frontoffizier, der das Herz auf dem rechten Fleck hatte. Vielleicht nicht sonderlich belesen, dafür fest in den ritterlichen Traditionen des alten preußischen Offizierskorps verwurzelt, dem Landleben verbunden, ein passionierter Jäger.«[26] Zu dieser Beschreibung paßt Witzlebens Ausspruch: »Ich verstehe nichts von Politik, aber das brauche ich ja nicht, um zu wissen, was da zu machen ist«.[27] Seine Geradheit schützte Witzleben vor den ständigen Volten, welche die meisten seiner Kollegen so unzuverlässig sein ließen, und machte ihn zu einem Eckpfeiler des militärischen Widerstandes.

Wozu Schulenburg Witzleben im einzelnen bewegen wollte, ist nicht bekannt. War es bereits der Staatsstreich, der das ganze Regime stürzen sollte, oder nur ein Stoß gegen das Imperium Himmlers? In den Gestapo-Vernehmungen 1944 äußerte sich Oster über die Ziele des Widerstandes zur Zeit der Fritsch-Krise: »Unsere Absichten gingen zunächst dahin, den Reichsführer-SS und die Geheime Staatspolizei auszuschalten, weil wir ihren Einfluß für verderblich hielten«. Wie realistisch aber war es, Himmler beseitigen zu wollen und dabei Hitler zu schonen? Nein, die Regimegegner um Oster und somit auch Schulenburg mußten gewußt haben, daß ein Sturm auf die Prinz-Albrecht-Straße auch die Fundamente der Reichskanzlei hinwegfegen würde. Der Gestapo-Bericht fährt fort: »Dazu (zu Osters Sicht der Fritsch-Krise, Verf.). kam eine von vornherein defaitistische Einstellung zum Krieg. Man habe gewußt, daß die Entwicklung auf einen neuen Weltkrieg hinausläuft. Noch bevor er ausbrach, sei man der Meinung gewesen, daß wir ihn nicht durchstehen würden, da Deutschland sich einer Übermacht von Feinden gegenübersehen würde«.[28] Das war der Grund, um den es wirklich ging, so sehr dann die perfide Intrige um Fritsch zum Anlaß wurde.

Diejenigen, die ihre Augen gebrauchten und ihre Ohren offenhielten, wußten schon seit langem, daß Hitler Krieg bedeutete. Die Zeichen standen bereits auf Sturm. Mochte man noch die Wiedereinführung der allgemeinen Wehrpflicht am 16. März 1935 als einen Akt der Gleichstellung in der Völkergemeinschaft begrüßt haben, so war etwa die Vervierfachung der Rüstungsausgaben, die 1937/38 bereits 41 Prozent des Reichshaushaltes ausmachten, ausgesprochen besorgniserregend.[29] In diesem Zusammenhang müssen auch die Wehrübungen von Schwerin, Schulenburg und Yorck ab 1936 gesehen werden. 1938 wurden alle drei zum Leutnant der Reserve befördert.[30]

Die Angst vor einem neuen Weltkrieg, der für Deutschland eine Katastrophe bedeuten würde, trieb sie in den Hochverrat. Insofern ist der 5. November 1937, Hitlers Ankündigung seiner Kriegspläne – auch wenn sie dieses Datum nicht bewußt so erlebten –, ein Stichtag für die Teilnahme am deutschen Widerstand, nicht der 4. Februar 1938, also die Entlassung von Fritsch und anderen führenden Amtsträgern des »Dritten Reiches«.[31]

Der »Anschluß«

Die Bedingungen für die Opposition, die noch während der Fritsch-Krise günstig waren, verschlechterten sich nach dem erstaunlichen Erfolg der Nationalsozialisten durch die »Heimführung« Österreichs ins Reich. Bisher hatten die Kriegsalliierten den demokratisch legitimierten deutschen Regierungen die Verwirklichung des großdeutschen Traumes von 1848 erfolgreich verwehrt. Nun gelang Hitler der »Anschluß« – Gewalt hatte wieder triumphiert, und die Zustimmung der breiten Mehrheit in Deutschland und Österreich war ihm gewiß.

Auch die Freunde konnten sich der Wirkung dieses Ereignisses nicht entziehen. So schrieb Yorck an Luckner: »Die jüngsten Ereignisse mit Österreich haben mich sehr erfreut. Sie zeigen nicht nur, daß unsere Isolierung nicht mehr so total ist, da ja mit Italien zweifellos Vereinbarungen getroffen wurden, sondern es ist doch sehr erfreulich, daß dieser Krampfzustand beseitigt worden ist und der Schlußstrich unter das Unternehmen gezogen worden ist, so daß man dem erstrebten Ziel nunmehr auf neuen Wegen nachstreben kann«.[32]

Kessel bekennt sich noch 1944/45 zu seiner im Sinne von 1848 »großdeutschen Gesinnung«. Für ihn sei jedoch der 13. März 1938 »das Gegenteil alles Wünschenswerten, ein Attentat auf politischen Takt und historischen Realismus« gewesen. »Die Degradierung Österreichs zur Ostmark haben auch wir Norddeutschen als Schandfleck in unserer Geschichte empfunden«.[33]

Nostitz, der Schwerinsche Schul- und Studienfreund aus Dresden, war als Mitglied der Deutschen Gesandtschaft in Wien seit Spätherbst 1934 aus nächster Nähe Augenzeuge des österreichischen Dramas geworden. Er beschrieb das deutsch-österreichische Verhältnis »nicht nur als eine Staats-, sondern auch als eine Herzensangelegenheit« der beiden Völker. Als er 1934 nach Wien kam, waren für ihn »Österreicher, Preußen und Bayern Zweige desselben Baumes. Ihr Verlangen, unter gleichem Dach zu wohnen, erschien mir als ein natürliches Anliegen, die aus ihm entstandene Bewegung unwiderstehlich und der von den Siegern des Weltkrieges erfundene und in den Friedensverträgen verankerte Grundsatz der Selbstbestimmung der Völker... zu gesund und durchschlagend, um nicht eines Tages auch den Besiegten zugute zu kommen«.[34] Trotz dieser damals wohl von allen politisch interessierten Deutschen geteilten Grundhaltung zur deutsch-österreichischen Frage gab es zwischen Nazis und Nicht-Nazis geteilte Meinungen über den Weg zum Ziel. Für den Freundeskreis schied Gewalt aus, und die nationalsozialistische Politik, die bereits zur Ermordung des österreichischen Bundeskanzlers Dollfuß geführt hatte, war ihnen unerträglich. Ein deutsch-österreichischer Zusammenschluß unter nationalsozialistischen Vorzeichen war schon wegen der daraus erwachsenden Stärkung Hitlers nicht wünschenswert. Dies erkannt und in Handlung umgesetzt zu haben, ist das Verdienst vor allem von Wilhelm Freiherr v. Ketteler und seinem Freund Nikolaus v. Halem, die dem nazifeindlichen und dem politischen Katholizismus entstammenden Freundeskreis um Carl v. Jordan zugehörten. Halem, der von Hitler stets nur als von dem »Postboten des Chaos« und der »Unperson« zu sprechen pflegte, war ein Schulfreund von Kessel, Schwerin, Wussow und Yorck aus Roßleben. Ketteler, der mit dem »Sonderbotschafter« Papen nach Wien gekommen war, versuchte der Hitlerschen Österreichpolitik mit

Hilfe Papens entgegenzusteuern. Dies scheiterte endgültig mit der Abberufung Papens und dem Besuch des österreichischen Kanzlers Schuschnigg auf dem Obersalzberg im Februar 1938. Ketteler traf in dieser Situation Vorbereitungen für ein Attentat auf Hitler. Es bleibt unklar, wie weit diese gediehen waren, als er durch den SS-Standartenführer Horst Böhme im Auftrag Heydrichs ermordet wurde. Ketteler, der keinen seiner Freunde verraten hatte, wurde am 25. April 1938 tot aus der Donau geborgen.[35]

Kettelers Schicksal mag Nikolaus Halem mit zu der Ansicht geführt haben, daß er und seine Freunde zur Beseitigung Hitlers nicht skrupellos und versiert genug seien. Man müsse dazu einen Profi finden. Diese Meinung Halems führte offenbar zu einem Auseinanderdriften von Halem auf der einen und seinen Roßleber Schulfreunden einschließlich Schulenburg auf der anderen Seite. Zumal Halem von der Notwendigkeit der Ermordung Hitlers zu einem Zeitpunkt überzeugt war, zu dem das für die Gruppe seiner alten Schulfreunde noch gar nicht offensichtlich war. Wussow datiert den Beginn dieses Auseinanderdriftens auf etwa Sommer 1938, was ihn mit der Ermordung Kettelers in Zusammenhang bringt.[36] Es sollte noch mehr als ein Jahr dauern, bis Halem in Dr. Joseph (Beppo) Römer den Profi gefunden zu haben glaubte, der eine »fachmännische« Beseitigung Hitlers zu versprechen schien.

Die Sudetenkrise

Hitler war aus der innenpolitischen Krise um Fritsch und aus der außenpolitischen um Österreich unbeschadet, ja mit enormem Macht- und Prestigezuwachs hervorgegangen. Schon fünf Wochen nach dem »Anschluß« konfrontierte Hitler seinen neuernannten Chef des Oberkommandos der Wehrmacht (OKW), Keitel, mit Überlegungen zum Fall »Grün«, das heißt zum Angriff auf die Tschechoslowakei. Hitler gab, zusätzlich »gedemütigt« durch eine tschechische Mobilmachung am 20. / 21. Mai und die folgende internationale Pressereaktion, am 30. Mai 1938 den drei Oberbefehlshabern seinen »unabänderlichen Entschluß« bekannt, »die Tschechoslowakei in absehbarer Zeit durch eine militärische Aktion zu zerschlagen«. Nachdem schon die Umstände der Ablösung Fritschs beunruhigend auf die Generalität gewirkt hatten, schieden sich hier nun endgültig die Geister. Die erstaunliche Servilität Keitels, der nicht ohne Grund den Beinamen »Lakeitel« erhielt, repräsentierte die eine Seite, Becks Verantwortungsbewußtsein und Unabhängigkeit des Denkens die andere.

Der Generalstabschef Ludwig Beck hatte zunächst versucht, den drohenden Krieg mit dem traditionellen Mittel der Denkschrift zu bannen. Hatte er sich bereits in einer privaten Niederschrift vom 12. November 1937 kritisch mit Hitlers Lebensraum- und Kriegsplänen auseinandergesetzt, so wandte er sich jetzt am 5. Mai 1938 mit einer ersten Denkschrift an seinen Vorgesetzten v. Brauchitsch, den neuernannten Oberbefehlshaber des Heeres. Weitere Denkschriften Becks an dieselbe Adresse folgten. Der Nachfolger von Fritsch machte sich die Argumente seines Generalstabschefs gegenüber Hitler nicht zu eigen und war vor allem auch nicht bereit, daraus Folgerungen zu ziehen. Den Memoranden lag allerdings die eklatante Fehleinschätzung zugrunde, daß man dem pathologischen Kriegs- und Todeswunsch Hitlers mit Argumenten und Logik begegnen könnte. Auf die Vorhaltungen seines Untergebenen Halder, daß es andere Mittel zu finden gelte, erwiderte Beck bezeichnenderweise: »Aber ich habe ihm doch eine Denkschrift geschrieben!« Tatsächlich waren derartige konventionelle Versuche der Einflußnahme vollkommen irrelevant, und Hitler höhnte später noch öfter über die »Denkschriften von Herrn Beck«.[37] Nachdem Brauchitsch eine von Beck vorgeschlagene gemeinsame Demarche der Generalität gegen Hitlers Kriegspläne am 4. August sabotiert hatte, trat Beck schließlich am 21. August 1938 – auf Befehl Hitlers stillschweigend – von seinem Posten zurück.

Wie weit Beck in jenen Wochen den Rahmen der traditionellen Loyalität des aktiven Offiziers gegenüber der Staatsführung wahrte oder verließ, muß aufgrund seiner widersprüchlichen Aussagen und Handlungen kontrovers bleiben. Am 16. Juli trug er dem Oberbefehlshaber seine inzwischen klassische Forderung vor, der sich seitdem kein Soldat und auch niemand in verantwortlicher Stellung mit gutem Gewissen entziehen kann, und der doch die Mehrheit mit verheerenden Konsequenzen nicht folgte. Beck formulierte im Hinblick auf die deutsche Generalität: »Die Geschichte wird diese Führer mit einer Blutschuld belasten, wenn sie nicht nach ihrem fachlichen und staatspolitischen Wissen und Gewissen handeln. IHR SOLDATISCHER GEHORSAM HAT DORT EINE GRENZE, WO IHR WISSEN, IHR GEWISSEN UND IHRE VERANTWORTUNG DIE AUSFÜHRUNG EINES BEFEHLS VERBIETET!« Zum gleichen Zeitpunkt sah Beck eine »klärende Auseinandersetzung zwischen Wehrmacht und SS« notwendig werden. Drei Tage später führte der Generalstabschef gegenüber Brauchitsch aus, daß die Demarche der Generalität gegen Hitlers Kriegspläne auf eine generelle »Wiederherstellung geordneter Rechtsverhältnisse« durch Befreiung von der SS und der »Bonzokratie« auszuweiten sei. Beck faßte sein Programm in folgenden Parolen zusammen: »Für den Führer, gegen den Krieg, freie Meinungsäußerung, Schluß mit den Tschekamethoden, wieder Recht im Reich, Senkung aller Beiträge um die Hälfte, kein Bau von Palästen, Wohnungsbau für Volksgenossen, preußische Sauberkeit und Einfachheit«.[38] Ob die Parole »für den Führer« Becks Überzeugung entsprach oder taktischer Natur war, wird sich mit letzter Sicherheit nicht mehr feststellen lassen. Es scheint durchaus plausibel, daß Beck hoffte, dadurch bei seinem Gesprächspartner eher etwas zu erreichen. Beck wird gewußt haben, daß sich Hitler seinen neuen Oberbefehlshaber des Heeres dadurch verpflichtet hatte, daß er ihm eine langersehnte Scheidung und zweite Ehe finanziell ermöglichte, wobei die zweite Ehefrau den zusätzlichen Vorteil besaß, eine, wie Hassell wußte, 200prozentige »Nazisse« zu sein.[39] Becks markige Parolen vom 19. Juli mögen auf die wiederholte »Bearbeitung« durch Oster zurückzuführen sein, der in diesen Wochen öfters das Dienstzimmer Becks durch seine Anwesenheit für Stunden blockierte. Ob Oster selbst immer noch oder überhaupt je ernsthaft geglaubt hatte, allein gegen die SS unter Wahrung der Position Hitlers vorgehen zu können, wie er es zur Zeit der Fritsch-Krise propagiert haben will und wie es jetzt Beck tat, muß ebenfalls offenbleiben. Es spricht jedoch vieles dafür, daß zumindest im Juli 1938 eine Losung »für den Führer, gegen die SS«, vertreten durch Männer wie Beck und Oster, als taktische Wendung verstanden werden muß, da die beiden Offiziere ja nicht nur mit einem Brauchitsch, sondern – vor allem nach dem »Anschluß« – mit der anhaltenden Verblendung weitester Teile des Offizierskorps wie des Volkes rechnen mußten.

Hitlers Festhalten am Krieg gegen die Tschechoslowakei ungeachtet dessen, daß dann Frankreich und England Deutschland den Krieg erklären würden – dies war das Ergebnis einer Sondierungsreise Wussows im Auftrag Ribbentrops – spitzte die Situation zu. Am 29. Juli 1938 sah sich Beck deshalb veranlaßt, Brauchitsch vorzutragen: »Der Führer verbleibt auf dem Standpunkt, daß ein Krieg gegen die Tschechei geführt werden müsse, auch wenn Frankreich und England eingreifen, was er an sich nicht glaubt... Bestärkt wird er in seiner Auffassung anscheinend lediglich durch Ribbentrop.«[40] Deshalb empfahl Beck seinem Vorgesetzten Brauchitsch, »das Heer nicht nur auf einen möglichen Krieg, sondern auch auf eine innere Auseinandersetzung, die sich nur in Berlin abzuspielen braucht«, vorzubereiten. Dazu solle Brauchitsch den »entsprechenden Auftrag erteilen« und »Witzleben mit Helldorf zusammenbringen«.[41] Beck schien hier Brauchitsch die Befehle zum Staatsstreich entlocken zu wollen. Diese Versuche, mit Hilfe Brauchitschs die Dinge zu steuern, scheiterten an der Person seines Vorgesetzten, an dessen persönlicher Abhängigkeit von Hitler. Beck resignierte. Er trat zurück. Dies hat Beck den Vorwurf eingebracht, zu jenem Zeitpunkt den Staatsstreich letztlich nicht gewollt zu haben. Zumindest wird man sagen müssen, daß er *noch* nicht die innere Kraft hatte, den lebenslang eingeübten Gehorsam plötzlich aufzukündigen und auf eigene Verantwortung zu handeln. Vieles deutet aber darauf hin – seine Anweisungen an und Kontakte zu Halder, Stülpnagel und Witzleben –, daß er die langsam anlaufenden Staatsstreichvorbereitungen noch als Chef des Generalstabs mitgefördert hat.

Bei einer so relativ vieldeutigen Quellenlage wie hier tut der Historiker gut daran, in seinem Urteil behutsam vorzugehen und nicht in der Rückschau besserwisserisch Menschen auf Positionen festzunageln und ihnen ideologische Kurzsichtigkeiten zu unterstellen, die im Falle Beck auch gar nicht belegbar sind.[42]

Während Beck auf höchster militärischer Ebene versuchte, den Kriegszielen Hitlers entgegenzutreten, und damit scheiterte, gab es noch eine andere Aktionsebene, auf der die Männer, die Hitlers Pläne ablehnten, wirkten: Es ging darum, die Voraussetzungen für einen eventuellen Staatsstreich zu erkunden.

Man wird davon ausgehen dürfen, daß es zwischen Witzleben und Helldorf, die Beck schon Brauchitsch gegenüber genannt hatte, vielfältige dienstliche Berührungspunkte gab, da beide in ihrer Position bei Heer und Polizei für Berlin verantwortlich waren. In Hinblick auf den Widerstand hatte es zumindest einen indirekten Kontakt über Schulenburg bereits Anfang März im Zeichen der Fritsch-Krise gegeben. Es ist nicht überliefert, ob und wie Schulenburg den Kontakt zu Witzleben in den folgenden Monaten hielt. Durch eine Wehrübung in Ostpreußen fiel er in den spannungsreichen Wochen vom 20. Juli bis 2. September 1938 aus. Schulenburg war davor aber offenbar nicht untätig gewesen, denn er schrieb aus der Königsberger Kaserne an seine Frau: »Ich freue mich, wieder in dieser einfachen und klaren Umgebung zu sein. Das aufgeregte und von Nachrichten erfüllte Berlin liegt weit ab. Ich habe ja im übrigen in den letzten Wochen genug in allgemein politischen Dingen getan«.[43] Es bleibt müßig, darüber zu spekulieren, was genau Schulenburg im Juni/Juli getan hat. Entgegen seinen Plänen kehrte er jedenfalls sofort nach der Wehrübung in die Hauptstadt zurück.

Schwerin muß im Juli 1938 Kessel bei Witzleben eingeführt haben. Der General hatte den Wunsch geäußert, über die außenpolitische Lage besser informiert zu werden. Kessel war dazu durch seine Arbeit im Vorzimmer Weizsäckers besonders geeignet. Der junge Diplomat besuchte den General in den folgenden Wochen drei- bis viermal. Einmal kam es zu einem Gespräch zwischen Witzleben, Schwerin und Kessel, in dem eingehend die Möglichkeiten für einen gewaltsamen Umsturz diskutiert wurden. Die drei Männer trennten sich in dem Einverständnis, daß es den Staatsstreich vorzubereiten gelte.[44]

Witzleben war wohl schon lange, bevor ihn Halder im August 1938 ansprach, im Hinblick auf einen möglichen Staatsstreich aktiv geworden. Die Kontakte mit der Freundesgruppe und mit Beck waren nur ein kleiner Ausschnitt seiner vorbereitenden Maßnahmen (vgl. S. 141). So fand Halder, als er mit Witzleben das Gespräch aufnahm, diesen »über die Möglichkeiten, die sich boten, völlig im Bilde«.[45]

Die Freundesgruppe hatte an den Staatsstreichvorbereitungen, die im wesentlichen zwischen Witzleben, Oster und Halder stattfanden, keinen bestimmenden Anteil; sie waren jedoch recht gut unterrichtet und versuchten, ihren Teil zum Gelingen beizutragen. Vor allem durch ihre dienstliche Tätigkeit verfügten sie über wichtige Informationen. So beschreibt Wussow auch ganz bescheiden seine Tätigkeit als darauf beschränkt, »möglichst genaue Informationen über das, was Hitler und Ribbentrop planten, zu erhalten und dies meinen Freunden so schnell wie möglich mitzuteilen«. Da er in der Dienststelle Ribbentrop arbeitete, also als einziger der Freunde in einer Parteidienststelle, hörte er Gerüchte und Nachrichten, die den anderen nicht zugänglich waren. Über die Einzelheiten der militärischen Vorbereitungen für den Umsturz war er nicht informiert, obwohl er wußte, daß Truppenteile um Berlin »bereit« standen, beziehungsweise Kommandeure gewonnen waren.[46]

Kessel hatte in diesen Sommerwochen des Jahres 1938 eine ganz ähnliche Rolle, wie bereits im Hinblick auf Witzleben gezeigt werden konnte. Im Auftrag von Weizsäcker suchte er öfter – zeitweise wohl auch täglich – Canaris auf, um den Chef der Abwehr mit den letzten Entwicklungen aus der Sicht des Auswärtigen Amtes beziehungsweise Weizsäckers vertraut zu machen. Bei diesen Gelegenheiten wird er auch Oster am Tirpitzufer gesehen haben, den er seit etwa 1937 durch die Vermittlung Schwerins kannte. Im Gegenzug erhielt Kessel von den Abwehroffizieren Nachrichten über den innenpolitischen Bereich, die für Weizsäcker bestimmt waren.[47] Neben Wussow und Kessel gehörte zu diesem Informationsnetz auch Brücklmeier, der seit Mai 1938 im Ministerbüro arbeitete und Ribbentrops besonderes Vertrauen besaß.

Die dritte Ebene schließlich, auf der Hitlers Imperialismus entgegenzuwirken versucht wurde, war das Bemühen, die Großmacht England zu einer entschlossenen Haltung gegenüber Deutschland zu veranlassen. Es war ja von besonderer Ironie, daß Ribbentrop sich mit

Erich Kordt und Brücklmeier Männer in seine nächste Umgebung geholt hatte, die nicht nur seiner Person kritisch gegenüberstanden, sondern vor allem auch die von ihm vertretene Politik nicht gutheißen, ja sich mit allen ihnen zur Verfügung stehenden Mitteln dagegen stemmten. Das Vertrauen gegenüber diesen beiden Männern hatte wohl etwas mit Ribbentrops Mißtrauen gegenüber den ihm noch neuen, unbekannten Vertretern des »Amtes« zu tun wie auch mit seinem schon erwähnten gesellschaftlichen Dünkel.

Neben den von Hitler und Ribbentrop initiierten Kontakten mit England, deren Ergebnisse auch dem sich formierenden Widerstand zur Kenntnis gelangten – durch die erwähnte Reise von Wussow, aber auch von Albrecht Haushofer und durch die von Hitlers persönlichen Adjutanten Hauptmann Fritz Wiedemann – gab es die verschiedensten inoffiziellen und heimlichen Versuche der Einflußnahme auf die englische Politik durch Deutsche, die sich Hitlers Expansionspolitik widersetzten und sie für selbstmörderisch hielten. In der Literatur sind die vielfältigen Gesprächskontakte teils in Berlin, teils in London mit britischen Regierungsbeamten, die seit April 1938 mit steigender Intensität und Häufigkeit geknüpft wurden, ausführlich dargestellt. Sie reichen von Goerdeler über v. Kleist-Schmenzin und v. Koerber bis zu Boehm-Tettelbach. Auf der britischen Seite waren die Gesprächspartner häufig Diplomaten in Berlin, aber auch Beamte und Politiker direkt in London wie etwa der Vorsitzende des British Council, Lord Lloyd, der konservative Abgeordnete Churchill, der Chief Industrial Advisor und Appeasement-gläubige Sir Horace Wilson, der Chief Diplomatic Advisor und Appeasement-Gegner Sir Robert Vansittart sowie schließlich Außenminister Halifax. Eine Vermittlerrolle spielten häufig der deutsch-freundliche Philipp Conwell-Evans und der Journalist Ian Colvin. Auf deutscher Seite war zusätzlich vor allem eine Gruppe von Diplomaten aktiv, die in Weizsäcker ihren »geistigen Führer« sah, wie Kessel es ausdrückte. Kessel schreibt über diese Angehörigen des Auswärtigen Amtes: »Im Amt fand sich die Gruppe meiner Altersgenossen zusammen, um die Friedenspolitik mit allen zur Verfügung stehenden Mitteln zu unterstützen und Ribbentrops Pläne zu sabotieren. Wenn unser Einfluß auch nicht groß war, so darf man die Macht, die eine solche geschlossene Front auf ein

Ministerium auszuüben vermag, nicht unterschätzen. Schon als junger Mensch hatte ich im Scherz die Theorie vertreten, die Attachés, sofern sie zusammenhielten, vermöchten die Außenpolitik zu bestimmen, welche die Geheimräte dann als ihre eigene ausführten. Über unsere Generation hatte Himmler sich einmal geäußert, die Weltkriegsteilnehmer seien ausgezeichnet, ebenso die Jugend, nur auf die Jahrgänge, die nach dem Kriegsende erwachsen geworden seien, sei kein Verlaß. Meine Antwort, als mir dieser Ausspruch berichtet wurde, war, das sei ganz natürlich, wir seien jung genug, um noch zu wollen und alt genug, um schon zu denken... wohl niemals in der Geschichte des Auswärtigen Amtes hat ein Staatssekretär über eine so feste Phalanx von Anhängern verfügt«.[48]

Die Absichten Weizsäckers und seiner Anhänger im Auswärtigen Amt lassen sich im Sommer 1938 in zwei Punkte gliedern: Einmal wollten sie ihre ausländischen Gesprächspartner auf die konkrete Kriegsgefahr hinweisen, deutlich machen, daß Hitler einen Krieg gegen die Tschechoslowakei plane, wobei die Sudetenfrage nur der Anlaß war. Zum anderen mußten sie befürchten, daß vor allem die Engländer gegenüber Hitler eine zu diplomatische Sprache sprächen, die der Diktator nicht verstünde. Es gelte, eine Situation wie 1914 zu verhindern, als die europäischen Staaten in einen Krieg hineingeschlittert seien, weil England und Frankreich im Vorfeld nicht klar zum Ausdruck gebracht hätten, was sie zu tun beabsichtigten. Hitler und seinem ehrgeizigen Nachbeter Ribbentrop, die alle von ihnen angeforderten Berichte über die britische Haltung mit der Bemerkung abtaten, die Engländer würden ja nur bluffen, mußte endlich klargemacht werden, daß London es mit seiner Bereitschaft zum Widerstand gegen die deutsche Expansionspolitik ernst meinte. Dies war die ständige Botschaft, welche die Brüder Kordt ihren englischen Gesprächspartnern zu vermitteln versuchten.

Die Verbindung lief von Weizsäcker über Erich Kordt im Ministerbüro Ribbentrops zu Theo Kordt an der deutschen Botschaft in London, dann weiter über Conwell-Evans zu Sir Horace Wilson, der in Downing Str. 10 sein Büro hatte. Wilson berichtete dann direkt an Chamberlain. Anfang August 1938 fuhr Erich Kordt nach London, um sich mit seinem Bruder zu beraten. Zu dem Zeitpunkt war Conwell-Evans noch ungebührlich zuversichtlich.[49] Ende August/Anfang September hatte sich die Lage dann so verschärft, daß Erich Kordt seine Cousine Simonis mit einer Botschaft nach London zu seinem Bruder schickte, der daraufhin am 6. September mit Wilson und am nächsten Tag mit Außenminister Halifax sprach.[50]

Aber auch andere Wege wurden von den Weizsäcker nahestehenden jungen Diplomaten beschritten. Brücklmeier sprach um den 20. August mit Hans v. Herwarth, der unter Graf Friedrich Werner v. d. Schulenburg an der deutschen Botschaft in Moskau arbeitete. Brücklmeier gab dem Kollegen eine Lagebeurteilung und bat v. Herwarth, die ausländischen Diplomaten in Moskau eindringlich vor der drohenden Kriegsgefahr durch Hitler zu warnen. Die Idee war, London von allen Seiten dieselben Erläuterungen und Aufforderungen zukommen zu lassen.

Brücklmeier informierte v. Herwarth auch über die Staatsstreichabsichten der Generäle Beck und v. Witzleben, falls es über die Tschechoslowakei zu einem Krieg mit der »Entente Cordiale« zu kommen drohe. Herwarth sprach sofort nach seiner Rückkehr nach Moskau mit seinen Kollegen an der englischen und an der französischen Botschaft. Der britische Kollege informierte seinen Botschafter, der am 23. August nach London schrieb: »Ribbentrop shared, or affected to share, the Führer's optimism and the certainty that Great Britain would under no circumstance move and that Germany would be able to invade Czechoslovakia with impunity... This, our informant said (= Brücklmeier/v. Herwarth, d. Verf.) was very disturbing to professional diplomats like his Ambassador who saw their country about to involve herself in a war in which the odds would in their opinion be heavily against her... The blame they felt, would lie to a certain extent with His Majesty's government who, as in 1914, had failed to make their position sufficiently clear. The only hope in their opinion would be for a representative of His Majesty's Government to inform the Führer himself quite categorically that in certain circumstances Great Britain would quite certainly go to war in defence of Czechoslovakia. This might well have the necessary deterrent effect«.[51]

Der französische Gesprächspartner Herwarths sandte ein Telegramm ähnlichen Inhalts nach Paris. Schließlich schickte Herwarth selbst am 29. August einen telegraphischen Bericht nach Berlin, in dem er von der Entschlossenheit Englands und Frankreichs sprach, der Tschechoslowakei zu Hilfe zu kommen. Dieser Bericht basierte auf angeblichen Gesprächen Herwarths mit englischen und französischen Attachés. Das ganze war reinste Fiktion![52]

9. *Kapitel*

Die »zweitbeste Lösung«

Über all diese vielfältigen Interpellationen begann schließlich der Parteitag am 6. September in Nürnberg. Von den jüngeren Diplomaten und Freunden nahmen Kessel, Kordt und Wussow teil, Brücklmeier blieb in Berlin. Er hatte fünf Tage zuvor als Begleiter Ribbentrops den Henlein-Besuch auf dem Obersalzberg erlebt. Die schwierige, ja in den Augen der Freunde verzweifelte Lage Deutschlands so kurz vor einem neuen Kriege zerrte an seinen Nerven; am 9. September schrieb er seiner Frau: »Ich bin oft sehr niedergedrückt. Es ist doch eine sehr schwierige Zeit und die Zukunft dunkel. Es fällt mir doch schwer, meinen Optimismus noch zu behalten.« Am nächsten Tag meinte er beruhigend: »Immer, wenn alles unabwendbar ist, finde ich in einer Krise meine Nerven und völlige Ruhe wieder. So fühle ich mich besser als die ganzen verflossenen Monate«.

Obwohl Brücklmeier aufgrund seiner zentralen Position alle Entwicklungen hautnah mitbekam, sind seine fast täglichen Briefe an seine Frau in diesem Punkt von größter Dürftigkeit. Man kann nur ahnen, was Brücklmeier den Yorcks und Gottfried Nostitz zu berichten hatte, von denen er während der Abwesenheit der übrigen Freunde in Nürnberg eingeladen war.[1]

In Nürnberg war eine ganze Reihe von ausländischen Ehrengästen anwesend. In seiner Enttäuschung über die ignorante Haltung der Engländer beschrieb Kessel sie in der bissigsten Weise: »Leider entpuppten sich die englischen Ehrengäste mit ihren hochtrabenden Namen, einer war der direkte Nachkomme des Indien-Eroberers Clive, als typische Vertreter einer zum Untergang verurteilten europäischen Oberschicht, d. h. sie waren nicht imstande zu verstehen, was vorging«.[2] Um zumindest einem von ihnen die Situation zu verdeutlichen, sprach Wussow mit Lord Hollenden, einem alten Bekannten.

Wussow führte aus, daß Hitler wirklich den Krieg gegen die Tschechoslowakei beabsichtige. »Wenn England den Ausbruch des Krieges verhindern wolle, dann müsse es in Deutschland denen helfen, die gegen die Pläne Hitlers arbeiteten«. Wussow schlug vor, »daß die englischen Sendestationen in viel stärkerem Maße ihre Sendungen nach Deutschland richten müßten und immer wieder und wieder betonen müßten, daß das Vorgehen Hitlers den Krieg nicht nur gegen die Tschechoslowakei, sondern auch gegen Frankreich und England bedeuten würde. Sie sollten die Straßburger und Luxemburger Sender, die viel in Deutschland und vor allem in West-Deutschland gehört würden, ausschließlich zu diesem Zweck benutzen und die Sendestärke vergrößern«. Hollenden versprach Wussow, Nürnberg noch am selben Abend zu verlassen, um Chamberlain von dieser Unterhaltung zu unterrichten.[3] Ob er es tatsächlich tat, ist nicht bekannt.

Kessel schließlich sprach mit dem zweiten Sekretär der britischen Botschaft in Berlin, Harrison, nachdem er erfahren hatte, daß der englische Botschafter Hendersohn die Kriegsgefahr für gebannt hielt. Kessel hatte gerade von Mobilmachungsmaßnahmen gehört und beschwor deshalb Harrison, wahrscheinlich am 10. September, England solle zwar Verständnis für die historisch wie ethnographisch begründeten deutschen Aspirationen behalten, aber seine vage Appeasement-Politik aufgeben. »Die Britische Regierung müsse eine scharfe Trennung zwischen dem Regime und dem Volk machen, sonst gäbe es ein Unglück«.[4]

Weizsäcker nannte diese vielfältigen Gesprächskontakte vor allem mit den Engländern »Konspiration mit dem potentiellen Gegner zum Zweck der Friedenssicherung«.[5] Tatsächlich waren sie juristisch gesehen eine Mischung aus Hoch- und Landesverrat. Wie tief die Männer, von denen hier berichtet wurde, dies empfanden, ist ihren eigenen Aufzeichnungen zu entnehmen. Sie alle, Kessel wie Wussow, Herwarth wie Theo Kordt stellten sich bewußt diesem Konflikt. Gerade ihr Verantwortungsgefühl und ihr Patriotismus verlangten ihnen diesen schweren Schritt ab. Es waren die gleichen Überlegungen, die ein Jahr später Oster dazu brachte, mit dem Holländer Oberst Sas zu sprechen. Hitlers Terrorpolitik stellte das konventionelle Wertesystem auf den Kopf, und nur wenige gab es, die sich dennoch zurechtfanden und das moralisch wie sachlich Richtige taten.

Hitler schloß den Parteitag am 12. September mit einer scharfen Rede gegen »die Unterdrückung und Verfolgung dieser dreieinhalb Millionen Deutscher« durch die Tschechei und für das »freie Recht der Selbstbestimmung«. Als die Parteitagsteilnehmer am Nachmittag des folgenden Tages nach Berlin zurückkehrten, ließ Oster Erich Kordt mitteilen, daß er bestimmt hoffe, »daß der Staatsstreich durchgeführt werde. In den nächsten achtundvierzig Stunden werde die Entscheidung fallen!«[6] Statt dessen kam noch am späten Abend des 13. September die Nachricht, daß der 74jährige Chamberlain, Premierminister des mächtigen Empire, Hitler in zwei Tagen selbst aufsuchen wolle – ein erneuter Triumph Hitlers!

Hitler und Ribbentrop waren nach dem Parteitag auf den Obersalzberg beziehungsweise nach Berchtesgaden gefahren. Man erzählte sich, daß sie von dort gleich ins Feldquartier weiterreisen wollten. Nachdem sich Chamberlain angemeldet hatte, setzten sich am 14. September auch die Beamten des Auswärtigen Amtes in Richtung Obersalzberg in Bewegung. Kessel kam mit Weizsäcker und Ribbentrop wurde diesmal von Brücklmeier begleitet; Kordt blieb in Berlin.[7]

Nachdem Hitler dem greisen Premierminister die Zusicherung für die Selbstbestimmung der Sudetendeutschen abgepreßt hatte gegen einen Gewaltverzicht seinerseits, sagte er kurz darauf zu Ribbentrop und Weizsäcker: »Eine Volksabstimmung habe er nicht ablehnen können. Lehne die Tschechoslowakei sie ab, so sei die Bahn für den deutschen Einmarsch frei, füge die Tschechei sich, so komme die Tschechei selbst erst später, zum Beispiel im nächsten Frühjahr an die Reihe«.[8]

Weizsäcker schrieb diese Sätze am gleichen Tage nieder; Chamberlain war noch in Berchtesgaden. Ziemlich genau sechs Monate später marschierte Hitler entgegen allen Versprechungen und Verträgen in Prag ein.

Die Absicht Hitlers, »so oder so« die Tschechoslowakei zu annektieren, machte offenbar sofort im inneren Zirkel die Runde: Walter Hewel, ein Intimus Ribbentrops, berichtete dies Erich Kordt bereits am 16. September, der die Nachricht von der andauernden Kriegsgefahr seinem Bruder telefonisch mit einem Code übermittelte.[9] Dies und die sich von Tag zu Tag steigernde Goebbelsche Hetzkampagne gegen die Tschechoslowakei war der Hintergrund für ein Treffen der Schwerinschen Freunde am 17. September in Göhren, um die Lage vor dem Staatsstreich zu besprechen. Äußerer Anlaß war der 31. Geburtstag von Marianne Schwerin, der nachgefeiert werden sollte.

Die Schwerins waren nach einem einjährigen Aufenthalt in Sartowitz in der ersten Augusthälfte nach Deutschland zurückgekehrt, da, wie Schwerin seinem Schwiegervater in »versteckten Ausdrücken« geschrieben hatte, »er die heutige Situation ähnlich ansähe wie 1914 und daß er es deshalb für sicherer halte, mit seiner Familie nach Deutschland überzusiedeln«.[10] Sahm, der wie die anderen Missionschefs zum Parteitag nach Nürnberg befohlen worden war, fuhr nach dessen Beendigung nach Göhren. Mit seinem Schwiegersohn besprach er dort am Tag vor dem ersten Hitler-Chamberlain-Treffen sein Testament, da Schwerin mit dem Kriegsausbruch für den 24. September rechnete.[11]

Zu der Geburtstagsfeier in Göhren waren neben Verwandschaft die Ehepaare Schulenburg, Wussow und Gogo Nostitz eingeladen. Kessel war in diesen Tagen durch seine Arbeit im Vorzimmer Weizsäckers unabkömmlich. Während der gemeinsamen Fahrt der Schulenburgs und Wussows nach Mecklenburg am 17. September sahen sie lange Reihen von Panzern und Militärfahrzeugen in Richtung Berlin rollen. Schulenburg meinte zu Mary Wussow: »Schau mal, diese Truppen werden uns in wenigen Tagen von dem Angsttraum Hitler befreien«.[12] Noch am gleichen Abend wurden die Freunde durch Erich Kordt oder Kessel telefonisch benachrichtigt, daß Chamberlain sich erneut zu einem Besuch bei Hitler angemeldet habe.[13]

Tatsächlich änderte dies aber nichts an der Lageeinschätzung der Freunde; die Zeichen signalisierten ihnen weiterhin Krieg und damit Staatsstreich. Kessel schreibt über die sieben Tage zwischen Chamberlains erstem und zweitem Deutschlandsbesuch: »Ich war in jenen Tagen, soweit es mein Dienst irgend zuließ – und Herr von Weizsäcker, von meinem Tun unterrichtet, ließ mir freie Hand –, unermüdlich unterwegs, um die führenden Oppositionellen auf dem Laufenden zu halten. Meine Freunde und ich waren voll Zuversicht, denn die Frage, ob ein Staatsstreich durchgeführt werden solle, war sozusagen erledigt, diskutiert wurde nur noch über die Frage des rechten Zeitpunkts«.[14] Am 19. September beschwor folglich Schwerin seine Schwiegermutter Sahm, aus Hamburg in die Sicherheit Oslos zurückzureisen, wo Sahm seit Mai 1936 deutscher Gesandter war. Sie fuhr schon am nächsten Tag, nachdem auch ihr Mann den Rat Schwerins aus Norwegen telefonisch unterstützt hatte.[15] Zwei Tage später, am 22. September, schickte Schulenburg Hals über Kopf seine Familie aufs Land, auf das Gut Alt-Friedland zu seinem Freund Karl v. Oppen.[16]

Schulenburg muß seit der Rückkehr von seiner ostpreußischen Wehrübung am 2. September sehr aktiv gewesen sein. Er veranlaßte eine Besprechung, an der der Kommandeur der Schutzpolizei, General v. Kamptz, sowie der Leiter der politischen Polizei, Kanstein, teilnahmen. Kanstein und Schulenburg kannten sich bereits seit ihrer Referendarzeit. Sie hatten zudem in Königsberg zusammengearbeitet. Die drei Gesprächsteilnehmer im Berliner Polizeipräsidium beschlossen im Falle eines Staatsstreiches die neutrale Haltung der Polizei. Damit war sichergestellt, daß Wehrmacht wie Polizei in Berlin den Umsturz zumindest nicht behindern würden.[17] In diese Tage fiel auch der Besuch von Walter Graf v. Brockdorff-Ahlefeldt, Kommandeur der 23. Division, zusammen mit Schulenburg bei dessen Freund August Winnig. Der ehemalige Gewerkschaftsführer, Oberpräsident von Ostpreußen (1919–1920) und Schriftsteller war für Schulenburg so etwas wie ein Mentor. Winnig lernte in Brockdorff einen Offizier kennen, der »zum äußersten entschlossen schien«.[18]

Der General hatte als Kommandeur von in Potsdam stationierten Truppen und als direkter Untergebener von Witzleben eine wichtige Schlüsselfunktion bei dem geplanten Staatsstreich. Laut Gisevius sollte Brockdorff auf Anweisung Witzlebens die militärische Seite des Putsches vorbereiten. Gisevius selbst will schließlich auch Helldorf, den Vorgesetzen Schulenburgs, geworben haben.[19] Wie weit dies zutraf, wird sich nicht mehr feststellen lassen. Der Polizeipräsident, der nach Witzleben der zweitwichtigste Funktionsträger gewesen wäre, wird von verschiedenen Personen angesprochen worden sein, auch von seinem Vize. Schulenburg hatte ja aus erster Hand im Frühjahr

Helldorfs Empörung über die schamlose Intrige gegen General von Fritsch mitbekommen. Wie sie politisch dachten, hatten sich Helldorf und Schulenburg offenbar gegenseitig angedeutet. Außerdem hatte Schulenburg, um sicherzugehen, einen Bekannten auf seinen Vorgesetzten »angesetzt«, der diesen aushorchen sollte. Daraus ergab sich wohl deutlich die inzwischen regimekritische Haltung des Polizeipräsidenten.[20] Ob Helldorf schon den aus Anlaß der Sudetenkrise geplanten Putsch aktiv unterstützt oder nur den Dingen ihren Lauf gelassen hätte, bleibt ungeklärt.[21]

Brücklmeier gehörte seit dem 14. September zur Begleitung Ribbentrops, der sich bis zur Abfahrt nach Godesberg in Berchtesgaden aufhielt. Das erste Godesberger Gespräch zwischen Chamberlain und Hitler am 22. September 1938 endete mit einem »tiefen Schock« für den englischen Premier, da Hitler neue Forderungen aufstellte, die über das, was sieben Tage zuvor auf dem Obersalzberg besprochen worden war, hinausgingen. Am folgenden Tag kam es zu einem Briefwechsel zwischen Chamberlain und Hitler, der noch einmal Hitlers ultimative Linie des Vortages, die den Einmarsch deutscher Truppen in das Sudentenland als unabänderlich hinstellte, unterstrich.[22] Brücklmeier hatte Erich Kordt in Berlin laufend über den Stand der Gespräche in Godesberg informiert, und auch die Texte der beiden Briefe durchtelefoniert, die zwischen Hitler und Chamberlain gewechselt worden waren. Als Kessel und Kordt noch am Nachmittag des 23. September Oster über die Situation in Godesberg unterrichtete und ihm die Briefe zu lesen gaben, kommentierte dieser: »Jetzt haben wir Gott sei Dank endlich den klaren Beweis, daß Hitler unter allen Umständen zum Krieg treiben will. Nun kann es kein Zurück mehr geben«. Oster bat Kordt, ihm die Pläne der Reichskanzlei zu besorgen, was diesem auch gelang. Die drei Männer verabredeten schließlich, daß sich Schulenburg bei Kordt weiter auf dem Laufenden halten würde. Laut Kordt hatte er beim Staatsstreich einen besonderen Auftrag zu übernehmen.[23] Die Vermutung liegt nahe, daß Schulenburg aufgrund seiner Dienststellung koordinierende Funktionen bei der Polizei in Absprache mit den Militärs übernehmen sollte. Drei Tage nach dem erwähnten Dreiergespräch in Osters Büro am 26. September benachrichtigte Schulenburg Kordt, daß in den nächsten 48 Stunden mit dem Staatsstreich zu rechnen sei.[24] Die Vorbereitungen dazu waren nach der Einberufung eines Stoßtrupps von 20–30 Mann abgeschlossen worden, der im Auftrag Witzlebens von dem früheren Stahlhelmführer Oberstleutnant Heinz aus Mitgliedern des ehemaligen Jugendstahlhelms und dem Stahlhelm-Studentenring Langemarck ab Mitte September aufgestellt worden war. Der Trupp sollte bei dem vorgesehenen Staatsstreich Hitler in der neuen Reichskanzlei festnehmen. Während Witzleben und Beck ausdrücklich an eine Festnahme dachten, hatte Heinz offenbar mit Zustimmung Osters die Parole ausgegeben, daß die Festnahme vollzogene Tatsachen zu schaffen habe, nämlich mit dem Tode Hitlers enden müsse. Nachdem Oster von Kordt und Kessel über den Verlauf der Godesberger Konferenz informiert worden war, hatte er am 23. und 24. September die Einladung des Stoßtrupps und seine Verteilung auf verschiedene Berliner Wohnungen in Wartestellung veranlaßt.[25]

Selbst der zögernde Halder schien am 26. September zu allem bereit, falls Hitler nicht wider Erwarten seine Pläne aufgeben sollte. Dies war kaum zu erwarten. Zwar hatte Hitler am Abend des 26. September in einer Rede im Sportpalast von der Abtretung des Sudentenlandes als seiner »letzten territorialen Forderung« gesprochen, aber die Erfüllung dieser Forderung war nur in der von ihm in Godesberg diktierten Weise möglich: Einmarsch der deutschen Truppen am 1. Oktober. Wie er dem englischen Sonderemissär Sir Horace Wilson am Morgen des 27. September knapp sagte: Entweder die Tschechen nähmen sein Diktat an oder er würde »die Tschechei zerschlagen«.[26] Folglich ließ Hitler bereits am gleichen Tag ab 13 Uhr die ersten Truppenteile mobilisieren, die allgemeine Mobilmachung war aufgrund des militärischen Fahrplanes für den nächsten Tag, den 28. September 1938, 14 Uhr zu erwarten.[27]

Am Abend des 27. September ließ Hitler, um die Volksstimmung zu testen und die englische Botschaft zu beeindrucken, eine feldmarschmäßig ausgerüstete Division die Wilhelmstraße entlangfahren. Während die Menge noch kurz vorher auf dem Wilhelmplatz nach Hitler gerufen hatte, breitete sich beim Anblick der Truppen eisiges Schweigen aus. Hitler, der anfangs den Vorbeimarsch abgenommen hatte, registrierte die Stimmung der Berliner und stellte fest: »Mit diesem Volk kann ich noch keinen Krieg führen«.[28] Ähnlich schätzten zu diesem Zeitpunkt auch andere Parteiführer die Situation ein. So soll der SS-Obergruppenführer Lorenz zu dem kriegslüsternen Ribbentrop gesagt haben: »Wenn die Berliner Bevölkerung wüßte, wie du zum Krieg hetzt, müßte ich die ganze Leibstandarte um die Wilhelmstraße aufstellen, um dich zu schützen«.[29] Wussow urteilte optimistisch: »Die Stimmung des Volkes war zum ersten Mal, seit Hitler an der Macht war, reif für seinen Sturz«.[30]

Der 28. September, der die Entscheidung bringen sollte, begann damit, daß Erich Kordt den jüngsten Briefwechsel Chamberlain-Hitler vom 26. / 27. September an Oster weiterreichte. Die Briefabschriften gingen dann über Gisevius an Witzleben und Halder. Schließlich landeten sie bei Brauchitsch. Offenbar wegen des Widerspruchs zwischen dem, was Hitler diesen beiden obersten Heeresgeneralen erzählt hatte, und dem Inhalt der Briefe, waren Halder, aber auch Brauchitsch aufs höchste entrüstet – selbst Brauchitsch schien den Rubikon zum Staatsstreich bereits halb überschritten zu haben. Er wollte sich nur noch einmal kurz in die Reichskanzlei begeben, um sich persönlich zu überzeugen, wie die Dinge standen. Es war gegen 11 Uhr vormittags. Wenig später kam Schulenburg zu Kordt in die Wilhelmstraße, um sich zu erkundigen, ob die außenpolitische Lage weiterhin unverändert sei. Kordt bestätigte ihm, daß sie kurz vor dem nächsten großen Krieg stünden. Schulenburg fragte dann nach den Sicherheitsvorkehrungen in der Reichskanzlei. Kordt, der in den Stunden davor mehrmals kurz in der Reichskanzlei gewesen war, meinte, daß die Wachen noch nicht verstärkt worden seien. Er erbot sich, mit einigen Gleichgesinnten die Doppeltür der Reichskanzlei hinter dem Posten zu öffnen, um dem Stoßtrupp den Weg zu ebnen.

Mit dieser Lageeinschätzung und dem Angebot Kordts eilte Schulenburg zu Witzleben zurück. Beide begaben sich nun zu Halder an das Tirpitzufer. Dieser erteilte gerade die notwendigen Befehle zum Marsch auf Berlin, als ihn kurz nach 12 Uhr die Nachricht erreichte, daß Mussolini Hitler zum Einlenken bewogen habe. Brücklmeier, der an diesem Morgen einen permanenten Beobachtungsposten in der Reichskanzlei eingenommen hatte, überbrachte Kordt die zwiespältige Nachricht. Die Lage entspannte sich schlagartig. Statt Mobilmachung und Staatsstreich schien der Friede erneut gewonnen, allerdings um den Preis eines weiteren großen Erfolges für Hitler. Schulenburg rief noch am gleichen Nachmittag seine Familie von Alt-Friedland nach Berlin zurück. Am nächsten Tag begann die Konferenz von München – mit den bekannten Ergebnissen.[31]

Der britische Botschafter Henderson kommentierte die Entwicklung sehr hellsichtig: »... by keeping the peace we have saved Hitler and his regime«. Kordt meinte nur, es sei die »zweitbeste Lösung gewesen«.[32]

Der Winter des Mißvergnügens

Nach den Aufregungen und der Anspannung durch die Sudentenkrise folgten Monate der Erschöpfung und Neubesinnung. Wer im Sommer 1938 an Hitlers Außenpolitik irre geworden war und sich dem Lager der Opposition genähert hatte, zog sich nach diesem Triumph Hitlers eilends auf die Parteilinie, das heißt auf Hitlers Unfehlbarkeit, zurück. Die Prognosen der »Ungläubigen« wurden von SS-Obergruppenführer Werner Lorenz als »das feige Gewimmer von Defaitisten« abqualifiziert.[33]

Die Folge war, daß trotz der wiederum aggressiven Rede Hitlers in Saarbrücken am 9. Oktober 1938 die Oppositionsgruppen ihre aufgrund der Kriegsangst gewonnenen Mitläufer wieder verloren und auf den ursprünglichen harten Kern zusammenschmolzen.[34] Die Wochen nach dem deutschen Einmarsch ins Sudentenland brachten für einige der Freunde auch berufliche Veränderungen, die indirekt mit der gerade überwundenen Krise zusammenhingen.

Wussow, der vor München aus seiner negativen Einschätzung der Lage kein Hehl gemacht hatte, kam einer drohenden Entlassung zuvor und bat um seinen Abschied aus den Diensten des Büro Ribbentrop, der ihm diesmal willig gegeben wurde. Wussow fiel diese Kündigung relativ leicht, da ihm ein Bekannter aus der Deutsch-Englischen Gesellschaft, der nazi-feindliche Hamburger Versicherungskaufmann Otto Hübener, bereits Anfang des Jahres für eine derartige Situation eine Auffangstellung in seinem Büro angeboten hatte. Auf dieses Angebot konnte Wussow nun nach einem ausgedehnten Italienurlaub zurückgreifen. Er trat seine Stelle bei Hübener am 1. Januar 1939 an, in der Absicht, noch 1939, spätestens 1940 wieder nach Südamerika zurückzukehren.[35]

Kessel, der seit Juni 1938 provisorisch dem Vorzimmer Weizsäckers zugeteilt war, wurde aufgrund des wieder »normalen« Arbeitsanfalles quasi arbeitslos und sollte nach Paris versetzt werden. Da er jedoch in Deutschland bei seinen Freunden bleiben wollte, kam er schließlich im November 1938 als Vertreter des Auswärtigen Amtes bei dem ehemaligen Außenminister v. Neurath unter. Der abgehalfterte Politiker hatte nach seinem Sturz am 4. Februar 1938 den prätentiösen, wenn auch inhaltslosen Titel eines Präsidenten des Geheimen Kabinettrates erhalten. Kessel hoffte, den 65 Jahre alten Herrn zu einem aktiveren Eingreifen in die Tagespolitik bewegen zu können, dessen immer noch guten Namen für Deutschland nützlich einzusetzen. Kessel sollte jedoch sehr bald merken, daß seinen Vorstellungen die Bequemlichkeit des alternden Grandseigneurs entgegenstand.[36]

Kordt schließlich führte Ende November 1938 eine Auseinandersetzung mit Ribbentrop herbei, die mit seiner Bitte um Entlassung endete. Kordt trat darauf einen mehrmonatigen Urlaub an, der nach seiner Rückkehr Anfang März 1939 überraschend mit Wiedereinsetzung in sein altes Amt im Ministerbüro endete. Der Außenminister hatte den Streit mit seinem engen Mitarbeiter unter der Rubrik »Überlastung« eingeordnet.[37]

Kessel nannte die Monate nach der Sudetenkrise den »Winter des Mißvergnügens«. Dies war einmal ein Resultat seiner eigenen beruflichen Situation, vor allem aber des Zustandes, in dem sich die Politik und der Widerstand befanden. Nach der Hochspannung und der Gefahr vor dem 28. September war nun alles wie ein Kartenhaus zusammengebrochen; mehr noch: Viele angebliche Gesinnungsgenossen hatten sich schleunigst wieder auf das sichere NS-Ufer gerettet und versuchten, ihre Furchtsamkeit in den Tagen der Krise nun durch doppelt stramme Haltung auszugleichen.

Jedoch auch die weitere außenpolitische Vorgehensweise Hitlers entsprach überhaupt nicht den Vorstellungen der Freunde, die hierin mit dem größten Teil der Beamtenschaft des Auswärtigen Amtes übereinstimmten. Nach der Annexion Österreichs und des Sudetenlandes und den wiederholten Äußerungen Hitlers über die »Heimführung« der Deutschen konnte man dem Irrtum verfallen, daß es sich bei Hitler letztlich um einen der gängigen Revisions- und Deutschtumspolitiker handle, der nur sehr viel erfolgreicher und skrupelloser agierte. Folglich erwarteten und befürworteten die Freunde jetzt eine Aufnahme der »polnischen Frage«, das heißt eine Revision der durch Versailles festgesetzten deutsch-polnischen Grenze. Die Gelegenheit schien günstig, nachdem Polen als »Hyäne des Schlachtfeldes« die Schwäche der Tschechoslowakei ausgenützt und das Olsa-Gebiet am 2. Oktober 1938 annektiert hatte. Polen war dadurch, wie Kordt schrieb, zumindest für einige Wochen zur »bestgehaßten und verachtetsten Macht in Europa« geworden.[38]

Aber Hitler dachte nicht in revisionistischen Bahnen.[39] Wie seine Prioritäten aussahen, wurde schon im Oktober 1938 deutlich. Am 21. des Monats gab er den Befehl, die »Erledigung der Rest-Tschechei« militärisch vorzubereiten.[40] Drei Tage danach kam es zu einer Unterredung Ribbentrops mit dem polnischen Botschafter Lipski, in der der Außenminister Danzig sowie exterritoriale Straßen- und Eisenbahnverbindungen zwischen dem Reich und Ostpreußen forderte. Im Gegenzug bot Ribbentrop eine Grenzgarantie, nämlich den Verbleib des Korridors bei Polen an. Damit hatten Hitler und sein Außenminister eine wesentliche Position des deutschen Revisionismus geräumt. Die Polen lehnten die Vorschläge noch im Oktober 1938 und wiederholt in den folgenden Monaten mit Entschiedenheit ab.

Kordt hörte durch Oster schon wenig später von den Aufmarschplänen gegen die Rest-Tschechei und damit von dem beabsichtigten Bruch des gerade erst unterschriebenen Münchner Abkommens.[41] Es war den Freunden klar, daß der Marsch auf Prag »das Ende jeder Verständigungsmöglichkeit zwischen England und Deutschland« bedeuten würde.[42] Noch aber schwelgte Chamberlain im Glauben, den Frieden gesichert zu haben. Der britische Historiker Wheeler-Bennett nannte diese Monate »the golden age of Appeasement«.

Von Yorck ist aus den Wochen bis zum Einmarsch in das Sudetenland nichts überliefert. Aufgrund seiner engen Freundschaft zu Kessel und Schulenburg, bei dessen Sohn er im Mai 1938 Pate geworden war, kann jedoch davon ausgegangen werden, daß er über die Staatsstreichvorbereitungen im September des Jahres voll informiert war. Im Oktober war Yorck für den Reichspreiskommissar im Sudentenland tätig. Dort traf er am 25. Oktober in Reichenberg den Abwehr-Major Groscurth, mit dem er sich ausführlich über die Ereignisse austauschte.[43] Yorcks wesentliche Erkenntnis aus seinem Aufenthalt im Sudetenland war, daß die Partei nicht revisionistische, sondern imperialistische Ziele verfolge. Im Interesse des Friedens müsse man diesen Zielen entgegentreten.[44]

Kurz nach Yorcks Rückkehr nach Berlin wurde der Gesandtschaftsrat Ernst vom Rath in Paris ermordet (7. November 1938); als Antwort darauf inszenierte Goebbels ein Judenpogrom, das unter der verharmlosenden Bezeichnung »Reichskristallnacht« in die Geschichte eingegangen ist. Am Morgen danach, am 10. November, kam Yorcks Bruder Paul zu Schulenburg, um den bereits durch seine Dienststelle alarmierten Vizepräsidenten der Berliner Polizei abzuholen und selbst zu unterrichten. Schulenburg entließ noch am selben Tag die auf das Präsidium gebrachten, willkürlich verhafteten Juden. Dies trug ihm einen Anruf von Goebbels ein, der in dem Vorwurf gipfelte: »Sie kleiner Bürokrat!« Schulenburg hatte offensichtlich auf die Rechtslage verwiesen.[45]

Noch unter dem »niederziehenden Eindruck des Judenpogroms« fand wenig später im Hause Yorck in der Hortensienstraße 50 der erste einer langen Reihe von Diskussionsabenden statt, die von Yorck ins Leben gerufen, später nahtlos in die Aktivitäten der Kreisauer übergehen sollten. Über diesen Beginn der Kreisauer Gespräche und Yorcks Anteil daran wird noch gesondert zu berichten sein[46] (vgl. S. 250). Die abendlichen Treffen bei Yorcks, bei denen, um keine unnötige Aufmerksamkeit zu erregen, die Autos abseits geparkt wurden, waren offenbar die einzigen Widerstandsaktivitäten der Freunde in jenem »Winter des Mißvergnügens«. Es war die Ruhe vor dem Sturm. Zwar besuchte Schulenburg Ende Februar 1939 Witzleben in Frankfurt, aber die bevorstehende endgültige Zerschlagung der

Tschechoslowakei führte zu keiner Aktion, die auch nur im entferntesten mit der des vorhergehenden Sommers hätte verglichen werden können.

Dabei müssen mehrere Faktoren berücksichtigt werden, die zum Teil auch das Verhalten der Opposition bei Kriegsausbruch im September 1939 erklären: Hitler hatte immer wieder Recht behalten und die Masse der Bevölkerung glaubte der Propaganda mehr denn je. Diejenigen, die, bedingt durch ihren Beruf, mehr Einblick besaßen, trauten ihrem eigenen Urteil nicht mehr und hatten sich, wie bereits dargestellt, nach München von der Oppostion zurückgezogen, wenn sie ihr je näher getreten waren. Niemand glaubte nach all dem, daß die Westmächte zu ihrer in München gegebenen Garantie der neuen tschechoslowakischen Grenzen stehen würden und daß es darüber zum Krieg kommen würde.

Schließlich war auch durch die zum 1. Januar 1939 vollzogene Versetzung Witzlebens von Berlin nach Frankfurt ein wesentlicher Eckstein der Berliner Putschpläne des September 1938 herausgebrochen worden. Witzlebens Nachfolger, General Curt Haase, galt als »nicht verschwörungsfähig«.[47] So gelang Hitler die Zerschlagung der Rest-Tschechei Mitte März 1939 fahrplanmäßig.

Am 14. des Monats hatte sich die Slowakei unter deutschem Druck aus dem tschechoslowakischen Staatsverband gelöst. In den frühen Morgenstunden des folgenden Tages wurde der tschechische Staatspräsident Hacha durch ein Ultimatum Hitlers gezwungen, sein Land dem »deutschen Staat« zu unterstellen. Am 16. März rief Hitler vom Prager Hradschin das Reichsprotektorat Böhmen und Mähren aus. Das Ausland reagierte wie erwartet nur mit Worten der Ohnmacht. In den Augen des deutschen Volkes empfing Hitler auf der Prager Burg »seine politische Unfehlbarkeitssprechung«[48], wie Gisevius plastisch formuliert.

Die Freunde sahen nicht Hitlers Unfehlbarkeit, sondern seine Hybris. Für sie war die Überrumpelung und Demütigung des 66jährigen Hacha in den ersten Stunden des 15. März, von Brücklmeier als Augenzeugen miterlebt, vergleichbar der Gefangennahme der spanischen Bourbonen durch Napoleon in Bayonne. Zwar brachte dieser Streich Napoleon einen weiteren Thron, aber es war zugleich der

Scheitelpunkt seiner Laufbahn, die an der Beresina und auf den Schlachtfeldern von Leipzig und Belle Alliance enden sollte.[49]

Schwerin faßte die Meinung der Freunde zusammen, als er sagte: »Erst Österreich, dann die Tschechoslowakei, wenn dann Polen dran ist, kommt es zum Krieg. Noch einmal wird sich die Welt solch ein Schauspiel nicht gefallen lassen«.[50]

10. Kapitel

Wider den Krieg

»Das ist das Ende Deutschlands«, sagte mit Tränen in den Augen Abwehrchef Canaris, als er am 31. August 1939 nach dem Bekanntwerden des endgültigen Angriffsbefehls auf Polen Gisevius in den dunklen Korridoren des OKW traf.[1] Den Untergang des Deutschland ihrer Jugend zu verhindern, das war das Ziel der Freunde im Sommer 1938 und in den Monaten vor Kriegsausbruch. Ein abermaliger Krieg war der Abgrund, der dieses Deutschland verschlingen würde. Sie waren keine Pazifisten, denn auch sie begriffen Krieg durchaus noch als Fortsetzung von Politik mit anderen Mitteln. Wie die Mehrheit ihrer Mitbürger waren sie jedoch durch den Ersten Weltkrieg gewarnt, der Hurra-Patriotismus war ihnen abhanden gekommen. Deutschland durfte in der gegenwärtigen internationalen Lage keinen Krieg beginnen, selbst wenn das angestrebte Ziel national verlokkend sein sollte.

Ob sie zum Hochverrat auch ohne die akute Kriegsdrohung bereit gewesen wären, allein aufgrund ihrer Gegnerschaft zur nationalsozialistischen Innenpolitik, ist nicht sicher zu beantworten. Es ist eine Frage, die offen bleiben muß, aber letztlich ist sie auch müßig, denn Hitler bedeutete Krieg, und das ahnten sie seit langem. Zunächst bemühten sie sich nach Kräften, das Ihre zur Verhinderung des Krieges beizutragen oder der weiteren Stabilisierung des Systems entgegenzuwirken. Im folgenden werden die verschiedenen Aktivitäten der Freunde kurz beleuchtet, um von da aus klären zu können, wie sie zur gewaltsamen Destabilisierung – durch ein Attentat nämlich – standen.

In diesem Sinne versuchte Kessel auf Neurath vor dessen Ernennung zum Reichsprotektor von Böhmen und Mähren einzuwirken. Kessel, in seiner Eigenschaft als persönlicher Referent, setzte dem alten Politiker zu, den Posten nur unter der Bedingung anzunehmen, daß dem Reichsprotektor und nicht Himmler im Protektorat alle Polizeiorgane unterstellt werden müßten. Dazu müsse Neurath eine schriftliche Führerweisung herbeiführen. Kessel, der Neuraths Bequemlichkeit kennengelernt hatte, wiederholte diesen Rat noch einige Male, da andernfalls die Verbrechen von Himmlers Schergen auf Neuraths Haupt fallen würden. Neurath fand die Idee ausgezeichnet – nur schnitt er das Thema in seinem Ernennungsgespräch mit Hitler nicht an. Später, meinte er etwas verlegen auf Kessels Frage, und ließ sich zur neuen Würde gratulieren.

Neurath nahm als selbstverständlich an, daß Kessel ihn auch nach Prag begleiten würde. Kessel erbat jedoch zwei Tage Bedenkzeit, um sich in Berlin mit seinen Freunden zu beraten. Die Meinungen gingen auseinander. Einer, wahrscheinlich Wussow, meinte, entweder würden die zu erwartenden Verbrechen auch Kessel belasten oder er würde sich durch sichtbare Opposition mehr noch als bisher exponieren.[2]

Schließlich überwog jedoch eine politische Überlegung, die Kessel 1946/47 wie folgt formulierte: »Was da geschehen war, widersprach allen Grundsätzen von Treu und Glauben, allen Regeln des Völkerrechts und dem Selbstbestimmungsrecht der Völker. Es stand sogar im krassen Widerspruch zu den von Hitler proklamierten völkischen Idealen, war nichts als brutale Gewalt und nackter Imperialismus. Immerhin konnte die Proklamation Hitlers über die Errichtung des Protektorats vielleicht die Handhabe zu einer konstruktiven Entwicklung bieten. Unser Ideal war ein Vereintes Europa. Gelang es uns, die in der Proklamation den Tschechen gemachten Versprechungen in die Tat umzusetzen und die Unantastbarkeit ihres kulturellen und völkischen Eigenlebens zu sichern, so konnte damit vielleicht ein Beispiel für das zukünftige Zusammenleben der europäischen Völker gegeben werden. Wir waren dabei der Ansicht, daß Deutschland sobald als möglich, d. h. nach dem von uns in absehbarer Zeit erhofften Sturz Hitlers, auch seinerseits gegenüber der Tschechoslowakei auf die Souveränitätsrechte verzichten müsse, die Hitler den Tschechen entrissen hatte. Uns schwebte also eine Verschmelzung der beiden Staatswesen bei völliger Gleichberechtigung beider Staatsvölker gewissermaßen als Urzelle einer europäischen Union vor. Wir wußten, daß die Aussichten, diese Pläne zu verwirklichen, gering waren«.[3]

Yorck meinte zu diesem illusionären Gedankengang: »Die Chancen sind gering. Ihr werdet es furchtbar schwer haben... aber vielleicht wird es sich später einmal gelohnt haben«.[4] Kessel nahm an und reiste am 27. März 1939 nach Prag.

Zwei Monate später legte Kessel seine Gedanken zu der im Protektorat zu verfolgenden Politik in der Denkschrift »Gesichtspunkte über die Aufgaben des Reichsprotektorates in Böhmen und Mähren« nieder.[5] Hierin wird in der tagespolitisch gebotenen Verpackung »eine Politik der weichen Hand und des langen Zügels« gefordert, denn – und hier kommen Kessels »Minderheitenerfahrungen« aus Kattowitz und Memel zum Tragen – eine Bevölkerung »rafft sich nur widerwillig zu einem geschlossenen Abwehrkampf auf und nur dann, wenn sie von der Verwaltung und Polizei in ihrem engen persönlichen Bezirk behindert und in der Bewahrung ihrer volkstümlichen Bräuche (Religionsausübung!) gestört wird«. Aus diesem Grund seien alle kulturellen Bestrebungen zu fördern und der Gebrauch des Tschechischen zu gestatten, eine Politik der Schikane und Nadelstiche sei zu vermeiden. Kessel betont weiter, daß das Protektorat in den Anfangsjahren ein finanzielles Zuschußgebiet sein werde, und gleiche Devisen- und Rohstoffzuteilungen wie das Reich benötige. Einsparungen beim tschechischen Militär sollten der sozialen Fürsorge zugeführt werden. Mündlich trug Kessel den Gedanken einer nach Einkommen gestaffelten Wehrsteuer vor, deren Ertrag als einzige Einnahme an Deutschland abzuführen sei. »Die Lösung der tschechischen Frage«, meinte Kessel, »ist in diesem Zusammenhang lediglich ein Auftakt, aber ein Auftakt von symptomatischer Bedeutung. Sie kann daher nur in Hinblick auf die ungeheuren Perspektiven, die sie birgt, in Angriff genommen werden und aufs großzügigste – oder gar nicht gelöst werden«.

Die Illusion war, daß die Nazis eine großzügige – ein häufig wiederkehrendes Wort in der Denkschrift – also eine liberale Lösung auch nur in Ansätzen gestatten würden. Kessel merkte bald, daß die Wirklichkeit im Protektorat seinen Vorstellungen und Hoffnungen zuwiderlief. Einer seiner Kernpunkte war, daß die deutsche Initiative auf die Kontrolle der insgesamt von Tschechen auszuübenden Verwaltungstätigkeit beschränkt werden sollte. Natürlich geschah genau das Gegenteil unter dem in Deuschland bereits üblichen grotesken Kompetenzgerangel von Staats- und Parteistellen. Über all dem präsidierte Neurath, der sein Amt als Sinekure auffaßte und nicht bereit war, zu arbeiten und Rückgrat zu zeigen. Als Staatssekretär war ihm der rabiate Karl Herrmann Frank zur Seite gestellt worden, der sich in der Sudetenkrise als Scharfmacher einen üblen Namen erworben hatte. Bereits am 28. April – Neurath hatte erst am 5. April sein Amt in Prag angetreten – wurde Frank zum Höheren SS- und Polizeiführer für das Protektorat ernannt und damit in dieser Funktion nicht Neurath, sondern Himmler direkt unterstellt.[6] Kessels »Vorbedingungen« vom 17. März waren endgültig hinfällig geworden. Frank, der gegen Kessels Widerstand einen eigenen Zugang zu Neuraths Arbeitszimmer im Palais Czernin durchgesetzt hatte, nützte diesen Vorteil aus, um den bequemen Reichsprotektor immer wieder zu Unterschriften zu veranlassen, die bisweilen sogar Neuraths frühere Anordnungen außer Kraft setzten.

Nach acht Wochen hatte Kessel von Neuraths »laissez-faire-Amtsführung« genug. Er versuchte, seine Einflußmöglichkeiten dadurch zu erhöhen, daß er eine Unterredung mit Frau von Neurath herbeiführte, um sie für seine Sicht der Dinge zu gewinnen. Sie sagte Kessel ihre Unterstützung zu. Wenig später gelang Kessel ein kleiner Erfolg gegen die Verhaftungswelle (in den ersten Wochen allein 1600) und den Gestapo-Terror, indem er die Ablösung des Prager Gestapo-Chefs[7] Raschke erreichte. Dessen Nachfolger, Dr. Walter Stahlecker, bedeutete in Kessels Augen eine gewisse Verbesserung. Stahlecker ist später durch seine Leitung der Einsatzgruppe A in Rußland übel bekannt geworden. Die Probe aufs Exempel kam jedoch im Juni mit dem ersten Besuch von Heydrich, dem berüchtigten 35 Jahre jungen Chef der Sicherheitspolizei und des Sicherheitsdienstes, den Kessel charakterisierte, er sei »vielleicht einer der intelligentesten Menschen« die ihm begegnet seien, allerdings »durch und durch böse«, »ein gefallener Engel«. »Wenn man das Gesicht, das mit seiner Erscheinung in Einklang zu stehen schien, genauer ansah, erschrak man – vor allem über die Augen, aus deren Blässe eine weltenferne unbeschreibliche Grausamkeit sprach. Man stand jener höchst disziplinierten und präzisen Kälte gegenüber, die bisher nur Ernst Jünger zu schildern vermocht hat«.

Heydrich gab sich bei seinem Besuch den Tag über umgänglich und Neurath unkte bereits über Kessels »Gespensterfurcht«, der ihn vor Heydrich gewarnt hatte. Gegen 22.30 Uhr kam Heydrich jedoch unangemeldet zurück, ließ den 66jährigen Reichsprotektor aus dem Bett holen und legte ihm unter Hinweis auf ein weitverzweigtes Netz von Verschwörungen im Protektorat ein Schriftstück vor, durch das die Zuständigkeit für die Protektoratspolizei endgültig auf Himmler und Heydrich in Berlin übertragen wurde. Der überrumpelte Neurath unterzeichnete auch hier widerstandslos. Wenige Tage später, als Neurath und Kessel in Berlin waren, bat Kessel um seinen Abschied, den er auch sofort erhielt.[8]

Offenbar während dieses Berlin-Aufenthaltes beschwerte sich Neurath, laut Groscurth, bei Hitler, er, Neurath könne die Verantwortung nicht mehr länger tragen, da Heydrich seine Arbeit durchkreuze. Hitler, der Auseinandersetzungen zwischen seinen Satrapen zum Zwecke seiner Machtsicherung nicht ungern sah, soll Neurath typischerweise geantwortet haben: »Wieder Heydrich, das müssen Sie verhindern«.[9] In dieser Weise von Hitler im Stich gelassen, konnte Neurath aber nichts mehr verhindern. Mit einer Verordnung der Reichsregierung vom 1. September 1939 wurde Neuraths bereits de facto vollzogener Ausschluß von allen Polizeiangelegenheiten im Protektorat endgültig festgeschrieben und »legalisiert«.[10] Kessel kehrte am 17. Juli in das Vorzimmer Weizsäckers zurück,[11] wo aufgrund der seit März permanenten Krise offenbar wieder genug Arbeit vorhanden war. Kessel hatte in weiser Voraussicht seine Wohnung in Berlin gar nicht erst aufgegeben.

Den folgenden oder übernächsten Sonntag fuhr Kessel zusammen mit Trott zu General von Falkenhausen nach Dresden. Trott war Anfang Dezember 1938 von einem nahezu zweijährigen Aufenthalt in den USA und China zurückgekehrt. Zwei Monate später hatte er seinen Kontakt zu Kessel erneuert.[12] In der Ablehnung des Dritten Reiches waren sich die beiden Freunde einig. Trott kannte Falkenhausen aus China als Militärberater Tschiang Kai-scheks. Jetzt war der Offizier Kommandierender General des Wehrkreiskommandos IV. Von wem die Initiative zu diesem Besuch bei Falkenhausen ausging, ist nicht deutlich, wahrscheinlich von Kessel, jedenfalls war er der Wortführer. Schnell waren sich die drei Männer einig, daß Hitler Deutschland in eine Katastrophe führe, und daß dies nur durch einen Regimewechsel beziehungsweise die Entfernung Hitlers zu verhindern sei. Als Falkenhausen auf die praktische Undurchführbarkeit eines solchen Schrittes hinwies, entwickelte der Zivilist Kessel dem 61jährigen hohen Offizier den etwas exotischen Plan, Hitler zur Besichtigung von Befestigungsanlagen an der tschechischen Grenze einzuladen und dabei zu isolieren. Nach Unterzeichnung eines vorab verfaßten politischen Testamentes, in dem Hitler die Exekutive dem Heer übertragen würde, würde ihm die Wahl gelassen zwischen augenblicklichem Selbstmord oder gewaltsamer Beseitigung – fünf Jahre später sollte Hitler dieses Kesselsche Rezept gegenüber dem Volkshelden Rommel anwenden. Falkenhausen hörte sich Kessels Idee schweigend an, später meinte er zu Trott, er sei über den tollkühnen Vorschlag aus allen Wolken gefallen, und fügte lachend hinzu: »Und das kommt mir vom Auswärtigen Amt«.[13]

Neuerliche Englandkontakte

Wie 1938 war auch jetzt England Adressat aller deutschen Gesprächsversuche aus dem Kreis des Widerstandes. Es galt, den Kurs der britischen Regierung, der zwischen München und Prag strikt auf Appeasement ausgerichtet war, zu beeinflussen, beziehungsweise nach dem 15. März 1939 Chamberlain und seine Umgebung so zu beraten, daß sie Hitler durch energische Maßnahmen den Weg in den Abgrund verlegten. Die Ausgangslage war also ähnlich wie vor München, nur insgesamt durch die vorausgegangenen Erfolge Hitlers und die

Schlappheit Englands für die oppositionellen Kräfte in Deutschland sehr viel schwieriger.

Die ersten, die sich zu Wort meldeten, waren Beck und Oster. Sie wandten sich an den englischen Journalisten Ian Colvin, der 1938 Ewald Kleist einen ähnlichen Dienst erwiesen hatte, und baten ihn, eine Botschaft an die britische Regierung zu übermitteln. Tatsächlich sah dieser am 29. März Chamberlain und dessen Außenminister Halifax und konnte die Warnung der beiden deutschen Offiziere vor einer bevorstehenden Aggression Hitlers gegen Polen übermitteln. Eine direkte Folge dieser Warnung war offenbar, daß sich Großbritannien zwei Tage später (31. 3. 1939) zum nahezu bedingungslosen Beistand Polens verpflichtete.[14]

Weizsäcker war über diese Erklärung, die zumindest an verbaler Festigkeit nichts zu wünschen übrig ließ, nicht glücklich. Seiner Meinung nach war den Polen eine Art Blankoscheck ausgestellt worden, während Hitler und seinem Sprachrohr Ribbentrop mit derartigen Erklärungen nicht beizukommen sei.[15] Hitler reagierte, wie seit Prag von der Opposition befürchtet, am 11. April 1939 mit dem Befehl, nun den »Fall Weiß«, den Angriff auf Polen, vorzubereiten. Im April machte sich Erich Kordt auf den Weg nach London, um dort mit seinem Bruder Theo (vgl. S. 151) und wie schon zuvor mit Vansittart zu sprechen.[16] Im Mai folgte ihm Goerdeler, der mit Churchill zusammenkam. Ende des gleichen Monats fuhr ein »anderer Graf Schwerin«, wie Wussow sich ausdrückte, nach London: Oberstleutnant Gerhard Graf Schwerin, ein entfernter Vetter Schwerins, der seit Herbst 1938 Leiter der Untergruppe England/USA im Generalstab des Heeres war und jetzt, wie es die Regeln erlaubten, in einem der von ihm bearbeiteten Länder seinen Jahresurlaub verbringen wollte.

Gerhard Schwerin wollte sich informieren und gleichzeitig die englische Regierung gegen die Kriegspolitik Hitlers mobilisieren. Durch Vermittlung seines Freundes Roloff, der im folgenden Jahr auch zum Freund Brücklmeiers werden sollte, kam Gerhard Schwerin im Rahmen seiner Reisevorbereitungen auch mit Wussow in Kontakt, der ihm zwei Empfehlungsschreiben für London mitgab. Das eine war an den Parlamentsabgeordneten Henry Channon gerichtet, der Gerhard Schwerin mit dem Staatssekretär im Foreign Office, Butler, zusammenbrachte, das andere an Thomas Jones, eine »Macht hinter der Szene« und einen der extremsten Appeaser.[17] Gerhard Schwerin gelang es, während seiner sechs Urlaubswochen mit hochkarätigen Engländern aus Politik und Militär ins Gespräch zu kommen. Seine Empfehlungen an die Adresse der britischen Regierung – festgehalten durch seine englischen Gesprächspartner – bewegten sich um folgende Kernpunkte:

1. Demonstration der britischen Flotte. Als Deutschland einen Kreuzer nach Danzig sandte, hätte England mit einer ganzen Flotte antworten sollen.
2. Eintritt von Winston Churchill ins Kabinett;
3. Verlegung von britischen Bomberstaffeln nach Frankreich;
4. Lord Gort, der Armee-Generalstabschef, solle etwas »Dramatisches« tun.

Die Engländer wandten ein, es werde schwierig sein, die Grenze zwischen fester Haltung und Provokation zu wahren. Schwerin bestand jedoch darauf, daß es in allernächster Zeit über Danzig noch vor September zum Krieg kommen werde, wenn die Engländer Hitler nicht überzeugen könnten, daß sie es ernst meinten. Es hätte gar keinen Zweck zu versuchen, die englische Sicht der Dinge mit Mitteln der Propaganda dem deutschen Volk näherzubringen. Die Deutschen hätten von Propaganda genug und drehten das Radio ab, wenn Goebbels zu sprechen beginne. Sie seien zufrieden, hätten Vertrauen in Hitler und überließen ihm das politische Denken. Politisch gesehen seien sie verantwortungslose Schafe und hätten keine individuellen Ansichten. Die Generäle hätten, was auch immer ihre persönlichen Ansichten seien, kein Mitspracherecht bei der Gestaltung deutscher Politik und würden einfach Befehle ausführen. Hitler sei der einzige, den man überzeugen müsse, und dies ginge nur mit Taten, nicht mit Worten. Die Engländer bezweifelten die deutschen Erfolgschancen in einem kommenden Krieg und meinten, der berühmte »Lebensraum« werde sich schnell in einen »Todesraum« (deutsch im englischen Text) verwandeln, Deutschland habe durchaus die Aussicht, so zerstört zu werden, wie durch den Dreißigjährigen Krieg![18]

Die Ansichten und Ratschläge von Gerhard Graf Schwerin geben das, was in den Monaten vor dem Krieg in oppositionellen Kreisen gedacht wurde, sehr deutlich wieder. Diese Haltung Gerhard Schwerins ist, wohl abgesehen von eigener Einsicht, auch das Ergebnis seiner dienstlichen wie privaten Gespräche mit Oster sowie mit seinem Freund Erwin Planck, dem ehemaligen Staatssekretär von Brüning. Die Engländer waren nach dem Fehlschlag der Appeasement-Politik williger als noch 1938, Ratschlägen aus den Reihen der deutschen Opposition ihr Ohr zu leihen. Schwerins Anregungen griffen sie teilweise auf. Zwar wagten sie wegen der Verwundbarkeit großer Schlachtschiffe in der engen Ostsee keine Flottendemonstration, aber sie schickten Luftwaffeneinheiten zu Übungen in den französischen Luftraum. Dies führte zu Balkenüberschriften in der Presse. Hitler trumpfte in einem Gespräch gegenüber dem Völkerbundskommissar Burckhardt am 11. August 1939 auf: »Wo können sie mich angreifen? In der Luft? Die Menschen versuchen, mich mit Zahlen und Demonstrationen der Aufrüstung, besonders in der Luft zu beeindrucken. (Hysterisches Gelächter) Ich lache, denn ich bin der Spezialist der Aufrüstung, nicht die andern. Ihre Luftwaffe! England hat 135 000 Mann, Frankreich 75 000. Ich habe in Friedenszeiten 600 000 und 1 000 000 in Kriegszeiten«.[19]

Eine tolle Fehleinschätzung, bedenkt man den Ausgang der »Schlacht um England« zwölf Monate später. Aber Hitler blieb mit seinen Fehleinschätzungen nicht allein, selbst Mitglieder des hochgeschätzten deutschen Generalstabs standen ihrem »Führer« hierin nicht nach.

Gerhard Schwerin hatte bereits in England gesagt, kein Bericht von ihm könne in Deutschland irgend etwas ändern. Militärattachés sei politische Berichterstattung nicht erlaubt und jeder Bericht, der nicht Hitlers Sichtweise wiederspiegele, werde als hochverräterisch angesehen und führe zu einem Negativpunkt in der Personalakte des Betroffenen.[20] Wie recht er hatte! In seinem Reisebericht schrieb Schwerin, daß Großbritannien politisch mit dem Rücken zur Wand stehe und bei einem deutschen Angriff auf Polen Deutschland den Krieg erklären werde. Auf etwa mangelnde Vorbereitung der englischen Streitkräfte werde es dabei keine Rücksicht nehmen. Einer der Leser aus der Spitze des Heeres schrieb an den Rand: »Feindpropaganda«. Der 40jährige Offizier wurde von seinem Vorgesetzten, General v. Tippelskirch, in rüder Weise abgekanzelt und von seiner Generalstabsstelle entfernt. Als wenig später am 3. September England Deutschland den Krieg erklärte, sagte Tippelskirch, Chef der Generalstabsabteilung Fremde Heere: »Das haben wir uns wohl alle nicht vorgestellt...«[21]

In diesen ersten Septembertagen vor dem britischen Kriegseintritt traf sich Gerhard Schwerin zum letztenmal mit dem stellvertretenden britischen Militärattaché in Berlin, Major Strong, der sozusagen sein dienstliches Gegenüber gewesen war, und unterrichtete ihn über die Absicht einer Offiziersgruppe in der Armeespitze, Hitler zu beseitigen, um einen allgemeinen Krieg zu verhindern, den Deutschland nicht gewinnen könne. Schwerin, hierin wieder ganz in der soldatischen Tradition stehend, bestand jedoch darauf, daß erst der polnische Feldzug beendet sein müsse.[22]

Schwerin wurde zum erfolgreichen Kommandeur einer Panzerdivision, rettete am Kriegsende Aachen vor der Zerstörung, fand aber nicht den Weg in den aktiven Widerstand. Durch Zufall trafen sich 1943 die Vettern Gerhard und Ulrich-Wilhelm Schwerin im nächtlichen Kurierzug zwischen der Wolfsschanze und Berlin. Sie stellten überrascht ihre politische Übereinstimmung fest! Möglicherweise führte diese zufällige Begegnung zu dem gemeinsamen Gespräch der beiden Vettern mit Olbricht Ende Mai 1943, von dem Hermann Kaiser berichtet. Dabei blieb es aber auch.[23]

Gerhard Schwerin hatte in London die in Kreisen des deutschen Widerstandes üblichen Empfehlungen gegeben. Etwas ganz anderes bekamen die Engländer von Trott zu hören, der sich ebenfalls ab 1. Juni praktisch den ganzen Monat über in England aufhielt, also gleichzeitig mit Schwerin. Trott war von Wussow, der den Jüngeren aus der Kindheit kannte, über die bevorstehende Reise Gerhard Schwerins nach London unterrichtet worden.[24] Obwohl beiden in diesen Wochen durch die Astors geholfen wurde – Schwerin erhielt durch diesen Kontakt eine Einladung an das Balliol College nach Oxford und traf englische Gewerkschaftsführer in Hause Astor –[25], sind sich Trott und Schwerin offenbar weder in England noch danach begegnet. Trotts Vorschläge am 3. Juni gegenüber Außenminister Halifax und vier Tage später gegenüber Chamberlain in Downing Street

10 liefen auf ein weiteres Stück Appeasement hinaus. Er ventilierte die Idee einer Rekonstruktion der Tschechoslowakei minus der sudetendeutschen Grenzgebiete im Austausch gegen eine Bereinigung der Danzig- und Korridorproblematik zugunsten Deutschlands. Tatsächlich scheint er damit auf Gegenliebe bei Lord Lothian, dem designierten britischen Botschafter für Washington, gestoßen zu sein.[26]

Diese Vorschläge Trotts waren von Hitler und Ribbentrop weder inspiriert noch sanktioniert. Sie wurden durch Ribbentrops Dazwischentreten auch nie Gegenstand amtlicher deutscher Diskussion.[27] Abgesehen von seinen englischen Freunden und Bekannten blieben Trotts Vorschläge für erneute deutsch-englische Verhandlungen auch bei seinen nächsten deutschen Freunden kontrovers. Kessel schrieb darüber: »Seine politischen Auffassungen stimmten, wenn man von der grundsätzlichen Ablehnung des Nationalsozialismus absieht, mit den unsrigen nicht ganz überein; er glaubte, die deutsch-englische Kluft sei ohne Sturz unseres Regimes noch einmal zu überbrücken; vielleicht schätzte er England richtiger ein, als wir es zu jenem Zeitpunkt taten; sicher aber irrte er in bezug auf die Möglichkeiten, den Nazis mit Vernunftsgründen beizukommen«.[28] Im Auswärtigen Amt um Weizsäcker steigerte sich in diesen Juni-Wochen die Unruhe. Auf der einen Seite fürchtete man, begünstigt durch die britische Garantie vom 31. März, eine polnische Provokation, die Hitler als Kriegsvorwand dienen könnte, andererseits zeichnete sich der deutsch-russische Pakt ab, der Hitler weitgehend freie Hand geben würde. Wieder machte sich Erich Kordt mit Zustimmung Weizsäckers und nach Rücksprache mit Oster und Canaris auf den Weg nach London, diesmal, um mit britischer Hilfe den Pakt zwischen Hitler und Stalin zu torpedieren, so wie er es bereits erfolglos mit dem »Stahlpakt« (Deutschland-Italien vom 22. Mai 1939) versucht hatte.[29] Vansittart beruhigte jedoch die Brüder Kordt. Nicht Berlin, sondern Paris und London würden definitiv den Pakt mit Moskau abschließen. Zwei Monate später wurde jedoch Ribbentrop von Hitler als neuer Bismarck gefeiert, und die Westmächte waren die Düpierten.[30]

In den gleichen Wochen veranlaßte der britische Journalist Ian Colvin, der im März die Oster/Beck-Botschaft weitervermittelt hatte,

Ewald v. Kleist, seinen 32jährigen Freund Fabian v. Schlabrendorff nach England zu schicken. Wie schon im August 1938, als Kleist selbst gereist war, sah auch Schlabrendorff diesmal zuerst Lord Lloyd und dann den Führer der innerparteilichen Opposition gegen die konservativen Appeaser, Churchill. Ähnlich wie Gerhard Schwerin befürwortete Schlabrendorff eine Flottendemonstration. Auf Churchills Frage, ob es zu einem erfolgreichen Staatsstreich der Armee gegen Hitler kommen werde, meinte Schlabrendorff zurückhaltend, daß diese Dinge im Schoße der Zukunft verborgen seien.[31]

Über all diese vielfältigen Reisen und Kontaktversuche nach England war es Juli und August geworden. Deutsche wie Engländer fuhren in den Sommerurlaub. Schulenburgs entrannen dem heißen Berlin teils nach Tressow, teils zu Verwandten in Ostpreußen. Yorcks machten die erste und letzte Auslandsreise ihrer Ehe. Nach Routenvorschlägen von Kessel, der 1930–32 in Rom auf Posten gewesen war, bereisten sie Italien.

Der Finanzminister Hitlers

Die Aktivitäten Schwerins waren innenpolitisch orientiert und bezogen sich auf seinen Vetter, Reichsfinanzminister Lutz Krosigk, der seinen Urlaub in Bansin an der Ostsee verbrachte. Dorthin reiste Schwerin im August 1939, um Krosigk zum letztenmal die Demission nahezulegen. Er hatte seinem Vetter bereits zuvor »wiederholt und dringend« gebeten, seinen Abschied zu nehmen,[32] nach dem Judenpogrom im November 1938 und während eines Roßleber Essens am 29. Januar 1939. Bei dieser letzten Gelegenheit hatte der Minister schließlich die Diskussion abgebrochen.[33]

Schwerin versuchte, dem Verwandten jetzt noch einmal, sozusagen in letzter Stunde, zu erklären, warum der Rücktritt unumgänglich sei. Die Beziehungen zwischen den beiden waren relativ herzlich gewesen. Der 15 Jahre ältere Krosigk, ebenfalls Roßleber, Rhodes-Stipendiat, sehr erfolgreicher Beamter und schließlich Minister, hatte für Schwerin immer so etwas wie Vorbildcharakter gehabt. Hier war jemand, der auch nach der Machtergreifung bekannt christlich, bescheiden, nicht korrupt und hilfsbereit geblieben war: das Musterbild des integren preußischen Staatsbeamten, der sich noch zusätzlich als amüsanter Plauderer Sympathien erwarb.

Wenige Tage nach dem Pogrom des 9. November notierte Hassell: »Am meisten haben sich alle anständigen Menschen geschämt, Namen wie Gürtner und Schwerin-Krosigk unter den Beschlußfassern über die Strafmaßnahmen gegen die Juden zu lesen. Die Genannten merken wohl gar nicht, wie sie sich entwürdigen und wie sie als Feigenblatt dienen«. Und wenig später: »Menschlich nett wie immer... Vor sich selbst sucht er sein Verhalten damit zu rechtfertigen, daß es vor allem nötig gewesen sei, die Sache in einen legalen Kanal zu leiten. Gerade das ist falsch«.[34]

Immer wieder stellte sich den Männern in führenden Positionen die Frage des Verbleibens im Amt. Das Argument dafür lautete in seiner Kurzfassung, daß nur so Schlimmeres zu verhüten sei und der willfährige, weniger qualifizierte Nachfolger schon bereitstehe. Dies waren die Gründe, die Krosigk, wie er nach 1945 immer wieder rechtfertigend schrieb, bestimmten, in seinem Amt zu bleiben.[35] Schwerin war in der Frage der Demission kein Purist. So war er sich mit Kessel einig, daß Weizsäcker aufgrund seiner wichtigen, gegen den Krieg gerichteten Aktivitäten Staatssekretär bleiben müsse.[36] Anders beurteilte er Krosigks Situation, der sich keine gegen das Regime gerichtete Handlung zuschulden kommen ließ. Krosigk hatte eine politisch so herausragende Position und galt weithin als so integer, daß seine Entscheidung, im Amt zu bleiben, von vielen Menschen als beispielhaft angesehen werden mußte und systemstützend wirkte. Es war die Feigenblattfunktion, gegen die sich Schwerin wandte und die ihn Krosigks Rücktritt fordern ließ. Wie richtig Schwerins Einschätzung der systemstützenden Stellung Krosigks war, zeigt der Fall Jodl, der sich in Nürnberg ausdrücklich auf den Finanzminister berief, dessen Verbleib im Amt auf ihn beruhigend gewirkt habe.[37]

Schwerin stimmte seine Argumentation auf die bekannte geschichts- und familienbewußte Haltung Krosigks ab, um dem Vetter seine Überlegungen deutlich zu machen. Im Januar wie im August 1939 verwies Schwerin auf den Reichskanzler v. Bethmann-Hollweg, einen Vetter seiner Mutter, der durch das lange Hinauszögern seines

Rücktritts das Prestige der Familie geschädigt habe. Außerdem verwies Schwerin auf den kommenden Krieg, den Krosigk nicht auch noch mit seinem Namen decken dürfe. Krosigk meinte darauf, Bethmann »habe seine Nachfolger turmhoch überragt; ich könne auch auf das Prestige der Familie nicht Rücksicht nehmen, es handele sich um eine Entscheidung, bei der ich nur meinem Gewissen folgen könne«.[38] Noch mehr als 40 Jahren nach diesen Gesprächen charakterisierte Krosigk solche Aufforderung zur Demission: »... Es ist kennzeichnend, daß sie meinen Namen trugen und in erster Linie an etwaige ungünstige Wirkungen auf ihren eigenen künftigen Ruf (sic) dachten. Solchen Egoismus lehnte ich, wie bei mir selbst, so auch bei meinen Ratgebern ab«.[39]

Schwerin hat danach keine politische Gespräche mehr mit Krosigk geführt, wenn er ihn auch nach wie vor als hilfsbereit ansah und nicht zögerte, ihn in dieser Richtung anzugehen. Er hat den Minister nicht über seine Widerstandstätigkeit ins Vertrauen gezogen.[40]

Schulenburg

Wie schwierig und schwankend die Einschätzung der Lage für die Zeitgenossen war, die oft auch von falschen Hoffnungen oder Befürchtungen beinflußt wurde, zeigt sich am Beispiel Schulenburgs. Am 19. Mai 1939 starb Schulenburgs Vater, der alte General der Kavallerie, nach langer schwerer Krankheit. Noch auf dem Sterbebett hatte Himmler den 73jährigen zum SS-Obergruppenführer, entsprechend seinem militärischen Rang, befördert. Himmlers Theater um den höchstdekorierten und geachteten ehemaligen Stabschef der Heeresgruppe Kronprinz muß unter dem Vorzeichen der SS-Öffentlichkeitsarbeit gesehen werden. Abgesehen von Himmlers Schwäche für vornehme Relikte der alten Zeit war der General ein vorzügliches Aushängeschild für die SS in ihrem noch nicht endgültig entschiedenen Kampf um die Anerkennung als »vierter« Wehrmachtteil. Nach einem großen, vom Heer ausgerichteten Staatsakt in Potsdam, bei dem auch Hitler und Brauchitsch anwesend waren, fand das eigentliche Begräbnis auf dem Gut Tressow statt. Zum Verdruß der Brüder und der SS setzte Fritzi Schulenburg es jedoch durch, daß die Beerdigung entsprechend den testamentarischen Wünschen des Vaters mit Wehrmachtspfarrer und Zapfenstreich erfolgte und nicht nach dem neo-heidnischen Ritual Himmlers. Trotz dieses Affronts forderte Himmler Schulenburg noch während der Feierlichkeiten in Potsdam und Tressow mehrmals auf, an Stelle des Vaters der SS beizutreten. Schulenburg, in der Uniform eines Leutnants des Heeres, lehnte wiederholt ab, wohl auch mit Hinweis auf seine Bindung an die von ihm getragene Uniform des Infanterieregiments 1 (Königsberg).[41]

Wenige Tage danach riet Schulenburg seiner Schwester, die seit 1934 in England lebte und nur nach Deutschland gekommen war, um ihren Vater noch einmal zu sehen, für die Dauer des bevorstehenden Krieges dringend zur Rückkehr nach London. Nach dem Krieg könne die Schwester getrost in ein besseres Deutschland zurückkehren. Den Krieg werde Hitler nicht überstehen. »Dafür werden wir sorgen. Wir sind entschlossen, ihn aus dem Wege zu räumen«. Dies ist die erste derart überlieferte Aussage aus dem engeren Freundeskreis.[42] Zur Klärung der Position Schulenburgs mag auch noch beigetragen haben, daß er, Uexkuell und Yorck im Juni 1939 bei dem Abwehr-Hauptmann Heinz zu Gast waren,[43] von dem bekannt ist, daß er schon im September 1938 die Beiseitigung Hitlers im Rahmen des damals vorbereiteten Staatsstreichs geplant hatte.

Noch ein anderes Gespräch am Rande der Beisetzungsfeierlichkeiten in Tressow ist von Bedeutung. Schulenburg hatte am 15. März in Stuttgart anläßlich einer Tagung des Reichspreiskommissars einen scharf formulierten Vortrag gehalten, in dem er Anstoß an der Zerstörung des deutschen Beamtentums durch die Parteipolitik nahm. In Stuttgart hatte er Beifall geerntet. In einem Rundschreiben an die Gauleitungen wurde jedoch warnend auf Schulenburgs Ausführungen hingewiesen, wie nun der Mecklenburger Gauleiter Hildebrand Charlotte Schulenburg zu berichten wußte.

Dennoch wurde Schulenburg in diesen Monaten noch einmal die Stufen der Beamtenhierarchie hinaufbefördert. Am 16. August wurde er kommissarisch zum Vizepräsidenten in Breslau ernannt, zum Stellvertreter Wagners in dessen Eigenschaft als Oberpräsident von Schlesien. Schulenburg war noch nicht 37 Jahre alt. Es ist wohl mit Sicherheit davon auszugehen, daß Yorck, dessen Vorgesetzter der Reichspreiskommissar Wagner war, diesen Karrieresprung nach Breslau mitzuverantworten hatte.[44] Am 21. August flog Schulenburg mit Wagner zum Amtsantritt nach Breslau.[45] Seine Familie konnte erst zwei Monate später nachziehen. In der Zwischenzeit wohnte sie auf dem Yorckschen Gut Kauern, dessen Mitbesitzer Peter Yorck war.[46]

Je näher der Krieg rückte, desto mehr entfernte sich Schulenburg von seiner ursprünglichen Erkenntnis, und es mutet im Nachhinein merkwürdig an, daß er, der noch Ende Mai gegenüber seiner Schwester den Krieg sicher vorhergesagt hatte, ihn Ende Juli glaubte vermieden zu sehen und am 21. August ihn schlichtweg verneinte.[47] Moltke schrieb in völliger Verkennung der Situation noch drei Tage später: »Das AA insbesondere scheint einer Massenpsychose erlegen zu sein, daß der Krieg kommt, kommen muß und zwar sofort oder fast sofort. Mir scheint das alles Unfug zu sein«.[48] Am Tag nach diesem Moltke-Brief gab Hitler zum erstenmal seinen Angriffsbefehl. Moltkes und Schulenburgs optimistische Aussagen kann man nur als Hoffnung wider besseres Wissen charakterisieren. Einer ganz speziellen hatte ja auch Kessel angehangen, als er im Frühjahr 1939 mit Neurath nach Prag gegangen war.

Haltung zum Attentat

Die Quellenlage ist für dieses Thema leider recht unergiebig, da es verständlicherweise keine schriftlichen Aussagen aus der Zeit vor Kriegsende gibt. Brücklmeier, Schulenburg und Schwerin sprachen selbst mit ihren Frauen nicht über ein mögliches Attentat, um sie nicht zu belasten, sondern ließen es immer ganz generell bei der Feststellung, daß etwas gegen das Regime geplant sei. So stammen alle Äußerungen hierzu aus der Zeit nach dem 20. Juli 1944 und sind dementsprechend vorsichtig zu beurteilen.

Die Haltung der Freunde gegenüber einem Attentat oder, wie sie es etwas altväterlich nannten, gegenüber dem Tyrannenmord wurde wieder und wieder im Verlaufe des Krieges gestellt und verlor bis zum letzten Tag nicht ihre Brisanz. Daß ein Staatsstreich, ein gewaltsamer Umsturz notwendig sei, war den Freunden schon lange deutlich. Die Frage war hier nur der richtige Zeitpunkt und vor allem das ›Wie‹. Wussow berichtet von einer Unterhaltung vor 1938 in einem größeren Kreis, bei der Schwerin ihn fragte, was er glaube, wie lange Hitler noch an der Macht bleiben werde. Wussow antwortete: »Wenn wir weiter nichts tun als reden und keine Möglichkeit zum Handeln finden, so lange wie er lebt. Es ist unsere Pflicht, dafür zu sorgen, daß sein Leben so kurz wie möglich ist«. Schwerin sei schockiert gewesen, schreibt Wussow, und hätte ihn für zu pessimistisch gehalten.[49]

Schulenburg und Kessel bejahten, wie gezeigt, im Sommer 1939 die physische Ausschaltung Hitlers. »In der Frage des Tyrannenmordes« schrieb Kessel, »habe ich eine absolute Stellung eingenommen und nie diejenigen aus unserem Kreis – und es waren derer nur zwei –[50] verstanden, die erklärten, man dürfe einen Menschen nicht töten, selbst wenn er, wie sie selber zugäben, den Tod tausendfach verdient habe. Das Verhältnis zur Obrigkeit habe ich stets als ein auf Gegenseitigkeit aufgebautes angesehen«.

Schon Ende August 1937, als Kessel zum erstenmal Hitler dienstlich gegenüberstand, hatte er die Möglichkeiten eines Attentates erwogen. Einen Revolveranschlag lehnte der Diplomat nach dem Rat von Sachverständigen als nicht erfolgversprechend ab. Einen Fehlschlag wollte er schon aus Rücksicht auf die dann gefährdeten Freunde und die Familie nicht riskieren. Es fehlten ihm, wie er schrieb, die technischen Möglichkeiten. Letztlich, und wer könnte es ihm verdenken, mangelte es ihm wahrscheinlich am entscheidenden Impetus, so wie eben auch zwei Jahre später Falkenhausen gleichfalls auf die technische Undurchführbarkeit hingewiesen hatte. Fest steht, daß sich Kessel wohl bereits ziemlich früh für ein Attentat ausgesprochen hat.[51] Diese Haltung Kessels wird von Kordt bestätigt, wenn er schreibt, daß er im November 1939 als Dritten Kessel in seine eigenen Attentatspläne einweihte. Kessel hätte dem Vorhaben zugestimmt und Hilfe zugesagt.[52]

Von Schwerin liegen vor Kriegsausbruch zu dieser Frage keine Aussagen vor. Offenbar war er, als er dem Stab Witzlebens angehörte, wie auch der General der Meinung, daß man die Rückkehr zur

Legalität nicht mit einem Mord beginnen und Hitler nicht zum Märtyrer machen dürfe.[53] Allerdings änderte sich Schwerins Ansicht Anfang 1942.

Über Yorcks Position sind die Auffassungen kontrovers, was wesentlich auf die Darstellung Ger van Roons zurückzuführen ist.[54] Roon schreibt, Moltke, aber auch Yorck hätten das Attentat aus religiösen und ethischen Gründen abgelehnt, und Yorck hätte erst unter dem Eindruck der Verhaftung von Leber und Reichwein am 4./5. Juli 1944 dem Attentat zugestimmt. Roon übernimmt hier im wesentlichen die Sichtweise von Pfarrer Poelchau, von dem Gerstenmaier allerdings feststellt, daß er nach der Teilnahme an der Kreisauer Tagung von Pfingsten 1942 (vgl. S. 422) erst im Gefängnis von Tegel wieder mit den noch lebenden Freunden in regelmäßigen Kontakt trat.[55] Auch Steltzer ist der Ansicht, daß Yorck seine und Moltkes Ablehnung eines Attentates geteilt habe, da ein Attentat kein zulässiges Mittel der Politik sei und eine neue Dolchstoßlegende befürchtet werden müsse.[56]

Roon bezieht sich auf einen Moltke-Brief vom 26. Januar 1943, in dem Moltke berichtet, daß er und Yorck »glücklicherweise wieder vollkommen auf einer Linie« seien. Die »Linie« ist offenbar Moltkes Ansicht, daß ein gewaltsamer Umsturz aufgrund der gegebenen Umstände zu diesem Zeitpunkt nicht möglich sei und auch nicht angestrebt werden solle; dies sei sozusagen eine Vergeudung der Kräfte. Es gelte, Geduld zu haben, zu warten und sich nicht in Aktivismus zu verrennen.[57] Diese Briefstellen Moltkes als Beleg für die ablehnende Haltung Yorcks gegenüber einem Attentat heranzuziehen, führt jedoch meines Erachtens zu einer Fehlinterpretation. Abgesehen von Kessels eigenem gefestigtem Standpunkt zu dieser Frage und seiner Nähe zu Yorck sowie seiner impliziten Aussage zu Yorcks Haltung gibt es noch drei bis vier weitere wichtige Aussagen, die hier heranzuziehen sind: die der Gräfin Yorck, Ehrensbergers, Gerstenmaiers und van Husens. Im Gegensatz zu den Ehefrauen von Brücklmeier, Schwerin und Schulenburg war Marion Yorck auch im Krieg, zumindest bis Anfang 1943, ständig mit ihrem Mann zusammen. Danach lebte sie zwar auf dem Gut Kauern, pendelte aber viel zwischen Schlesien und Berlin hin und her. Aufgrund dieser Lebenssituation und der völlig offenen Zusammenarbeit auch im Widerstand zwischen den beiden Eheleuten kommt ihrer Aussage gegenüber Roon besonderes Gewicht zu: »Mein Mann hat am 20. Juli nicht deswegen mitgewirkt, weil er sich in einer Zwangslage befand, ... sondern weil es seiner Überzeugung entsprach, daß Hitler Macht in Form physischer Gewalt entgegengestellt werden mußte«.[58] Ehrensberger kannte Yorck seit etwa 1926/28. Er berichtete über ein Gespräch vom Mai 1942, in dem Yorck ein Attentat auch im Krieg bejahte, »um den Krieg zu liquidieren« und zwar möglichst sofort.[59] Auch Gerstenmaier, der seit Anfang September 1943 mit Moltke und Yorck zusammen in Yorcks Haus lebte, berichtet von Yorcks Erkenntnis, daß ein Attentat notwendig sei.[60] Das gleiche gilt für Paulus van Husen, der Yorck sehr häufig sah. Husen geht sogar noch weiter: »So ergab erst die Verbindung Yorcks mit dem von komprimiertester Leidenschaft erfüllten Stauffenberg die Initialzündung«. Husen ist außerdem überzeugt, daß sich Moltkes ursprüngliche Haltung zur Frage der Gewaltanwendung bis zu seiner Verhaftung völlig verändert hat. Im Januar 1944 habe Moltke dem Versuch einer gewaltsamen Beseitigung des Regimes zugestimmt, wenngleich er tief innerlich wohl vom schicksalhaften Ablauf der Katastrophe überzeugt gewesen sei. Insofern entspreche das Bild Moltkes als eines jede Gewalt ablehnenden Christen – so hat er sich selbst in seinem Abschiedsbrief charakterisiert – nicht den Tatsachen. Marion Yorck teilt Husens Auffassung und meint, daß Moltke mit Yorck zusammen an Stauffenbergs Seite gestanden hätte.[61]

Gerstenmaier weist auch zu Recht auf den Widerspruch hin, daß Moltke über Jahre auf einen Staatsstreich durch das Militär hoffte und zum Teil auch vorbereitend tätig war, aber gleichzeitig Gewaltanwendung vollkommen abgelehnt haben sollte.[62] Husen sieht dies 1948 genauso und weist auf Moltkes Absicht nach Weihnachten 1943 hin, Leber, den unbedingten Anhänger der gewaltsamen Lösung, mit Falkenhausen in Brüssel in Verbindung zu bringen.[63]

Abschließend bleibt festzuhalten, daß sich die Freunde schon früh, wahrscheinlich vor 1938, mit der Frage eines gewaltsamen Umsturzes beschäftigten und nach für jeden einzelnen schwierigen Überlegungen bald zu dem Schluß kamen, die Notwendigkeit der Ermordung als einen »Akt der Notwehr« (Kessel) zu akzeptieren. Die Gewissenskultur, in der jeder von ihnen erzogen war, hieß sie die Tat ablehnen (Gerstenmaier), und es gab wichtige religiös-ethische wie auch polistische Gründe (Dolchstoßlegende), die dagegen sprachen. Wiederholt griffen sie Überlegungen auf, die einen Regimewechsel versprachen ohne Attentat, denn »Meuchelmord ist es doch« (Yorck). In den Vernehmungen nach dem 20. Juli äußerte sich Schwerin dazu: »Sie seien eingehend mit sich zu Rate gegangen und zu dem Schluß gekommen, was sie beachsichtigten, sei nicht Mord, sondern ein Gericht. Hitler habe einen ungeheuren Verrat am deutschen Volke begangen. An die Stelle von Sauberkeit sei Korruption, von Gewissensfreiheit Gewissenszwang, von Gerechtigkeit Willkür und von Frieden Krieg getreten. Sein Tod sei die einzige Chance, dem deutschen Volk wieder Befreiung zu verschaffen«.[64]

Der Sommer 1939

Während der Sommerwochen liefen die Auswärtigen Ämter der europäischen Staaten auf Hochtouren. Kessel, der am 17. Juli seine Arbeit im Vorzimmer Weizsäckers wieder aufgenommen hatte, und Brücklmeier waren ständig mit ihren Vorgesetzten Weizsäcker und Ribbentrop unterwegs. Für Brücklmeier war dies ein echtes Opfer, da sein erstes (und einziges) Kind Anfang Juli geboren worden war und er gern in der Nähe von Frau und Tochter geblieben wäre. Statt dessen mußte er in der zweiten Juli-Hälfte Erich Kordt beim Außenminister ablösen,[65] der in diesen Wochen auf seinem Schloß Fuschl in der Nähe Hitlers residierte. Brücklmeier begleitete den Außenminister überall hin, nach Godesberg, Wien, Paris und Moskau. Auf zahlreichen Pressefotos der Epoche, bei diversen Vertragsunterzeichnungen sah man Brücklmeier im Hintergrund stehen, so daß die Freunde ihn ironisch, die Titelsucht der Nazis persiflierend, den »Reichstintenlöscher« nannten, so wie etwa Eschenburg den Finanzminister v. Krosigk, allerdings kritisch, als den »Reichsgeneralbuchhalter« bezeichnete.[66]

Brücklmeier arbeitete nun seit nahezu drei Jahren unter Ribbentrop und in dessen unmittelbarer Umgebung. Seiner Stellung bei Ribbentrop tat es zunächst keinen Abbruch, daß sich mehrfach mit heftigen Worten ausgetragene Meinungsverschiedenheiten zwischen ihm und seinem Vorgesetzten ergaben. Schon in London hatte er es sich erlaubt, seinem Chef in lautstarken Auseinandersetzungen zu widersprechen. Nach dem Gespräch mit dem polnischen Außenminister Beck am 6. Januar 1939 in München kam es erneut zu Divergenzen über die zu verfolgende deutsche Polenpolitik, wobei die Position Brücklmeiers nicht mehr festzustellen ist.[67]

Dagegen ist die nächste und dann auch letzte Auseinandersetzung Brücklmeiers mit seinem Vorgesetzten in Fuschl gut belegt. Bei einem Gespräch zwischen Ciano und Ribbentrop am 11. August, bei der auch Brücklmeier anwesend war, ging es um die italienische Haltung, falls es zu einem Krieg mit Polen und, daraus folgend, mit England käme. Ribbentrop glaubte, aus dem Verhalten Cianos schließen zu dürfen, daß Mussolini zu seinen Verpflichtungen aus dem »Stahlpakt« stehen würde. Brücklmeier war gegenteiliger Auffassung und teilte diese nicht nur Ribbentrop, sondern auch Hitler in seinem Vortrag auf dem Obersalzberg auf Anfrage mit.[68] Mit dieser Einschätzung sollte Brücklmeier schon wenig später, am 25. August, Recht behalten.

Elf Tage nach dem Ciano-Ribbentrop-Gespräch flog er im Gefolge des Außenministers nach Moskau. Dort konnte Ribbentrop den größten Triumph seiner Laufbahn verbuchen, der Hitler den Weg in den Abgrund endgültig ermöglichte. Brücklmeier bemerkte zu diesem Vertrag, Ribbentrop habe ihn unterzeichnet mit dem Vertragsbruch im Herzen.

Am gleichen Tag, als die Delegation Richtung Moskau flog, war auch Schwerin auf dem Wege nach Osten, nach Danzig. Wie schon in den vergangenen Monaten überbrachte er eine Botschaft Weizsäckers an den Danziger Hohen Kommissar des Völkerbundes, Burckhardt. Kessel muß Weizsäcker 1938, als dieser gerade Staatssekretär geworden war und nach einem Emissär zu Burckhardt suchte, auf Schwerin aufmerksam gemacht haben. Man hielt den Gutsbesitzer für besonders geeignet, da Sartowitz ihm die Legitimation gab, öfters über Danzig zu reisen, ohne daß dafür ein besonderer Vorwand gefunden werden mußte. Tatsächlich konnte Schwerin Burckhardt nur zwei- oder dreimal treffen, da er offenbar überwacht wurde.[69]

Am 22. August 1939 trafen sich Schwerin und Burckhardt zum letztenmal. Schwerin war extra von Berlin mit dem Morgenflugzeug nach Danzig geflogen, um dem Hohen Kommissar eine Botschaft Weizsäckers zu übermitteln, die er am Abend zuvor durch Kessel erhalten hatte. Adressat war die britische Regierung.

Schwerin erklärte Burckhardt auftragsgemäß, daß Deutschland in drei Tagen (am 25. August) sehr wahrscheinlich Danzig und vielleicht sogar den Korridor besetzen würde. Es sei deshalb dringend geboten, daß London endlich jemanden nach Deutschland schicke, um den britischen Standpunkt zu erläutern, möglichst einen Offizier. Nur so könne der Krieg verhindert werden. Der beste Zeitpunkt für einen Besuch sei der 23. oder 24. August, da Ribbentrop dann in Moskau sei und den Besuch nicht verhindern könne.[70]

Schwerin kehrte nach diesem Gespräch mit der letzten Linienmaschine vor Kriegsausbruch nach Berlin zurück. Burckhardt jedoch eilte zum britischen Generalkonsul Shepherd, der die Botschaft nach London telegraphierte, wo sie kurz vor 17 Uhr in die gerade stattfindende Kabinettssitzung gebracht wurde.

Ein wichtiger Tagesordnungspunkt war, wie die britische Regierung Hitler am besten die eigene Haltung deutlich machen könnte. Die Optionen waren eine weitere öffentliche Erklärung oder ein persönlicher Brief Chamberlains direkt an Hitler oder die Entsendung eines Sonderbeauftragten nach Berchtesgaden, der den englischen Standpunkt mündlich erläutern würde. Aber wer sollte der Sonderbeauftragte sein? Gute Ratschläge waren von allen Seiten gekommen und lagen nun auf dem Kabinettstisch. Die englischen Botschafter in Berlin und Rom plädierten für die Entsendung von Sonderbeauftragten an Hitler und Mussolini. Laut Botschafter Henderson in Berlin sollte der Beauftragte, möglichst jemand wie General Sir E. Ironside, einen Brief überbringen, den er dann erläutern konnte.

Auch Trott schaltete sich in diese Diskussion noch einmal ein. Er hatte am Wochenende des 19. und 20. August seinen Freund Peter Bielenberg nach London geschickt, um auf eine Verdeutlichung des britischen Standpunktes zu drängen. Bielenberg und David Astor empfahlen schließlich Halifax schriftlich, da sie ihn nicht hatten sprechen können, Lord Gort, den Armee-Generalstabschef, zu Hitler zu schicken.[71] Gerhard Schwerin hatte ja bereits sechs Wochen zuvor seinen englischen Gesprächspartnern geraten, Lord Gort solle etwas »Dramatisches« tun (vgl. S. 176). Der britische Premier entschied schließlich gegen einen Offizier wie Ironside oder Gort als Sonderbeauftragten, wie ihm dies auch noch einmal von Weizsäcker über Schwerin / Burckhardt nahegelegt worden war. Er beschloß statt dessen, daß der britische Botschafter Henderson der Überbringer seines persönlichen Briefes an Hitler sein solle. Chamberlain hatte damit den normalen Kanal gewählt und jede Dramatik vermieden. Hitler konnte sich, da kein öffentlicher Druck ausgeübt worden war, über jede englische Warnung hinwegsetzen.[72]

Am nächsten Morgen, es war der 23. August, flog daher Henderson in Begleitung Weizsäckers von Berlin nach Berchtesgaden. Kessel, der den Staatssekretär begleitete, riet bei der Begrüßung auf dem Rollfeld in Berlin dem britischen Botschafter, er müsse heute »sehr energisch« auftreten. Jedoch alles Zureden, ausgefeilte Briefe, gut arrangierte Gespräche führten zu nichts. Henderson meinte nach seinen zwei Begegnungen mit Hitler schon am 23. August, daß der Krieg unvermeidlich sei und sein Auftrag in Berlin und bei Hitler mit einem Mißerfolg enden werde.

Hitler, der am 22. Augst vor seinen Befehlshabern getönt hatte, das Ziel sei die Vernichtung Polens, seiner Lebenskraft, es gehe nicht um Recht, sondern ausschließlich um Sieg – »unsere Gegner sind Würmchen« –[73], gab am 25. August um 15.00 Uhr wie geplant den Angriffsbefehl. Drei Stunden später nahm er ihn wieder zurück, da Italien Deutschland, wie Brücklmeier vorhergesehen hatte, die Gefolgschaft verweigerte, und England mit Polen am selben Tag einen formellen Beistandspakt geschlossen hatte. Diesmal schien die feste britische Haltung zu wirken. Die Erleichterung bei Brücklmeier, Kessel und Wussow, die alle Vorgänge aus nächster Nähe in der Reichskanzlei und im OKH miterlebt hatten, war enorm. Vor allem auch die Offiziere glaubten, daß sich diesmal der professionelle va-banque-Spieler an der Spitze des Reiches ausmanöveriert habe. Oster: »Das kommt davon, wenn ein Gefreiter Krieg führen will. Der Führer hat ausgeführt«. Canaris: »Von diesem Schlag erholt er sich nie wieder. Der Friede ist für zwanzig Jahre gerettet«.[74] Hassell fand das schöne Bild: »Es ist wie mit einer Sektflasche, einmal geöffnet, knallt sie nie wieder«.[75]

Diese Erleichterung macht nur allzu deutlich, wie sehr Hitlers Absichten, nicht nur von diesen Männern, mißverstanden worden waren. Der Jubel der deutschen Friedensfraktion war fehl am Platz. Hitlers neurotische Kriegssehnsucht war durch rationale Erwägungen höchstens zeitlich begrenzt zu beeinflussen. Schon während der Sudetenkrise war Brücklmeier Ohrenzeuge einer Äußerung Hitlers geworden, die dann in ihrer ganzen Obszönität von Ribbentrop voller Begeisterung kolportiert wurde: »Das Volk muß, ob es will oder nicht, zu seiner Bestimmung gezwungen werden. Erst wenn das deutsche Volk bis an die Knie in Blut watet, wird es erkennen, was seine wirkliche Bestimmung ist«.[76]

Sechs Tage nach dem ersten vergeblichen Anlauf befahl Hitler erneut den Angriff auf Polen, denn die Bestimmung des deutschen Volkes lag im Osten. Sehr bald sollte das Volk in Blut waten, in seinem eigenen und dem anderer. Canaris, der am 25. August gemeint hatte, ein Pferd, das einmal ein Hindernis refüsiere, springe nicht ein zweites Mal, sollte mit seiner nächsten Prophezeiung Recht behalten: Diesmal sah er das Finis Germaniae kommen.

11. Kapitel

Von Warschau nach Paris

Die Salven der »Schleswig-Holstein« auf die Danziger Westerplatte bedeuteten erst einmal nur für zwei der Freunde einen radikalen Einschnitt in ihr Leben. Schwerin und Yorck wurden als Leutnants der Reserve in der Nacht des 25. August zu ihren Regimentern einberufen. Am 26. August stieß Schwerin zum III. Bataillon des Infanterieregiments 48 in Neustrelitz. In Klein-Oels sah die alte Gräfin Yorck ihre vier Söhne in den Krieg ziehen. Der zweitjüngste, Hans, der Unteroffizier geblieben war, da er den Eid auf Hitler ablehnte, fiel bereits 14 Tage nach diesem Abschied. Nur ein Sohn sollte den Krieg überleben. Peter Yorck trat zu dem in Sagan liegenden Panzerregiment 15. Das Bataillon, dem Schwerin als Ordonanzoffizier zugeteilt war, wurde in wenigen Tagen vollkommen neu aus Reservisten aufgestellt, was trotz genauer Vorplanung offenbar nur unter chaotischen Umständen gelang. Um so mehr erstaunte Schwerin dann das relativ gute Funktionieren der militärischen Maschinerie. Der »Blitzkrieg« war für das Bataillon am 19. September beendet; es hatte in den vierzehn Tagen 41 Soldaten verloren.[1]

Yorck machte als Regimentsadjutant die Umfassungsbewegung am Bug mit, die die polnischen Truppen westlich des Flusses einschloß. Schwerin wie auch Yorck waren von Hilfsbereitschaft und Zusammengehörigkeit der Soldaten beeindruckt[2], so daß sich Schwerin weigerte, das Eiserne Kreuz anzunehmen, bevor nicht auch die Mannschaftsdienstgrade des Bataillons damit ausgezeichnet wurden. Das Hakenkreuz darauf veranlaßte Schwerin jedoch, seiner Frau zu verbieten, seine eventuelle Todesanzeige wie sonst üblich unter das derartig verunstaltete Kreuz zu setzen: »Ich lasse mich nicht von dem Mann belohnen, und ich sterbe auch nicht für ihn«. Den beiden körperlich nicht gerade robusten Reserveoffizieren vermittelte der

Polenfeldzug die ermutigende Erfahrung, daß sie diesen Strapazen und Gefahren gewachsen waren.[3]

Unter den in Berlin verbliebenen Freunden hatte sich nach Kriegsausbruch eine deprimierte Stimmung breitgemacht. Es galt als ausgeschlossen, daß man in diesen ersten Kriegswochen etwas gegen Hitler und sein Regime würde unternehmen können. Der englische Botschafter Henderson hatte im Frühjahr 1939 in einem Gespräch über die Gefährlichkeit der deutsch-englischen Spannungen schließlich die Bemerkung hingeworfen: »Why don't you get rid of Hitler?« (»Warum werdet ihr Hitler nicht los?«). Kessel war entrüstet über diese ignorante Leichtfertigkeit des Botschafters gewesen. Henderson mußte doch wissen, daß Hitlers innenpolitische Stellung nach der englischen Kapitulation in München stärker war als je zuvor. Als Kessel daher Henderson nach der englischen Kriegserklärung begegnete, soll er gegenüber dem Botschafter bemerkt haben: »now *you* try to get rid of Hitler!« (»Jetzt müssen Sie versuchen, Hitler los zu werden!«)[4]

Eine Beurteilung der Lage war in diesen Tagen schwierig. Zwar war man sich über das militärische Schicksal Polens schon nach einer knappen Woche einig,[5] was jedoch würden die Westmächte tun? Es war nicht einfach, sich der Naziargumentation zu entziehen, die aufgrund des Stalin-Hitler-Paktes ein Eingreifen der Alliierten zugunsten Polens ausschloß. Hitler werde im Westen einfach hinter dem sicheren Westwall bleiben, und die Alliierten würden nicht Millionen ihrer Soldaten an ihm verbluten lassen. Hitlers außenpolitische Lage galt als ausgesprochen günstig.[6] Andererseits glaubten die Freunde, daß ein Krieg mit England schon bald mit einer Niederlage enden werde. Die Engländer würden Berlin bombardieren, Tag und Nacht, und zwar auch zivile Ziele. Der Zusammenbruch wäre unvermeidlich, so behauptete Brücklmeier am 6. September.[7] Sollten sich die Westmächte trotzdem, wie die Nazis hofften, zurückhalten, dann werde Hitler erneut die Initiative ergreifen und aufgrund seiner Ungeduld Deutschland in den Abgrund führen. Dies erklärte Kessel seinen Freunden Trott, Wussow, Nostitz und Brücklmeier bei einem der abendlichen Treffen Anfang September. Ein Friede, so Kessel, könne nur zwischen dem deutschen Volk und den anderen Völker geschlossen werden, nicht aber zwischen Hitler und den ihn bekämpfenden Staaten. Aus diesem Grunde sei es wichtig, die Kriegsursache, nämlich Hitler, zu beseitigen, um den andern Völkern den Weg zum Frieden zu eröffnen. Dies sei die Aufgabe ihres Kreises: »Nicht als Soldat Hitlers, sondern als seine Gegner dienten wir am besten Deutschland und seinen Interessen. Die Flucht an die Front und zum Militär sei eine Feigheit. Nur die, die bereit seien, bis zum Ende zu denken, zählten in einer Zeit wie der jetzigen und nicht die, die gedankenlos Befehle ausführten«.[8]

Wussow war mit Kriegsausbruch von dem Versicherungsmakler Otto Hübener das Gehalt um die Hälfte gekürzt worden, was einer Kündigung gleichkam, da Wussow vom Rest nicht leben konnte. Wussow hatte sich bereits im Juli um die Nachfolge Kessels bei Neurath bemüht. Anscheinend war der Reichsprotektor mit seiner Bewerbung einverstanden gewesen, die auch nachhaltig von Kessel unterstützt worden war; sie scheiterte jedoch an Hitlers Einspruch. Der vorsichtige Chef der Reichskanzlei, Lammers, hatte Hitler den Fall vorgetragen, und dieser hatte mit dem Hinweis auf Wussows englische Frau abgelehnt. Brücklmeier fand für den Freund eine neue Stelle in der gerade gegründeten Informationsabteilung des Auswärtigen Amtes, deren Leiter der Gesandte Altenburg war. In diesen Tagen wurde auch Trott zeitlich befristet in dieser Abteilung eingestellt, um seine Reise in die USA, die er am 19. September begann, durchführen zu können. Trott sollte – finanziert durch die Rhodes-Stiftung – am Institut of Pacific Relations in New Yorck ein halbes Jahr arbeiten und im Oktober an einer internationalen Konferenz über den pazifischen Raum teilnehmen. Er versuchte, während seines USA-Aufenthaltes für die deutsche Opposition Verständnis und Unterstützung zu mobilisieren, was jedoch an dem Mißtrauen der Amerikaner, die in ihm einen Agenten vermuteten, scheiterte. Er kehrte Mitte des folgenden Jahres endgültig in die Informationsabteilung zurück.[9]

Während Brücklmeier auf diese Weise Wussow helfen konnte, lief im Reichssicherheitshauptamt, ausgelöst durch eine Denunziation vom 7. September, eine Untersuchung gegen ihn, die am 6. Oktober schließlich zu seiner Verhaftung führte. Genau einen Monat zuvor, am 6. September, war Brücklmeier bei seinem Hausarzt Dr. Karnitschnig, einem SS-Hauptsturmführer, zum Abendessen gewesen. Der Kontakt war durch ein Ehepaar v. Schneller zustande gekommen, das seit 20 Jahren mit der Familie von Brücklmeiers Frau eng befreundet war. Brücklmeier durfte sich wohl mit Recht einigermaßen sicher fühlen, auch wenn der Arzt in der SS war. Er wußte nur zu gut aus eigener Erfahrung, daß die Wege in die SS vielfältig waren. Nachdem Frau Karnitschnig ihre Freundin v. Schneller aufgeregt über Brücklmeiers Äußerungen am Abend zuvor angerufen hatte, denunzierten ihn die beiden Ehemänner noch am gleichen Tag. Hauptinhalt waren seine defaitistischen Äußerungen zu den Kriegsaussichten, die nur einen Ausweg ließen, nämlich einen raschen Friedensschluß mit Polen unter Beanspruchung Danzigs und des Korridors sowie der Gewährung voller Autonomie für die Tschechei. Vorsichtigerweise bezeichnete Brücklmeier Hitler als Genie, aber »auch ein Genie hat, wie die Weltgeschichte erweist, Niederlagen hinnehmen müssen, wie beispielsweise Napoleon vor Moskau«. Schneller wies noch darauf hin, daß Brücklmeier in der eigenen Wohnung nur unter großer Vorsicht Gespräche führe, da er ein zu Abhörzwecken installiertes Mikrophon in seinem Telefon fürchte. Dies war in der Tat eine Befürchtung, die alle Mitglieder des Freundeskreises teilten, und der sie unter anderem mit dem obligaten Sofakissen über dem Telefonapparat zu begegnen suchten.[10]

Brücklmeier wurde drei Tage in der Prinz-Albrechtstraße 8 festgehalten, allerdings nicht im berüchtigten Kellergefängnis, sondern in einem Zimmer der oberen Etage. Seine Vernehmung leitete der Chef des Reichssicherheitshauptamtes, Heydrich, persönlich. Die beiden Männer kannten sich vom Obersalzberg. Brücklmeier hatte sich gegenüber seiner Frau über Heydrich geäußert: »Vor diesem Mann muß ich mich in acht nehmen. Er hat eine Nase wie ein Jagdhund. Ich kann mich noch so sehr als Nazi geben. Der bleibt mißtrauisch und sagt, der ist keiner!«[11] Himmler äußerte sich ähnlich über seinen Adlatus: Er besitze »eine untrügerische Witterung für Menschen. Er sah mit einer geradezu verblüffenden Hellsicht die Wege voraus, die Freund wie Feind gehen würden«.[12] Brücklmeier verteidigte sich geschickt mit halben Eingeständnissen und dem generellen Tenor, daß seine Äußerungen, aus dem Zusammenhang gerissen, sinnentstellt wiedergegeben worden seien. Er gab zu Protokoll: »Es ist falsch, diesen Krieg als ein Kinderspiel zu betrachten und gerade wir als SS-Führer müssen uns klar darüber sein, daß wir sehr ernsten Zeiten entgegensehen und die Ohren steif halten müssen«. Sekundiert vom Leiter der Personalabteilung des Auswärtigen Amtes und alten Kämpfer, Kriebel, den Ribbentrop auf Intervention Erich Kordts mit der Interessenwahrung des Auswärtigen Amtes betraut hatte, gelang es Brücklmeier, auch die persönliche Konfrontation, von Heydrich inszeniert, mit den beiden Denunzianten durchzustehen. Das amtliche Fazit blieb jedoch, daß »seine Äußerungen auf Außenstehende eine absolut defaitistische Wirkung hervorrufen mußten«. Heydrich schlug darum Ribbentrop am 10. Oktober vor, Brücklmeier auf sechs Wochen in die »Erziehungsabteilung« des KZ Sachsenhausen einzuweisen und aus der SS, in die ihn der Außenminister gerade ein Jahr zuvor hineinlanciert hatte, auszuschließen. Das Auswärtige Amt beantwortete diese Vorschläge jedoch nicht; statt dessen befürworteten Weizsäcker und der Personalchef Kriebel disziplinarische Maßnahmen und einen unpolitischen Außenposten. Ribbentrop, der sich die Erwähnung des Namens Brücklmeier in Zukunft verbat, verlangte jedoch die Entfernung aus dem Auswärtigen Amt. Das Disziplinarverfahren endete im Mai des folgendes Jahres mit Brücklmeiers Versetzung in den Ruhestand unter Beibehaltung der Bezüge relativ »sanft«. In der schwedischen Presse wurde der Fall dahingehend kommentiert, daß die Opposition in Deutschland gegen die Nationalsozialisten an Stärke gewonnen haben müsse, da aus der unmittelbaren Umgebung des Außenministers ein Beamter wegen politischer Unzuverlässigkeit verhaftet und dann aus dem Amt entfernt werden mußte. Über den Einfluß dieses Artikels auf Brücklmeiers Verfahren kann man nur mutmaßen.[13]

Diese noch gerade glimpflich ausgegangene Episode war für Kordt, Kessel, Wussow und die übrigen Freunde eine nachhaltige Warnung; auch Kessel galt bereits aufgrund einiger mehr dem Ton als dem Inhalt nach kritischer Bemerkungen in der Umgebung Hitlers als Defaitist. Hitlers Adjutant, Hauptmann Engel, hatte sie denunziatorisch weitergetragen mit dem Tenor: Defaitisten und Schlappmacher im Auswärtigen Amt.[14] Es war daher wichtig, sich mehr noch als bisher zu tarnen und zurückzuhalten. So besuchten Erich Kordt und das Ehepaar Wussow ihren Freund Brücklmeier nur noch im Schutz der Dunkelheit. Brücklmeiers selbst zogen sich zurück, um niemanden zu gefährden. Erich Kordt riet Frau Brücklmeier, ihren Mann nicht mehr allein aus dem Haus gehen zu lassen. So begleitete sie ihn bis zu ihrer Abreise aus Berlin im Januar 1940 überall hin, selbst zum Friseur.[15]

Wie stark der Druck auf ihm lastete, wurde Kessel klar, als Schwerin und Yorck nach dem Polenfeldzug wieder in Berlin auftauchten. Er fand die Freunde »voll Tatkraft und Optimismus wie seit langem nicht ... Von den Enttäuschungen und Befürchtungen ihrer illegalen Tätigkeit auf einige Wochen entbunden, hatten sie eine gelöste, fast heitere Frische wiedergefunden.[16]

Schwerin kam zum erstenmal am 8. Oktober aus Polen zurück – Brücklmeier war noch in Gestapohaft –, um an der Beerdigung seines Schwiegervaters Sahm teilzunehmen. Der Gesandte war am 3. Oktober in Oslo gestorben. Die letzten elf Monate waren für den ehemaligen Danziger Senatspräsidenten und Berliner Oberbürgermeister nicht einfach gewesen, da ihn Ribbentrop unbedingt loswerden wollte. Der 62jährige Beamte alter Schule hatte schließlich nach entwürdigendem Hin und Her zum 1. Oktober um seine Versetzung in den Ruhestand gebeten. Bei vollem Bewußtsein hatte er noch die »Heimkehr« Danzigs erlebt. Als ihm zu dieser Krönung seines Lebenswerkes von allen Seiten gratuliert wurde, meinte er nur bitter, so habe er sich das Deutschwerden der Stadt nicht vorgestellt.

Nach der Kriegserklärung Englands und Frankreichs am 3. September kreisten alle Gedanken um die Frage, wie sich die Westmächte und Hitler weiter verhalten würden. Nachdem um den 17. September der Sieg in Polen feststand, ergriff Hitler wieder, wie Kessel im Kreis der Freunde richtig vorausgesagt hatte, die Initiative. Schon vor dem 20. September hatte er durch einen Adjutanten Keitel mitteilen lassen, daß er einen Feldzug gegen die Westmächte plane. Eine Woche später, am 27. September, machte er die Oberbefehlshaber der Teilstreitkräfte und Halder, den Chef des Generalstabes, persönlich mit seinen Absichten bekannt. Vor allem den Offizieren des Heeres waren noch die blutigen Schlachten des Ersten Weltkriegs in Erinnerung, die mit Deutschlands Niederlage geendet hatten. Zudem erschien die Idee eines Blitzkrieges, wie er eben in Polen gelungen war, aufgrund der Wetterverhältnisse zum Zeitpunkt der geplanten Offensive im November blanker Wahnsinn.[17] In dieser Situation erhielt die kleine Abteilung zu besonderer Verfügung (z. b. V.) im Generalstab des Heeres unter Groscurth Gewicht, die nach außen als Verbindungsstelle zwischen Abwehr und Generalstab eingerichtet worden war, tatsächlich jedoch Halder bei eventuellen Putschabsichten den Rücken stärken sollte und als Planungszelle für die Staatsstreichvorbereitungen des Jahres 1939 gelten muß. Groscurth, ein Freund Osters, war bis Dezember 1938 einer der Abteilungsleiter der Abwehr – zuständig für Sabotage – gewesen und hatte seinen neuen Posten am 26. August 1939 angetreten. Am 2. Oktober stieß der Legationsrat Hasso v. Etzdorf, von Weizsäcker aus dem Auswärtigen Amt zum Generalstab abgestellt, zu Groscurths Abteilung. Vom Auswärtigen Amt hielt neben dem Leiter des Referates Politik I Militär (Pol IM) Freiherrn v. Heyden-Rynsch und dessen Mitarbeiter Gogo Nostitz vor allem auch der Vorgesetzte Brücklmeiers, Erich Kordt, zur Abwehr und der Abteilung z. b. V. enge Beziehungen. Er ließ sich der Brücklmeier-Affäre zum Trotz nicht in seiner illegalen Aktivität stören. Um den 19. Oktober verfaßte er mit Etzdorf und Groscurth eine Denkschrift, »Das drohende Unheil«, in der im Hinblick auf den geplanten Krieg im Westen zum Sturz des NS-Regimes aufgerufen wurde. Es findet sich hier die Ansicht wieder, die auch Kessel im September geäußert hatte, daß die Regierung Hitlers zu keinem Vergleichsfrieden mit den Gegnern kommen könne. Die Denkschrift wurde offenbar von den Spitzen der Generalität in Zossen gelesen, die inzwischen kritischer geworden war, nachdem Hitler am 22. Oktober den Termin für die gefürchtete Westoffensive auf den 12. November festgesetzt hatte.[18]

Als Hemmschuh für die Staatsstreichvorbereitungen während des Krieges wirkte sich die Angst der Generalität aus, nicht zu wissen, was die Engländer im Fall eines Putsches und der damit verbundenen Schwächung der deutschen Staatsführung zu tun beabsichtigten. Weizsäcker und Oster hatten Anfang Oktober Theo Kordt diese Probleme auseinandergesetzt, der von seiner neuen Dienststelle Bern nach Berlin gekommen war. Er versprach, über seine Londoner Gewährsmänner Conwell-Evans und Vansittart die Haltung der britischen Regierung herauszufinden. Conwell-Evans kam auch tatsächlich in die Schweiz und brachte eine Botschaft angeblich direkt von Chamberlain mit, die, wenn auch vage, zusammen mit der mündlichen Erklärung Evans' die Brüder Kordt und ihre Freunde über die britischen Intentionen beruhigte. Kessel schrieb noch 1944 über dieses von den Kordts beschaffte Dokument überschwenglich: »Nach Jahren war dies ein erstes Anzeichen, daß die Engländer wirkliches Verständnis für die Vorgänge in Deutschland aufbrachten und sich über den wahren Verlauf der geistigen Fronten in diesem Kampf klar geworden waren. Es war dies für unsere Sache ein Beitrag von unermeßlichem Wert«.[19]

Tatsächlich handelte es sich bei dem von Conwell-Evans übermittelten Text um einen Auszug aus einer Unterhausrede Chamberlains vom 12. Oktober, die vom BBC auch nach Deutschland ausgestrahlt worden war. Chamberlain hatte in dieser Rede das »Friedensangebot« Hitlers vom 6. Oktober abgelehnt. Keiner der Deutschen – Theo und Erich Kordt, Oster, Beck, Kessel und andere –, die das Schriftstück im Herbst 1939 sahen, hatte den Text mit der Chamberlain-Rede in Zusammenhang gebracht. Wer immer dieses Täuschungsmanöver – denn als solches ist diese Unterschiebung wohl zu bezeichnen – inszeniert hatte (Vansittart, Chamberlain oder Evans), hat dadurch seine

Mißachtung der deutschen Opposition ausgedrückt. Dies wäre mit Sicherheit als ein sehr entmutigendes Zeichen gedeutet worden, wenn die Brüder Kordt es bemerkt hätten. So jedoch bewirkte es das Gegenteil. Kessel und Kordt waren noch Jahre danach davon überzeugt, eine speziell für den deutschen Widerstand gemünzte Erklärung Chamberlains gelesen zu haben.[20]

Der Kontakt zu England wurde auch in diesen Monaten immer wieder gesucht und gefunden – oft mehrgleisig und unkoordiniert –, denn der britischen Haltung wurde entscheidendes Gewicht beigemessen. So sollte es auch in den folgenden Kriegsjahren bleiben. Fast zur gleichen Zeit wie Theo Kordt hatte Oster, diesmal zusammen mit Dohnanyi, den Münchner Rechtsanwalt Josef Müller auf den Weg gebracht. Er sollte Papst Pius XII. als Vermittler zu den Engländern gewinnen, was im Oktober zwar noch nicht gelang, aber der Papst, der Deutschland so gut aus seinen langen Jahren als Nuntius in Berlin kannte, hatte offenbar bereits eingewilligt.[21] Am 20. Oktober notierte Groscurth in seinem Tagebuch: »Auch der Papst ist sehr an einer Friedensvermitttlung interessiert und hält ehrenvollen Frieden für möglich. Verbürgt sich persönlich dafür, daß Deutschland nicht wie im Wald von Compiegne betrogen wird. Bei allen Friedensvermittlungen stößt man auf die kategorische Forderung nach der Beseitigung Hitlers«.[22]

Ende Oktober mußte es den Verschwörern in Berlin erscheinen, als ob das außenpolitische Terrain den Umständen entsprechend gesichert sei. Nur Hitler stand zwischen dem »Frieden mit Ehren« und dem Krieg; er allein beharrte auf der gefürchteten Westoffensive am 12. November. Die Tage bis dahin waren gezählt. In dieser Situation faßten zwei Männer entscheidende Entschlüsse:

Am 31. Oktober hatten Kordt und Oster Beck besucht, um ihm die »Chamberlain-Botschaft« zu zeigen. Oster hatte mit Blick auf die Westoffensive von der Notwendigkeit zum Handeln gesprochen und von seiner Befürchtung, daß sich die Generale wiederum hinter ihrem Eid verschanzen könnten, der »sie, wie sie sagten, an den lebenden Hitler binde«.[23] Kordt trieb dieses Wort vom »lebenden Hitler« um. Auch er war überzeugt, daß die von Hitler betriebene Offensive nicht stattfinden durfte. Besser als irgendeiner seiner Freunde im Widerstand hatte Kordt Zugang zur Reichskanzlei und damit zu Hitler. Als daher Oster am folgenden Tag, dem 1. November, auf das Gespräch vom Abend zuvor zurückkam und sagte: »Wir haben niemanden, der die Bombe wirft, um unsere Generale von ihren Skrupeln zu befreien«, antwortete ihm Kordt, er sei gerade deswegen gekommen. Er wolle die Bombe werfen. Als Termin wurde der 11. November vereinbart, der letzte Tag vor der drohenden Offensive. Zu diesem Zeitpunkt mußte zumindest großen Teilen der Wehrmacht klargeworden sein, was ihnen 21 Jahre nach dem Rückzug aus Frankreich unmittelbar bevorstand. Kordt weihte in seinen Entschluß, sich selbst zu opfern und Hitler zu töten, nur drei Menschen ein: seine Cousine Susanne Simonis sowie Kessel und Etzdorf.[24]

Selbst für Halder war Hitler inzwischen zu weit gegangen. Der Generalstabschef entschloß sich, nach dem er Groscurth am 31. Oktober unter Tränen anvertraut hatte, er gehe bereits seit Wochen mit einer Pistole in der Tasche zu »Emil«, wie er Hitler nannte, am folgenden Tag endgültig zum Staatsstreich. Sein Stellvertreter Stülpnagel erteilte Groscurth am 3. November schließlich den Auftrag, »die Vorbereitungen anlaufen zu lassen«. Dies entsprach ganz Groscurths Vorstellung.[25] Der Putsch würde zwar ohne die aktive Mitwirkung des Oberbefehlshabers des Heeres durchgeführt werden müssen, man war sich aber der stillschweigenden Duldung durch Brauchitsch sicher. Auch darüber war Kessel informiert.[26]

In diesen Tagen war Schwerin ein zweites Mal innerhalb von vier Wochen in Berlin, diesmal aus dem rechtsrheinischen Siegburg, wohin sein Regiment am 21. Oktober aus Polen verlegt worden war. So sehr sich Schwerin auch nach dem gemeinsamen Feldzug mit dem Infanterieregiment 48 verbunden fühlte,[27] so glaubte er doch, an anderer Stelle für die Opposition nützlicher sein zu können. Deshalb wollte er sich in Berlin mit Oster beraten. Schwerin war ja ausdrücklich deshalb Reserveoffizier geworden, um mit Hilfe von Osters Beziehungen »richtig« eingesetzt werden zu können. Dies klappte jetzt zum erstenmal programmgemäß. Schwerin wurde in den Stab der 1. Armee, der damals in Bad Kreuznach lag, versetzt. Der Befehlshaber war Generaloberst v. Witzleben, den Schwerin ja bereits durch Oster seit 1937/38 relativ gut kannte. Er wurde dem General als Vertrauensmann der Opposition beigegeben, wie auch Kordt wußte.[28] Schwerin sollte diese Vertrauensstellung bei Witzleben bis zum Ende beibehalten. Kessel sagte über Schwerin, daß dieser »in seiner stillen, fast gelehrtenhaften Art gerade bei den höheren Militärs schnell Anklang« gefunden habe.[29] Bis zum Fall von Paris blieb er der einzige aktive Regimegegner in Witzlebens unmittelbarer militärischer Umgebung.[30]

Witzleben hatte innerhalb der Widerstandsbewegung eine besondere Position, da er, wie sich Hassell am 2. November notierte, »der General sei, dem man am ehesten ein Handeln zutrauen könnte«.[31] Auch Canaris, der in diesen Monaten die Stimmung der Generalität im Westen sondierte, fand nur Witzleben bereit, aus Hitlers Katastrophenpolitik Folgerungen zu ziehen.[32] Schwerin fuhr kurz vor dem geplanten Staatsstreich aus Berlin ab und begab sich zum Stab der 1. Armee. Dort war er als Ordonnanzoffizier dem für die »Feindlage« zuständigen Stabsoffizier der Armee, dem Ic unterstellt, einem Major Hugo Freiherr v. Süsskind-Schwendi, mit dessen Zwillingsbruder Schwerin aus seiner Münchner Studentenzeit befreundet war.

In Berlin nahte der Tag X-7, an dem die endgültigen Befehle für die Westoffensive gegeben werden mußten, sollte diese, wie von Hitler beabsichtigt, am 12. November beginnen. Es war vorgesehen, an diesem Tag, dem 5. November, den Staatsstreich auszulösen. Was schließlich geschah, ist inzwischen hinreichend bekannt: Hitler bekam bei einem Vortrag des nicht eingeweihten Brauchitsch, der in psychologisch ungeschickter Weise vor dem Krieg mit Frankreich warnen wollte, einen Wutanfall und verließ türenschlagend den Raum, nicht ohne vorher ominös von dem »Geist von Zossen« gesprochen zu haben, den er vernichten werde. Der Oberbefehlshaber des Heeres war von dieser Szene schwer erschüttert. Sein Stabschef Halder, der im Vorzimmer auf ihn gewartet hatte, erfuhr auf der Rückfahrt nach Zossen die Einzelheiten. Als der Generalstabschef Hitlers Drohung gegenüber dem OKH erfuhr, geriet er in Panik, da er annahm, Hitler müsse von den Staatsstreichvorbereitungen erfahren haben. Halder wähnte bereits die SS im Anmarsch auf Zossen. Kaum war er im OKH in Zossen angelangt, verlangte er von Stülpnagel und Groscurth , alle Spuren der Verschwörung zu beseitigen. Obwohl sehr bald klar wurde, daß Hitler nichts dergleichen wußte, die SS nicht im OKH erscheinen würde und sogar Brauchitsch seinen Stabschef praktisch freie Hand ließ (»ich tue nichts, aber ich werde mich auch nicht dagegen wehren, wenn es ein anderer tut«, so Brauchitsch laut Gisevius[33]), fand Halder seine zuvor geäußerte Entschlossenheit nicht wieder. Während am 28. September 1938 Chamberlains Appeasement-Politik den geplanten Staatsstreich verhindert hatte, war es diesmal eine Nervenkrise des deutschen Generalstabschefs, von der Hoffmann spitz behauptet, daß sie bei Halder keine Seltenheit gewesen wäre.[34] Halder hatte die Chance vertan. Was bleibt, ist das Bild eines unschlüssig-zögernden Militärbürokraten.

Am 4. November hatte Halder Weisung gegeben, Beck, Goerdeler und Schacht von dem bevorstehenden Staatsstreich zu unterrichten.[35] Am gleichen Tag wurde auch Kessel mitgeteilt, daß nunmehr alles für den Umsturz vorbereitet sei. Zwei Tage später hörte er jedoch ohne eine weitere Erklärung, daß der Putsch abgeblasen worden sei.[36] Bis nach Kriegsende erfuhr er nicht, was sich am 5. November 1939 tatsächlich in der Reichskanzlei zwischen Hitler und Brauchitsch und dann in Zossen abgespielt hatte. Das Debakel des Widerstands wurde in dieser Version nicht dem Versagen des Generalstabschefs zugeschrieben, sondern Hitlers Intuition, seinem »Zweiten Gesicht«, Gefahren vorauszuahnen. Bei Kessel heißt es: »Am 5. November hatte der General, in dessen Händen alle Fäden zusammenliefen – seinen Namen habe ich nicht erfahren und auch nicht danach gefragt – seinen üblichen Vortrag bei Hitler. Am Schluß des Vortrages fragte ihn dieser plötzlich, was er vorhabe. Der General, noch nicht stutzig, zählte ihm ruhig eine Reihe von Dienstgeschäften auf, die er zu erledigen habe. Darauf Hitler: »Nein, das meine ich nicht, ich sehe es Ihnen doch an, daß Sie sonst noch etwas vorhaben«. Der General, sich mit Mühe meisternd, heuchelt Erstaunen und Unverständnis und wird in Gnaden entlassen. Er stürzt davon und erklärt dem Generalstab, es müsse alles verraten sein. Äußerster Schrecken befällt alle Beteiligten, sofort werden die notwendigen Maßnahmen eingeleitet, um jede Spur des Plans zu verwischen, die Truppen erhalten den Befehl, an die Westfront abzurücken. Nach einigen Tagen stellt sich heraus, daß nichts verraten worden war, Hitler nichts hatte wissen können. Er hatte lediglich aufgrund seines Ahnungsvermögens einen Schuß ins Blaue abgegeben. Sein Zweck war erreicht, der notwendige Apparat aufgelöst, die schicksalhafte Stunde verstrichen«.[37]

Auch Albrecht Haushofer erklärte noch im Herbst 1940 in gleicher Weise den Fehlschlag des Staatsstreichs vom November 1939.[38] Diese verzerrte Version des 5. November fand ihren Eingang in die frühe Literatur über den Widerstand[39], wird aber wohl zu Recht für eine apologetische Legende gehalten werden müssen.[40] Obwohl also diese von Kessel und Haushofer kolportierte Geschichte mit den Fakten wenig gemein hat, so ist sie doch aufschlußreich, weil sie zeigt, daß auch Widerstandskreise nicht dagegen immun waren, Hitler über das normale menschliche Maß hinausgehende Fähigkeiten zuzuschreiben.

Den Verwicklungen jener Tage und Wochen ist in der neueren Literatur mehrfach und ausführlich nachgegangen worden.[41] In diesem Zusammenhang interessiert die Position, die Witzleben in der Auseinandersetzung um den zukünftigen Kurs der Armeespitze zufiel. Am Tag nach der Auseinandersetzung zwischen Hitler und Brauchitsch in der Reichskanzlei äußerte der Generalstabschef, wenn nur Witzleben zur Hand wäre, wäre manches besser. Es war der 6. November, und die Vorbereitungen für die Westoffensive, die Hitler gleich nach der Szene mit seinem Oberbefehlshaber befohlen hatte, liefen seit 24 Stunden. Groscurth, der jeden Strohhalm ergriff, um den Staatsstreich gegen Hitler doch noch durchzuführen, machte sich sogleich daran, ein Treffen zwischen Witzleben und Halder zu arrangieren. Vorab sollte Witzleben durch Oster über den letzten Stand informiert werden. Dazu war es nötig, daß Oster zu dem Generaloberst nach Bad Kreuznach fuhr. Groscurth rief also den General an, um ihn zu veranlassen, Oster bei Canaris zur Rücksprache anzufordern. Witzleben tat dies auch. Das eher komplizierte Manöver war notwendig geworden, da Canaris, durch den Verlauf des 5. November mißgestimmt, Oster zu erneuter Konspiration sonst nicht freigelassen hätte.[42]

Oster fuhr in Begleitung von Gisevius am 8. November zu Witzleben nach Bad Kreuznach.[43] Die für den 12. November geplante Offensive im Westen war am Tag zuvor wegen schlechten Wetters erstmals um drei Tage verschoben worden. Dies sollte bis zum endgültigen Termin am 10. Mai 1940 noch 28 (!) weitere Male geschehen. Witzleben rechnete sich keine Chancen aus, Brauchitsch und Halder beeinflussen zu können. Der Oberbefehlshaber des Heeres habe vor kurzem einen geradezu kläglichen Eindruck gemacht und behauptete, Heydrich sei hinter ihm her. Das Hauptproblem seien die »Hauptleute«, die Haltung der jungen Offiziere zum Regime also, die Witzleben als von Hitler »besoffen« charakterisierte. Nach längerem Zureden willigte Witzleben schließlich ein, Halder in Zossen aufzusuchen, allerdings unter der Voraussetzung, daß sein Vorgesetzer General Wilhelm Ritter v. Leeb, Kommandeur der Heeresgruppe C, dem zustimmte.[44]

Mit Oster kam es bei diesem Gespräch zu einem Zusammenstoß, als der Abwehroffizier Witzleben Aufrufe zeigte, die Beck an die Wehrmacht und das deutsche Volk im Falle eines Staatsstreiches richten sollte. Der Generaloberst war über die Unvorsichtigkeit Osters empört: »Was? Sie haben das bei sich im Wagen gehabt? Dann will ich Sie nicht mehr sehen!«[45]

Tatsächlich war Witzlebens Bemerkung nur im ersten Schock gefallen, denn bereits am folgenden Tag, am 9. November, ließ er Halder in Zossen durch Oberst Vincenz Müller ausrichten, daß er »auf Oster uneingeschränkt, bedingungslos vertraue«, eine stärkere Geheimhaltung sei jedoch notwendig. Halder stellte Oster daraufhin zur Rede und drohte mit Meldung an Canaris, seinen Vorgesetzten.[46]

Müller hatte außerdem von Witzleben den Auftrag, Halder zu fragen, was er von einer Denkschrift General v. Leebs halte, die sich gegen die geplante West-Offensive aussprechen würde, und schließlich, welche Truppen für einen Staatsstreich zur Verfügung stünden. Halder hielt nach dem Memorandenkrieg Becks vom Vorjahr von einer Denkschrift Leebs nicht viel und fand nicht überraschend die Bereitstellung von Panzertruppen für einen eventuellen Staatsstreich problematisch.[47] Leeb fuhr nach einer Unterredung mit Witzleben am 9. November nach Koblenz, um dort mit den beiden Befehlshabern der benachbarten Heeresgruppen A und B die Situation zu besprechen. Rundstedt und Bock konnten sich aber nicht dem Vorschlag Leebs anschließen, der einen gemeinsamen Rücktritt für den

Fall einer Offensive im Westen erwog. Dies war praktisch derselbe Plan, den Beck 15 Monate zuvor propagiert hatte.[48]

Fünf Tage später schließlich teilte General Stülpnagel Oster mit, die Generale im Westen seien der Meinung, daß sie nichts unternehmen könnten, da die Truppen im Fall eines Staatsstreichs nicht hinter ihnen stünden. Auch Witzleben sei dieser Ansicht. Ganz so defätistisch, wie von Stülpnagel dargestellt, war Witzleben jedoch nicht. Am Tag des Stülpnagel-Oster-Gesprächs meldete sich der Befehlshaber der 1. Armee bei Halder an. Offenbar sahen sich die beiden Offiziere jedoch erst anläßlich der Hitler-Rede am 23. November in der Reichskanzlei, zu der die Spitzen der Wehrmacht befohlen waren. Hitler versuchte dabei, seine hochrangige Zuhörerschaft auf die »unabänderliche« Westoffensive einzuschwören. Je nach Intelligenz waren die Offiziere begeistert oder hatten wie Groscurth den »erschütternden Eindruck von einem wahnsinnigen Verbrecher«. Witzleben jedenfalls ließ sich von Halders Bedenklichkeiten nicht anstecken und meinte, die Vorbereitungen für den Staatsstreich müßten weitergehen.[49]

Für den Widerstand spielte im Herbst 1939, im Grunde aber bis zum Ende, die Haltung der Truppe zum Regime beziehungsweise zu einem möglichen Staatsstreich eine wichtige Rolle. Die Meinungen darüber gingen immer wieder auseinander. In Stauffenbergs Planung schließlich verließen sich die Verschwörer auf den eingeübten Mechanismus von Befehl und Gehorsam, der – und dies wird sich nie definititv klären lassen – wahrscheinlich funktioniert hätte, wenn Hitler tot gewesen wäre. Viele »wenns« also! In diesem Zusammenhang ist interessant, daß Yorck seit dem Polenfeldzug mit der Stimmung in seinem Regiment vertraut, offenbar Mitte November 1939 der Meinung war, Offizierkorps wie Mannschaft des Panzerregiments 15 seien gegen eine Westoffensive eingestellt. Oster führte dann dieses Regiment, so die spätere Aussage eines Gestapo-Beamten, als eine Einheit, auf die die Verschwörer bei einem Staatsstreich 1939/40 hätten zurückgreifen können.[50]

Diese Einschätzung Yorcks, der vor dem 21. Oktober nach Berlin zurückgekehrt und danach für seine Tätigkeit beim Reichspreiskommissar u. k. gestellt worden war,[51] findet sich in Groscurths Tagebüchern. Yorck selbst hatte den Abwehroffizier ja ein Jahr zuvor im Sudentenland kennengelernt und sich mit ihm ausgesprochen. Er mochte jetzt mit Groscurth direkt oder auch mit Oster gesprochen haben, den Yorck möglicherweise durch Kessel kennengelernt hatte. Es ist dies der einzige Hinweis darauf, daß auch Yorck im Herbst 1939 in die Staatsstreichüberlegungen, wenn auch nur sehr am Rande, einbezogen war.

Aus all diesen Gesprächen, Manövern und geplanten gemeinsamen Schritten wurde jedoch nichts. Bis auf wenige Ausnahmen war die Generalität ganz offensichtlich mit der Durchführung eines Staatsstreichs überfordert. Auch ihre ganze Erziehung revoltierte wohl dagegen. Erinnerungen an den mißglückten Kapp-Putsch von 1920 waren auch nicht ermutigend. Deutschland besaß eben nicht, wie etwa südamerikanische Staaten, eine positive Putsch-Bilanz. So half es auch nichts, daß die Verschwörer, abgesehen von immer neuen politischen wie militärischen Argumenten gegen die drohende Westoffensive, wiederholt auf die verbrecherische Natur des Regimes hinwiesen.

Besonders eklatant ließ sich das an den Verbrechen in Polen zeigen, und das betraf die Soldaten im besonderen, da sie dort Mitverantwortung trugen. Zwar war mit Hitlers Erlaß vom 19. Oktober 1939 die Zuständigkeit für die Zivilverwaltung in den besetzten polnischen Gebieten vom Militär auf den neu ernannten Generalgouverneur Hans Frank übergegangen, aber das Heer mit seinem Oberbefehlshaber Ost, Generaloberst Johannes Blaskowitz, fühlte sich weiterhin verantwortlich, da Frank mit seinem Stab nur im Schutz des Militärs herrschen konnte: Seine Verbrechen waren nur durch sie möglich geworden. So schrieb Blaskowitz schon einen knappen Monat nach Antritt seines neuen Amtes am 27. November an Brauchitsch von dem gestörten Verhältnis zwischen Militär und Polizei. Die Truppe lehne es ab, »mit den Greuelhandlungen der Sicherheitspolizei identifiziert zu werden«, die Polizei verbreite nur Schrecken und sei einem »Blutrausch« ausgeliefert. Für die Wehrmacht sei dies eine unerträgliche Belastung, da dies ja alles im »Feldgrauen Rock« geschehe.

Elf Tage später, am 8. Dezember, schickte Blaskowitz seinen Oberquartiermeister mit einer neuen Denkschrift nach Berlin. Diesmal berichtete er dem Oberbefehlshaber des Heeres von einzelnen Verstößen der Polizei, SS und Verwaltung und ließ diese zusätzlich durch seinen Stabsoffizier mündlich erläutern.[52] Groscurth hatte bereits am 16. November die Meldung einer Sanitätskompanie an Hitler gesehen, in der die Erschießung von 50 bis 60 polnischen Frauen und Kindern auf dem Judenfriedhof in Schwetz als Verbrechen angezeigt wurde. Die Tatsache an sich und die Details waren grauenhaft.[53] Kein Wunder, wenn wenig später ein Blaskowitz unterstellter General schreiben sollte, »die Gewalttaten der polizeilichen Kräfte zeigen einen ganz unbegreiflichen Mangel menschlichen und sittlichen Empfindens, so daß man geradezu von Vertierung sprechen kann«. General Ulex plädierte daher dafür, die gesamten Polizeiverbände aufzulösen und ihre sämtlichen höheren Führer abzusetzen.[54] Möglicherweise wußte auch Ulex, daß dieser Schritt nicht die Ursachen des Übels treffen würde, Groscurth war hier viel radikaler. Er nahm die Denkschriften von Blaskowitz und sicher auch den erschütternden Bericht über die Schwetzer Morde und fuhr damit an die Westfront, um »aufzuwiegeln und aufzuputschen«. Am 19. Dezember sprach er zuerst beim Stab der Heeresgruppe C in Frankfurt vor, dann in Bad Kreuznach bei der 1. Armee. Er berichtete dort den Stabsoffizieren und dann in einem vertraulichen Gespräch seinem ehemaligen Vorgesetzten Witzleben über die Mordaktionen, die in Polen in deutschem Namen verübt wurden. Am nächsten Tag fuhr Groscurth in Begleitung von Schwerin zum XII. Armeekorps in St. Wendel und schließlich wieder nach Bad Kreuznach zurück, wo er den Abend mit Schwerin verbrachte. Am 21. Dezember setzte er seine »Aufwiegelungsreise« nach Godesberg (Heeresgruppe B) und Köln (4. Armee) fort. »So haben wir die wichtigsten Teile der Westfront aufgeputscht. Hoffentlich mit Erfolg! – Es wird fortgesetzt«, schrieb Groscurth.[55] Der mutige Generalstabsoffizier hatte einen gewissen Erfolg. Generaloberst v. Leeb schrieb an Halder auf Groscurths Bericht hin, von dem »einer Kulturnation unwürdigen« Verhalten der Polizei in Polen. Aufgrund von Groscurths Informationen kam es zu einer Art Vertrauenskrise zwischen den Generalen im Westen und ihrem Oberbefehlshaber v. Brauchitsch. Dabei blieb es dann auch.

Von »Fortsetzung« konnte keine Rede sein, denn Groscurth wurde aus dem Generalstab entfernt. Halder hatte auf seiner Frontreise vom 3. bis 6. Januar 1940 von dessen eigenmächtigem Vorstoß erfahren. Der Generalstabschef hatte Witzleben »beschworen, sich nicht auszusetzen«, denn »es sei eben noch Revolution und man könne nichts an den uns heiligen Traditionen messen«.[56] Der gute Zustand der Truppe in Hinblick auf die erwartete Westoffensive stimmte Halder mehr und mehr um; dem ständigen Druck Groscurths und seinem »Pessimismus« wollte er sich nicht länger aussetzen, von Brauchitsch ganz zu schweigen. Groscurth mußte gehen. Durch Vermittlung Witzlebens erhielt er im Infanterieregiment 172 das erste Bataillon. Das Regiment war Teil der Witzleben unterstehenden 1. Armee.

In einem Brief an Schwerin schrieb Groscurth am 17. Februar 1940: »Über meine Reise in den Westen haben sich die Gemüter noch nicht beruhigt. Dabei sind die Zustände im Osten noch weit schlimmer geworden. Mehr darf ich darüber nicht sagen – und auch dies ist schon verboten«.[57] Wie um den heiklen Charakter seines Schreibens zu unterstreichen, bat Groscurth, den Brief nach Erhalt zu vernichten.

Schwerin war kurz nach seinem Treffen mit Groscurth im Dezember 1939 in Bad Kreuznach selbst in Polen gewesen und hatte dort eigene Informationen über die »Zustände im Osten« eingeholt. Zwischen Weihnachten und Jahresende 1939 hatte er zum zweitenmal seit Kriegsanfang seinen polnischen Besitz Sartowitz besucht. Was Schwerin wahrscheinlich zum erstenmal im Detail von Groscurth erfahren hatte, war ihm auch durch die Morde auf seinem Besitz unmittelbar faßbar (vgl. S. 59). Groscurth trat am 27. März 1940 seine Kommandeursstelle im IR 172 an und machte mit seinem Bataillon im Rahmen der I. Armee den Feldzug im Westen bis zum Fall von Paris mit. Offenbar kreuzten sich die Wege von Groscurth und Schwerin nur noch einmal im Januar 1942. Nach dem bitteren Fehlschlag seiner Bemühungen von 1939/40 beschränkte sich Groscurth resignierend auf seine militärischen Aufgaben. Da der hellsichtige Generalstabsoffizier am Ausgang des Krieges nie einen Zweifel hatte, war auch diese Beschränkung wegen der Aussichtslosigkeit seines militärischen Handelns eine schwere Last für Groscurth.

Schwerin blieb bis Ende Juli 1940 im Stab der I. Armee und rückte mit diesem ab 10. Mai von Bad Kreuznach über Saarbrücken, Dieux, Lunéville nach Nancy vor. Als sein direkter Vorgesetzer Süsskind Anfang Juli zur Waffenstillstandskommission versetzt wurde, machte ihn Witzleben zu seinem persönlichen Ordonnanzoffizier.[58] In dieser Eigenschaft erlebte Schwerin auch den Frontbesuch Cianos, von dem er allerdings schwer enttäuscht war, da sich der junge italienische Außenminister uninteressiert zeigte. Am 25. Juli erhielt Schwerin die Nachricht, daß sein dritter Sohn Hans-Henning schwer erkrankt sei; er reiste sofort nach Berlin, wo der Junge drei Wochen später starb. Schwerin wurde bis März 1941 u. k. gestellt.

»Écrasez l'infame« schrieb Moltke, ein Voltaire-Wort benützend, kurz nach dem deutschen Einmarsch in Paris, und an Yorck schrieb er einen Tag später, am 17. Juni 1940, vom »Triumph des Bösen«.[59] Nach Warschau, Kopenhagen, Oslo, Den Haag, Brüssel, Luxemburg war nun auch Paris an die deutschen Truppen gefallen. Hitler war auf dem Höhepunkt seiner Macht angekommen. Daß dieser Triumph ein Scheitelpunkt war, konnten die Freunde nur hoffen. Hassell berichtete aus Berlin von einem in den oberen Schichten »zum Teil haltlosen Triumphieren mit anschließenden Weltverteilungsplänen ganz großen Stils«, andererseits bemerkte der alte Diplomat »bei der Masse eine erstaunlich stumpfsinnige Gleichgültigkeit, nachdem auf ihr seit sieben Jahren im Lautsprecherton herumgepaukt worden ist«. Auch Kessel erlebte »eiserne Gesichter«, als in einem Berliner Restaurant über das Radio die Sondermeldung vom Einmarsch in Paris kam. Moltke berichtete seiner Frau, die Bevölkerung kommentiere die Ereignisse mit »fabelhaft, großartig, und dann ist das Thema erschöpft. Ein Bruchteil dieser Erfolge im Kriege 1914/18 hätte ein Vielfaches der Begeisterung ausgelöst.«[60] Der Himmlersche Sicherheitsdienst erlebte dagegen nur stürmische Begeisterung, die nach dem Waffenstillstand allerdings einer »mit stiller, stolzer Freude und Dankbarkeit gezeichneten Feierstimmung gewichen sei.[61]

Bei den Hitler-Gegnern beobachtete Hassell »die größte Niedergeschlagenheit angesichts der Tatsache, daß nun mit der unbeschränkten Herrschaft der Partei auf lange Zeit gerechnet werden müsse«. Kessel sei gänzlich resigniert und wolle Archäologie studieren, während die Soldaten wie Beck, Oster und andere, die skeptisch gewesen waren, »jetzt in unbequemer Lage« seien, notierte der ehemalige Botschafter leicht ironisch. Bei all seinen Gesprächspartnern während der letzten Maitage versuchte Hassell daher, zu »heben« und »die stark erschütterten Gemüter zu stärken«.[62] Auch Moltke hatte ein Tal durchlebt, war allerdings Anfang Juli schon wieder tatendurstig, während er seinen Freunden und Bekannten wie Einsiedel, Trott, Waetjen und Kessel noch Niedergeschlagenheit attestierte.[63]

Als Hassell in der zweiten Junihälfte wieder nach Berlin kam, fand er jedoch seine Freunde darin einig, daß zwar zur Zeit nichts zu machen sei, daß aber »gerade nach dem Siege neue Kampfmöglichkeiten und -notwendigkeiten (gegen das Regime) kommen werden, allerdings zunächst eine verstärkte Übermacht«[64]. Kessel machte sich das simple Programm der Berliner zu eigen, die eines Nachts auf das Pflaster des Wittenbergplatzes den Slogan gemalt hatten: »Wir wollen keine fremden Reiche, wir wollen Adolf Hitlers Leiche«.[65]

12. *Kapitel*

Warten

Zunächst jedoch hieß es warten. Zur Zeit, so Hassell am 18. Juni 1940, sei nichts zu machen. Alle Prognosen der Regimegegner hatten sich von Beginn an als falsch erwiesen, vom Papenschen »Wir haben ihn uns engagiert« bis zu den Befürchtungen weiter Teile der deutschen Generalität vor der Westoffensive – Hitler hatte sich immer durchgesetzt. Die außenpolitischen Vorhersagen (Rheinland, Österreich, Sudentenland) der Nazigegner wie auch jetzt die militärischen waren stets wie Kartenhäuser in sich zusammengefallen. Hitler hatte immer triumphiert. War er doch ein Genie und der größte Feldherr aller Zeiten? Kein Wunder, daß die Soldaten, allen voran Beck, nach den unglaublichen deutschen Waffenerfolgen »in unbequemer Lage« waren. Zwar wurde die Luftschlacht um England verloren und die Invasion der Insel fand nicht statt, aber auch 1941 sah wiederum einen deutschen Sieg nach dem anderen: Jugoslawien, Griechenland, Kreta, Libyen und schließlich die riesigen erfolgreichen Kesselschlachten in Rußland. Nachdem die deutschen Spitzen bereits die Vorstädte von Moskau erreicht hatten, bedeutete die Behauptung Moskaus durch die Verteidiger endlich ein sichtbares Zeichen, daß das Kriegsglück zur anderen Seite wechselte. Es waren lange Monate vom Fall von Paris bis zum Winter 1941/42.

Nachdem Brücklmeier am 27. April 1940 endgültig in den Ruhestand versetzt worden war, mußte sich der 37jährige nun um seine berufliche Zukunft kümmern. Dazu kam er aus Grundlsee, wo er seit Ende Januar lebte, am 13. Juli 1940 nach Berlin zurück. Er wohnte bei Kessel, suchte alte Freunde auf und mobilisierte seine Beziehungen. So traf er in diesen Sommerwochen Peter Bielenberg, Albrecht Haushofer, Erich Kordt, Rudolf Rahn, Friedrich Carl Sarre, Eduard Waetjen, Wussow und Yorck. Mehrere Möglichkeiten schienen sich

Brücklmeier in der Industrie zu bieten, die sich aber alle zerschlugen. Auch das Angebot des späteren Bundesbankpräsidenten Blessing, den er durch Yorck kennengelernt hatte, kam durch Intervention von Ribbentrop nicht zustande.[1]

Am 10. Oktober wurde Brücklmeier schließlich als Gefreiter zum Heer eingezogen. Er brauchte aber nur wenige Wochen in Chalons sur Marne »dreckiges Beutematerial« zu säubern, wie er an den Freund Kessel schrieb;[2] bereits Mitte Januar 1941 wurde er aus der Wehrmacht entlassen und erhielt eine Stelle bei der Auslandsbriefprüfstelle in Berlin, am 20. April wechselte er in das Oberkommando des Heeres als Kriegsverwaltungsrat, zuständig für die Beschaffung tiefgekühlter Lebensmittel. Diese Stelle hatte er durch seinen jetzt unmittelbaren Vorgesetzten Wilhelm Roloff erhalten, den er 1940 durch den Rechtsanwalt Waetjen im Haus des Professors Sarre kennengelernt hatte. In die Zeit beim OKH fallen zwei Telegramme des Schweden Birger Dahlerus, den Brücklmeier noch aus seiner Zeit bei Ribbentrop kannte. Der Göring-Freund Dahlerus kam zu Friedenssondierungen nach Deutschland und bat um Abholung durch Brücklmeier vom Flugplatz, um mit ihm die Situation vorzubesprechen. Als neutraler Ausländer konnte der Industrielle nicht begreifen, in welche Schwierigkeiten seine Bitte speziell Brücklmeier bringen mußte. Dieser versuchte sich abzusichern, indem er als Zeugen einen Oberst aus dem OKH mitnahm.[3]

Brücklmeiers Anstellung beim Heeresverwaltungsamt, einer Dienststelle des OKH also, führte Ende Mai 1941 zu einer Überprüfung seiner politischen Unbedenklichkeit durch die Gestapo. Das unmittelbare Ergebnis war seine Entlassung aus der SS im November 1941. Seltsamerweise war im Herbst 1939 nach der Vernehmung Brücklmeiers durch Heydrich sein »Fall« vom Reichssicherheitshauptamt nicht mehr weiterverfolgt worden, wahrscheinlich weil das Auswärtige Amt einen Bericht Heydrichs mit Verfahrensvorschlägen unbeantwortet gelassen hatte. Dahinter wird man wohl eine Schutzmaßnahme der Personalabteilung für Brücklmeier vermuten dürfen.

Das neuerliche Interesse der Gestapo führte schließlich zu seiner Entfernung auch aus dem OKH am 31. Oktober 1942. Brücklmeier wurde erneut, diesmal zum Landesschützenbataillon, eingezogen.[4]

Er hatte seinen Marschbefehl in den Osten bereits in der Tasche, als er buchstäblich im letzten Moment u. k. gestellt wurde. Dies hatte er dem Chef des Allgemeinen Heeresamtes, General Olbricht, zu verdanken, den er durch seine Tätigkeit im OKH kennengelernt hatte. Olbricht schätzte Brücklmeier als Gesprächspartner für außenpolitische Fragen[5] und sah ihn auch nach dessen Ausscheiden aus dem OKH noch häufig.[6] Als Auffangstellung für Brücklmeier diente nun ein Posten bei der Firma Nordsee, den ihm wiederum Roloff, der neben seiner Tätigkeit im Heeresverwaltungsamt gleichzeitig Direktor der »Nordsee« war, verschafft hatte. Dort blieb Brücklmeier bis zu seiner Verhaftung am 27. Juli 1944.

Den größten Teil dieser Jahre lebte Brücklmeier in der Berliner Wohnung von Kessel in der Maienstraße 4. Kessel war bis auf eine längere Unterbrechung von 1940 bis Kriegsende im Ausland. Mitte Januar 1940 wurde er aus gesundheitlichen Gründen (Asthma) beurlaubt. Nach einigen Wochen im Schweizer Kurort Crens trat Kessel im März im Genfer Konsulat an. Bereits im Mai mußte er allerdings einen Stellenwechsel mit seinem Freund Gogo Nostitz vornehmen, der bei Ribbentrop in Ungnade gefallen war. Nostitz hatte kurz nach Beginn der Westoffensive ein Telegramm Roosevelts, der Hitler um Schonung des unverteidigten Brüssel bat, auf Weisung eines Vorgesetzten nicht dem Außenminister, sondern zuerst dem OKH zugestellt. Der stets auf seine Prärogativen bedachte Ribbentrop tobte und verlangte die sofortige Entlassung (!) von Nostitz aus dem Dienst. Wie schon im Fall Brücklmeier stellten sich Weizsäcker und die Personlabteilung vor den Beamten. Schließlich lenkte Ribbentrop ein und verlangte nur die Abberufung von Nostitz aus dem sensiblen Referat Politik I Militär (Pol. IM). So kam Kessel am 22. Mai nach Berlin zurück und übernahm dort die Stelle von Nostitz im Militärreferat unter Heyden-Rynsch. Nostitz ging an Kessels Stelle nach Genf.[7]

In Berlin hielten die personalpolitischen Schwierigkeiten mit dem Außenminister an. Kessel war noch nicht einmal einen Monat auf seinem neuen Posten in Berlin, als Ribbentrop ihn mit etwa 100 anderen Beamten des Auswärtigen Amtes entlassen wollte. Der Außenminister glaubte, sich nach dem Sieg über Frankreich der bisweilen renitenten altgedienten Beamten entledigen und das Amt nach seinem Willen modellieren zu können. Auf Betreiben Weizsäckers verbot Hitler schließlich dieses Projekt seines Außenministers bis zum Friedensschluß. In einem Vermerk für Ribbentrop vom 21. Juni 1940 schrieb der Staatssekretär, nachdem er seinen eigenen Abschied angeboten hatte, über seinen langjährigen Vertrauten Kessel: »Ich bin der Ansicht, daß Herr v. Kessel in die Kategorie der zu Verabschiedenden unter keinen Umständen hineingehört. Ich kenne Kessel von mehrfacher enger dienstlicher Zusammenarbeit. Er gehört zu den begabtesten Beamten seines Alters, beobachtet sehr sicher, schreibt ausgezeichnet und hat sich in jeder Stelle bewährt, wo er tätig war«.[8] Derart warme Worte hatte der Staatssekretär für keinen der anderen von der Verabschiedung bedrohten Beamten gefunden.

Kessel blieb also erst einmal im Militärreferat, allerdings wurde sein Vorgesetzter Heyden-Rynsch, der ja ebenfalls dem Widerstand nahestand, bald als Botschaftsrat nach Madrid abgeschoben. An seine Stelle trat ein Herr Kramarz, den Kessel als fanatischen und tückischen Nazi charakterisierte.[9] Mit der Drehscheibenfunktion des Militärreferates im Sinne des Widerstandes zwischen Auswärtigem Amt und Militär, vor allem zwischen Weizsäcker und Canaris / Oster, war es damit aus. Kessel drängte auf eine andere Verwendung. Im Winter 1940 / 41 sichtete er zusammen mit Botschafter v. Moltke die erbeuteten Akten des französischen Generalstabs. Ein etwas delikater Fund waren Dokumente, die Geheimverhandlungen des Schweizer Oberbefehlshabers mit den Franzosen belegten. Dies stellte eine Verletzung der Schweizer Neutralität dar und mochte die Provokation sein, die Hitler veranlassen könnte, nun auch über die Schweiz herzufallen. Offenbar hat die Interpretation des Vorfalls und seine Bagatellisierung durch Weizsäcker keine weiteren Konsequenzen für die Eidgenossen entstehen lassen.[10] Im Januar 1941 wurde Kessel an das Genfer Konsulat versetzt, wo er am 3. Februar seine Arbeit aufnahm. Ab diesem Zeitpunkt kam er bis Kriegsende nur noch für Aufenthalte von wenigen Tagen nach Berlin zurück.

Auch Schwerin war bis Ende Februar 1943 immer nur für Stippvisiten im Gravitationszentrum Berlin. Nach der u.k.-Stellung mußte er am 20. März 1941 wieder seinen Dienst antreten. Er kam nach

St. Germain, wiederum zu Witzleben, der fünf Tage zuvor zum Oberbefehlshaber West ernannt worden war. Schwerin, inzwischen zum Oberleutnant befördert, arbeitete dort unter dem für Ausbildungsfragen zuständigen Stabsoffizier (Id), einem Hauptmann Schenk zu Schweinsberg. Das Arbeitsklima war freundlich, die dienstliche Belastung nicht allzugroß. Ausritte, Jagden und Dienstreisen im Land gehörten zu den angenehmen Seiten dieser Tätigkeit. Schwerin, der wenig im Ausland gereist war, nahm die starken Eindrücke der verschiedenen französischen Städte, die er besuchte, mit wachem Interesse auf.[11] Wie alle damaligen deutschen Beobachter Frankreichs beurteilte Schwerin die Versöhnungsmöglichkeit mit Frankreich 1940 als »wirklich unerhört günstig«. »Die Erkenntnis der Regierungsfehler, der Schutz vor dem Kommunismus machten uns viele Freunde vor allem in Kreisen der Besitzenden und der Intelligenz«. Zu der speziellen Situation in Elsaß-Lothringen führte er das Beispiel der Bevölkerung von Metz an, die sich in den ersten Monaten nach dem Einmarsch bemüht habe, Deutsch zu sprechen, während es jetzt (1942) »Stil« sei, wieder französisch zu reden. »Alles in allem muß man wohl sagen, daß fast jeder Deutsche aus diesem Frankreich tiefe Eindrücke mitnimmt... Man kann nicht mit einigermaßen offenen Augen die Grazie dieses Volkes, die bewundernswerte schnelle Umstellung, ein teilweise vorhandenes Organisationstalent, die geschwinde Auffassungsgabe und die gesegnete Fruchtbarkeit dieses Landes übersehen, welche letztere für mein Gefühl dieses Land und Volk immer in seinem Bestand erhalten wird«.[12]

Im Stab des Oberbefehlshabers West fanden sich die aktiven Hitlergegner rasch zusammen. Es waren dies neben dem Major i. G. Alexander v. Voß bezeichnenderweise vor allem zwei weitere Reserveoffiziere: der Rechtsanwalt Dr. Reinhard Brink, ein Freund von Oster, und der Syndikus Dr. Otto Eichenlaub. Witzleben war nach wie vor der Auffassung, daß zum Wohle Deutschlands das Regime beseitigt werden müsse. Schwerin sah es als seine Hauptaufgabe im Stab an, den Feldmarschall in dieser Ansicht zu stärken und mit ihm nach Wegen zu suchen, wie die militärischen Möglichkeiten des Oberbefehlshabers West im Sinne des Widerstandes sinnvoll eingesetzt werden könnten. Dazu führte er dem General auch immer wieder Gesprächspartner zu, wie den Gesandten Werner Otto v. Hentig oder wie im September 1941 seinen Freund Kessel. Kessel, der auf Bitten Schwerins von Genf nach Paris gekommen war, berichtete, daß Schwerin im Gegensatz zu seinem sonstigen Realismus zuversichtlich gewesen sei, daß Witzleben demnächst in »Aktion treten« werde. Kessel hielt das für praktisch nicht durchführbar.[13] Drei Monate später, nachdem der deutsche Vormarsch vor Moskau zum Stehen gekommen und Brauchitsch als Oberbefehlshaber des Heeres durch Hitler gefeuert worden war, setzten aber auch andere Feinde Hitlers erneut ihre Hoffnung auf Witzleben.

Am 24. Juni 1941 schrieb Schwerin an seine Mutter: »Mir geht es ausgezeichnet ... Herz und Gedanken aber sind im Osten«.[14] Er mag dabei auch an Schulenburg gedacht haben, der seit zwei Tagen als Ordonnanzoffizier des Infanterieregimentes 9 den Angriff auf Rußland mitmachte. Der passionierte und in den Augen der Welt wie auch im eigenen Urteil erfolgreiche Verwaltungsbeamte Schulenburg war am 1. Juni 1940 beim Potsdamer Infanterieregiment 9, »in dessen Tradtionsregimentern und in dessen Reihen vier Brüder ihre Pflicht getan haben«,[15] Soldat geworden. Er hatte diesen Wechsel von der großen Verantwortungsfülle und der herausgehobenen Position eines stellvertretenden Oberpräsidenten der größten preußischen Provinz Schlesien zum sehr beschränkten Pflichtenkreis eines Infanterieleutnants selbst herbeigeführt. Anlaß dazu war die Absetzung seines unmittelbaren Vorgesetzten Joseph Wagner als Gauleiter und Oberpräsident von Schlesien am 24. 5. 1940. Wagner, der das so bezeichnende Hitler-Zitat: »Verbrechen bindet stärker als Idealismus« kolportierte, war von seinem Stellvertreter Bracht als Gauleiter Schlesiens zu Fall gebracht worden. Offenbar war er gegen Übergriffe der Partei und der SS in den wiedererworbenen Gebieten Schlesiens vorgegangen.[16] Dabei hatte er auch versucht, die »Zügel gegenüber Bracht straffer anzuziehen«.[17] Bracht hatte Wagners »pessimistische Äußerungen« denunziert, was zu dessen Absetzung führte, die Moltke als »einen sehr großen und schmerzlichen Verlust« für Schlesien bezeichnete. Bracht wurde Nachfolger Wagners und soll in seiner Antrittsrede gesagt haben: »Die Zeit der sachlichen Entscheidungen ist jetzt vorbei, jetzt wird nationalsozialistisch regiert«.[18] Kein

Wunder, daß Schulenburg der Ansicht war, unter oder neben Bracht nicht arbeiten zu können. Er handle politisch wie menschlich richtig und seiner eigenen Pflicht gemäß, schrieb er an seine Frau, denn es gäbe »auch für den listenreichsten Politiker Grenzen dessen, was er vor sich und nach außen vertreten kann«.[19]

Schulenburg war mit großem Elan nach Breslau gegangen. Seine Arbeit auf dem Berliner Polizeipräsidium war ihm zu einseitig gewesen. Die allgemeine Verwaltungstätigkeit in Schlesien bot ihm wieder Erfüllung:[20] »Schlesien muß ausstrahlen«, war seine Devise in Breslau, und zwar durch die traditionellen Güter der Rechtssicherheit und gesetzmäßigen Verwaltung. Um diese Ziele zu erreichen, war es notwendig, mit der Rückendeckung Wagners den Parteieinfluß zurückzudrängen. Seine Personalpolitik – er holte auch politisch mißliebige Beamte nach Schlesien –, sicherte ihm bald das Vertrauen seiner Landräte.[21] Nach der Niederlage Polens wurde Schlesien und damit dem Reich ein nahezu 10000 qkm großes Gebiet als Regierungsbezirk Kattowitz angegliedert. Die Bevölkerung in diesem neuentstandenen Oberschlesien, das weit über die alten Reichsgrenzen von 1918 hinausgriff, war deutsch-polnisch beziehungsweise rein polnisch. Hitler ordnete bereits im Oktober 1939 ihre »Eindeutschung« an, die unter anderem durch Ausweisung und Umsiedlung der Polen erreicht werden sollte. Als Stellvertreter des Oberpräsidenten hatte Schulenburg die Maßnahmen der nächsten Monate gegen die polnischen Bevölkerungsteile mitzuverantworten. Sein direkter Anteil kann aufgrund der mageren Quellenlage nur sehr begrenzt nachgewiesen werden, so wenn er die Abschiebung »arbeitsscheuer polnischer Landarbeiter« in das Generalgouvernement am 11. Dezember 1939 anordnet, nur um dies zehn Tage später dahin zu ergänzen, daß allein die für die Landarbeit ungeeigneten Landarbeiter ausgewiesen werden dürften. Man darf annehmen, daß Schulenburg Umsiedlungen zur Stärkung des »deutschen Volkstums« in Oberschlesien grundsätzlich billigte. Um den polnischen Bevölkerungsanteil in dem Regierungsbezirk Kattowitz zu reduzieren, versuchten Wagner und Schulenburg im Februar 1940 eine neue, engere Grenzziehung vermutlich in Anlehnung an die bis 1918 gültige durchzusetzen. Dies hätte durch einen dann stärkeren deutsch-polnischen Bevölkerungsanteil die Auseinandersetzung mit den verbleibenden Polen begrenzt. Hitler lehnte diesen Plan vermutlich aus Prestigegründen jedoch ab.[22] Für Schulenburg war das problematische und so belastete deutsch-polnische Verhältnis jedoch nur ein Aspekt seiner Arbeit. Verwaltungsvereinfachung, Stärkung der wirtschaftlichen Kraft der Provinz waren andere. Die neun Monate, die er schließlich nur in Breslau arbeiten sollte, waren jedoch zu kurz, um eine deutliche Bilanz zu ermöglichen.[23] »Wir haben das Unglück, in Fragmenten zu arbeiten«, sagte Schulenburg, als er Schlesien im Mai 1941 wieder verließ.[24]

Der Anlaß für Schulenburgs Wechsel zum Heer war die Absetzung Wagners gewesen und die Unmöglichkeit, mit dem Nachfolger Bracht zusammenzuarbeiten. Die Ursache liegt jedoch offenbar auf einer anderen Ebene. Schon vier Tage nach Kriegsausbruch und nur knappe zwei Wochen nach Arbeitsaufnahme in Breslau schrieb er nach seinem Besuch an der schlesischen Front an seine Frau: »Ich fühle, daß ich nicht in die Heimat gehöre, sondern an die Front... Vielleicht kann ich mich nach einem halben bis dreiviertel Jahr an die Front melden«. Zunächst jedoch sei sein Platz unwiderruflich in Breslau, dort gelte es seine Pflicht zu tun, aufzubauen und dorthin hoffte er zurückzukehren »bis zu einer bestimmten innenpolitischen Entwicklung«.[25] So war seine Emigration zum Heer, zu der er sich erst nach »langem Wägen« entschied, unter anderem nach Konsultation Moltkes, den er deshalb mehrfach in Kreisau besuchte, und an der »nichts von Flucht ist«, einerseits sicherlich durch die Vorgänge in Breslau hervorgerufen, zum anderen übte aber das Heer eine deutliche Anziehungskraft auf ihn aus.[26] An die Front zu gehen, sei »das einzige gräfliche Privileg, das sich die Schulenburgs erhalten hätten«, verkündete er, als er Breslau verließ – und handelte sich damit bissige Kommentare ein.[27] Die sichtliche Befriedigung, die Schulenburg dann auch tatsächlich aus der Teilnahme am Krieg zog, ist für den Leser heute schwer verständlich. Es liegt im Bereich des Irrationalen, wenn Schulenburg schreibt, Krieg sei »die elementarste Macht, deren Anhauch alles, auch die Menschen, von Grund auf aufrührt, wandelt, zerschmettert und erhebt«.[28] Vermutlich galt gerade nach den fürchterlichen und traumatischen Erlebnissen des Ersten Weltkrieges Schulenburgs reichlich schablonenhafte Haltung in dieser Frage schon damals weitgehend als anachronistisch. War sie auch nicht verständlich, so forderte sie doch Respekt ab. Denn den Regierungspräsidenten und Vater von sechs Kindern hätte nicht der leiseste Vorwurf getroffen, wenn er zu Hause geblieben wäre. Daß er dann im Rußland-Feldzug nicht in einem hohen Stab, sondern als Zugführer nahezu die Strecke Warschau–Moskau zu Fuß lief, war einfach unerhört.

Schulenburgs Wunsch, unbedingt diese Probe persönlicher Tapferkeit abzugeben, mag außerdem sehr viel mit dem von den Kriegserlebnissen des Vaters (1914/18) und der Brüder dominierten Elternhaus zu tun gehabt haben. Er wollte ganz offensichtlich beweisen, daß er aus dem gleichen Holz geschnitzt war, daher die bis zum Beginn des Rußlandfeldzuges immer wiederkehrenden Bemerkungen, er hoffe, noch zum Einsatz zu kommen. Auf einen anderen Motivstrang hat bereits Krebs zu Recht hingewiesen. Es galt den Beweis anzutreten, daß die Widerstandstätigkeit keinesfalls mit »Drückebergerei« zusammefiel,[29] ein Gedanke, den übrigens auch Schwerin teilte. Dabei waren die beiden Vettern keine sehr militärischen Erscheinungen. Schwerin wurde spöttelnd »der Leutnant mit den unmilitärischen Formen« genannt, und Schulenburg verzweifelte anfangs, ob er je den notwendigen militärischen Ton lernen würde.[30] Wie um ihre Pflichterfüllung im militärischen Bereich zu dokumentieren, ließen sich die beiden Reserveoffiziere während des Krieges nur noch in Uniform fotografieren, 1943 sogar in Uniform malen. Wie kaum anders zu erwarten, hat Freisler in den Gerichtsverhandlungen u. k.-gestellte Widerstandskämpfer stets als Feiglinge und Drückeberger abzuqualifizieren versucht.

Schulenburg begann zunächst beim Ersatzbataillon seines Regiments in seinem geliebten Potsdam. Er nützte diese Zeit, um Freunde zu sehen, unter anderem Kessel, Yorcks und Moltke. In diese Zeit fällt auch das Gespräch mit Yorck und Moltke darüber, ob wohl in den nächsten zehn Jahren mit einem gerechten Staat zu rechnen sei und welche Kriterien es dafür gebe (vgl. S. 249). Schulenburg, der sehr viel lieber an der Front gewesen wäre, mußte im Potsdamer Ersatzbataillon vier Wochen lang Rekruten ausbilden. Es galt zunächst, die tausend Kleinigkeiten des militärischen Lebens zu lernen.[31] Anfang

Juli bekam er den Marschbefehl zu seinem Regiment nach Frankreich. Er hatte zehn Fahnenjunker dorthin zu begleiten und blieb erst einmal im Regimentsstab, bis er nach vielem Drängen einen Zug in der 6. Kompanie des zweiten Bataillons erhielt. Der Bataillonskommandeur war ein Freund seines gerade verstorbenen drittältesten Bruders Heinrich gewesen, und Schulenburg verstand sich dementsprechend gut mit ihm. Im Zuge der Umgruppierungen des Heeres kam das Regiment Mitte September 1940 in den Ostteil des Warthegaus. Schulenburg schrieb seiner Frau von der Armut der Bevölkerung, den Juden war es verboten, den Bürgersteig zu benutzen, sie wurden täglich zu Zwangsarbeit herangezogen.[32] Die Verlegung des Regiments war in Vorbereitung des Rußlandfeldzugs erfolgt, für den Hitler bereits am 21. Juli 1940 einen Operationsplan in Auftrag gegeben hatte.

Zunächst aber sollte England an die Reihe kommen. Die militärischen Vorbereitungen liefen unten dem Decknamen »Operation Seelöwe«, in die Schulenburg als Verwaltungsexperte nun eingeschaltet wurde. Schon Mitte August 1940 hatte das OKH Schulenburg für die Militärverwaltung in Frankreich zu reklamieren versucht, was der Reserveoffizier aber abwenden konnte, da er bei der Truppe bleiben wollte.[33] Im September wurde er jedoch in den Westen geholt, um sich auf seine Aufgabe als Verwaltungschef einer Armee im Rahmen der geplanten Invasion Englands vorzubereiten.

Auf seiner Hinreise besuchte er in Brüssel kurz den Militärbefehlshaber Freiherrn v. Falkenhausen, der auf Schulenburg »einen wirklich bedeutenden Eindruck« machte. Falkenhausen, den Kessel und Trott im Juli 1939 in Dresden für ihren etwas exotischen Attentatsplan hatten gewinnen wollen (vgl. S. 174), beeindruckte eigentlich alle seine regimefeindlichen Gesprächspartner. Moltke, der Falkenhausen bereits einen Monat vor Schulenburg kennengelernt hatte, schrieb über den General: »Der ganze Blickpunkt des Mannes ist auf den Menschen ausgerichtet, nicht auf irgendwelche gloire oder grandeur. Er ist sichtlich tief bekümmert, daß wir uns im ganzen wieder so benehmen, daß wir uns nicht werden halten können«.[34] Zum Zeitpunkt dieses Gesprächs waren die Deutschen noch nicht einmal drei Monate in Belgien.

Von Brüssel reiste Schulenburg nach Lille, wo sein Sonderstab saß.[35] Er brauchte dort jedoch nicht lange auszuharren, da »Seelöwe« von Hitler bereits am 12. Oktober verschoben wurde, um nach dem Verlust der »Schlacht um England« keine Wiederauflage zu erleben. Schulenburg durfte zu seinem Regiment zurückkehren. Dort, in dem kleinen Städtchen Brest-Kujawsk, wurde er am 9. November Zeuge eines Judenpogroms. Seinem jungen Kameraden Axel v. d. Bussche öffnete er am Beispiel dieser Bestialität die Augen über das Regime: »Man müßte schießen, um diesen Methoden Einhalt zu gebieten. Nur der bewaffnete Aufstand werde eine Änderung, nur die gewaltsame Ausschaltung des allein befehlenden Mannes die heilsame Wandlung herbeiführen können«.[36] In der folgenden Zeit erhielt Schulenburg zahlreiche Offerten, deren erste aus dem Innenministerium kam: Er sollte mit der Ernennung zum Regierungspräsidenten in Schlesien geködert werden. Einen Monat später bot ihm der Yorck-Freund Ehrensberger auftragsgemäß die Stelle eines Verwaltungschefs bei Reichskommissar Terboven in Oslo an, einen Tag später der Staatssekretär Pfundtner die Mitarbeit bei Oberpräsident Hanke in Niederschlesien – Schlesien sollte zum 1. Februar 1941 geteilt werden, wogegen sich Schulenburg stets ausgesprochen hatte, und Bracht würde Oberschlesien verwalten. Schulenburg blieb jedoch eisern, obwohl er sich offenbar immer wieder von neuem zur Entscheidung durchringen mußte. Aber es gab eben auch für den »listenreichsten Politiker« Grenzen der Vertretbarkeit.[37]

Als er Mitte Dezember in Berlin war, nutzte er die Gelegenheit, um sich zu informieren: vormittags mit Joseph Wagner, Mittagessen mit dem alten Freund Nikolaus Uexkuell und mit dem Abwehrhauptmann Heinz, nachmittags mit dem ehemaligen Berliner Vorgesetzten Helldorf und schließlich Abendessen bei Yorcks, wo er Abs, Moltke und Kessel traf. Tags zuvor war er zusammen mit seinem Bataillonskommandeur Bibra bei Claus Stauffenberg gewesen,[38] den er seit 1927 kannte[39] und den er auch im Herbst 1939 zusammen mit Stauffenbergs Onkel Uexkuell an der Westfront besucht hatte. Damals hatten die beiden Besucher Stauffenberg über die politisch-militärische Lage informiert, vielleicht auch bereits über die anrollende Mordwelle gegenüber den Polen. Der alte Uexkuell und Schulenburg sollen Stauffenberg geraten haben, eine Adjutantenstelle bei dem ewig zögerlichen und passiven Brauchitsch anzustreben. Es war am Vorabend des für den November 1939 geplanten Staatsstreichs, Stauffenberg hatte diesen und eine eigene aktive Rolle als verfrüht abgelehnt. Nicht, solange sich Deutschland im Krieg befand.[40] Jetzt wollten sehr wahrscheinlich die Besucher Bibra und Schulenburg von dem Hauptmann Stauffenberg informiert werden. Der junge Generalstabsoffizier arbeitete in jenen Monaten in der Organisationsabteilung des Generalstabs in Zossen und war natürlich für einen Überblick über die militärische Lage und eine Prognose der weiteren Entwicklung bestens postiert. Schulenburg faßte das Ergebnis dieser Berliner tour d'horizon zusammen: »Viele Neuigkeiten, im ganzen nur eine Bestätigung unserer Ansichten und Prognosen«,[41] und fuhr zur Truppe nach Brest-Kujawsk im Warthegau, wo er über Weihnachten blieb.

Die Monate bis zum Beginn des Krieges gegen Rußland, der wegen der Balkanfeldzüge im März 1941 um vier Wochen verschoben wurde, waren für Schulenburg mit »Nichtigkeiten und Herumsitzen« ausgefüllt. Bereits im Herbst hatte er seinen Zug wieder abgeben müssen und war Ordonnanzoffizier im Bataillonsstab geworden. Solange Bibra Kommandeur war, ging das gut. Beim Nachfolger, genannt »der Knulch«, fiel Schulenburg die Stabstätigkeit schwerer, da der neue Kommandeur »kein Maß in der Kritik kennt, keinen Unterschied zwischen wesentlich und unwesentlich macht und nur tadelt und nicht lobt oder die Männer freundlich anspricht. Dabei sind unsere Leute wie die Kinder erfreut, wenn man nur wie ein Mensch mit ihnen redet«.[42]

Die Monate vor dem Rußlandfeldzug brachten auch neue Erkenntnisse und Erlebnisse. Die Militärmaschinerie beeindruckte Schulenburg am stärksten. Er notierte: »Im ganzen lerne ich bei diesen Dingen eine andere große Institution mit ihrer Technik und ihren Gesetzen kennen und fühle mich dadurch – auch für meinen Beruf – nur bereichert.« Nachdem er »seinem Gewissen gehorchend« aus der Verwaltung ausgeschieden sei, habe er in seiner bisherigen Soldatenzeit mehr gelernt als in jeder Verwaltungsstelle.[43]

In dieser Zeit, im Januar 1941, überarbeitet Schulenburg seinen Vortrag »Nationalsozialismus und Preußentum« und bekennt, »daß ich inzwischen wieder schlauer geworden bin und wie dumm ich seinerzeit war«.[44] Nationalsozialismus und Preußentum, wie er es versteht, sind für ihn inzwischen unvereinbare Größen geworden. Nachdem er die Gedenk- und Todesstätte des so schmählich verjagten Oberbefehlshabers des Heeres Fritsch besucht hat, sieht er die Tragik des Generalobersten darin, daß dessen Leben »altpreußischen reinen Stils in diesem Staat keinen Platz mehr fand«. Fritsch gemahnte Schulenburg daran, daß »die preußische Forderung an das Reich bestehen bleibt«.[45] Was mit dieser fanfarenhaften Formel gemeint ist, macht Schulenburg wenige Tage später nach einem Besuch bei seinem ehemaligen Vorgesetzten Erich Koch auf dessen neuerbautem Schloß Krasne in einem Brief an seine Frau deutlich: »Die ›Maze‹ und der Takt fehlt und die Verbundenheit mit dem Volk scheint auch nicht mehr vorhanden. Was wird die Geschichte über diese Männlein sagen, die jetzt im Krieg an den harten, klaren Maßstäben des Notwendigen gemessen werden müssen! ... Eine gewisse Genugtuung kann ich darüber nicht unterdrücken, daß der weitere Verlauf der ganzen politischen Entwicklung meiner Entscheidung Recht gibt, daß ich mich von Koch trennte. Denn das, was ich damals erkannte, hat sich jetzt voll entwickelt und klar entpuppt. Die Entscheidung, die ich mir damals in manchen Zweifeln schwer entrang, steht jetzt als klare Gewißheit vor mir«.[46] An Koch war nichts Altpreußisches oder gar Preußisch-sozialistisches mehr, er war der klare Antipode zu Fritsch. Als Koch seinen ehemaligen persönlichen Referenten zum Schluß fragte, ob er nicht unter ihm am Aufbauwerk in dem in naher Zukunft befreiten Rußland mitarbeiten wolle, meinte Schulenburg ausweichend, darüber wolle er erst nach dem Feldzug sprechen.[47]

Tatsächlich wurde diese Frage noch während des Vormarsches knapp drei Monate nach dem Treffen mit Koch auf Schloß Krasne akut. Schulenburg hörte, daß sein Name als sogenannter Generalkommissar für Kiew gehandelt wurde. Einen Monat später erfuhr er dann, daß dort Erich Koch als Reichskommissar der Ukraine sein Vorgesetzter sein würde. Nun hatte er zwar seinerzeit Ostpreußen verlassen, weil er mit Kochs politischer Richtung und Haltung nicht übereinstimmte, aber galt es nicht einen Strich unter Vergangenes zu ziehen, und waren nicht in der neuen Situation in der Ukraine Fragen des politischen und finanz- wie personalpolitischen Vorgehens zweitrangig?[48] Schulenburg gab Koch schließlich beim nächsten und letzten persönlichen Treffen am 11. November 1941 eine Absage. Gegenüber seinem späteren Biographen Krebs begründete er diese Entscheidung damit, daß er nicht der Henker von Koch habe sein wollen.[49]

Noch problematischer als Schulenburgs Drang zur Frontbewährung (vgl. S. 220) ist aus heutiger Sicht sein Anti-Bolschewismus und daraus folgend seine Befürwortung einer deutschen »Mission« im Osten. Dies ließ ihn den Krieg gegen Rußland bejahen, ihn gar als einen »Auftrag des Schicksals« apostrophieren. Mitten in Rußland an den Ufern der Desna notierte Schulenburg Ende August 1941 seine Sicht dieses Krieges: »Ihr (der Führung des Reiches, Verf.) ist vom Schicksal übertragen die Auslöschung des Bolschewismus, die Schaffung des Reiches und Großwirtschaftsraumes Europa mit östlichen Aufbaugebieten, die Auflösung Rußlands und die Ersetzung des parasitären Kapitalismus durch eine neue Gemeinschaftsordnung. Das sind die Ideen unserer Zeit, die durch unsere Führung und unser Schwert vollzogen werden. Demgegenüber sind die Ideen, welche die angelsächsischen Mächte zu vertreten vorgeben, nur Feigenblätter des altgewordenen Kapitalismus und Imperialismus«.[50]

Schulenburg sah das deutsche Heer als Befreier vom Bolschewismus. Die Haltung der Bevölkerung in den eroberten Gebieten schien seiner Befreiungstheorie Recht zu geben. In den erst seit Herbst 1939 auf Grund des Hitler-Stalin-Paktes von den Russen besetzten polnischen Ostgebieten kamen die Menschen den deutschen Soldaten mit Blumen, mit Brot und Salz entgegen. Auch nach Überschreiten der ehemaligen russischen Westgrenze war die Haltung der Russen abwartend bis freundlich. Auch dort erlebte Schulenburg wiederholt, daß die weißrussische Bevölkerung den Truppen mit Blumen und freiwilliger Abgabe von Lebensmitteln entgegenkam. Eine »Befreiung« fände allerdings nach Schulenburg nur statt, wenn die neue Politik im Gegensatz zum Sowjetregime die Freiheit der Person, der Meinungsäußerung und der Religionsausübung sowie das Recht auf Eigentum auf ihre Fahne schreiben würde,[51] wenn Recht statt Willkür, herrschen würde.[52]

Wer eine Bevölkerung vom Bolschewismus befreite und ihr Gerechtigkeit und Ordnung bringe, habe dann wohl auch vom Schicksal das Recht erhalten, eine neue Ordnung zu errichten, »die sich sowohl auf eine Neugeburt der abendländischen Werte wie auf eine europäische Großraumwirtschaft gründet, und zwar mit möglichst wenig Apparat und Zwang«.[53] Diese Grundsätze für die »befreiten« Gebiete gaben sich zwar liberal, aber es handelte sich eben nur um »Schutzvölker« unter der deutschen Hegemonialmacht. Letztlich war für Schulenburg das Ziel dieses Feldzuges nicht die Befreiung der Völker vom Bolschewismus, sondern die Befreiung des »Volks ohne Raum«, das andernfalls der städtischen Zivilisation endgültig verfallen würde. »Man muß den Aufbau im Osten«, schreibt Schulenburg, »als großes soziales Befreiungswerk von der Enge und Not des deutschen Raumes verkünden und das Gros der Leute nach großem Plan, wenn nötig mit Zwang in Marsch setzen. Man muß das deutsche Volk noch einmal zu Glück und Größe zwingen. Eine Riesenaufgabe, die darüber entscheidet, ob das Volk endgültig der städtischen Zivilisation verfällt oder hier im Osten noch einmal Wurzeln schlägt und sich von seiner Kraft her erneuert. Eine Aufgabe, die der Arbeit eines Menschenlebens schon wert ist. Ich bin bereit, meines dafür in die Waagschale zu werfen«, und an anderer Stelle quasi als Begründung für den persönlichen Reiz dieser Aufgabe: »Hier kann noch schöpferisch verwaltet werden«.[54] Kein Wunder deshalb, daß Schulenburg einige Wochen brauchte, um Erich Koch, der ihn als Generalkommissar für Kiew gewinnen wollte, eine Absage zu geben. Er hatte sich inzwischen wohl zu der Einsicht durchgerungen, daß seine Vorstellung von Ostpolitik weder unter Koch noch überhaupt unter dem bestehenden Regime verwirklicht werden konnte.

Schon Ende August 1941 hatte Schulenburg als Voraussetzung für sein »Europa mit Ostglacis« formuliert: »Wir müssen auch im inneren Regiment die Bannerträger gegen den Bolschewismus werden«, wobei hier unter Bolschewismus die herrschende Spielart des Nationalsozialismus gemeint war, und: »Dazu gehört, daß wir im Innern mit allem aufräumen, was nicht diese höhere Ordnung darzustellen vermag an Menschen und Einrichtungen«.[55] Unter Einrichtungen sind hier die NSDAP und ihr Terrorinstrument, die SS, zu verstehen, wie aus dem Kontext des Gesamttagebuches hervorgeht.[56] So entschloß sich Schulenburg, nicht nach Kiew zu gehen, sondern an die innere Front, denn »über den Verlauf des Krieges entscheidet weitgehend, wie sich die innere Lage gestaltet. Da ist mein Beruf, da ist auch mein Platz jetzt, nachdem der Krieg sich in die Länge zieht und die Entwicklung sich immer mehr verschärft«.[57]

Schulenburgs Bejahung des Krieges gegen Rußland und seine im Kriegstagebuch niedergelegten Gedanken über Deutschlands Rolle im Osten weisen eine fatale Identität mit Hitlers »Bodenpolitik der Zukunft« auf, wie sie im 14. Kapitel »Ostorientierung oder Ostpolitik« von »Mein Kampf« ausgebreitet wird. Nach acht Jahren nationalsozialistischer Herrschaft befürwortete Schulenburg immer noch einen ganz zentralen Teil von Hitlers Zielvorstellungen. Andererseits hatte Schulenburg 1938 den Staatsstreichversuch unterstützt, um den drohenden Kriegsausbruch zu verhindern, er hatte sich wiederholt gegen die allgegenwärtige Herrschaft der NSDAP und das Terrorinstrument der SS ausgesprochen. Er war kein Antisemit, sondern hatte sich vor Juden gestellt. Er hatte seinen Posten in Breslau quittiert, da er ihn nur gegen sein Gewissen hätte weiter ausfüllen können. Er war zu einem gläubigen Christen geworden, der im Christentum das Fundament jeglicher Herrschaft sah. Er bejahte und forderte die Grundrechte der Weimarer Verfassung, aber im gleichen Atemzug den »Aufbau im Osten«. Schulenburg teilte offensichtlich 1941 noch einen zentralen Punkt von Hitlers Zielvorstellungen, aber wesentliche andere Vorstellungen der Nationalsozialisten, vor allem den Antisemitismus, eben nicht. Ihn deshalb einen Nationalsozialisten zu nennen, wird der Situation und seiner Persönlichkeit sicherlich nicht gerecht.

Schulenburg wurde von seinen Freunden oft als »Romantiker« bezeichnet oder als der »ewige Student«. Damit wird angespielt auf das Unreife, Unausgegorene, nicht zu Ende Gedachte seiner Ansichten, wobei der deutsche Auftrag des Schicksals, der im Osten, in Rußland liegen sollte, eine der hervorstechendsten, zeitgenössischen Ungereimtheiten darstellt.

13. Kapitel
Von Moskau bis Stalingrad

Der Angriffskrieg Hitlers gegen die Welt wurde in den Weiten des russischen Raumes entschieden. Unter unerhörten Opfern brach die Sowjetunion den Elan und schließlich das Rückgrat des deutschen Invasionsheeres. Die erfolgreiche Behauptung Moskaus bedeutete den Beginn der Kriegswende. Die Deutschen verfolgten das Kriegsgeschehen mit angehaltenem Atem und reagierten mit Bestürzung, wie die SD-»Meldungen aus dem Reich« zu berichten wußten, auf die Absetzung des Oberbefehlshabers des Heeres v. Brauchitsch am 19. Dezember 1941.[1]

Hitler übernahm nun auch noch den Oberbefehl über das Heer mit den Worten: »Das bißchen Operationsführung kann jeder machen«. Zwar wurde bald danach gemeldet, das unerschütterliche Zutrauen zum Führer habe wieder zu einer zuversichtlicheren Lagebeurteilung geführt, aber den innerdeutschen Gegnern gab die schwierige militärische Lage, die durch die deutsche Kriegserklärung an die USA vom 11. Dezember 1941 noch verschärft wurde, zum erstenmal seit Anfang 1940 deutlich Auftrieb. Bei dem Siegeslauf ohnegleichen, den Hitler mit Hilfe der deutschen Armee bisher erlebt hatte, war ein Militärputsch psychologisch und faktisch nicht denkbar gewesen. Der Verlauf des russischen Feldzuges und die große Zahl der Toten und Verwundeten[2] ließen die Erfolgsaussichten für einen Umsturzversuch wieder steigen.

Selbst Moltke, der sich ein Jahr später so dezidiert gegen eine gewaltsame Regimeänderung aussprechen sollte, wurde in diesen Wochen aktiv. Sehr wahrscheinlich suchte er in einem Gespräch am 16. November in Stettin den 69jährigen General Max Föhrenbach, als Führer eines bewaffneten Umsturzes zu gewinnen. Als Befehlshaber des Wehrkreises II standen Föhrenbach Truppen zur Verfügung, und er war wohl im Herbst 1941 der einzige Truppenkommandeur in der Nähe von Berlin, dem eine solche Aktion zugetraut werden konnte. Der alte General sagte Moltke nach dessen Vortrag: »Die Sache ist sehr gut. Ich weiß keinen besseren Weg, aber ich bin dafür nicht gut genug«. Generalstabschef Halder schrieb nach dem Krieg, ein geeigneterer Mann zur Führung des Staatsstreichs habe gefehlt und Föhrenbach sei dazu zu alt und unbekannt gewesen.[3]

Wer Moltke auf Föhrenbach hingewiesen hatte und warum diese Mission ausgerechnet dem Zivilisten Moltke zufiel, ist nicht klar. In diesem Zusammenhang ist vielleicht ein gemeinsamer Abend mit Beck bei Yorck am 27. September 1941 von Bedeutung, von dem Moltke gehofft hatte, daß er zum »Schmieden des Eisens« beigetragen hatte.[4] Zwei Wochen später hatte Moltke dann zum erstenmal Oster und dessen Rechte Hand im Widerstand, Dohnanyi, getroffen und die beiden Männer direkt nach seiner Rückkehr aus Stettin am 16. November persönlich aufgesucht und informiert. Ob Beck oder Oster den Stettin-Besuch Moltkes auslösten, ist unbekannt.[5] Auf alle Fälle informierte Oster den Ordonnanzoffizier Tresckows, Fabian v. Schlabrendorff, daß Witzleben plane, vom Westen her einen Schlag gegen Hitler zu führen.

Schlabrendorff war Ende September 1941 vom Stab der Heeresgruppe Mitte von Borrisow nach Berlin geflogen, um sich auf Anweisung Tresckows nach brauchbaren Kristallisationspunkten des Widerstands umzusehen. Er konnte Oster über die Haltung Generalfeldmarschalls v. Bock, seines Oberbefehlshabers, nichts mitteilen, was der Einstellung Witzlebens entsprochen hätte.

Tresckow, ein Neffe Bocks, hoffte jedoch, seinen Onkel mit sich ziehen zu können, sollte im Westen Witzleben tatsächlich aktiv werden.[6] Auf welcher Grundlage diese sehr optimistische Einschätzung der Haltung Witzlebens durch Oster gegeben war, ist nicht deutlich, möglicherweise beruht sie auf einem Gespräch Osters mit Schwerin. Schwerin war in den letzten Septembertagen 1941 in Deutschland, um der Trauerfeier für den vor Leningrad gefallenen Bruder seiner Frau beizuwohnen, und hatte in diesen Tagen auch Oster und Peter Yorck gesprochen. Er wird ihnen das Gleiche erzählt haben wie Kessel, als dieser eine knappe Woche zuvor Schwerin in Paris besucht hatte. Schwerin hatte davon gesprochen, daß »sein« Feldmarschall demnächst in Aktion treten würde. Kessel hatte das als unrealistisch abgetan.[7] Oster gab diese Information, vielleicht aus Zweckoptimismus, unkommentiert an Schlabrendorff weiter. Schon unter dem 1. November 1941 notierte sich Hassell in sein Tagebuch, daß er auf Anregung von Popitz, Jessen und Goerdeler über Brüssel (General v. Falkenhausen) zu Witzleben nach Paris fahren solle, und zwar, wie er vier Wochen später schrieb, zum Zweck der Bearbeitung.[8]

Die Reise Hassells zu Falkenhausen und Witzleben, von Jessen arrangiert, fand schließlich Mitte Januar 1942 statt. Kurz zuvor waren die bekannten Panzergenerale Guderian und Hoepner ihrer Posten enthoben worden. Die Führungskrise im Ost-Heer, die mit der Absetzung Brauchitschs Mitte Dezember begonnen hatte, gefolgt von der Krankmeldung Bocks und seiner Ersetzung durch Kluge als Oberbefehlshaber der Heeresgruppe Mitte, hielt offensichtlich immer noch an. In dieser Krisensituation beurteilten Beck und Goerdeler die militärischen Möglichkeiten zum Umsturz, die sich den zwei Oberbefehlshabern im Westen boten, ausgesprochen optimistisch. Goerdeler, Jessen und Pechel erarbeiteten eine Proklamation, die Witzleben verlesen sollte, wenn er an der Spitze seiner Truppen die Macht im Reich übernommen haben würde. Mit diesem Dokument ausgerüstet, traf Hassell am 16. Januar 1942 Falkenhausen in Brüssel und einen Tag später Witzleben in St. Germain bei Paris.[9]

Aber Witzleben brauchte keine Abgesandten der Berliner Verschwörer wie Hassell, um bearbeitet zu werden. Er hatte sich ja aktive Vertreter dieser Richtung selbst in seinen Stab geholt wie die bereits genannten Brink, Eichenlaub, Voß und natürlich Schwerin. Brink, im Zivilberuf Rechtsanwalt, berichtete über ein Gespräch, das er nach der Abberufung Brauchitschs mit Witzleben hatte.

Brink: Es ist Zeit. Aller Augen blicken auf Herrn Generalfeldmarschall.

Witzleben: Ja, wenn alle so dächten wie Sie und ich! Bringen Sie mir eine einzige Division, die gehorcht, dann mache ich es.

Brink: Sämtliche Divisionen werden gehorchen, wenn Hitler nicht mehr am Leben ist.

Witzleben wandte ein, man dürfe die Rückkehr zu legalen Zuständen nicht mit einem illegalen Schritt beginnen. Brink meinte, legale Mittel gegen Verbrechermethoden seien aussichtslos. Dies Gespräch zeigt deutlich, wie entfent Witzleben auch noch im Dezember 1941 von einer Aktion war, von der Schwerin offenbar bereits drei Monate vorher gesprochen hatte. Unbegründete Wunschvorstellungen!? Brink war der Ansicht, »Diktatoren stürben in den Stiebeln« und sie würden durch eine gewaltsame Tat nicht zu Märtyrern.[10] Der Rechtsanwalt war von Beginn seiner Zugehörigkeit zum Stab des Oberbefehlshabers West an der Ansicht gewesen, daß ein Umsturz nur dann Aussicht auf Erfolg haben könnte, wenn Hitler dabei getötet würde. Offenbar war diese Überlegung für Witzleben wie auch Schwerin wenig später, Anfang 1942, schließlich doch so überzeugend, daß sie einen Plan zur Beseitigung Hitlers ins Auge faßten. Zunächst allerdings traf Hassell mit der erwähnten Proklamation in der Tasche am 17. und 19. Januar 1942 mit Witzleben zusammen. Der alte Diplomat wurde in Paris von Schwerin empfangen, der auch bei den beiden Gesprächen zwischen Witzleben und Hassell zugegen war. Hassell, der Schwerin bei dieser Gelegenheit kennenlernte, hatte von diesem einen ausgezeichneten Eindruck und war restlos mit ihm einverstanden. Schwerin gehöre zur Garnitur Yorck und Moltke, sei aber fester, klarer, realer.

Ähnlich Falkenhausen hielt auch Witzleben die Idee Becks und Goerdelers für utopisch, die zwei Befehlshaber im Westen könnten isoliert handeln. Dies traf Hassells eigenen von Anfang an genährten Vorbehalt. Die Betonung Witzlebens lag jedoch auf dem Wort »isoliert«. Er versprach, einen Offizier nach Osten zu schicken, um sich über die Lage in Rußland und über den Stand seiner »Isolierung« zu informieren. Weiterreichende Versprechungen erhielt Hassell von dem Oberbefehlshaber West nicht. Hassell reiste nach Genf weiter, wo er Kessel und Nostitz einen bekümmerten Bericht über diese nutzlose Reise gab.[11]

In St. Germain drängten Schwerin und Brink Witzleben, nun tatsächlich jemanden zur Lageerkundung nach Osten zu senden. Die Wahl fiel auf den Major i. G. Alexander v. Voß, der am 22. Januar Paris verließ, um mit Generalstabschef Halder und daran anschließend mit

Offizieren der Heeresgruppe Süd und Mitte in Rußland zu sprechen. Voß sollte Halder vortragen, Witzleben betrachte die Entwicklung mit Sorge. Nachdem Hitler den Oberbefehl über die Wehrmacht wie auch jetzt über das Heer übernommen habe, stehe der weitere Fortgang des Krieges sozusagen nur noch auf zwei Augen. Welche Vorkehrungen, so wollte Witzleben erfahren, seien getroffen worden, falls der oberste Befehlshaber plötzlich stürbe? Es war ein Wink mit dem Zaunpfahl.[12]

In den wenigen Tagen zwischen Abreise und Rückkehr von Voß, in den letzten Januartagen also, besuchte Groscurth Witzleben in St. Germain. Der Feldmarschall erklärte seinem ehemaligen Untergebenen, er habe Voß mit einem persönlichen Schreiben zu Halder geschickt, um diesen zu beschwören, nun endlich zu handeln. Eine Besserung der politischen wie militärischen Lage sei nicht zu erwarten, und die Wehrmacht werde zunehmend durch den Nationalsozialismus zersetzt. Falls Halder seine Unterstützung zusage, wollte Witzleben, laut Groscurth, Hitler zu einer großen Parade in den Westen einladen. Schwerin habe sich bereit erklärt, bei dieser Gelegenheit ein Revolverattentat gegen Hitler durchzuführen. Nach einer anderen Version, und vielleicht als Alternative zu verstehen, habe Schwerin die Absicht gehabt, den Diktator anläßlich des erhofften Parisbesuchs in einem Hotelflur mit einer Handgranate zu töten.[13]

Wenn Brink und Groscurth ihre Gespräche mit Witzleben im Dezember 1941 und Januar 1942 richtig wiedergegeben haben, so hatte der Feldmarschall, aber auch Schwerin in den dazwischenliegenden vier Wochen in der Attentatsfrage radikal umgedacht. Aber alle guten Vorsätze und Pläne blieben vergeblich, da Halder jegliches Zusammengehen ausschloß, Witzleben bald darauf krank wurde und man ihn ablöste.

Voß hatte im Auftrag Witzlebens am 25. Januar 1942 zwei Stunden lang mit Halder im OKH in Ostpreußen gesprochen. Seiner Frau berichtete er, daß die militärische Lage im Oberkommando durchaus positiv beurteilt werde. Er zeigte sich beeindruckt von den Offizieren, die er im OKH getroffen hatte, und meinte, er sei jetzt absolut ruhig, die Zukunft Deutschlands sei in den allerbesten Händen. Wegen der über Rußland tobendenden Schneestürme konnte Voß nicht wie geplant zu den Heeresgruppen Süd und Mitte weiterfliegen. Unter Umständen hätten die dort möglichen Erste-Hand-Informationen bei 40 Grad minus noch einmal seine Sichtweise der militärischen Lage geändert. So blieb ihm nichts anderes übrig, als vorzeitig nach St. Germain zurückzukehren, wo er am 31. Januar Witzleben Bericht erstattete.[14]

Halder hatte Voß erklärt, Hitler dürfe nichts zustoßen, da er der einzige sei, der Wehrmacht und Volk in den kommenden schweren Zeiten zusammenhalten könne. Daher könne auch mit ihm – Halder – nicht gerechnet werden.[15]

In Berlin hörte Hassell wenig später, Witzleben habe »an seine Leute sehr negative Order gegeben«. In Sachen Inge (Deckname für Hitler, Verf.) sei zur Zeit nichts zu machen. Beck und Hassell fragten sich, ob Witzleben wohl im Begriff sei, weich zu werden. Während sie das beim Feldmarschall für unwahrscheinlich hielten, waren sie bei Halder der Ansicht, er sei umgefallen.[16]

In den gleichen Februartagen schrieb Moltke nach einem Besuch bei Yorck an seine Frau: »Eine merkwürdige Willenslähmung hat alle Menschen wieder befallen und an die Stelle des mir vor Weihnachten immer entgegengehaltenen »es ist zu früh« ist jetzt getreten »es ist zu spät«. Es ist traurig zu sehen, wie recht Peter (Yorck, d. Verf.) und ich in unserer Diagnose hatten, daß der 18. Dezember 1941 der »richtige Tag war«.[17] Der 18. Dezember war der Tag zwischen Entlassungsgesuch von Brauchitsch und der Übernahme des Oberbefehls über das Heer durch Hitler gewesen. Psychologisch wäre dieser Tag wohl »richtiger« als andere – mitten im Siegeslauf der deutschen Heere – gewesen, praktisch war jedoch mangels jeder Vorbereitung, nachdem Moltkes Gespräch mit General Föhrenbach fehlgeschlagen war, an einen Staatsstreich im Dezember 1941 nicht zu denken gewesen.

Tatsächlich war Witzleben bereits Ende Januar an einer Lungenentzündung erkrankt. Am 4. Februar fuhr er nach Frankfurt, um sich operieren zu lassen.[18] Seine langwierige Rekonvaleszenz fiel zusammen mit Krankheit und Tod seiner Frau. Dies nahmen die Personalplaner, vielleicht auf Betreiben, sicherlich aber mit Zustimmung Halders, zum Anlaß, um Witzleben Mitte März 1942 durch den Feldmarschall Gerd v. Rundstedt zu ersetzen. Der Widerstand war damit um einen Kristallisationspunkt, um einen aktiven Truppenkommandeur ärmer geworden. So viele Hoffnungen waren an Witzleben geknüpft gewesen, ihre Enttäuschung führte in Moltkes Worten bei den Berliner Verschwörern zu Willenslähmung und Mutlosigkeit. Hassell berichtete einen Monat später von Mißtrauensresten zwischen Popitz und Oster und zwischen Popitz und dem »jungen Kreis«. Eine gewisse positive Wendung erhielt die Situation dadurch, daß die ältere Generation, die »Exzellenzen«, wie Moltke sie nannte, übereinkam, bei Beck zentral alle Fäden zusammenlaufen zu lassen. Bedrückend war die Situation aber nicht allein durch den Fall Witzleben, sondern auch durch die Nachricht, daß sich der Sicherheitsdienst für Hassell und andere aus dem Freundes- und Bekanntenkreis interessiere.[19]

Interventionen der Gestapo

Der Sicherheitsdienst hatte durch die Denunziation eines Fräulein Boensel, Sekretärin des Amerikaners Stallforth, von Gesprächen zwischen diesem und Hassell im September 1941 erfahren. Gesprächsgegenstand waren Friedensondierungen unter Einbeziehung von Mussolini und des amerikanischen Botschafters in Rom, William Philipps. Heydrich persönlich hatte im November die Angelegenheit zur Kenntnis von Ribbentrop und Himmler gebracht. Die Denunziation hatte keine weiteren Folgen, wohl auch weil Ribbentrop zum gleichen Zeitpunkt wie Hassell ebenfalls mit Stallforth verhandelt hatte.[20]

Wenig später, im Januar 1942, sorgte eine weitere Denunziation für Beunruhigung: Diesmal hatte auf einem Damentee die englische Frau von Botho Wussow erklärt, sie könne zwischen Hitler und Stalin keinen Unterschied entdecken. Diese »Ungeheuerlichkeit« wurde von einem anderen Gast, Wanda Gräfin v. d. Goltz, einer gebürtigen Norwegerin, denunziert. Daß nichts wirklich Ernsthaftes geschah, lag offenbar daran, daß die übrigen Teilnehmerinnen bestritten, daß eine derartige Äußerung gefallen sei, und die ganze Sache zu einem Sprachproblem zwischen den beiden Ausländerinnen erklärten. Trotzdem war Wussows Stellung als wissenschaftlicher Hilfsarbeiter in der Informationsabteilung des Auswärtigen Amtes in Berlin angeschlagen. Seine Freunde im Auswärtigen Amt wie Trott, Haeften,

Rantzau sorgten daher dafür, daß er Ende 1942 im Auftrag der Informationsabteilung nach Portugal ausreisen konnte. Die Freunde hielten Wussow mit seiner sehr impulsiven englischen Frau in Berlin für zu gefährdet. Bis 1945 saß er am »Nachrichtenumschlagplatz« Lissabon und schrieb für die Informationsabteilung Berichte über die außenpolitische Lage Deutschlands.[21]

Weniger glimpflich als bei Hassell und Wussow verlief in diesen Wochen das Vorgehen der Gestapo gegen Rudolf Pechel und Nikolaus v. Halem. Pechel, seit 1919 Herausgeber der Deutschen Rundschau, war Mitwisser der Pläne um und von Witzleben. Schwerin hatte für ihn noch im Februar einen Vortrag vor dem Stab des Oberbefehlshabers West arrangiert und Pechel Mitte März in Berlin aufgesucht. Anfang April wurde Pechel dann aufgrund eines Artikels, den er im Januarheft der Rundschau über die Goebbelssche Nachrichtenpolitik veröffentlicht hatte, verhaftet. Pechel wurde schließlich nach jahrelanger Haft in verschiedenen Gefängnissen und Konzentrationslagern am 14. April 1945 aus Sachsenhausen entlassen.[22]

Halems langer Leidensweg durch die Gefängnisse und Folterkammern des »Dritten Reichs« endete im Oktober 1944 am Galgen. Der alte Roßleber Schulkamerad von Kessel, Schwerin, Wussow sowie der Yorck-Brüder, Studienfreund von Guttenberg und Freund von Schlabrendorff war am 23. Februar 1942 verhaftet worden.[23] Ihm und dem gleichzeitig verhafteten Ex-Diplomaten Herbert Mumm von Schwarzenstein wurden Attentatsabsichten auf Hitler vorgeworfen. Halem war ja schon sehr früh zur Ansicht gekommen, daß einem Umsturz die physische Beseitigung Hitlers vorauszugehen habe (vgl. S. 145). Sich selbst und seinem Freundes- und Bekanntenkreis traute er eine derartige Aufgabe nicht zu, da sie nicht skrupellos und professionell genug seien. Die oppositionellen Aktivitäten seiner Freunde und Bekannten lehnte er als nicht erfolgversprechend ab, ebenso nach den mehrmaligen vergeblichen Anläufen die Putschpläne der Militärs. Halem suchte daher einen »Fachmann« zur Liquidierung Hitlers, den er nach vergeblichen Sondierungen im Berliner-Kriminellen- und Strichjungenmilieu im Dezember 1939 in dem 49jährigen Dr. Joseph (Beppo) Römer gefunden zu haben glaubte.

Römer war ein Hitler-Gegner der ersten Stunde, obwohl er ursprünglich als Hauptmann a. D. und Führer des bayerischen Freikorps Oberland aus der gleichen rechtsextremistischen Ecke wie Hitler kam. Bereits vor der Machtergreifung jedoch näherte er sich kommunistischen Kreisen an oder wurde sogar selbst Parteimitglied. Römer war Mitherausgeber der gegen den Nationalsozialismus gerichteten Zeitschrift »Der Aufbruch«. Er wurde daher im März 1933 und dann wieder nach dem Röhmputsch 1934 verhaftet. Seine Beziehungen im Widerstand waren vielfältig und reichten weit in konspirative linke Arbeitergruppen hinein.[24] Er wurde von Freunden Halems als eine ausgesprochene Landsknechtsnatur, primitiv, aber draufgängerisch, unüberlegt und eitel charakterisiert, dafür jedoch von verbissener Wut gegen Hitler und Himmler.[25] Halem verschaffte Römer 1940 eine hochdotierte Scheinstellung bei dem oberschlesischen Kohlekonzern Ballestrem, für den auch Halem seit Jahren als Industrieberater tätig war. Römer hatte plausibel erklärt, er brauche zur Vorbereitung des Attentats einige Zeit. Als nichts passierte, kam es offenbar zu Auseinandersetzungen zwischen Halem und Römer, da jener ihm seine Untätigkeit vorwarf und ihm erklärte, die Stellung bei Ballestrem könne nicht länger aufrechterhalten werden.

Römer wurde denunziert und am 4. Februar 1942 verhaftet. Seine unter Folter erpreßten Aussagen führten zu den Verhaftungen von Halem und Mumm. Auf der Seite dieser Männer riß die Kette der Verhaftungen trotz unsäglicher Folter jedoch erst einmal ab. »Es war die Hölle«, berichtete Halem über seine Folter. Seine zum Waschen gegebene Wäsche war blutdurchtränkt. Die Gestapo warf Halem Vorbereitung zum Attentat, Kontakte zum feindlichen Ausland und seine kirchliche Haltung vor. Seine denkwürdigste Auslandsreise allerdings, sein Flug am 18. Juni 1941 nach Moskau, kam offenbar der Gestapo nie zur Kenntnis. Er hatte wahrscheinlich im Auftrag der Abwehr (Oster?) vier Tage vor der deutschen Invasion die Russen warnen sollen.[26] Von seinen Freunden waren vor allem Guttenberg und Schlabrendorff gefährdet, auch Wussow befand sich in einer ungemütlichen Lage, da Halem wenige Stunden vor seiner Verhaftung noch bei ihm gewesen war. Wie sehr Guttenberg schon damals bedroht war, wurde erst nach dem Krieg deutlich, als einer der Gestapo-Beamten behauptete, die Gestapo habe gewußt, daß Verhandlungen zwischen Halem und Römer in Gegenwart Guttenbergs in dessen Dienstzimmer in der Abwehr geführt worden seien.[27]

Die Freunde, vor allem Guttenberg, bemühten sich in den folgenden Monaten und Jahren, für Halem etwas zu tun. Eine Taktik war offenbar, das Verfahren zu verzögern. Es fand dann schließlich auch erst wenige Tage vor dem 20. Juli 1944 statt. Guttenbergs intensives Eintreten für den Freund war vielleicht mit ein Grund, ihn ein knappes Jahr später, im Januar 1943, von Berlin in eine weniger exponierte Stelle nach Agram zu versetzen.[28] Auch Schwerin versuchte, seine Beziehungen für seinen ehemaligen Schulkameraden zu nutzen. Er sprach seinen Vetter und Mit-Roßleber Krosigk auf das Schicksal von Halem an. Diesem werde zwar ein Anschlag auf Hitler vorgeworfen, das sei doch aber sicher haltlos, Halem habe höchstens einige unzulässige Ausdrücke gebraucht. Als der Finanzminister von der Gestapo jedoch erfuhr, daß Halem das geplante Attentat bereits zugegeben habe, sah er sich nicht in der Lage, weiter zugunsten Halems zu intervenieren.[29]

Man kann sich vorstellen, wie der Kreis von Menschen, über die hier berichtet wird und die sich ja alle weitgehend untereinander kannten, im Frühjahr 1942 fühlte. An eine Regimeänderung war nach den kurzlebigen Hoffnungen um die Jahreswende 1941/42 wieder nicht zu denken. Dafür spürten die Freunde auf allen Seiten die krakenhafte Umarmung der Gestapo. Überwachung, Denunziation, Verhaftung, Folter, Todesgefahr, das verband sich in diesen ersten zwei bis drei Monaten des Jahres 1942 mit den »Fällen« Hassell und Wussow, Pechel und Halem. Es zeugt für die innere Überzeugung und den Mut, daß sie trotzdem ihren Weg weitergingen.

Natürlich wuchsen auch im Freundes- und Bekanntenkreis die Befürchtungen. Schwerin, der noch Mitte Januar geschrieben hatte, »die Sorgen sind nicht gering, die Ohren dafür um so steifer«, zeigte sich in einem Kurzurlaub ab 10. März entgegen seiner sonstigen Gewohnheit und zum Erstaunen seiner Familie ausgesprochen gereizt.[30] Hassell, der in diesen Tagen über Schwerin schrieb: »Mit ihm bin ich immer ganz einig, womit aber noch nicht viel getan ist«,[31] mußte sich von Weizsäcker eine Gardinenpredigt über seine und seiner Frau Unvorsichtigkeit anhören. Der Staatssekretär informierte Hassell, daß dieser »auf Schritt und Tritt« von der Gestapo überwacht werde, und bat seinen alten Kollegen, von weiteren Besuchen erst einmal Abstand zu nehmen. Ferner riet er Hassell, alle etwaigen Aufzeichnungen zu verbrennen, was Hassell veranlaßte, zumindest drei Monate lang sein offenherziges, wenn auch mit Decknamen geführtes Tagebuch ungeschrieben zu lassen. Hassell war über diese »menschliche Erfahrung« mit dem Staatssekretär tief deprimiert.[32]

Schwerins Kontakte zum holländischen Widerstand

Für Schwerin waren die Monate bis in den Sommer 1942 nicht erfreulich. Nachdem Mitte März Witzleben durch Rundstedt abgelöst worden war, wurde ein Monat später der sehr geschätzte Chef des Stabes Hilpert durch Zeitzler ersetzt. General der Infanterie Kurt Zeitzler, ehemals IR 9, ab September 1942 Nachfolger Halders als Chef des Generalstabes, wurde in den ersten Tagen von Schwerin noch sehr positiv gesehen: »Ein kleiner vierschrötiger Mann, Energie strotzend, Typ Inspektor, mit Humor, riesiges Arbeitstier, der viel verlangt. Ich werde wohl mit ihm können«.[33] Darin sollte sich Schwerin aber gründlich irren. Schwerin, als »politischer Fechter« von Hilpert geschätzt,[34] paßte nicht zu der nationalsozialistischen Sicht- und Denkweise des neuen Chefs, dem Sympathien für die SS nachgesagt wurden. Es wurde bald deutlich, daß Zeitzler einen »Piek« auf die beiden Reserveoffiziere Schwerin und Brink hatte.[35] Auch der dritte Zivilist im Stab und Gegner Hitlers, Eichenlaub, stand auf der Abschußliste des neuen Chefs. Die politische Säuberung begann und endete aber mit Schwerin. Ohne Angabe von Gründen wurde er Mitte Juli nach Utrecht versetzt. Brink und Eichenlaub blieben im Stab des Oberbefehlshabers West, da sich für Brink inzwischen Oster erfolgreich eingeschaltet hatte und Zeitzler selbst schneller versetzt wurde, als er die Versetzung von Eichenlaub durchführen konnte.[36]

Schwerin war ausgesprochen widerwillig nach Utrecht gegangen, da er sich dort in puncto Widerstand in einer Diasporasituation wiederfand. Er hatte offenbar versucht, zu dem in Widerstandskreisen so sehr geschätzten Falkenhausen nach Brüssel zu kommen. Dies war ihm nicht gelungen, da er sich dort, wie der ältere Bruder Kessels, Theodor, schrieb, »irgendwie die Presse verdorben hatte«. Theodor Kessel mutmaßte, durch seinen »Pessimismus« – und richtig hatte Schwerin die politische Situation seit einem knappen Jahrzehnt durchgängig negativ beurteilt.[37] Eine andere Verwendung, die ihm Groscurth angeboten hatte, schlug Schwerin aus. Groscurth war im Februar 1942 zum Chef des Stabes des XI. Armeekorps ernannt worden. Er versuchte nun, seinen Stab mit gleichgesinnten Offizieren zu besetzen. So bot er Schwerin die Stabsstelle des Ic, zuständig für die Feindlage, und Alfred Graf v. Waldersee die des IIa, zuständig für die Personalsachbearbeitung von Offizieren, an. Für Schwerin wäre diese selbständige Stabstätigkeit – bisher hatte er nur jeweils unter einem Ic gearbeitet – durchaus verlockend und ehrenvoll gewesen; eine schnelle Beförderung zum Major wäre aufgrund der Stellung absehbar gewesen. Er lehnte jedoch ab, da er an einer Stelle sitzen wollte, die für die Widerstandstätigkeit relevant war. Dies war der Stab des XI. Armeekorps in Rußland nicht, und so wurde er zunächst eher zufällig nach Utrecht versetzt. Waldersee dagegen nahm an. Er sollte bei der bevorstehenden Stalingrad-Tragödie noch eine Rolle spielen.[38]

Sieben Monate blieb Schwerin schließlich in Utrecht. Er arbeitete dort in dem seit Anfang 1942 neu eingerichteten Stab des LXXXVIII. Armeekorps als Ordonanzoffizier des Quartiermeisters. Seine Kontakte mit den Freunden in Berlin können nicht sehr eng gewesen sein, da er mit Arbeit eingedeckt war. Aus diesen Monaten ist nur ein Treffen in der Abwehr in Berlin mit Oster, Guttenberg, Dohnanyi, Moltke, Yorck, Schrader und anderen zu Beginn eines längeren Heimaturlaubs am 23. November 1942 bekannt.[39] Thema dieser Besprechung war ganz offensichtlich die Lage im Osten,[40] die sich durch die wenige Tage zuvor begonnene Großoffensive der Russen dramatisch zuzuspitzen begann. Am Vortag des Treffens am Tirpitzufer war den Russen die Einkesselung der 6. Armee mit etwa 250000 Mann gelungen. Noch am gleichen Abend hatte Hitler, gestützt auf seine Erfahrungen der Winterkrise 1941, den folgenschweren Durchhaltebefehl gegeben. »Die 6. Armee igelt sich ein und wartet Ersatz von außen ab.«

Ob Schwerin vor oder nach diesem Winterurlaub den Kontakt zum holländischen Widerstand aufnahm, ist nicht mehr zu klären. Schwerin wurde durch Eugen Prinz Arenberg, einen deutschen Reserveoffizier, an dessen holländischen Quartierwirt, einen ehemaligen aktiven Offizier empfohlen, Mitglied einer Widerstandsgruppe in Utrecht, die mit der holländischen Exilregierung in London in Verbindung stand. Um Schwerins Glaubwürdigkeit zu prüfen, verlangte der Holländer von dem Deutschen ein Handschreiben Osters, den der Holländer noch aus der Vorkriegszeit kannte. Schwerin brachte das gewünschte Schreiben aus Berlin per Kurierflugzeug bei. Als das Vertrauen hergestellt war, erbat Schwerin von dem Holländer vor allem dessen Hilfe für die Einrichtung einer Verbindung zur englischen Regierung und zur Rettung einiger – wahrscheinlich deutscher – Juden. In beiden Fällen entsprach der Holländer Schwerins Bitten. Die beiden Männer sahen sich über einen Zeitraum von mehreren Wochen etwa zehnmal in Schwerins Büro, was unauffällig war, da Schwerin als Quartiermeistergehilfe immer wieder mit Holländern dienstlich zu tun hatte. Die letzte Begegnung endete etwas brüsk, da Schwerin den Holländer zum sofortigen Verlassen des Büros aufforderte, die Militärpolizei sei auf dem Weg. Tatsächlich betrat diese nur wenige Minuten später das Gebäude.

Leider läßt sich der Inhalt der Schwerinschen Botschaft nach London nicht mehr feststellen. Die Engländer waren nach anfänglichem Zögern bereit, ihrerseits den Kontakt aufrechtzuerhalten, aber die Episode endete mit dem Kommen der »Kettenhunde«. Ob Schwerin den Kontakt zu seinem holländischen Vertrauensmann aufgrund seines Urlaubs oder wegen seiner Versetzung Mitte Februar nach Berlin abbrach, oder ob seine wiederholten Treffen mit dem Holländer doch aufgefallen waren und Schwerin Angst bekommen hatte, wird sich nicht mehr feststellen lassen. Einmal mehr handelte es sich dabei um einen der unzähligen, insgesamt so fruchtlosen Versuche des deutschen Widerstands, mit den Engländern ins Gespräch zu kommen.[41]

Die Monate zwischen der Krise vor Moskau im Winter 1941 und der sich anbahnenden Katastrophe vor Stalingrad waren für den Widerstand entgegen der ursprünglichen Prognose vom Herbst 1941 nicht sehr erfolgverheißend. Dies lag nur zum Teil am Zugriff oder doch drohenden Zugriff der Gestapo. Es war vor allem ein Ergebnis der militärischen Lage. In den folgenden Monaten sollten noch einmal, zum letztenmal, die deutschen Offensiven erfolgreich sein. Die Schlachten um Kertsch und Charkow, die Einnahme von Sewastopol mit weiteren großen Gefangenenheeren und folgenden Landgewinnen waren die letzten Stationen des ungeheuren deutschen Siegeslaufs im Osten, der die deutsche Fahne selbst auf dem Elbrus-Gebirge sah. Hassell erlebte daher noch Mitte Augst 1942 in Berlin bei »Militärs, Offiziösen und Spießern eine wahre Welle des Optimismus«. Diese Stimmung teilte der Kreis um Beck nicht, erblickte er doch in den Siegen nur eine Verlängerung, nicht aber eine Entscheidung des Krieges.[42]

Und Schulenburg, der Mitte November 1941 aus Rußland zurückgekehrt war und sich überwiegend in Berlin aufhielt, schrieb Ende April 1942 an seine Frau: »Manchmal wird der Ausblick so düster, daß man glaubt, hinter diesem Dunkel lauere unmittelbar der Abgrund, dem wir unaufhaltsam entgegengehen wie magisch aufgezogen. Und nirgends ein Ausweg und nirgends ein Ansatz, sich aus dieser Verstrikkung zu befreien«.[43] Schulenburg hatte gerade einen Sonderauftrag für das Reichswirtschaftsministerium gelöst. Seit Ende Januar hatte er im Auftrag des Staatssekretärs Dr. Landfried einen Plan zur Halbierung des Personalbestandes der Reichsstellen des Wirtschaftsministeriums erarbeitet. Diese Aufgabe der Effizienzsteigerung durch Rationalisierung und Reorganisation war nach dem Herzen Schulenburgs. Er sollte im Verlauf der nächsten zweieinhalb Jahre noch häufiger an derartigen Reorganisationen mit dem Ziel der Personalverminderung mitarbeiten. Doch zunächst stieß er wieder zur Truppe,[44] nachdem ihm Wirtschaftsminister Funk auf der Schlußsitzung am 13. April 1942 im Ministerium offiziell gedankt und den Erfolg bestätigt hatte. »Zu diesem Dank«, so Schulenburg, »habe ich kein Verhältnis«.[45]

Schulenburg trat Mitte April 1942 seinen Dienst im Stab des Ersatzbataillons des Infantrieregiments 9 in Potsdam an. Ende Mai wurde er zum Stab der 11. Armee auf die Krim kommandiert. Schulenburg hatte geschwankt, ob es richtiger sei, in Berlin, also dem Zentrum des Geschehens, zu bleiben oder zur Truppe zu gehen. Er hatte, da Berlin »keinen Sinn« ergebe,[46] die Krim gewählt, um Manstein, den kommandierenden General der 11. Armee für »die Sache« zu gewinnen.[47] Er holte sich eine Abfuhr[48] wie nach ihm noch Schultze-Büttger, Gersdorff, Tresckow und andere. Offenbar hatte Schulenburg »allen klugen Widerreden zum Trotz«[49] seine Versetzung auf die Krim selbst herbeigeführt; wer ihn auf diese Idee gebracht hat, ist ebenso unbekannt wie die Details seiner Gespräche mit Manstein. Manstein galt als außergewöhnlich befähigter Soldat. Für den Widerstand wäre der General ein großer Gewinn gewesen, vor allem nachdem er Befehlshaber der Heeresgruppe Süd geworden war. Aber Manstein hatte laut Tresckow nur militärische und operative Fähigkeiten, jedoch kein Verständnis für die politischen Notwendigkeiten. So erhielt Gersdorff, als er den General im Frühsommer 1943 in einem sehr offenen Gespräch für den Umsturz gewinnen wollte, die für dessen begrenzte Verantwortungsbereitschaft bezeichnende Antwort: »Der Feldmarschall v. Manstein wird stets der legalen Staatsführung loyal zur Verfügung stehen«, auch der Putschregierung nach Hitler, aber eben nur *nach* einem gelungenen Umsturz.[50]

Schulenburg blieb nur zwei Monate auf der Krim. Er war dort dem Ic des Armeestabes unterstellt und erlebte so aus nächster Nähe am 1. Juli den Fall Sewastopols und die Eroberung der Halbinsel mit. Wie schon im Vorjahr beeindruckten ihn die körperlichen und psychischen Leistungen der deutschen Soldaten wie auch die planerischen und organisatorischen der Stäbe nachhaltig. Seine Sicht des Soldatenlebens als asketischer Männergesellschaft in der tödlichen Welt des Krieges veröffentlichte er im Herbst 1942 unter einem Pseudonym in der Schrift »Leutnant in der Infanterie«, ein Gedenkblatt, wie Schulenburg sie im Untertitel nannte, auf seinen jungen gefallenen Freund Constantin. Sie beschrieb vor allem aber Schulenburgs eigenes Erleben im russischen Feldzug von 1941. Sie war nicht nur als Hommage an seinen gefallenen Freund gedacht, sondern wollte ihn den jungen vom Nationalsozialismus erfüllten Offizieren und Soldaten als Beispiel besten preußischen Geistes und Tradition vorhalten. Das Reclamheft mit einer ersten Auflage von 100000 Exemplaren und einer zweiten von 50000 Exemplaren wurde zu einem spontanen Erfolg, auch wenn das OKW eine Anschaffung für die Truppenbüchereien nicht empfehlen mochte.[51] Am 15. August 1942 übernahm Schulenburg für siebeneinhalb Monate die Leitung der Abteilung I des Reichsministeriums für Ernährung und Landwirtschaft, die für die Ministeriumsverwaltung einschließlich Personal, Haushalt und Presse zuständig war.[52] Er erhielt den Auftrag, Vorschläge für die Rationalisierung und Reorganisation des Ministeriums zu erarbeiten, praktisch also eine Fortführung seiner Tätigkeit im Reichswirtschaftsministerium von Anfang des Jahres. Während er damals anerkannten Erfolg gehabt hatte, wurde diesmal seine Tätigkeit »äußerst kritisch« aufgenommen.[53] Er mußte bald feststellen, daß er die Politik »seines« amtierenden Ministers Backe, der die Notwendigkeit der Stunde nicht erkenne, nicht mitverantworten konnte.

Neben seiner Arbeit im Ministerium war Schulenburg seit Januar 1943 zusätzlich für den im Mai 1942 gebildeten »Sonderstab des Generals von Unruh« tätig gewesen, der den Auftrag hatte, zivile und militärische Dienststellen nach entbehrlichem Personal durchzukämmen. Auch aufgrund dieser Doppelbelastung war Schulenburg sichtlich erleichtert, als er im März wegen sachlicher Differenzen seinen Posten im Ernährungsministerium aufgeben konnte.

Stalingrad – die Kriegswende

Nach den beeindruckenden Erfolgen der Deutschen im Sommer 1942 in Nordafrika und Rußland setzte sich ab Herbst 1942 endgültig die Kriegswende durch, die im Winter 1941 vor Moskau begonnen hatte. Als am 22. November 1942 die 6. Armee unter Generaloberst Paulus bei Stalingrad eingekesselt wurde und Hitler den Ausbruch untersagte, zeichnete sich die kommende Niederlage deutlich ab. Paulus unterstellt und mit eingeschlossen war auch das XI. Armeekorps unter General Strecker und seinem Stabschef Groscurth. Zur Abwendung der heraufziehenden Katastrophe, in die die 6. Armee durch Hitlers Einigelungsbefehl und Paulus' subalterne Schwäche geraten war, erwirkte Groscurth für den leicht verwundeten IIa Graf Waldersee im Dezember einen Ausflugsbefehl mit dem geheimen Auftrag, in Berlin zu Beck und Olbricht zu gehen und ihnen auszurichten, »nur sofortiges Losschlagen« der Opposition könne die 6. Armee noch retten. Beck bat Waldersee, umgehend nach Paris weiterzufahren und dort den Generälen Rundstedt und Stülpnagel sowie Falkenhausen in Brüssel den Appell Groscurths ans Herz zu legen. Während sich Stülpnagel gegenüber Waldersee wohlwollend verhielt, drohte Rundstedt, Nachfolger Witzlebens als Oberbefehlshaber West, lautstark mit Verhaftung, nicht ohne hinzuzufügen, bei Gelingen des Staatsstreichs solle man nicht vergessen, daß er, Rundstedt, der Dienstälteste sei und dann den Oberbefehl übernehmen werde. Waldersee war von dieser Erfahrung so deprimiert, daß er offenbar seine Mission als gescheitert ansah und gar nicht mehr nach Brüssel zu Falkenhausen fuhr. Beck seinerseits schrieb an Manstein, dem Paulus und die 6. Armee unterstand. Manstein antwortete: »Ein Krieg ist nur verloren, wenn man ihn verloren gibt«.[54]

Wie Groscurth am 20. Januar 1943 schrieb, war seit acht Wochen niemand mehr vom OKH in den Kessel eingeflogen. »Die Leute haben keine Ahnung, was hier los ist«.[55] Hitler und die Generalität sahen tatenlos dem wochenlangen Sterben einer ganzen Armee zu. Die Niederlage bei Stalingrad endete am 2. Februar zwei Tage nach der Kapitulation von Paulus mit der Waffenniederlegung von Strecker und Groscurth. Von den 250000 eingeschlossenen Soldaten wurden 34000 Mann ausgeflogen, der Rest war gefallen oder in russische Kriegsgefangenschaft geraten. Groscurth starb wie die Mehrzahl seiner gefangenen Kameraden in den folgenden Monaten an den erlittenen Entbehrungen und den Krankheiten.

Diese Tragödie von Stalingrad verursachte beim deutschen Volk, wie auch die »Meldungen aus dem Reich« des Sicherheitsdienstes (SD) berichteten, einen ernsthaften Vertrauenseinbruch in Hitlers Führung. Die Menschen waren fassungslos und deprimiert.[56] Nicht anders ging es Schwerin, der gerade zu einem Kurzurlaub in Göhren war. Er sah neben diesem Elend, das auch Neffen, engste Verwandte und Freunde betraf, jedoch noch einen weiteren Aspekt mit besonderer Deutlichkeit. Am 25. Januar hatten Roosevelt und Churchill in Casablanca ihre Formel des »unconditional surrender« der Welt bekanntgegeben. Durch Stalingrad, so Schwerin, sei den Deutschen die Möglichkeit genommen worden, mit den Alliierten doch noch zu einem vernünftigen Frieden zu kommen.[57] Die dafür notwendige militärpolitische Grundlage war durch diese erste bedeutende Niederlage des Reiches zerstört worden. Stalingrad gab andererseits der Widerstandsbewegung erstmals seit dem Fall von Paris die psychologische Konstellation, die für einen einigermaßen chancenreichen Umsturzversuch notwendig war. Die Attentatsversuche im März müssen daher als direkte Folge von Stalingrad gesehen werden.

14. Kapitel

Peter Yorck und der Kreisauer Kreis

Es ist das Bemerkenswerte an der hier beschriebenen Gruppe von sechs Männern, daß ihr Widerstand gegen Hitler und das Dritte Reich nicht opportunistisch war. Er war nicht abhängig von deutschen Erfolgen oder Niederlagen. So bedeutete der Einmarsch in Paris nicht das Ende ihrer Ablehnung der nationalsozialistischen Gewaltherrschaft, und die Niederlage von Stalingrad markierte nicht den Beginn. Diese grundsätzlich ablehnende Haltung wird ganz besonders bei Yorck deutlich. Auf dem Höhepunkt nationalsozialistischer Machtfülle begründete er im Juni 1940 zusammen mit seinem neu gewonnenen Freund Moltke eine Arbeitsgemeinschaft, die für den deutschen Widerstand und seine programmatische Ausrichtung ganz wesentlich werden sollte. Im Laufe der nächsten Monate sammelten die beiden Männer einen Kreis von gleichgesinnten und gleichberechtigten Mitarbeitern um sich, der später von der Gestapo nach dem Gut von Moltke als »der Kreisauer Kreis« bezeichnet wurde.

Yorck und Moltke ergänzten sich in glücklicher Weise. Yorcks Ehefrau brachte dies auf die Formel, Moltke sei der Kopf, Yorck, ihr Mann, das Herz des Kreises gewesen, oder auch Moltke der Motor, Yorck dagegen die integrierende Kraft.[1] Dies ist natürlich eine bewußt vereinfachende Gegenüberstellung, die etwas über die Art des Anteils der beiden an der gemeinsamen Arbeit sagen soll. Wenn auch viele der engsten Freunde Yorcks und Moltkes das Dritte Reich und Freisler nicht überlebt haben, so gibt es doch ausreichend Zeugnisse über Yorck und Moltke, die ein differenziertes Bild ergeben. Das wohl umfassendste Porträt Yorcks zeichnete Eugen Gerstenmaier in seinen Erinnerungen, der zusammen mit Moltke ab August 1943 bis zur Verhaftung am 20. Juli in der Hortensienstraße 50 gewohnt hatte.

Gerstenmaier schrieb u. a.: »Peter Yorck war ein nüchterner Mann. Die Distanz, die ihm Freunden gegenüber eigen war, verführte manchen zu dem Schluß, daß er nur über ein mangelhaftes unterkühltes Temperament verfüge. Das war ein Irrtum. In Wirklichkeit war er ein Mann von warmer Herzlichkeit, von tiefem Gefühl und Gemüt. Teils aus Scheu, teils aus stolzer Bescheidenheit verbarg er jedoch seine Innerlichkeit vor Fremden und erschloß sich dem Näherstehenden nur bei sich vertiefender Freundschaft«.[2]

Einer der Kreisauer, Paulus van Husen, meinte 1947/48, daß der Kreis eine Gründung von Moltke und Yorck gewesen sei, »die praktisch eine Person bildeten und sich hervorragend ergänzten und gegenseitig ausglichen... Der Zweck dieses Verhältnisses zueinander war die gegenseitige Kritik«.[3] Dieses Bild der Ausgeglichenheit des Gespanns Yorck–Moltke hat die Forschungsliteratur aufgrund der für Yorck ungünstigen Quellenlage nicht nachzeichnen können. Während zahlreiche Dokumente Moltkes über seine Verhaftung und das Kriegsende hinweg gerettet worden sind, gibt es von Yorcks Hand einschließlich der Abschiedsbriefe nur noch 22 (!) Schreiben.[4] Wenn man bedenkt, daß es für Yorck wie überhaupt für seine Generation zur täglichen Übung gehörte, Briefe zu schreiben und eine weitgefächerte Korrespondenz zu führen, ist dies ein wahrhaft kläglicher Rest. Anhand der beinahe täglichen minutiösen Briefe Moltkes an seine Frau – sie lebten während des ganzen Krieges getrennt –, kann man über Jahre praktisch Tag für Tag das Leben dieses ungewöhnlichen Mannes mitverfolgen.[5] Aufgrund der besonders engen Arbeits- und Lebensbeziehungen zwischen Yorck und Moltke belegen diese Briefe auch einen Teil der Yorckschen Aktivitäten, aber eben nur den von Moltke erfaßten Ausschnitt. So kommt es, daß in dem bis heute gültigen Kreisauer Standardwerk von van Roon »Neuordnung im Widerstand« vor allem der Moltkesche Ausschnitt erfaßt wird, worauf schon Gerstenmaier gleich nach der Veröffentlichung 1967 hingewiesen hat.[6] Letztlich kommt der Historiker über diese einseitige Quellenlage nicht hinweg: Es läßt sich aber doch mit dem vorliegenden Material, das zum Teil ebenfalls von van Roon für das eben genannte Buch gesammelt wurde, das Bild vom Wirken Peter Yorcks im Kreisauer Kreis vertiefen und abrunden.

Am 17. Juni 1940 trafen sich Yorck und Moltke zu einem Mittagessen in der Stadt, währenddessen sie sich über die Möglichkeit eines systematischen Gedankenaustausches unterhalten haben müssen, der nicht der Zufälligkeit unterworfen bleiben, sondern zu Resultaten führen sollte. Noch am selben Tag schrieb Moltke zwei Briefe, den ersten an seinen alten Freund Einsiedel über die Frage: »Welches ist die Manifestation der Gerechtigkeit in der Wirtschaft?«, ein weiterer Brief ging an Yorck. Der Brief an Yorck beginnt mit dem drei Tage nach dem Fall von Paris bemerkenswerten Satz: »Nun, da wir damit rechnen müssen, einen Triumph des Bösen zu erleben, ... ist es wichtiger als je, sich über die Grundlagen einer positiven Staatslehre klar zu werden ...«. Moltke knüpfte hier an ein Gespräch an, das er am 4. Juni 1940 mit Yorck und Schulenburg in der Hortensienstraße gehabt hatte, in dem es darum gegangen war, ob es in zehn Jahren »in den Grenzen, die durch die menschlichen Unzulänglichkeiten gesetzt wird, einen gerechten Staat« in Deutschland geben würde, den sie voll würden billigen können, wobei sie einen Staat als gerecht definiert hatten, wenn er seinen Bürgern die volle Entfaltung und Entwicklung ermöglichte. Schulenburg hatte dies bejaht, während Moltke dagegen gehalten hatte. Yorck antwortete Moltke nach Rückkehr von einer Dienstreise nach Frankreich drei Wochen später und definierte als Ziel dieser Korrespondenz »das Auffinden eines gemeinschaftlichen Ausgangspunktes zu neuer Arbeit über die Grundlagen eines neuen Staates«. Yorck fährt fort und verweist auf seine früheren Anläufe in dieser Richtung: »Ich muß mich schuldig bekennen, die Notwendigkeit der Erweiterung dieser Grundlagen schon längere Jahre gefühlt zu haben und trotzdem ihr nicht Rechnung getragen zu haben. Angestellte Versuche ermangelten der Präzision und Folgerichtigkeit und insbesondere der Gründlichkeit ... Mit Ihnen glaube ich, daß man nur in wirklich ernster Arbeit der Verantwortung gerecht werden kann, und es besteht für mich nur die Frage, wie ich dies mit einer Alltagsbeschäftigung vereinbaren kann«.[7] Dies war eine berechtigte Frage, denn die Briefe Moltkes an seine Frau dokumentieren, welch wahrhaft gewaltiges Arbeitspensum von Moltke bewältigt wurde. Ähnliches ist von Yorck zu vermuten, der noch bis Ende April 1942 für den Reichskommissar für Preisbildung arbeiten sollte. Als der Reichskommissar Joseph Wagner wegen seiner Bindung an den Katholizismus Ende 1941 endgültig durch Bormann zu Fall gebracht worden war und all seine Ämter verloren hatte, wurde sein Nachfolger der stramme Nazi Dr. Hans Fischböck. Yorck mußte gehen. Nach einem durch Intervention der Münchner Parteizentrale gescheiterten Versuch, Yorck in das Reichsinnenministerium zu holen, aus dessen Bereich er ja ursprünglich stammte, wurde er schließlich zum 15. Juli 1942 zum I c Referat des Wirtschaftsstabs Ost mit Sitz in Berlin einberufen. Der Wirtschaftsstab war Teil des Feldwirtschaftsamtes des OKW. Der Stab koordinierte die den einzelnen Heeresgruppen in Rußland unterstellten Wirtschaftsinspektionen untereinander, die wiederum die Versorgung der Truppe aus den besetzten Gebieten organisieren sollten. Aufgrund des Kriegsverlaufs verringerten sich die Aufgaben des Wirtschaftsstabes Ost fortlaufend, so daß Yorck bald seine Arbeitskraft vorrangig für den Widerstand einsetzen konnte, auch als er im Herbst 1943 Leiter des Ic Referates geworden war.[8]

Der Vorlauf: die Gespräche 1938/39

Der Hinweis Yorcks in seinem Antwortbrief vom 7. Juli 1940 auf eigene bisherige Anstrengungen, die Grundlagen eines neuen Staates zu erarbeiten, bezieht sich auf die Diskussionen, die, von Yorck organisiert, seit der Kristallnacht zumeist in der Hortensienstraße stattgefunden hatten.

An diesen Gesprächen hatten neben Yorck, Kessel, Ehrensberger, Schulenburg auch der gemeinsame ältere Freund von Yorck und Schulenburg, Nikolaus Uexkuell, sowie dessen Neffen Cäsar Hofacker und, seltener, Berthold Stauffenberg teilgenommen. Neben den Yorcks waren auch die Ehepaare Ehrensberger, Schulenburg und Uexkuell Gastgeber dieser abendlichen Diskussionsrunden gewesen. Anlaß für die Initiative Yorcks war offenbar der im politisch-konzeptionellen Bereich mangelhaft vorbereitete Staatsstreichversuch vom September 1938 sowie Yorcks Erkenntnis, daß sich das Regime durch neue Erfolge immer mehr verfestigt hatte und rein imperialistische

Ziele verfolgte. Kessel schrieb 1947, daß auch von militärischer Seite immer wieder die Frage gestellt worden sei, was nach der Beseitigung des Regimes denn geschehen solle. »Wir mußten uns also, schon um den Soldaten jeden Vorwand zu neuem Ausweichen und Vertagen zu nehmen, darauf vorbereiten, gewisse politische Grundsätze sowohl theoretischer wie auch praktischer Art aufzustellen, die als Notprogramm oder Leitfaden in der ersten Zeit nach einem Regimewechsel dienen konnten. Abgesehen von allem anderen war es uns aber auch ein psychologisches Bedürfnis, unsere Tage, Monate und – leider – Jahre nicht mit untätigem und immer wieder enttäuschendem Abwarten der Entscheidung zu verbringen, sondern uns geistige Klarkeit zu verschaffen, und die Umrisse einer möglichen Zukunft abzustecken«.[9] Kessel beschreibt hier ein Motiv für diese Gespräche: Alternativen zu entwerfen und dadurch dem untätigen Erdulden zu entkommen. Dies war sicherlich auch für viele Teilnehmer des späteren Kreisauer Kreises ein ganz wesentlicher Aspekt. Hieraus erklärt sich auch die schwankende Haltung Schulenburgs zu diesen Gesprächen, auf die noch weiter unten näher einzugehen ist. Zum Teil machte er mit, zum Teil glaubte er, daß wesentlichere Dinge anlägen, die er tun könne. Dann mochte er die Kreisauer wohl als Literaten und Schöngeister verspotten.[10]

Yorck hatte als Ziel der Gespräche vorgeschlagen, Grundsätze für eine neue Reichsverfassung zu erarbeiten. So lautete auch das Thema eines der ersten Referate im Winter 1938/39, das von Kessel gehalten wurde: »Ideen über eine zukünftige Verfassung des deutschen Volkes«. Kessel verglich in seinem Referat die Verfassungen von Bismarck, Weimar und das napoleonische Rezept der plebiszitären Demokratie, das Hitler wiederbelebt hatte. Während bei Bismarck das Volk von der Regierung weitgehend ausgeschaltet gewesen sei, habe es in Weimar durch seine Vertretungen zwar schrankenlos Einfluß auf die Regierung gehabt, dies sei aber zu Lasten einer effektiven Ausübung der Regierungsgewalt gegangen. Hitler schließlich habe das Volk sich in einzelnen Abstimmungen äußern lassen, ihm im übrigen aber jede Kontrollfunktion verweigert.

Die Freien Reichsstädte des 15. und 16. Jahrhunderts und die preußische Selbstverwaltung seit 1815 hätten dagegen bewiesen, daß das deutsche Volk mit demokratischen Formen umgehen könne. Auf dieser Tradition und auf der vorhandenen Neigung zu Selbstverwaltung und Föderalismus müßte jetzt aufgebaut werden. Eine Reichsverfassung solle einerseits dem Volk die Wahl der Regierung und deren Kontrolle, andererseits jedoch eine effektive Regierung ermöglichen. Die neue Verfassung würde die verschiedenen Gewichte gegeneinander auszutarieren haben und sich in seiner Diktion »von dem kompliziert-intellektuellen und zugleich deklamatorischen Text der Weimarer Verfassung grundsätzlich unterscheiden«[11].

Der zweite Überlebende dieser frühen Diskussionen, Otto Ehrensberger, hat ziemlich detailliert berichtet, wie die Grundzüge einer neuen Verfassung aussehen sollten:

1. *Bundesstaat:* Das Reich sollte aus größenmäßig vergleichbaren, völlig gleichberechtigten Bundesstaaten bestehen. Preußen würde in einzelne selbständige Staaten aufgelöst werden, im wesentlichen entsprechend den bestehenden preußischen Provinzen. Kleine Länder wie Lippe, Anhalt, Braunschweig wären den nächstgelegenen größeren Bundesstaaten zuzuschlagen. Diese bundesstaatliche Lösung, die sich scharf von der 1938 eingeführten Verfassung der zentralistisch geführten Reichsgaue abhob, sah auch vor, die seit März 1938 angeschlossenen Gebiete, nämlich Österreich und das Sudetenland, auf diese Weise im Reichsverband zu halten. Die Einbeziehung eines geschlossenen Österreichs in den Grenzen von Anfang 1938 und die Auflösung Preußens hätten nach Überzeugung der Teilnehmer die Fehler von 1866/71 vermieden.
   Im Winter 1939, nach Gründung des Generalgouvernements am 25. Oktober 1939, hatte es noch eine Diskussion darüber gegeben, was im Falle einer neuen Verfassung mit den polnischen Gebieten geschehen solle. Zwar wurde die Hitlersche gewaltsame Inbesitznahme abgelehnt, es wurde aber doch für wahrscheinlich gehalten, daß Teile des polnischen Staates beim Reich bleiben würden. Yorck war sogar der nicht unwidersprochenen Meinung, daß die Gebiete des gerade gegründeten Generalgouvernements einen Eintritt in einen bundesstaatlichen Reichsverband eher wählen würden als eine wachsende Abhängigkeit eines selbständigen Polens von der UdSSR.

2. *Legislative:* Vorgesehen wurde ein Zwei-Kammer-System, um den Bundesstaaten eine angemessene Mitwirkung zuzusichern. Die zweite Kammer, eine Art Bundesrat, sollte entweder aus Beauftragten der Regierung der Bundesstaaten, wie in der Bismarckschen oder auch Weimarer Verfassung, oder aus Mitgliedern der Bundesstaatsparlamente bestehen. Eine endgültige Entscheidung in dieser Frage wurde nicht getroffen. – Die erste Kammer, also der Reichs- oder Bundestag, sollte entweder wie bisher aus unmittelbaren Wahlen hervorgehen oder durch gestaffelte, nämlich indirekte Wahlen aus Gemeindevertretungen, Kreistagen und Parlamenten der Bundesstaaten. Dieser indirekte Wahlmodus sollte als Gegengewicht gegen eine allzu zentrale Parteibürokratie wirken. Die Gesprächsteilnehmer waren sich nicht sicher, ob die gestaffelte Wahl erreichbar sein würde, sahen in ihr jedoch eine Stärkung bundesstaatlichen Bewußtseins, so daß auf Reichsebene die föderale Sichtweise vertreten sein würde.
3. *Exekutive:* Die Reichsregierung wurde vom Reichspräsidenten berufen und bedurfte des Vertrauens beider Kammern. In die Zuständigkeit der Reichsregierung sollten nur solche Aufgaben fallen, die der einheitlichen Regelung für das ganze Reichsgebiet bedurften. Ein Katalog dieser Aufgaben war noch nicht aufgestellt, es herrschte aber Einverständnis darüber, daß dieser in die Verfassung gehöre und nur mit Hilfe einer Verfassungsänderung erweitert oder eingeschränkt werden könnte. Der Oberaufsicht des Reiches sollte insbesondere die gesamte Gesetzgebung unterliegen. Die Reichsministerien sollten sich ausschließlich auf Grundsatzfragen und die Kontrolle der Einhaltung von Grundsätzen beschränken. Einzelentscheidungen über Verwaltungsbeschwerden der Bürger sollten die Ministerien in Zukunft nicht mehr belasten. Der Verwaltungsdurchführung des Reiches sollten Auswärtiges, Außenhandel, Reichsbahn, Reichspost und Wehrmacht unterliegen. Aufgaben des Reiches, die der Verwaltungsdurchführung der Bundesstaaten unterlagen, waren Finanzen, allgemeine Wirtschaftspolitik und Justiz.
4. *Finanzen:* Aufgrund der vorhersehbaren schwierigen Finanzlage des Reiches nach Kriegsende setzten Schulenburg und Ehrens-

berger ihre Forderung nach klarer Finanzhoheit des Reiches durch. Yorck hatte dagegen für die Finanzhoheit der Bundesstaaten plädiert und wollte dem Reich nur die Einnahmen aus Zöllen, Post, Eisenbahn und die Finanzzuweisungen der Bundesstaaten zugestehen. Um den Bundesstaaten eine selbstverantwortliche Haushaltsführung zu ermöglichen, sollten ihnen jedoch nach Schulenburg und Ehrensberger die sogenannten Realsteuern zur Verfügung stehen. Einzelheiten dieser komplizierten Materie wurden der späteren Regelung durch Finanzexperten überlassen.[12]

Ob diese von den Yorckschen Freunden 1938/39 entwickelten Grundsätze für den neuen Staat nach Hitler wirklich zu der von Kessel im Eingangsreferat geforderten Kontrolle der Regierung durch das Volk sowie ferner zu einer kraftvollen Regierungsausübung geführt hätten, bleibt dahingestellt, denn das hätte erst ihre Umsetzung in die Praxis erwiesen.

Wenn auch die Kreisauer Dokumente von 1942/43 ein sehr viel weiteres Gebiet abdecken und stärker in die Tiefe gehen, als dies Yorck und seinen fünf bis acht Freunden 1938/39 möglich war, so ist dennoch vieles davon in den Kreisauer Grundsätzen wiederzufinden: Der bundesstaatliche Aspekt, die gleichgroßen Länder und die Auflösung Preußens sind übernommen worden. Bei der Legislative sahen die Kreisauer ebenfalls, wie in Deutschland seit 1871 üblich, ein Zwei-Kammer-System vor. Bei der Wahl zur ersten Kammer hatten sie sich den Alternativvorschlag von 1938/39 einer staffelweisen indirekten Wahl zu eigen gemacht. Die Mitglieder der zweiten Kammer (Bundes- bzw. Reichsrat) sollten im Gegensatz zu den zwei relativ einfachen Vorschlägen von 1938/39 nach einem komplizierten Schlüssel gefunden werden.

Die Regierung war nach den Vorstellungen von 1942/43 nur noch von dem Vertrauen des Reichstages und nicht mehr von der Zustimmung beider Kammern abhängig, in beiden Fällen wird sie jedoch vom Reichspräsidenten beziehungsweise bei den Kreisauern vom Reichsverweser berufen. Detaillierter als die Kreisauer gehen die Vorschläge von 1938/39 auf die Verwaltungsdurchführung auf Reichs- und Bundesstaaten/Landesebene ein. Gemeinsam ist beiden

Vorschlägen, daß das Reich die Finanzhoheit und die Oberaufsicht über die Gesetzgebung hat.[13]

Es ist also festzustellen, daß Yorck, als er 1940 das Gespräch mit Moltke aufnahm und intensivierte, eine beträchtliche Mitgift an organisatorischer Vorerfahrung derartiger programmatischer Gespräche und an bereits durchdiskutierten Plänen zur Neugestaltung des Staates mitbrachte. Yorck war, wie er Moltke am 7. Juli 1940 schrieb, mit seinen bisherigen Anstrengungen unzufrieden. Ein Grund dafür wird sicherlich die mangelnde Kontinuität der Gesprächsrunden gewesen sein, bedingt durch häufige Abwesenheit der Teilnehmer von Berlin. Kessel etwa war durch seinen Abstecher nach Prag von März bis Juli 1939 ausgefallen. Schulenburg war ab Ende August 1939 in Breslau. Uexkuell und Hofacker wurden bei Kriegsanfang eingezogen und blieben im Gegensatz zu Yorck auch nach Ende des Polenfeldzuges Soldaten. So waren eigentlich nur Yorck und Ehrensberger von Beginn der Gespräche im November 1938 bis zu dem ersten Treffen Yorck–Moltke ohne längerfristige Unterbrechungen in Berlin.

Die Kreisauer Gespräche: Das Beispiel Agrarpolitik

Ger van Roons Standardwerk »Neuordnung im Widerstand« informiert so ausführlich über die Arbeit Yorcks, Moltkes und ihrer Freunde ab Mitte 1940, daß hier auf eine Darstellung aller Gesprächsthemen verzichtet werden kann. Im folgenden sollen daher Entwicklungsgang und Vorgehensweise der Kreisauer exemplarisch an den agrarpolitischen Diskussionen deutlich gemacht werden. Dieser Bereich bietet sich auch deshalb an, weil hierzu seit Roons Veröffentlichung 1967 neue Dokumente im Nachlaß Pater Königs S. J. gefunden wurden.[14] Schließlich berührt die agrarpolitische Diskussion und ihre Ergebnisse die materiellen Interessen Yorcks, Moltkes und Schwerins nachhaltig; sie macht also erkennbar, wieweit ihre politische Haltung sich auch in eigenen ökonomischen Zugeständnissen umsetzt.

Zentrum für die agrarpolitische Diskussion des Kreisauer Kreises war das Gut Groß-Behnitz, 30 km westlich von Berlin, das Ernst

v. Borsig gehörte. Borsig, ein Ur-Enkel des Firmengründers, war ein Mitschüler Yorcks, Kessels, Schwerins und Wussows in Roßleben gewesen. Er war Diplomlandwirt und hatte 1933 in München bei Professor Adolf Weber über das Thema »Reagrarisierung Deutschlands?« promoviert. Im selben Jahr war sein Vater gestorben, und er hatte das 4000 Hektar große Gut übernommen. Yorck hatte an die alte Schulbekanntschaft angeknüpft und war Anfang Juli 1941 zum erstenmal für ein Wochenende zusammen mit seiner Frau in Groß-Behnitz gewesen. Zwischen den beiden Männern ergab sich während dieser ersten Gespräche bald ein persönlicher und politischer Gleichklang, der sich auch auf weitere Freunde Yorcks übertragen sollte.

Der erste Besuch Yorcks bei Borsig war der Anstoß für Yorck und Moltke, sich mit Fragen der Agrarpolitik weiter auseinanderzusetzen. Schon 14 Tage später lud Yorck Geheimrat Zastrow in die Hortensienstraße ein. Zastrow war hauptsächlich an kirchlichen Fragen interessiert. An diesem Abend ging es aber vor allem um Agrarpolitik, wobei Zastrow sich laut Moltke als »Hauptkämpfer für den Großgrundbesitz« herausstellte. Moltke fand den Geheimrat »zwar« nett und ganz komisch, aber »auch manchmal indiskutabel«. Am 11. Oktober 1941 fuhr Moltke zum erstenmal zusammen mit Yorcks nach Groß-Behnitz. Weitere Gäste dieses Wochenendes waren die Ehepaare Trott und Wussow. Noch am selben Abend fand die geplante Diskussion über landwirtschaftliche Fragen statt. Die beiden »echten« Landwirte der Runde, Borsig und Wussow, eröffneten das Gespräch. Moltke berichtet, daß sich schon nach zehn Minuten die Diskussion zu einem Duell zwischen Trott und ihm verwandelte, und zwar über die Berechtigung, sich über den Staatsaufbau Gedanken zu machen. Das Ziel der gemeinsamen Anstrengungen Yorcks und Moltkes, die Planung für die Zukunft, war eben auch im engsten Freundeskreis nicht unumstritten. Wie konnte man für eine unbekannte Zukunft planen, wenn das Heute so übermächtig war – die deutschen Heere standen kurz vor Moskau – und vielleicht die Zukunft, die man sich ersehnte, gar nicht zuließ?

Am nächsten Tag kam es während eines langen Spaziergangs zu einem agrarpolitischen Gespräch zwischen Borsig und Moltke, wobei sich der Gastgeber als »rasend zäh« erwies und Moltke sich wohl nicht so recht durchsetzen konnte. Als Moltke seinem Freund Yorck davon erzählte, war Yorck amüsiert und meinte, das habe er geahnt. »Borsig sei schon aus Gründen der Tradition hartgesotten altliberal und es würde mehrerer Anstürme bedürfen«. Anstürme also, um Borsig die Ansichten von Yorck und Moltke zu verdeutlichen. Moltke beschreibt den Grundkonflikt: Während Borsig die altliberalen Thesen der »freien Marktwirtschaft« vertrat, wollte Moltke erst einmal die etwa durch die Landflucht schwierige Situation analysieren, um dann Lösungsvorschläge zu erarbeiten. Das war dann auch der Weg, der in den Gesprächen der kommenden Monate und Jahre beschritten wurde.[15]

Moltke schrieb zwei Jahre später an seine Frau: »In dieser ganzen Frage der Agrarpolitik liegt so vieles beschlossen, und Peter und ich sind eben ganz einfach disqualifiziert, darüber zu reden, weil wir unzweifelhaft Interessenten sind«. Dies war unbestreitbar und nach außen sehr sichtbar. Gisevius beschrieb kurz nach Kriegsende den engeren Kreis um den süddeutschen Stauffenberg als einen Kreis von Menschen, die »dem Beruf oder mindestens der Herkunft nach östliche Großagrarier« seien. Er dachte dabei an die Ostdeutschen Schulenburg, Schwerin und Yorck. In dieser Feststellung von Gisevius liegt nicht nur eine sachliche Information, sondern auch eine erhebliche Kritik an Stauffenberg wie an seiner unmittelbaren Umgebung beschlossen.

Aus diesen Gründen versuchten Yorck und Moltke, die von ihnen initiierte Diskussion um agrarpolitische Fragen auf eine möglichst breite Grundlage zu stellen. Dies war gar nicht so einfach. Abgesehen von der Problematik, fachlich geeignete und interessierte Teilnehmer zu finden, waren derartige Gespräche in einem Polizeistaat eben auch gefährlich. Friedrich Christiansen-Weniger, einer der geladenen Experten, meinte mit einigem Recht, er halte diese Arbeit für gefährlicher als einen Einsatz an vorderster Front.[16] Der Themenkreis wurde auf vier bekannt gewordenen größeren Sitzungen behandelt, wovon drei in Groß-Behnitz bei Borsig und eine 1943 in Klein-Oels stattfanden.[17]

Leider ist nur der Stand der Diskussion bis März 1942 mit drei Dokumenten belegbar. Die Gespräche innerhalb des Kreisauer Kreises über diese Thematik reichten jedoch bis in den Herbst 1943 und wurden dann aufgenommen und fortgeführt von Stauffenberg und seinem engeren Kreis. Das wichtigste erhaltene Dokument ist eine Stellungnahme des Volkswirtschaftlers Horst v. Einsiedel vom 28. November 1941 zu »Fragen der Agrarpolitik«. Daß Einsiedel es als Ausgangspapier für weitere Diskussionen verfaßte, war ganz offensichtlich das Ergebnis eines Gesprächs vier Tage vorher bei Yorck, an dem neben dem Gastgeber auch Einsiedel, Mierendorff und Moltke teilgenommen hatten. Moltke hatte die Einladung angeregt, damit sich Yorck und Einsiedel kennenlernten.

Einsiedel schrieb in seiner Stellungnahme von Ende November: »Soll das Landvolk der ihm bei der europäischen Neuordnung zufallenden Aufgaben gerecht werden, dann muß es einen entsprechenden Anteil an der Gesamtbevölkerung darstellen und einer Lebensführung fähig sein, die das ländliche kulturelle Leben großstädtischer Zivilisation standhalten läßt«. Der ländlichen Bevölkerung billigte Einsiedel einen wichtigen Stellenwert bei der zukünftigen staatlichen Neuordnung Europas zu, da hier die »Wurzel organischen Lebens weniger versehrt« sei und die angestrebte Neuordnung nur dann dauerhaft sein werde, wenn die »Vermassung der Menschen« überwunden werden könne. Einsiedels Ängste, aber auch Wünsche, die sich in den Schlagworten wie »Vermassung« und »organischer Lebenskreis« ausdrükken, sind zeittypisch und tauchen auch bei den anderen Männern des Widerstandes immer wieder auf. Es sind Schlüsselbegriffe des 1930 erschienenen Buches »Aufstand der Massen« von Ortega y Gasset, das die Gebildeten der Zeit gelesen hatten.

Einsiedel urteilte richtig: »Die agrarpolitischen Fragen sind also nicht rein ökonomischer Natur. Die wirtschaftlichen Antworten müssen vielmehr der politischen Zielsetzung Rechnung tragen.« Entsprechend forderte Einsiedel, daß die »selbständige Ackernahrung dem tüchtigen Bauern immer die Lebenshaltung des gelernten industriellen Arbeiters gewährleisten muß«. Bei der Boden- und Besitzverteilung war für ihn nicht der produktionstechnische, sondern der soziologische Gesichtspunkt ausschlaggebend. Um der Landflucht entgegenzuwirken, sollte auch die ländliche Bevölkerung alle Abstufungen und Schattierungen des städtisch-industriellen Bevölkerungsanteils aufweisen; dadurch sollte im ländlichen Bereich ein kulturelles Niveau ermöglicht werden, das als Gegengewicht gegen den städtischen Sog wirken könnte.[18]

Einsiedels Grundsatzpapier »Fragen der Agrarpolitik« vom 28. November 1941 war offenbar der Ausgangspunkt für das erste Treffen in Groß-Behnitz im größeren Kreis im März 1942. Der sehr komplexe Stoff wurde in sieben Bereiche gegliedert:

1. Aufbau der ländlichen Bevölkerung;
2. Rechte und Pflichten des landwirtschaftlichen Grundeigentums;
3. Produktion und Landbevölkerung;
4. Anbausteuerung und Verteilung der landwirtschaftlichen Erzeugnisse;
5. Kreditwesen und Investitionslenkung;
6. Berufsständische Selbstverwaltung;
7. Verhältnis von Land zu Stadt und von Landwirtschaft zu Industrie.

Zu jedem dieser sieben Bereiche wurde offensichtlich zur Vorbereitung ein Thesenpapier verfaßt; bisher wurde nur das über den »Aufbau der ländlichen Bevölkerung« wieder aufgefunden. Im Anschluß an das Märztreffen wurden die vorläufigen Gesprächsergebnisse schriftlich niedergelegt. In gleicher Weise wurden vermutlich auch die drei folgenden agrarpolitischen Treffen der Kreisauer in Groß-Behnitz wie schließlich in Klein-Oels vorbereitet und abgeschlossen. Es war dies das übliche arbeitsaufwendige, aber auch sehr systematische Vorgehen der Kreisauer auch in anderen Bereichen.

Im Gegensatz zu Einsiedels relativ negativer Sicht der »Technisierung der Landwirtschaft« wird nach dem Märztreffen in Groß-Behnitz formuliert: »Der richtige Maschineneinsatz spart Anstrengungen, nicht Menschen«. Die der Landwirtschaft zugeordnete Industrie (Gefrier-, Konserven-, Produktionsmittelindustrie) sollte dezentral angesiedelt werden zur Verringerung großstädtischer Bevölkerungskonzentrationen und Bildung neuer Wachstumszentren. Dies sind bis heute aktuelle Überlegungen. Sie tragen keineswegs »stark romantische Züge«, wie Finker, sich nur auf Einsiedels Papier stützend, ganz »sicher« folgerte. Interessant ist auch die Stellungnahme vom März 1942 zu Fragen des Eigentums. Einerseits sollte das »Eigentumsrecht möglichst absolut ausgestaltet« werden, andererseits sind

»Zwangseingriffe nicht ganz zu vermeiden, sei es zu Straßen- und Bahnbauten, sei es zu Flurregelungen, Zwangsgenossenschaften etc«. Auch das »altliberal freie Spiel der Kräfte«, das noch von Borsig vertreten worden war und als dessen Grundvoraussetzung das absolute Eigentumsrecht anzusehen ist, war für die zukünftige Agrarpolitik nicht angemessen. Statt dessen wurde vor allem im Hinblick auf den kommenden europäischen Agrarmarkt (!) eine milde Steuerung durch die »obersten Planwirtschaftsstellen grundsätzlich bejaht«.[19]

Es ist seit langem bekannt, daß die Diskussion der Jahre 1942–1944 gerade in dem so zentralen Punkt »Zwangseingriffe in das Eigentumsrecht« zu Ergebnissen kam, die sich in dem Papier vom 16. März 1942 noch nicht einmal in Ansätzen widerspiegeln. In den Monaten nach dem ersten großen Treffen in Groß-Behnitz trat der Gedanke einer umfassenden Bodenreform vor allem im östlichen Deutschland sehr stark in den Mittelpunkt der Überlegungen. Während im Westen Deutschlands nur etwa fünf Prozent der Betriebe 100 ha und mehr umfaßten, war dies östlich der Elbe bei etwa 30 Prozent der Betriebe der Fall. Dies führte vielfach zu einer Monopolstellung der Großgrundbesitzer als Arbeitgeber, auch in Ermangelung anderer Industrien, und zu entsprechend unbefriedigenden Verhältnissen für die abhängige Landarbeiterbevölkerung. Von der Bodenreform erhoffte man sich daher eine ausgewogenere Betriebsgrößenstruktur und damit einen Abbau sozialer Spannungen, aber auch eine intensivere Nutzung der Böden und damit eine Steigerung der Gesamtproduktion. Die Lösung sozialpolitischer wie produktionstechnischer Probleme schien »in einer gesunden Mischung größerer und kleinerer Betriebe« zu liegen.[20]

Schulenburg sah die Möglichkeiten, die eine derartige Bodenreform eröffnete, in einem viel größeren Zusammenhang. In seiner Denkschrift »Bombenzerstörung und Aufbau« von Ende Oktober 1943 stellte er zunächst fest: »Da es widersinnig ist, einen Teil des Volkes die gesamten Schäden tragen zu lassen, die ihn als Folge des Gesamtschicksals unverschuldet treffen, muß die Last der Schäden vom gesamten Volk getragen werden«. Dies war eine Auffassung, die auch Schwerin teilte, wie er seiner Frau gegenüber wiederholt bemerkte: Die neue Regierung werde zu »drakonischen Maßnahmen«

greifen müssen, und er selbst werde sich bei den Standesgenossen sehr unbeliebt machen, wenn der notwendige Lastenausgleich durchgeführt werde. Dies bezog sich zunächst auf die Wiederausstattung der Bombengeschädigten mit Kleidung und Möbeln, aber auch auf die Abgabe von Grund und Boden.[21] Schulenburg, der Großstädte mit über 200000 Einwohnern für gesellschaftliche Fehlentwicklungen hielt – er bezeichnete sie gar als Krankheitsherde –, hoffte, daß die Bombenzerstörung der deutschen Städte zu einem Neubeginn führen würde. Der Aufbau nach dem Krieg »leitet bewußt eine Wende von der Großstadt zur Landschaft ein, stärkt deren Kraft, die bisher von der Großstadt aufgesogen wurde... Die übrigen (Menschen) siedelt er in die Landschaft an, vor allem im deutschen Osten, der noch in den Anfängen seiner Entwicklung steht. Der Aufbau schafft allen heimatlosen Menschen eine wirkliche Heimat, indem er sie mit dem Boden verwurzelt und so den Fluch der Zerstörung in einen Segen verwandelt... Jedem sparsamen, tüchtigen Deutschen, der siedeln will, muß dafür Land gegeben werden«. Neben sozialen Gründen seien auch wirtschaftliche Gründe für diese Neuorientierung ausschlaggebend, da nach dem Krieg die deutsche Exportindustrie nur in geringem Maße wiedererstehen könne. Die ehemaligen Außenmärkte seien durch den Krieg endgültig für die Industrie verloren gegangen.[22] Das Hohelied der agrarischen Existenz, verbunden mit der Ablehnung der urbanen »Vermassung« und der sozialen Folgen der Industrialisierung, ist zeittypisch und findet sich auch bei Einsiedel. Es gehört aber sicher nicht zum Credo des volkswirtschaftlich sehr viel gebildeteren Yorck oder auch Moltkes.

Da es in Deutschland kein herrenloses Land gab, das auf den Neusiedler wartete, und auch der Staat nur in sehr begrenztem Umfang Ackerland in seinem Besitz hatte, war eine der Grundvoraussetzungen solcher Pläne eine Bodenreform. Was auch immer ihr Ziel sein sollte, ob Produktionssteigerung, größere soziale Gerechtigkeit oder die Schulenburgsche Forderung einer sozio-ökonomischen Umstrukturierung, eine Bodenreform wurde von der jüngeren Generation im deutschen Widerstand gebilligt und für notwendig gehalten. Es ist bemerkenswert und zeigt das soziale Verantwortungsgefühl dieser Männer, daß vor allem auch die von Gisevius so bezeichneten »östlichen Großarier« gegen ihre ureigenste Interessenlage votieren. Ob Yorck, Moltke, Schwerin oder Hardenberg, sie alle waren bereit, auf substantielle Teile ihres Besitzes zu verzichten, allerdings nicht in der Art und Weise, wie dies dann ab Herbst 1945 östlich der Elbe geschah. Keiner der Männer hat sich zu dieser Erkenntnis, die ihrer und ihrer Familie ganze wirtschaftliche Basis berührte, leicht bereit gefunden. Sie hatten ihre Güter oft durch große wirtschaftliche und politische Schwierigkeiten geführt; sie über Jahre aufmerksam verwaltet. Sie hatten zum Teil bis in die Todeszelle (Yorck) Pläne zur Verbesserung und Verschönerung ihres Besitzes, und doch sprachen sie sich für eine Bodenreform aus. Diese Gedanken waren natürlich nicht unumstritten. Schulenburg, der bei seinen jüngeren Freunden sondierte, erhielt von einem von ihnen einmal die jugendlich unüberlegte Antwort: Er, der Besitzer, würde schießen, wenn jemand seinen Besitz betrete. Schwerin, der 1943 mindestens zweimal in Groß-Behnitz bei Borsigs gewesen war, entwickelte offenbar eigene Pläne für die Durchführung der Bodenreform. Er sprach darüber wiederholt mit Stauffenberg.[23]

Nun gingen Überlegungen zu einer Bodenreform vor allem im östlichen Deutschland schon auf die Zeit vor dem Ersten Weltkrieg zurück und sind mit Namen wie Adolf Damaschke verbunden. Die Weimarer Republik hatte mit dem Reichsheimstätten- und dem Reichssiedlungsgesetz den Weg geebnet. Schwerins Vorbesitzer hatte bereits 1923 ein Göhrener Nebengut an eine Siedlungsgesellschaft verkauft. Besondere Aktualität erhielten diese Gedanken durch die Agrarkrise infolge der Weltwirtschaftskrise, und nicht zufällig befaßte sich Borsigs Dissertation mit der »Reagrarisierung«. Im Widerstand war die zukünftige Bodenreform nicht nur ein Thema der jüngeren Generation. Der ehemalige deutsch-nationale Abgeordnete Lejeune-Jung – er hätte in Goerdelers Kabinett Wirtschaftsminister werden sollen – besprach seine Sicht der Problematik im Herbst 1943 mit Schulenburg, Schwerin und Wirmer. Goerdeler verfaßte im Mai/Juni 1944 den Entwurf einer Rundfunkrede, mit der er dem deutschen Volk sein Regierungsprogramm vorstellen wollte. Darin bekannte er sich zu der auch von Schulenburg und Schwerin geteilten Auffassung, daß »der Wiederaufbau alle, die von Schaden verschont geblieben sind, zu härtesten Opfern zwingen wird«. Er wandte sich jedoch klar gegen die umwälzenden sozio-ökonomischen Umstrukturierungspläne Schulenburgs: »In Wahrheit müssen wir aus den Trümmern möglichst da, wo sie liegen, wieder aufbauen, weil allein ihr Transport Jahre in Anspruch nehmen würde«. Zu der Frage der Bodenreform fand Goerdeler folgende Formulierung: »Untragbar gewordene Besitzverhältnisse werden nicht auf Kosten der Gesundheit wiederhergestellt. Dem gesunden Garten- und Siedlungsbedürfnis des deutschen Volkes wird gegebenenfalls zu Lasten ungesund großen Grundbesitzes Rechnung getragen werden«.

Goerdelers Formulierung zu Eigentums- und Verstaatlichungsmaßnahmen war ähnlich offen gehalten: »Soweit es zur Sicherstellung des Wohles des Volkes zweckmäßig oder notwendig ist, einzelne Betriebe oder Produktionsgebiete wie z. B. die der Bodenschätze und der Grundstoffe in das Eigentum des Volkes zu überführen, wird diese Überführung so erfolgen, daß Bürokratismus vermieden und Leistungsstreben und Wettbewerb aufrechterhalten werden«. Goerdeler ließ sich vernünftigerweise bei diesen hochbrisanten Fragen politischen Spielraum, bekannte aber gleichzeitig deutlich Farbe. Wichtige Mitglieder der geplanten Regierungsmannschaft wie Leuschner, Leber sowie Schulenburg, Schwerin und Yorck standen jedenfalls dem Gedanken der Bodenreform positiv gegenüber.[24] Die erste deutsche Nachkriegsregierung hätte mit Goerdelers Absichtserklärungen einiges anfangen können. Sie hätten eine Entwicklung ermöglicht, wie sie etwa die Regierung Attlee in England nach dem Krieg versuchte.

Das Umfeld der Kreisauer

Es fällt auf, daß keiner der Männer, die nach dem Kriege zum Kreisauer Kreis gerechnet wurden, zu den ursprünglichen Freunden Yorcks gehörten. Nur Moltke brachte einige seiner alten Freunde ein, die anderen waren, wie Moltke sie nannte, »Rekruten«, die ab 1940 von Yorck und Moltke gemeinsam angeworben worden waren.[25] Yorcks Haltung hatte sich wohl durch die vielen neuen Menschen, denen er auf diese Weise begegnete und die unter anderen Umständen seinen Weg nicht gekreuzt hätten, im Laufe seiner letzten Jahre verändert. So lehnte er jede Exklusivität in den Beziehungen zu anderen Menschen ab, da sie sich stets gegen andere richte.[26] Wie stark die alten Freunde der Kreisauer unterstützend, klärend, vorantreibend an deren Arbeit beteiligt waren – ohne doch »dazuzugehören« –, soll im folgenden am Beispiel Kessels und Schulenburgs gezeigt werden.

Kessel, Schulenburg und Schwerin gehörten zum weiteren Umfeld des Kreisauer Kreises im wesentlichen aufgrund ihrer altetablierten Freundschaften und Beziehungen zu Yorck. Seit 1938/39 hatte sich Yorck ja mit der zukünftigen Gestaltung Deutschlands nach Hitler befaßt. Dies war zum Schwerpunkt seiner Widerstandsarbeit geworden. Trotzdem hatte er über Schulenburg und Schwerin nie den Kontakt zu den Staatsstreichplanungen und -überlegungen der militärischen Seite verloren. Schwerin hatte in den Kriegsjahren, wann immer er in Berlin war, auch Yorck aufgesucht. Kessel gegenüber beschrieb er Yorck nach einem dieser Besuche als »nett und klar wie immer«. Er hatte bei Yorck »andere Vettern« kennengelernt, die ihm gut gefallen hätten. Schwerin hatte Yorck gebeten, ihn, wie es Kessel im September 1941 auch gerade getan hatte, in St. Germain, dem Hauptquartier Witzlebens, zu besuchen.[27] So war die Beziehung immer auftrechterhalten worden. Intensiviert wurde sie offensichtlich mit dem Kommen Claus Stauffenbergs, den Schwerin möglicherweise durch Yorck kennengelernt hat. Zunächst soll hier jedoch einem anderen, für die Kreisauer fruchtbaren Kontakt nachgegangen werden, dem Kessels zu Moltke und insbesondere zu Yorck. Wenn Gerstenmaier zu der Einschätzung kommt, daß Yorck in den Diskussionen mit Moltke dafür sorgte, daß die Kirche im Dorf blieb[28], so ist das, wie sich zeigen wird, nicht zuletzt auf seinen ältesten, ihm immer wichtigen Freund Kessel zurückzuführen.

Kessel hatte Moltke nach der ersten Begegnung 1935 im Januar 1940 wiedergetroffen. Über das Treffen berichtete Moltke: »We compared notes without finding much difference«. In den folgenden zwei Jahren hielten die Männer losen Kontakt, allerdings erschwert durch die Entfernung, nachdem Kessel im Januar 1941 endgültig nach Genf versetzt worden war.[29] Als Kessel zwölf Monate später wieder einmal von Genf nach Berlin kam, suchte er auch routinemäßig Moltke auf.

Bei dem gemeinsamen Mittagessen gerieten sie aneinander, weil Kessel, so Moltke, »durch seinen langen Aufenthalt in der Schweiz jede Verbindung mit der Wirklichkeit verloren hat und sich einfach Traumlandschaften aufbaut. Die Erörterung vollzog sich in sehr freundschaftlichen Formen, aber dabei in einer unüberbrückbaren Distanz«. Moltke empfand diese Begegnung als »ziemlich ärgerlich«[30]. Kessel offenbar nicht minder, denn Yorck sah sich veranlaßt, dem Freund in Genf seine und Moltkes Sichtweise noch einmal auseinanderzusetzen: »Die Ereignisse der letzten Wochen (Winterkrise vor Moskau, Verf.) legen jedem die Revision seines Urteils über Lage und Entwicklung wirklich sehr nahe, denn sie sind ja zweifellos von größter Bedeutung. Ich frage mich dabei, ob ihre größere Wirksamkeit nicht auf subjektiven Gebieten, nämlich ihres Eindrucks auf die Meinung der Menschen liegt, während objektiv sich zwar zeitliche Verschiebungen ergeben, an dem Lauf der Dinge sich dagegen im Grunde wenig ändert. Denn daß dieser Lauf der Dinge dahin führt, dem modernen Menschen seine Gottähnlichkeit oder -unabhängigkeit zu rauben, ist für mich unzweifelhaft, und zwar werden Freund und Feind dieses Schicksal miteinander teilen... Vielleicht wirst Du gerade für Dein Gebiet eine solche vage Betrachtung ablehnen, weil dort ja in der Tat es auf das äußere Bild ankommt. Deshalb empfindest Du die Zeichnung von Helmuth als Karikatur, und zwar als abstoßende. Ich glaube aber, daß man erst einmal vom äußeren Gang abstrahieren muß, dem sich das Abendland gegenübersieht. Er wird bei allen landschaftlichen und volklichen Abstufungen im Kern derselbe sein, und um diesen Kern und unsere Einstellung zu ihm geht es in dem Sinne, daß sie eine verbreitete, vertiefte und gemeinsame werden muß«.

Der Konflikt zwischen Kessel und Moltke ging einerseits um die sehr grundsätzlichen Fragen nach Weg und Ziel des europäischen Menschen, andererseits um die tagespolitische Analyse. »In den Januarunterhaltungen standen die Prognosen des äußeren Verlaufs wohl zu sehr im Vordergrund«. Yorck meint weiter sehr treffend, »der Vorteil dauernder Tuchfühlung liegt eben in dem sich gemeinsam entwickelnden Denken«[31]. Diese Entwicklung versuchte Kessel aus der Ferne nachzuvollziehen, was ihm aber offenbar nur schwer gelang. Aus dem Herbst 1942 ist von Kessel ein Briefentwurf, offenbar an Yorck adressiert, erhalten geblieben, mit dem er sich in die Diskussion einzuschalten versuchte:

»Wie schon bei meinem letzten Besuch ist mir wieder die merkwürdige Stellung aufgefallen, in der sich Deine beiden Freunde H. (Helmuth Moltke und Hans-Bernd v. Haeften, Verf.) zu dem Begriff der Macht bewegen... Anläßlich eines Gesprächs über Berdjajeff (russ. Philosoph, Verf.) habe ich, glaube ich, schon einmal zu erklären versucht, daß nach meiner Überzeugung jedes Tun und Wirken der Menschen sich im Schatten der Sünde – um in christlicher Terminologie zu reden – oder der Tragik – um einen antiken Begriff einzuführen – abspielt. Ich kann also nicht zugeben, daß ein Mensch, der die Macht ablehnt und sich auf das geistige Wirken beschränken will (ob man das überhaupt kann, sei dahingestellt), damit der Sünde oder Tragik entrinnt... Grillparzer bezeichnet die Politik als eine höhere Form des gesellschaftlichen Umgangs, man könnte sie auch eine hohe Form der Nächstenliebe nennen. Wer sich ihr weiht, muß sich mit allen ihren Elementen vertraut machen, vor allem mit ihrem Wesentlichsten: der Macht. Diese muß er in allen ihren Gestalten, Äußerungen und Wandlungen kennen, um sich ihrer bedienen zu können, notfalls sogar in ihrer extremsten Form der Gewalt. Wer davor, aus welchen Gründen auch immer, zurückschreckt, darf sich nicht im Bereich des Politischen bewegen... Es hat keinen Sinn, das Gesetz, unter dem unser Dasein steht und das uns von höheren Mächten auferlegt ist, umstoßen zu wollen. Was uns zusteht, ist nur, unter diesem Gesetz ein Leben des Anstands, des Mutes und der Nüchternheit zu führen«.[32]

Vielleicht als Reaktion auf die Texte der zweiten Kreisauer Tagung vom Oktober 1942, vermutlich aber vorher legte Kessel seine eigenen Gedanken zur schwierigen Übergangsphase nach Hitlers Tod handschriftlich nieder. Die Ausarbeitung ist Fragment geblieben, aber darum von Interesse, weil es versucht, die innenpolitische Lage nach Hitlers Beseitigung einzuschätzen und Folgerungen daraus zu ziehen (s. a. Anhang S. 445ff). Kessel führte aus, daß der Krieg und die vom Dritten Reich begünstigte soziale Einebnung eine Rückkehr zu einem konstitutionellen Regime alter Prägung ausschlössen, da ihm die innen- und außenpolitische Schlagkraft fehlen würde. »Ein solches Regime würde unter den heutigen Umständen binnen weniger Wochen weggefegt sein.« Aus diesem Grund sei eine autoritäre Staatsführung militärischen Charakters unabdingbar, die sich jedoch nach außen wie gegenüber dem Volk legitimieren müsse. Dazu müsse von Anfang an ein Mindestmaß an Rechtssicherheit verwirklicht und die Beteiligung der Bevölkerung an der Regierung in Angriff genommen werden. Zum Zeitpunkt der Machtübernahme nach Hitler seien nur zwei Programmpunkte möglich und herauszustellen: »Abschluß eines ehrenvollen Friedens« und die Wiederherstellung der Rechtssicherheit im Inneren.

Da die innenpolitischen Strömungen und Machtverhältnisse nicht klar sein würden und die Ausarbeitung einer Verfassung erst Monate nach dem Umschwung möglich sein würde, sollte in der Antrittsproklamation jede Andeutung der zukünftigen Staatsform unterbleiben und statt dessen eine Abstimmung über die spätere Verfassung in Aussicht gestellt werden.

Radikale Dezentralisierung und Wiederherstellung, ja Erweiterung der Selbstverwaltung sei dagegen sofort möglich und notwendig, da sie den »organischen Wiederaufbau des Staatslebens von unten auf« ermögliche. Zu diesem Zweck seien in kürzester Frist allgemeine und geheime Wahlen für die Landtage abzuhalten, die wiederum die Landesregierungen wählten. Als Gegengewicht zu der auf diese Weise zustandegekommenen Landesregierung empfiehlt Kessel den vom Reichsverweser in den Ländern einzusetzenden Reichsstatthalter, »der für die Wahrung der Belange und Einheit des Reiches zu sorgen hat«. Da das Übergangsregime zwangsläufig eine Diktatur und der Reichsverweser voraussichtlich Soldat sein würde, »müßte die ihm unterstehende Regierung (Direktorium) einen ausgeprägt zivilen Charakter annehmen, um nicht in der Sackgasse einer starken Militärdiktatur ohne Entwicklungsmöglichkeiten zu enden«. Kessel schließt seine Denkschrift mit der Warnung vor einer Regierungszusammensetzung, die den Anstrich des ehemaligen Herrenclubs habe. Dies müsse zu einer volksfremden Politik führen. Der Herrenclub war für Yorck und seine Freunde der Inbegriff des Überholten und der Reaktion und durch die schwächliche Regierung von Papen in aller

Öffentlichkeit diskreditiert. Vor allem gegenüber der älteren Generation wie Hassell, Popitz, Goerdeler hielten sie es für notwendig, sich gegen Regierungsbildungen à la Herrenclub auszusprechen.[33]

Seit den von Yorck organisierten Gesprächen aus den Jahren 1938/39 standen die Modelle der direkten und der indirekten (gestaffelten) Wahl zur Debatte. Damals war es nach Ehrensberger, wie oben ausgeführt, noch zu keiner Festlegung auf ein Modell gekommen. Erst Beck und Goerdeler sprachen sich in ihrer Denkschrift »Das Ziel« von Anfang 1941 und die Kreisauer im Oktober 1942 für die indirekte Wahl aus, wobei die Kreisauer zumindest die Gemeinde- und Kreisverordneten direkt wählen wollten. Kessel hielt in seinen Überlegungen vom Herbst 1942 dagegen an direkten Wahlen zum Landtag fest, plädierte jedoch wie die Kreisauer für eine Stimmenhäufung für bestimmte Wählergruppen (Familienväter etc.). Kessel war offenbar über die Wahlrechtsdiskussion informiert, wenn er schreibt: »Gegen ein allgemeines und geheimes Wahlrecht bestehen (aus Kessels Sicht, Verf.) keine Bedenken«. Da nach 1945 der demokratische Gehalt der Widerstandspläne immer wieder bezweifelt wurde, ist dieses Detail des Wahlrechts nicht unerheblich. Es zeigt, wie selbst unter Yorcks engsten und ältesten Freunden die Meinungen auseinandergingen. Die Lösungen, die schließlich von den Kreisauern 1942/43 gefunden wurden, basieren alle auf der Überzeugung, daß es aufgrund der Entwicklung seit 1933 und dem Kriegszustand ein Zurück »zu einem konstitutionellen Regime alter Prägung« nicht mehr geben könne.

Während Kessel von Genf aus nur sehr am Rande an den Kreisauer Diskussionen teilnehmen konnte, hatte Schulenburg durch seine nur in Abständen unterbrochene Anwesenheit in Berlin ab Januar 1942 durchaus die Möglichkeit, voll in die Überlegungen integriert zu werden. Er war seit 1937/38 mit Yorck intensiv befreundet und hatte Yorck zum Paten seines Sohnes bestellt. An den Gesprächen nahm er ab November 1938 teil. Obwohl von Yorck und Moltke regelrecht umworben, ließ er sich nie vollständig in die Arbeit der Kreisauer einbinden. In den Monaten nach einem Abendessen am 13. November 1941 in der Hortensienstraße, bei dem Schulenburg, gerade aus Rußland zurück, von Yorck und Moltke geworben worden war, kam es zu relativ häufigen Begegnungen zwischen Schulenburg, Yorck und Moltke. Moltke kommentierte diese Gespräche zum Teil sehr positiv, wenn auch immer eine gewisse Distanz in den Anschauungen durchscheint, so wenn er am 10. September 1942, also vor dem zweiten Treffen in Kreisau, schreibt: »Ich habe mich noch nie so anregend und unstreitig mit ihm unterhalten. Wir haben so das ganze Gelände besichtigt, die Gründe für meine Maßnahmen erörtert und im ganzen war er nicht nur befriedigt, sondern auch von der Notwendigkeit gewisser Dinge, die ihm ursprünglich nicht gefallen hatten, überzeugt«. Nach dem zweiten Kreisauer Treffen hatte Schulenburg nur Kritik an Einzelpunkten, nicht aber an der Zielrichtung der Kreisauer Texte anzumelden. Zwei Wochen später konstatierte Moltke sehr befriedigt, daß sich der bisherige leichte Abstand Schulenburgs zu den Ansichten Moltkes und Yorcks »sichtlich verringert« habe.[34]

15. Kapitel

Stalingrad und die Folgen

Während sich das Drama von Stalingrad seit der Einkesselung der 6. Armee am 22. November 1942 abzuzeichnen begann, wurde der Staatsstreich militärisch von General Olbricht vorbereitet. Auf der politischen Seite unternahm Schulenburg, der von Hassell als »nüchtern« und »realpolitisch« gelobt wurde, nach seiner Rückkehr von der Krim den Versuch, unterschiedliche Teile des zivilen Widerstandes an einen Tisch zu bringen, um die Kräfte des Widerstandes zu koordinieren und zusammenzufassen. Es handelte sich dabei einmal um den Kreisauer Kreis um Yorck und Moltke, zum anderen um den ehemaligen Leipziger Bürgermeister Carl Goerdeler mit seinen Freunden. Schulenburg zuliebe, der auf einer Aussprache bestand, willigte Moltke schließlich in ein Treffen zwischen den sog. »Jungen« und den »Alten« ein. Durch die Vermittlung Schulenburgs und des Konsistorialrates Eugen Gerstenmaier konnte die Begegnung, die auch von Yorck befürwortet wurde, schließlich im Januar 1943 stattfinden.

Die Notwendigkeit einer derartigen Aussprache hatte sich seit Monaten abgezeichnet. Schon im Dezember 1941 hatte Hassell, nachdem er zum erstenmal mit Yorck und Moltke, Schulenburg, Trott und Guttenberg gesprochen hatte – wobei er nur Guttenberg schon seit mehreren Jahren kannte –, gravierende Meinungsunterschiede zwischen dieser Gruppe und seinen eigenen Freunden festgestellt. Damals war es vor allem um die Frage des zukünftigen Staatsoberhauptes gegangen. In der von Beck und Goerdeler gemeinsam erarbeiteten Denkschrift »Das Ziel« von Anfang 1941 hatten sich die beiden Autoren aus »kalter Vernunft« für eine monarchische Staatsspitze ausgesprochen. Zwar hatten sie, um Personenfragen auszuschließen, zunächst einen Reichsverweser vorgesehen, aber die »Personenfrage« hatte sich nicht länger zurückdrängen lassen, da sich mit ihr ja auch immer eine politische Richtung verband. Trotz aller Bedenken, die auch von Beck als »genauem Kenner« kamen, hatten sich Beck, Goerdeler, Hassell und der preußische Finanzminister Johannes Popitz darauf verständigt, daß als integrierende Kraft Kronprinz Wilhelm »nach vorn müsse«. Beck kannte den Kronprinzen besonders gut, da er 1916–18 im Stab der Heeresgruppe Deutscher Kronprinz mitgearbeitet hatte. Die Frage der Staatsspitze erschien Anfang November 1941 aktuell, da die Krise vor Moskau und die Haltung des Oberbefehlshabers des Heeres, v. Brauchitsch, Möglichkeiten der Systemveränderungen realistischer erscheinen ließen. In seinen Gesprächen mit den »Jungen« traf Hassell allerdings auf einmütige Ablehnung jeden Anklangs an die Monarchie, zumindest zu diesem Zeitpunkt. Schulenburg wandte sich speziell gegen die Person des Kronprinzen. Er übernahm damit die stark ablehnende Haltung seines Vaters, der Chef des Stabes des Kronprinzen gewesen war und den ältesten Kaisersohn in entscheidenden Situationen negativ erlebt hatte.

Trott führte als Argument gegen eine monarchische Spitze an, daß die ihm bekannten Sozialdemokraten, vermutlich Mierendorff, nicht mitmachen würden. Gleichzeitig notierte Hassell bereits in diesen ersten Gesprächen eine ablehnende Haltung der Jungen gegenüber Goerdeler, der von Beck als potentieller Reichskanzler gesehen wurde. Trott schlug in dieser Situation den auch im Ausland bekannten Hitlergegner Pastor Niemöller als Kanzlerkandidaten vor. Auf diese Idee kam aber auch Trott selbst später nicht mehr zurück.

Goerdeler wiederum reagierte auf die Vorschläge, die Hassell aus seinen Gesprächen mit den Jungen referierte, negativ.[1] Die gegenseitige Ablehnung konnte auch in den folgenden Monaten nicht überbrückt werden, bis schließlich am 8. Januar 1943 in der Hortensienstraße das lange vorbereitete Treffen stattfand.

Auf der Seite des Hausherrn Yorck nahmen noch Gerstenmaier, Moltke, Schulenburg und Trott teil. Die andere Seite repräsentierten Goerdeler, Hassell, Jessen, Popitz und Beck, der mit milder Hand das Gespräch führte.

Jens Peter Jessen war Professor der Staatswissenschaften und seit

1942 Leiter einer Dienststelle beim Generalquatiermeister des Heeres. Von den zehn Teilnehmern überlebte nur Gerstenmaier; die anderen endeten alle am Galgen oder durch eigene Hand.

Die Kreisauer sprachen mit verteilten Rollen: Trott zur Außenpolitik, u. a. zur Idee einer europäischen Föderation, Yorck zu Fragen der Verfassung und der Verwaltungsreform, Gerstenmaier zu dem Verhältnis Staat/Kirche und zu den sozial- und wirtschaftspolitischen Vorstellungen der Kreisauer, Moltke schließlich zur Beurteilung der gegenwärtigen politischen Lage, speziell zur Notwendigkeit einer Zusammenarbeit kirchlicher und gewerkschaftlicher Kräfte.

Die vier »Jungen« referierten »nach Außen als Einheit«, wie Hassell sich notierte, im wesentlichen die Ergebnisse der beiden ersten Kreisauer Tagungen vom Mai und Oktober 1942. Auf Seiten der älteren Generation führte Goerdeler, der Kanzler in spe, das Wort. Nachdem bis 23 Uhr von Goerdeler jeder sichtbar werdende Gegensatz zwischen ihm und den »Jungen« ins Verbindliche abgebogen worden war, kam es zu deutlichen Differenzen bei Gerstenmaiers Vortrag zu den sozial- und wirtschaftspolitischen Vorstellungen, Vorstellungen, die auf dem in Kreisau vereinbarten Text zur »Wirtschaft« vom 18. Oktober 1942 beruhten. Goedeler antwortete mit einer Erklärung, die Moltke für platt und phantasielos hielt. Leider ist Goerdelers Entgegnung nicht überliefert, sodaß die Differenzpunkte zu der in Kreisau vorbereiteten Wirtschaftsverfassung nicht klar sind. Moltke beendete dann den Abend, indem er Goerdelers Vorstellungen als eine »Kerenski-Lösung« apostrophierte, also als eine Lösung, bei der der bürgerliche Regierungschef bald durch eine kommunistische Regierung verdrängt werden würde, so wie Alexander Kerenski 1917 nach wenigen Monaten durch Lenin. Es war ein, wie Moltke schrieb, »lange im Köcher gehaltener Giftpfeil, der auch tüchtig und sichtbar saß«. Diese Bemerkung muß für Goerdeler schwer verdaulich gewesen sein, und so wundert es nicht, daß die Diskussion in diesem großen Kreis nicht noch einmal fortgesetzt wurde. Einig war man sich – mit Ausnahme von Moltke – an diesem Abend lediglich über die Notwendigkeit eines baldigen Staatsstreichs.[2]

Zwar versuchten Schulenburg und Jessen zusammen mit dem gerade aus dem Stalingradkessel zurückgekehrten Alfred Graf v. Waldersee, am 29. Januar noch einmal den Gesprächsfaden aufzugreifen, aber es kam zu keiner Verständigung. Jessen hatte die Ziele dieser erneuten Aussprache reichlich negativ formuliert und damit sicherlich ein gegenseitiges Verstehen zusätzlich erschwert.

Goerdeler müsse die Ablehnung seiner Person durch den jungen Kreis verdeutlicht werden, und im übrigen solle er sagen, was er selber wolle. Goerdeler, den die Auseinandersetzung deutlich mitgenommen hatte, reagierte sehr großzügig. Er teilte Jessen am 8. Februar 1943 mit, daß er jederzeit bereit sei zurückzutreten. »Auf die Person kommt es nicht an. Er habe alles vorbereitet. Dies stehe dem Handelnden zur Verfügung«. Nur handeln müsse man endlich.[3]

Inzwischen war das eingetreten, was sich seit Wochen abgezeichnet hatte. Hermann Kaiser, der Chronist des militärischen Widerstandes dieser Monate, notierte am Montag, den 1. Februar 1943: »Nachmittags kommt Goerdeler sehr erregt. Nachricht Generalfeldmarschall Paulus 6. Armee hat mit 15 Generälen kapituliert. Stille im Zimmer. Er hätte an der Spitze der Truppen den Tod suchen müssen. General Strecker soll noch weiter kämpfen. Ende der Tragödie. Dann: Die großen Vier (Kluge, Manstein, Küchler und Weichs, Verf.) lehnen ab. Die Zeit sei noch nicht reif. Sie wollen das Kind noch tiefer in den Brunnen fallen lassen. Goerdeler über Antwort von Kluge sehr erschüttert. Kann nun nicht länger mehr warten. Er steht ab 15. 2. nicht mehr zur Verfügung!«

Die Antwort Feldmarschalls v. Kluge, die Goerdeler durch Tresckow überbracht worden war und ihn so erschüttert hatte, lautete: »1. keine Teilnahme an einem Fiasko-Unternehmen, 2. ebensowenig an einer Aktion gegen Hitler, 3. ist nicht im Wege, wenn Handlung beginnt«.[4]

Wie tief sollte das Kind noch fallen? Die Feldmarschälle und Generäle, die »Josephs«, wie Hassell sie verächtlich nannte, wanden sich unter den immer wieder an sie herangetragenen Forderungen des Widerstandes. Für den inneren Kreis stand jedoch nach Stalingrad fest: jetzt oder nie! Die Widerstandsplanung in diesen Wochen bewegte sich im Viereck der Heeresgruppe Mitte (Kluge/Tresckow), des Allgemeinen Heeresamtes (Olbricht/Kaiser), der Abwehr (Oster/Dohnanyi) und der Zivilisten (Beck/Goerdeler). Hans

v. Kluge erhielt dadurch Gewicht, daß er der einzige aktive Feldmarschall und Befehlshaber einer Heeresgruppe war, der weitgehend gewonnen zu sein schien. Sein Ia, Henning von Tresckow, war in Sachen Widerstand sein eigentlicher Mentor, aber auch Quälgeist. Kluge wurde im Widerstand auch der »kluge Hans« genannt, weil er sich nie wirklich entscheiden konnte. Er sollte seine stets halbherzige Haltung nach dem 20. Juli 1944 mit dem Tod durch eigene Hand büßen.

Olbricht hatte sich schon Ende 1942 oder Anfang 1943 in einer Besprechung mit Goerdeler und Tresckow verpflichtet, in Berlin, Wien, Köln und München Vorbereitungen zu treffen, um mit Hilfe des Ersatzheeres den Staatsstreich durchzuführen, nachdem der erste Schlag gegen die Person Hitlers geführt worden sei. Olbricht erbat sich dafür acht Wochen Zeit.[5]

General der Infanterie Friedrich Olbricht war seit März 1940 Chef des Allgemeinen Heeresamtes. Das Allgemeine Heeresamt war das wichtigste von den insgesamt drei Ämtern, die dem Befehlshaber des Ersatzheeres und Chef der Heeresrüstung, seit 1939 Generaloberst Friedrich Fromm, unterstanden. Aus diesem Grund war Olbricht als Chef des Allgemeinen Heeresamtes auch gleichzeitig Stellvertreter der Befehlshaber des Ersatzheeres. Zwar war für die Fronde, was die Verfügung über die im Reichsgebiet ohnehin spärlichen Truppenkontingente betraf, Fromm der wirklich interessante Mann, aber wie Hermann Kaiser erklärte, der Generaloberst werde »nur etwas tun, wenn alles sicher und vollzogen«. Daher wurde Olbricht zu einer Schlüsselfigur für den militärischen Widerstand innerhalb der Reichsgrenzen. Trotz seiner grundsätzlichen Bereitschaft, den Staatsstreich vorzubereiten und mitzumachen, hatte aber auch Olbricht große innere Hemmungen, die Initiative zu ergreifen. Kaiser brachte das auf die knappe Formel: »Der eine will handeln, wenn er Befehl erhält, der andere befehlen, wenn gehandelt wird«.[6]

Beck schließlich war nach den gescheiterten Plänen vom Winter 1941/42, deren Mittelpunkt Witzleben gewesen war, von den älteren zivilen Verschwörern, aber auch von Oster und Olbricht als »Zentrale«, bei dem die Fäden zusammenlaufen sollten, etabliert worden. Unglücklicherweise fiel der ehemalige Generalstabschef gerade in den hektischen Märztagen 1943 bis Anfang August 1943 durch Krankheit aus. Sauerbruch mußte den 63jährigen General fünfmal operieren. Beck hatte Krebs.

Die Verschwörer fühlten sich vor allem auch durch die Niederlage von Stalingrad unter einem starken Zeitdruck. Ständig wurden in diesen Wochen neue Termine gehandelt, auf die die Männer des inneren Kreises hinlebten. Goerdeler als weitgehend anerkannter designierter Reichskanzler versuchte durch Rücktrittsdrohungen zum 15., dann zum 28. Februar die ewig zaudernden Befehlshaber, auch Olbricht, anzutreiben.[7] Professor Jessen meinte am 6. Februar zu Kaiser, erst in zehn Tagen könne alles bereit sein; am 12. Februar sagte selbst der stets zurückhaltende Beck: »Nur noch wenige Tage«. Sieben Tage später notierte Kaiser als Endtermin der Vorbereitungsphase den 1. März, aber auch, auf eine Frage Schlabrendorffs, daß Olbricht die Initiative zu selbständigem Handeln nicht aufbringen werde. »Er wird auf einen Termin hoffen und warten«. Am 2. März meinte Jessen nach einem Gespräch mit Olbricht, daß Witzleben »die Sache« bis zum 15. März machen werde: Befehlsübernahme Witzlebens an Ort und Stelle. Witzleben war von den Verschwörern als Oberbefehlshaber der Wehrmacht vorgesehen. Einen Tag später fragte Schlabrendorff angeblich im Auftrag Kluges an, ob der »Termin zum Bereitstehen in Ordnung« gehe, »wenn nicht, bitte ihn aufgrund der Kenntnis der Verhältnisse zu beschleunigen«. Am 7. März schließlich fand die letzte Vorbesprechung mit den Verschwörern der Heeresgruppe Mitte statt. Der Chef der militärischen Abwehr Admiral Canaris war mit einem seiner Abteilungsleiter Oberst Erwin Lahousen und mit Osters »rechter Hand« Hans v. Dohnanyi nach Smolensk, dem Sitz der Heeresgruppe Mitte, geflogen. Noch am gleichen Abend wurden zwischen Dohnanyi, Tresckow und Schlabrendorff die letzten Details des in Kürze geplanten Attentats, der Initialzündung für Olbricht in Berlin, besprochen. Alles war bereit.[8]

Tatsächlich entstanden noch im März konkrete Möglichkeiten, das Attentat gegen Hitler auszuführen. Sechs Tage nach dem abendlichen Gespräch in Smolensk ergab sich die erste Möglichkeit, nach weiteren acht Tagen die zweite. In beiden Fällen ging der Attentatsversuch von Tresckow aus. Der eigentliche Staatsstreich allerdings mußte von Berlin aus erfolgen.

Direkt an den Vorbereitungen des Staatsstreiches in Berlin beteiligt waren auch Schulenburg und Schwerin. Über Schulenburgs Widerstandsaktivitäten in diesen Wochen sind wir vor allem durch Hermann Kaiser unterrichtet.

Schulenburg im Vorfeld der geplanten März-Attentate

Nach seiner Rückkehr von der Krim hatte Schulenburg ab August 1942 als Abteilungsleiter im Ernährungsministerium mit dem Sonderauftrag gearbeitet, ein Rationalisierungs- und Reorganisationskonzept zu entwerfen. Schulenburgs Vorschläge fanden jedoch bei dem kommissarischen Minister Dr. Backe keinen großen Anklang. Vielleicht als Auffangstellung hatte Schulenburg deshalb seit Januar 1943 im sog. »Sonderstab des Generals v. Unruh« mitgearbeitet und behielt diese Tätigkeit auch bei, als er Ende März 1943 aus dem Ministerium ausschied. Zusammen mit Staatssekretär a. D. Mussehl und einem Oberst Dr. Krull hatte Schulenburg im Februar/März 1943 für den Sonderstab ein Gutachten über das Heereswaffenamt, eines der drei Ämter unter Fromm, angefertigt und es am 8. April vorgelegt. Die wesentliche Feststellung lautete, daß eine ins Gewicht fallende Personalverminderung des Heereswaffenamtes und eine effizientere Verwaltung nicht erreicht werden könnte, solange das organisatorische Chaos und der Kompetenzwirrwarr im Rüstungssektor fortbestehe. Nur eine einschneidende Reorganisation und Straffung des gesamten Bereichs könne »den Wirkungsgrad der Arbeit vervielfachen«. Eine für Schulenburg typische Sichtweise, die sich wie ein roter Faden durch seine Reorganisationsbemühungen in den zwei Ministerien für Wirtschaft und Ernährung und nun im Sonderstab zieht.[9]

Neben dieser offiziellen Tätigkeit arbeitete Schulenburg in den Monaten nach seiner Rückkehr von der Krim auch an der Konzeption einer territorialen Neugliederung des Reiches mit.

Auf der zweiten Kreisauer Tagung von Mitte Oktober 1942 hatten sich die Teilnehmer u. a. auf folgende Zielvorstellung geeinigt: »Die politische Willensbildung des Volkes vollzieht sich in Räumen, die für den einzelnen überschaubar bleiben. Auf den natürlichen Gliederungen der Gemeinden und Kreisen bauen sich landwirtschaftlich, wirtschaftlich und kulturell zusammenhängende Länder auf. Um eine wirksame Selbstverwaltung zu ermöglichen, sollen die Länder die Zahl von drei bis fünf Millionen Einwohner umfassen«.[10] Diese Neugliederung sollte den dominanten preußischen Koloß auflösen. Schulenburg hatte sich für dieses Problem seit seiner Referendarzeit interessiert.[11] Das Verhältnis Reich–Länder und hier vor allem das Übergewicht Preußens hatte unter dem Stichwort »Reichsreform« als Dauerbrenner das politische Deutschland seit 1919 bewegt. Zwar hatte die Weimarer Verfassung in Artikel 18 die Möglichkeit vorgesehen, Preußen aufzugliedern, aber dazu war es trotz vielfältiger Bemühungen und von Länderkonferenzen erarbeiteter Vorschläge bis 1933 nicht gekommen. Statt dessen wurde nach der Machtergreifung, endgültig mit dem »Gesetz über den Neuaufbau des Reiches« vom 30. Januar 1934, der traditionell föderalistische Reichsaufbau zerschlagen – jedoch unter weitgehender Beibehaltung Preußens als Verwaltungseinheit. Schulenburg hatte damals diesen Schritt zum Einheitsstaat in seiner Denkschrift »Reichsreform« begrüßt. Nach Kriegsausbruch hatte Popitz in dem von ihm mitentworfenen »Vorläufigen Staatsgrundgesetz« treffend formuliert: »Preußen vollendet seine reichsbildende Mission, indem es auf den staatlichen Zusammenhalt seiner Provinzen verzichtet«.[12] Man konnte eine Aufteilung Preußens und damit territoriale Neugliederung des Reiches durchaus befürworten, ohne ein bundesstaatliches Konzept zu vertreten. Schulenburg hatte sich in seinem Denkschriftfragment aus der ersten Hälfte 1942 nicht zum deutschen Bundesstaat bekannt, da dieser ihm gegen die Einheit des Reiches gerichtet zu sein schien. Nicht unter dem Vorzeichen des Föderalismus also begann Schulenburg, sich im Juli 1942 mit der territorialen Neugliederung des Reiches zu befassen, als er von Ehrensberger auf die Krim einen Satz Karten, »die verwaltungsmäßige Gliederung Deutschlands betreffend«, zugeschickt erhielt. Ehrensberger hatte damals als Leiter des Referates »Verwaltungsreform und -vereinfachung« des Reichsinnenministeriums Zugang zu derartigem Kartenmaterial.[13]

Um welches Material es sich bei dieser Sendung Ehrensbergers handelte, ist nicht bekannt. Ende 1941 hatte Albrecht Haushofer eine Neugliederung entworfen, die 26 Reichsländer und die 4 Reichsstädte Wien, Berlin, Hamburg und »Ruhrstadt« vorsah. Vielleicht waren es aber auch Entwürfe, die bereits im Winter 1938/39 von Haushofer für Popitz erstellt worden waren.[14]

Als Schulenburg Mitte August 1942 im Ernährungsministerium seine Arbeit aufnahm, traf er dort Oberregierungsrat Walther Muthmann wieder, den er bereits im Jahr zuvor durch die Vermittlung von Hermann Kaiser und Ludwig Gehre kennengelernt hatte. Muthmann wurde noch im Herbst an die Reichsstelle für Raumordnung versetzt und gewann dort den Referatsleiter Dr. Gerhard Isenberg für die Mitarbeit an den Neugliederungsplänen im Sinne Schulenburgs. Da Hitler kurz nach der Machtübernahme jede weitere Bearbeitung und Diskussion der »Reichsreform« verboten hatte, kam nur eine getarnte Bearbeitung dieses Problemkreises in Frage.

Nach Vorgesprächen mit Muthmann, Yorck und Haushofer und unter Ausnutzung seiner Stellung als Abteilungsleiter im Ernährungsministerium beauftragte Schulenburg am 20. 2. 1943 die »Reichsstelle für Raumordnung« offiziell, Vorschläge zur Einteilung des Reichsgebietes in den Grenzen von 1940 in »landwirtschaftliche Marktverbände« zu erarbeiten. Diesen Auftrag erteilte Schulenburg mit Billigung und Wissen seines kommissarischen Ministers Backe. Schulenburg instrumentalisierte hier seinen Vorgesetzten, der bis zum Ende ein überzeugter Nazi bleiben sollte.[15]

Aufgrund der vorbereitenden Gespräche konnten die Arbeitsergebnisse der Reichsstelle für Raumordnung bereits am 25. März 1943 vorgelegt werden.[16] Schulenburg hatte offenbar wegen der sich konkretisierenden Staatsstreichpläne gedrängt. Der schriftlichen Ausarbeitung lagen fünf Kriterien für die territoriale Neugliederung zugrunde, wobei die »günstigen Voraussetzungen für die verwaltungstechnische Handhabung« eines der Kritierien war. Als günstige Voraussetzung, erläutert der Text, wird u. a. eine Durchschnittsgröße der Marktbezirke (des Landes) von drei bis fünf Millionen Einwohnern angesehen. Das war die Größenordnung, die auch die Kreisauer in ihren Beschlüssen vom Oktober 1942 ins Auge gefaßt hatten. Auf der Basis der fünf Kriterien wurden 22 Marktbezirke (Länder) mit 67 Mittelbezirken (Regierungspräsidien) und 1137 Land- bzw. Stadtkreisen vorgeschlagen. Ein Alternativentwurf sah eine Zusammenlegung auf 15 Marktbezirke (Länder) vor. Der alles beherrschende Koloß Preußen war aufgelöst. Die übrigen Einzelheiten sind nicht mehr von Interesse.[17]

Nahezu zeitgleich mit seinem Neugliederungsauftrag an die »Reichsstelle für Raumordnung« verfaßte Schulenburg ein Memorandum, das er am 16. Februar 1943 an Oster zur Weiterleitung an Beck und Olbricht gegeben hatte. In dem Schriftstück legte er die Gründe zum sofortigen Handeln dar. Innenpolitisch bestehe die Gefahr, daß die »Bewegung« ins radikale Fahrwasser abgleite, wenn nicht vor der militärischen Katastrophe gehandelt werde. Aus Kaisers Tagebuch, dem wir diese Inhaltsangabe verdanken, ist nicht zu entnehmen, welche »Bewegung« Schulenburg hier meint. Aus dem Sinnzusammenhang kann jedoch gefolgert werden, daß er die nationalsozialistische Bewegung und mit dem »radikalen Fahrwasser« Himmler und dessen SS meinte. Schon wenige Tage zuvor hatte er vor einem Gegenschlag der Gegenseite gewarnt. Es sei eine Minute vor zwölf. Der Laden sei innerlich zerrissen, die anständigen Leute für jede Lösung zu haben. Die obere Parteiführung sei außerordentlich nervös, mehr so als die SS. Das Volk sei mürbe. Am 25. Februar berichtete Schulenburg an Kaiser, daß die SS Truppen aus den Partisanengebieten abziehe und 50000 nach Berlin verlegen wolle. Es sei geplant, Maschinengewehrstellungen in Berliner Straßen einzurichten und die SS im Stadtzentrum zu kasernieren. *Kein* Gerücht sei auf alle Fälle, daß die SS Listen von führenden Militärs und Politikern anlege. War also ein Putsch der SS zu befürchten?

Wieweit Schulenburg diesen Gerüchten selbst Glauben schenkte oder dadurch über Kaiser Olbricht zum Handeln drängen wollte, bleibt dahingestellt. Erst drei Monate später gab Schulenburg das Entwarnungszeichen. Nach einem Gespräch mit Felix Steiner, seinem alten Kompanieführer beim Infanterieregiment 1 in Königsberg, inzwischen zum General der Waffen-SS avanciert, berichtete er, daß die SS gespalten sei. Aus diesem Grund sei die Gefahr, die von der SS ausginge, im Schwinden. Steiner habe mit Blick auf die Kriegslage sogar gesagt: »Wir müssen zusammenarbeiten«.[18]

Im Gegensatz zu Popitz und Himmlers Rechtsanwalt Karl Langbehn, die bekanntlich Himmler gegen Hitler ausspielen wollten, hat Schulenburg ernsthaft diese Fährte nicht verfolgt. Man muß jedoch annehmen, daß die möglichen Absichten Himmlers und seiner SS auch eine wichtige Rolle in Schulenburgs Gespräch vom 10. März 1943 mit Fromm gespielt haben.

Dieses Gespräch war durch Vermittlung des Fromm-Freundes Petersen zustande gekommen und ging offiziell – Schulenburg war ja noch Abteilungsleiter im Ernährungsministerium – um die mögliche Verwendung von Generälen zur Steuerung der Ernährungswirtschaft. Tatsächlich sollte er nach Absprache mit Olbricht noch einmal Fromms Haltung für den Fall eines Staatsstreichs sondieren. Olbricht maß diesem Gespräch eine besondere Bedeutung zu, da eine ähnlich zielgerichtete Aussprache zwischen Witzleben und Fromm Mitte Februar »ganz in den Eimer gegangen« war. In den zehn Tagen vor dem Gespräch hatte es fünf Nachtangriffe gegen deutsche Großstädte (Berlin, Hamburg, Essen, Nürnberg, München) mit Hunderten von Toten und Verletzten gegeben. Fromm zeigte sich daher gegenüber Schulenburg durch die »furchtbaren Angriffe sehr beeindruckt und erschüttert«, »empfänglich und einsichtig für die Kuriergepäcksache« – dies ist der erste direkte Hinweis auf den drei Tage später durchgeführten Attentatsversuch, bei dem Tresckow eine als Kuriergepäck getarnte Bombe Hitler ins Flugzeug mitgab. Der General meinte, der Krieg sei nun verloren. Nur ein Feldmarschall und ein Generaloberst, der alles vorausgesehen – gemeint ist hier Beck –, könnten den Staatsstreich durchführen. Allerdings dürfe man ihm, Fromm, nicht mit einem »müden Feldmarschall« – gemeint war hier ganz offensichtlich Witzleben – kommen. Fromm berichtete von der Unterredung ganz beeindruckt einem Bekannten: »Zum erstenmal seien ihm die politischen Dinge richtig gesehen und fest unterbaut klar vorgetragen worden. Alles habe Hand und Fuß gehabt. Er habe die ganze Nacht schlaflos gelegen. Aber am nächsten Tag seien ihm Zweifel aufgestiegen. Am besten, wenn die Aufgabe mobmässig behandelt und vorbereitet werde«. Als Kaiser und Olbricht von dieser Gesprächseinschätzung durch Fromm erfuhren, meinte Olbricht nur: »Ist ja alles Unsinn. Der hat geschlafen wie ein Murmeltier.« Fromm habe sich zu weit vorgewagt und Gewissensbisse bekommen. Entsprechend äußerte er sich zu Olbricht über Schulenburg. »Ich kann Sie nur vor diesen Leuten warnen«.[19] Der Befehlshaber des Ersatzheeres, Generaloberst Fromm, war auch durch einen so beredten Mann wie Schulenburg nicht wirklich zu gewinnen.

Schwerin und die Division Brandenburg

Schwerins Versetzung am 16. 2. 1943 von Utrecht nach Berlin muß im Rahmen der konkreter werdenden Vorbereitungen des Staatsstreichs gesehen werden. Sie war von Oster über Olbricht in die Wege geleitet worden.[20] In Berlin nahm Schwerin sofort Kontakt zu seinem alten Vorgesetzten Witzleben auf, den er auch zum Teil als einziger bis zum Ende aufrechterhalten sollte. Nachdem Fromm nicht so recht mitziehen wollte und Beck seit dem 6. März todkrank bei Sauerbruch lag, kam dem ehemaligen Oberbefehlshaber-West eine besondere Stellung in der Staatsstreichplanung zu. Bei einem Gespräch zwischen Kaiser, Goerdeler und Waldersee am 8. März wurde die Ansicht geäußert, daß in dieser Situation eine enge Zusammenarbeit zwischen Olbricht und Witzleben, dessen Berater Schwerin sei, notwendig würde. Zwar sei Beck unersetzbar und Witzleben kein Homme d'état (Staatsmann), aber so wie die Dinge lägen, sei Witzleben unverzichtbar.[21] Schwerin wurde offiziell zum Stab der Division Brandenburg kommandiert, wo er als Vertreter des Ic eine neue Arbeitseinheit, die sogenannte Kartenstelle, aufbauen sollte. Sein für den Widerstand entscheidender Auftrag war jedoch die Zusammenarbeit mit dem neuen Divisionskommandeur Oberst Alexander von Pfuhlstein.

Die Division Brandenburg war seit Oktober 1939 aus der sogenannten Bau-Lehr-Kompanie z. b. V. 800 mit Standort Brandenburg a. d. Havel in sprunghaftem Wachstum entstanden. Sie ging auf eine Idee der Abwehr unter Canaris zurück, blieb diesem bis April 1943 unterstellt und war für Kommandounternehmen zum Teil weit hinter den feindlichen Linien vorgesehen. Die Einheit hatte sich mit zahlreichen spektakulären Einsätzen einen hervorragenden Ruf erworben. Im Oktober 1942 war sie auf Divisionsstärke erweitert worden, wurde aber nicht mehr entsprechend ihrem ursprünglichen Auftrag eingesetzt, sondern aufgrund der angespannten Lage vor allem an der Ostfront zweckentfremdet in den Abwehrkampf eingespannt. Dies führte zu erheblichen Verlusten, so daß die Restverbände Anfang 1943 zur Neuaufstellung ins Reichsgebiet zurückverlegt werden mußten. Der alte Kommandeur Oberst Haehling v. Lanzenauer wurde zu diesem Zeitpunkt krank und starb Anfang Februar 1943. Oster schlug als Ersatz den ihm seit 1938 als regimekritisch bekannten Ritterkreuzträger und Rußland-bewährten Regimentskommandeur Oberst Alexander v. Pfuhlstein vor.

Pfuhlstein kam am 1. Februar nach Berlin und übernahm eine Woche nach dem Tod von Haehling den Befehl über die Division. Der Zweck seiner Versetzung wurde Pfuhlstein von Oster erklärt. Der neue Kommandeur sollte zumindest Teile der Division so aufstellen und bereithalten, daß sie für den geplanten Staatsstreich, der nach Stalingrad möglich, ja zwingend erschien, zur Verfügung ständen. Dies bedeutete vor allem eine entsprechende Auswahl zuverlässiger regimekritischer Offiziere. Einer der ersten Offiziere, die unter diesem Aspekt zum Divisionsstab geholt wurden, war Schwerin. In der Staatsstreichplanung von Anfang 1943 waren Einheiten der Division Brandenburg von Oster und Olbricht drei Aufgaben zugedacht worden, die sich zum Teil aus dem Truppenstandort des 4. Regiments der Division – Brandenburg a. d. Havel, westlich von Berlin – ergaben:
a) Besetzung der Westhälfte von Berlin,
b) Entwaffnung der Artillerie-Schule der Waffen-SS in Jüterbog, südwestlich von Berlin,
c) Zernierung der Wolfsschanze. Teile der Division sollten am Tag X dazu nach Ostpreußen verlegt werden.

Nach den Vorstellungen Osters und Olbrichts sollte die Division ab Ende April für den Staatsstreich zur Verfügung stehen. Der für den Staatsstreich wichtigste Truppenteil der Division war das 4. Regiment, das ab November 1942 von Major Friedrich Wilhelm Heinz in

Brandenburg aufgestellt wurde. Heinz hatte schon an den Staatsstreichplänen im September 1938 aktiven Anteil genommen und stand auch in den Märzwochen 1943 mit seinem Regiment Oster und Olbricht zur Verfügung.[22]

Schwerin mußte anfangs in die neugeschaffene Kartenstelle in der Kalckreuthstraße viel Kraft und Zeit investieren. Die Untergebenen ahnten von der Widerstandstätigkeit Schwerins nichts, obwohl ihnen das häufige Kommen und Gehen von Besuchern, oft in Zivil, nicht verborgen blieb. Oster, Schulenburg, Helldorf und der Stadtkommandant von Berlin, Paul v. Hase, später Stauffenberg und Klausing waren einige der häufigsten Besucher Schwerins. Wenn es Schwerin nicht angebracht erschien, einen Besucher in seiner Dienststelle zu empfangen, mag er ihn auch in seine Wohnung in der Kurfürstenstraße 78 gebeten haben. So erinnert sich Marianne Schwerin, einmal Major Heinz in der Kurfürstenstraße auf Veranlassung ihres Mannes in ein kleines Nebenzimmer gebracht zu haben, damit die Mitbewohner auch ja nicht den Besucher sähen. Schwerin hatte gleich zu Beginn seiner Tätigkeit sein Dienstzimmer schalldicht isolieren lassen. Das war etwas auffällig gewesen, aber sein Mitarbeiter Feldwebel Dr. Rohrer hatte sich das damit erklärt, daß Schwerin wahrscheinlich noch einen weiteren geheimen Auftrag im Bereich der Abwehr hatte. Das war keine sehr abwegige Erklärung, da Schwerin auch stellvertretender Ic war und die Division Brandenburg zumindest in den ersten Wochen nach Dienstantritt Schwerins zum 1. März 1943 noch der Abwehr direkt unterstand.[23]

Da Pfuhlstein, ab 1. April zum Generalmajor befördert, eine relativ exponierte Stellung hatte und sich nicht so unbeobachtet bewegen konnte wie ein rangniederer Offizier, lief der Kontakt mit Oster, Olbricht und später Stauffenberg über Schwerin. Pfuhlstein und seine Möglichkeiten als Kommandeur der Division Brandenburg blieben auch dann noch von Interesse für den geplanten Staatsstreich, als die Division zum 1. April 1943 offiziell Canaris entzogen, dem Wehrmachtführungsstab unter Jodl direkt unterstellt und ab Mai 1943 die vier Regimenter der Division, auch das von Heinz befehligte, an die Front zurückverlegt wurden. Auf Anregung Pfuhlsteins wurde ab Mai 1943 in Brandenburg ein Ersatzbataillon aufgestellt, so daß auch in den folgenden Monaten am Standort Brandenburg immer eine Einheit lag, die Pfuhlstein unterstand und die eventuell für den Staatsstreich verwendbar gewesen wäre.

Auch Canaris interessierte sich für diese »Restbestände« der Brandenburger. Er erkundigte sich Ende 1943/Anfang 1944 bei Pfuhlstein, ob Teile der dem General unterstehenden Truppen zum Schutz der Abwehr-Dienststellen, die zu dem Zeitpunkt weitgehend in Zossen, im Sperrgebiet Maybach II, untergebracht waren, herangezogen werden konnten. Canaris befürchtete, daß er und sein Stab bei einem Staatsstreich und den sich daraus eventuell entwickelnden Kämpfen Ziel einer Gestapo-Aktion werden könnten.[24]

Die für den geplanten Staatsstreich notwendig unauffällige Besetzung der Offiziersstellen mit regimekritischen Sympathisanten war nicht einfach. Wie Oster Pfuhlstein erklärte, hatten die Verschwörer keinen Vertrauensmann im Heerespersonalamt, der die Versetzungen unkompliziert hätte anordnen können. Auch der Plan, sich den Offiziersnachwuchs auf divisionseigenen Fahnenjunkerlehrgängen selbst heranzuziehen, zerschlug sich.[25] Die Anwerbung von geeigneten Offizieren war zudem nicht ungefährlich. So wurde Pfuhlstein im April 1943 von einem Major gemeldet, daß der Regimentskommandeur Heinz Offiziere und Unteroffiziere sammele – ausgesprochene Anti-Nazis, die als Stoßtrupp im Führerhauptquartier eingesetzt werden sollten. Ein Unteroffizier des Regiments hatte einem ihm bekannten SS-Mann bereits von diesen Vorgängen berichtet. Der SS-Angehörige wollte jedoch noch weitere Details in Erfahrung bringen, bevor er selbst Meldung erstattete.

Der Major berichtete Pfuhlstein außerdem, daß aus den Maßnahmen und den Äußerungen des Regimentskommandeurs klar ersichtlich sei, daß es sich um die planmäßige Vorbereitung eines politischen Umsturzes handle. Pfuhlstein beriet sich daraufhin mit Olbricht, was zu tun sei. Offenbar waren die Äußerungen des Regimentskommandeurs doch schon so weit kolportiert worden, daß ein Dementi notwendig schien. Mit Hilfe der Kriegsgerichtsräte Dr. Rosenkranz und Dr. Pekrun wurden sie schließlich als »dummes Geschwätz« und »haltlose Rederei« hingestellt.[26]

In den gerade geschilderten Zusammenhang fallen möglicherweise auch die Verhaftung und das Verhör Schulenburgs am 2. April. Um 2.30 Uhr morgens war er im Berliner Haus seines Freundes, des Rechtsanwalts Graf Rüdiger v. d. Goltz, von einem Oberst festgenommen worden. In der anschließenden Vernehmung durch einen Untersuchungsrichter des Kriegsgerichts wurde Schulenburg vorgeworfen, »von der bevorstehenden Rolle des Regiments Brandenburg gesprochen« und »zuverlässige Offiziere« gesucht zu haben. Schulenburg gelang die Entkräftung aller Vorwürfe auch durch den empörten Hinweis auf seine alte Parteizugehörigkeit. Die Episode blieb ohne direkte Folgen. Schulenburg wurde nach einigen Stunden entlassen.[27] Jedoch schlug die Nachricht davon Wellen bis in die höchste militärische Führungsetage. Vier Tage später fragte Keitel in einer Offiziersbesprechung, was Fromm am 10. März mit Schulenburg zu besprechen gehabt hätte. Der Generaloberst antwortete nicht ganz wahrheitsgemäß: »Die Frage der Einstellung von Generälen in die Ernährungswirtschaft«. Auf eine andere Frage erklärte Fromm, er habe Schulenburg auch die Lage »durchaus in positivem Sinn« dargestellt. Tatsächlich ging das Gespräch mit Schulenburg in die entgegengesetzte Richtung. Keitel verlangte von Fromm eine schriftliche Darstellung seines Gesprächs mit Schulenburg, die dieser auch abgab.[28]

Nach Stalingrad schwirrte es in der Armee von Gerüchten, und selbst ein Mann wie Keitel hörte das Gras wachsen. In dieser von Mißtrauen gesättigten Atmosphäre gingen letztlich die Anschuldigungen, mit denen es Schulenburg und Pfuhlstein zu tun hatten, in der Menge der Denunziationen unter. Keitel hatte die Affäre Schulenburg nur neben mehreren anderen genannt. Dennoch mußten Schulenburg und Pfuhlstein sich gewarnt fühlen.

Trotz dieser Schwierigkeiten gelang es, nach und nach einige zuverlässige Soldaten und Offiziere zur Division Brandenburg beziehungsweise zu dessen Ersatzbataillon zu holen. Dies war eine der Aufgaben, der sich auch Schwerin ganz besonders angenommen hatte. Der damals 21 Jahre junge Ewald-Heinrich v. Kleist, den Schwerin durch Schulenburg beim IR 9 kennengelernt hatte, erinnert sich, daß Schwerin etwa 80 Stellen bei der Division im planerischen Visier hatte. Schwerin besprach mit Kleist häufig Personalvorschläge und bat den Leutnant, ebenfalls Informationen über die ins Auge gefaßten Bewerber einzuholen. Nicht »passende« Offiziere wurden abgeschoben, so der als »besonders unzuverlässig« geltende Adjutant Pfuhlsteins im April 1943.[29] Versetzungen waren teilweise sehr langwierig; bei dem Obergefreiten Werner Altpeter, einem alten Bekannten von Heinz, dauerte sie an die acht Monate. Erst dann hatte ihn im Juli/August 1943 der Versetzungsbefehl in Rußland erreicht.

Nur wenige derartig versetzte Soldaten sind bekannt geworden. Neben Schwerin sind dies noch Bistrick, v. Normann und v. Bülow gewesen. Auch Bülow wurde von Heinz bereits im August 1942 aus Rußland nach Deutschland zurückgeholt. Als Bülow, ab Mai 1943 wieder an der Front, bei einer Inspektion durch Pfuhlstein selbst entdeckt wurde, versetzte ihn dieser mit den Worten, »was tun Sie hier, wir brauchen Sie dringend und zwar sofort in Brandenburg«, im Dezember zum Ersatzbataillon zurück. Dort war er Normann unterstellt, der ihn im Mai 1944 mit Schwerin bekannt machte. Oberleutnant Bistrick schließlich wurde ebenfalls im Sommer 1942 von Goerdeler angesprochen und von Schwerin später angefordert. Der Offizier kam im August 1943 zum Ersatzbataillon nach Brandenburg, wo er von Schwerin eingewiesen wurde.

Pfuhlsteins Anteil an diesen Versetzungen ist bis auf den Fall seines Adjutanten und Bülows unbekannt. Mit Bezug auf das 4. Regiment ist eine Bemerkung von Gehre aus dem Mai 1943 überliefert, daß Pfuhlstein zwar ein sehr ordentlicher, aber auch sehr ungeschickter Mann sei. Er entferne aus dem Regiment gute, zuverlässige Leute und zerschlage damit den mühsamen Aufbau. Zu dem Zeitpunkt stand das 4. Regiment jedoch kurz vor seinem Fronteinsatz in Jugoslawien.[30]

In der Literatur werden zwei Fragen zur Rolle der Division Brandenburg diskutiert: Zum einen, ob die Division wirklich für einen Staatsstreich zur Verfügung gestanden hätte, was etwa Gert Buchheit verneint,[31] zum anderen, ob Pfuhlstein tatsächlich die Vorbereitungen seiner Division zum Staatsstreich so gefördert hat, wie er es nach 1945 behauptet hat. Wie bereits dargestellt, wäre im März/April 1943 das 4. Regiment unter Major Heinz sicherlich einsetzbar gewesen, wenn man eine derartige Beurteilung an der Person des Kommandeurs festmachen will. Wie die Meldung an Pfuhlstein zeigt, muß es Heinz bereits zu diesem Zeitpunkt gelungen sein, mehr regimekritische Soldaten in sein Regiment zu schleusen, als nach dem Krieg bekannt geworden ist. Nachdem die vier Regimenter an die Front verlegt worden waren und daher, wie Buchheit richtig feststellt, nicht mehr zur Verfügung standen, wurde auf Pfuhlsteins Betreiben ab Mai 1943 in Brandenburg ein Ersatzbataillon aufgestellt. Die »zuverlässigen« Soldaten und Offiziere wie Altpeter, Bistrick, Normann und Bülow wurden in dieses Bataillon versetzt, und zwar alle erst ab Sommer 1943. Obwohl auch das Ersatzbataillon ab Mitte Mai 1944 zum Einsatz in Jugoslawien gebracht wurde, blieben in Brandenburg Genesende- und Lehrgangskompanien zurück, die von Normann und Bülow am 20. Juli 1944 alarmiert wurden. Die Offiziere entsprachen damit den Erwartungen, die Anlaß ihrer Versetzung gewesen waren.

Pfuhlstein wird bei Höhne als ein zu sehr in orthodoxen militärischen Kategorien denkender Offizier charakterisiert.[32] Auch eine Feststellung Schwerins, der seinen neuen Kommandeur Mitte März 1943 als »sehr schwierig« bezeichnet, geht in diese Richtung. Schwerin gelang es aber bald, zu Pfuhlstein ein vertrauensvolles, ja freundschaftliches Verhältnis herzustellen. So überzeugte er den General, daß es für die beiderseitige Information vorteilhaft sei, wenn er in seiner Kartenstelle die »Times« hielte.[33] Er las dort auch eine tägliche Zusammenstellung der Auslandspresse, die – von der OKW-Pressestelle herausgegeben – nur 80 Offizieren zugänglich gemacht wurde. Schwerin war daher außergewöhnlich gut unterrichtet. Pfuhlstein bezeichnete Schwerin denn auch als »besten Freund und Berater«, »oft die treibende Kraft«.[34] Als Pfuhlstein zum 1. April 1944 die Division Brandenburg verlassen mußte, war auch für Schwerin, wie er Bistrick gegenüber äußerte, die Division nicht mehr länger von Interesse. Obwohl er sich auch mit dem Nachfolger Pfuhlsteins, Generalleutnant Kühlwein, »einem freundlichen älteren Herrn«, offenbar gut verstand, ließ sich Schwerin in eine Dienststelle des OKH versetzen. Er behielt aber seine alten Kontakte zum Ersatzbataillon in Brandenburg und zu Pfuhlstein bei. Zusammen mit Stauffenberg besuchte er ihn zum letztenmal am 5. Juli 1944.[35]

Schwerin erlebte seinen Kommandeur ganz offenbar als im Sinne des Widerstands tätig. Deshalb verlor für ihn die Division durch den Kommandeurwechsel an Bedeutung. Es wäre dagegen irreführend, das Verhältnis Schwerin–Pfuhlstein auf der Grundlage der Kaltenbrunner-Berichte zu beurteilen. Dort heißt es am 21. September 1944: »Pfuhlstein blieb nicht verborgen, daß Schwerin außerordentlich weitreichende Beziehungen in Berlin unterhielt und viel wissen müßte. Er habe Schwerin öfters wegen seiner Ansichten hochgenommen. Sein Gefühl sei dahingegangen, daß man schließlich von Olbricht und Schwerin die Division Brandenburg abgeschrieben und mit ihr bei irgendwelchen Plänen nicht mehr gerechnet habe. Pfuhlstein will es Schwerin und Olbricht gegenüber so gehalten haben wie gegenüber Canaris, mit Vorsicht und durch stille Sabotage die Division vor einem Mißbrauch zu bewahren«.[36] Dies sind offensichtlich Schutzbehauptungen; es scheint ebenso ungerecht wie quellenunkritisch, etwa das Verhältnis Canaris–Pfuhlstein ausschließlich anhand der Kaltenbrunner-Berichte beschreiben zu wollen, wie Höhne dies tut.[37]

Die Attentatsversuche im März 1943

Als Schlabrendorff am 13. März 1943 auf dem Flugplatz der Heeresgruppe Mitte bei Smolensk den Zeitzünder der Bombe betätigte, waren die Vorbereitungen in Berlin zum Staatsstreich zwar nicht gerade »mobmäßig«, entsprechend einem Mobilmachungskalender also, geplant, wie Fromm gefordert hatte, aber doch relativ weit gediehen. Olbricht hatte bereits viele der Befehle erarbeitet, die dann von Tresckow und anschließend von Tresckow und Stauffenberg im August/September 1943 überarbeitet und ergänzt werden sollten.[38] Welche Truppen Mitte März 1943 den Verschwörern in Berlin zur Verfügung gestanden hätten, ist im einzelnen nicht bekannt. Zwar existierte der Walküre-Befehl bereits zu diesem Zeitpunkt, er war aber noch nicht wie später für die Zwecke des Staatsstreichs umfunktioniert worden. Dafür war zumindest, wie wir gesehen haben, das 4. Regiment der Division Brandenburg unter Major Heinz verfügbar.

Tresckow hatte unter einem Vorwand einen Offizier aus der un-

Eduard Brücklmeier (rechts) mit dem damaligen Botschafter von Ribbentrop und Ernst Woermann (Mitte), London, Herbst 1936.

Amschy und Eduard Brücklmeier bei ihrer Verlobung, Weihnachten 1936.

Ulrich-Wilhelm Schwerin vor dem Volksgerichtshof, 21. August 1944.

Botho Wussow, im Urlaub 1936 in Sils Maria.

Fritz-Dietlof Schulenburg, Hitler und Himmler beim Staatsakt für den verstorbenen Vater Schulenburgs, Potsdam, 23. Mai 1939.

Charlotte Schulenburg mit ihren Kindern, Trebbow, 20. Juli 1944.

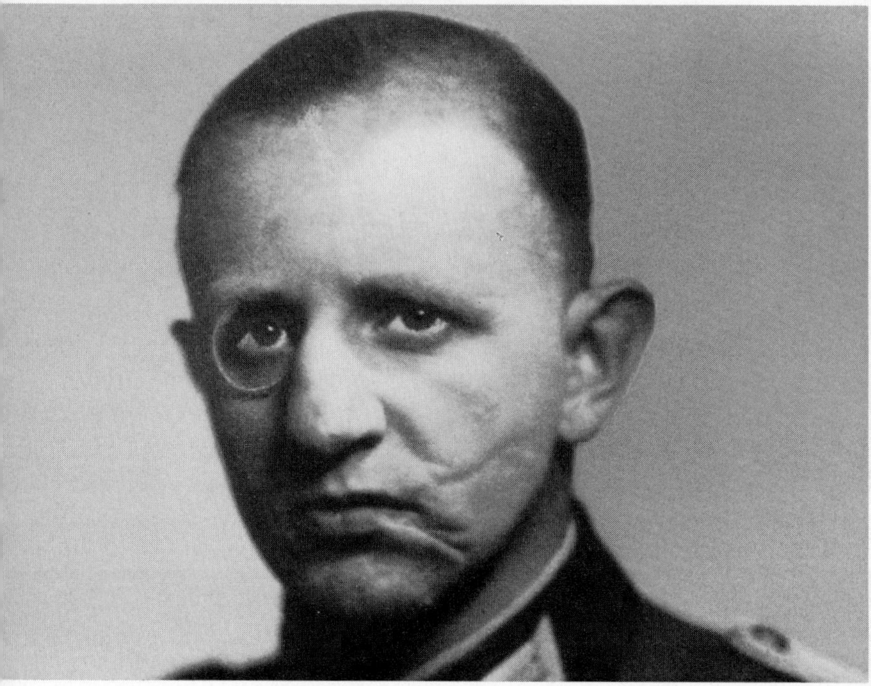

Schulenburg im Mai 1940.

Schulenburg vor dem Volksgerichtshof, 10. August 1944.

Marianne und Ulrich-Wilhelm Schwerin, Juli 1943.

Schwerin vor dem Volksgerichtshof, 21. August 1944.

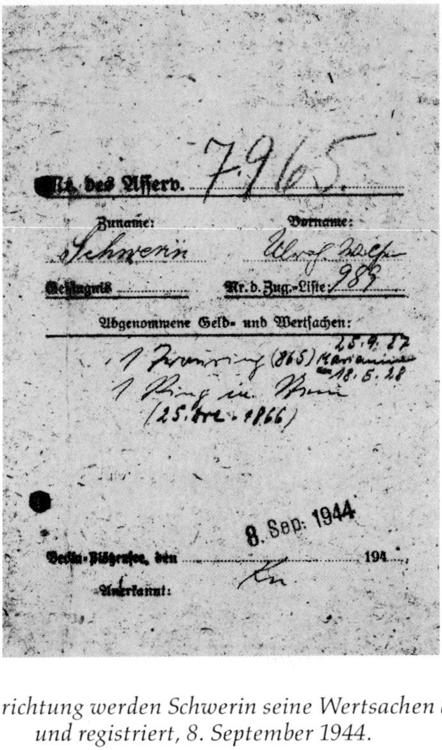

Nr. des Asserv. 7965.

Zuname: Schwerin

Vorname:

Gefängnis

Nr. d. Zug.-Liste

Abgenommene Geld- und Wertsachen:

8. Sep. 1944

Berlin-Plötzensee, den 194

Anerkannt:

Kurz vor der Hinrichtung werden Schwerin seine Wertsachen abgenommen und registriert, 8. September 1944.

Ulrich-Wilhelm Schwerin, März 1943.

Peter Yorck, Berlin 1938.

Yorck, Mobilmachung August 1939.

Yorck vor dem Volksgerichtshof, 7./8. August 1944.

Albrecht Kessel (links) und T. Livingston nach dem Krieg.

Erwin Witzleben, in Frankreich 1940.

Ludwig Beck

Hans Oster, 1943

Name des Briefschreibers:

Graf Schwerin v. Schwanenfeld

Berlin-Plötzensee, den 8. Sept. 1944
Königsdamm 7
Haus

Gelesen:

Mein Liebling! Nun ist die letzte Stunde gekommen, ausführlichere
Briefe vom 18.19.20.u.21.8. gab ich im Gefängnis Lehrter Strasse ab. Ich kann
Dir nichts mehr raten, nur bitten, dass Du den Kindern die Jugend
so froh als möglich gestaltest, was bei aller Einschränkung mög-
lich ist. Denk an Deine eigene Jugend. Lass die Jungens viel lernen
u. Berufe ergreifen, die ihren Anlagen entsprechen u. aus
denen ein Aufstieg möglich. Also nicht wie bei Det ein ungelieb-
ter Beruf, den er nicht voll ausfüllt. Ich dachte bei Wilhelm
an Landwirt oder Förster, bei Christoph an Techniker, Chemi-
ker o.ä. Dass Dir u. den Kindern alle Gedanken gehören,
weisst Du, ich erinnere mich an das Bild, das ich Euch zu Det-
lefs Geburt schenkte. Dass ich ungebeugt in den Tod gehe in dem
festen Bewusstsein, nichts für mich u. alles für unser Va-
terland gewollt zu haben, das muss Dir immer Gewissheit
bleiben u. das musst Du den Söhnen immer wieder sagen.
Du weisst, dass zu allen Zeiten mein Handeln auf Deutsch-
land ausgerichtet war nach der Tradition der Familie aus
glühender Vaterlandsliebe, die alles andere überwog.
Andere Zeiten werden andere Sitten u. Anschauungen mi

Nur die Linien benutzen! Ränder nicht beschreiben!

Abschiedsbrief Schwerins, 8. September 1944.

mittelbaren Umgebung des Diktators gebeten, auf dem Rückflug von Smolensk nach Rastenburg ein Paket für ihn mitzunehmen. Diesem Offizier, der im selben Flugzeug wie Hitler flog, drückte Schlabrendorff nun das Päckchen mit der geschärften Zeitbombe in die Hand. Daß Hitler am 13. März überhaupt zu Feldmarschall v. Kluge in das Hauptquartier der Heeresgruppe Mitte gekommen war, war ebenfalls der Initiative von Tresckow und seinen guten Beziehungen zu Hitlers Chefadjutanten, General Schmundt, zu verdanken, mit dem sich Tresckow duzte. Tresckow hatte sich auf den eventuellen Besuch Hitlers in Smolensk seit langem vorbereitet und zwei Varianten der »Initialzündung« geplant. Seit Mitte Januar war bei der Heeresgruppe Mitte der Reiterverband »Boeselager« unter Major Georg Freiherr v. Boeselager in Aufstellung begriffen. Boeselager wäre mit seinen Reitern, teilweise Russen, zu einer Maßnahme gegen den Diktator bereit und in der Lage gewesen. Doch Kluge verweigerte am 13. März 1943 wie am 20. Juli 1944 seine Zustimmung zu einer gegen die Diktatur gerichteten Maßnahme. Da Kluge am 13. März Tresckow zurief: »Sie werden doch um Gottes willen am heutigen Tage nichts unternehmen. Es ist noch zu früh dazu«, entschloß sich Tresckow, den Feldmarschall durch die vollzogene Tat mitzureißen. Er wählte die Alternativvariante und schmuggelte die Bombe in Hitlers Flugzeug. Nach den Berechnungen von Tresckow und Schlabrendorff hätte das Flugzeug über Minsk explodieren müssen. Es landete aber wohlbehalten in Rastenburg. Der Zünder hatte ganz offensichtlich wegen der Kälte versagt.[39]

Acht Tage später, am 21. März, sollte Hitler im Rahmen der jährlichen Heldengedenkfeier eine von der Heeresgruppe Mitte arrangierte Ausstellung von Beutewaffen im Berliner Zeughaus besichtigen. Tresckow erreichte die Teilnahme seines Stabskollegen Freiherr v. Gersdorff an der bevorstehenden Besichtigung. Der Oberst war bereit, sich zusammen mit dem Diktator in die Luft zu sprengen. Vermutlich im Zusammenhang mit diesem erneuten Attentatsversuch erließ Generalleutnant v. Hase am 19. März ein Urlaubsverbot für die Berliner Garnison. In der Nacht vor der Gedenkfeier erhielt Gersdorff die Bombe von Schlabrendorff. Entgegen seiner Gewohnheit brauchte Hitler diesmal jedoch nur zwei Minuten für die ganze Ausstellung; er lief praktisch im Eilschritt hindurch, während die Zünddauer der Zeitbombe in Gersdorffs Manteltasche zehn Minuten betrug. Gersdorff blieb nichts anderes übrig, als die Bombe schleunigst zu entschärfen. Hitler fuhr wohlbehalten in die Neue Reichskanzlei zurück. Innerhalb von acht Tagen war Hitler damit zweimal dem scheinbar sicheren Tod entgangen.[40]

Wenige Tage später, am 26. März 1943, stellte Goerdeler eine Denkschrift fertig, an der er seit Anfang des Monats gearbeitet hatte. Ursprünglich war sie von ihm als Abschiedsschreiben an die hohe Generalität gedacht, da er sich, des ewigen Zögerns der Generäle müde, ultimativ von den Staatsstreichvorbereitungen zurückziehen wollte. Sie geriet ihm jedoch zu einem eindringlichen Appell, endlich zu handeln. Eine der großen Stärken Goerdelers war ja, daß er sich nie resigniert zurücklehnte, sondern immer wieder mit Hoffnung und Vertrauen nach vorn schaute. Diese Haltung spricht aus den Formulierungen des Briefes, der das Gespräch zwischen den Frondeuren widerspiegelt. In seinem Memorandum verbat sich Goerdeler »das törichte Geschwätz vom Unterschied der Generationen« und die »unsinnige Spaltung nach Generationen«. Dies war offensichtlich seine Antwort auf das mißglückte Treffen vom 8. Januar 1943. »Die einzige Spaltung, die es in Deutschland geben darf, ist die zwischen anständig und unanständig«. Goerdelers harmonisierende Sichtweise, ebenso sympathisch wie undifferenziert, ermöglichte es ihm, mit der »jungen Generation« im Gespräch zu bleiben, die insgesamt kritisch über ihn dachte. So baute Goerdeler Informationen in sein Memorandum ein, die höchstwahrscheinlich auf Schulenburg zurückgingen: über Absichten und Personalinterna aus dem Bereich des Ernährungsministeriums oder die durch Rationalisierung zu erschließenden Reserven in der Rüstungsproduktion. Ein anderes Stichwort teilte Goerdeler ausgerechnet mit Moltke: das Anwachsen des Radikalismus. In den letzten sechs Monaten hätten sich vier Strömungen in der Arbeiterschaft herausgebildet: »eine bolschewistische, Rußland zustrebende, eine kommunistische, eine radikal-sozialistische und eine zur Zusammenarbeit mit der Intelligenz und der Wehrmacht bereite«. Dann argumentiert er mit Blick auf den Empfängerkreis geschickt: »Läßt man durch Untätigkeit den Radikalismus weiter fortschreiten, so wird es sehr viel schlimmere Formen annehmen als 1918.« Da die Revolution von 1918 vor allem bei den Offizieren traumatische Erinnerungen auslöste, war diese Analogie gut gewählt.

Natürlich spekulierten Regimegegner ständig über die Haltung der Soldaten beziehungsweise der Bevölkerung insgesamt zum Regime. Zu dem Zeitpunkt, als Goerdeler sein Memorandum schrieb, analysierte Moltke in einem langen Brief aus Stockholm die »Zustände« in Deutschland gegenüber einem englischen Freund, kam aber im einzelnen zu anderen Ergebnissen als Goerdeler: »Die ›kommunistische Gefahr‹ ist in unserer Lage etwas sehr Reales. So wie die Dinge liegen, kommt aber diese Gefahr hauptsächlich aus den Reihen der Intellektuellen und nicht von den Arbeitern her. Die Arbeiter, die kommunistisch werden könnten, sind nämlich schon Nazis. Und diejenigen, die Nazis sind, können jederzeit wieder kommunistisch werden... Aber die Arbeiter, die jetzt keine Nazis sind, und das trifft für die Mehrheit der älteren und der Facharbeiter zu, haben jedes totalitäre Regime satt«. Ob nun die »Radikalisierung« oder die »kommunistische Gefahr« von einer stattlichen Minderheit in der Arbeiterschaft drohte, wie Goerdeler meinte, oder von Teilen der Intelligenz, wie Moltke vermutete, interessant ist die Tatsache, daß die beiden so grundverschiedenen Hauptakteure des Widerstandes in diesem Punkt ähnliche Befürchtungen hegten, die letztlich, wie die Geschichte zeigte, unbegründet waren. Wie weit diese Sichtweise der innersten Überzeugung Goerdelers und Moltkes entsprach oder bloße Argumentationstaktik war, bleibt dahingestellt. Es ist jedoch festzustellen, daß das Thema »Radikalisierung« in den Diskussionen des Widerstandes immer wieder auftauchte. In Ermangelung freier Wahlen oder Meinungsumfragen konnte es für die Zeit vor 1945 ja auch nicht beantwortet werden.[41]

Acht Wochen nach Stalingrad war die vielbeschworene »psychologisch günstige Situation« für den Widerstand erst einmal vorbei, da sich mit dem Anbruch der wärmeren Jahreszeit die militärische Waagschale wieder zugunsten der Deutschen zu neigen schien. Die drei deutschen Heeresgruppen der Ostfront begannen am 13. März sogar wieder mit der Vorbereitung einer neuen Sommeroffensive unter der Codebezeichnung »Zitadelle«. Selbst der immer zur Tat drängende Tresckow stellte am 6. April lakonisch fest: »Zeitpunkt nach Stalingrad versäumt«.

Hitler war in den Wochen nach Stalingrad zweimal haarscharf am Tod vorbeigegangen. Hatte Moltke recht, wenn er am 25. März 1943 an seinen englischen Freund schrieb: »Der Hauptirrtum war, sich auf eine Aktion der Generäle zu verlassen. Diese Hoffnung war von vorneherein aussichtslos, aber die meisten konnten nicht rechtzeitig davon überzeugt werden. Die französischen Generäle konnten Napoleon nicht beseitigen. Genauso ergeht es heute den Deutschen«.[42]

16. Kapitel

Der Sommer 1943

Aus dem Rückblick erscheint es bemerkenswert, daß weder Tresckow noch die Berliner Verschwörer nach den mißlungenen Anschlägen vom März 1943 resignierten. Heute weiß man, daß dies zwei Gelegenheiten waren, die erst 16 Monate später erneut herbeigeführt werden konnten. Damals waren es zwei in einer ganzen Kette von fehlgeschlagenen Absichten und Terminen, und die Verschwörer konnten je nach Temperament hoffen, daß die nächste Gelegenheit schon in naher Zukunft wiederkommen und dann zum Erfolg führen würde.

Zunächst jedoch mußte der Widerstand noch mit einem anderen Vorkommnis fertig werden: Am 5. April 1943 wurde Hans von Dohnanyi, Sonderführer in der Abwehr und rechte Hand Osters, in seinem Büro am Tirpitzufer verhaftet. Am selben Tag wurden außerdem dessen Frau, dessen Schwager Dietrich Bonhoeffer sowie in München Rechtsanwalt Joseph Müller festgenommen. Oster, direkter Vorgesetzter und Zimmernachbar Dohnanyis, wurde zunächst unter Hausarrest gestellt und am 16. April in die Führerreserve versetzt. Damit war Oster kaltgestellt, und der Widerstand hatte, wie Schlabrendorff schreiben sollte, seinen »Geschäftsführer« verloren. Beck, der »Vorsitzende« des Widerstandes, um bei dieser Terminologie zu bleiben, war ja bereits seit Anfang März im Krankenhaus und fiel über Monate aus. Oster hatte nicht nur die Möglichkeiten, die seine Dienststellung in der Abwehr dem Widerstand boten, eingebüßt, sondern schied auch weitgehend als Ratgeber und Gesprächspartner aus, da er von der Gestapo scharf überwacht wurde. Bis Anfang 1944 war er überdies mit seiner Verteidigung gegen die Anschuldigungen des Untersuchungsführers, Oberkriegsgerichtsrat Dr. Manfred Roeder, beschäftigt. Die Gestapo hatte endgültig einen

Fuß bei der Abwehr in der Tür – und damit bei einem wichtigen Stützpunkt des deutschen Widerstandes. Ausgelöst wurde dies alles nicht durch irgendeine der zahllosen Widerstandstätigkeiten Osters und seiner Freunde, sondern durch ganz ordinäre Devisenvergehen und Schiebereien des portugiesischen Honorarkonsuls Dr. Wilhelm Schmidhuber, V-Mann der Abwehrstelle München. Hassell urteilte einen Monat später sehr scharf über den Vorgang: »Die Front der Klarblickenden bröckelt ab; zum Teil nicht ganz ohne eigene Schuld. Der ganze Stall Canaris hat sich Blößen gegeben und überhaupt nicht ganz gehalten, was man von ihm hoffte. Wenn die Guten nicht klug wie die Schlangen und ohne Falsch wie die Tauben sind, ist nichts zu erreichen. Das ist um so schlimmer, als die ganze Lage mit Sturmesschritten sich so entwickelt, daß eine Aktion immer dringender wird«.[1]

Davon war aber zunächst nichts zu sehen, auch wenn die militärische Lage im Osten und in Afrika immer prekärer wurde. Yorck begann seine Gespräche mit Freunden oft mit der ironischen Bemerkung, »in Berliner Verschwörerkreisen erzählt man heute als das Neueste...«. Neues gab es in den Monaten April bis Juli kaum zu berichten. Hermann Kaiser notierte getreulich die Gespräche mit Olbricht und Goerdeler, die sich in immer neuen Varianten um die Haltung der Generäle drehten.

Die Generäle

Nach mehr als einjähriger Strafversetzung in die »Führerreserve« war der populäre Truppenführer und Schöpfer der modernen deutschen Panzerwaffe, Generaloberst Heinz Guderian, am 1. März 1943 von Hitler zum Generalinspekteur der Panzertruppen ernannt worden. Aufgrund seiner Popularität und seiner militärischen Schlüsselstellung spielte Guderian in den folgenden Monaten in den Überlegungen der Fronde eine gewisse Rolle. Treschow hatte von Anfang an Guderians Bereitschaft zur Teilnahme an einem Staatsstreich bezweifelt, da er zwar Einfluß auf die Leute und Resonanz bei der Truppe habe, aber gleichzeitig eitel und unsachlich sei; er sehe nie das Gesamtbild, rede viel, kippe leicht um, ändere seine Meinung und sei nicht zum Handeln zu bringen. Schlabrendorff bezeichnete den Generaloberst sogar als »Inkarnation der Charakterlosigkeit«. Diese harschen Urteile beruhten wohl im wesentlichen auf Guderians Verhalten nach seiner Absetzung im Dezember 1941 vor Moskau. Es war bekannt, daß er danach sehr abfällig über Hitler und das Regime getönt hatte. Trotzdem hatte er sich von Hitler durch ein Gut im Warthegau kaufen lassen, und als ihm dann der Diktator bei der Übergabe des neuen Amtes »auf die Schulter geklopft (habe), sei alles frühere Verhalten vergessen gewesen. Guderian sei völlig wiedergewonnen worden«. Dieses Urteil stammt von Schmundt, einem der treuesten Paladine Hitlers.

Goerdeler versuchte, Guderian in einer Unterredung in den letzten Märztagen für die Sache zu gewinnen, und gab ihm sein Memorandum vom 26. März. Wie so oft bei derartigen Gelegenheiten beurteilte Goerdeler den Gesprächsverlauf viel zu optimistisch. Der Generalinspekteur sei mit ihm »völlig einig« und »tatbereit«. Er sei gewillt, bei anderen Befehlshabern entsprechend zu sondieren. Tatsächlich sprach Guderian wenige Tage später bei Manstein das Thema an. Der Befehlshaber der Heeresgruppe Süd hatte aber – wie auch bei vorherigen Sondierungsgesprächen – rundweg abgelehnt und auf seinen Eid verwiesen. »Jetzt seien keine Verhandlungsmöglichkeiten, aber im Herbst oder nach dem Herbst, wenn die Niederlage Rußlands offenbar sei (sic!)«. Hitler hatte die Russen gegenüber Manstein als »groggy« bezeichnet. Manstein hielt Hitler immer noch für den stärksten Mann und war bereit, ihn im Falle der Gefahr zu schützen. Eigentlich, so Manstein zu Guderian, müsse er ja ... – aber er habe nichts gehört. Der Verbindungsmann Goerdelers zu Guderian, General von Rabenau, konterte die Drohung Mansteins mit dem Hinweis, daß der Befehlshaber bereits zu involviert sei, als daß er noch ohne eigenen Schaden denunzieren könne.

Guderians Chef des Stabes war Oberst Thomale, der Ende März 1943 eine Schwester Schwerins geheiratet hatte. Schwerin versuchte daher bereits im April im Zuge der Bemühungen der Fronde um Guderian, diese neue familiäre Beziehung zu nützen, um an den Generalinspekteur heranzutreten. Thomale lehnte diese Vermittlerrolle jedoch ab.[2] Auch die anderen Generäle kamen in der Beurteilung der Verschwörer nicht besser weg. Der Befehlshaber der zweiten Heeresgruppe in Rußland, der Heeresgruppe Mitte, von Kluge, wurde von Tresckow, eingedenk des 13. März 1943 als »zum höchsten Grad der Erkenntnis gelangt« charakterisiert. Jedoch: »Und wenn man mit Engelszungen redete, er handelt doch als erster nicht«. Küchler, Befehlshaber der Heeresgruppe Nord, war in Tresckows Augen eine Feldwebelnatur, der für eine Einbeziehung in die Staatsstreichplanung nicht in Frage komme. Model, Befehlshaber der 9. Armee, sei ein Draufgänger-Soldat, brutal, ohne Seele, kurz eine »widerwärtige Erscheinung«. Kesselring, Oberbefehlshaber Süd, zuständig also für Italien, hatte Goerdeler über dessen Verbindungsmann Pekrun eine negative Antwort gegeben.

Fünf der sechs Abteilungschefs des Generalstabs des Heeres (Heusinger, Stieff, Wagner, Gercke, Berendt, Fellgiebel) seien nach Tresckow nicht bereit, zu »torpedieren« oder »Hitler aus dem Sattel zu heben«. Der sechste, Fellgiebel, trug sich laut Goerdeler mit Selbstmordgedanken, da er seit Ende März wegen defätistischer Äußerungen von Himmler über Keitel unter Druck gesetzt wurde und ein Verfahren gegen ihn schwebte. Die einzigen hochrangigen Befehlshaber, die immer wieder zu Hoffnungen veranlaßten, waren die Militärbefehlshaber von Frankreich, Karl-Heinrich v. Stülpnagel, und von Belgien, Alexander Freiherr v. Falkenhausen. Stülpnagel hatte sich Mitte Mai gegenüber Olbricht so geäußert, daß er im Prinzip bereit sei, »Anstoß« zu geben, aber die Lage sei noch nicht reif, der psychologisch günstige Moment noch nicht gekommen. Er habe keine Divisionen zur Hand, auch noch nicht mit einem Kommandeur gesprochen, und dies sei auch zur Zeit nicht möglich. In dieser Lagebeurteilung sei er mit Falkenhausen einig.

Olbricht lehnte diese Art von »Westlösung« ohnehin ab: Deren wunder Punkt sei der Truppentransport von Frankreich nach Deutschland. Er hielt den Staatsstreich so für nicht möglich, es gäbe »keine organisatorische Vorbereitung und keine Reife«. Zur Haltung der Divisionskommandeure meinte er, diese seien zwar fachlich hervorragend und tatendurstig, sonst trügen sie aber alle Scheuklappen, die ihr Gesichtsfeld immer stärker einengten, bis zuletzt nur ein Spalt zum Sehen übrig bleibe, durch den sie mit der Frage schauten: »Was gibt es heute zum Essen?« Tresckow hielt Stülpnagel zwar für sehr klug, aber für einen Theoretiker. Zu praktischen Ergebnissen würde er nicht kommen. Falkenhausen habe dagegen auch eine praktische Begabung. Ein Jahr später sollte sich zeigen, daß Tresckow Stülpnagel falsch beurteilt hatte.[3]

Goerdeler, Kaiser, Olbricht und Tresckow, zwischen denen im wesentlichen diese Gespräche am Tirpitzufer geführt wurden, waren verzweifelt. Nach einer der üblichen Terminverschiebungen meinte Goerdeler: »Bis dahin geht wieder eine deutsche Stadt kaputt« (25. 5. 1943). Die Essenz eines Gespräches zwischen Kaiser und Tresckow Anfang Juni ging in die gleiche Richtung: »Der Prozeß der Zertrümmerung Deutschlands geht weiter... Es ist höhere Fügung, wenn es so kommt« (9. 6. 1943). Und noch einen Monat später prophezeit Jessen: »Sie werden uns alle hängen«, worauf Kaiser lakonisch antwortete: »Das ist nicht das Schlimmste« (10. 7. 1943). Ende Juli war Olbricht laut Gisevius »total resigniert« und wollte alle seine schriftlichen Unterlagen verbrennen. Es gäbe keine Aussichten im Osten, keine im Westen, man könne nur noch seine Pflicht tun, bis alles vorbei sei. – Am 10. 7. waren die Alliierten auf Sizilien gelandet, drei Tage später mußte das Unternehmen »Zitadelle«, durch das Hitler in Rußland die Initiative zurückgewinnen wollte, erfolglos abgebrochen werden.

Um den Stillstand in der Staatsstreichplanung zu durchbrechen, ventilierte Goerdeler Mitte Mai verzweifelte Pläne. Mal wollte er direkt mit Keitel sprechen, mal eine Aussprache mit Hitler selbst herbeiführen. Olbricht und Kaiser redeten ihm derartige illusorische Schritte aus. Als Goerdeler die Absicht äußerte, Witzleben besuchen zu wollen, wurde ihm mitgeteilt, dieser werde ihn nicht sehen wollen. Es war das absolute Tief. Kaiser war daher Mitte Mai der Ansicht, daß der militärischen Seite der Kopf fehle.[4] Ohne Beck gehe es nicht.

Die Wende kam schließlich am 25. Juli mit dem Sturz Mussolinis, der von den Beteiligten als Signal aufgefaßt wurde. Wenige Tage später verließ Beck sein Krankenlager, und Tresckow begann, in Berlin direkt an den Staatsstreichvorbereitungen mitzuarbeiten.

Sondierungsversuch nach Osten: Brücklmeier und Friedrich Werner Schulenburg

So negativ im Allgemeinen Heeresamt bei Olbricht, Kaiser und Goerdeler die Bilanz der Monate ab März 1943 auch aussehen mochte, auf anderen Ebenen und bei anderen Gruppen liefen die Vorbereitungen für den Staatsstreich und für die Zeit danach weiter. Hier muß auch die stille Arbeit Brücklmeiers erwähnt werden, der in diesen Monaten sowohl zu Olbricht Kontakt hielt wie zum ehemaligen hessischen Innenminister und stellvertretenden Vorsitzenden des Allgemeinen Deutschen Gewerkschaftsbundes, Wilhelm Leuschner. Brücklmeier war ja auf Betreiben der Gestapo Ende Oktober 1942 als Kriegsverwaltungsrat im OKH entlassen und als Soldat mit Marschbefehl an die Ostfront eingezogen worden. Olbricht, der Brücklmeier entweder durch seine Verwaltungstätigkeit im OKH oder durch Vermittlung von Oberst Joachim Meichßner kennengelernt hatte, sorgte dann für die u. k.-Stellung Brücklmeiers. Der General schätzte den ehemaligen Diplomaten wegen seines außenpolitischen Sachverstandes. Die Beziehung zu Leuschner hatte Brücklmeier 1942 von Wussow »geerbt«.

Brücklmeier benutzte seit 1941 die Wohnung seines abwesenden Freundes Kessel mit und bewahrte sie dadurch vor der Wohnraumbewirtschaftung und für Kessel. Da sie in der Maienstraße 4 unweit des Allgemeinen Heeresamtes in der Bendlerstraße sehr zentral lag, wurde sie häufig als Treffpunkt benützt. Regelmäßig war am Dienstag Yorck und am Donnerstag Albrecht Haushofer bei ihm zu Gast, den er wegen seines Humors und seiner warmen Menschlichkeit besonders schätzte. Yorcks Dienststelle beim Wirtschaftsstab Ost am Nollendorfplatz lag nur wenige Gehminuten von der Maienstraße entfernt. Zum Frühstück kam häufig bereits Schulenburg.[5]

Zwei andere wichtige Kontakte pflegte Brücklmeier in diesen Monaten: zu Goerdeler und zu Botschafter Schulenburg. Goerdeler kannte er durch seinen Vater aus Leipzig. Der Leipziger Bürgermeister beschrieb Brücklmeier einmal gegenüber Hermann Kaiser als einen »Mann, der England und seine führenden Leute gut kenne«.[6] Der Botschafter Friedrich Werner Graf v. d. Schulenburg war

1930–32 Vorgesetzter Brücklmeiers in Teheran gewesen und hatte seinem damals jungen Untergebenen ein freundschaftliches Andenken bewahrt. Von 1934 bis zum Kriegsausbruch 1941 war Schulenburg dann Botschafter in Moskau. Die Erfahrungen mit Stalin und der Sowjetunion brachten Schulenburg jetzt zu Brücklmeier, der für ihn den Kontakt zu den Hauptakteuren des deutschen Widerstandes herstellte.

Seit Dezember 1942 wußten Schulenburg, aber auch Trott sowie das Auswärtige Amt von Sondierungen Stalins an die deutsche Adresse. Die sowjetische Regierung hatte über Stockholm wissen lassen, daß Schulenburg zu Verhandlungen in Moskau willkommen sei. Der ehemalige Botschafter hatte als langjähriger Landeskenner und Gesprächspartner Stalins einen guten Ruf im Kreml. Vielleicht in diesem Zusammenhang versuchte Brücklmeier nach Schweden zu reisen. Gegen alle damaligen Gepflogenheiten erhielt er sofort das Einreisevisum für Schweden, die deutschen Behörden verweigerten ihm aber die Ausreise.

Selbst nach Stalingrad war im Mai 1943 von den Sowjets über die deutsche Botschaft in Ankara Verständigungsbereitschaft signalisiert worden. Auch die Gründung des »Nationalkomitee Freies Deutschland« am 13. Juli, die zusammenfiel mit dem Abbruch und Scheitern der deutschen Ostoffensive »Zitadelle«, stand letztlich im Widerspruch zu der Losung des »unconditional surrender« der westlichen Alliierten, die Stalin nie mitgetragen hatte. Hassell notierte sich dazu: »Sein (Stalins) deutsches Befreiungskomitee bedeutet als solches nichts, ist aber als Symptom wichtig. Wenn Hitler sich mit Stalin verständigt, so ist das daraus entstehende Unheil unvorstellbar.«

Hitler verbot jedoch jedes Eingehen auf die russischen Avancen. Schulenburg war deshalb zu einem Gespräch mit Vertretern des deutschen Widerstandes bereit. Brücklmeier arrangierte ein Treffen in der Maienstraße zwischen Goerdeler und den zwei alten Diplomaten Schulenburg und Hassell. Goerdeler ging in diesem Gespräch Ende Juli/Anfang August 1943 zielstrebig auf die Frage der Verhandlungsmöglichkeiten mit der Sowjetunion und der Persönlichkeit Stalins zu. Schulenburg schilderte Stalin als kühlen Rechner. Das Ergebnis von Verhandlungen werde davon abhängen, was man ihm bieten könne und wolle. Der ehemalige Moskauer Botschafter schien die Aussichten, sich mit Stalin zu verständigen, »überraschend hoch« einzuschätzen. Allerdings, so war der Eindruck von Goerdeler und Brücklmeier, sei auch Schulenburg der Ansicht gewesen, daß bald etwas geschehen müsse, da sonst die Verhandlungsgrundlage zu schmal sein würde. Noch standen ja die deutschen Truppen tief in Rußland, auch wenn sie gerade bei Kursk und Orel erneut geschlagen worden waren. Hassell meinte, wohl als Resultat dieses Gesprächs, daß die Regierung des Staatsstreichs jede Chance nützen müsse. Ausgehend von der Feststellung, daß eine gesunde europäische Mitte im Interesse sowohl des Ostens wie des Westens liegen werde, müsse Rußland oder den Angloamerikanern klargemacht werden, daß Deutschland zu erhalten sei. Hassell: »Ich ziehe bei diesem Mühlespiel das westliche Ziel vor, nehme aber zur Not auch die Verständigung mit Rußland in Kauf.« Trott, so Hassell, sei mit ihm in dieser Marschrichtung ganz einig.[7]

Brücklmeiers Stimmung in diesen Tagen, in denen durch den Sturz Mussolinis auch eine deutsche Wende näher gerückt zu sein schien, gibt sein Brief vom 1. August an seine Frau andeutungsweise wieder: »Damals (Frühsommer 1939) lag auch Entscheidendes in der Luft und man wußte nicht, wohin einen das Schicksal führen würde... Wir sind in ein entscheidendes Stadium im Leben unseres Volkes getreten. Doch ich bin voll ruhigen Vertrauens. Jetzt heißt es sich bewähren und die Nerven behalten. Zum Verzagen ist noch kein Grund.«[8]

Aktivitäten in den besetzten Ländern: Dänemark und Frankreich

Eine andere Episode der an vielen Orten gleichzeitig laufenden Vorbereitungen des Staatsstreiches sind die Vorgänge in Kopenhagen. Sie zeigen, wie weitgreifend die Planer des Staatsstreiches denken mußten und wie weit verzweigt die Vorbereitungen tatsächlich waren. Im Herbst 1942 hatte Hassell Fritzi Schulenburg gebeten, bei einer Reise nach Dänemark auch Georg Duckwitz, Schiffahrtssachverständigen an der deutschen Gesandtschaft, aufzusuchen. Der Besuch Schulenburgs bei Duckwitz kam mit Hilfe des SS-Brigadeführers Paul Kanstein zustande, den Schulenburg bereits seit seiner Referendarzeit kannte. Schulenburg unterrichtete Duckwitz über den Stand der Vorbereitungen des geplanten Staatsstreichs und bat ihn, falls er bereit sei, eine Aufgabe zu übernehmen, sobald wie möglich Hassell in Berlin zu sprechen, der ihn einweisen würde. Duckwitz erfuhr von Hassell am 1. Februar 1943, daß dieser in jedem der besetzten Länder Vertrauensmänner zu finden suche, die nach einem Staatsstreich die Schlüsselpositionen im Sinne der neuen Regierung einnehmen könnten. Er bat Duckwitz, für Dänemark bei Polizei und Wehrmacht geeignete Personen zu finden und für den Umsturz zu gewinnen. Verbindungsmann zwischen Hassell und Duckwitz sollte Trott sein. Bei ihrer nächsten Unterredung am 22. Mai 1943 konnte Duckwitz Hassell von seinen Erfolgen berichten. Für die Polizei hatte Duckwitz den Schulenburg-Freund Kanstein gewonnen, für die Wehrmacht zwei hohe Stabsoffiziere. Duckwitz selbst sollte an die Stelle des Reichsbevollmächtigten Werner Best treten und als Gesandter direkt beim König akkreditiert werden. So schienen aus der Sicht Duckwitz' die Vorbereitungen in Dänemark getroffen. Auch Hassell äußerte sich befriedigt.[9] Wie in Dänemark, so wurde Schulenburg auch in Frankreich tätig. War es in Kopenhagen Duckwitz, den er gewann, so stimmte er in Paris vor allem mit seinem alten Freund aus Studententagen, Dr. Cäsar v. Hofacker, den zukünftigen Kurs ab.

Schulenburg hatte nach Niederlegung seines Postens als Abteilungsleiter im Ernährungsministerium und nach Abgabe des Prüfungsberichtes über das Heereswaffenamt noch am 8. oder 9. April 1943 einen längeren Urlaub angetreten, den er dann bei seiner Familie in Mecklenburg verbrachte. Dem war vorhergegangen: In den Morgenstunden des 1. April hatte ihn das Fahrpersonal eines S-Bahnzuges bewußtlos auf den Schienen gefunden. Am Abend zuvor hatte im Ministerium eine Abschiedsfeier stattgefunden. Sein Biograph Krebs vermutete wohl zu Recht, daß dieser doch recht gravierende und mysteriöse Zwischenfall weniger durch Alkohol als durch einen Schwächeanfall ausgelöst wurde.[10] In der folgenden Nacht wurde Schulenburg, wie bereits berichtet, im Haus seines Freundes

Goltz verhaftet, aber noch am gleichen Tag freigelassen. Drei Tage später folgten die Verhaftungen in der Abwehr, und Schulenburg wird froh gewesen sein, das heiß gewordene Berliner Pflaster ganz legitim verlassen zu können.

Wie vorsichtig Schulenburg in diesen Wochen war, wird durch seinen Auftrag an einen jungen Mitoffizier im Ersatzbataillon 9, Axel v. d. Bussche, deutlich, den er Anfang Mai zu Weizsäcker schickte. Weizsäcker, seit wenigen Wochen als Staatssekretär durch Steengracht abgelöst, stand vor seiner Abreise nach Rom, wo er Botschafter beim Vatikan werden sollte. Schulenburg hielt es nach seiner Verhaftung für zu auffällig und daher unangebracht, Weizsäcker persönlich aufzusuchen. Bussche sollte dem ehemaligen Staatssekretär zwei Fragen vorlegen; einmal, wie Schulenburg und seine Freunde weiter mit Weizsäcker in Kontakt bleiben könnten, und zum anderen, wie der Diplomat Deutschlands Situation nach der alliierten Forderung des »unconditional surrender« beurteile. Die erste Frage war schnell zu beantworten. Weizsäcker informierte Bussche, daß Kessel von Genf zu ihm in den Vatikan versetzt werde. Wie sich allerdings die Forderung der bedingungslosen Kapitulation nach einem Staatsstreich auswirken würde, dazu wagte Weizsäcker keine Prognose. Die Generale, murrte Weizsäcker, erwarteten immer politische Garantien. Jetzt gelte es erst einmal, sich von diesem ungeheuerlichen Regime zu befreien.[11]

Schulenburg nahm am 3. Juni seine Arbeit in Berlin wieder auf und traf sechs Tage später mit dem Sonderstab des Generals v. Unruh in Paris ein. Bei diesem ersten Pariser Aufenthalt untersuchte Schulenburg mit seinen Kollegen nahezu sieben Wochen lang Stäbe, Dienststellen und Betriebe auf Möglichkeiten der Personaleinsparung. Wie schon bei seinen früheren Arbeiten in den Ministerien und im Heereswaffenamt mußte Schulenburg auch hier feststellen, »daß alle Überorganisation daher kommt, daß man eben übermäßig organisiert. Radikale Heilmittel gibt es, doch werden sie zur Zeit nicht angewandt.«

Schulenburg nutzte diese Zeit, um für den Widerstand zu sondieren. Sein wichtigster Gesprächspartner war dabei sicherlich Hofacker, der am 1. Juli von einem Urlaub nach Paris zurückkehrte.[12] Ein

Ergebnis der Gespräche zwischen den beiden Männern war Hofackers Antrag an Dr. Elmar Michel, den Chef der Militärverwaltung, auf »anderweitige Verwendung« vom 23. Juli 1943. Hofacker leitete als Reserveoffizier (Oberstleutnant der Luftwaffe) seit drei Jahren innerhalb der Militärverwaltung die Gruppe »Eisenschaffende Industrie und Gießereien«. Der Schulenburg-Freund begründete seinen Versetzungsantrag mit der »fortschreitenden Übertragung wichtiger Funktionen des Militärbefehlshabers auf andere zentrale deutsche Dienststellen und damit zur Spaltung seiner früher einheitlichen Verantwortung und Befehlsgewalt«.[13]

Der mit Schulenburg sicherlich abgestimmte Versetzungsantrag ebnete für Hofacker den Weg bis in die nächste Nähe des Militärbefehlshabers in Frankreich General Karl-Heinrich v. Stülpnagel. Hofacker hatte spätestens im September 1942, sieben Monate nach Dienstantritt Stülpnagels in Paris, ein offenes Verhältnis zu dem Militärbefehlshaber gefunden. Vielleicht durch diesen angeregt, hatte er über Weihnachten 1942 eine Analyse der deutschen Frankreichpolitik seit dem Waffenstillstand erarbeitet. Das Fazit war, daß sich Frankreich, sichtbar geworden vor allem durch die alliierte Landung im November 1942 in Nord-Afrika, endgültig auf die alliierte Seite geschlagen habe. Was es jemals an aktiven Ansätzen deutscher Politik gegenüber Frankreich gegeben hätte, sei gescheitert, und dies, obwohl bis August 1942 Chance bestanden hätte, Frankreich in positiver Weise an Deutschland zu binden. Die schonungslose Denkschrift, die das Datum 6. Januar 1943 trägt, bildete offenbar den Schlüssel zur vertrauensvollen Achtung, die sich nun zwischen Stülpnagel und Hofacker entwickelte. Der Militärbefehlshaber holte sich daher den Oberstleutnant im Oktober 1943 in den sogenannten Kommandostab, stellte ihn »zur besonderen Verfügung« (z. b. V.) und gab ihm formell den Auftrag, zwischen den ihm unterstehenden Stäben, dem Kommandostab und dem Verwaltungsstab, in dem Hofacker drei Jahre lang unter dessen Chef Michel gearbeitet hatte, koordinierend zu wirken. Dies war im wesentlichen eine Alibifunktion, gab Hofacker aber die Berechtigung, überall präsent zu sein. So konnte er sich ganz auf die Widerstandstätigkeit konzentrieren.[14]

Schulenburg, der bei seinem ersten Pariser Aufenthalt den Militärbefehlshaber mindestens viermal traf, urteilte über Stülpnagel: »endlich mal ein wirklicher General«. Er sei »wirklich klug und voller Würde und Haltung«. Auf Stülpnagel und seinen Kollegen Falkenhausen in Brüssel hatten sich seit der Winterkrise 1941/42 viele, auch unrealistische Hoffnungen und Wünsche aus dem Widerstand gerichtet. Ständig wurden sie angegangen und bedrängt. Allein im Juni 1943 traf Stülpnagel Moltke (8. Juni), Schulenburg (9. Juni, 22. Juni) und Hassell (Ende Juni). Hassells Fazit seiner Reise war, wie schon einmal Anfang 1942, daß »die Rettung aus dieser Ecke nicht kommen kann«. Die Haltung der Divisionskommandeure und des jungen Offizierskorps sei ungewiß. »Solange ER regiert, ist kein Divisionskommandeur in der Lage zu marschieren«.

Seit Mitte Mai hatte sich an der Einschätzung Stülpnagels und Falkenhausens nichts geändert. Moltke suchte Gotthard Falkenhausen in Paris, einem Neffen des Generals, zu erklären, daß jeder etwas beitragen könne und auch beitragen müsse. »Sonst hoffen wir nämlich alle immer wieder auf die Generale, obgleich sie es eigentlich besser wissen müßten«.[15]

Schulenburgs Beitrag in Paris war, wie der Historiker Wilhelm v. Schramm formulierte, »die Bildung einer geheimen oppositionellen Zelle im Stab des Militärbefehlshabers«.[16] Zum Wortführer wurde hier Hofacker.

Persönlich warb Schulenburg Friedrich Freiherr v. Teuchert, Kriegsverwaltungsoberrat im Stab des Chefs der Militärverwaltung an. Teuchert brachte Schulenburg dann mit Brink in Kontakt, der Schulenburg bereits von Oster und seinem Freund Rüdiger Goltz empfohlen worden war. Brink war seit Schwerins Zeiten im Stab des Oberbefehlshabers West, jetzt Rundstedt, geblieben. Wenige Tage nach Schulenburgs Abreise sprach Teuchert Kriegsverwaltungsrat Walter Bargatzky an. Bargatzky schätzte, daß in Frankreich nicht mehr als 20 Personen dem aktiven Widerstand angehörten. Der Kreis der Eingeweihten sollte so klein wie möglich gehalten werden. Zwei Tage vor seiner Abreise traf Schulenburg noch Ernst Jünger, mit dem er vor allem über dessen Friedensaufruf sprach, ohne daß es jedoch zu einer Einbeziehung Jüngers in den aktiven Widerstand kam. Jünger, der seit 1940 auf Initiative Speidels dem Kommandostab des Militärbefehlshabers attachiert war und mit dem Widerstand sehr abstrakt sympathisierte, schrieb wenige Monate später den schönen, wenn auch nicht ganz treffenden Satz: »Wenn man Stülpnagel, Popitz und Jessen kennt, dazu noch Schulenburg und Hofacker, dann hat man ein Bild von der Fronde im totalitären Staat. Man sieht dazu auch, daß die moralische Substanz zum Zuge drängte, nicht die politische«. Zumindest von Schulenburg und Hofacker wird man jedoch sagen können, daß sie sehr stark auch »political animals« waren.

Als Schulenburg am 30. Juli Paris verließ, konnte er mit den Ergebnissen seiner illegalen Arbeit zufrieden sein. Er hatte offensichtlich dem ganzen Personenkreis der Nicht-Nazis in Paris einen ordentlichen Stoß gegeben, zudem hatte er eine Zusage Stülpnagels in der Tasche.[17] Am 1. August traf Schulenburg in Berlin ein. Er muß noch am selben Tage, einem Sonntag, mit Brücklmeier gesprochen haben, um sich nach dem Stand der Dinge in Berlin zu erkundigen – und die waren weit gediehen. Doch auch die allgemeinen Lebensbedingungen beanspruchten zunehmend Aufmerksamkeit. So konnte Schulenburg Brücklmeier mitteilen, daß er für ihn ein Ausweichquartier in Potsdam gefunden habe. Nach der Operation »Gomorrha«, bei der Ende Juli in Hamburg durch anglo-amerikanische Luftangriffe in wenigen Tagen 30000 Menschen getötet und 277000 Wohnungen völlig zerstört worden waren, war die Bevölkerung Berlins, wie Brücklmeier an seine Frau schrieb, am »Rande der Hysterie«. Die Stadt mache den Eindruck, kurz vor einer Belagerung zu stehen. Ein Aufruf von Goebbels vom gleichen Tage – die Berliner sollten die Stadt soweit möglich verlassen – verstärkte die Angst. Brücklmeier verlegte ab 5. August sein Nachtquartier aus dem Berliner Zentrum in die Markgrafenstraße 5 in Potsdam.[18] Auch Moltke, der schon seit 1941 eine Ausweichwohnung im Vorort Nikolassee gemietet hatte, verbrachte die Nächte nun nicht mehr in seiner exponierten, da zentralen Wohnung in der Derfflingerstraße, sondern bei Yorck in der Hortensienstraße. Wenig später gesellte sich auch Gerstenmaier zur Strohwitwerrunde bei Yorck.[19] Unter den steten Bombendrohungen rückten die Freunde auch physisch zusammen. Schwerin zog Ende November zu Brücklmeier nach Potsdam.

Schulenburg hatte die Potsdamer Wohnung jedoch nicht nur der

Bombengefahr wegen organisiert, sondern auch aus der Befürchtung heraus, daß die von ihm und seinen Freunden benutzten Wohnungen im Stadtzentrum von der Gestapo observiert würden. Aus diesem Grunde wechselte Schulenburg zunehmend häufiger seine Wohnungen in Berlin. Seit seiner Rückkehr von der Krim war sein Standquartier bei der ihm befreundeten Pfarrersfamilie Berndt. Im Ithweg 29 lebte er ›illegal‹, da Frau Berndt ihn nicht bei der Polizei angemeldet hatte. Von dort wechselte er mal zu seinen Freunden Goltz und Oppen, mal in das Haus in der Markgrafenstraße nach Potsdam, das Dr. Hans v. Heppe, einem Schwippschwager von Frau Berndt, gehörte.[20]

Schulenburg und die anderen Freunde waren insgesamt sehr vorsichtig. Es war jedoch nicht leicht, immer richtig abzuwägen, was bei welchem Gegenüber gesagt werden durfte. Sowohl Schulenburg wie auch Brücklmeier hatten ja durch Denunziation und Verhaftung die entsprechenden Lektionen lernen müssen, Brücklmeier und Wussow darüber auch ihre Stellungen verloren. Immer wieder gab es Hinweise, daß einzelne von der Gestapo überwacht würden oder das Interesse der Prinz-Albrecht-Straße gefunden hätten. Hassell war offenbar ein bevorzugtes Ziel. Beck wurde laut Oster sogar in der Charité überwacht. Schwerin war schon am 24. Mai 1943 von Guttenberg mitgeteilt worden, daß seine häufigen Fahrten ins Hauptquartier und auch in das nahe gelegene OKH-Lager Anna in Ostpreußen der Gestapo verdächtig seien. Guttenberg hatte am Vormittag Canaris besucht, so daß diese Warnung eine der zahlreichen stillen Taten des Admirals gewesen sein könnte.[21]

Die Männer ließen sich von dem Wissen um ihre Gefährdung aber nicht einschüchtern. Auch Guttenberg, der seit dem 19. Januar in Agram saß und speziell dorthin versetzt worden war, um aus der Schußlinie herauszukommen, hielt seine Berliner Kontakte aufrecht. Er war seit der Versetzung jeden Monat für mehrere Tage in Berlin gewesen und hatte seine alten Freunde und Vorgesetzte der Abwehr besucht: Canaris, Oster, Lahousen, Justus Delbrück, Gehre, Moltke, aber auch Claus Bonhoeffer, John, Hassell, Kiep, Langbehn, Yorck und sehr häufig Schwerin, der offenbar zeitweise die Wohnung der Mutter Waetjens mit Delbrück teilte. Seit dem 5. April standen die Berlin-Aufenthalte von Guttenberg aber sehr stark unter dem Vorzeichen der Verhaftung Dohnanyis und der Ausschaltung Osters. Mitte Juli/Anfang August wurde er von der Gestapo nach Berlin bestellt und intensiv vernommen. »Hauptsächlich«, wie Hassell schreibt, »wegen Beziehungen zu einem gewissen Phantasten, den kein vernünftiger Mensch kennt«. Bei dem Phantasten wird es sich um Dr. Wilhelm Schmidhuber, V-Mann der Abwehrstelle, München, gehandelt haben. Da alle Freunde der Berliner Abwehrstellen stark mauerten, fand der Untersuchungsführer Roeder nicht recht weiter, und Guttenberg kam unbeschadet aus den Vernehmungen heraus. Trotzden wurde die Gestapo bei Canaris wegen Guttenberg und Gisevius vorstellig. Die beiden Männer blieben jedoch in ihren »Abwehr«-Stellungen in Agram und Zürich bis zum Ende.[22]

Der Staatsstreichversuch vom August 1943

Am Montag nach seiner Rückkehr aus Paris, am 2. August, suchte Schulenburg in der Bendlerstraße Hermann Kaiser auf und teilte ihm und dann Olbricht mit, daß Stülpnagel bereit sei »mitzuwirken« und willens, »aus eigener Initiative zu handeln«. Kaiser bestätigte Schulenburg knapp, daß »Beschluß zum Handeln gefaßt«. Was war geschehen?

Dem Scheitern der deutschen Rußland-Offensive »Zitadelle« folgte der Sturz Mussolinis und seine Verhaftung am 25. Juli. War dies also der psychologisch richtige Moment? Kaisers Reaktion auf die Nachricht war sicher für manche Deutsche seiner Generation typisch: »Wie angewurzelt blieb ich stehen. In vollständiger Seelenruhe suche ich den Weg zu Gott für mich allein... Danach weiter mit Reveille und Zapfenstreich... Man steht unter dem Eindruck eines ungeheuren Ereignisses. Die Folgen ergeben sich mit der Sicherheit geschichtlichen Gerichts. Gedanken an den Choral: Nun danket alle Gott, Befiehl Du Deine Wege. Ich bin tief ergriffen, und es übermannt mich mehrmals ein tiefes vaterländisches Gefühl. Alle Not, alles Elend soll es zur Läuterung geführt haben«.

Zunächst gingen die Gespräche und Diskussionen im Stab des Befehlshabers des Ersatzheeres und beim Allgemeinen Heeresamt ihren seit Wochen gewohnten deprimierenden Gang weiter. Erst vier Tage später trat mit Tresckow eine Wende ein. Der Ia der Heeresgruppe Mitte hatte sein Amt am 28. Juli seinem Nachfolger Peter v. d. Groeben übergeben. Tresckow sollte zum Generalmajor befördert werden. Dazu war noch einmal ein selbständiges Truppenkommando notwendig. Vor seinem Antritt als Regimentskommandeur sollte er für mehrere Wochen auf Urlaub gehen. Gedacht war an eine Kur in Elmau.

Nach seiner Ankunft in Berlin am 29. Juli ging Tresckow nachmittags zu Kaiser, der sofort eine Besprechung zu dritt mit Olbricht arrangierte. Tresckow berichtete Olbricht und Kaiser, daß Kluge jetzt endlich soweit sei. Der Feldmarschall sei entschlossen. Kluge sei mit allen Mitteln »scharf« gemacht worden, auch mit Hinweis darauf, daß er zu seinem 60. Geburtstag von Hitler einen Scheck über RM 250000,– zum Ausbau seines Gutes entgegengenommen habe. Tresckow und die Gesinnungsfreunde waren empört, daß sich Kluge, wie viele andere, in dieser Weise von Hitler hatte bestechen lassen. Neben der fehlgeschlagenen Offensive und den Nachrichten aus Italien hatten auch die Zerstörungen der deutschen Städte Kluge zum Entschluß verholfen. Wann würde Berlin das Schicksal Hamburgs teilen? Der Feldmarschall habe sein Ehrenwort gegeben, berichtete Tresckow seinen beiden Zuhörern, Kluge dürfe nun nicht mehr bloß reden.

Auch Olbricht war jetzt entschlossen und entwickelte seinen Plan. Fromm erhalte einfach einen Befehl. »Wenn er es nicht macht, mache ich es«, meinte der stellvertretende Befehlshaber des Ersatzheeres. Unter Umständen müßten er und Tresckow den Befehlshaber Fromm festnehmen. Dies war die Vorwegnahme der Situation, die ein Jahr später im Juli eintreten sollte.

Die drei besprachen noch die Einzelheiten der zu treffenden Maßnahmen. Unterlagen, vermutlich die von Olbricht schon früher erarbeiteten Befehle, mußten geholt werden, die einzelnen zu besetzenden Objekte waren festzulegen, der kommandierende General des Wehrkreiskommandos III v. Korzfleisch, zu dem Berlin gehörte, war zu bearbeiten. Goerdeler, der in Königsberg war, mußte zurückgeholt werden. Das alles würde 14 Tage Arbeit beanspruchen. Am übernächsten Tag war Tresckows Antwort auf Kaisers Frage, was es Neues gebe, kurz und bündig: »Alles fertig.«

Am gleichen Tag ging mit Sonderkurier eine Neufassung der »Walküre«-Befehle an die Wehrkreiskommandos heraus. Die Wehrkreise sollten bis zum 12. August den Vollzug der befohlenen Vorbereitungen melden. Falls sich in der personellen und materiellen Ausstattung der unter dem Walküre-Plan aufgestellten Einheiten, genannt »Kampftruppen«, Veränderungen ergeben sollten, seien diese »laufend zum Freitag jeder Woche, erstmalig zum 20. August 1943«, an das Allgemeine Heeresamt, also an Olbricht, zu melden.

Die Ursprünge dieses Walküre-Befehls gingen auf den Dezember 1941 zurück, als das deutsche Heer unter großen Verlusten vor Moskau zum Stehen kam. Damals und bei den Neuauflagen des Befehls im Jahr 1942 ging es um das Aufbringen von Personalreserven, um die stark gelichteten Reihen des Heeres wieder aufzufüllen. Bei dem neuen Walküre-Befehl vom 31. Juli 1943, der die vorhergehenden Befehle aufhob, wurden die antizipierten Situationen, denen mit diesem Befehl entgegengewirkt werden sollte, nur sehr vage mit »überraschender Bedrohung«, »sonstiger Notstände« und konkreter mit »Bekämpfung von Fallschirmjägern und Luftlandetruppen« umschrieben. Der Befehl konnte nur vom Befehlshaber des Ersatzheeres, also von Fromm, ausgelöst werden. Nach dem Verständnis der nichteingeweihten Offiziere galt der Walküre-Befehl vor allem der Bekämpfung »innerer Unruhen«, ausgelöst durch organisierte Sabotage in großem Umfang oder durch einen Aufstand des Millionenheeres ausländischer Arbeiter und Kriegsgefangener im Reich. Für Olbricht und Tresckow war »Walküre« das Instrument, um »legal« Truppen für den Staatsstreich in die Hand zu bekommen. Falls Fromm nicht mitmachte, würde er festgenommen werden.[23] Das war der Plan, den Olbricht am 29. Juli 1943 Tresckow und Kaiser entwickelt hatte.

Die Gestapo nannte später den eigentlichen Verwendungszweck des Walküre-Befehls »raffiniert getarnt«. Er sollte von Stauffenberg durch zwei Zusätze vom 6. September 1943 und vom 11. Februar 1944 nur noch unwesentlich ergänzt und verfeinert werden. Aufgrund des Ausgabedatums des Befehls kann vermutet werden, daß Olbricht der Vater des Gedankens war und Tresckow am 30. Juli noch zur Formulierung beitrug. Schulenburg bestätigte in seinen Vernehmungen ausdrücklich, daß Tresckow daran besonders mitgewirkt hatte.

Am Samstag, den 31. Juli, ging der neue Walküre-Befehl an die Wehrkreiskommandos, am Montag, den 2. August, fand bei Kaiser eine zweistündige Besprechung zwischen Tresckow, Goerdeler und teilweise Olbricht statt. Goerdeler war dem Rückruf Kaisers gefolgt und aus Königsberg in die Bendlerstraße geeilt. In dieser Runde – Schulenburg war nach seinem Vortrag über Stülpnagels Haltung wieder gegangen – wurden drei Entschlüsse gefaßt:

1. Olbricht und zur Verstärkung Tresckow schreiben je einen Brief an Kluge,
2. auf Vorschlag Kaisers soll General Stieff zu Kluge fahren,
3. für Stülpnagel, der handeln soll, falls die Aktion mit Kluge mißlingt, wird eine Weisung formuliert.

Der Brief von Tresckow ging noch am selben Nachmittag an Kluge heraus. Die Briefe wie auch Stieff sollten dem Feldmarschall noch einmal dringlich nahelegen, daß die Situation Deutschlands für einen Entschluß zum Staatsstreich überreif sei. Zusätzlich wollte Tresckow Guderian, der seit einigen Tagen krank in Berlin lag, bitten, sich mit Kluge auszusöhnen. Kluge war in Guderians Augen für seine Absetzung im Dezember 1941 verantwortlich. Seither waren sie bittere Feinde. Die Versöhnung war eine Voraussetzung, daß Guderian vielleicht doch noch mitmachte.

Am gleichen Abend fand bei Prof. Sauerbruch eine Zusammenkunft zwischen Beck, Olbricht und Goerdeler statt. Es war das erste Mal seit fünf Monaten, daß Beck wieder aktiv an den Besprechungen teilnehmen konnte. Dafür lag Witzleben seit Mitte Juli im Krankenhaus. Am nächsten Tag (3. August) beschloß das Quartett Olbricht, Tresckow, Kaiser und Goerdeler, daß Schulenburg noch einmal zu Stülpnagel nach Paris fahren müsse, um ihn über die neue Lage zu informieren. Tresckow schlug vor, die Sicherheit Becks im Falle eines Staatsstreichs mit Hilfe der Infanterieschule in Döberitz zu gewährleisten. Offenbar fand Tresckow die Voraussetzungen für einen neuen Staatsstreich so günstig, daß er seinen wohlverdienten Urlaub am 2. August kurzfristig absagte und in Berlin blieb.[24]

Auch Yorck und Moltke mit ihren Freunden erhielten in diesen Tagen, vielleicht durch Schulenburg oder Schwerin, den Eindruck vermittelt, daß ein Staatsstreich unmittelbar bevorstand. Anders ist nicht zu erklären, warum sie in einer par-force-Nachtsitzung drei entscheidende Dokumente verabschieden mußten. Am 8. August abends hatten sich bei Yorck in der Hortensienstraße Moltke, Trott, Steltzer, Husen, Mierendorff und Haubach versammelt. Sie tagten bis 5 Uhr am nächsten Morgen. Das Ergebnis waren die »Grundsätze für die Neuordnung«, die auch als Kurzformel des Kreisauer Kreises bezeichnet werden, die »Erste Weisung an die Landverweser« und die »Sonderweisung«. Alle drei Schriftstücke sind vom 9. August datiert. Ferner hatten sich die sechs Männer über die Grenzziehung für die in direktem Anschluß an den Staatsstreich durchzuführende territoriale Neugliederung des Deutschen Reiches geeinigt. Diese Einigung beruhte auf den Vorarbeiten von Schulenburg, Haushofer, Isenberg und Muthmann.

Im Gegensatz zu den am 25. März 1943 von der Reichsstelle für Raumordnung offiziell vorgelegten Arbeitsergebnissen war jedoch jetzt die Anzahl der vorgesehenen Länder durch kleinere Korrekturen wie etwa die Zusammenlegung von Ober- und Niederschlesien von 22 auf 19 Länder reduziert worden.

Die beabsichtigte Neugründung eines Landes Franken und damit die Verkleinerung Bayerns sollte in den nächsten Wochen auf erheblichen Widerstand bei einigen süddeutschen Gesprächspartnern der Kreisauer stoßen. Interessanter jedoch als die interne Aufteilung Deutschlands in einigermaßen gleichgewichtige Länder war die vorgesehene internationale Grenze Deutschlands. Während eine Karte aus dem Nachlaß Pater Königs noch Restbestände sudetendeutschen Gebietes innerhalb der vorgesehenen Reichsgrenzen zeigte, so vor allem den »Regierungsbezirk« Troppau, war auf einer Karte aus dem Nachlaß Yorcks, die Schulenburg gehört hatte, die Tschechoslowakei in den Grenzen von 1919/1920 wiederhergestellt, d. h. ein Verzicht auf die sudetendeutschen Gebiete ausgesprochen. Andererseits umfaßten die neugeschaffenen Länder im Osten (Ostpreußen, Danzig-Westpreußen, Posen, Schlesien) wie im Westen (Saarland-Lothringen, Baden-Elsaß, Rheinland) Landstriche, die erst durch den Versailler Vertrag an Polen und Frankreich zurückgefallen waren. Dies ist wohl auch die Ursache für die ungleich positivere Behandlung der Tschechoslowakei gegenüber Polen und Frankreich. Zu dem politischen Credo von Männern wie Schulenburg, Yorck und Haushofer, ja praktisch ihrer ganzen Generation, gehörte die Revision der Versailler Verträge mit ihren als ungerecht empfundenen Grenzziehungen. Es ist daher kein Wunder, daß selbst noch 1943, nach der Forderung des »unconditional surrender«, die ins Auge gefaßten deutschen Grenzen über die von Versailles hinausgriffen.

Die Kreisauer und Schulenburg hielten es nicht für sinnvoll, den erwarteten scharfen Forderungen der Kriegsgegner Deutschlands schon vor ihrer Geltendmachung mit Vorleistungen entgegenzukommen. Wie van Husen erklärte, »war nicht zu übersehen, wie die neuen Reichsgrenzen gestaltet werden würden«. Ferner mußte die geplante Neugliederung im Zuge des Staatsstreichs das gesamte Reichsgebiet umfassen, bis ein Friedensvertrag oder alliierte Besatzung neue Verhältnisse geschaffen haben würden.[25] So kann es nicht erstaunen, daß die Neugliederungskarte von 1943 noch eine Grenzziehung zeigt, die aufgrund der Nachkriegsentwicklung bald als ganz illusorisch erscheinen mußte.

Yorck schickte die drei Dokumente und die Karte noch am 9. August 1943 per Boten zu den Jesuiten nach München mit der Bitte, daß die bereits in München vorbereiteten Mehrfachexemplare der Neugliederungskarte fertiggestellt würden und Pater König diese bei seinem geplanten Berlin-Besuch mitbringen solle. König war promovierter Geograph, und das war wohl der Grund, ihn um die Zeichnung und Vervielfältigung der Karten zu bitten. Warum dies nicht wieder durch die Reichsstelle für Raumordnung getan werden konnte, bleibt unklar, vielleicht weil Schulenburg zwei Monate abwesend gewesen war und man Pater Königs Diskretion, der zum Kreis gehörte, auf alle Fälle sicher sein konnte. Yorck bat auch darum, daß die Endexemplare der Neugliederungskarte unbedingt bis zum 14. August 1943 in Berlin eintreffen sollten. Dieser Termin stand vermutlich im Zusammenhang mit dem Inkrafttreten des neuen Walküre-Befehls am Tag zuvor, mit dessen Hilfe Olbricht und Tresckow den geplanten Staatsstreich ausführen wollten.[26]

Yorck und seine Freunde waren in den vergangenen zwei Monaten besonders aktiv gewesen. Über Pfingsten (12.–14. Juni) hatte das dritte Wochenendtreffen in Kreisau stattgefunden. Das Gastgeberehepaar Moltke, das Ehepaar Yorck, die Ärztin Irene Yorck sowie Delp, Einsiedel, Gerstenmaier, Husen, Maas, Reichwein und Trott hatten über Außen- und Wirtschaftspolitik gesprochen und über die Grundsätze der Aburteilung von Nazi-Verbrechern. Die Gesprächsergebnisse wurden unter dem Datum 14. Juni in fünf Schriftstücken zusammengefaßt. Die drei Dokumente über die Aburteilung von Nazi-Verbrechern erhielten am 23. Juli eine neue Fassung. Aufgrund der Briefe Moltkes an seine Frau kann mit großer Sicherheit angenommen werden, daß diese Überarbeitung von den drei Juristen Husen, Moltke und Yorck geleistet wurde, wobei Husens Mitarbeit ein besonderes Gewicht bekam, da er den ursprünglichen Vorschlag zu Pfingsten geliefert hatte. Weil Husen aber am 17. Juli in Urlaub fuhr, fand die Endredaktion zwischen Yorck und Moltke statt, und zwar offensichtlich weitgehend am 20. Juli 1943. Am gleichen Abend formulierten die beiden Männer auch den ersten Entwurf für die »Erste Weisung an die Landesverweser«.[27]

Die Überlegungen der Kreisauer zu der »Wiederaufrichtung der Herrschaft des Rechts und damit des Friedens in Deutschland und in der Völkergemeinschaft« waren weitreichend, und wenn man die Entwicklung nach 1945 betrachtet, vorausschauend und weise. Aufgrund der Erfahrungen mit der vergifteten innerdeutschen Debatte nach dem Ersten Weltkrieg über Kriegsverbrechen und den Bestimmungen des Versailler Vertrages schlugen sie vor, den seit 1920 bestehenden Internationalen Gerichtshof in Den Haag mit der Aburteilung der Verbrecher zu betrauen. Wesentlich dabei war die Beteiligung Deutschlands im Richtergremium, so daß es nicht zu einem reinen Siegergericht kommen konnte. Vorgesehen war auch eine Wiedergutmachung gegenüber denen, die »durch Gewalt und Willkür an Leib, Leben, Vermögen, Ehre und in ihren öffentlichen Rechten« verletzt worden waren. Erläuternd wurde angefügt: Konzentrationslager, ungerechte Urteile, Ausbürgerungen, Konfiskationen, Zurücksetzung von Beamten. Befehle sollten kein Strafausschließungsgrund sein! Sollten sich diese Vorschläge durchführen lassen, »so bedeutet das einen weiteren Schritt zur Verwirklichung der Herrschaft des Rechts zwischen den Völkern, und aus Unheil quillt Segen«.

Leider wurde nach dem Krieg dieser Weg nicht eingeschlagen, es kam zu dem Siegergericht in Nürnberg. Die in der Bundesrepublik erst so spät einsetzende systematische Verfolgung der Verbrecher aus der Zeit vor 1945 und der schockierende Mangel an Selbstreinigung der deutschen Justiz (wie ihn auch der Fall des Volksgerichtshofes zeigt) muß als Folge des durch die Sieger verfügten Ausschlusses der Deutschen von der Bewältigung ihrer eigenen Verbrechen verstanden werden. Wie schrieben die Kreisauer? »Wird die Lösung aber ohne als gerecht anzuerkennendes Gericht rein praktisch politisch vorgenommen, so wird Unrecht mit Unrecht beantwortet, und die Gewalt steht wieder drohend am Beginn des zukünftigen Weges«.[28]

Die Kreisauer standen aber mit ihrer Forderung nach der Wiederaufrichtung des »zertretenen Rechts« nicht allein. Dies war eine Grundforderung des deutschen Widerstandes. Sie wurde ebenso nachdrücklich von Beck und Goerdeler in ihrer Denkschrift »Das Ziel« von Anfang 1941 erhoben. Dort wird unter anderem auch die Säuberung der Justiz verlangt und die Betonung auf sofortiges Handeln gelegt. Allerdings wurden aufgrund des Kriegsverlaufes noch nicht gemischte deutsch-alliierte Gerichte für notwendig gehalten. Die »Reinigungsaktion« sollte eine rein deutsche sein. Auch wenn die Kreisauer sich zweieinhalb Jahre nach Beck und Goerdeler und nach Beginn der »Endlösung« sehr viel grundsätzlicher und ausführlicher mit der Fragestellung auseinandersetzten, ist die Zielsetzung der beiden Gruppen dieselbe. Es ist daher falsch, einen grundlegenden Unterschied zwischen den beiden Gruppen in dieser Frage zu konstatieren, wie der DDR-Historiker Hans Dress und mit ihm Kurt Finker dies tun.[29]

Die Sicht der Kreisauer, daß es wohl auf alle Fälle zu einer Besetzung Deutschlands kommen werde und daher auch aus diesem Grunde die Aburteilung nicht mehr nur deutschen Gerichten überlassen bleiben könnte, wurde auch von Nicht-Kreisauern geteilt. So kommt Gisevius am 24. Juli wohl nicht zufällig auf dieses Thema zu sprechen. Zu Kaiser meinte er, da die Alliierten »eisern« entschlossen seien, Deutschland zu besetzen, sei die gute Idee »der Reinigungsaktion durch die eigenen legalen Gerichte« heute nicht mehr ausführbar.[30]

Nach diesen Vorarbeiten hatten die Kreisauer am Morgen des 9. August ein ganzes Weisungs- und Maßnahmenpaket fertig formuliert vorliegen, das zwei Eventualitäten abdeckte, den Staatsstreich und die Besetzung Deutschlands durch die Sieger, wobei im letzteren Fall auch unterstellt wurde, daß möglicherweise die zentrale Reichsregierung zu bestehen aufhören würde. Das Hauptdokument war die »Erste Weisung an die Landesverweser« mit einem grundlegenden Maßnahmenkatalog; als Anlagen waren die politischen Richtlinien in den »Grundsätzen für die Neuordnung« und die Anweisungen zur Reinigungspolitik in dem Schriftstück »Bestrafung von Rechtsschändern« beigefügt. Zu diesem umfangreichen Paket kam noch die »Sonderweisung« an die Landesverweser »für den Fall, daß eine feindliche Besetzung in ihrem Land nicht aufgehalten werden kann«.

Die »Erste Weisung an die Landesverweser« geht davon aus, daß sich eine Reichsregierung im Widerstand gegen die Nationalsozialisten und Hitler etabliert hat und der Krieg zunächst fortgeführt wird. Es war die Situation des August 1943 nach einem gelungenen Putsch. Die Weisung betonte die wichtige Rolle der christlichen Kirchen und »der freiheitlich gesonnenen deutschen Arbeiterschaft«, als deren allein berechtigte Vertreterin die »Deutsche Gewerkschaft« anzuerkennen und heranzuziehen sei. Der Hinweis auf die Deutsche Gewerkschaft bedeutete die Beteiligung Leuschners, der seine Aufgabe vor allem in der Wiederherstellung einer freien Gewerkschaft sah. Die Wehrkreisbefehlshaber wurden angewiesen, den Weisungen der Landesverweser zu folgen. Eine der ersten Maßnahmen der Landesverweser sollte die sofortige Neuabgrenzung ihrer Länder, also ihrer Zuständigkeitsbereiche sein – auch die Beck/Goerdelersche Denkschrift »Das Ziel« hatte den Übergang zu den neuen Gaugrenzen auf nur zwei Wochen begrenzt.[31] Diese für die deutsche Innenpolitik sehr einschneidende Maßnahme erschien den Verfassern möglich, da die territoriale Neugliederung die Grenzen der Landkreise generell unberührt ließ, und notwendig, weil nach den Erfahrungen der Weimarer Republik nur eine Umbruchsituation die Auflösung Preußens zulassen würde. Aus diesem Grunde waren die Neugliederungskarten ein integraler Bestandteil des Pakets.

Die Stellung der Landesverweser ergibt sich aus den Rahmenrichtlinien, also den »Grundsätzen für die Neuordnung«. Sie stellten die Essenz der Kreisauer Planung für die Zukunft dar, die im Christentum »die Grundlage für die sittliche und religiöse Erneuerung« sah.

Nicht nur Goerdeler, sondern auch Yorck und Moltke hatten sich, allerdings auf jeweils unterschiedlichen Ebenen, mit Personalfragen für die Zeit danach befaßt. Während Goerdeler sich vor allem mit der Kabinettsliste beschäftigte, versuchten Yorck und Moltke, jedoch unabhängig von Goerdeler, geeignete Personen, als Landesverweser zu finden. Dazu dienten Gespräche und Reisen, die in den Zeitraum nach der zweiten Kreisauer Tagung im Oktober 1942 mit ihren entsprechenden Beschlüssen fielen.

Moltke hoffte, noch vor Ende 1942 mit dem »Personalplan« fertig zu werden. Das ließ sich jedoch nicht realisieren.[32] Welche Personen als Landesverweser bis August 1943 bereits gewonnen werden konnten, läßt sich nicht mehr in allen Einzelheiten feststellen. Mit Sicherheit waren es der ehemalige Reichskommissar für die Osthilfe, Hans Schlange-Schöningen für Pommern, und die beiden Kreisauer Lukaschek und Steltzer für Schlesien und Schleswig-Holstein.[33] Zum Teil wurden Männer angesprochen, die am 20. Juli 1944 als politische Beauftragte für die Wehrkreise wieder genannt wurden, etwa Lukaschek und Dohna. So besuchte Yorck Ende Juli 1943 in Ostpreußen den Generalmajor a. D. Heinrich Graf v. Dohna-Schlobitten auf Tolksdorf. Marion Gräfin Dönhoff hatte Dohna bereits 1942 gegenüber Schulenburg empfohlen, als dieser nach einem geachteten Mann in Ostpreußen fragte. Sie hatte auch das erste Gespräch mit Dohna geführt und damit den Besuch Yorcks vorbereitet. Bei diesem Besuch Yorcks wurde über die Spitzengliederung des Heeres gesprochen – ein in diesen Monaten in Widerstandskreisen erster üblicher Sondierungsschritt – und eben über die Aufgaben eines Landesverwesers.[34]

Es war nicht einfach, geeignete und auch willige Kandidaten zu finden. So berichtete Yorck unter dem 2. Juli an Pater Delp von einer Ablehnung, wahrscheinlich von Franz Sperr, ehemaliger bayerischer Gesandter bei der Reichsregierung. Am 9. August mußte Yorck berichten, daß für Franken und das Saarland bis dahin keine Kandidaten vorgeschlagen worden seien. Für den Mittelrhein war Konrad Adenauer genannt worden, der allerdings jeden Gesprächskontakt aus den Reihen des Widerstandes ablehnen sollte.[35]

Auch für Österreich waren Landesverweser noch nicht bestimmt. Hier ging es um die grundsätzliche Frage, Männer zu finden, die bereit waren, die Zukunft Österreichs im weiteren Verbund mit Deutschland zu planen. Österreich hatte sich schon längst von der Begeisterung nach dem Anschluß erholt, und die führenden Nicht-Nazis konnten sich im Grunde nur noch ein künftig selbständiges Österreich vorstellen. Yorck strebte eine Kontaktaufnahme zu Karl Seitz und Dr. Karl Maria Stepan, ehemaliger Oberbürgermeister von Wien beziehungsweise Landeshauptmann der Steiermark, an. Allerdings wollte er dies nicht über den Kopf von Leuschner hinweg tun, der gerade im Juli in Wien gewesen war und bei seinen dortigen Gesprächspartnern für einen Verbleib Österreichs im Reichsverband geworben hatte.[36]

Die Suche nach Landesverwesern ging im übrigen auch nach dem August 1943 weiter. Noch am 15. Juni 1944 führte Trott in Stuttgart ein entsprechendes Gespräch mit Dr. Wilhelm Hoffmann, um für Württemberg einen geeigneten Mann zu finden. Fünf Tage später sprach Yorck auf Vermittlung Husens in Berlin mit Freiherr v. Twickel, der sich bereit erklärte, als Landesverweser von Westfalen zur Verfügung zu stehen.[37]

Wie sehr Yorck und Moltke Anfang bis Mitte August 1943 mit einem in Kürze bevorstehenden Staatsstreich rechneten, geht aus der Tatsache hervor, daß sie auf die Orientierung der vorgesehenen Landesverweser drängten. Yorck bat in seinem Schreiben vom 9. August, daß Pater König bei seinem geplanten Berlin-Besuch auch den Anwalt – wahrscheinlich Dr. Franz Reisert aus Augsburg – mitbringen möge, der die Einweisung der Landesverweser im Süden durchführen sollte. Zu dem gleichen Zweck bat Moltke den designierten Landesverweser für Schlesien, Lukaschek, nach Berlin. Als Lukaschek am

Nachmittag des 9. August Moltke in dessen Garagenwohnung in der Derfflingerstraße 10 aufsuchte, berichtete ihm dieser von den Putschvorbereitungen. Hitler solle zusammen mit Göring und Himmler von einer Panzerdivision in der Wolfsschanze festgesetzt und dann vor Gericht gestellt und abgeurteilt werden. Er las Lukaschek die vorbereitete Proklamation von Beck vor und unterrichtete ihn über die geplante Regierung unter Goerdeler. Er wird dem designierten Landesverweser am folgenden Tag die vorbereitete »Erste Weisung an die Landesverweser« mit Anlagen gegeben haben. Als Moltke am 10. August seiner Frau schrieb, legte er seinem Brief ein neues Testament bei.[38]

Die dargestellten Aktivitäten der Kreisauer seit ihrem dritten Treffen im Juni und insbesondere die Diskussion und Korrespondenz um den 9. August zeigen deutlich:

1. Die Kreisauer müssen über die Staatsstreichpläne, über die Kaisers Tagebuch Anfang August 1943 berichtet, informiert gewesen sein.
2. Unter großem Zeitdruck versuchten sie, ihre Vorarbeiten für die »Zeit danach« zu beenden.
3. Sie waren bereit, sich an dem geplanten Staatsstreich unter Leitung Becks und Goerdelers derart zu beteiligen, daß sie Ideen und Personen, also ihre programmatischen Vorarbeiten und die Landesverweser, zur Verfügung stellten. Sie versuchten damit, politischen Einfluß zu nehmen.
4. Selbst Moltke, der im Grunde der Ansicht war, das Regime müsse sich selbst ad absurdum führen, war bereit, sich zu beteiligen. Moltke war gegen ein Attentat, traute – mit Recht – den Feldmarschällen und Generalen keinen Putsch zu, meinte, aus politischen Gründen müsse der Becher bis zur bitteren Neige geleert werden. Andererseits war er aber durchaus gewillt, das Elend Europas, falls es wider Erwarten möglich sein sollte, abzukürzen und seinen und seiner Freunde Teil beizutragen.

Die Wehrkreise sollten bis zum 12. August den Vollzug der befohlenen Vorbereitungen unter dem neuen Walküre-Befehl melden. Ab dem 13. August 00 Uhr trat der Walküre-Befehl vom 31. Juli in Kraft. Dies war also der früheste Zeitpunkt, zu dem Olbricht und Tresckow den Staatsstreich unter Zuhilfenahme der Walküre-Kampftruppen hätten auslösen können. Es war auch der Tag, an dem Stieff den Brief Olbrichts an Kluge übergab und mit dem Feldmarschall sprach. Bereits zwei Tage zuvor, am 11. August, soll allerdings Hassell dem von der Schweiz nach Dänemark durchreisenden Duckwitz in Berlin mitgeteilt haben, daß die geplante Aktion auf absehbare Zeit leider nicht stattfinden könne. Hassell begründete das mit Personalveränderungen bei den Militärs, die die bisher getroffenen Maßnahmen hinfällig gemacht hätten. Die Pläne würden jedoch nicht aufgegeben, sondern mit Nachdruck weiterverfolgt.[39] Ob Duckwitz sein Gespräch mit Hassell richtig datiert hat und ob die von Hassell genannten Gründe tatsächlich eingetreten oder nur vorgeschoben waren, darüber kann man nur noch mutmaßen. Es wird sich voraussichtlich nicht mehr im einzelnen klären lassen, warum und wie sich die Hoffnungen auf einen Staatsstreich Mitte August 1943 zerschlugen. Das als Quelle so außerordentlich wertvolle Tagebuch von Hermann Kaiser endet mit dem 3. August. Einige der wesentlichen Ursachen sind aber dennoch bekanntgeworden.

Tatsächlich lief nach den Beschlüssen vom 2. August erst einmal alles nach Plan. Tresckow schickte am gleichen Tag nicht nur seinen eigenen Brief an Kluge ab, sondern entwarf auch den Brief Olbrichts an den Feldmarschall, der den Briefentwurf Goerdelers vom 25. Juli ersetzen sollte. Tresckow hatte Goerdelers Briefkonzept als »überholt« und »nicht gut« kategorisch abgelehnt. Noch vor dem 6. August kam Oberst Helmuth Stieff, Chef der Organisationsabteilung im Generalstab des Heeres, aus Ostpreußen nach Berlin zurück und wurde von Beck, Olbricht und Tresckow in die Pläne und die ihm zugedachte Rolle eingeweiht. Stieff sagte zu und übergab am 13. August den Brief von Olbricht an Kluge in dessen Hauptquartier. Laut den Gestapo-Berichten soll Kluge »jede Handlungsweise, die den

Führer vor einen Zwang stellen könnte«, abgelehnt haben. Die einzige Zusage Kluges sei gewesen, sich für eine neue militärische Spitzengliederung einsetzen zu wollen. Es ist darauf hingewiesen worden, daß diese Aussage Stieffs vom Juli 1944 eine Schutzbehauptung zugunsten Kluges gewesen sein könnte, der zu jenem Zeitpunkt noch lebte. Das mag richtig sein. Der wesentliche Punkt ist jedoch, daß weder im August noch im September 1943 von Kluge der Staatsstreich ausging. Am 12. Oktober erlitt Kluge einen schweren Autounfall und fiel danach erst einmal für viele Monate aus.[40]

Die zweite Niederlage, die die militärischen Verschwörer in Berlin erlebten, war die Weigerung Guderians, sich mit Kluge auszusöhnen. Tresckow hatte verabredungsgemäß den kranken Generalinspekteur der Panzertruppen in Berlin aufgesucht. Darüber hinaus merkte Thomale, Guderians Chef des Stabes, gegenüber Stieff auf dessen Fahrt zu Kluge an, daß man auf den Generalinspekteur bei einer gegen den Führer gerichteten Handlung nicht rechnen könne.[41]

Drittens war Stülpnagel offensichtlich nicht bereit, »in eigener Initiative« zu handeln. Ob Schulenburg noch einmal im August, wie von Olbricht und Tresckow gewünscht, kurzfristig bei Stülpnagel in Paris war, konnte bisher nicht geklärt werden, wenn auch einiges dafür spricht.[42] Teuchert, den Schulenburg bei seinem ersten Paris-Aufenthalt geworben hatte, berichtete anschaulich über das Hin und Her der Argumente zwischen Schulenburg und seinen Pariser Bekannten: »Schulenburg drängte zur raschen Aktion. Wenn Berlin nicht losschlage oder das Attentat mißlänge, sollte der Westen allein die Initiative ergreifen. Dabei erfuhren wir, daß in der zentralen Leitung noch keine einheitliche Auffassung darüber bestand, ob die Aktion mit der physischen Ausschaltung Hitlers beginnen müsse. In langen und eingehenden Besprechungen konnte Schulenburg von der Unmöglichkeit einer Einzelaktion des Westens überzeugt werden. Frankreich war Etappe, und aus der Etappe konnte und durfte der Umsturz nicht kommen. Voraussetzung wäre unter den damaligen Verhältnissen ein gleichzeitiges Losschlagen der Front im Osten gewesen... An ein selbständiges Handeln im Westen konnte erst gedacht werden, wenn der Angriff dort erfolgte«.[43] Es wird sich nicht mehr klären lassen, ob bei Schulenburgs Bericht vom 2. August über

Stülpnagels Zusage, der Wunsch der Vater des Gedankens war. Waldersee hatte schon am 10. Mai eine ähnliche Botschaft von Stülpnagel überbracht. Als Olbricht drei Tage später selbst mit dem Militärbefehlshaber von Frankreich gesprochen hatte, war nur ein »im Prinzip ja« übriggeblieben. Letztlich war die Einschätzung der Möglichkeiten, vom Westen her die Initiative zum Staatsstreich zu ergreifen, seit dem Besuch Hassells bei Witzleben und Falkenhausen im Januar 1942 gleichgeblieben. Viel guter Wille und Einsicht, aber praktische Unmöglichkeit. Zu einem Zeitpunkt vor der Invasion in Frankreich wäre es wohl bestenfalls möglich gewesen, dem in Berlin ausgelösten und durchgeführten Staatsstreich mit Hilfe der dem Militärbefehlshaber von Frankreich unterstehenden Sicherungsdivisionen zu Hilfe zu eilen.[44] Interessant an dem Bericht Teucherts ist auch die Aussage, daß in Berlin die Meinungen, ob Attentat ja oder nein, immer noch auseinandergingen. Schulenburg selbst war seit langem von der Notwendigkeit eines Attentats überzeugt. Die Bedenken kamen, abgesehen von Moltke und Hans-Bernd Haeften, im wesentlichen von der älteren Generation. So bemerkte Beck 1942/43 gegenüber Schulenburg und Waldersee: »Wie können Sie es mit Ihrem Namen und Gewissen verantworten, an die Spitze eines Umsturzes einen Mord zu stellen«.[45] Im Februar 1943 verständigte sich Beck mit Witzleben darauf, daß eine Festnahme Hitlers, während einer Reise des Diktators durch einen Stoßtrupp, das insgesamt erfolgversprechendste Vorgehen sei. Diese Haltung Becks und Witzlebens, die von Goerdeler geteilt wurde, bestätigt die Berichte von Teuchert und Lukaschek, aber auch den des Goerdeler-Freundes Jakob Wallenberg, die nur von einer geplanten Festnahme und Aburteilung Hitlers sprechen. Die Pariser Freunde Schulenburgs wie Hofacker, Gotthard Falkenhausen, Teuchert, aber auch Stülpnagel hielten ein Attentat dagegen für unumgänglich. Brink brachte das auf die Formel: »... der einzige Angriffspunkt zur Stürzung des Regimes liege in dem bis zum Wahnsinn übertriebenen Führerprinzip. Ein solches Regime falle von selbst, wenn sein Führer falle. Anders geht es nicht«.[46]

Schließlich, um auch diesen Punkt des fehlgeschlagenen Staatsstreichversuches vom August 1943 zu erwähnen, hatte Olbricht es schwer, aufgrund der ständigen Truppenverschiebungen im Reichsgebiet, die durch die immer schneller aufeinander folgenden Krisen an den Fronten nötig wurden, verläßlich Truppen für den Staatsstreich an der Hand zu haben. Über die Pläne in Verbindung mit der Division Brandenburg und speziell des 4. Regiments unter Heinz wurde berichtet. Seit dem erneuten Fronteinsatz der Division war mit ihren Regimentern nicht mehr zu rechnen, wohl aber mit dem seit Mai 1943 in Aufstellung begriffenen Ersatzbataillon der Division Brandenburg a. d. Havel. Über den Divisionskommandeur v. Pfuhlstein wird wohl aus diesem Grund immer wieder von Gehre an Kaiser berichtet worden sein. Noch am 2. August mußte Olbricht an die bei Kaiser versammelten Tresckow und Goerdeler melden, daß alle Panzertruppen aus Berlin entfernt worden seien. Die nächsten Panzer stünden sieben Stunden von Berlin entfernt in Fallingbostel. Der deutsche Einmarsch in Italien vom Vortag hatte diese Truppenbewegung notwendig gemacht.[47] Für die Planer des Staatsstreichs blieb diese labile Situation bis zum Schluß bestehen, auch wenn sie sich mit dem Walküre-Befehl vom 31. Juli 1943 ein flexibles Instrument geschaffen hatten. Die Frage der zuverlässigen Einheiten und Offiziere, die ständig mit Verlegungen und Kommandierungen an die Front rechnen mußten, war für den Widerstand nicht befriedigend gelöst.

Brücklmeier hatte in den ersten Augusttagen sehr viel zu tun gehabt, jedoch »mit viel Befriedigung«. Noch am 10. August hielt Brücklmeier einen Urlaubsantritt zum 15. des Monats für nicht möglich. Der früheste Termin, vertröstete er seine ungeduldig werdende Frau, sei Ende August. Die nächste Andeutung über den Staatsstreich kommt von Schwerin. Er hatte seinen Urlaub am 21. August angetreten, und damit war offenbar der Zeitpunkt für einen Staatsstreich erst einmal verstrichen. Er berichtete verklausuliert an seinen Freund Kessel im Vatikan, daß Schulenburg »ordentlich-unordentlich wie immer, resultatlos tätig« sei und Brücklmeier und er »gemeinsam schwerste Enttäuschungen« erlebt hätten.[48]

17. Kapitel

Stauffenberg und die »Junge Generation«

Am 9. September 1943 brach der 35 Jahre junge Oberstleutnant i. G. Claus Schenk Graf v. Stauffenberg seinen Urlaub bei seiner Familie in Bamberg plötzlich ab und fuhr noch am gleichen Tag nach Berlin. Stauffenberg, der zusammen mit Tresckow zu den anerkannt herausragenden Offizieren des Generalstabs gehörte, war im April 1943 in Nord-Afrika durch Tiefflieger schwer verwundet worden. Er hatte das linke Auge verloren und von seinen Händen waren nur drei Finger der linken Hand übrig geblieben. Am 10. September wäre eine weitere Operation durch Sauerbruch fällig gewesen. Auch diese hatte Stauffenberg am Vortag noch aus Bamberg abgesagt.

»Nachdem die Generale bisher nichts erreicht haben, müssen sich nun die Obersten einschalten«, mit diesen Worten hatte sich Stauffenberg noch auf dem Krankenbett im Mai seinem Onkel und Paten Nikolaus Uexkuell gegenüber bereiterklärt, an den Vorbereitungen des Staatsstreichs mitzuarbeiten. Als die gleiche Bitte im Herbst 1939 von seinem Onkel und Schulenburg an ihn herangetragen worden war, hatte er sie als verfrüht abgelehnt. Die Antwort Stauffenbergs an Uexkuell stand in Zusammenhang mit seiner vom Personalamt in Aussicht gestellten Ernennung als Olbrichts Chef des Stabes. Anfang Mai teilte der Schwerverwundete seinem zukünftigen Vorgesetzten Olbricht mit, daß er hoffe, in drei Monaten zur Verfügung zu stehen. Tatsächlich war das zu optimistisch gewesen, aber immerhin konnte er bereits um den 10. August Olbricht und Tresckow in Berlin kurz besuchen. Sein Dienstantritt wurde für den 1. Oktober vereinbart. Man kann davon ausgehen, daß er bei diesem ersten Besuch in Berlin nach seiner Verwundung über den Stand der Vorbereitungen des Staatsstreichs unterrichtet wurde, von dem Olbricht und Tresckow hofften, daß er in den nächsten Tagen ausgelöst werden könnte.[1]

Stauffenbergs Motiv für seinen überstürzten Aufbruch am 9. September ist bis heute nicht eindeutig geklärt. Vermutlich hatte seine plötzliche Abreise aus Bamberg mit Kluges Ankunft in Berlin zu tun. Goerdeler traf den Feldmarschall in Olbrichts Privatwohnung nach dem Verlust Siziliens und der Besetzung Norditaliens, also nach dem 9. September. Der Ergebnis dieser Besprechung, an der außer Kluge und Goerdeler auch Beck teilgenommen hat und die streckenweise unter Ausschluß Goerdelers nur zwischen den beiden Militärs stattfand, war wieder einmal, daß »es höchste Zeit sei zu handeln, um noch rechtzeitig die militärische Situation auszunutzen«, allerdings sei es notwendig, die »Person des Führers notfalls mit Gewalt auszuschalten«.[2] Dies war für die ältere Generation, insbesondere für Beck, gegenüber den Vorstellungen von Verhaftung und Aburteilung noch aus dem August eine neue Erkenntnis. Schulenburg berichtete später der Gestapo, daß Beck, Olbricht und Tresckow in mehreren Besprechungen geprüft hätten, ob es möglich sei, eine grundlegende Änderung des Systems ohne gewaltsame Beseitigung des Führers zu erreichen. Die Antwort war negativ, da der Staatsstreich sonst zu risikoreich geworden wäre.[3]

Als Stauffenberg am 9. September 1943 nach Berlin kam, konnte ihm Tresckow mitteilen, daß nach Ansicht aller beteiligten Militärs der Staatsstreich mit der physischen Ausschaltung Hitlers gekoppelt werden müsse, und daß das Instrumentarium des Staatsstreichs in Gestalt des Walküre-Befehls vorhanden sei. In den nächsten drei Wochen – Stauffenberg wie Tresckow hatten noch Urlaub – arbeiteten die zwei Obristen eng zusammen. Was zu tun war, wird deutlich, wenn man die Unzahl von Fernschreiben und Befehlsentwürfen liest, die von der Gestapo nach dem 20. Juli 1944 sichergestellt wurden. Zwar war das Instrument mit dem neuen Walküre-Befehl vom 31. Juli 1943 geschaffen worden, es galt aber noch genau zu definieren, für welche Ziele dieses Instrument eingesetzt werden sollte. So verdeutlicht etwa der Befehl an die Befehlshaber in den 17 Wehrkreisen, in Böhmen und Mähren sowie im Generalgouvernement Polen, über die zu ergreifenden Sofortmaßnahmen die notwendige Detailplanung:

a) Die wichtigsten Gebäude und Anlagen des Post- und Wehrmachtnachrichtennetzes sind militärisch zu sichern, unbefugte Eingriffe und gewaltsame Zerstörungen müssen verhindert werden.

b) Sämtliche Gauleiter, Reichsstatthalter, Minister, Oberpräsidenten usw. bis hin zum Kreisleiter sind in besonders gesicherte Einzelhaft zu nehmen.

c) Die Konzentrationslager sind zu besetzen, die Lagerkommandanten zu verhaften, die Wachmannschaften zu entwaffnen und zu kasernieren.

d) Falls die Verbände der Waffen-SS sich nicht uneingeschränkt unterordnen, sind sie zu entwaffnen. »Dabei energisches Zugreifen mit überlegenen Kräften, damit stärkeres Blutvergießen vermieden wird«.

e) Die Dienststellen der Gestapo und des SD sind zu besetzen.

Der hier verkürzt, aber in der ursprünglichen Reihenfolge wiedergegebene Maßnahmenkatalog beginnt typischerweise mit den Nachrichtenanlagen. Dies war der neuralgische Punkt in der modernen Militärmaschinerie und beim geplanten Staatsstreich. Am 20. Juli konnte diese wesentliche Maßnahme nur unvollständig und letztlich ohne Erfolg durchgeführt werden. Der hier angeführte sehr zentrale Befehl endete mit dem Absatz:

»Bei Ausübung der vollziehenden Gewalt dürfen keine Willkür- und Racheakte geduldet werden. Die Bevölkerung muß sich des Abstandes zu den willkürlichen Methoden der bisherigen Machthaber bewußt werden«.[4]

Die von Tresckow und Stauffenberg be- und erarbeiteten Befehle fußten, laut Schulenburg, zum großen Teil auf Konzepten, die aus Olbrichts eigenen Vorbereitungen von Anfang 1943 stammten.[5] Dennoch hatten die beiden Offiziere viel zu besprechen, festzulegen und zu schreiben. Die Besprechungen fanden weitgehend im Freien, im Grunewald statt, da die beiden Männer Gespräche in ihren Wohnungen für zu gefährlich hielten. Die vereinbarten Texte wurden von Tresckows Frau, ihrer Freundin Margarete v. Oven und Ehrengard Gräfin v. d. Schulenburg geschrieben, wobei Tresckow der Freundin Oven riet, wegen etwaiger Fingerabdrücke mit Handschuhen zu tippen.

Tresckow mußte Anfang Oktober 1943 wieder an die Front nach

Rußland, wo er für kurze Zeit das 442. Grenadier-Regiment übernahm; die Arbeit an den Befehlen ging jedoch für Stauffenberg auch danach weiter.[6] So entstand der Befehl zur Besetzung Berlins in Zusammenarbeit mit Pfuhlstein und Generalmajor v. Rost, Chef des Stabes beim Wehrkreisbefehlshaber. Um die Situation Berlins kennenzulernen, quartierten sich Stauffenberg und Major i. G. Hans-Ulrich v. Oertzen für einige Tage in den Räumen des Wehrkreiskommandeurs ein, wo sie von Rost unterstützt wurden. Mit Pfuhlstein besprach Stauffenberg auch den Befehl zur Entwaffnung der Artillerie-Schule der Waffen-SS in Jüterbog. Diese war zuvor durch v. Normann, Oberleutnant im Ersatzbataillon der Division Brandenburg, erkundet worden.[7] Insgesamt war jedoch der Hauptteil der Befehle bei Abfahrt Tresckows fertig.

Stauffenberg und der zivile Widerstand

Stauffenberg trat seinen Dienst als Chef des Stabes bei Olbricht am 1. Oktober an. Er war »ein Offizier mit politischen Neigungen«, der, ähnlich wie Tresckow, das Militär im Gesamtzusammenhang des Staates und in der Gesamtverantwortung für das Volk begriff. Als Novize im Widerstand begann er sofort, seine Fühler nach allen Seiten auszustrecken. Es war für ihn nicht schwer, schnell alle einschlägigen Personen kennenzulernen. Neben den Verbindungen seines Vorgesetzten Olbricht und seines Mentors Tresckow wird ihm vor allem sein Bruder Berthold, in dessen Wohnung in Berlin-Nikolassee, Tristanstraße 8, er sich miteinquartierte, und sein Onkel Uexkuell geholfen haben. Uexkuell wohnte in diesen Monaten im nahen Wannsee. Der von Yorck und Schulenburg sehr verehrte und geschätzte 66jährige Uexkuell war vermutlich für die erste Wiederbegegnung zwischen Stauffenberg und diesen beiden Männern im September 1943 verantwortlich. Schwerin, der aus seinem Urlaub in Göhren und Sartowitz am 15. September nach Berlin zurückkehrte, lernte Stauffenberg sehr bald durch Schulenburg oder Yorck kennen. Der Gestapo gegenüber nannte er als Zeitpunkt den Oktober 1943.[8] Schulenburg oder Schwerin machten Stauffenberg mit Brücklmeier bekannt. Noch 1943 führte Brücklmeier Stauffenberg bei Maaß und Anfang 1944 bei Leuschner ein.[9] Nach den Recherchen der Gestapo stellte Schulenburg für Stauffenberg die Beziehungen zu den Gewerkschaften her. Aufgrund der engen Beziehungen Schulenburgs zu Leuschner ist das durchaus denkbar.

Auf alle Fälle läuft die Verbindung Stauffenbergs zu Jakob Kaiser, Max Habermann und zu Julius Leber über Schulenburg. Schulenburg hat Leber zum ersten Mal am 22. November 1943 aufgesucht.[10]

Auf diese Weise wurde Stauffenberg der Weg in das verzweigte und zum Teil seit Jahren etablierte Netz des Widerstandes geebnet. Die Gestapo attestierte ihm eine »besondere Art der Persönlichkeit« und eine »außergewöhnliche Redegabe«. Er habe »in einer faszinierenden Weise für sich einzunehmen verstanden«.[11] Auch Brücklmeier, Schulenburg und Schwerin waren von Stauffenberg sehr bald eingenommen. Kennzeichnend für die freundschaftliche Beziehung Stauffenbergs zu Brücklmeier ist die Tatsache, daß Stauffenberg seinen 36. Geburtstag am 15. November – es war sein letzter – in Brücklmeiers Wohnung feierte. Der eher zurückhaltende und verschlossene Schwerin berichtete seiner Frau sehr bald ganz beglückt über seine Freundschaft mit dem fünf Jahre jüngeren Stauffenberg. Er empfand stark eine gleiche Wellenlänge im Denken und Fühlen, konstatierte eine ähnliche Mentalität und registrierte mit Anerkennung das klare und scharfe Urteil seines neuen Freundes. Um den engen und sehr häufigen Kontakt zu begründen, gaben sich Schwerin und Stauffenberg als Jugendfreunde aus. Sie duzten sich von Anfang an.[12] Selbst Nina Stauffenberg wurde Schwerin als »alter Jugend- und Duzfreund« vorgestellt, als die beiden Männer sie Ende Oktober vom Bahnhof Wannsee abholten. Da man sich damals mit dem Duzen relativ schwertat – so blieben Moltke und Yorck bis zum Ende beim »Sie« –, war der konspirative Zweck vielleicht auch ein Mittel, die freundschaftliche Beziehung möglichst ohne viele Verrenkungen zu begründen. Gelegentlich übernachtete Schwerin auch in der Tristanstraße.[13] Stauffenberg äußerte sich gegenüber der Sekretärin Olbrichts »wiederholt in ganz besonders warmer Weise« über Schwerin, der in diesen Monaten neben Jessen zum häufigsten Besucher Olbrichts und Stauffenbergs in der Bendlerstraße wurde.[14]

Gerstenmaier erlebte die Stauffenberg-Brüder zum erstenmal in der Hortensienstraße in Begleitung von Schulenburg. Claus Stauffenberg kam in den folgenden Wochen und Monaten immer wieder zu Yorck, oft auch zusammen mit Schwerin. Häufig sahen sich Yorck und Stauffenberg allerdings auch bei Nikolaus Uexkuell in Wannsee oder in der Dienststelle van Husens. Um den Kontakt zu Stauffenberg plausibel und kurz zu erklären, gab Yorck später gegenüber der Gestapo die Stauffenbergs als seine Vettern aus. Dies war sehr weit hergeholt, wenn es auch einen gemeinsamen Vorfahren aus der ersten Hälfte des 19. Jahrhunderts gab. Gerstenmaier berichtet, daß sich auch im Yorckschen Freundeskreis der neue Zug, der durch Stauffenberg in die Sache kam, bemerkbar machte. Schulenburg erscheine wieder häufiger in der Hortensienstraße, Moltke habe allerdings die neue Aktivität aus skeptischer Distanz beobachtet, berichtet Gerstenmaier. Tatsächlich taucht Stauffenberg erst am 31. Dezember 1943 in einem Brief Moltkes an seine Frau auf. Moltke äußerte sich über seine Begegnung mit Stauffenberg am Vorabend sehr positiv und erweckt den Eindruck, als ob er ihn an diesem Abend zum erstenmal gesehen habe. Wie Marion Yorck und Gerstenmaier sich jedoch erinnern, war es im Laufe des Herbstes bereits zu mehreren Begegnungen in der Hortensienstraße gekommen, erstmals möglicherweise schon am 17. September. Damals hatte Yorck Moltke etwas geheimnisvoll ungenannte Gäste vorführen wollen, der gerade von einer mehrtägigen Reise zu Falkenhausen, Stülpnagel und nach Hilversum zurückgekommen war. Es spricht einiges dafür, daß diese Yorckschen Gäste Stauffenberg und Tresckow waren.

Moltke und Stauffenberg waren, wie übrigens auch Schulenburg, sehr erfolgreiche »Menschenfischer«. Sie hüteten und pflegten ihre »Fänge« und wehrten Eindringlinge mit einer gewissen Eifersucht ab. Stauffenberg brach in das etablierte Kreisauer Gehege ein, und Moltke sah dem nicht sehr begeistert zu. So kam es in den wenigen Monaten, in denen beide Männer Kontakt miteinander hatten, zu keiner Zusammenarbeit.[15]

Aus Gründen der Sicherheit führte man im »Dritten Reich« in vielen Familien keine Gästebücher mehr. An die üblichen und vorgeschriebenen Fahrtenbücher hatte jedoch keiner gedacht, bis auf die Gestapo. Sie wertete das Fahrtenbuch, das der Fahrer Stauffenbergs zu führen gezwungen war, für den Zeitraum 10. Dezember 1943 bis 31. Januar 1944 aus und stellte fest, daß wöchentlich mehrmals Fahrten zwischen der Bendlerstraße, der Wohnung Becks in Lichterfelde und der Wohnung Schwerins in Potsdam unternommen worden waren. Schwerin war bei den schweren Luftangriffen auf Berlin Ende November 1943 in seiner bisherigen Wohnung in der zentralen Kurfürstenstraße ausgebombt worden. Er war daher am 24. November, zusammen mit der ebenfalls ausgebombten Kinderärztin und Freundin Dr. Toepfer, zu Brücklmeier in die Markgrafenstraße 5 nach Potsdam umgezogen. Die Vernehmung des Fahrers ergab, daß zu den fast täglichen Fahrten zu Beck und Schwerin noch die zu Schulenburg, zum Sauerbruch-Sohn Peter, Fritz v. d. Lancken und Olbricht zu zählen waren. Der »junge« Sauerbruch war ein Freund und Regimentskamerad Stauffenbergs, der 1944 genau wie Lancken zusammen mit Stauffenberg im Allgemeinen Heeresamt unter Olbricht arbeitete. Die Gestapo urteilte, daß diese Fahrten der Vorbereitung des Putsches dienten, was sicher auch zutraf.[16]

Wie zu früheren Zeitpunkten vermehrter Aktivität der Frondeure fällt auch bei der Einführung Stauffenbergs die Dichte der Termine, Begegnungen und Gespräche auf. Woher nahmen sie angesichts ihres beruflichen Einsatzes und der erschwerten Lebensbedingungen in Berlin Zeit und Energie für ihre Versuche, ihr Ziel immer wieder neu anzusteuern? Die wenigsten von ihnen hatten in Berlin Familie, so daß sie gänzlich von den Pflichten des Familienvaters freigestellt waren. Das Gesellschaftsleben der Vorkriegszeit entfiel ohnehin. Brücklmeier, Schulenburg, Schwerin und Yorck waren durch ihre Bürotätigkeit wenig ausgefüllt oder hatten sich ihre »offizielle« Arbeit entsprechend einteilen können. Ein wesentlicher Teil der sozialen Beziehungen spielte sich im Kreise der Verschwörer ab. Gespräche fanden nicht selten beim Mittagessen in einer der Wohnungen statt, wobei nicht nur das Gespräch, sondern auch das Essen eine Rolle spielte, da es in Berlin zu diesem Zeitpunkt Versorgungsprobleme gab. Nicht selten wurden Mahlzeiten durch Vorräte aus Göhren, Kauern oder Kreisau bestritten. Die Freunde bildeten so in vieler Hinsicht auch »Familienersatz« und schufen füreinander in den oft entnervenden Wochen und Monaten des Wartens und der Enttäuschungen eine Atmosphäre der Solidarität.

Schulenburg war ab September 1943 noch einmal, wahrscheinlich das letzte Mal, für den Sonderstab Unruh für zwei bis drei Wochen in Paris. Er traf am 4. Oktober wiederum Jünger. Sonst ist über diesen Aufenthalt nichts bekanntgeworden.[17] Nach seiner Rückkehr hatte Schulenburg sehr bald einen Reitunfall, infolgedessen er für einige Zeit so unbeweglich war, daß er nicht einmal zur Geburt seines jüngsten Kindes Adelheid am 24. Oktober nach Trebbow kommen konnte, auch nicht, als seine Frau sehr krank wurde.[18]

Schulenburg nutzte sein Krankenlager im Ithweg 29 zur Konzipierung einer sechsseitigen Denkschrift »Bombenzerstörung und Aufbau«, die sich gegen den Wiederaufbau der »Massengroßstädte« wandte, die »von Anfang an und in der Anlage verfehlt« gewesen seien. Seine Denkschrift schickte er an die verschiedensten Adressaten, auch an das Ende August von Himmler übernommene Innenministerium. Der Yorck-Freund Ehrensberger, der im Ministerium seit neuestem die Abteilung II für Zivile Reichsverteidigung leitete, hielt die Schrift im wesentlichen für einen tarnenden Vorwand, um häufig im Innenministerium vorsprechen zu können. Das war sicher ein wichtiger Aspekt, denn so konnte Schulenburg den Kontakt auch mit den anderen Adressaten wie dem Arbeitsministerium oder der Reichsstelle für Raumordnung legitimieren. Ehrensberger selbst, den Schulenburg häufig besuchte, verdankte diesem Vorgehen wohl, wie er selbst vermutete, sein Leben.[19] Aufgrund seiner neu erworbenen Kontakte zur deutschen Militärverwaltung in Frankreich bestand offenbar ab Ende 1943 die Absicht, Schulenburg nach Frankreich zu versetzen. Dazu kam es aber über Monate nicht. Anfangs war er mit dieser Idee ganz einverstanden, gegen Ende scheint er sie jedoch hintertrieben zu haben, da sie ihn aus dem Gravitationszentrum Berlin herausgezogen hätte.[20]

Schulenburg stand also ab November 1943 für vier Monate, soweit dies aus der Rückschau zu beurteilen ist, voll für die Widerstandstätigkeit und die Zusammenarbeit mit Stauffenberg zur Verfügung. Ähnlich frei konnten aus den angegebenen Gründen Brücklmeier, Schwerin und Yorck über ihre Zeit verfügen. Stauffenberg hatte in kürzester Zeit nach seiner Ankunft in Berlin in den nur bis fünf Jahre Älteren eine Gruppe kongenialer Männer gefunden, von denen ihm Schulenburg und Schwerin aufgrund ihrer nüchternen und pragmatischen Art vermutlich am nächsten standen. Der nächste notwendige Schritt – darüber waren sie sich klar – war der Staatsstreich, und dazu war das Attentat gegen Hitler, und wenn möglich, die Beseitigung Görings, Goebbels' und Himmlers, eine unverzichtbare Voraussetzung, um das Risiko zu mindern.

Im folgenden wird zu zeigen sein, welchen Anteil diese Männer in der Zusammenarbeit mit Stauffenberg an der Vorbereitung des Staatsstreiches hatten. Abgesehen von Olbricht, Beck und seinem Bruder hat Stauffenberg in Berlin wohl mit niemandem so eng zusammengearbeitet wie mit dieser kleinen Gruppe relativ gleichaltriger Männer.

Die Personalplanung

Um den Staatsstreich erfolgreich durchzuführen, mußten vier Komplexe vorbereitet werden: das Attentat, der Walküre-Befehl, die Durchführungsbefehle und die Zeit danach.

Der Walküre-Befehl stand bis auf zwei spätere Ergänzungen bereits Ende Juli. Die weitgehend von Tresckow und Stauffenberg erarbeiteten Durchführungsbefehle waren Ende September 1943 fertiggestellt. Natürlich wurden die Durchführungsbefehle immer wieder überarbeitet und den sich rasch verändernden Situationen angepaßt. Die Hauptarbeit in diesem Bereich war jedoch geleistet. Vollkommen unbeantwortet war jedoch die Frage des auslösenden Attentats oder, wie sie es euphemistisch nannten, der »Initialzündung«. Je länger diese und damit der Staatsstreich auf sich warten ließ, desto mehr fand Stauffenberg auch die Gelegenheit, sich mit der »Zeit danach« zu befassen. Dazu hatte es ja nun wirklich von vielen Seiten langüberlegte Vorschläge gegeben. Alle Befehle und Konzepte blieben jedoch ohne den handelnden Menschen Papier. Aus diesem Grund galt es, Menschen zu finden, die zur Mitarbeit und Durchführung gewonnen werden konnten.

Gesucht wurden: der Attentäter, die Verbindungsoffiziere, die Spitzenbeamten und das Kabinett.

Attentäter

Wie Beck, Olbricht und Tresckow Anfang September 1943 einstimmig festgestellt hatten, war die physische Liquidierung Hitlers zur Risikominderung des Staatsstreichs unumgänglich. Den Attentäter und die Gelegenheit für das Attentat selbst zu finden, war jedoch schwierig, da Hitler immer mit einem Anschlag rechnete und seine Sicherheitsvorkehrungen entsprechend umfassend und durchdacht waren,[21] schwierig auch deshalb, weil der Attentäter bereit sein mußte, sein eigenes Leben in die Waagschale zu werfen. Die Liste der potentiellen Attentäter ist daher sehr kurz. Stauffenberg selbst dachte als erstes an den Oberst i. G. Stieff, der seit Anfang August aktiv an der Staatsstreichplanung mitgewirkt hatte und am 13. August den Brief Olbrichts an Kluge übergeben hatte. Stieff hatte in seiner Stellung als Chef der Organisationsabteilung des OKH durchaus, wenn auch nicht regelmäßig, Zugang zu dem Diktator. Stauffenberg fuhr noch im Oktober zu Stieff in das Lager »Mauerwald« in Ostpreußen, brachte ihm Sprengstoff und bat ihn, das Attentat auszuführen. Stieff konnte sich nicht dazu entschließen. Ein anderer hoher Stabsoffizier, Oberst i. G. Meichßner, Leiter der Abteilung II (Organisation) im Wehrmachtsführungsstab des OKW, war offenbar bereits im September von Olbricht, Tresckow oder Stauffenberg angesprochen worden. Nun sprach noch einmal Stieff mit ihm. Meichßner, der ein guter Bekannter von Brücklmeier war, lehnte ab. Stauffenberg sprach Meichßner noch einmal im Frühjahr 1944 bei einer gemeinsamen Fahrt nach Ostpreußen an, aber Meichßner machte deutlich, daß er nicht bereit war. Als Stauffenberg ihn fragte, ob er ihn demnächst bei Brücklmeier sehen würde, bekam er eine ausweichende Antwort.[22]

Offenbar hatte Stieff das Attentat eine Weile erwogen und Stauffenberg zunächst keine klare Absage gegeben, so daß dieser schon für die Tage um den 10. November glaubte, mit dem Attentat durch

Stieff fest rechnen zu können.[23] Um nicht nur auf die Möglichkeit des Attentats im Führerhauptquartier anläßlich einer Lagebesprechung festgelegt zu sein, verfolgten Stauffenberg und die Freunde noch einen zweiten Plan: Neue Ausrüstungs- und Uniformstücke, insbesondere neue Winterkleidung für die Kämpfe in Rußland, sollten Hitler zur Begutachtung vorgeführt werden. Göring und Himmler waren bei einer derartigen Vorführung auch zu erwarten. Diese Gelegenheit wollte Stauffenberg nutzen. Der mit der Erklärung der Ausrüstungsgegenstände betreute Offizier sollte Hitler töten. Die Gelegenheit für das Attentat schien sich also abzuzeichnen. Wer aber sollte der Attentäter sein?

Hier kam Schulenburg zu Hilfe. In zwei nächtlichen Gesprächen in seiner Wohnung, bei Pfarrer Berndt im Ithweg 29, hatte er seinen 24 Jahre jungen Freund und Mitoffizier aus dem Infanterieregiment 9, Hauptmann Axel Freiherr von dem Bussche, über den Stand der Vorbereitungen zum Staatsstreich unterrichtet. Schulenburg hatte Bussche bereits drei Jahre zuvor die Augen über das Regime geöffnet (vgl. S. 222). Am 5. Oktober 1942 war Bussche Augenzeuge der Exekution von mehr als 5000 Juden auf dem Flugplatz Dubno in der Ukraine geworden. Die Mörder waren ukrainische SS-Leute gewesen. Die »Aktion« war, wie dem jungen Offizier erklärt wurde, vom Führer befohlen. Dieses Erlebnis war für Bussche einerseits ein Schock, andererseits machte es ihn bereit zu handeln, bereit für den Vorschlag, den ihm Stauffenberg unterbreiten sollte. Mit Schulenburg ging Bussche am Tag nach der Aussprache zu Stauffenberg, in das Ausweichquartier Düppel des Allgemeinen Heeresamtes in Berlin-Zehlendorf. Stauffenberg eröffnete ihm das Anliegen. Als Zeitpunkt der geplanten Vorführung nannte er Ende November/Anfang Dezember. Bussche willigte ein, auch als ihm klar wurde, daß der Attentatsplan seinen eigenen Tod verlangte. Der Plan war der Gersdorffs vom 21. März: sich selbst und Hitler mit dem in den Taschen verborgenen Sprengstoff in die Luft zu sprengen. Um die Durchführung zu besprechen und zu organisieren, fuhr Bussche mehrmals zwischen Berlin und Ostpreußen hin und her. Im »Mauerwald« war Stieff sein wichtigster Gesprächspartner und Helfer, dort wartete Bussche auch ab dem 23. oder 25. November auf den Termin für die Vorführung.

Bei den schweren englischen Luftangriffen auf Berlin in jenen Tagen verbrannten jedoch die nicht so schnell ersetzbaren Ausrüstungsgegenstände mit. Stieff schickte Bussche wieder zu seinem Bataillon an die Ostfront zurück und vertröstete den jungen Offizier auf Januar, wenn Ersatz für die zerstörten Ausrüstungsgegenstände beschafft sein würde. Tatsächlich forderte Stauffenberg Bussche Ende Januar telefonisch und fernschriftlich an. Der Divisionskommandeur weigerte sich aber, einen seiner Bataillonsführer für eine Uniformvorführung freizugeben, da die Truppen bei Newel in schwerste Abwehrkämpfe verwickelt waren. Kurz darauf, am 31. Januar, wurde Bussche schwer verwundet und kam für Monate in ein Lazarett.[24]

Als sich abzeichnete, daß Bussche nicht würde kommen können, bat Schulenburg am 28. Januar den Leutnant Ewald Heinrich v. Kleist telegraphisch aus dem Urlaub nach Berlin. Der 22jährige Kleist kam wie Schulenburg und Bussche aus dem IR 9, sein Vater war der ebenfalls im Widerstand bewährte Ewald v. Kleist-Schmenzin. Schulenburg informierte Kleist über das geplante Attentat und die ihm zugedachte Rolle. »Man muß sich das Zeug um den Bauch binden«, erklärte Schulenburg das zentrale technische Detail. Er brachte den Leutnant dann zu Stauffenberg, der lange mit dem jungen Mann über diesen Opfergang sprach. Kleist erbat sich 24 Stunden Bedenkzeit und fuhr zu seinem Vater nach Schmenzin zurück. Insgeheim hoffte er, daß der Vater ihm, auch aus einer politischen Lagebeurteilung des »Zu spät« heraus, abraten würde. Der Vater äußerte sich jedoch gegenüber seinem Ältesten und Erben: »Du mußt es tun. Wer in einem solchen Moment versagt, wird nie wieder glücklich.« Es war ein Rat von alttestamentarischer Strenge.

Die so lang geplante Uniformvorführung sollte knapp zwei Wochen nach diesem sonntäglichen Gespräch zwischen Vater und Sohn Kleist stattfinden. Kleist jr. war der Meinung, daß Stieff sowohl bei Bussche wie bei ihm der zweite Attentäter hätte sein sollen, um die ganze Riege Hitler, Himmler, Göring hochgehen zu lassen. Wieweit das richtig ist, und ob aus diesem Grund die Vorführung nicht am 11. Februar, wie geplant, stattfand, darüber kann man nur spekulieren. Tatsächlich fand die Vorführung schließlich erst am 7. Juli 1944 im Schloß Kleßheim bei Salzburg unter der Leitung von Stieff statt.

Zu einem Attentatsversuch ist es bei dieser Gelegenheit nicht mehr gekommen. Wer mag den Stab brechen?[25]

Mit Bussche und Kleist sind die von Schulenburg angeworbenen potentiellen Attentäter aufgezählt, sein Einfluß auf die jungen Offiziere des IR 9, speziell des Grenadier-Ersatzbataillons 9 in Potsdam, war jedoch nicht auf diese beiden Personen beschränkt: Hans-Karl Fritzsche, Helmut v. Gottberg, Ludwig v. Hammerstein, Friedrich Karl Klausing, Georg Sigismund v. Oppen, keiner war älter als 30 Jahre. Sie alle spielten in den folgenden Monaten und vor allem am 20. Juli eine unterstützende Rolle. Klausing bezahlte sie mit seinem Leben. Mit dem stellvertretenden Kommandeur des Ersatzbataillons 9, dem durch Verletzung frontunfähigen Hauptmann Fritzsche, hatten Stauffenberg und Schulenburg noch eine weitere Möglichkeit besprochen. Sie betrieben seine Versetzung ins Führerhauptquartier als Sachbearbeiter für die Ausrüstung einer Infanterieschützenkompanie. Was für Attentatsmöglichkeiten sich aus dieser Versetzung ergeben würden, konnte man später sehen. Fritzsche erhielt den Versetzungsbefehl schließlich – aber erst im Gefängnis, nach dem 20. Juli.[26] Ohne Schulenburgs Einfluß auf diese jungen Männer wären, dies kann man sicher sagen, die Voraussetzungen für die erfolgreiche Durchführung des Staatsstreiches noch begrenzter gewesen, als sie es ohnehin waren.

Seit dem 1. Oktober 1943, seit Stauffenbergs Dienstantritt als Olbrichts Chef des Stabes, war es zu einer ganzen Reihe von vorbereiteten Attentatsterminen gekommen: etwa 10. November (Stieff), Anfang Dezember (Bussche), 25. und 27. Dezember (Stauffenberg?), 11. Februar 1944 (Kleist) und 11. März (Breitenbuch). Wie Kessel bei seinem letzten Besuch in Berlin am 12. Dezember 1943 erfuhr, sollte die Aktion noch vor Weihnachten bei einem Besuch Hitlers in Zossen stattfinden. Auch Hassell, der zur selben Zeit wie Kessel in Berlin war, berichtete, daß »in der Woche vor Weihnachten nach allen Versicherungen zum ersten Mal die reale Aussicht bestand, zum Ziel zu kommen«.[27] Hitler kam vor Weihnachten nicht nach Zossen. Das Attentat konnte aber auch nicht, wie Goerdeler vor dem Volksgerichtshof aussagte, an den beiden Terminen nach Weihnachten ausgeführt werden. Die Nachrichten über die Absichten während der

Weihnachtstage 1943 sind vielfältig; die konkreten Details sind jedoch nicht überliefert.[28]

Der letzte Attentäter in dieser Reihe war Rittmeister Eberhard v. Breitenbuch, der bei dem Nachfolger Kluges, Generalfeldmarschall Busch, Ordonnanzoffizier war. Breitenbuch wurde von Tresckow geworben, als dieser erfuhr, daß Busch in Begleitung seines Ordonnanzoffiziers am 11. März auf dem Obersalzberg bei Hitler Vortrag halten sollte. Breitenbuch entschied sich, dem Rat Tresckows nicht folgend, für ein Pistolenattentat, wurde dann aber entgegen der Gewohnheit und im letzten Moment nicht in den Sitzungssaal des Berghofs hineingelassen. Tresckow meinte dazu später: »Die Sache war verpfiffen worden«. Bei einer weiteren Gelegenheit konnte Breitenbuch sich nicht noch einmal zu diesem Schritt entschließen. »So etwas macht man nur einmal«.[29] Stauffenberg allerdings war dann die Ausnahme zu dieser Regel.

Es gab gute Gründe, die Mitverschworenen zu benachrichtigen, wenn ein Termin kurz bevorstand. Selbst die Verschworenen in Paris unter der Leitung Hofackers wurden mehrfach per Stichwort vorgewarnt.[30] Die ständig vertagten Hoffnungen lösten jedoch bei manchem Verzweiflung und lähmende Resignation aus. Goerdeler, der mit Recht die technische Durchführung des Staatsstreiches nicht als seine Aufgabe ansah, war nach dem Dezember-Fehlschlag laut Hassell »in begreiflicher Wut«, da er die Politischen Beauftragten benachrichtigt hatte. Stauffenberg gab ihm sein Wort, daß nicht noch einmal eine folgenlose Alarmierung vorkommen würde. Als schließlich Anlauf für Anlauf fehlschlug und sich Resignation ausbreitete, ließ sich Goerdeler von Stauffenberg das Ehrenwort geben, daß es überhaupt noch zu einer Aktion kommen werde. Tatsächlich ruhten nach Schulenburg von März bis Mai 1944 in Ermangelung von Möglichkeiten alle konkreten Pläne für ein Attentat.[31]

Um nach dem auslösenden Attentat die von Tresckow und Stauffenberg entworfenen Durchführungsbefehle im Zuge der Walküre-Maßnahmen durchzusetzen und richtig zu interpretieren, wurden für jeden Wehrkreis Verbindungsleute zur Berliner Zentrale geworben. Diese Idee ging im Herbst 1943 von Beck aus.[32] Für die rein militärischen Maßnahmen sollte ein Verbindungsoffizier jedem Wehrkreisbefehlshalber beigegeben werden. Für die zahlreichen politischen und verwaltungsmäßigen Aufgabenstellungen während und nach der Machtübernahme hatten die Verschwörer ein Netz von Politischen Beauftragten aufgebaut. Es war vorgesehen, für jeden der 17 Wehrkreise im Reich und für den Wehrkreis Böhmen und Mähren zumindest einen Verbindungsoffizier und zum Teil mehrere Politische Beauftragte zu benennen. Ganz wurde dieses Ziel jedoch offenbar nicht erreicht. So sind keine Verbindungsoffiziere für die Wehrkreise V (Stuttgart), VI (Münster) und X (Hamburg) bekanntgeworden. Bei den Politischen Beauftragten blieb hingegen nur der Wehrkreis Böhmen und Mähren und der von Berlin, der Wehrkreis III, unbesetzt. Dieses Konzept der Verbindungsleute, das sich strikt an den Erfordernissen der vorgesehenen militärischen Maßnahmen und damit an den Wehrkreisen orientierte, nahm auf die Kreisauer Planung der Landesverweser und der frühzeitigen territorialen Neugliederung des Reiches in gleichgewichtige Länder keinen Bezug. Vermutlich hielten Beck und wohl auch Stauffenberg diese Idee zumindest im unmittelbaren Anschluß an den Staatsstreich für verfehlt. Sie bauten auf die etablierte Militär- und Verwaltungsmaschinerie, die im Zuge des Putsches radikal gesäubert und damit für die Unterstützung des Staatsstreichs gestärkt werden sollte. Beck und Stauffenberg nutzten die klassischen und immer noch gültigen Bestimmungen des militärischen Ausnahmezustands (Belagerungszustand) von 1851, nach dessen Ausrufung die vollziehende Gewalt an die Wehrkreisbefehlshaber übergeht und alle zivilen und kommunalen Verwaltungsstellen dem Militärbefehlshaber unterstellt werden. Aus diesem Grund hatte der Politische Beauftragte nur eine beratende Funktion gegenüber dem Wehrkreisbefehlshaber. Bezeichnenderweise hatte der nicht-militärisch geprägte Kreisauer Kreis in der »Ersten Weisung an die Landesverweser« umgekehrt die Wehrkreisbefehlshaber nach Ausrufung des Belagerungszustandes den Weisungen der Landesverweser unterworfen; die Kreisauer hatten also genau den entgegengesetzten Standpunkt vertreten.[33] Wenn auch die »Erste Weisung an die Landesverweser« zur Makulatur wurde, so blieben doch die Kreisauer als Personen in der Stauffenbergschen Planung präsent. Wie weit ihre viel wichtigere langfristige Konzeption durchsetzbar gewesen wäre, bleibt offen.

Die Verbindungsoffiziere wurden im wesentlichen von Stauffenberg angesprochen, wobei Männer wie Lehndorff, Oertzen, Oster, Hermann Kaiser und Nikolaus Uexkuell nicht eigentlich angeworben werden mußten. Sie waren seit langem als aktive Gegner des »Dritten Reiches« ausgewiesen. Bei dem Oberleutnant d. R. Heinrich Graf v. Lehndorff, auf dessen Besitz Steinort in Ostpreußen sich Teile des OKH im Lager »Mauerwald« befanden, spielten Gespräche zuerst mit Tresckow und dann mit Yorck eine wichtige Rolle. Neben den Verbindungsoffizieren pflegte Stauffenberg aber vor allem auch seine teils alten, teils neu hergestellten Beziehungen zu den Wehrkreisbefehlshabern und zu Offizieren in den jeweiligen Wehrkreiskommandos, so daß die Durchsetzung der Staatsstreichplanung nicht nur von den Verbindungsoffizieren abhing.[34]

Während die Liste der Verbindungsoffiziere nur 16 Namen umfaßte, wobei der Wehrkreis VII (München) wegen einer Versetzung doppelt besetzt war, war die Liste der Politischen Beauftragten mit 27 Namen für die 18 Wehrkreise erheblich umfangreicher. An ihr haben im wesentlichen Goerdeler, Jakob Kaiser und Leuschner sowie Habermann, Letterhaus, Schulenburg, Schwerin, Wirmer und Yorck mitgewirkt.[35] Beck hatte die Benennung der Politischen Beauftragten praktisch zur Bedingung gemacht, bevor die militärische Seite den Staatsstreich auslösen könne. Die Liste entstand vermutlich in knapp drei Monaten ab Mitte September 1943. Man muß sich dabei die durch Bomben und Gestapo erschwerte Kommunikation vor Augen halten, um ermessen zu können, unter welch schwierigen und gefährlichen Bedingungen diese Liste zustande gekommen ist. Mit jedem der vorgesehenen Politischen Beauftragten mußte ja Kontakt aufgenommen, individuell gesprochen und die Aufgaben erläutert werden. Manche der Angesprochenen werden sich auch verweigert haben, wie das ja wenige Monate zuvor bei der Suche der Kreisauer nach Landesverwesern offenbar mehrfach vorgekommen ist. Die 27 Männer, die sich schließlich zur Verfügung stellten, repräsentierten einen Querschnitt durch das Weimarer Parteienspektrum. Es waren Politiker, Beamte, Gewerkschaftler und wenige Freiberufliche. Die Sozialdemokraten, die ehemaligen Zentrumsmitglieder und die christlich-sozialen Politiker aus Österreich stellten jeweils acht Beauftragte; fünf Männer müssen den Deutschnationalen zugerechnet werden, zwei der Deutschen Demokratischen Partei und einer der Deutschen Volkspartei. Dies gibt nur in etwa ihre politische Richtung an, da es sich bei diesen Männern ja nicht unbedingt um alte Parteifunktionäre gehandelt hat. Die Gewichtsverteilung ist auch durchaus erklärlich, wenn man sich in Erinnerung ruft, daß vor allem Goerdeler, Jakob Kaiser (Zentrum) und Leuschner (SPD) die Beauftragten angesprochen und nominiert hatten.[36] Sechs der 27 Beauftragten gingen, soweit feststellbar, auf Vorschläge Yorcks und Schulenburgs zurück: Dohna, Kleist, Lukaschek, Lüninck, Voigt und Willisen, wobei Dohna und Lukaschek sich ja bereits Mitte 1943 als Landesverweser zur Verfügung gestellt hatten. Dohna war für den Wehrkreis I (Königsberg), Lukaschek und Voigt für den Wehrkreis VIII (Breslau), Lüninck für den Wehrkreis XX (Danzig), Kleist und Willisen für den Wehrkreis II (Stettin) vorgesehen, wobei Kleist für Pommern und Willisen für Mecklenburg zuständig sein sollten.

Ewald v. Kleist-Schmenzin, also der Vater des potentiellen Attentäters, war Goerdeler ursprünglich von Schulenburg empfohlen worden. Auch Ferdinand Freiherr v. Lüninck, ehemaliger Oberpräsident von Westfalen und im Krieg Kommandeur des Ersatzbataillons 178 in Potsdam, war ein Vorschlag Schulenburgs. Das Gespräch Goerdelers mit Lüninck fand ebenfalls im Dezember 1943 in Anwesenheit von Schulenburg und Schwerin in Schwerins Wohnung in Potsdam statt. Fritz Voigt, der ehemalige Polizeipräsident von Breslau, war eine Nominierung Yorcks.[37] Bei Achim v. Willisen führte Schulenburg das Gespräch selbst. Er kannte Willisen aus der Zeit vor dem Krieg von gemeinsamen Reserveübungen beim IR 9 her. Willisen war seit

Mitte 1942 Oberlandforstmeister für Mecklenburg bei der Staatsregierung in Schwerin. Schulenburg muß mit ihm Ende Dezember 1943 gesprochen haben.

Er bat Willisen um seine Mitarbeit mit dem Vorbehalt, daß noch Goerdeler und Beck seinem Vorschlag zustimmen müßten. Am 2. Januar machte Schulenburg in Trebbow sein Testament, und zwar, wie er seiner Frau versicherte, eigentlich nur, um Willisen als einen seiner Testamentsvollstrecker einzusetzen. Er hatte mit Willisen das Stichwort »Testamentvollstrecker« als Code für die geplanten Ereignisse vereinbart. Von Berlin aus teilte Schulenburg dann Willisen mit dem Codewort telegraphisch mit, daß Beck/Goerdeler mit ihm als Politischen Beauftragten einverstanden seien.[38] Willisen muß eine der letzten Nominierungen zum Politischen Beauftragten gewesen sein. Die Hauptliste war wohl noch vor Weihnachten 1943 fertig geworden. Zum Schluß hatte Schulenberg, aber auch Goerdeler gegenüber Jakob Kaiser und Wirmer stark, ja ultimativ gedrängt. Kaiser fiel es wegen der möglichen Gefährdung schwer, die Namen aus der Hand zu geben. Schließlich wurde in Gegenwart von Kaiser, Leuschner und Wirmer die Liste an Schwerin gegeben, der sie für Beck in Empfang nahm.[39]

Da den Verbindungsoffizieren und den Politischen Beauftragten eine ganz zentrale Rolle beim Staatsstreich zugedacht war, wurden die Wehrkreisbefehlshaber am 20. Juli fernschriftlich gebeten, sie »sofort heranzuziehen«. Damit waren die Namen der Gestapo von Anfang an klar. Von den 16 Verbindungsoffizieren überlebten nur drei, zwei verübten Selbstmord, und elf wurden – in der Regel vom Volksgerichtshof – zum Tode verurteilt und hingerichtet. Ihnen wurde aufgrund ihrer Gespräche mit Stauffenberg und ihrer militärischen Stellung von dem Untersuchungsbeamten, Obersturmbannführer Wolff, Unkenntnis nicht zugebilligt. Über die Politischen Beauftragten hatte Schulenburg, sekundiert von Berthold Stauffenberg, gleich in den ersten Tagen nach dem Scheitern zu Protokoll gegeben, »daß sie nur zum Teil über die ihnen zugedachte Rolle unterrichtet waren«. Diese Aussage und die Zurückhaltung derer, welche die Politischen Beauftragten nominiert und angesprochen hatten, rettete dem überwiegenden Teil der 27 Männer das Leben. Aus diesem Kreis sind sieben Hinrichtungen zu beklagen.[40]

»Verhaftungen: Ohne Verzug ihres Amtes zu entheben und in besonders gesicherte Einzelhaft zu nehmen sind: Sämtliche Gauleiter, Reichtsstatthalter, Minister, Oberpräsidenten, Polizeipräsidenten, Höheren SS- und Polizeiführer, Gestapoleiter und Leiter der SS-Dienststellen, Leiter der Propagandaämter und Kreisleiter, Ausnahmen befehle ich«.[41] Dieser Teil des bereits weiter oben besprochenen Durchführungsbefehls ging am 20. Juli gegen 18 Uhr an alle Wehrkreise. Wenn alles glattgelaufen wäre, wäre die Verwaltungsspitze des Großdeutschen Reiches, allen voran 42 Gauleiter, 12–24 Stunden später verhaftet gewesen. Um in der sehr kritischen innenpolitischen Situation nach dem Staatsstreich und in der schweren äußeren Bedrohung des Reiches ein Vakuum überhaupt nicht erst entstehen zu lassen, hatte Schulenburg über Monate eine Personalersatzplanung vorgenommen, die zumindest mit Leuschner und im Dezember 1943 wohl auch mit Leber abgestimmt worden war.

Gustav Dahrendorf, der Schulenburg zweimal zu ausgedehnten Besprechungen bei Leber erlebte, bezeugte später das hohe Maß an Übereinstimmung zwischen dem designierten Innenminister Leber und seinem Staatssekretär. Die beiden Männer waren sich nicht nur einig über das neue, demokratisch auszurichtende Innenministerium, sondern auch in der Beurteilung des »Dritten Reiches« und den daraus zu ziehenden Konsequenzen.[42]

Welchen Umfang diese Personalplanung hatte, ist nicht mit Sicherheit festzustellen. Dr. Erich Keßler, den Schulenburg als Leiter der Personalabteilung des Reichsinnenministeriums vorgesehen hatte, spricht von einer Planung, die sich auf die Stellen der Reichsstatthalter, Oberpräsidenten und Regierungspräsidenten bezog. Im Reich gab es zuletzt 24 Reichsstatthalter, allein in Preußen existierten 12 Ober- und 34 Regierungspräsidenten. Schon diese kleine Gruppe von hohen Staatsfunktionären umfaßte 70 Personen, wobei die Ebene unter den Reichsstatthaltern in den Ländern und Gauen außerhalb Preußens noch gar nicht berücksichtigt wurde. Schulenburgs Personalplanung für das Reich mit seinen vielfältigen Annexionen wird schätzungsweise 120–150 Positionen umfaßt haben.[43]

Diese Planung lag im Januar 1944 offenbar weitgehend abgeschlossen vor. Schulenburg nahm in den Tagen um den 8. Januar an der ersten und letzten von dem neuen Innenminister Himmler einberufenen Konferenz der Regierungspräsidenten in Breslau teil. Er war ja seit dem 1. Januar 1941 Regierungspräsident und war ebenso wie die anderen vom Wehrdienst entlassenen Präsidenten zu der Konferenz eingeladen worden. Er nutzte die Gelegenheit, um Keßler einzuweisen, und führte an den Abenden in der Wohnung des von ihm 1940 nach Schlesien geholten Landesplaners Gerhard Ziegler Gespräche mit Tagungsteilnehmern, auch über Personalfragen. Offenbar sollten einige der Politischen Beauftragten nach dem geglückten Staatsstreich weiter als Oberpräsidenten tätig sein. Damit war diese Ebene der Schulenburgschen Personalplanung weitgehend abgedeckt.[44]

Für den Wehrkreis III, also Berlin und die Mark Brandenburg, war am 20. Juli kein Politischer Beauftragter benannt worden; Stauffenberg und seine Freunde in der Bendlerstraße wollten diese Aufgabe wohl selbst übernehmen. Als zukünftigen Oberpräsidenten der Mark Brandenburg war Schulenburgs Wahl schon Anfang 1943 auf Oberstleutnant d. R. Carl-Hans Graf v. Hardenberg gefallen. Hardenberg war bei dem Vorgänger Kluges als Oberbefehlshaber der Heeresgruppe Mitte, Generalfeldmarschall Fedor v. Bock, Ordonnanzoffizier; Bock wiederum war ein Onkel Tresckows. Hardenberg, der zum Umfeld von Tresckow gerechnet wurde, bereitete sich zusammen mit Schulenburg sorgfältig auf seine Tätigkeit nach dem Staatsstreich vor.[45] Darüber hinaus sind nur wenige Namen nach dem Kriege bekanntgeworden. Der Kreisauer Theodor Steltzer gehörte dazu sowie der oberschlesische Politiker Dr. Otto Ulitz, der ehemalige SPD-Oberpräsident in Breslau, Hermann Lüdemann, der ehemalige Oberpräsident in Königsberg und Schriftsteller, August Winnig, ferner die Zentrumsangehörigen Dr. Alois Zimmer und Michael Graf v. Matuschka. Mit Zimmer hatte es eine besondere Bewandtnis, da Schulenburg 1933 an seiner Absetzung als Landrat von Stuhm in Westpreußen mitgewirkt hatte. Damals hatte Zimmers Zentrumszugehörigkeit gegen ihn gesprochen. Nach einer Wiederbegegnung 1942 führte ihn Schulenburg in seiner Liste, nun als potentiellen Regierungspräsidenten. Es war eine Wiedergutmachung.

Schulenburg, der die Personalpolitik der Nationalsozialisten aus nächster Nähe miterlebt und immer wieder beklagt hatte, hielt in diesem Bereich ein radikales Vorgehen für notwendig. So sollten laut dem designierten Personalchef des Innenministeriums, Keßler, »sämtliche Regierungspräsidenten von ihren Posten abgelöst werden, wobei es in ganz wenigen Fällen vorbehalten bleiben sollte, einige von inneren Bindungen an den Nationalsozialismus freigebliebene Beamte im Rahmen der Kriegsverwaltung außerhalb der alten Reichsgrenzen zu verwenden«. Die von Schulenburg propagierte neue Personalpolitik sollte auf der Grundlage des Leistungsprinzips unter Vermeidung jeder parteimäßigen Einseitigkeit vorgenommen werden.[46] Schulenburg hat bis zum Schluß – zum Beispiel mit Yorck am 15. Juli 1944 – an seiner Personalplanung weitergearbeitet und bei Gelegenheit Ergänzungen vorgenommen. So fragte er noch anläßlich eines Wochenendbesuchs in Alt-Friedland vom 17.–20. Juni 1944 seinen alten Freund – und Gutsnachbarn Hardenbergs – Karl v. Oppen, ob dieser bereit wäre, als Landrat für Ober-Barnim einzuspringen. Der Staatsstreich stehe unmittelbar bevor. In den selben Tagen führten Trott und Yorck Gespräche über mögliche Landesverweser. Der Zusammenhang zwischen dieser späten Kreisauer und der Schulenburgschen Personalplanung ist bisher ungeklärt. Schulenburgs Planungsunterlagen sind nach dem Scheitern des Staatsstreichs vernichtet und daher nicht der Gestapo bekanntgeworden. Dadurch sind bis auf die tragische Ausnahme des Grafen Matuschka und der sieben hingerichteten Politischen Beauftragten / Oberpräsidenten alle Männer aus Schulenburgs Personalliste mit dem Leben davongekommen.

Matuschka, ehemaliger preußischer Zentrumsabgeordneter für Oberschlesien, war von Schulenburg um die Jahreswende 1943/44 angesprochen worden. Dabei hatten sie über die Position eines Regierungspräsidenten beim Oberpräsidenten in Breslau gesprochen. Auf welche Weise Matuschka in die Hände der Gestapo geriet, ist nicht klar. Auf alle Fälle drehte ihm der ehemalige NSDAP-Abgeordnete Freisler, der Matuschka aus der gemeinsamen Zeit im preußischen Abgeordnetenhaus gut kannte, aus diesen Aussagen den Strick. Matuschka wurde am 14. September verurteilt und noch am gleichen Tage hingerichtet.[47]

Goerdeler, der vor allem von Beck favorisierte Reichskanzlerkandidat, versuchte seit Ende 1942 eine Kabinettsliste zusammenzustellen, um gleich nach dem Staatsstreich mit vollständiger Mannschaft die Regierungsgeschäfte übernehmen zu können. Diese Tätigkeit Goerdelers ist gewiß kein »merkwürdiger Vorgang«,[48] sondern ein integraler und notwendiger Bestandteil zur Vorbereitung des Staatsstreichs. Auch galt es, den ewig zögerlichen Generalen jede Ausflucht, daß die politischen Vorbereitungen und Konzepte noch nicht klar seien, abzuschneiden. Dies war ein wichtiger Grund für die zahlreichen Denkschriften und dann auch Kabinettslisten. So wie Beck im Herbst 1943 auf die Benennung von Verbindungsoffizieren und Politischen Beauftragten gedrängt hatte, so bat er auch Goerdeler, bis spätestens Anfang Dezember seine Kabinettsliste abzuschließen.[49]

»Merkwürdig«, da endlos, wurde dieser Vorgang erst dadurch, daß der Staatsstreich eben nicht im März 1943, wofür Goerdeler ganz offensichtlich die erste Liste erstellt hatte, stattfand und auch nicht wenig später, sondern erst nach 16 Monaten. Aufgrund dieser von Goerdeler nicht zu vertretenden Verzögerungen ergab sich die Möglichkeit, immer wieder neue Vorschläge einzubringen und, der Eindruck ist sicherlich nicht falsch, Gespräche im Stil von Koalitionsverhandlungen zu führen.

Nach weitverbreiteter Auffassung unter den Verschwörern würde Goerdeler nach dem Staatsstreich nur einer Übergangsregierung vorsitzen können. Viele rechneten damit, daß die Militärdiktatur der ersten Zeit und ihre Regierung bald durch eine Mitte-Links-Regierung unter Leitung Leuschners oder Lebers abgelöst werden würden. Auch aus diesem Grund hatten sich schließlich alle auf Goerdeler als ersten Kanzler einigen können. Es war daher langfristig gar nicht so erstrebenswert, mit im ersten nachhitlerschen Kabinett zu sitzen. Dies brachte ganz klar Dr. Otto Schniewind zum Ausdruck, der Hassell gegenüber von der Liquidationsaufgabe einer Regierung Goerdeler sprach und seine Bereitschaft zur Mitarbeit im Mai 1944 zurückzog. Andere verweigerten sich aber auch, weil sie von der ganzen langfristigen Planung nichts hielten und das Zusammenstellen von Listen für viel zu gefährlich hielten. Als Brücklmeier seinem guten Bekannten Dr. Franz Curt Fetzer, ehemaliger Sekretär Brünings, mitteilte, daß er auf die Kabinettsliste als Staatssekretär für das Finanzministerium genannt sei, war dieser alles andere als erfreut und geehrt. Fetzer, der diese Nominierung wohl Leuschner, Brücklmeier und Maaß verdankte, reiste sofort nach Leipzig und veranlaßte Goerdeler in einem anfangs eher ungemütlichen Gespräch, seinen Namen zu streichen.[50]

Andererseits gab es natürlich auch persönlichen Ehrgeiz. Schwerin sah besonders Schacht unter diesem Aspekt. Goerdeler hatte sich bereits im Februar 1943 über Popitz' Ehrgeiz beklagt, der zwischen dem Sessel des Kultus- und Finanzministers schwanke. Kaisers Kommentar dazu: »Was für Aspirationen für Männer, die Patrioten sein wollen. Man hat nur Verachtung«. Kaiser selbst wurde bereits im Januar 1943 und in den folgenden Monaten von Goerdeler bekniet, sich als Kultusminister zur Verfügung zu stellen. Kaiser weigerte sich bescheiden und standhaft, schließlich gab er offenbar seine Einwilligung zum Amt des Staatssekretärs im Kultusministerium. Ein egoistisches Motiv konnte im allgemeinen kaum der eigentliche Beweggrund sein, sich Goerdeler zur Verfügung zu stellen und damit, wie man nur zu gut wußte, eine tödliche Gefährdung auf sich zu nehmen.[51]

Das Thema »Ehrgeiz« wurde von Hitler in der ersten Rundfunkansprache bereits am 21. Juli als Leitmelodie angeschlagen und von der Gestapo in den Untersuchungsberichten breit aufgenommen. Schwerin nimmt darauf Bezug, wenn er kurz vor seiner Hinrichtung schreibt: »Daß ich ungebeugt in den Tod gehe, in dem festen Bewußtsein, nichts für mich und alles für unser Vaterland gewollt zu haben ...« Yorck schreibt an seine Mutter: »Dir darf ich versichern, daß kein ehrgeiziger Gedanke, keine Lust nach Macht mein Handeln bestimmt hat. Es waren lediglich meine vaterländischen Gefühle, die Sorge um mein Deutschland, wie es in den letzten zwei Jahrtausenden gewachsen ist ...«

Von den »Jungen« war allein Schulenburg immer wieder im Gespräch als Minister. Da er 1942/43 einige Monate als Abteilungsleiter im Ernährungsministerium gearbeitet hatte, überlegte sich Goerdeler im März 1943, ob Schulenburg nicht dieses Ministerium übernehmen könnte. In den von der Gestapo ermittelten Kabinettslisten taucht Schulenburg als Übergangslösung für das Ernährungsministerium auf. Seit Anfang 1943 war er als Staatssekretär für das Innenministerium vorgesehen mit der Tendenz, auch als Minister genannt zu werden, wenn der designierte Innenminister nicht mehr zur Verfügung stünde. Dies war offenbar im Sommer 1943 für einige Wochen der Fall und danach wieder nach Lebers Verhaftung am 5. Juli 1944. Wenn auch kein Zweifel möglich erscheint an Schulenburgs Nominierung für das Amt des Staatssekretärs im Innenministerium seit Anfang 1943, so ist doch die Besetzung des Postens des Innenministers in der Literatur bisher nicht hinreichend geklärt.

Nach Gerhard Ritter und allen folgenden Autoren war Leuschner »nur« als Vizekanzler vorgesehen, während, folgt man diesen Autoren, mit Ausnahme der Nominierung Schulenburgs, das wichtige Amt des Innenministers für das ganze Jahr 1943 vakant blieb. Genannt wurde für Januar 1943 der relativ obskure Wilhelm Freiherr v. Gayl, im unglückseligen Papen-Kabinett für sechs Monate Innenminister. Leuschner als Innenminister wird dagegen von den Schulenburg-Freunden Keßler und Hardenberg genannt, mit dem Zusatz, »und Schulenburg sein Staatssekretär«. Es erscheint sehr plausibel, daß Leuschner als Vizekanzler nach Weimarer Vorbild noch ein Ressort übernahm. Als Exponent der Gewerkschaften und der Sozialdemokratie, auch aufgrund seiner Vorerfahrungen als hessischer Innenminister (1928–33) und seiner eigenen Wünsche war es sinnvoll und folgerichtig, daß er zusätzlich das gewichtige Innenressort erhielt. In der Weimarer Republik hatte es bereits zwei Vizekanzler/Innenminister gegeben: Dr. Erich Koch und Dr. Karl Jarres. Peter Hoffmann übernahm von Ritter die Kabinettsliste vom Januar 1943 und ergänzte sie für das Innenministerium neben Gayl um Leber. Dabei stützte er sich auf van Roon, der van Husen zitierte. In van Husens Bericht wird aber zu Leber als Innenminister keine Zeitangabe gemacht. Nach meiner Kenntnis über Leber ist diese zeitliche Zuordnung falsch. Sie muß heißen Januar 1944, d. h. damals räumte Leuschner seinen Posten als designierter Innenminister, um Leber mit in die Verantwortung zu nehmen.[52]

Auch bei Schulenburg wird ganz deutlich, daß für ihn persönlicher Ehrgeiz keine Rolle spielte. So ordnete er sich willig Leber unter und fand zu ihm ein gutes Verhältnis, obwohl Leber erst relativ spät, im Januar 1944, auf die Kabinettsliste kam und für Schulenburg deutlich war, daß sie beide in einer Art Konkurrenzverhältnis zueinander standen. Leber wiederum sah, daß Schulenburg zwar ein unbequemer Untergebener sein würde, der ihn jedoch gut ergänzen würde. So wollte Schulenburg seine Stellung vor allem nutzen, um die von ihm sorgfältig geplante große Verwaltungsreform durchzuführen, für deren Details sich »sein« Minister Leber nicht interessierte. Leber war gewillt, ihm dafür den notwendigen Freiraum zu geben.[53]

Yorck und Schwerin tauchen in den von der Gestapo ermittelten Kabinettsliste als Staatssekretäre des Reichskanzlers Goerdeler und des Generalstatthalters Beck auf. Die Umstände der Nominierung Yorcks sind von der Gestapo ziemlich detailliert recherchiert worden und erhellen die Gesichtspunkte, die bei den Personalvorschlägen eine Rolle spielten. Jakob Kaiser und Wirmer schlugen im November 1943 den früheren württembergischen Staatspräsidenten Eugen Boltz als Innenminister vor, »damit von den vier im Denken des Volkes wichtigsten Portefeuilles eines mit einem geprägten Katholiken besetzt« wird. Da sie sich mit diesem Vorschlag bei Goerdeler nicht durchsetzen konnten – zu diesem Zeitpunkt wurde wohl noch Schulenburg auf der Kabinettsliste als Innenminister geführt –, befürworteten Kaiser und Wirmer wenigstens als Staatssekretär des Kanzlers einen Mann aus dem katholischen Lager. Sie schlugen dafür Dr. Otto Lenz vor, mit dem Goerdeler sich dann aber auch nicht recht anfreunden konnte. Wie Goerdeler diesen Posten in den folgenden Monaten besetzen wollte, ist nicht bekanntgeworden. Auf alle Fälle gab es offenbar Ende Juni 1944 keinen Kandidaten. Zu diesem Zeitpunkt bat Stauffenberg Yorck, ob er nicht als Staatssekretär Goerdelers einspringen wolle. Yorck äußerte gegenüber der Gestapo, daß er abgelehnt habe, da seiner Meinung nach über die Posten erst nach dem Gelingen eines Staatsstreiches entschieden werden sollte. Er fügte hinzu: »An der Bereitwilligkeit zu meinem Einsatz sollte er (Stauffenberg) jedoch trotzdem nicht zweifeln«.[54]

Als im Herbst 1943 Beck auf eine endgültige Kabinettsliste und die

Bestellung der Politischen Beauftragten sowie der Verbindungsoffiziere drängte, machte er sich als zukünftiges Staatsoberhaupt auch Gedanken über sein eigenes Büro. Für den Posten des Staatssekretärs in seiner Kanzlei fiel seine Wahl auf Schwerin. Im November fragte er ihn, ob er »sein erster ziviler Mitarbeiter« werden wolle. Schwerin entwickelte zu Beck in den Monaten nach dessen Gesundung, also ab August/September 1943, ein sehr enges und von Schwerins Verehrung für den Generalobersten geprägtes Verhältnis. Ohne Namen zu nennen, schilderte er seiner Frau einen Mann, den er häufig aufsuche, »als einen unendlich bescheidenen, im schönsten Sinne preußischen, sehr gebildeten Menschen«. Als seine Frau schließlich fragte, »fängt er mit ›B‹ an«, konnte Schwerin nur nicken. Da Beck seit Jahren als überwacht galt, machte der Kontakt zu ihm besondere Vorsichtsmaßnahmen erforderlich. So berichtet Carola Rüdt, daß sie immer wieder auf Bitten Schulenburgs im Schutz der Dunkelheit Beck in der Goethestraße 24 aufsuchte, um mit ihm Treffen für Schulenburg und seine Freunde zu vereinbaren. Alle, die Beck näher kannten, schilderten ihn ähnlich positiv wie Schwerin. Seine Schwäche war sein gelehrtenhaftes Abwägen und der nur langsam reifende Entschluß, seine Stärke dagegen sein integrierendes und ausgleichendes Wesen. Die Menschen, denen Beck sich öffnete, waren stets in seinen Bann gezogen.[55]

Für Brücklmeier ist kein Verwendungszweck bekanntgeworden. Er war ähnlich wie Yorck kein besonderer Freund dieses Postenroulettes. Leuschner hatte ihn noch 1943 im Innenministerium eingeplant, wozu Brücklmeier meinte, er wolle das nur so lange wie nötig machen, sein Herz gehöre der Außenpolitik.[56]

Schwerin und Schulenburg haben sich, wie andere auch, an den Beratungen und Gesprächen zur Goerdelerschen Kabinettsliste aktiv beteiligt. So hielt im Herbst 1943 Paul Lejeune-Jung, ehemaliger deutsch-nationaler Reichstagsabgeordneter, in der Wohnung Wirmers ein Referat vor dem Gastgeber sowie vor Brücklmeier, Habermann, Schulenburg und Schwerin. Max Habermann, ehemaliger Sekretär des Deutsch-Nationalen Handlungsgehilfenverbandes, hatte Lejeune-Jung als Wirtschaftsfachmann im Februar 1943 an Goerdeler empfohlen. Goerdeler bat Lejeune-Jung, seine wirtschaftspolitischen Vorstellungen für die Nachkriegszeit schriftlich niederzulegen. Die daraufhin im Juni 1943 entstandene Schrift wurde mit Leuschner und Jakob Kaiser diskutiert, wobei es in diesem Gespräch vorrangig um die von Lejeune vertretene Sozialisierung von industriellen Schlüsselunternehmungen ging. Bei dem zweiten Gespräch mit Schulenburg, Schwerin, Brücklmeier und Wirmer drehte sich das Gespräch vor allem um die Frage, wie weit die geplanten Verstaatlichungsmaßnahmen auch auf die Landwirtschaft ausgedehnt werden sollten. Wie Freisler polemisch formulieren sollte, hatte Lejeune damit sein »Examen« abgelegt. Er wurde dann als Wirtschaftsminister auf der Kabinettsliste Goerdelers geführt.[57]

Schwerin und Schulenburg machten aber auch Vorschläge für mögliche Kandidaten. Speziell im Fall des Staatssekretärs für das Ernährungsministerium kamen sie aufgrund beruflicher Erfahrungen und Interessen, vermutlich zur gelinden Verzweiflung von Goerdeler, mit immer neuen Ideen. Einer der Kandidaten, Prof. Emil Woermann-Halle, war Schwerin noch aus Danzig gut bekannt. Einen anderen Danziger Bekannten und Freund schlug Schwerin als Minister oder Staatssekretär für das Finanzministerium vor. Es war Dr. Hans Helfferich, Präsident der Deutschen Zentralgenossenschaftskasse, der Himmler spätestens seit einer Denunziation vom November 1942 als »ausgesprochener weltanschaulicher Gegner« bekannt war. Gedacht habe man auch daran, Krosigk auf seinem Posten zu lassen. Sein langjähriger Dienst unter dem nationalsozialistischen Regime habe zwar, so Schwerin, dagegen gesprochen, aber Beck habe darüber milde geurteilt. Schließlich war auch Ewald Loeser ein möglicher Kandidat. Letztlich wurde aber die Besetzung des Finanzministeriums als nicht vordringlich zurückgestellt.[58]

Sehr zentral war dagegen die Frage, wer Außenminister der ersten nachhitlerischen Regierung sein würde. An sich war aufgrund seiner langen Widerstandstätigkeit Hassell der von allen Seiten favorisierte Kandidat. Die Alternative zu Hassell stellte der ehemalige Botschafter in Moskau, Friedrich Werner Schulenburg dar. Da Beck auf eine Entscheidung drängte, arrangierte Brücklmeier Ende November in seiner Wohnung die zweite Besprechung zwischen Goerdeler, Hassell und Schulenburg. Hassell war entschlossen, sich in keine Rivalität drängen zu lassen, sondern sich mit Schulenburg vor allem über Grundsätze der Zusammenarbeit zu verständigen. Beide Ex-Botschafter waren sich letztlich einig, daß man nach Westen und Osten verhandeln müsse, wobei Schulenburg die Möglichkeit einer Verständigung mit Stalin immer noch optimistisch beurteilte, während Hassell mehr auf die angelsächsische Karte setzte. Das Ergebnis des Gesprächs war, daß die Frage der Kandidatur offen bleiben müsse und je nach Lage entschieden werden könne. Zwar setzte Goerdeler, um Beck eine Liste ohne Fragezeichen präsentieren zu können, wenige Tage nach dem Gespräch bei Brücklmeier Hassell kurzentschlossen als Außenminister und Schulenburg als Sonderbotschafter in Stockholm fest, aber am 15. Juli 1944 vertauschte er aufgrund der politisch-militärischen Entwicklung die Rollen. Beck soll zu diesem Tausch seine Zustimmung gegeben haben, aber nach Schwerin nur mit halbem Herzen, da er Hassell seit langem auch durch die Mittwochsgesellschaft kannte, während er von Botschafter Schulenburg keinen persönlichen Eindruck hatte.[59]

Auf diese Weise entstanden ab Ende 1942 mehrere Kabinettslisten Goerdelers, die immer wieder aufgrund verschiedener Umstände, Gesichtspunkte und Einflußnahmen modifiziert wurden. Sie enthielten 53 Namen, von denen manche wie Brüning, Gayl und Krosigk keine Verbindung zum Widerstand hatten. Manche der Posten waren auch relativ marginal. Dennoch wurde der überwiegende Teil dieser Männer Opfer der nationalsozialistischen Rachejustiz. Es kam zu dem erzwungenen Selbstmord Becks und 29 Hinrichtungen.[60]

Stauffenberg hat bei diesen vielfältigen Personalerörterungen wohl nur im Fall der 16 Verbindungsoffiziere eine maßgebliche Rolle gespielt. Zwar wurde ihm auch die Liste der 27 Politischen Beauftragten vorgelegt,[61] aber mangels Personalkenntnis konnte er hier nicht mitsprechen. Stauffenberg war gewöhnt, in großen Stäben mit Hierarchie, aber auch im Verbund eines Teams zu arbeiten und sich auf derart erarbeitete Ergebnisse zu stützen und zu verlassen. Er war kein Einzelgänger, sondern sehr stark in die vorgegebenen Widerstandsstrukturen eingebunden. Neben Sympathie, Gleichaltrigkeit und gleichem sozialem Hintergrund ist dies eine der Ursachen, warum er sich relativ stark auf Schulenburg und Schwerin stützte. Beide waren außerdem aufgrund ihrer »Vorgesetzten im Widerstand«, Beck und Leber, gar nicht zu umgehen. Der einzige, freilich sehr entscheidende Punkt der Personaldebatte, an dem Stauffenberg sich einschaltete, war die Reichskanzlerschaft Goerdelers. Nachdem Stauffenberg durch die Vermittlung Schulenburgs den Sozialdemokraten und ehemaligen Weltkriegsoffizier Leber kennengelernt hatte, favorisierte er den »Kohlenhändler von Schöneberg« für das Kanzleramt.

18. Kapitel

Sozialisten, Gewerkschafter und andere Politiker

»Die durch den Nationalsozialismus Betrogenen sind nämlich primär die Arbeiter. Und wenn wir uns einbilden, etwas ähnliches wie eine Elite zu sein oder eine Führungsaufgabe zu haben, dann haben wir versagt, und zwar dem einfachen Mann, dem Arbeiter gegenüber, denn sonst hätte das Dritte Reich nicht passieren dürfen. Wir haben eine Schuld wiedergutzumachen am deutschen Arbeiter, deshalb müssen wir dieses Regime beseitigen. Dazu brauchen wir Echo und Rückhalt in das arbeitende Volk hinein.«[1] Mit diesen Worten erklärte der vor allem auch volkswirtschaftlich beschlagene Yorck seinem Bekannten Hans-Christoph Freiherr von Stauffenberg, einem sehr entfernten Verwandten von Claus Stauffenberg, warum es notwendig sei, Kontakt zu Arbeiterkreisen herzustellen. Die Arbeiterschaft hatte nach 1933, wenn man sich nicht von den kurzfristigen Erfolgen blenden ließ, materiell wie rechtlich gewaltig an Boden verloren.[2] Im Krieg trug sie die Hauptlast des Kampfes. Yorck und seinem damaligen Freundeskreis war zudem schon während und nach der Sudetenkrise 1938 ihre äußerst begrenzte Möglichkeit auch aufgrund ihrer sozialen Herkunft sehr deutlich. Sie fingen daher an, sich Gedanken über eventuelle Verbündete außerhalb ihrer eigenen sozialen Gruppe zu machen. Die Frage, wie eigentlich die Haltung der Industriearbeiterschaft sei, wurde sehr zentral. Gab es dort Bereitschaft zum Widerstand, an die man anknüpfen konnte?

Unter den Bedingungen totalitärer Herrschaft war es jedoch sehr gefährlich, aus seinem vertrauten Freundeskreis auszubrechen und Kontakte zu anderen Gruppierungen zu knüpfen. Ganz besonders galt das natürlich für Verbindungen zur zerschlagenen und in den Untergrund gedrängten Arbeiterbewegung, den aufgelösten Gewerkschaften und Parteien. Ein anderes Problem des Widerstandes, das sich aus den Bedingungen des Polizeistaates ergab, war die Diskretion im Widerstand selbst. So mochten manche Verschwörer durchaus Kontakte haben, von denen andere, die danach suchten, nichts ahnten. Generell galt im Hinblick auf die Gestapo die Devise, daß Wissen belastet und gefährdet. Andererseits war natürlich auch die öfters auftretende Duplikation der Anstrengungen, Kontakte in gleicher Richtung herzustellen, eine Gefährdung. Es war ein Dilemma!

Aus diesem Grund waren Yorck, Kessel, Wussow, Brücklmeier, die immer oder doch längere Zeiträume in Berlin lebten, über Jahre in ihrem Wunsch, Kontakte mit Arbeiterführern herzustellen, nicht erfolgreich. Selbst Hassell, Popitz und General Thomas mit ihren doch sehr viel weiterreichenden Beziehungen als die »Jungen« klagten noch im Oktover 1941 über das große, nicht zu lösende Problem: »Wo findet man Leute, deren Namen in der Arbeiterschaft Klang haben?« Hassell notierte weiter: »Auch in dieser Hinsicht ist alles zerschlagen.« Auf der Suche nach entsprechenden Kontakten ließ sich Wussow monatelang von einem Siemens-Arbeiter täuschen, der vorgab, über illegale Zellen bei der Siemens-Belegschaft Bescheid zu wissen, bis sich schließlich herausstellte, daß er zwar kein Spitzel, aber doch ein bloßer Schwadroneur war.[3]

Wussow fragte schließlich die Kinderärztin seines kleinen Sohnes, Dr. Töpfer, ob sie durch ihre große Praxis in Moabit nicht entsprechende Kontakte vermitteln könnte. Sie konnte, und Wussow wurde mit Dr. Friedrich Lemmer zusammengebracht. Zu Wussows Entsetzen war dieser noch mißtrauischer als er selbst, so daß Wussow, um Vertrauen herzustellen, sehr offen sprechen mußte. Damit habe er, so meinte er gegenüber Lemmer, sein Leben in dessen Hände gelegt. Wussow zitterte dem nächsten Treffen entgegen. Dann teilte ihm Lemmer ohne Namensnennung mit, daß seine Freunde zu einem Gespräch bereit seien. Es folgte Ende 1941 in der Wohnung Lemmers das erste Treffen Wussows mit Leuschner. Wussow wußte nicht, und Leuschner erwähnte mit keinem Wort, daß er bereits 1938 Oster durch Heinz kennengelernt hatte und seit Kriegsanfang in loser Verbindung mit Beck stand.[4]

Wussow muß wohl den ehemaligen stellvertretenden Vorsitzenden des Allgemeinen Deutschen Gewerkschaftsbundes nach den Möglichkeiten eines Generalstreiks zur Unterstützung eines Staatsstreiches gefragt haben. Leuschner dämpfte derartige Hoffnungen. Er und seine Freunde könnten sich auf keine Organisation stützen, da der größte Teil der besten Leute im KZ sitze, ein geringer Teil sei geflohen, sitze im Ausland und habe den Kontakt mit der deutschen Wirklichkeit verloren. Ein weiterer Teil habe in der Arbeitsfront Unterschlupf gefunden und könne nicht mehr als absolut zuverlässig angesehen werden. Leuschner schloß mit der Feststellung, daß er und seine Freunde über keine nennenswerte Organisation verfügten, die bei einem Staatsstreich einsatzfähig wäre. So wenig hoffnungsvoll sich daher die Möglichkeiten Leuschners Ende 1941 darstellten,[5] so sehr beeindruckte die Persönlichkeit des Sozialdemokraten und Gewerkschaftlers Wussow. Noch sechs Jahre später schrieb Wussow voller Bewunderung, Leuschner sei in seinen Augen einer der bedeutendsten Männer gewesen, die er kennengelernt habe. Yorck gegenüber brachte er Leuschner als Reichskanzlerkandidaten ins Gespräch, was Yorck auch voller Interesse erörterte. Beim nächsten Mal fragte Wussow Leuschner, ob er zumindest theoretisch als Reichskanzler zur Verfügung stünde. Leuschner wehrte jedoch ab und meinte, höchstens notgedrungen. Sehr viel eher sei er bereit, den Posten des Innenministers in einer Regierung nach Hitler zu übernehmen.

Bald darauf, im Januar 1942, wurde Wussow, wie bereits berichtet, denunziert, verlor seine Stellung in der Informationsabteilung des Auswärtigen Amtes und verließ Ende des Jahres Deutschland. Er erlebte daher nicht mehr, ob Oster die Mittel der Abwehr zum Schutz Leuschners und seiner Freunde eingesetzt hatte, wozu er bereit gewesen war. Dies war offenbar eine Anfrage von Leuschner über Wussow an Oster gewesen. Vor seiner Abreise vermittelte Wussow jedoch noch den Kontakt Brücklmeiers zu Leuschner und Lemmer.[6]

Brücklmeier kannte Lemmer zwar seit 1938 oberflächlich, hatte aber offensichtlich über dessen Beziehungen zu Leuschner nichts geahnt. Wie Wussow war auch Brücklmeier von Leuschner sehr beeindruckt. Er habe einen klaren Verstand, sei sehr ausgewogen und strahle im Unterschied zu manch anderem souveräne Ruhe aus. Bemerkenswert fand Brücklmeier auch, daß Leuschner, obwohl gestandener und bewährter Sozialdemokrat, bereit war, über seinen eigenen Schatten zu springen und die Wiedereinführung der Monarchie, falls das Wohl des Volkes es erfordere, zu akzeptieren. Brücklmeier selbst, der zur Zeit der Revolution gerade 15 Jahre alt gewesen war, hatte ein ganz unemotionales Verhältnis zu dieser Frage. Wie seine Altersgenossen stand er der Frage der Restauration distanziert gegenüber und gehörte keinesfalls zu ihren Befürwortern. Leider ist über die Zusammenarbeit Brücklmeiers mit Leuschner und dann Maas bis Herbst 1943 nicht viel bekannt. Seine Beziehungen zu Leuschner waren jedenfalls bereits im Februar / März 1943 derart, daß ihn Leuschner in der Wohnung Kessels in der Maienstraße aufsuchte.[7]

Wieweit die Kontaktaufnahme zu Leuschner durch Wussow und dann Brücklmeier auch die Verbindung Leuschners zu Yorck und Moltke beeinflußte, ist nicht festzustellen. Das erste Gespräch Leuschners mit Moltke und Yorck am 15. Dezember 1941 fällt jedoch etwa in die Zeit der ersten Begegnung Wussow-Leuschner.[8] Obwohl die Verbindung zwischen Leuschner und den Kreisauern seit Mitte Mai 1942 über Mierendorff lief, der seit Juli 1941 mit Moltke im Gespräch war, ist nicht auszuschließen, daß ein zweiter Kontaktpunkt über Wussow und dann Brücklmeier hergestellt und gehalten wurde.

Vermutlich wurde Schulenburg über Brücklmeier mit Leuschner bekannt gemacht, der in der Regierungsliste Goerdelers seit Anfang 1943 als Vizekanzler und Innenminister vorgesehen war. Durch Leuschner wird Schulenburg die anderen Gewerkschaftler wie Jakob Kaiser und Max Habermann kennengelernt haben. Auch Schwerin war von einem Gewerkschaftler »ganz fasziniert«, mit dem er oft »unendlich geheimnisvoll« verhandelt hatte. Aufgrund der engen Freundschaft zu Brücklmeier und Schulenburg ist anzunehmen, daß sich dieses Urteil Schwerins auf Leuschner bezog.[9] Der christliche Gewerkschaftler Jakob Kaiser bezeugte nach dem Krieg die enge Verbindung Schwerins und Schulenburgs zu den Sozialdemokraten Leuschner und Leber und zu den christlichen Demokraten Habermann, Wirmer, Letterhaus und ihm selbst. Kaiser schrieb, daß die beiden Männer »in den letzten zwei Jahren die laufende Verbindung dieses Kreises (der genannten Politiker und Gewerkschaftler, Verf.) zu den Soldaten hielten«.[10] Aus diesem Grund tauchen Schwerin und

Schulenburg relativ häufig in den Gestapo-Berichten auf, wenn über die Beziehungen zwischen Sozialdemokraten/Gewerkschaftlern auf der einen und Stauffenberg/Goerdeler auf der anderen Seite berichtet wird.

Leuschner hatte sich Anfang August 1943 »unter ziemlich üblen Begleiterscheinungen«, wie Moltke schrieb, von den Kreisauern getrennt und war endgültig »zu dem Exzellenzen-Club getreten«. Wenig später heißt es jedoch: »Überhaupt bin ich sehr erfreut darüber, daß wir die schwere Krise unserer Freunde ohne eine einzige menschliche Enttäuschung überstanden haben. Das ist doch sehr viel wert, und was auch immer geschieht, im Ergebnis werden wir uns verbessert haben«. Anstelle Leuschners (Deckname: Onkel) führte Mierendorff den »Ersatz-Onkel« Julius Leber bei den Kreisauern ein. Die Trennung Leuschners von den Kreisauern erfolgte unmittelbar vor dem für Mitte August 1943 vorgesehenen Staatsstreich und muß in diesem Zusammenhang gesehen und bewertet werden.

Obwohl nämlich in der »Ersten Weisung an die Landesverweser« vom 9. August 1943 noch auf die von Leuschner seit Jahren geplante Deutsche Gewerkschaft ausdrücklich als alleinige Vertreterin der freiheitlich gesonnenen deutschen Arbeiterschaft Bezug genommen wurde, waren die Differenzen in der Gewerkschaftsfrage aus der Sicht Leuschners wohl nicht überbrückbar. Da die Kreisauer in ihrer ganzen Programmatik grundsätzlich gegen zentral gelenkte Großorganisationen waren, paßte die Deutsche Gewerkschaft Leuschners nicht in ihre Vorstellungen. Daß die Kreisauer dennoch in der »Ersten Weisung« auf sie verweisen, war ein Kompromiß, um Leuschner mit seinen politischen Freunden einzubinden. Wichtiger muß für Leuschner jedoch gewesen sein, daß in den »Grundsätzen für die Neuordnung«, dem Kreisauer Zukunftsprogramm, der Deutschen Gewerkschaft ausdrücklich nur eine Übergangsfunktion zugebilligt wurde. Die Kreisauer waren der Ansicht, daß durch die Gewerkschaften die Klassengegensätze verewigt würden. Sie wollte daher langfristig die Interessensvertretung der Arbeitnehmer Betriebsgenossenschaften überantworten.[11]

Leuschner hatte seit Jahren gut mit Goerdeler zusammengearbeitet. Es ist zu vermuten – bei den Spannungen, die es seit dem Treffen vom 8. Januar 1943 zwischen Goerdeler und den »Jungen« gab –, daß sich Leuschner im Vorfeld des Staatsstreichsversuchs vom August 1943 genötigt sah, zwischen dem konventionellen Herangehen Goerdelers an die Situation nach Hitlers Sturz und dem des Kreisauer Kreises zu entscheiden. Leuschner muß in klarer Absicht Goerdeler gewählt haben, da Goerdeler einmal die Unterstützung Becks und damit der oppositionellen Militärs besaß und zur Frage der Gewerkschaften in seinem Entwurf einer Regierungserklärung von Mai/ Juni 1944 unzweideutig feststellte: »Wir begrüßen lebhaft, daß aus dem Willen der legitimen, von Hitler total zertretenen deutschen Arbeiterbewegung die Bildung einer alle schaffenden Deutschen in sich vereinigenden deutschen Gewerkschaft in Angriff genommen ist«.[12] Dies war ein klares Bekenntnis zu Leuschners Einheitsgewerkschaft.

Stauffenberg war nach seiner Ankunft in Berlin am 9. September 1943 derart mit der technischen Vorbereitung des Staatsstreiches belastet, daß er erst gegen Ende des Jahres, nachdem die Attentatsversuche wieder und wieder mißlungen waren, Zeit fand, sich auch für die politische Dimension zu interessieren. Brücklmeier, der seit Ende November mit Schwerin zusammen in Potsdam lebte und dadurch Stauffenberg sehr häufig sah, brachte Stauffenberg noch im Dezember 1943 mit Maaß, der rechten Hand Leuschners, zusammen, und im neuen Jahr mit Leuschner selbst. Brücklmeier führte Stauffenberg bei den zwei Gewerkschaftlern als einen höheren Offizier, der Interesse für Arbeiterfragen habe, ein. Stauffenberg teile zwar im großen und ganzen die Auffassungen Goerdelers, habe jedoch gegen seine Person Bedenken. Bei dem Treffen Leuschner-Stauffenberg-Brücklmeier fragte Stauffenberg, ob es nicht richtiger sei, wenn anstelle Goerdelers ein Vertreter der Arbeiterschaft die Führung übernähme. Die gleiche Frage richtete Stauffenberg auch an Leber, den er etwa im gleichen Zeitraum wie Leuschner kennenlernte. Aus den Gesprächen Stauffenberg-Leber ist die Formulierung überliefert, daß sie »keine Revolution der Greise« machen wollten – das saloppe Pendant zu dem Moltkeschen »Exzellenzen-Club«.

Von Stauffenberg, der sich mit Leber sehr schnell ähnlich gut verstand wie Schulenburg mit dem Sozialdemokraten, wurde bald bekannt, daß er Leber »für den besseren Reichskanzler« hielt. Die beiden Sozialdemokraten winkten jedoch ab.[13] Die Absage erfolgte bei Leuschner vielleicht auch aus Loyalität gegenüber Goerdeler, vor allem aber wohl aus politischem Kalkül. Diesen Aspekt hat die Gestapo besonders hervorgehoben, aber die beiden Sozialdemokraten nachgesagte Überlegung, nach Goerdeler und den Militärs im zweiten Zug eine dauerhafte sozialdemokratische Regierung zu etablieren, bleibt dennoch einleuchtend. Vor allem Leber hatte offenbar Hemmungen, sich dem bürgerlichen Übergangskabinett als Innenminister zur Verfügung zu stellen und sich damit eventuell zu kompromittieren. Er mußte dazu erst von dem älteren Leuschner überredet werden.

Nicht Leuschner, sondern Leber spielte in den Monaten bis zum Staatsstreich immer wieder mit dem Gedanken, eventuell doch ganz auf die »Zwischenetappe« Goerdeler zu verzichten. Daß sich dies bei Leber nicht zur festen Absicht verdichtete, lag an dem Einfluß Leuschners, der an Goerdeler festhielt. Zwischen den Arbeiterführern bestand jedoch im Grunde der Konsens, daß – ausgehend von der innenpolitisch so traumatischen Dolchstoßlegende nach dem Ersten Weltkrieg – die Arbeiterschaft in der ersten Stunde nach dem gewaltsamen Sturz Hitlers nicht zu sichtbar als Verantwortliche erscheinen durfte.[14]

Obwohl Stauffenberg offenbar gern einen Arbeiterführer, und hier speziell Leber, als Reichskanzler gesehen hätte, waren seine gesellschaftspolitischen Vorstellungen diesen Männern doch fremd. Maaß urteilte laut den Gestapo-Berichten besonders scharf über Stauffenbergs Äußerungen. Bereits im ersten Gespräch Stauffenberg-Maaß, das durch Vermittlung und unter Einbeziehung Brücklmeiers in der Wohnung Maaß' stattfand, hörte Maaß vor allem Trennendes. »Zwar« habe Stauffenberg »auch eine gewisse gesellschaftliche Neuordnung für notwendig gehalten«, aber gleichzeitig betont, daß »die überkommenen Güter nicht einfach über Bord geworfen würden, und daß man die geschichtlichen Leistungen des Adels berücksichtigen solle«. Maaß und Leuschner sollen sich anschließend darauf geeinigt haben, daß Stauffenberg »doch recht reaktionär« sei. Stauffenberg fühlte sich durch die für ihn völlig neuen Kontakte mit den Arbeiterführern derart herausgefordert, daß er seinerseits seine gesellschaftspolitischen Auffassungen schriftlich fixierte. Bei einer erneuten Besprechung im Februar 1944 fand Maaß diese so wenig konkret, daß Stauffenbergs »wahre politischen Absichten nicht zu erkennen gewesen« seien. Im Widerspruch dazu notierte die Gestapo jedoch auch ein weiteres Urteil von Maaß, wonach Stauffenbergs gesellschaftspolitisches Exposé darauf hinauslaufe, »die Interessen des Adels auch bei einem Regime der Gewerkschaften wahrzunehmen«. Laut Gestapo-Bericht sei Stauffenberg wiederum von den von Maaß vorgetragenen Auffassungen zur Gewerkschaftsbewegung »stark befremdet« gewesen. Maaß hat hier sicherlich die Pläne Leuschners zur Deutschen Gewerkschaft, einer Einheitsgewerkschaft, vorgetragen. Brücklmeier berichtete jedoch, daß Stauffenberg später seine Bedenken zurückgestellt haben, »weil er glaubte, auf diesem Wege die Arbeiterschaft leichter gewinnen zu können und dadurch einer kommunistischen Gefahr zu begegnen«. In diesen Passagen der Gestapo-Berichte erscheint Stauffenberg als durchtrieben oder reaktionär oder beides. Die widersprüchlichen Aussagen von Maaß zum Stauffenbergschen Exposé werden in ihrer Widersprüchlichkeit auch einfach stehen gelassen. Man darf vermuten, daß sich Maaß gegenüber der Gestapo tatsächlich zu Stauffenbergs und Moltkes Plänen geäußert hat, wobei das Stichwort »Interessenvertretung des Adels« gefallen sein muß. Ob Maaß wirklich Stauffenberg wie Moltke für reaktionäre Interessenvertreter ihrer gesellschaftlichen Gruppe hielt oder ob die Gestapo seine Aussagen tendenziös verdrehte, wird nicht mehr zu klären sein. Objektiv läßt sich aufgrund des umfangreichen Nachlasses etwa von Moltke feststellen, daß dieser alles andere verfolgte als »für seine Adelsschicht eigensüchtige gesellschaftspolitische Vorteile zu ergattern«, wie es Oberreichsanwalt Lautz dem Angeklagten Maaß in den Mund legte.

An einer dritten Besprechung im April nahm auch Schwerin teil. Bei diesem Gespräch soll Stauffenberg auf die Frage von Maaß, »ob man an einen Militärputsch denke, sehr wenig aus sich herausgegangen« sein. Hier setzt deutlich die Verteidigungslinie von Maaß gegenüber der Gestapo ein, der von dem Staatsstreich und vor allem dem Attentat abgeraten haben will. So will er bei einem Treffen mit Schwerin diesen gebeten haben, Stauffenberg zu beeinflussen, daß »die Generale nichts Politisches unternehmen«. Maaß will auch

Brücklmeier noch im Mai/Juni 1944 gebeten haben, auf Stauffenberg gegen einen Gewaltakt einzuwirken. Stauffenberg habe sich seitdem »rar« gemacht. Bei der erwähnten Besprechung Maaß-Schwerin, die aber vermutlich erst im Juni nach weiteren Auseinandersetzungen (vgl. S. 364) stattfand, wurde das »beiderseitige Gefühl recht verschiedenartiger Tendenzen bestätigt«.[15] Diese Aussagen von Maaß gegenüber der Gestapo sind in der Regel wörtlich genommen und verstanden worden.[16] Angesichts der langen Widerstandstätigkeit von Maaß, seiner engen Zusammenarbeit mit Leuschner und dessen Befürwortung eines Staatsstreiches beurteile ich sie als reine Schutzbehauptungen.

In die gleichen Wochen wie das Gespräch Stauffenberg-Schwerin-Maaß fällt auch das Treffen Stauffenbergs mit Wirmer am Karfreitag, dem 7. April 1944. Goerdeler hatte Wirmer gebeten, Stauffenberg aufzusuchen, um ihm klar zu machen, »wieviel konstruktive neue Gedanken« er habe. Stauffenberg und Wirmer konnten sich schnell darauf einigen, »daß nach keiner Richtung hin alte Zustände wieder aufgewärmt werden sollten«.[17] Goerdeler hatte natürlich schon längst gemerkt, daß der »Querkopf« Stauffenberg »auch Politik machen wollte«, und zwar mit einer Spitze gegen Goerdeler. So ist das nicht sehr freundliche Urteil Goerdelers vom November 1944 nur zu verständlich, wenn er schreibt: Stauffenberg »wollte einen unklaren politischen Kurs mit Anlehnung an Linkssozialisten und Kommunisten und hat mir durch überheblichen Eigensinn das Leben sehr schwer gemacht«. Das Treffen vom 7. April mit Wirmer sollte Stauffenberg auf den Kurs Goerdelers zurückbringen.[18]

Schwerin war bei diesem ersten Gespräch Stauffenberg-Wirmer nicht zugegen, da er ab 5. April zur Konfirmation seines ältesten Sohnes für die Feiertage in Göhren war. Auch Schulenburg taucht in den Gesprächen des März und Anfang April nicht an der Seite Stauffenbergs auf. Er war vom 7. März bis zum 4. April auf einem Bataillonsführungslehrgang in Antwerpen gewesen, da sich nach dem fehlgeschlagenen Februartermin keine weitere Aktion abzeichnete. Der stellvertretende Kommandeur des Ersatzbataillons 9, Hans-Karl Fritzsche, hatte Schulenburg in Antwerpen angemeldet. Der Lehrgang, dem sich im Mai (4.–19.) ein waffentechnischer Kurs in Döberitz anschloß, bot Schulenburg eine Scheinlegitimation, um sich auch weiterhin dem Zugriff des Innenministeriums und seines Staatssekretärs Stuckart zu entziehen. Mit diesem war er während der Regierungspräsidentenkonferenz Anfang Januar 1943 in Breslau aneinandergeraten – »beide Herren bekamen während ihrer zum Teil recht scharfen Unterhaltung rote Köpfe« –, da Schulenburg dem Drängen Stuckarts, sich für eine Verwaltungstätigkeit wieder zur Verfügung zu stellen, nicht nachgeben wollte. Trotzdem hatte Stuckart wenig später versucht, Schulenburg als Stellvertreter für Hinrich Lohse, Reichskommissar für das Baltikum und Weißruthenien, zu bekommen. Schulenburg war nicht bereit, nach Riga zu gehen, da »es nach zweieinhalb Jahren Herrschaft in diesen Gebieten zu spät ist«, wie er seiner Frau erklärte.[19] Schulenburg hatte seit 1940 systematisch alle derartigen Stellenangebote abgelehnt. Er war generell nicht mehr bereit, sich für eine karriereförderliche exekutive Führungsaufgabe des Regimes zur Verfügung zu stellen. Was die deutsche Besatzungspolitik besonders in Osteuropa betraf, so war sie in Zielsetzung und Durchführung so negativ und menschenfeindlich, daß Schulenburg seine vorgesehene Mitarbeit in der geplanten Zivilverwaltung für die gerade eroberte Ukraine bereits Mitte November 1941 verweigert hatte.

Nach der Rückkehr aus Antwerpen machte Schulenburg einige Tage Urlaub in Trebbow bei seiner Familie. Dort sah er über Ostern auch Stauffenberg wieder, der zusammen mit dem knapp 24jährigen Schulenburg-Freund Friedrich-Karl Klausing, Hauptmann im Ersatzbataillon 9, für die Feiertage nach Mecklenburg aufs Land gekommen war. Schulenburg hatte gebeten: »Kein Wort über Politik, Stauffenberg muß sich erholen«. Ganz ließ sich die Politik natürlich nicht vermeiden. Auf die Frage, was ihn zum Widerstand gebracht habe, erwähnte Stauffenberg auch ein Gespräch mit Schulenburg.[20]

Ursula Kardorff fand Schulenburg bei einem Besuch am 18. April im Gegensatz zu ihrem letzten Treffen zwei Monate vorher »ungeheuer optimistisch«. Mit Kardorff zusammen besuchte er Annedore Leber an ihrem Arbeitsplatz im Deutschen Verlag. Ende April suchte Schulenburg den Yorck-Freund und Abteilungsleiter im Innenministerium, Otto Ehrensberger, auf und sagte leise: »Jetzt geht es bald los!« Er bat Ehrensberger, ihm einen Posten im Innenministerium zu arrangieren, damit er in Berlin bleiben könne. Ehrensberger war bereit zu helfen und schlug ihn Staatssekretär Stuckart als Mitarbeiter in der eigenen Abteilung vor. Auf der Grundlage seiner Denkschrift »Bombenzerstörung und Aufbau« vom Oktober vergangenen Jahres sollte Schulenburg an der Konzipierung eines Erlasses zum Wiederaufbau arbeiten. Auch Stuckart stimmte zu, konnte aber die Einwilligung des Innenministers Himmler erst am 6. Juni, am Tag der Invasion in der Normandie, erhalten. Himmler war zwar mit der vorgesehenen Tätigkeit für Schulenburg grundsätzlich einverstanden, hielt aber den Zeitpunkt wegen der gerade begonnenen Invasion für ungünstig. Schulenburg wurde also offiziell weiter beim Ersatzbataillon 9 geführt.[21]

Schwerin dagegen hatte in den Wochen nach Ostern 1944 mit vielen Schwierigkeiten zu kämpfen: Der älteste Sohn war aus dem inzwischen gleichgeschalteten Internat Roßleben wegen politischen Fehlverhaltens relegiert worden. Ein militärischer Untergebener Schwerins meinte beziehungsvoll, »der Apfel fällt nicht weit vom Stamm«. Gesundheitlich machte Schwerin ein altes Gallenleiden erneut zu schaffen. Zudem wurden nun die Tagesangriffe auf Berlin »jetzt recht unangenehm«. Ein Lichtblick war in dieser Situation am 20./21. April der Besuch Wussows aus Portugal.[22] Wussow war von Ribbentrop zum Vortrag bestellt worden. Er hatte vor der Begegnung mit den Ribbentrops Angst, wobei dies nicht so sehr dem Außenminister galt als vielmehr seiner »bösen, aber intelligenten« Frau. Wussow bezeichnete immer sie und den Vater Ribbentrops als die eigentlichen Triebfedern des so unkontrollierten Ehrgeizes und blinden Englandhasses des relativ beschränkten Ministers. Er wäre wohl nicht nach Deutschland zurückgekehrt, wenn er nicht 1942 seinen kleinen Sohn als Geisel für sein Wohlverhalten hätte zurücklassen müssen. Zum Glück durfte der Sohn diesmal mitausreisen.

Schwerin und Brücklmeier nahmen Wussow zu Stauffenberg mit, damit er diesem seine außenpolitische Einschätzung aus dem Blickwinkel der Informationsdrehscheibe Lissabon mitteilen konnte. Stauffenberg fand Wussows Bericht offenbar so interessant, daß er ihn Fromm vorstellen wollte. Stauffenberg beruhigte Wussow: »Du brauchst keine große Sorge wegen Fromm zu haben. Brauchst ihm ja nicht zu sagen, daß wir das Militär abschaffen wollen, aber sonst kannst du ganz offen mit ihm reden«. Dies war nach allem, was bereits seit Jahren über Fromms Haltung bekannt war, eine überraschende Einschätzung, und sie war definitiv falsch, wie sich spätestens am 20. Juli herausstellen sollte. Fromm war ein Opportunist hohen Grades.

Wenn Stauffenberg in bezug auf Fromm zu optimistisch war, so war es Brücklmeier in bezug auf die von Leuschner geführte illegale Gewerkschaftsbewegung. Über sie sagte er zu seinem Freund, der seit Ende 1942 nicht mehr in Deutschland gewesen war, voller Stolz: »Wir alle haben in der Zwischenzeit nicht geschlafen. Wenn Leuschner jetzt auf den Knopf drückt, herrscht bereits in sechs Stunden bis nach Nürnberg hin Generalstreik«. Die Gestapo berichtete später die sehr stark relativierende Aussage Haubachs: »Mierendorff und er hätten sich gelegentlich darüber lustig gemacht, wie Leuschner mit seiner angeblichen Gefolgschaft angab«. Und Leber soll gesagt haben: »Leuschners personelle Reserven auf der Gewerkschaftsseite waren sehr schwach. Die noch vorhandenen Stützpunkte waren auch nicht mehr bedeutend. Aber Leuschner rechnete mit der alten Anhänglichkeit breiterer Arbeiterkreise an den Gewerkschaftsgedanken«. Dies scheint eine realistische Einschätzung gewesen zu sein und erinnert stark an Leuschners Erklärungen gegenüber Wussow Ende 1941.[23] Auch nach 1945 ist nichts bekannt geworden, was Brücklmeiers Wunschvorstellungen gestützt hätte. Zwar konnten Leuschner und Leber mit Recht auf die die Diktatur überdauernde Loyalität der ehemaligen Sozialdemokraten bauen, aber mit einer aktiven Rolle im Zuge des Staatsstreichs konnte leider nicht gerechnet werden.[24] Schließlich nahm Wussow noch eine letzte Neuigkeit aus Berlin nach Lissabon mit. Schwerin informierte ihn, daß der populäre »Nazigeneral« Rommel »mitmachen« würde. Ein knappes Jahr vorher hatte Tresckow den Feldmarschall noch als »hoffnungslos« eingestuft. Er habe »keinen Geist und keine Erkenntnis«. Generalfeldmarschall Rommel war seit 1. Januar 1944 Oberbefehlshaber der Heeresgruppe B im Westen. Am 15. April traf Hans Speidel bei ihm als Chef des Stabes ein und überbrachte seinem neuen Vorgesetzten die Grüße des Oberbürgermeisters von Stuttgart, Dr. Karl Strölin. Auf Bitte Goerdelers hatte Strölin Anfang Februar mit Rommel gesprochen und bei ihm Einsicht gefunden. Selbst Rommel erschienen Gegenmaßnahmen nun angezeigt. Schwerin muß sich gegenüber Wussow auf diese Unterhaltung Strölin-Rommel im Februar bezogen haben. Sie zeigt, wie sehr sich die Berliner Verschwörer an jeden Strohhalm klammerten.[25]

Nach der Besprechung zwischen Stauffenberg und Wirmer am Karfreitag war auf der politischen Seite der Verschwörung erst einmal Ruhe, zumindest soweit es die Gestapo später registrierte. Zu einer wirklich schweren Auseinandersetzung zwischen Goerdeler auf der einen und Leuschner und Leber auf der anderen Seite kam es erst am oder in den Tagen um den 15. Mai. Die Teilnehmer dieser Besprechung waren Wirmer, in dessen Wohnung das Treffen stattfand, Goerdeler, Leuschner, Jakob Kaiser, Letterhaus, Leber und auf Veranlassung Goerdelers auch Schulenburg. Eigentlich war es Goerdelers Absicht gewesen, mit diesem Teil seines Kabinetts einzelne, von ihm ausgearbeitete programmatische Punkte der zukünftigen Regierung zu diskutieren. Dazu kam es jedoch nicht, da »der Vizekanzler« Leuschner Sinn und Zweck eines Staatsstreichs in Frage stellte: »Nach den vielen ergebnislos verstrichenen Terminen habe er keinerlei Zutrauen mehr zu den Militärs. Er lasse sich nicht länger von den Militärs an der Nase herumführen. Sie wollten sich durch ihre Verbindung zu den Gewerkschaften nur ein politisches Alibi für die Zeit des Zusammenbruchs schaffen... Außerdem sei ein Regierungswechsel ohne Einfluß auf die militärische Entwicklung. Diese verschlechtere sich derart, daß der Zeitpunkt für eine militärische Aktion schon vorbei sei«. Leber sekundierte Leuschner zumindest so weit, daß er, gleich ob Regierungswechsel oder nicht, die Totalbesetzung Deutschlands für unabwendbar hielt.

Diese Ansicht war schon seit Monaten bei manchen Verschwörern verbreitet, auch wenn sie nichts von der Konferenz von Teheran (28. November–1. Dezember 1943) und ihren Ergebnissen gehört haben mochten. Sie basierte auf der alliierten Forderung nach bedingungsloser Kapitulation vom Januar 1943. In Teheran war von den Großen Drei »im Prinzip« die Teilung Deutschlands und die Westverschiebung Polens beschlossen worden. Im Januar 1944 hatte dann ein britischer Kabinettsausschuß unter Attlee die Westgrenze der geplanten sowjetischen Besatzungszone mit der Linie Lübeck-Helmstedt-Eisenach-Hof näher definiert. Dieser britische Vorschlag muß zumindest dem innersten Kreis der Verschwörer bekannt gewesen sein.[26] Goerdeler widersprach der These Lebers von der Totalbesetzung und forderte einen raschen Regierungswechsel unter Aufrechterhaltung eines militärischen Widerstandes gegen den äußeren Feind.

Aber nicht genug mit dem Mißtrauen Leuschners gegenüber dem Militär und der düsteren Prognose Lebers über die außenpolitischen Möglichkeiten Deutschlands. Leber begann auch Goerdelers gesellschaftspolitische Vorstellungen einer grundsätzlichen Kritik zu unterziehen. Für den Fall eines völligen militärischen Zusammenbruchs entwickelte er, so der Gestapo-Bericht, ein »radikales sozialistisches Programm« als Grundlage für eine neue Volksbewegung.[27] Der Gestapo-Bericht gibt auch fragmentarisch die wichtigsten Stichpunkte dieses »radikalen sozialistischen Programmes« wieder. Die Biographin Lebers, Dorothea Beck, vermutet wohl zu Recht, daß es sich dabei mit hoher Wahrscheinlichkeit um das von Mierendorff am 14. Juni 1943 verfaßte Aktionsprogramm der »Sozialistischen Aktion« handelte. Die »Sozialistische Aktion« sollte nach Mierendorffs Vorstellung, nun von Leber übernommen und vorgetragen, eine »überparteiliche Volksbewegung zur Rettung Deutschlands« sein; »den Aktionsausschuß bilden Vertreter der christlichen Kräfte, der sozialistischen Bewegung, der kommunistischen Bewegung und der liberalen Kräfte als Ausdruck der Geschlossenheit und Einheit«. Der Gedanke einer »Überparteilichen Volksbewegung« war 1943/44 zum Allgemeingut im Widerstand geworden. Konnte eine derartige überparteiliche Volksbewegung nicht nach Verbot der NSDAP zur »Einheitsfront aller Feinde des Nationalsozialismus« werden? Bildeten die Verschwörer nicht selbst die Avantgarde dieser erhofften Volksbewegung, die sie als Antwort auf das Debakel des Weimarer Vielparteienstaates verstanden? Die Ruinen und Gräber riefen laut zur Sammlung, zur Aktion: »Nie wieder soll das deutsche Volk sich im Parteienstreit verirren! Nie wieder darf die Arbeiterschaft sich im

Bruderkampf zerfleischen!« Auch Goerdeler wollte eine derartige Volksbewegung. Insofern war der Grundgedanke Mierendorffs und Lebers ihm vertraut und wurde von ihm unterstützt. Er formulierte es nur anders und altväterlicher: »Auch wir wollen keinen Parteienstaat mehr. Eine Volksbewegung sollte alle Stände, Schichten und Gaue einen«. Ein wichtiger Unterschied bestand allerdings zwischen Mierendorffs »Sozialistischer Aktion« und Goerdelers »Volksbewegung«: Diese nämlich sollte laut Schwerin »die Deutschen von der Sozialdemokratie, über das Zentrum bis zu den Deutschnationalen« umfassen, also das Spektrum des Goerdelerschen Kabinetts, die Kommunisten jedoch nicht.[28]

In dieser Sitzung des Goerdeler-Kabinetts bei Wirmer drohte Leuschner wegen der Zwecklosigkeit des Staatsstreichs nicht mehr mitzumachen; seine Zustimmung zu einem Regime unter Beck habe er unter den Voraussetzungen einer anderen militärischen Gesamtlage gegeben, und er ziehe diese nun zurück. Es ist nicht bekannt, daß Leuschner Mitte Mai seine Drohung wahrgemacht hätte, aber sie war ein schweres Krisensymptom für den Zustand der Berliner Verschwörergruppe, in die sie durch das nervenzehrende Warten geraten war. Wirmer stellte als Fazit der Besprechung fest, daß es doch »erhebliche Schwierigkeiten« mache, »aus verschiedenen alten politischen Richtungen stammende Menschen« zur Einigung zu bringen.[29] Nach diesem recht schwierigen und spannungsreichen Gespräch kam es zu dem Versuch eines Krisenmanagements. Leber hatte sich offenbar bei der Diskussion seines »radikalen sozialistischen Programmes«, eben der »Sozialistischen Aktion«, auf die Zustimmung Stauffenbergs berufen. Auf Bitten Goerdelers ließ sich Wirmer über Schwerin einen Termin bei Stauffenberg geben. Dieser Umweg lag für Wirmer nahe, da die beiden Männer in diesen Monaten einen sehr engen Kontakt entwickelt hatten. Wirmer besuchte Schwerin häufig in dessen Dienststelle,[30] die seit dem 1. Mai nur noch wenige Fußminuten von Stauffenbergs Büro in der Bendlerstraße entfernt lag. Bei dem Gespräch Wirmer-Stauffenberg-Schwerin bestritt Stauffenberg, daß er Lebers sozialistischem Programm zugestimmt habe. Zur weiteren Klärung verabredeten sich Stauffenberg und Leber am darauffolgenden Sonntag (21. oder 28. Mai) bei Wirmer, der nun seinerseits einen Gegenentwurf zur »Sozialistischen Aktion« vorlegte. Wirmer nannte seinen Entwurf, der offensichtlich auch eine Volksbewegung anvisierte, die »Deutsche Gemeinbewegung«. Nach Oberreichsanwalt Lautz hat sich Stauffenberg in dieser Unterredung mit dem Kompromiß- und Gegenentwurf Wirmers einverstanden erklärt.[31]

Leider waren die Differenzen damit nicht beigelegt. Goerdeler nämlich beschwerte sich brieflich bei Stauffenberg über seine selbständigen Verhandlungen mit den Arbeiterführern; dies sei nicht Sache des Militärs. Bei der folgenden größeren Besprechung am 16. Juni im Hotel Esplanade attackierte Leber sofort Goerdeler. Er warf ihm vor, »in der Außenpolitik Illusionist, in seinen wirtschaftlichen Auffassungen überlebt und insgesamt an die Großindustrie gebunden« zu sein. Leber war der Meinung, daß es notwendig sein werde – inzwischen dauerte die Invasion in der Normandie bereits zehn Tage – auf Ostpreußen, Elsaß-Lothringen und das Sudetenland zu verzichten. Die anderen Teilnehmer neben Goerdeler und Leber, nämlich Hermann Kaiser, Habermann, Wirmer, vielleicht auch Schulenburg, protestierten gegen diese weitgehenden Konzessionen Lebers für den angestrebten Verhandlungsfrieden. Außerdem machten sie Leber den Vorwurf, die alte »SPD-Politik« fortsetzen zu wollen. Um Leber wieder stärker einzubinden, verlangten Kaiser und Habermann eine Aussprache Leber-Leuschner.

Vor dieser Aussprache hatte der alte Gewerkschaftler bereits Haubach zu Leber geschickt, um diesen wegen der Auseinandersetzungen vom 16. Juni zur Rede zu stellen. Als Leuschner schließlich selbst mit Leber sprechen konnte, was erst nach dessen erstem Treffen mit den Kommunisten am 22. Juni und kurz vor seiner Verhaftung am 5. Juli 1944 möglich war, wandte sich Leber gegen ein Kabinett Goerdeler und forderte die »rein sozialistische Lösung«. Leuschner lehnte jedoch ab. Er wollte, wie die Gestapo tendenziös zu berichten wußte, das »Kabinett Goerdeler als ein Mittel zum Zweck benutzen«, um dann die »reaktionären Kräfte, die zunächst durch die Militärs an die Macht gelangen würden, auszuschalten«. Leuschner interessierte vor allem, ob es nun endlich zum Staatsstreich kommen würde.[32]

Die Reaktion von Brücklmeier, Schulenburg, Schwerin und Yorck auf diese Differenzen ist nur fragmentarisch durch die Gestapo-Berichte bekannt geworden. Schwerin oder Schulenburg hatten an den Besprechungen bisweilen teilgenommen. Sie standen aber Stauffenberg, Beck, Leuschner, Leber, Wirmer und Jakob Kaiser so nahe, daß sie stets auf dem neuesten Stand waren. Von Brücklmeier wußte die Gestapo zu berichten, daß er noch Ende Juni 1944 Stauffenberg davon überzeugen wollte, daß Goerdeler »politisch völlig ungeeignet sei«. Goerdeler »vertrete überholte liberale Wirtschaftsauffassungen und strebe eine zu enge Verquickung von Politik und Religion an«. Auch Brücklmeier zog Leuschner als nächsten Reichskanzler vor. Diese Aussage stammte allerdings von Maaß, der sehr stark Partei war.[33]

Die Brüder Stauffenberg, Schulenburg und Schwerin bezogen vermutlich nicht so dezidiert gegen Goerdeler Stellung, aber sie waren sich gar nicht sicher, daß es Goerdeler in der ersten Regierung nach Hitler für längere Zeit gelingen würde, seine Position zu behaupten. Sie rechneten zumindest eine Zeitlang damit, daß Goerdeler von den Sozialdemokraten Leuschner und Leber bald abgelöst werden würde. Nach den Erfahrungen mit dem innenpolitisch so konfliktträchtigen Versailler Vertrag waren die Stauffenbergs, Schulenburg und Schwerin daran interessiert, daß es zu »keinem entehrenden Frieden« kam. Auf Goerdeler konnten sie in diesem Punkt vertrauen, auf die Sozialdemokraten, vor allem wahrscheinlich nach den außenpolitischen Äußerungen Lebers (Abtrennung von Ostpreußen etc.) offenbar nicht. Die vier Männer besprachen daher eingehend, »welche Stellung sie einer Regierung gegenüber einnehmen sollten, die sich ein Diktat aufzwingen läßt« – der Begriff »Diktat« bringt die Reminiszenzen an das »Diktat von Versailles« zum Ausdruck.[34]

Yorcks Haltung zu den Gesprächen im Mai/Juni 1944 ist in den Gestapo-Berichten nicht festgehalten. Spätestens seit dem verunglückten Treffen vom 8. Januar 1943 hatte er erhebliche Vorbehalte gegen Goerdeler, den er auch mal als »Erzreaktionär« bezeichnete, während Goerdeler in Richtung Kreisauer Kreis mit dem Vorwurf des »Salonbolschewismus« konterte.[35] Yorck sah die Basis für eine neue tragfähige Regierung vor allem in der Mitte bis hin zum linken Flügel der Sozialdemokratie. Wie Brücklmeier war er der Ansicht, daß Leuschner der geeignetere neue Reichskanzler wäre. Yorck hatte sich aufgrund seiner Arbeit im Kreisauer Kreis in einer unorthodoxen Weise relativ weit nach »links« entwickelt, die offenbar nicht ganz den Vorstellungen Leuschners und Mierendorffs entsprach. Einer von ihnen stellte Yorck einmal halb scherzhaft zur Rede: »Warum er aus Angst, es könne nicht ›links‹ genug regiert werden, so gern eigene Wege gehe. Er brauche sich in dieser Beziehung keine Sorgen zu machen, eher sei zu befürchten, daß man zu weit nach links gerate«. Man darf daher vermuten, daß Yorck in der von Mierendorff geplanten »Sozialistischen Aktion«, der Einheitsfront aller Feinde des Nationalsozialismus«, nichts Schockierendes sah. Er wird kaum das Befremden der »bürgerlichen« Gesprächsteilnehmer Leber geteilt haben, als dieser Mitte Mai Mierendorffs elf Monate alten Aufruf aus der Tasche zog. Trotz dieser politischen Haltung und seiner Bedenken gegen Goerdeler war Yorck auf Bitten Stauffenbergs bereit, als Staatssekretär bei Goerdeler einzuspringen, falls es unbedingt notwendig sein sollte. Yorck war eben vor allem undoktrinär und teilte vermutlich die Ansicht Kessels, daß es richtig sei, Goerdelers Regierungsmannschaft mit »Gegengewichten« politisch auszutarieren.[36]

Mit Leber standen Yorck und Moltke seit Anfang August 1943 im Gespräch, nachdem dieser von Mierendorff bei den Kreisauern eingeführt worden war. Das Verhältnis Lebers zu der Kerngruppe des Kreisauer Kreises war vor allem im Spätherbst 1943 nicht unproblematisch. So schrieb Moltke am 11. November: »Sachlich drohen erhebliche Gefahren. Friedrich (Mierendorff) und Neumann (Leber) befinden sich auf Abwegen, die denen des Onkels (Leuschner) nicht unähnlich sind«. Und am 28. des Monats beschrieb er das Ergebnis einer Unterhaltung mit Mierendorff, aber vor allem mit Leber als »außerordentlich bedauerlich«. »Es bedeutet das Ende einer Hoffnung und mir scheint das Abbrennen der Derfflingerstraße (am 23. November 1943, Verf.) durchaus symbolisch berechtigt zu sein... Wenn das ganze Rezept, in das Julius (Leber) sich hat einspannen lassen, nicht so völlig blödsinnig wäre, dann wäre alles gleichgültig«. Das »Rezept« war offensichtlich das geplante Attentat durch v. d. Bussche mit anschließendem Staatsstreich und Regierungsbildung durch Goerdeler. Yorck und Moltke hatten aber in diesen Tagen nicht nur Differenzen über das »Rezept« mit den Sozialisten Mierendorff und Leber, sondern auch mit Trott. Am 16. November hatte Trott an seine Frau geschrieben, »Kopf (Moltke) und Schulter (Yorck) machen mir immer noch etwas Schmerzen – es sieht fast wie eine chronische Erkältung aus«. Und nach einem Essen mit Moltke und Gerstenmaier bei Yorck: »... zum Schluß erregte Meinungsverschiedenheiten, ob man Wetter machen könnte, wobei ich die von Petrus vielleicht belächelte positive Meinung vertrat«. In einem weiteren Gespräch zwischen Moltke, Mierendorff, Haubach und Trott konnten jedoch bereits Ende November die Meinungsverschiedenheiten ausgebügelt werden, wie Trott und Moltke erleichtert an ihre Frauen schrieben.

Am 1. Dezember 1943 schrieb Trott: »... Mit Kopf (Moltke) und Schulter (Yorck) geht es nach einem akuten, von mir aktiv durchgestandenen Schmerzanfall plötzlich über Erwarten viel besser, ja sogar gut und richtig ...« Inzwischen hatten sich jedoch wieder einmal die Möglichkeiten zum Attentat und damit Staatsstreich zerschlagen, und Moltke hatte mit seiner Skepsis erneut recht behalten.

Am 4. Dezember starb Mierendorff bei einem Luftangriff in Leipzig. Moltke bemühte sich darauf erneut um Leber, den er kurz vor seiner Verhaftung am 19. Januar 1944 noch zweimal sah. Er versuchte weiterhin, Leber auf die Kreisauer Vorstellungen einzuschwören, was ihm nicht vollständig gelang, wenn er auch hoffnungsvoll war. Moltke meinte daher, auch Yorck müsse Leber »einmal die Woche« rannehmen. Das hat Yorck offenbar mit Erfolg getan, denn Mitte April 1944 berichtete er Lukaschek, daß Leber bei den Kreisauern in Berlin »in den Vordergrund trete«.[37] So war es nur natürlich, daß Leber mit Yorck und seinen Freunden auch den für ihn entscheidenden Schritt der Kontaktaufnahme mit den Kommunisten besprach.

Am Abend vor dem verabredeten Treffen, am 21. Juni 1944, versammelten sich in der Hortensienstraße neben Yorck und Leber auch Reichwein, Haubach, Lukaschek, van Husen und Trott. Das Gespräch drehte sich anfangs um kulturpolitische Themen. Schließlich teilte Leber den anwesenden Freunden mit, daß er und Reichwein am nächsten Tag Kommunisten, die er noch aus dem KZ kenne, treffen wolle. Haubach hatte sich bereits vorher dagegen ausgesprochen, jetzt warnten auch Lukaschek und van Husen vor diesem Schritt, da Kommunisten heute entweder im KZ, im Zuchthaus oder in Rußland säßen. Leber verbürgte sich jedoch für die zwei Kontaktmänner des Zentralkomitees. Er habe mit ihnen fünf Jahre lang die gleiche Pritsche im KZ geteilt. Auch Leuschner hatte schon fünf Tage zuvor aus ähnlichen Erwägungen vor einer derartigen Begegnung mit den Kommunisten gewarnt. Er war selbst offenbar von derselben kommunistischen Gruppe angesprochen worden und hatte abgelehnt. Doch Reichwein, der den Kontakt über Monate vorbereitet hatte, und Leber waren nicht abzuhalten. Wenn es die Einheitsfront der »Sozialistischen Aktion« geben solle, müsse es gewagt werden. Von den drei Kommunisten, die sich mit den Sozialdemokraten am 22. Juni trafen, war einer ein Spitzel. Reichwein und Leber und die beiden Kommunisten Anton Saefkow und Franz Jakob wurden wenig später am 4. und 5. Juli verhaftet. Keiner von ihnen überlebte.[38]

Obersturmbannführer v. Kielpinski, der Berichterstatter der Untersuchungskommission 20. Juli, hat die Differenzen zwischen den Verschwörern hervorgehoben. Ganz besonders galt das für die Auseinandersetzungen zwischen dem bürgerlichen und sozialistischen Lager. So entstand ein Bild, als hätten die Sozialisten, allen voran Leber, dem bürgerlichen Goerdeler das Fell über die Ohren ziehen wollen, und dieser habe aus Borniertheit sowieso nur Vorgestriges anzubieten gehabt. Gewiß, Kielpinski war in seinen Berichten mehr oder minder tendenziös, zudem sollten die Aussagen der Verhafteten ja auch nicht der historischen Wahrheitsfindung, sondern vor allem ihrer eigenen Entlastung dienen. Unberücksichtigt bleiben so die besonderen Beziehungen, die diese Menschen quer durch alle Lager verbanden und die den Kampf gegen die Diktatur ein Stück weit mit tragen halfen, ja erst ermöglichten. Alle, aber auch alle Zeugnisse der Überlebenden durchzieht das Hohelied der Freundschaft. Dieses starke Zusammengehörigkeitsgefühl wurde unter dem drohenden Schatten der Gestapo und des Galgens ständig neu gefestigt, ungeachtet aller ideologischen Differenzen und sachlichen Auseinandersetzungen. Die Männer sahen sich zuerst als Menschen und nicht, wie so häufig in politischen Auseinandersetzungen, als ideologische Masken. Die Einstellung Lebers, der mit Kommunisten grundsätzlich nicht viel im Sinn hatte, ist daher sehr bezeichnend. Fünf Jahre hatte er mit den beiden Kommunisten im KZ das gleiche Schicksal erlitten. Das verband und stiftete Vertrauen! Auch Schulenburg, der von einem eventuellen Reichskanzler Leber mangelnde Standfestigkeit gegenüber den Kriegsgegnern befürchtete, schickte Ursula Kardorff zweimal zu Annedore Leber und ließ mit Blick auf den verhafteten Leber bedeutungsvoll ausrichten: »Wir tun unsere Pflicht«. Das war am 16. Juli.[39]

Dieser Aspekt der Freundschaft und des über Jahre aufgebauten und bewährten Vertrauens muß als atmosphärischer Hintergrund bei all diesen Auseinandersetzungen mitgedacht werden, die auf der Basis eines freundschaftlichen Grundverständnisses und einer gemeinsamen Gegnerschaft stattfanden, die alle Krisen überdauerte.

19. Kapitel
Die letzten Wochen

Zum 1. Mai 1944 wurde Schwerin von der Kartenstelle der Division Brandenburg zur Passierscheinhauptstelle des OKH versetzt. Schwerin hatte diese Versetzung selbst betrieben, da sein Divisionskommandeur, Generalmajor v. Pfuhlstein, einen Monat zuvor ohne weitere Verwendung nach Hause geschickt worden war. Nach Pfuhlsteins Ablösung, die unter »großem Wirbel« über die Bühne ging, hatte die Division Brandenburg für Schwerin an Interesse verloren. Mit dem Nachfolger, Generalleutnant Kühlwein, konnte offenbar bei einem Staatsstreich nicht gerechnet werden. Hinzu kam, daß Schwerin erneut gewarnt worden war, daß seine Reisen nach Ostpreußen und woandershin aufgefallen wären. Die erste derartige Warnung hatte er bereits im Mai 1943 von Guttenberg erhalten. Auch aus diesem Grund hielt er einen Wechsel der Dienststelle für günstig. In der Passierscheinhauptstelle würden Reisen zu seinen selbstverständlichen Pflichten gehören.[1]

Pfuhlstein war bei Keitel in den letzten Monaten mehrfach mißliebig aufgefallen. Angefangen hatte es damit, daß der Divisionskommandeur abends öfter Oster besucht hatte. Auch Schwerin hatte nach der Kaltstellung Osters Mitte April 1943 seine freundschaftlichen Besuche bei ihm fortgesetzt. In der Zeit bis zu seinem Urlaubsantritt Ende August 1943 war er ein- bis zweimal pro Woche zum Essen bei Oster gewesen. Ende Oktober hatte Oster, der ein passionierter Reiter war, in Göhren ein Pferd zugeritten. Diese fortbestehende Kontakte Osters »zu einzelnen Offizieren der Division Brandenburg« und zur Abwehr waren Keitel von der Gestapo gemeldet worden. Der Generalfeldmarschall schrieb daraufhin am 16. Dezember 1943 dem ehemaligen Abteilungsleiter der Abwehr einen Brief, mit dem er ihm »jeden dienstlichen und außerdienstlichen Verkehr mit dem Amt

Ausland/Abwehr und dessen Angehörigen« verbot. Das Ehepaar Oster zog daher, um keinen der Freunde weiter zu gefährden, auf das Gut Schnaditz zu Marie Martini, Osters Schwester.[2]

Der Untersuchungsrichter Osters und Dohnanyis, Dr. Manfred Roeder, war ein sehr ehrgeiziger Nationalsozialist. Bei der Vernehmung Dohnanyis hatte er getönt: »Die Division Brandenburg ist ein Drückebergerverein, in den ich jetzt eingehend hineinleuchten werde«. Der schlaue Canaris sah eine Möglichkeit, Roeder auszuschalten und damit seinen gefährdeten Kollegen zu helfen. Er stiftete Pfuhlstein an, die Ehrenrettung seiner Division in die eigenen Hände zu nehmen. Pfuhlstein flog am 18. Januar 1944 zu Roeder nach Morszyn bei Lemberg und ohrfeigte ihn. Dies »skandalöse« Unternehmen hatte Erfolg. Das Heerespersonalamt überprüfte das Verhalten Roeders, »der zweifellos weit über seine Befugnisse hinausgegangen ist«, und Keitel belegte Pfuhlstein mit milden sieben Tagen Stubenarrest. Als aber der Divisionskommandeur wenig später bei Keitel wegen »parteifeindlicher, defaitistischer und pessimistischer Bemerkungen« angezeigt wurde, war das Maß voll. Pfuhlstein wurde zum 1. April 1944 abgelöst.[3]

Schwerins neue Dienststelle lag in der Großadmiral Prinz Heinrich-Straße (jetzt Hitzigallee), nur zwei Fußminuten von den Büroräumen Olbrichts und Stauffenbergs entfernt. Die Passierscheinhauptstelle war eine selbständige Unterabteilung Qu 6 der Abteilung II »Kriegsverwaltung« des Generalquartiermeisters General Wagner. Aufgabe dieser OKH-Dienststelle war die Organisation und Koordinierung des Paßwesens in einem Teil der besetzten Länder mit verschiedenen anderen deutschen Stellen. Professor Jens Jessen, seit 1942 ihr Leiter, machte aus ihr einen Stützpunkt des Widerstandes. Werner v. Haeften arbeitete unter Jessen, bis er im Herbst 1943 zum Ordonanzoffizier bei Stauffenberg ernannt wurde. An die Stelle von Haeften trat nun Schwerin, den Jessen wegen seines »ebenso klugen wie bescheidenen Auftretens« besonders schätzte. Leider erlitt Jessen im März 1944 infolge eines Autounfalls schwerste Verletzungen, die ihn bis zum 20. Juli seine Dienststelle nicht betreten ließen. Sein Nachfolger und damit neuer Vorgesetzter Schwerins war Rittmeister d. R. Heinrich Freiherr v. Biel, der als Nachbarssohn mit Schulenburgs einziger Schwester Tisa in grauer Vorzeit einmal kurz verlobt gewesen war. Der dritte im Bunde war Hauptmann d. R. Dr. R. Limbach, im Zivilberuf Verlagsbuchhändler. Schwerin hatte es gut getroffen und benutzte seine neuen Möglichkeiten für kleine illegale Hilfestellungen. So besorgte er dem seit Januar 1944 flüchtigen Abwehrhauptmann Dr. Ludwig Gehre ein Soldbuch mit falschem Namen und Majorsrang, was diesem das Wechseln seiner Verstecke ohne Angst vor Kontrollen ermöglichen sollte.[4]

Schulenburg hatte noch im Mai 1944 ein Erlebnis, das einen Vorgeschmack dessen gab, was er selbst bald erleben sollte. Bei einem der Kasinoabende des IR 9 erbat er sich vom Potsdamer Gestapo-Chef, v. Dolega-Kozierowski, Zuhörerkarten für den bevorstehenden Volksgerichtshof-Prozeß gegen den Potsdamer Verleger Bonnes. Der Verleger war nach dem Heimtückeparagraphen wegen Stammtischgerede angeklagt worden. In der ersten Verhandlung, die Schulenburg zusammen mit Kleist jr. besuchte, wurde Bonnes von dem VGH-Vize Krone zum Tode verurteilt. Die Zuhörer hatten von Anfang an das Gefühl, daß das Urteil bereits festgestanden hatte. Als in der Verhandlung das Stichwort »verschärfte Vernehmung« fiel, zuckte Bonnes nur mit den Achseln. Zu einer weiteren Verhandlungsrunde ging Schulenburg zusammen mit Fritzsche, Oppen und wiederum Kleist. Diesmal führte Freisler den Vorsitz. Bonnes erklärte auf Befragen, natürlich sei er gefoltert worden, sein Verteidiger habe ihm beim ersten Mal nur abgeraten, davon zu sprechen. Die Verteidigung benannte einen Zeugen, der aussagte, daß der Verleger zum Zeitpunkt der angeblichen Äußerungen gar nicht in Potsdam gewesen sei. Freisler gab ihm fünf Minuten Zeit, von der Aussage zurückzutreten, andernfalls werde er wegen Falschaussage belangt. Der Zeuge fiel um, das Todesurteil wurde von Freisler bestätigt.

Schulenburg und die jungen Offiziere waren erschüttert über diesen Justizmord und Freislers Verdrehungen und Wortklaubereien. Schulenburgs Fazit: Nur nichts zugeben! Schwerin gab das an seine Frau als Verhaltensmaxime weiter mit dem Zusatz: »Beweisen können sie ja doch nichts«.[5]

Seit April bis zum ersten Juliwochenende waren Schulenburg und Schwerin fast jedes Wochenende bei ihren Familien in Trebbow und

Göhren gewesen. Ihren Frauen erzählten sie keine Details, um sie nicht zu belasten. Diese ständige Geheimhaltung selbst gegenüber der eigenen Frau war keine geringe Belastung. »Ach, wenn ich dir doch nur erzählen könnte«... wandte sich Schwerin oft an seine Frau und setzte hinzu: »Du mußt dir darüber klar sein, daß ich jeden Tag als Hochverräter verhaftet werden kann«. Mit diesem Damoklesschwert über sich lebten die Familien, und so wurde jedes Wiedersehen in Göhren so festlich gefeiert, als sei es das letzte. Zu der Angst vor der Gestapo kam noch die vor den alliierten Bombenangriffen. Marianne Schwerin, die seit Herbst 1943 schwanger war, notierte mehrfach nach den großen Angriffen auf Berlin lakonisch in ihren Kalender »UW (Ulrich-Wilhelm) lebt.«

Schulenburgs letzte Reise führte ihn am 31. Mai 1944 für einige Tage nach Ostpreußen. Dort sah er Marion Dönhoff, den für den Wehrkreis I als Verbindungsoffizier vorgesehenen Heinrich Lehndorff und vermutlich auch den Politischen Beauftragten Heinrich Dohna. Es war der gleiche Kreis, den das Ehepaar Yorck und Nikolaus Uexkuell nur wenige Wochen zuvor besucht hatte. Marion Yorck berichtet über den Abend bei Dohnas in Tolksdorf, daß Dohna, Lehndorff und ihr Mann sich nach dem Abendessen wie üblich allein zurückgezogen hätten. Man kann sich vorstellen, was besprochen wurde.[6]

Das gleiche gilt für die Gespräche Schulenburgs, der jedoch auch noch weitere alte Bekannte aus seiner Zeit in Ostpreußen aufsuchte. Zu einem von ihnen sagte er halb scherzhaft: »Jetzt seht ihr mich nur als Minister oder ohne Kopf wieder«. Schulenburg muß auf dieser Reise sehr kräftig sondiert haben, denn bald lief die Warnung um, er verbreite merkwürdige, ja beinahe hochverräterische Ansichten. Ein zu enger Kontakt mit ihm könne daher leicht gefährlich werden. Schließlich besuchte er auch noch Bussche in Insterburg, der seit seiner Verwundung am letzten Januartag ununterbrochen in Lazaretten lag. Schulenburg, der den jüngeren Offizier sehr schätzte, sagte zu ihm: »Wenn es nicht mehr gelinge, zur Tat zu kommen, so müsse man sich einen Eid geben und zu einem ›Orden‹ zusammenschließen, um nach dem Zusammenbruch Deutschlands in der dann von allen Seiten einbrechenden Fremdherrschaft ohne äußeres Band eine

Gruppe von Männern zusammenzuhalten, die voneinander wisse und unverrückbar am Vaterland festhalte«. Schulenburg gab hier offensichtlich einen von Claus Stauffenberg ausgehenden Gedankengang wieder, der uns heute sehr fremd klingt, der aber verständlich ist vor dem Hintergrund von Stauffenbergs Verbindung zu Stefan George:

»Wir wollen eine neue Ordnung, die alle Deutschen zu Trägern des Staates macht und ihnen Recht und Gerechtigkeit verbürgt, verachten aber die Gleichheitslüge und beugen uns vor den naturgegebenen Rängen. Wir wollen ein Volk, das in der Erde der Heimat verwurzelt, den natürlichen Mächten nahe bleibt, das im Wirken in den gegebenen Lebenskreisen sein Glück und sein Genüge findet und in freiem Stolze die niederen Triebe des Neides und der Mißgunst überwindet. Wir wollen Führende, die, aus allen Schichten des Volkes wachsend, verbunden den göttlichen Mächten, durch großen Sinn, Zucht und Opfer den anderen vorangehen«.

Schulenburg hat Bussche diesen Eidestext, der von dem Stauffenberg-Freund Rudolf Fahrner stammte, nicht genannt. Es ist auch nur schwer vorstellbar, daß so nüchterne Männer wie Yorck und Schwerin sich einen derartigen Eid, ja überhaupt die ganze Idee, zueigen gemacht hätten. Sie war allzu jugendbewegt und mystisch.[7]

Als Schulenburg aus Ostpreußen zurückkam, hatte Himmler gerade seiner Einstellung ins Innenministerium (vgl. S. 362) grundsätzlich zugestimmt, an die er sich nach dem 20. Juli nicht mehr erinnern wollte; vielmehr hielt er sich auf einer Gauleitertagung darauf zugute, schon immer eine »Aversion« gegen Schulenburg gehabt zu haben.[8] Schulenburg fuhr am 9. Juni, befriedigt über den gelungenen Plan, über das Wochenende nach Trebbow zu seiner Familie; Schwerin war in Göhren, wo am 13. Juni sein fünfter Sohn, der Verfasser nämlich, geboren wurde. Der glückliche Vater bat die Freunde Schulenburg und Witzleben, die Patenschaft zu übernehmen. Mit Witzleben, dem weißen Raben unter den Feldmarschällen, verband Schwerin, soweit dies bei dem Altersunterschied von 21 Jahren möglich war, ebenfalls echte Freundschaft. Nachdem er 1943 von Utrecht nach Berlin versetzt worden war, war Schwerin neben Oster einer der wenigen, die Witzleben regelmäßig besuchten. Witzleben war durch den Tod seiner Frau 1942 und durch Krankheiten stark mitgenommen. Laut dem Gestapo-Bericht war Schwerin überhaupt der einzige, der den 63jährigen Feldmarschall ab und zu in Seese, Kreis Kahlau, besuchte. Weitgehend stellte Schwerin für den zurückgezogen lebenden General die Verbindung zur Außenwelt dar. Freisler nannte Schwerin denn auch den »Verbindungsverbrecher« zu Witzleben.

Schwerin hatte Witzleben 1937/38 sehr wahrscheinlich durch Oster kennengelernt. Die gemeinsamen Jahre im Widerstand und dann in St. Germain, das verbindende Element der Internatsschule Roßleben und des Schwerin sehr gut bekannten Deutschtumspolitikers Erik v. Witzleben-Liszkowo erklären die Rahmenbedingungen dieses Verhältnisses. Von den 26 Offizieren der Wehrmacht im Range eines Feldmarschalls war Witzleben der einzige, der ohne zu wanken von Anfang an die Sache des Widerstandes unterstützt hatte. Er blieb aufgrund seines Ranges unersetzbar. Als Witzleben nach seiner Krankheit Schwerin erklärte, er könne seiner Gesundheit wegen nicht mehr mitmachen, bewog ihn offensichtlich Schwerin, weiter zur Verfügung zu stehen. So suchte Witzleben, sobald er wiederhergestellt war, im September/Oktober 1943 Olbricht auf, ließ sich unterrichten und unterzeichnete schon damals den ersten Durchführungsbefehl, der mit den Worten begann: »Der Führer Adolf Hitler ist tot!« Von Stauffenberg will Witzleben nach dem Gestapo-Bericht erst im Frühjahr 1944 durch Schwerin erfahren haben und ihn erst im Mai persönlich bei Olbricht kennengelernt haben. Gesundheitlich ging es ihm inzwischen wieder recht gut. Im Juni war er zusammen mit Kleist-Schmenzin in Bad Kissingen zur Kur.[9]

Juli 1944

Claus Stauffenberg wurde am 1. Juli zum Chef des Stabes bei Fromm ernannt unter gleichzeitiger Beförderung zum Oberst. Damit erhielt er aufgrund seiner neuen Stellung die Gewißheit, in Zukunft wiederholt zu Besprechungen beim Diktator Zutritt zu erhalten. Schon im Juni hatte er Yorck in Hinblick auf die bevorstehende Ernennung anvertraut, daß er nun selbst Hitler beseitigen wolle. Die verzweifelte

Situation und die unabwendbare Niederlage erforderten rasches Handeln. Gleichzeitig beschaffte sich Stauffenberg wieder Sprengstoff. Selbst für hohe Offiziere war dies nicht problemlos. Die Gestapo ist später dem verwickelten Beschaffungsvorgang nachgegangen. Auch die Zwischenlagerung bis zum Attentat war schwierig. Es wäre günstig gewesen, jemanden für die Lagerung zu finden, der mit dem Widerstand nicht in Verbindung stand und daher nicht gefährdet war. Schulenburg versuchte es mit seinem Potsdamer Buchhändler. Ein kleines Paket mehr im Bücherkeller mochte nicht auffallen. Dieser mußte jedoch ablehnen, da er selbst bereits seit Wochen von der Gestapo überwacht wurde. Schließlich war es doch wieder jemand aus dem nächsten Umfeld, der den Sprengstoff lagerte: Oberstleutnant Fritz v. d. Lancken aus dem Stabe Olbrichts. Stauffenbergs Doppelfunktion als Leiter des Staatsstreichs in Berlin und als Attentäter war eine Überfrachtung, deren Notwendigkeit nur vor dem Hintergrund der höchsten Gefährdung Deutschlands und den raren Gelegenheiten, an den Diktator heranzukommen, verstanden werden kann.[10]

Noch am Tag der Amtsübernahme, am 1. Juli, fuhr Stauffenberg mit Werner Haeften und den beiden IR 9-Offizieren Klausing und Georg-Sigismund Oppen nach Neu-Hardenberg. Haeften war mit einer der Hardenberg-Töchter verlobt. Am nächsten Tag fuhr die Gruppe nach Alt-Friedland zum Schulenburg-Freund Karl v. Oppen, um dort im Klostersee zu baden. Stauffenberg versuchte vergeblich, von Oppen aus Feldmarschall v. Kluge vor dessen Abreise nach Frankreich telefonisch zu erreichen. Kluge, inzwischen gesundheitlich wieder hergestellt, sollte am 3. Juli Rundstedt als Oberbefehlshaber West ablösen. Rundstedt hatte gegenüber dem Diktator Zweifel am Endsieg angemeldet.[11]

Schwerin und Schulenburg verbrachten das Wochenende des 1./2. Juli wieder bei ihren Familien in Mecklenburg. Es war das letzte Mal, daß sie für einige Tage Berlin verließen. Als Schwerin am 5. Juli morgens um 5.30 Uhr seine Frau, seine Kinder und Göhren verließ, war dies sein letzter Abschied. Am gleichen Tag wenig später wurde Leber in seiner Kohlenhandlung in Berlin-Schöneberg verhaftet. Das Schlußkapitel der langen Geschichte des deutschen Widerstandes hatte begonnen.

Gogo Nostitz, der treue Freund vieler, auch Schwerins aus der kurzen gemeinsamen Dresdner Gymniasalzeit, war am 3. Juli aus Genf in Berlin eingetroffen. Am Tag von Lebers Verhaftung saß er abends mit seinem Gastgeber Trott in der Rheinbabenallee 47 zusammen. Trott hatte für den Diplomaten aus der Schweiz noch Yorck und Hans-Bernd Haeften eingeladen. Das Gespräch wurde von Trott auf die Frage gebracht, ob ein Attentat außenpolitisch noch sinnvoll sei. Im Westen konsolidierten die Invasionstruppen immer mehr ihre Position, im Osten lief seit dem 22. Juni die russische Sommeroffensive mit überwältigender Überlegenheit gegen die Heerestruppe Mitte. Innerhalb von zwei Wochen war es den Russen gelungen, etwa 28 der 40 Divisionen der Heeresgruppe zu vernichten. Bei dem Gespräch wurde deutlich, daß Haeften und Yorck aus religiösen Gründen an dem Attentatsgedanken schwer trugen, zumal wenn möglicherweise auch unschuldige Menschen dabei umkommen sollten. Nostiz erklärte in Übereinstimmung mit Trott einen Staatsstreich immer noch für sinnvoll, da sich nur durch die Beseitigung Hitlers, des Weltfeindes Nr. 1, vielleicht noch eine neue internationale Lage für Deutschland ergeben könnte.

Die Unterhaltung wurde durch das Hinzukommen eines für Nostiz Unbekannten, wahrscheinlich Haubachs, unterbrochen. Yorck und Trott brachen sofort auf. Nach der Rückkehr erklärte Trott dem Freund, sie seien bei Stauffenberg gewesen, um ihm die Nachricht von Lebers und Reichweins Verhaftung zu bringen. Haeften erklärte: »Allmählich verhaften sie uns einen nach dem anderen. Das geht so nicht weiter«.[12]

Am 5. Juli waren Stauffenberg und Schwerin bei dem ehemaligen Kommandeur der Division Brandenburg, General v. Pfuhlstein, gewesen. Schwerin hatte seine Kontakte zu den Restbeständen der Division, einigen Lehrgangs- und Genesenden-Kompanien in Brandenburg a. d. Havel, über Oberleutnant v. Normann und Leutnant Jürgen v. Bülow, der Schwerin regelmäßig in dessen Büro aufsuchte, aufrechterhalten. Im Walküre-Durchführungsbefehl für den Wehrmachtsstandort-Kommandanten von Berlin, Generalleutnant v. Hase, wurde der Beitrag der Division mit 50 Mann veranschlagt, die mit LKWs von Brandenburg nach Berlin gebracht werden sollten.

Diese überaus zurückhaltende Kräftekalkulation zeigt, wie sorgfältig die Planer den Staatsstreich vorbereiteten. In Brandenburg standen in jenen Tagen zwischen ein- und zweitausend Mann unter dem Befehl von Normann.[13]

Am folgenden Tag, dem 6. Juli, flog Stauffenberg mit seinem neuen Vorgesetzten Fromm zu Besprechungen auf den Obersalzberg nach Berchtesgaden. Der 6. Juli war für Stauffenberg so etwas wie eine Generalprobe, da er »das ganze Zeug« in seiner Aktentasche bei sich trug, wie er Stieff erklärte. Einen Monat vorher, am 7. Juni, war er zum erstenmal zu einer Lagebesprechung auf dem Berghof gewesen und hatte anschließend festgestellt, »daß man in unmittelbarer Nähe des Führers recht zwanglose Bewegungsmöglichkeiten habe«. Die Möglichkeiten, die sich daraus ergaben, waren offenbar im Freundeskreis diskutiert worden, denn Schwerin erzählte Kielmannsegg bei einer seiner Fahren nach Ostpreußen ins Lager Anna, daß es möglich sei, eine Aktentasche unbemerkt unter den Lagetisch bei Hitler zu plazieren und sie dann auch wieder mitzunehmen. Kielmannsegg, der nicht so recht begriff, wurde von Schwerin bedeutet, daß in der Aktentasche nicht unbedingt nur Papiere zu sein brauchten. Schwerin war über den guten Ausgang des kleinen Experimentes sichtlich befriedigt gewesen.[14]

Am Abend des 6. Juli, Claus Stauffenberg war noch in Berchtesgaden, traf sich der engste Freundeskreis in der Markgrafenstraße 5. Schwerin hatte, wie so oft in diesen Monaten, Lebensmittel aus Göhren mitgebracht. An diesem Abend wollte Schwerin, der eigentlich am 21. Dezember Geburtstag hatte, nach familiärer Tradition seinen »Sommergeburtstag« feiern. In dem kleinen Potsdamer Haus versammelten sich neben dem Gastgeber Schwerin die Freunde Schulenburg, Yorck, Berthold Stauffenberg, Werner Haeften und Trott. Brücklmeier war vor wenigen Tagen zu seiner Familie an den Grundlsee gefahren, um am 5. Juli den fünften Geburtstag seiner Tochter mitzufeiern und sich für die bevorstehenden Ereignisse zu stärken. Auch seinem Freund Franz H. Fetzer hatte er geraten, jetzt, Anfang Juli, Urlaub zu nehmen, um für die kommenden Aufgaben gerüstet zu sein. – Gogo Nostiz stieß um 20 Uhr zur Tafelrunde, deren Gespräche und Atmosphäre ihn tief beeindruckte – und deren einziger

Überlebender er schließlich sein sollte. Er schrieb zwölf Monate später: »Keinem von ihnen waren Klassenprivilegien oder Besitz oder persönlicher Ehrgeiz Beweggrund ihres Handelns. Keiner von ihnen war enger Nationalist oder gar preußischer ›Militarist‹. Nein, allen, die da versammelt waren, ging es einzig und allein um ihr Volk, um seine Errettung aus tiefster, mitverschuldeter Not und Schande, um die Bewahrung unseres alten, ehrwürdigen Kontinents vor drohendem Chaos und um ihre christliche Überzeugung. Es war eine geistige Elite, vielleicht die letzte Reserve unseres unglücklichen, langsam verblutenden Volkes«. Schulenburg, wie schon am Vorabend Trott, bat Nostiz, von seiner Genfer Warte her noch einmal Berthold Stauffenberg die Notwendigkeit für ein Attentat darzulegen. Die Runde löste sich schließlich nach 2 Uhr morgens auf.[15]

Schulenburg wird in der Markgrafenstraße geschlafen haben. Seine Frau wußte nach seiner Abfahrt aus Trebbow am 3. Juli keine Adresse mehr, über die sie ihren Mann erreichen konnte. In den letzten Wochen hatte er nicht mehr im Ithweg 29 bei Pfarrer Berndt gewohnt, sondern in der Dienstwohnung seines Mitoffiziers Ewald-Heinrich Kleist in der Kaserne des IR 9. Dorthin konnte die Gestapo nicht so ohne weiteres vordringen. Kleist frühstückte in diesen Wochen oft in der Markgrafenstraße um 6 Uhr morgens, um den Tagesablauf mitzubesprechen und kleine Aufträge Schwerins und Schulenburgs entgegenzunehmen.[16] Warum Schwerin und Schulenburg am folgenden Wochenende, dem 8./9. Juli, nicht wieder nach Hause fuhren, ist nur zu vermuten und hing ganz offensichtlich mit einem für den 11. Juli vorgesehenen Besprechungstermin Stauffenbergs auf dem Obersalzberg zusammen.

Am Sonntag, dem 9. Juli, rief Schwerin telefonisch Brücklmeier mit einem Stichwort aus dem Urlaub in Österreich zurück. Der Adjutant Witzlebens, Major d. R. Wilhelm Friedrich Graf v. Lynar, wurde in die Bendlerstraße gebeten, um zu beraten, wie Witzleben schnellstens aus Bad Kissingen nach Berlin geholt werden könnte. In Zürich wurde der Vizekonsul und Abwehrbeauftragte Hans Bernd Gisevius durch den Abwehrhauptmann d. R. Dr. Theodor Strünck informiert. Am nächsten Tag bestellte Olbricht den Generalobersten Hoepner für den 11. Juli nach Berlin. Hoepner gehörte zu den wenigen hohen Offizieren, die bereits bei dem Staatsstreichversuch 1938 ihre Teilnahme zugesagt hatten. Hitler hatte dann Anfang Januar 1942 den Ritterkreuzträger aus dem Heer gestoßen, da dieser einen taktisch notwendigen Teilrückzug angeordnet hatte. Schulenburg und Schwerin wiederum hinterließen bei Hammersteins in der Breisacherstraße in Dahlem für Ludwig Hammerstein eine Notiz, mit der sie ihn am 11. Juli um 9 Uhr in Schwerins Büro in der Großadmiral Prinz Heinrich-Straße zu kommen baten. Die gleiche Aufforderung erging von Schulenburg an drei weitere junge Offiziere des Ersatzbataillons 9: Kleist, Oppen, Widany. Stauffenberg seinerseits sprach mit einem weiteren Schulenburg-Freund, Hauptmann Klausing, der seit April im Allgemeinen Heeresamt arbeitete. Er fragte den 24 Jahre jungen, wiederholt vorzeitig beförderten Offizier, ob er ihn am 11. Juli auf den Obersalzberg begleiten wolle und ob er sich über seine Absichten im klaren sei. Klausing sagte ohne Zögern zu.

Dienstag, 11. Juli 1944

Die beiden Offiziere flogen daher am 11. Juli gemeinsam nach Berchtesgaden; Stauffenberg in der festen Absicht, die Bombe zu zünden, wenn Hitler, Himmler und möglichst auch Göring zu treffen seien. In Berlin warteten unterdessen die Freunde auf den Ausgang: Kleist und seine Kameraden vor Schwerins Büro und später, da es sich hinzog, im nahen Hotel Esplanade. Schulenburg informierte schließlich am späten Nachmittag den wartenden Kleist, daß »es nichts geworden sei, weil Himmler nicht da war«.[17]

Stauffenberg war jedoch fest entschlossen, das Attentat durchzuführen. Er war von allen Seiten bestärkt worden. Tresckow hatte ihm schon kurz nach der Invasion durch Lehndorff ausrichten lassen: »Das Attentat muß erfolgen, coûte que coûte. Sollte es nicht gelingen, so muß trotzdem in Berlin gehandelt werden. Denn es kommt nicht mehr auf den praktischen Zweck an, sondern darauf, daß die deutsche Widerstandsbewegung vor der Welt und vor der Geschichte den entscheidenden Wurf gewagt hat. Alles andere ist daneben gleichgültig.«[18]

Der nächste Attentatsversuch war daher eine Frage von Tagen. Stauffenberg wartete nur noch auf eine weitere Gelegenheit. Schwerin brach noch am Abend des 11. Juli oder sehr früh am nächsten Morgen mit dem Auto nach Bad Kissingen auf, um Witzleben nach Berlin zu holen. Nach dieser Parforce-Tour schrieb er an seine Frau: »Die Hetze dieser Tage, meine völlige Übermüdung und erneute Gallenattacken haben mich leider nicht zum Schreiben kommen lassen«. Er hatte entgegen seiner Gewohnheit eine knappe Woche lang den sonst täglichen Brief nicht geschrieben.[19]

Donnerstag, 13. Juli 1944

Gegen Abend suchte Stauffenberg Beck auf, um ihn über den Fehlschlag in Berchtesgaden persönlich zu informieren. Gisevius, der am 12. Juli aus Zürich eingetroffen war, hatte Beck kurz zuvor mit einer Reihe angeblicher Regiefehler alarmiert, unter anderem sei der für den Staatsstreich vorbereitete Berlin-Stadtplan, beziehungsweise die Liste, die alle in Berlin zu besetzenden Dienststellen enthielt, noch auf dem Stand Februar / März 1943. Im Juli 1944 umfaßte die Liste 63 Dienststellen, von denen 32 als vordringlich einzunehmen markiert waren. Nr. 1 auf der A-Liste war das Reichssicherheitshauptamt in der Prinz-Albrechtstraße 8. Im Durchführungsbefehl wurde allerdings klargestellt: »Die Einzeichnungen im Plan sind ein Anhalt, die genaue Lage ist nicht in allen Fällen gewährleistet«. Aufgrund der Bombenangriffe mit ihren Zerstörungen wurde bei den Behörden praktisch täglich die eine oder andere Dienststelle evakuiert. Stauffenberg konnte jedoch Beck mit diesem Vorbehalt versichern, daß die Liste und der Plan im einzelnen von Schulenburg, dem ex-Polizeivizepräsidenten von Berlin, überprüft und auf dem neuesten Stand seien.

Später am Abend versammelte sich der engere Kreis bei Stauffenberg in der Tristanstraße. Dort geriet Oberst Georg Hansen, seit Mitte Februar als Nachfolger des gestürzten Canaris Interimchef der Abwehr, mit Schulenburg aneinander. Als Hansen ihn fragte, wer bei dem unmittelbar bevorstehenden Staatsstreich für die Besetzung des so wichtigen Reichssicherheitshauptamtes verantwortlich zeichnen würde, war die entwaffnende Antwort: »Das übernehmen doch Sie, Sie sind dort ja Abteilungschef«. Das war zwar durchaus logisch, denn Hansen war in der Tat seit dem 14. Mai mit zwei der alten Abwehrabteilungen unter der neuen Bezeichnung »Militärisches Amt« komplett in das Reichssicherheitshauptamt übernommen worden; offenbar war es für Hansen jedoch eine Neuigkeit, denn er reagierte gegenüber Schulenburg relativ ungehalten. Schulenburgs Antwort entsprach aber durchaus der bestehenden Planung, denn zwei Tage später teilte Werner Haeften Major Egbert Hayessen mit, daß Hansen ihn bei der Besetzung der Prinz Albrechtstraße unterstützen würde. Hayessen war für die vorgesehenen Besetzungsaktionen in Berlin verantwortlich.

Wie weit diese kleinen Geschichten stimmen, die Gisevius nach dem Krieg niederschrieb und die er zu einem Seitenhieb auf Stauffenberg und dessen näherer Umgebung, »die Grafenclique« nutzte, bleibt offen. Mit diesem Begriff jedoch begab sich Gisevius in unheilvolle Nähe zur Gestapo, die das Etikett des »Grafenkreises« erfunden hatte.[20] Gisevius hatte die Entwicklung in Deutschland seit zwölf Monaten nur noch aus der behaglichen Schweiz verfolgen können und Stauffenberg zum ersten Mal am 12. Juli erlebt. Schon in dem ersten Gespräch hatte er sich an der Persönlichkeit des jungen Obersten gerieben. Gisevius sah sich plötzlich durch seine lange Abwesenheit aus Berlin, vom Zentrum der Verschwörung an den Rand gedrückt. Hauptakteur war auf einmal ein Mann, der noch vor weniger als einem Jahr keinerlei Rolle im Widerstand gespielt hatte. Gisevius' tendenziöse und gänzlich entstellende Darstellung Stauffenbergs ist seit 1947 immer wieder kritisiert und richtig gestellt worden. Die Freunde Stauffenbergs, die Gisevius als einen »Debattierclub«, als eine »merkwürdige Mischung aus Putschisten und Ideologen«, als Schwärmer und ohne innere Disziplin bezeichnete, kommen jedoch auch nicht besser weg. Zwar nimmt er Schwerin, die Brüder Haeften und die Brüder Peter beziehungsweise Paul Yorck von dem Vorwurf der Schwärmerei aus, aber Gisevius' besondere Abneigung galt auch Schulenburg. Ihn machte er nahezu zum spiritus rector Stauffenbergs und der ganzen Freundesgruppe. Gisevius' Vorbehalte gegenüber Schulenburg, von denen er behauptete, daß Helldorf, Schulenburgs alter Vorgesetzer, sie teilte, bezogen sich auf Schulenburgs angebliche Unfähigkeit zu sagen, was er politisch wolle. Nun war Schulenburg gewiß kein politischer Theoretiker, sondern er war vor allem auf das praktische Handeln ausgerichtet. Hier traf er sich mit Stauffenberg und Schwerin, die ihre Ergänzung in Yorck fanden. Der unfreundlichen Kritik von Gisevius liegt wohl zugrunde, daß sich Schulenburg 1943 mehrfach negativ über ihn geäußert hatte. Gegenüber Hermann Kaiser meinte er, Gisevius »sei wohl ein geschickter Agent, aber charakterlich nicht stark genug«. So wundert es nicht, daß Gisevius klagt: »Dieser durch und durch konspirative Mensch löst sich nur im Kreise seiner engsten Vertrauten«. Gisevius gehörte zweifelsfrei nicht dazu.[21]

Freitag, 14. Juli 1944

Am 14. Juli wurde Stauffenberg benachrichtigt, daß er und Fromm am nächsten Tag wieder zu einer Besprechung ins Führerhauptquartier kommen sollten, diesmal in die Wolfsschanze nach Ostpreußen, wohin sich Hitler am 14. Juli begeben hatte, um der nur noch 100 km entfernten Ostfront näher zu sein. Wieder setzte sich wie wenige Tage zuvor die Benachrichtigungsmaschine in Gang. Werner Haeften benachrichtigte seinen Bruder, Yorck und Hermann Kaiser, der wiederum Goerdeler alarmierte; die jungen Offiziere des IR 9 wurden in die Großadmiral Prinz Heinrichstraße bestellt. Olbricht rief abends Hoepner für den nächsten Tag nach Berlin, und Stauffenberg bat wiederum Klausing mitzukommen. Schwerin war für den 14. Juli mit seinem Dienststellenleiter Biel zum obersten Vorgesetzten, Generalquartiermeister Wagner, bestellt worden, den beide noch nicht kannten. Wagner hatte an diesem Tag dem General der Nachrichtentruppe, Erich Fellgiebel, in Lager Anna in Ostpreußen ausrichten lassen, »daß das Attentat nur ausgeführt werden sollte, wenn der Reichsführer SS dabei war«. Man darf als sicher annehmen, daß Wagner diese Ansicht auch Schwerin und Biel gegenüber äußerte, von denen er gewußt haben wird, daß sie voll im Bilde waren. Wenn das so war, wird Stauffenberg noch am 14. Juli von Schwerin diese Ansicht Wagners mitgeteilt worden sein, der in der Diskussion um das Scheitern des Attentatsversuchs am 15. Juli bisher eine relativ große Bedeutung beigemessen wurde. Am späten Abend war Stauffenberg bei Husen mit Yorck und Lukaschek zusammen. Hierbei äußerte Stauffenberg, der Durchbruch der Russen sei nicht mehr aufzuhalten, die Niederlage unaufhaltsam. Beim Abschied sagte er: »Mir bleibt nur noch der Mord – aus christlicher Verantwortung«.[22]

Samstag, 15. Juli 1944

Fromm, Stauffenberg und Klausing flogen am Morgen des 15. Juli nach Rastenburg. Ihre Maschine landete um 9.30 Uhr. Gut eineinhalb Stunden später löste Olbricht in Berlin den Walküre-Alarm für einige in Berlin liegende Heeresschulen aus. Der unwiderrufliche Schritt schien getan. Die Verschwörer in Berlin warteten. Bei Beck fanden sich Goerdeler und Gisevius ein. Es war vereinbart, daß Schwerin das zukünftige Staatsoberhaupt in einem privaten Wagen abholen und in die Bendlerstraße bringen würde. Da er nicht kam, ergab sich die Möglichkeit, die neuesten Entwürfe Stauffenbergs für die Aufrufe zu lesen und zu diskutieren. Danach wandte man sich Personalproblemen zu. Gisevius, der in den letzten drei Tagen in Einzelgesprächen bereits vorgearbeitet hatte, erreiche eine Aussprache zwischen Beck und Goerdeler über seine eigene zukünftige Position. Offenbar hatte es ursprünglich eine Absprache gegeben, wonach Gisevius »erster Mitarbeiter« bei Beck werden sollte. Da diese Position seit Herbst 1943 an Schwerin vergeben war, hatte Beck nach Gisevius die Idee, ihn sich als »Reichsminister beim Staatschef« zu attachieren, um die Sicherheitsmaßnahmen der ersten Zeit zu koordinieren, vor allem die Zuständigkeit für die Polizei. Goerdeler dagegen wollte Gisevius als Staatssekretär bei sich haben. Nach Gisevius wandte er sich gegen den Vorschlag Stauffenbergs, der für diesen Posten Yorck nominiert hatte, da er Yorck kaum kenne. Als Helldorf am Abend von der geplanten Unterstellung der Polizei unter Gisevius hörte, war er »absolut dagegen«.

Im Büro Schwerins in der Passierscheinhauptstelle warteten Yorck und vermutlich auch Schulenburg und Berthold Stauffenberg. Im nahen Hotel Esplanade saßen die vorgesehenen Ordonanzoffiziere Ludwig Hammerstein, Oppen und Kleist.

Über Mittag ging Schulenburg quer durch den Tiergarten auf einen Sprung zu Ursula Kardorff, die am Pariser Platz wohnte. Er bat sie, Annedore Leber, die sich in bewährter Weise vor der Gestapo in ein Krankenhaus geflüchtet hatte, auszurichten, daß die Spur ihres Mannes gefunden worden sei. Kardorff schreibt über diese Begegnung am Tag des zweiten Attentatsversuches: »Er war anders als sonst, äußerlich beherrscht, aber darunter von vulkanischer Unruhe, daran zu merken, daß sein Lächeln noch schneller als gewöhnlich verschwand, sein Blick sonst hell und fest, dauernd umherschweifte«. Um 16 Uhr teilte Schwerin schließlich dem wartenden Kleist mit, »Nr. 1 sei mitten aus der Besprechung unmotiviert herausgegangen«. Hammerstein notierte in seinen Notizkalender: »Wir waren restlos erledigt.«

Stauffenberg war von 13.10 bis 14.25 Uhr zusammen mit Hitler in Besprechungen gewesen. Himmler war nicht anwesend. Warum Stauffenberg die in seiner Aktentasche (wie am 6. und 11. Juli) mitgebrachte Bombe nicht zündete, ist nicht mehr eindeutig zu klären. Die Meinungen gehen auseinander. An der Abwesenheit Himmlers hat es diesmal ganz offensichtlich nicht gelegen. Es lag wohl eher an Zeitfragen und mangelnder Gelegenheit, den Zünder der Bombe zu bedienen. Als Stauffenberg schließlich gegen 15 Uhr den wartenden Kollegen in der Bendlerstraße den Fehlschlag telefonisch mitteilte, hatten diese einige Mühe, die Walküre-Maßnahmen rückgängig zu machen. Olbricht fuhr los, um den Kommandeuren der verschiedenen beteiligten Heeresschulen zu der hervorragenden Durchführung der »Übung« zu gratulieren. Aufgrund dieser Hektik ist offensichtlich auch versäumt worden, Beck und seine Besucher sofort zu informieren. Goerdeler und Gisevius brachen schließlich um 18 Uhr aus der Goethestraße auf. Beck mußte noch sechs weitere Stunden auf eine Nachricht warten, bis ihn schließlich Schwerin gegen Mitternacht erlöste. Ob Schwerin es, wie Gisevius meint, nicht früher wagen konnte, Beck aufzusuchen, der ja monatelang von der Gestapo observiert worden war, oder ob sein spätes Kommen andere Gründe hatte, ist nicht bekannt. Schwerin jedenfalls war nach der Nervenprobe dieses Tages mitgenommen. Am nächsten Tag schrieb er seiner Frau: »Ich kann sagen wie Wallenstein: Denn dieser Tage Qual war groß. Ich fühle mich recht elend, übermüdet und überarbeitet«, aber »meine Nerven sind noch sehr ordentlich... ich schlafe nur zu wenig«. Und dann tröstlich: »Umso froher bin ich, daß bei Euch alles gut geht. Schon an diese Insel des Glücks zu denken, hilft mehr als Du vielleicht glaubst«.[23]

Sonntag, 16. Juli 1944

Schulenburg erschien bei Ursula Kardorff, um ihren Bericht über ihren Besuch bei Annedore Leber vom Vortag zu hören. Er war zufrieden zu erfahren, daß die Haussuchung bei Lebers keine weiteren Belastungspunkte erbracht hatte.

Stauffenberg und Klausing hatten den Kurierzug aus der Wolfsschanze nach Berlin genommen und trafen erst am 16. Juli wieder in Berlin ein. Stauffenberg ging zu Beck zum Rapport. Sein Bericht über den fehlgeschlagenen Versuch ist nicht bekannt, aber offenbar hatte sich »sein engerer Kreis« über Olbrichts Verhalten unzufrieden gezeigt, der sichtbar froh gewesen war, daß der Kelch des Staatsstreichs an ihm für diesmal vorübergegangen war. Gegen Abend hatte Yorck seine letzte Besprechung mit van Husen in der Hortensienstraße. Das Gespräch kreiste um die Verhaftung Lebers und Reichweins und die Folgen. Es stand zu befürchten, daß die Gestapo über kurz oder lang die beiden Männer durch Folter oder Drogen zur Aussage bringen würde. Würden sie selbst dann die nächsten sein? Yorck unterrichtete Husen, daß Schulenburg, da Leber verhaftet sei, nach dem Staatsstreich erst einmal als Innenminister fungieren müsse. Es wäre beschlossen worden, Husen in dieser Situation zu bitten, als Staatssekretär einzuspringen.

Am Tag X sollten sich die Zivilisten in Schwerins Büro versammeln und dort warten. Yorck würde Husen rechtzeitig mit einem Wagen abholen lassen.[24] Am selben Abend gegen 19 Uhr begann eine längere

Besprechung bei Stauffenberg in der Tristanstraße: Manöverkritik und die Suche nach einer anderen Lösung. Anwesend waren neben den beiden Stauffenberg-Brüdern der ganze engere Kreis und zwei, drei Gäste: Hansen, Hofacker, Mertz v. Quirnheim, Schulenburg, Schwerin, Trott und Yorck. Hofacker, ebenfalls alarmiert, war am 10. oder 11. Juli, zum Zeitpunkt des ersten Attentatversuchs also, nach Berlin gekommen. Noch am 11. Juli hatte er von Stauffenberg alle Einzelheiten des fehlgeschlagenen Versuchs auf dem Berghof gehört. Am Abend desselben Tages hatte er Beck seine Lagebeurteilung vorgetragen, die er jetzt in der Tristanstraße wiederholte. Aufgrund von Informationen Kluges und Rommels berichtete er, daß »der Nachschub des Feindes in etwa 14 Tagen eine erschütternde Übermacht an Menschen und Material geschaffen haben werde«. Bis zum 30. Juni waren im Normandie-Brückenkopf bereits 850000 Soldaten mit 149000 Fahrzeugen, also 13 Panzerdivisionen und 30 Infanteriedivisionen von den Alliierten gelandet worden. »Infolge der Luftüberlegenheit sei eine operative Führung nicht mehr möglich und der Durchbruch nach Paris in weniger als sechs Wochen nicht zu vermeiden«. Die Voraussage der beiden deutschen Feldmarschälle sollte sich fast auf den Tag genau bestätigen: Am 20. August hatten amerikanische Truppen Paris erreicht, fünf Tage später hielt de Gaulle seinen triumphalen Einzug. Wenigstens im Handwerklichen waren die beiden Generäle brauchbar.

Hofackers Folgerung aus dieser Lage war, »weder ein Sieg-Friede noch ein Kompromiß-Friede sei möglich. Es gehe nur noch darum, die unvermeidliche Niederlage so erträglich wie möglich zu gestalten und den militärisch verlorenen Krieg politisch zu liquidieren... Das Ziel sei eine rechtzeitige Kapitulation, um Deutschland eine einigermaßen erträgliche Stellung in Mitteleuropa zu erhalten. Der Weg sei ein völliger Systemwechsel unter Beseitigung des Führers«. Stauffenberg erklärte, daß er die militärische Lage genau so sähe und bat dann Trott, über die außenpolitische Situation zu berichten. Trott stützte sich dabei auf die Eindrücke seiner letzten Schwedenreise vom 23. Juni bis 3. Juli und führte aus, »daß man auf der Feindseite verhandlungsbereit sei, sobald dafür die Voraussetzung, ein völliger Wechsel des Regimes, geschaffen werde«. Diese Sichtweise korrespondierte mit der gerade von Hofacker vorgetragenen und auch mit der von Nostitz (vgl. S. 380). In der anschließenden Diskussion wurden drei Alternativlösungen erwogen:

1. Westlösung: die deutschen Heerführer im Westen (Kluge, Rommel) ergreifen die Initiative, führen die Truppen auf den Westwall, also die Reichsgrenze zurück, und versuchen dadurch, die Voraussetzungen für einen Separatfrieden mit den westlichen Alliierten zu schaffen, um dann zusammen mit ihnen den Krieg gegen die Sowjetunion zu beenden.
2. Berliner Lösung: Usurpierung des Befehlsapparates für 24 Stunden durch technische Mittel, um durch Befehle zur Zurücknahme *aller* Fronten eine neue Lage zu schaffen. Dies hätte für das Führerhauptquartier ein Fait acompli und eine Konzentrierung der Kräfte als Voraussetzung für Friedensverhandlungen geschaffen.
3. Zentrale Lösung: Attentat als Voraussetzung für den vorbereiteten Staatsstreich.

Es blieb schließlich bei der »Zentralen Lösung«. Danach wollte man Verhandlungen von Militär zu Militär führen und zwar nicht nur mit den Feinden im Westen, sondern auch mit den Sowjets. Für die Gleichzeitigkeit hatte sich seit einiger Zeit neben Trott vor allem auch Yorck eingesetzt. Als Verhandlungsführer mit den Russen war wieder an Botschafter Graf Schulenburg und dessen ehemaligen Militärattaché Generalmajor Ernst Köstring gedacht worden. Hofacker selbst sollte die Verbindung zu der Pétain-Regierung in Vichy aufnehmen, auch um Pétains Vermittlung bei den Angelsachsen zu erreichen. Mit den westlichen Alliierten sollte vor allem Trott verhandeln, und am Abend des 17. Juli gewann Yorck zudem Hermann Abs, der die Westlösung immer für illusorisch gehalten hatte, als Mitunterhändler Trotts. Damit war in dieser Runde der Konsens hergestellt. Verlockende Ideen der Spaltung der Alliierten und eines Zusammengehens mit dem Westen oder dem Osten waren als nicht durchführbar abgelehnt worden. Die neun Männer blieben am 16. Juli abends auf dem Boden der katastrophalen Tatsachen, die Hitler geschaffen hatte. Sie befanden sich im Einklang mit Beck, der schon am 11. Juli gegenüber Hofacker erklärt hatte, »daß sofort nach der Machtübernahme hervorragende Unterhändler nach London und Moskau entsandt werden sollten«.[25]

Der nächste Tag brachte zwei schlechte Nachrichten: Gegen Goerdeler drohe ein Haftbefehl, und Rommel sei durch einen Tieffliegerangriff schwer verletzt und werde für Wochen ausfallen. An Rommel wie erneut an Kluge hatten sich mancherlei Hoffnungen geknüpft. Durch seine Verletzung hat Rommel den Beweis für seinen Entschluß, im Sinne des Widerstands zu handeln, nicht erbringen müssen. Seine vielzitierte Denkschrift vom 15. Juli kann beim besten Willen nicht als Ultimatum an Hitler verstanden werden. Sie war vielmehr ein militärischer Lagebericht und hat überdies, von Kluge zurückgehalten, den Diktator nie erreicht.[26] Am frühen Nachmittag erfuhr Gisevius von Arthur Nebe, Generalleutnant der Polizei und Chef des Reichskriminalamtes, daß die Absicht bestünde, einen Haftbefehl gegen Goerdeler auszustellen. Nach der Verhaftung von Reichwein und Leber war das nun wirklich das äußerste Alarmsignal. Gisevius fuhr gleich zu Beck, um ihn von dieser neuen Entwicklung zu unterrichten.[27] Am gleichen Tage trafen sich Schwerin und Yorck in der Nähe ihrer Büros bei der Schneiderin von Marianne Schwerin. Anlaß dieses Treffens könnte die alarmierende Nachricht über Goerdeler gewesen sein, aber auch der Hilferuf ihres ehemaligen Roßleber Mitschülers Hanno v. Halem.[28]

Hanno Halem war am Vortag aus Liechtenstein in Berlin eingetroffen, um seinen Bruder Nikolaus zu sprechen. Nikolaus Halem war nach mehr als zweijähriger Haft am 16. Juni vom Volksgerichtshof zum Tode verurteilt worden. Hanno, der 1938 ebenfalls in die Ketteler-Affäre verstrickt war, hatte seit Kriegsausbruch deutschen Boden nicht mehr betreten und hatte jetzt illegal mit Hilfe von Gisevius und Waetjen in Zürich ein Einreisevisum erhalten. In Berlin wollte er versuchen, seinem Bruder auf irgendeine Weise zu helfen. Um Nikolaus Halem hatten sich in den vergangenen Monaten viele bemüht. Schon vor der Ankunft des Bruders war überlegt worden, den Todeskandidaten mit Hilfe der Beziehungen Helldorfs und eines Kriminalbeamten v. Schmidt zur Berliner Unterwelt freizubekommen. Stauffenberg hatte den exotischen »Kamikazeplan« vorgeschlagen. Er sah vor, zum Tode verurteilte Menschen dem Militär zu überstellen, um sie dann als Kamikaze, so die offizielle Version, in Einmanntorpedos etc. in den Tod zu schicken. Der Plan war natürlich, diese Menschen, und hier vor allem Halem, aus der Gewalt Himmlers in die des Militärs zu bekommen. Dann konnte man weitersehen. Hanno Halem, dem die Freunde rieten, sich in Berlin lieber Haeften zu nennen als seinen eigenen Namen, den Namen eines zum Tode Verurteilten, zu benutzen, suchte in den drei Tagen seines Berlin-Aufenthaltes (17.–19. Juli) Hans-Bernd Haeften, Helldorf, Schwerin, Trott und Yorck auf. Die Lage des Bruders war so verzweifelt, daß Hanno Halem nach dem Strohhalm des Kamikaze-Plans griff. Zu diesem Zweck besuchte er den Justizminister Thierack, den Finanzminister v. Krosigk, bei dem ihn Schwerin telefonisch angemeldet hatte, und den SS-General Wolff. Hans-Bernd Haeften nutzte die Möglichkeiten seines Amtes und schickte mit Kurier einen Brief an Papen nach Ankara mit der Bitte, sich in diesem Sinne für Nikolaus Halem einzusetzen. 48 Stunden später traf die Antwort des alten Gönners ein. In bewährter Feigheit schrieb er: »Nachricht erhalten, kein Kommentar«.

Halem gelang es am Ende nur, eine Besuchserlaubnis zu erhalten, um seinen Bruder ein letztes Mal zu sehen. Als Hanno Halem zusammen mit vielen Frauen im Gefängnis Lehrterstraße auf seinen Termin wartete, sagte jemand: »Es ist eine Schande, hier zu sitzen«, worauf eine Jüngere erwiderte: »Wenn man in Deutschland irgendwo mit Ehre sitzt, dann hier«. Nikolaus Halem mußte im Zuchthaus Brandenburg noch weitere drei Monate auf seinen Tod warten.[29]

Dienstag, 18. Juli 1944

Am Spätnachmittag des 18. Juli, gegen 17 Uhr, erfuhr Stauffenberg, daß er zwei Tage später zum Vortrag über die beschleunigte Aufstellung von Volksgrenadierdivisionen in der Wolfsschanze erwartet werde. Bereits dreimal war Stauffenberg mit der Bombe in der Tasche bei Hitler gewesen. Dies war an ihm nicht spurlos vorübergegangen. Noch diesen einen Versuch wollte er wagen. Schulenburg erzählte Kardorff, daß in seinem Quartier zwei Männer nach ihm gefragt hätten. Kündigte sich hier nach den Warnsignalen der letzten zwei

Wochen die Verhaftung an? Schwerin meinte gegenüber Frau Dr. Toepfer, die Gestapo werde jetzt zuschlagen. Der Haftbefehl gegen Goerdeler sei bereits heraus. »Sie seien entschlossen, sich nicht ohne Gegenschlag zu ergeben«. In diesen Tagen bündelten sich die Motive, ethische, politische, militärische und die persönliche Sicherheit, der »Gegenschlag« mußte erfolgen, wie Stauffenberg meinte, der Rubikon war überschritten.

Yorck erfuhr noch am selben Abend durch Schwerin von dem Termin am 20. Juli. Auf der Rückfahrt in die Markgrafenstraße traf Schwerin auf dem Bahnhof in Potsdam Kleist und Ludwig Hammerstein, die er ebenfalls unterrichtete. Er versuchte dann ganz offensichtlich, seinen Freund Brücklmeier telefonisch in Österreich zu erreichen. Die Verbindung kam aber nicht zustande. Brücklmeier war am 9. und am 15. Juli von Schwerin alarmiert worden, jedesmal nach Berlin gekommen und wieder zu seiner Familie nach Grundlsee zurückgekehrt, das zweite Mal wohl erst am Vortag. Diesmal erreichte ihn die Nachricht nicht mehr. Schulenburg, der am Spätnachmittag im Allgemeinen Heeresamt gewesen war, hörte sogleich von Mertz v. Quirnheim von dem neuen Termin Stauffenbergs bei Hitler und beschloß umgehend, zu seiner Familie nach Trebbow zu fahren. Seiner Frau vertraute er an, daß es nun über die Bühne ginge, die Chancen seien 50 Prozent.[30]

Mittwoch, 19. Juli 1944

Um 7 Uhr trennte sich Schulenburg von seiner Frau und fuhr nach Berlin zurück. Er wirkte so ruhig und sicher, daß seine Frau keinen Zweifel am Gelingen des bevorstehenden Staatsstreichs hatte. Nach seiner Ankunft in Berlin fuhr er zu Hofackers Privatwohnung nach Zehlendorf, fand aber seinen Freund nicht mehr vor. Dieser war bereits nach Paris zurückgekehrt. Gegen Abend suchte er zusammen mit Oppen Goerdelers Schwester in Potsdam auf, um sich nach dem Aufenthaltsort des Bruders zu erkundigen. Goerdeler war aber mit dem drohenden Haftbefehl im Rücken aus Potsdam abgereist. Er wollte die weiteren Entwicklungen bei seinem Freund Palombini

100 km weiter südlich von Berlin auf dem Land abwarten. Oppen fuhr Schulenburg danach zu Stauffenberg in die Tristanstraße 8. Schwerin suchte Witzleben in dessen Berliner Wohnung in der Delbrückstraße auf, um den Feldmarschall und designierten Oberbefehlshaber der Wehrmacht zu unterrichten. Als er dann abends in die Markgrafenstraße zurückkam, sagte er zu Dr. Toepfer halb beschwörend, halb zufrieden: »Und ich hab doch die besten Nerven«.

Yorck war noch am Abend des Vortages zusammen mit seiner Frau nach Weimar gefahren, um an der Hochzeitsfeier seines Studienfreundes Pückler teilzunehmen. Am 19. Juli, am Polterabend, hielt er eine Rede auf das Brautpaar, die für den fröhlichen Anlaß eine Spur zu ernst war. Es war recht eigentlich eine Abschiedsrede an seine Frau. Yorck war in den letzten Wochen sehr ernst gewesen. Er hatte sich mehr als sonst mit der Bibel beschäftigt und sich oft in die Musik Beethovens und Schuberts gerettet. Nach Mitternacht verabschiedete er sich von seiner Frau. Der Zug aus Weimar fuhr um zwei Uhr morgens ab.[31]

20. Kapitel

Der Staatsstreich

Donnerstag, der 20. Juli war einer jener trocken-heißen Tage, wie sie so typisch für die Sommer in der Mark sind. Für die meisten der Freunde begann der Tag früh. Gegen 7 Uhr verließen die Brüder Stauffenberg ihre Wohnung, um gemeinsam zum Flughafen Rangsdorf im Süden Berlins zu fahren. Dort erwartete sie bereits der Stauffenberg-Adjutant Werner Haeften und Generalmajor Helmuth Stieff, Chef der Organisationsabteilung im Generalstab des Heeres. Stauffenberg hatte den Sprengstoff in seiner Aktentasche bei sich. Während Claus Stauffenberg, Haeften und Stieff eine planmäßige Kuriermaschine, eine der bewährten Ju 52, bestiegen und nach Rastenburg in Ostpreußen flogen, fuhr Berthold Stauffenberg zu seiner Dienststelle »Koralle«, dem Hauptquartier der Seekriegsleitung in Bernau im Nordosten der Stadt. [1] Schwerin wird seinen üblichen Rhythmus eingehalten haben: Um 6 Uhr Frühstück, dann die einstündige Fahrt von Potsdam in die Berliner Innenstadt, um 9 Uhr Dienstbeginn in der Großadmiral Prinz-Heinrich-Straße. Dort wurde er noch während des Vormittags von Leutnant v. Bülow aufgesucht, der in den letzten Wochen die Verbindung zwischen ihm und den Restbeständen der Division Brandenburg gehalten hatte. Schwerin bat ihn, sofort an seinen Standort Brandenburg an der Havel zurückzufahren und seinem Vorgesetzten v. Normann zu informieren, daß das Attentat heute ausgeführt werde. Es sei die allerletzte Möglichkeit. Als später am Tag das Radio die Attentatsnachricht brachte, alarmierten die beiden Offiziere selbständig ihre Einheit und ließen sie feldmarschmäßig mit scharfer Muniton antreten. Der Befehl zum Abmarsch, der nach der Walküre-Planung vermutlich vom Kommandeur des Wehrkreises III hätte erteilt werden müssen, kam jedoch nicht mehr. [2]

Schulenburgs erster Gang führte ihn zu Ola Rüdt, um sich von ihr eine Uniformhose ausbessern zu lassen, dann traf er Yorck, der direkt vom Bahnhof kam. Gemeinsam gingen sie zu Dr. Isenberg in die Reichsstelle für Raumordnung, dem sie, da sie ihn nicht antrafen, nur eine kurze Nachricht hinterließen. Gegen Mittag trafen Schulenburg und Yorck in Schwerins Büro ein.[3]

Zwischen Claus Stauffenberg und seinen in Berlin zurückbleibenden Freunden war laut Schulenburg vereinbart worden, daß diese noch aus der Wolfsschanze direkt eine Nachricht über das Gelingen des Attentats erhalten würden.[4] Bis zu diesem Zeitpunkt wollten Berthold Stauffenberg, Schulenburg und Yorck gemeinsam in Schwerins Büro warten, das ja wenige Minuten zu Fuß von der Bendlerstraße entfernt lag.[5] Gegen 12 Uhr meldete sich dort auch der junge Kleist, um zu sagen, daß er mit seinen Freunden aus dem Infanterieregiment 9, Ludwig Hammerstein, Georg Oppen und Hans Fritzsche ab 13 Uhr im nahen Hotel Esplanade, wie schon zweimal zuvor, auf Abruf bereitstünde. Kleist konnte Schulenburg, der am vorhergehenden Abend bereits nach dem Aufenthaltsort Goerdelers gefragt hatte, auf eine entsprechende Frage nur antworten, daß auch er nicht wisse, wo Goerdeler abgeblieben sei.[6] Berthold Stauffenberg war spätestens gegen 14 Uhr in Schwerins Büro eingetroffen, wo ihn Reith, ein Schwerin untergebener Soldat, bemerkte.[7]

Um 10.15 Uhr waren Stauffenberg, Haeften und Stieff auf dem Flugplatz Rastenburg gelandet. Die drei Männer fuhren mit einem bereitstehenden Auto sofort los und setzten Stauffenberg in dem sechs Kilometer entfernten Führerhauptquartier »Wolfsschanze« ab. Um 11 Uhr begannen für Stauffenberg die Vorbesprechungen, unter anderem mit Generalfeldmarschall Keitel. Die Lagebesprechung mit Hitler begann um 12.30 Uhr. Stauffenberg, Chef des Stabes des Befehlshabers des Ersatzheeres, sollte dem Dikator über die Aufstellung von sogenannten Sperrdivisionen zur Verhinderung des weiteren Vormarsches der Roten Armee Vortrag halten. Unter dem Vorwand, vor der Lagebesprechung sein Hemd wechseln zu wollen, hatte Stauffenberg mit Hilfe des inzwischen wieder zu ihm gestoßenen Haeften den Zeitzünder der Bombe geschärft. Leicht verspätet betrat Stauffenberg dann die Besprechung und stellte seine Aktentasche mit der

Zeitbombe unter den Lagetisch. In etwa zehn Minuten würde die Bombe detonieren. Stauffenberg verließ daher, angeblich wegen eines Telefongesprächs, den Lageraum wieder umgehend. Er ging zu einem 200 m entfernt liegenden Bunkerkomplex. Von dort sah und hörte er zusammen mit Haeften die Explosion. Es war zwischen 12.40 und 12.50 Uhr. Es gelang den beiden Männern, trotz sofort ausgelösten Alarms das Führerhauptquartier mit dem Auto zu verlassen. Ihre Maschine startete um 13.15 Uhr und landete gegen 15 Uhr wieder auf dem Flugplatz Rangsdorf.[8] Entgegen der ursprünglichen Verabredung rief Haeften erst von dort Olbricht in der Bendlerstraße an, um ihm von dem erfolgreichen Attentat zu berichten. Durch einen weiteren Anruf aus Rangsdorf informierte Haeften auch Schwerin und mit ihm Berthold Stauffenberg, Schulenburg und Yorck.[9]

Haeften hatte diese Aussage in gutem Glauben gemacht. Stauffenberg berichtete wenig später in der Bendlerstraße Olbricht: »Diese Detonation war so, als ob eine 15 cm-Granate hineingeschlagen hätte: da kann kaum noch jemand am Leben sein«. Das wäre auch in einem Bunker oder festummauerten Raum der Fall gewesen. Tatsächlich war die Wirkung der Bombe aufgrund der leichten Bauweise der Behelfsbaracke, in der die Lagebesprechung stattgefunden hatte, sehr begrenzt gewesen. Die Druckwelle war nach allen Seiten entwichen. Es hatte Verletzte, auch Schwerstverletzte gegeben – fast allen waren die Trommelfelle geplatzt –, dem Diktator jedoch, dem die Bombe gegolten hatte, waren neben leichten Hautabschürfungen nur die Hosen zerfetzt worden. Schon wenig später konnte er wie geplant Mussolini empfangen, der auf dem Bahnhof des Hauptquartiers um 16 Uhr mit dem Zug eintraf.

Stauffenberg und Haeften fanden nach ihrer Landung in Rangsdorf ihren Fahrer mit Auto nicht wie verabredet vor. Sie mußten sich ein neues Auto beschaffen, so daß sie erst um 16.30 Uhr in der Bendlerstraße eintreffen konnten.

Inzwischen hatte Oberst Mertz v. Quirnheim, Chef des Stabes von General Olbricht, den Walküre-Alarm ausgelöst. Er hatte damit Olbricht »überfahren«, wie Schulenburg später der Gestapo zu Protokoll geben sollte. In den 17 Wehrkreisen des Reiches im Generalgouvernement und im Reichsprotektorat Böhmen und Mähren setzte sich die riesige Maschinerie des deutschen Ersatzheeres in Bewegung.[10]

Für die in Schwerins Büro versammelten Freunde bedeute Haeftens Anruf kurz nach 15 Uhr das Ende der eigenen Untätigkeit. Zum Teil hatten sie seit Jahren auf eine solche Nachricht von einem geglückten Attentat hingearbeitet. Schulenburg, Berthold Stauffenberg und Yorck gingen in die Bendlerstraße hinüber. Schwerin beorderte Reith mit Dienstwagen auf 17 Uhr vor das Haupttor der Bendlerstraße. Dann machte er sich mit Jessens Auto auf den Weg nach Lichterfelde, um den zukünftigen Reichsstatthalter Beck abzuholen. Auf dem Rückweg überholten Beck und er kurz vor ihrem Ziel Kleist und seine drei Mitoffiziere des Infantrieregiments 9, die vom Hotel Esplanade herüberkamen.[11] Beck und Schwerin erreichten die Räume des Allgemeinen Heeresamtes in der Bendlerstraße nach dem Eintreffen Stauffenbergs und Haeftens.[12] Die nächsten sechs Stunden sollte sich Schwerin vorwiegend in der Nähe von Beck aufhalten, dem er in der Aufgabenverteilung des Staatsstreichs ja als Staatssekretär beigegeben worden war.[13]

Die vier Offiziere des Infantrieregiments 9 waren durch Klausing alarmiert worden. In der Bendlerstraße angekommen, wurden sie in das Dienstzimmer Klausings gebracht, wo sie Schulenburg, Berthold Stauffenberg, Yorck und den Ritterkreuzträger Oberst Fritz Jäger wartend vorfanden.[14] Hammerstein wurde von Schwerin gebeten, im Vorzimmer Olbrichts Posten zu beziehen.[15] Der Befehlshaber des Ersatzheeres Generaloberst Fromm war inzwischen nach einem Telefonat mit Keitel und seinem Versuch, seinen Chef des Stabes Claus Stauffenberg sowie Olbricht und Mertz v. Quirnheim zu verhaften, selbst von Kleist und Werner Haeften mit vorgehaltener Pistole in einem Raum neben seinem Dienstzimmer festgesetzt worden.[16] Generaloberst Hoepner, von Olbricht in die Bendlerstraße gebeten, trat die Nachfolge Fromms als Befehlshaber des Ersatzheeres an.

Einer der ersten wichtigen Bundesgenossen, die auf Betreiben Olbrichts in der Bendlerstraße erschienen (16.45–17 Uhr) war der Berliner Polizeipräsident Graf Helldorf, der ehemalige Vorgesetzte Schulenburgs. Helldorf kam in Begleitung des Regierungspräsidenten von

Potsdam, Gottfried Graf Bismarck, und von Gisevius. Olbricht ging den Besuchern durch die Länge seines Dienstzimmers entgegen, neben seinem Schreibtisch standen Stauffenberg und Haeften. Gisevius war diesmal von der Optimismus und Tatkraft ausstrahlenden Gestalt Stauffenbergs angetan. Beck hatte sich bei dieser Begrüßung im Hintergrund gehalten. Schließlich entdeckte Gisevius auch noch Schwerin, den er blaß und regungslos fand, kaum, daß er ihm die Hand gab. Für den tatendurstigen Gisevius war die Haltung Schwerins ein Rätsel. Den Grund sollte er gleich erfahren. Olbricht eröffnete Helldorf knapp, daß Hitler einem Attentat zum Opfer gefallen sei; die Wehrmacht habe die Exekutive übernommen, der Ausnahmezustand sei verhängt und die Berliner Polizei werde hiermit direkt dem OKW unterstellt. Helldorf wollte sich bereits entfernen, als er von der Stimme Becks zurückgehalten wurde, der ihm gegen den Widerstand Olbrichts mitteilte, daß nach vorliegenden Informationen aus der Wolfsschanze Hitler angeblich nicht tot sei. Dies bezog sich auf Telefonate zwischen Keitel und Fromm. Olbricht unterbrach ihn mit der Bemerkung: »Keitel lügt«.

Nach der ersten positiven Nachricht Haeftens über den Attentatsausgang noch aus Rangsdorf war es die plötzliche Ungewißheit über das Schicksal des Diktators, die Schwerin zusetzte. Beck legte jedoch jetzt die weitere Sprachregelung und damit das Vorgehen fest: Für ihn sei »dieser Mann tot«. Davon lasse er sein weiteres Handeln bestimmen. Ein Abweichen von dieser Linie stifte nur Verwirrung. Ein unwiderlegbarer Beweis, daß Hitler noch lebe, könne erst in Stunden erfolgen. Bis dahin müsse die Aktion in Berlin abgeschlossen sein. [17] Helldorf verabschiedete sich und fuhr eilig in das Polizeipräsidium zurück.

Gisevius hatte sich bei seiner Ankunft gewundert, daß die Wache am Haupttor der Bendlerstraße nur routinemäßig kontrollierte und nicht verstärkt worden sei. Beck erkundigte sich nun bei Olbricht über die Sicherheit des Gebäudes. Der Chef des Allgemeinen Heeresamtes berichtete, daß die Tore inzwischen geschlossen worden seien und die Wache den Auftrag habe, niemanden hinaus zu lassen. Mehr könne im Augenblick vor Ankunft der Truppen, die ja erst im Anmarsch seien, nicht getan werden. Auf Becks sehr direkte Frage, ob die Wachmannschaften den Befehlen Olbrichts folgen und auf die Gestapo schießen würden, zuckte der General mit den Achseln. Er wisse es nicht. Beck kommentierte etwas ungerecht: »Olbricht, für Fritzsch hätten sich die Soldaten noch tot schießen lassen«.[18]

Gisevius, dessen Zunge so spitz wie seine Feder gewandt war, erinnerte Stauffenberg, als es um den Wert eines von Fromm zugesagten Ehrenwortes ging (der Generaloberst wollte in seine Wohnung entlassen werden und versprach, nichts zu unternehmen), daß Stauffenberg selbst ein gegenüber Fromm gegebenes Wort, nicht gegen Hitler vorzugehen, gebrochen habe. Als Gisevius dann noch die bereits ergriffenen Maßnahmen und Aktionen hinterfragte, griff Beck kurzerhand zugunsten der Nerven Stauffenbergs ein und schob Gisevius in das Vorzimmer zu Mertz v. Quirnheim, Olbrichts Chef des Stabes. Hier traf ihn Schulenburg. Auch Schulenburg machte einen niedergedrückten Eindruck. Für diesen aktiven Mann muß die Mischung aus schlechten und unzuverlässigen Nachrichten und der erzwungenen eigenen Untätigkeit deprimierend gewesen sein. Zwischen Schulenburg und Gisevius wollte ein Gespräch nicht recht aufkommen. Es beschränkte sich auf ein »Nicht wahr, Gisevius, Sie helfen mit, daß die da (Olbricht, Hoepner, Verf.) nicht weich werden«. Um seine energische Entschlossenheit trotz allem zu betonen, ballte Schulenberg die Faust und sagte: »Jetzt aber so...«. Gisevius antwortete leicht indigniert: »Schulenburg, wem sagen Sie das«. Mit dem dazutretenden und wie immer liebenswürdigen Yorck, der für diesen Tag seine Leutnantsuniform aus dem Polenfeldzug trug, konnte Gisevius dagegen über dessen martialische und für ihn ungewohnte Aufmachung spaßen. Beide mußten lachen. Gisevius wurde noch indirekt Zeuge der Vorgänge um Kortzfleisch und Pifrader, bevor er gegen 18.45 zum erstenmal an diesem Abend die Bendlerstraße verließ, um zum Polizeipräsidium am Alexanderplatz zurückzufahren.[19]

Wesentlich in diesen Stunden war die Haltung General v. Kortzfleischs, Befehlshaber im Wehrkreis III (Berlin und Umgebung), der mit den von seiner Dienststelle zu alarmierenden Truppen zahlreiche Partei- und SS-Ämter, an erster Stelle das Reichssicherheitshauptamt in der Prinz Albrecht-Straße 8–9 hätte besetzen lassen sollen. Wie Helldorf war auch Kortzfleisch von Olbricht in die Bendlerstraße gebeten worden, wo er gegen 17 Uhr eintraf. Da Fromm nicht mehr greifbar war, wurde er von Hoepner, dessen Autorität Kortzfleisch nicht anerkennen wollte, hingehalten. Schließlich wurde auch Beck hinzugebeten. Als Kortzfleisch nach diesem Gespräch, in dem er sich auf seinen Eid auf Hitler zurückgezogen und die Teilnahme am Staatsstreich verweigert hatte[20], aus dem Zimmer stürzte, wurde er auf Geheiß Schwerins von Oppen mit gezogener Pistole auf der nahen Treppe zum Stehen gebracht und von Schwerin zu Beck zurückgeführt und festgenommen.[21] Anstelle von Kortzfleisch wurde nun Generalleutnant Freiherr v. Thüngen zum Befehlshaber im Wehrkreis III ernannt.[22] Kortzfleisch wurde neben dem Dienstzimmer Olbrichts festgesetzt.

Später am Abend veranlaßte der General Hammerstein zu erkunden, ob er über Nacht in der Bendlerstraße bleiben müsse, denn dann seien ja »Vorbereitungen für seine Übernachtung« zu treffen. Schwerin, dem Hammerstein diese Frage vorlegte, meinte nur lakonisch, sie wüßten ja selbst noch nicht, wo sie die Nacht verbringen würden, der General sollte ruhig auf seinem Zimmer bleiben. Hammerstein könnte ja auch noch Beck und Hoepner fragen. Beck bestätigte freundlich, aber bestimmt die Weisung Schwerins.[23]

Nach 17 Uhr erschienen auf die Benachrichtigung der Männer in der Bendlerstraße einige ihrer Freunde in der Dienststelle des Befehlshabers des Ersatzheeres. Yorck, der in seinem Prozeß am 7. August ausweichend sagen sollte, daß er in der Bendlerstraße wenig erlebt und eigentlich nur von Stauffenberg bereits faksimilierte Passierscheine ausgefüllt habe[24], rief kurz nach 17 Uhr Gerstenmaier in der Hortensienstraße an. Gerstenmaier, der erst seit 2 oder 3 Uhr morgens wieder in Berlin war, hatte auf Yorcks Anruf den ganzen Tag gewartet. Er hatte gerade im Rundfunk die erste Nachricht über das mißlungene Attentat gehört,[25] als das Telefon klingelte. Auf Yorcks Auskunft, daß »die Sache gestiegen sei«, wandte Gerstenmaier ein, daß im Rundfunk eben zwar das Attentat bestätigt, jedoch als Fehlschlag bezeichnet worden sei. Yorck erklärte, dies sei eine Goebbelsche Lüge, Gerstenmaier solle rasch in die Bendlerstraße kommen. Der Kirchenmann machte sich also mit der Straßenbahn quer durch Berlin auf den Weg, in der einen Jackentasche die Bibel, in der anderen eine Browning, die ihm Yorck vorsorglich bereitgelegt hatte. In der Bendlerstraße begrüßten ihn Schulenburg und Yorck, die ihn ein wenig zaudernd ins Bild setzten: Sie gingen immer noch davon aus, daß Hitler tot sein müsse. Wenn aber das Gegenteil richtig sei, komme es darauf an, ob und wie die Walküre-Befehle durchgeführt würden. Auf alle Fälle würde weitergemacht. Durch die offene Tür konnte Gerstenmaier in Olbrichts Zimmer Stauffenberg sehen, der über mehrere Telefonapparate versuchte, den Staatsstreich voranzutreiben. Das Radio brachte indessen weiter die Nachricht vom mißlungenen Attentat.

In der Walküre-Planung war die Besetzung des Funkhauses und Funkturms in der Masurenallee in Berlin sowie der verschiedenen Sender im Umkreis Berlins (Tegel, Nauen, Königswusterhausen, Zeesen, Herzberg) vorgesehen. Warum hörten diese beunruhigenden Nachrichten nicht endlich auf? In einem der relevanten Walküre-Befehle hieß es dazu eindeutig: »Politische Sendungen dürfen nicht stattfinden«.[26] Alle am Staatsstreich Beteiligten waren sich der Wichtigkeit der schnellstmöglichen Besetzung der Sendeanlagen bewußt. Gerstenmaier erbot sich daher, mit einem Kommando das Rundfunkhaus in der Masurenallee zu besetzen und für den Staatsstreich »umzudrehen«. Schulenburg, dem Gerstenmaier diesen Plan vorgetragen hatte, kam bald von dem »Befehlshaber des Ersatzheeres« Hoepner mit dem Bescheid zurück, daß erst einmal die Ankunft der Panzer abgewartet werden müsse, bevor direkt von der Bendlerstraße aus etwas unternommen werden könne. Tatsächlich war spätestens seit 18 Uhr das Funkhaus, wie geplant, von Truppenteilen der Infanterieschule Döberitz besetzt. Der erhoffte Erfolg war allerdings ausgeblieben, da dem leitenden Offizier, Major Jakob, die Abschaltung des Senders vorgeschwindelt worden war und er als Laie keine Möglichkeit hatte, die Durchführung seines Befehls zu kontrollieren.[27]

Schulenburg brachte Gerstenmaier die von Hoepner unterzeichnete Ernennungsurkunde zum Militärbevollmächtigten für das Reichskirchen- und Reichserziehungsministerium. Warum Hoepner sich in dieser Situation mit einer derartigen Lappalie befaßte, bleibt ebenso unverständlich wie sein Bestehen auf der eigenen Ernennungsurkunde kurz vorher.[28] Gerstenmaier fiel an dem Text vor allem das nachdrücklich formulierte Verbot des Waffengebrauchs auf. Ähnlich wie Gisevius[29] und andere mokierte er sich über diese, wie ihm schien, unangebrachte Zimperlichkeit. Gegenüber Schulenburg und Yorck bemerkte er, daß er von der Waffe offenbar erst Gebrauch machen dürfe, wenn er selbst bereits tot sei.[30] Ein Anruf Haeftens zwischen 17 und 18 Uhr galt dem Lufthansasyndikus Dr. Otto John, der, von dem Canarisnachfolger Oberst Hansen aufgefordert, am Abend zuvor aus Madrid nach Berlin gekommen war. John hatte im Auftrag Stauffenbergs in Madrid die Möglichkeit eines Waffenstillstandes mit den Westmächten nach einem geglückten Staatsstreich eruieren sollen. Als er, im Vorzimmer zu Stauffenbergs Büro angekommen, etwas verloren herumstand – Stauffenberg war weiterhin mit Telefonaten beschäftigt – gab ihm Schwerin einen Überblick über die Lage. Obwohl Hitler tot sei, berichte der Deutschlandsender nur über eine leichte Verwundung des Führers: »Wie dem auch sei, Beck ist eisern entschlossen, die Sache durchzuziehen. Wenn nur die Besetzung des Rundfunks geklappt hätte«. Schwerin fragte John nach seinen Informationen aus Madrid und Lissabon. John konnte nur antworten, daß die Parole nach wie vor »Bedingungslose Kapitulation« heiße. Dies wollte er Beck, dem zukünftigen Staatsoberhaupt, auch noch einmal persönlich sagen. Schwerin hielt es für ausgeschlossen, daß Beck jetzt für ein derartiges Gespräch Zeit hätte. John beschloß daher, den preußischen Finanzminister zu besuchen. Schwerin stimmte zu, denn Popitz war noch nicht über die Vorgänge des Tages informiert worden. Er versprach, John anzurufen, falls sich etwas besonderes ereignen sollte. »Wenn Sie morgen anrufen, werden wir wissen, was los ist«, sagte er zum Abschied. Als John auch Haeften seinen Anruf für den nächsten Tag ankündigte, sagte ihm dieser trocken: »Dann haben wir es geschafft – oder aber wir sind gehenkt«. Er fügte dann aber lächelnd hinzu »Auf Wiedersehen – bis morgen«. John verließ gegen 20.45 Uhr die Bendlerstraße mit dem Gefühl, daß der Umsturz erfolgreich sein würde. Vier Tage später konnte er unbehelligt nach Madrid zurückfliegen.[31]

Gisevius, der gegen 18.45 Uhr die Bendlerstraße verlassen hatte, um Helldorf über den Ablauf der Walküre-Aktion während der letzten 90 Minuten aus Sicht des Allgemeinen Heeresamtes zu unterrichten, kam zwischen 19.30 und 19.45 Uhr zurück. Olbricht fragte ihn naiv hoffend, ob man jetzt, da Hitler offensichtlich lebe, wohl noch zurück könne? Gisevius verneinte milde und ging dann zu Beck in das Dienstzimmer von Hoepner/Fromm. Über das Radio war inzwischen wiederholt angekündigt worden, daß Hitler bald sprechen werde. Beck bat nun Gisevius, eine Radioerklärung zu entwerfen und sie auch abzugeben. Er selbst könne jetzt aus der Bendlerstraße nicht weg. Goerdeler sei nicht da, General Fritz Lindemann aus dem Stabe Fromms, der die Erklärung im Funkhaus hätte abgeben sollen, sei nicht aufzufinden. Gisevius, etwas bestürzt über ein solches Ansinnen in dieser hektischen Situation, wandte sich an Schulenburg, der gerade mit einem Packen Papier dastand, und bat ihn um Einsicht in dessen Manuskripte, offensichtlich Aufrufe und Regierungserklärungen. Schulenburg wehrte ab, seine Notizen seien für Gisevius unergiebig. Das einzige Exemplar der vorbereiteten Regierungserklärung habe General Lindemann. Beck entwickelte den Grundgedanken der vorgesehenen Ansprache: »Es ist höchst gleichgültig, ob Hitler tot ist oder lebt. Ein Führer, in dessen engsten Umgebung solche Gegensätze aufklaffen, daß gegen ihn ein Bombenattentat unternommen wird, ist moralisch tot«.[32] Hoepner, Olbricht, Schulenburg, Schwerin, Stauffenberg und Yorck trugen weitere Punkte und Gedanken zur Radioerklärung bei, die sich Gisevius notierte.[33]

Endlich, Beck hatte inzwischen mit Feldmarschall v. Kluge in Frankreich telefoniert, der sich dem Staatsstreich verweigerte, sowie den Rückzug der Heeresgruppe Nord aus Kurland befohlen (19.55 Uhr), wo sich eine zweite Katastrophe vom Ausmaß Stalingrads anbahnte, endlich erschien Witzleben gegen 20 Uhr. Der Generalfeldmarschall, zum Oberbefehlshaber der Wehrmacht bestimmt, kam in Begleitung seines Adjutanten Graf Lynar. Beck hatte schon mehrmals nach Witzleben gefragt, dessen Platz in diesen Stunden in der Bendlerstraße sei. Tatsächlich war Witzleben zuerst in Zossen bei Wagner, dem Generalquartiermeister des Heeres, gewesen, der ihn hatte benachrichtigen lassen und nach Zossen gebeten hatte. Dort lag der größte Teil des Generalstabes des Heeres, dessen Oberbefehl Witzleben übernehmen sollte. Da von Zossen keinerlei Aktionen im Rahmen des Staatsstreichs ausgingen, fuhr Witzleben nach kurzem Aufenthalt in die Bendlerstraße weiter.

Stauffenberg, der den gerade eintretenden Feldmarschall begrüßte, bekam ein »schöne Schweinerei, das« entgegengeknurrt. Dann meldete sich Witzleben bei Beck zur Stelle. Wenig später wurde Stauffenberg zu den beiden Generalen gebeten, wiederum kurz darauf holte Stauffenberg Schwerin in das Dienstzimmer Hoepner / Fromm. Es folgte nun in Gegenwart von Stauffenberg und Schwerin eine Auseinandersetzung zwischen Beck und Witzleben, bei der die beiden Männer, soweit Gisevius es durch die Glastür beobachten konnte, ihre Worte mit lebhaften Gebärden unterstrichen. Witzleben schlug ein paarmal mit der Faust auf den Tisch. Wie er 18 Tage später in seinem Prozeß aussagen sollte, ging der Streit darum, ob Hitler tot sei oder nicht, und wie die Radiomeldungen zu interpretieren seien. Vor allem: Witzleben ließ sich nicht von Beck überzeugen, daß der Staatsstreich, was auch immer über Hitler gesagt werde, durchgezogen werden müsse. Der Feldmarschall verließ nach einer halben bis dreiviertel Stunde die Bendlerstraße und fuhr nach Zossen zu Wagner zurück. Für den Feldmarschall und den Generalquartiermeister war der Staatsstreich gescheitert.[34]

Während der Auseinandersetzung zwischen Beck und Witzleben wurde in den Büroräumen Olbrichts Essen aufgetragen. Gerstenmaier saß zwischen Schulenburg und dem Heeresrichter Dr. Sack. Schulenburg aß mit Appetit, Yorck saß, ohne zu essen oder sich an dem allgemeinen Gespräch zu beteiligen, schweigend dabei.[35] Gisevius, der wichtigste Chronist dieses Abends, erlebte die Abfahrt Witzlebens nicht mehr mit. Von Helldorf zur Berichterstattung gebeten, verließ er in Begleitung Oppens zum letzten Mal an diesem Abend die Bendlerstraße. Olbricht gab ihm für Helldorf die Nachricht mit auf den Weg, daß das Wachbataillon zum Schutz der Bendlerstraße abmarschiert sei.[36] Tatsächlich war die Alarmierung der Truppenteile im Großraum Berlin nach dem Walküre-Plan planmäßig, wenn auch zögernd angelaufen.[37] Gegen 18 Uhr war das Rundfunkhaus in der Masurenallee – wenn auch ohne den gewünschten Erfolg – besetzt worden. Zur gleichen Zeit hatte das Wachbataillon »Großdeutschland« unter Major Remer das Regierungsviertel wie vom Standortkommandanten Generalleutnant v. Hase befohlen abgeriegelt. Neben anderen Truppenteilen rollten auch die Panzer der Panzertruppen-Schule II aus Krampnitz in Richtung Berlin. Gegen 21.30 Uhr trafen sie endlich bei der Siegessäule ein. Nach dem Walküre-Plan waren sie größtenteils zum Schutz der Bendlerstraße vorgesehen. Inzwischen hatte aber das Pendel endgültig zu Ungunsten der Hitlergegner ausgeschlagen.

Das Radio mit seiner ständig wiederholten Meldung vom fehlgeschlagenen Attentat hatte ebenso dazu beigetragen wie Keitel in Ostpreußen, der praktisch seit Auslösung des Walküre-Alarms gegen 16 Uhr per Fernschreiben und Telefon gegen die Befehle aus der Bendlerstraße gewirkt hatte. In Berlin hatte der Kommandeur des Wachbataillons Major Remer inzwischen mit Goebbels gesprochen, der ihm gegen 19 Uhr ein Telefongespräch mit Hitler vermittelte. Der Diktator befahl dem jungen Offizier »mit allen Mitteln jeglichen Widerstand niederzuschlagen«. Remer, der bis dahin seinem militärischen Vorgesetzten General v. Hase gehorcht hatte, stellte sich nun auf die Seite der »rechtmäßigen« Regierung und wirkte in diesem Sinn auch auf weitere inzwischen herangeführte Truppenteile ein.

Auch die Panzer aus Krampnitz, auf die die Offiziere in der Bendlerstraße den ganzen Abend so sehr gewartet hatten, bekamen nun ihre Gegenbefehle, und zwar in letzter Instanz von Generalmajor Thomale, Guderians Chef des Stabes. Guderian war an jenem Tag nicht in seinem Hauptquartier in Lötzen, Ostpreußen; er kam erst in den Abendstunden auf dem ihm von Hitler geschenkten Gut Deipenhof an. So wurde sein Stellverteter Thomale um 19 Uhr zu Hitler befohlen, der ihm mitteilte, daß er Guderian anstelle des am 1. Juli 1944 beurlaubten Generalobersten Zeitzler zum Generalstabschef des Heeres ernennen wolle. Gegen 20 Uhr trafen dann die Befehle Thomales in Berlin ein. Thomales Anordnung entbehrt nicht einer gewissen persönlichen Tragik, war er doch ein Schwager Schwerins.[38]

In der Bendlerstraße selbst hatte sich die Situation ab 21 Uhr zunehmend verschärft. Nachdem es nicht gelungen war, zusätzliche Truppen zum Schutz des Gebäudekomplexes heranzuführen, zog nun auf Befehl Remers auch die normale Wachtruppe, die aus einem Zug der 4. Kompanie des Wachbataillons »Großdeutschland« bestanden hatte, ab. Schulenburg schilderte der Gestapo die Bemühungen seit Auslösung des Walküre-Plans: »Zunächst schien alles im 3. Korps (Wehrkreis III, d. Verf.) nach den Befehlen zu laufen, dann aber mehrten sich die Nachrichten, daß die Befehle des 3. Korps (d. h. des Kommandeurs des Wehrkreises III, d. Verf.) nicht durchgeführt wurden, zum Beispiel, daß mehrere Kompanien des Wachbataillons nicht zur Verfügung gestellt wurden, daß die Panzertruppen-Schule in Krampnitz nicht an die befohlenen Plätze rückte, sondern sich nach dem Befehl des Generalobersten Guderian versammelte. Am Ende wurde auch der Wachzug des Regimentes Großdeutschland aus dem Gebäude des Allgemeinen Heeresamtes zurückgezogen. Aus den Wehrkreisen kamen zum Teil entweder ablehnende oder hinhaltende Anrufe. Es wurde allen in den Abendstunden klar, daß das Unternehmen gescheitert war. Ich habe während der ganzen Zeit im Nebenzimmer von Mertz gesessen und habe mich dann bei ihm über die Lage orientiert. Auch Mertz äußerte, daß die Sache verspielt sei«.[39] Laut Schulenburg waren in diesen Abendstunden Mertz v. Quirnheim und Stauffenberg die Handelnden, während er Olbricht und Hoepner eher zögernd erlebte.[40]

Obwohl sich der Fehlschlag nun deutlich abzeichnete, gaben die Freunde nicht auf. Für sie gab es ja auch keine Alternative. Es wurde bereits erwähnt, mit welch positiven Gefühlen Otto John die Bendlerstraße kurz vor 21 Uhr verlassen hatte. Noch eine Stunde später hielt Schulenburg auf Befehl Olbrichts gegenüber dem SS-Oberführer Pifrader an der Fiktion fest, daß Hitler tot sei und die Wehrmacht die vollziehende Gewalt übernommen habe. Pifrader war am späten Nachmittag von Kleist und Hammerstein entwaffnet und festgenommen worden, nachdem er vom Reichssicherheitshauptmann geschickt worden war, um nach Stauffenbergs Verbleib zu fahnden.[41]

Wahrscheinlich mit die Letzten, die wenigen Minuten vor dem Schlußdrama noch die Bendlerstraße gegen 22 Uhr verlassen konnten, waren Oberst Wolfgang Müller und Reith. Müller hatte bei seinem Eintreffen am Haupttor der Bendlerstraße um 21 Uhr schon nicht mehr die regulären Wachen angetroffen. Er ließ sich von Mertz v. Quirnheim einen schriftlichen Befehl geben, der ihm die Infantrieschule Döberitz unterstellen sollte, und verließ umgehend wieder das

Gebäude.[42] Reith, der um 19 Uhr in das Vorzimmer von Stauffenberg geholt worden war,[43] war von Schwerin gebeten worden, sich zu seiner Verfügung zu halten. Der Schwerin ergebene Soldat hatte gehorsam drei Stunden lang auf seinem Stuhl an der Wand gesessen, alles gesehen und nichts begriffen. Von den in Stauffenbergs Zimmer ein- und ausgehenden Offizieren kannte er nur Haeften, Schulenburg und Stauffenberg selbst, dem er oft im Auftrag Schwerins hatte Briefe bringen müssen. Gegen 22 Uhr wurde Reith schließlich von Schwerin, der ihn zwischendurch ganz vergessen hatte, mit den Worten entlassen: »Lieber Reith, es wird doch später als ich gedacht habe. Hauptmann Limbach (ein Kollege Schwerins) wird Sie hinunterführen und mit dem Auto nach Hause bringen lassen. Wir sehen uns morgen wieder«.[44]

Nachdem der 35 Mann starke Wachzug des Wachbataillons auf Befehl Remers die Bendlerstraße verlassen hatte, versuchte Olbricht gegen 22 Uhr, eine Wache aus den ihm zur Verfügung stehenden Offizieren zu bilden.[45] Dabei wurde er von seinen Stabsoffizieren unter Führung des dienstältesten Oberstleutnants Herber über die Vorgänge zur Rede gestellt. Olbricht konnte nicht zur Zufriedenheit der Offiziere antworten, die – nicht eingeweiht, aber in die Aktion miteinbezogen – begannen, sich um ihre persönliche Sicherheit zu sorgen. Sie kamen daher nach einer knappen Aussprache untereinander, inzwischen bewaffnet, wieder zu Olbricht zurück, um endlich zu erfahren, was gespielt würde. Der General gab wieder nur ausweichende Antworten und verwies schließlich die Offiziersgruppe, die jetzt Fromm als Vorgesetzten Olbrichts sprechen wollte, an Hoepner. Auf dem Weg Olbrichts mit Herber und dessen Freunden zu Hoepner kam es zu einer Schießerei. Wahrscheinlich hatte Klausing auf Herber geschossen, der dies erwiderte. Andere Schüsse folgten. Schwerin hatte die Situation klar erkannt, als er zu Yorck sagte: »Die Sache ist aus; Offiziere des Generalstabs haben die Gegenwehr ergriffen und mit Maschinenpistolen das Gebäude besetzt, damit ist es aus«.[46] Tatsächlich war das das Ende.

In seinem Dienstzimmer nahm Fromm, inzwischen aus seiner Wohnung in der selben Etage geholt, die Fäden dort wieder auf, wo er sie vor etwa sechs Stunden unter der Drohung der auf ihn gerichteten

Pistolen Kleists und Haeftens hatte fallen lassen müssen. Die in seinem Zimmer befindlichen Offiziere, nämlich Beck, Olbricht, Hoepner, Stauffenberg, Mertz v. Quirnheim, Haeften und Klamroth ließ er festnehmen. Während er Beck den Selbstmord gestattete und Hoepner wie Klamroth lediglich in Haft nehmen ließ, übergab er Olbricht, Stauffenberg, Mertz v. Quirnheim und Haeften einem Erschießungskommando der inzwischen in Kompaniestärke herangeführten Soldaten des Wachbataillons Großdeutschland. Stauffenberg starb mit dem Ruf: »Es lebe das heilige Deutschland«. Das war gegen Mitternacht.[47]

Im Dienstzimmer von Mertz v. Quirnheim fanden sich Schulenburg, Schwerin, Berthold Stauffenberg, Yorck sowie Gerstenmaier und der unbeteiligte Ramin zusammengedrängt. Der Gang war durch Bewaffnete abgeriegelt. Obwohl alle Pistolen bei sich trugen, war an Gegenwehr bei den offensichtlichen Machtverhältnissen nicht mehr zu denken. Als Gerstenmaier noch vor der Schießerei im Flur vorgeschlagen hatte, sich zu bewaffnen, hatte Yorck dies für zwecklos erklärt. Göring werde sie mit Hilfe der Luftwaffe zusammenbomben. Geschossen hat schließlich von den Freunden, mit Ausnahme von Klausing und Claus Stauffenberg selbst, wahrscheinlich niemand. Gerstenmaier ließ seine Browning sinken, als Olbricht sich die Schießerei verbat.[48] Im Dienstzimmer von Mertz verbrannte Schwerin in einem Aschenbecher Papiere, die er bei sich getragen hatte. Mit dem Einverständnis der Freunde versuchte dann Gerstenmaier, in der Annahme, daß er als Zivilist unauffälliger sei als die Offziere, einen Weg durch die Absperrung zu erkunden. Er kam jedoch nicht weit. Schon nach wenigen Schritten wurde er von Herber angehalten, von v. d. Heyde als Verräter identifiziert und in ein separates Zimmer gesperrt. Dort hörte er die Exekutionssalven aus dem Hof.[49]

Nach Eintreffen Remers und General Reineckes, der wenig später als Volksgerichtshofbeisitzer zum schändlichen Komplizen Freislers werden sollte, wurden weitere Verhaftete in das Zimmer von Mertz v. Quirnheim gebracht: Die Oberstleutnante Robert Bernardis und Fritz v. d. Lancken, beide aus dem Stab Olbrichts, und schließlich auch Gerstenmaier. Der Mussolini-Befreier Skorzeny, der um 1 Uhr in der Bendlerstraße auftauchte, durchsuchte die Gefangenen nach

Waffen und riß ihnen die Orden- und Ehrenabzeichen ab, die er hinter sich in einen umgestülpten Stahlhelm warf. Reinecke wandte sich an die Gruppe mit den Worten: »Meine Herren, Sie sind verhaftet. Sie werden aus dem Munde des Führers Ihr Urteil hören«. Dann mußten die Freunde, denen mit Maschinenpistolen bewaffnete SS-Männer gegenüberstanden, die Reden von Hitler, Göring und Dönitz anhören. Auch Dönitz überschlug sich in Tiraden über »diese Schurken«, die »nur die Handlanger unserer Feinde« seien. Die Diffamierungswelle rollte bereits. Schulenburg hatte in den Abendstunden zu Fritzsche gesagt: »Offenbar muß das deutsche Volk diesen Kelch bis zur Neige leeren. Wir müssen uns opfern. Später wird man uns verstehen«.[50]

21. Kapitel
Haft, Prozeß und Tod

»Man kann schließlich nicht mehr tun, als dafür zu sterben«, sagte Schwerin zu Gerstenmaier, als sie in den ersten Morgenstunden des 21. Juli aneinandergefesselt die Gänge und Treppen des Allgemeinen Heeresamtes hinuntergeführt wurden. Nach der widerrechtlichen Erschießung Olbrichts, Stauffenbergs, Mertz' und Werner Haeftens war es den Gefangenen auf ihrem Gang in den Hof gewiß, daß sie in den Tod gingen. Hinwegtretend über Blutlachen in den Korridoren und Treppenhäusern wurden sie aber wider Erwarten in dem von Scheinwerfern in gleißendes Licht getauchten Hof nicht an die Wand gestellt, sondern in Autos verladen, die sie in das Gestapo-Hauptquartier in der nahen Prinz-Albrecht-Straße 8 brachten. Dort, im Hausgefängnis, mußten sie sich entlang der Kellerwand aufstellen. Die Handfesseln, die Jacke, Krawatte, und Schuhbänder wurden ihnen abgenommen. Dann wurden sie einzeln vorgeführt, gefilzt, notiert und vorübergehend in einen zentral gelegenen Luftschutzraum gebracht. Als Kleist jr. wenig später aus der Bendlerstraße eingeliefert wurde, wurde er von der Gestapo mit Fußtritten, Ohrfeigen und Prügeln empfangen. Die Atmosphäre hatte sich deutlich verschärft. Schließlich wurden die Gefangenen in Einzelzellen untergebracht. Kleists Zelle lag zwischen denen Schulenburgs und Schwerins. Kleist mußte den Rest der Nacht stehen. Die Verhöre begannen bereits in diesen frühen Morgenstunden des 21. Juli.

Da immer mehr Gefangene gebracht wurden und nicht mehr Menschen in den 38 Einzelzellen und der einen Gemeinschaftszelle unterzubringen waren, begann die Gestapo schon am späteren Vormittag, die Gefangenen aus der Prinz-Albrecht-Straße zu verlegen. Schulenburg und Gerstenmaier wurden in das Gefängnis in der Lehrterstraße gebracht. Am frühen Nachmittag mußten Yorck, Schwerin, Kleist,

v. d. Lancken und wahrscheinlich der unbeteiligte und zufällig mitverhaftete Rittmeister v. Ramin an den Händen gefesselt, jeweils von zwei SS-Männern eskortiert, ohne sprechen zu dürfen, einen Lastwagen besteigen, fuhren sie in den Tod? Kleist vermutete, ein Sandweg bedeutet Exekution auf einem Truppenübungsplatz durch schlecht ausgebildete SS, Teerstraße und Zuchthaus weise dagegen auf Guillotine hin – dann doch lieber die Guillotine. Statt dessen wurden sie in die Sicherheitspolizeischule Drögen bei Fürstenberg gebracht. Dort erneute Aufnahme der Personalien durch Kriminalrat Lange, der die Gefangenen auch auf ihrer letzten Station, dem Zellenbau des nahen KZ Ravensbrück, in Empfang nahm. Als der LKW rückwärts an die Rampe heranfuhr und die Gefangenen Schwerin und Kleist zuerst ausstiegen, sagte Lange zu einem Untergebenen »Die ersten beiden können schon ran«! Kleist war sich sicher: Jetzt ist es soweit. Hilfesuchend drehte er sich zu Schwerin um, der ihm zunickte und ihn durch seine ruhige Haltung ermutigte. Kleist wurde noch am gleichen Abend und in der Nacht achteinhalb Stunden vernommen, die anderen Gefangenen wohl ebenfalls in den Nachbarräumen. Während dieser ersten Vernehmung kam einer der Gestapo-Männer in das Vernehmungszimmer und meinte zu ihm, er habe ja »einen dollen Freund«. »Schwerin erkundige sich dauernd nach ihm, und das sei in einer derartigen Lage noch nie geschehen«. Schwerin drückte die Sorge und Verantwortung um den 20 Jahre jüngeren Freund.[1]

Schulenburg kam wenig später auch in den Zellenbau nach Ravensbrück. Üblicherweise fanden die Verhöre in der Polizeischule in Drögen statt, wo seit Februar 1944 eine Außenstelle des Reichssicherheitshauptamtes untergebracht war. Dort wurde auch Schulenburg verhört und war »das Objekt besonders nachhaltig angewandter Vernehmungsmethoden«. Er war schon zuvor in der Lehrterstraße von Achamer-Pifrader verprügelt worden, der sich dafür rächte, daß er am Abend des 20. Juli in der Bendlerstraße so sang- und klanglos hatte festgenommen werden können. Der Weg Schulenburgs, Schwerins und Yorcks durch den Herrschaftsbereich der Gestapo kann nur bruchstückhaft nachgezeichnet werden. Am 23. Juli wurden Yorck und Schwerin sehr wahrscheinlich aus Ravensbrück nach Berlin zurückgebracht. Schwerin war zusammen mit Yorck in der

Prinz-Albrecht-Straße, danach längere Zeit im Gefängnis Lehrterstraße 61 und zumindest die letzten zwei Wochen seines Lebens wieder in dem Gestapohausgefängnis.[2]

Die Gestapo hatte schon am 21. Juli die »Sonderkommission 20. Juli 1944« unter Leitung des SS-Gruppenführers Müller gebildet. Für die Kommission arbeiteten bald 400 Beamte, die ihr Arbeitsgebiet in etwa 14 Untersuchungsbereiche gliederten. Für jeden Bereich war ein Beamter als Vernehmungsführer zuständig. Die Erfolge stellten sich schnell ein und die Verhaftungen erfolgten in immer größerer Zahl. Am 20. / 21. Juli selbst waren 28 Personen verhaftet worden, am 24. Juli war die Zahl der Verhafteten auf 56 angewachsen. Die Verhaftungen der ersten Tage wurden selbstverständlich erleichtert durch die per Fernschreiben abgesetzten Listen der Verbindungsoffiziere und der Politischen Beauftragten, was im Rahmen der Staatsstreichplanung unumgänglich gewesen war. Überall griff die Gestapo nun zu. Der für die Auswertung der Untersuchungen zuständige SS-Obersturmbannführer Dr. Georg Kießel spricht von ingesamt 600 Verhaftungen. Genauere Zahlen kennt niemand. Zum Teil ging die Gestapo, wie weiter unten gezeigt werden kann, in ihren Verhören und Verhaftungen sehr systematisch vor. Brücklmeier, den die Alarmierung Schwerins für den 20. Juli nicht mehr erreicht hatte, hörte durch das Radio von dem fehlgeschlagenen Attentat. Seine Frau beschwor ihn, über die Grenze in die Schweiz zu gehen. Sein Vater hatte nahe der Grenze zur Schweiz ein Ferienhaus besessen, und Brücklmeier kannte dort jeden Weg und Steg. Er lehnte jedoch ab. Er fürchtete bei einer Flucht um die Sicherheit seiner Familie – ein Argument, das viele der Männer bewog, sich dem drohenden Zugriff der Gestapo nicht zu entziehen. Am 25. Juli war er in Berlin und sprach mit Dr. Toepfer. Noch einmal wurde das Für und Wider einer Flucht besprochen, aber er wollte nicht auf diese Weise seine Freunde im Stich lassen. In Berlin hatte Brücklmeier eine Vorladung des Vormundschaftsgerichts in Prag vorgefunden. Er war Vormund des Sohnes seines im Osten gefallenen älteren Bruders. So fuhr Brücklmeier nach Prag weiter, wo ihm der alte Rechtsanwalt der Familie ein Versteck anbot. Brücklmeier lehnte wiederum ab und wurde am 27. Juli verhaftet.[3]

Hans-Bernd Haeften, Hofacker und Trott waren bereits am 23. und 25. verhaftet worden, es folgten Hassell am 28. und Guttenberg in Agram am 31. Juli, Wirmer, Haubach, Goerdeler und Leuschner am 3., 9., 12. und 16. August, Pfuhlstein am 1. September und Alfred Haushofer am 7. Dezember 1944. Haushofer als Junggeselle hatte sich auf einem Bauernhof in der Nähe von Partenkirchen versteckt. Die lange Liste der Verhaftungen ist nicht vollständig bekannt. Nur wenige flüchteten oder versuchten, sich zu verstecken. Goerdeler, Haushofer, Lehndorff, Leuschner sind die bekannteren Ausnahmen. Sie wurden alle denunziert. Auf Goerdelers Kopf war eine Prämie von einer Million Reichsmark ausgesetzt worden. Nur in wenigen Fällen gelangen Untertauchen oder Flucht in diesem total erfaßten Staat.

Otto John setzte sich am 24. Juli in eine Linienmaschine und flog nach Madrid zurück, Gisevius entkam erst am 23. Januar mit falschen Papieren in die Schweiz. Jakob Kaiser lebte in einem Versteck bis zum Einmarsch der Russen. Im wesentlichen hatten sie für den Fall eines Fehlschlags nicht vorgesorgt; dies hielten sie, wie sich ja auch zeigen sollte, für aussichtslos. Guttenberg lehnte mit Blick auf seine Familie den ihm angebotenen Schutz bei einem Kosakenregiment ab. Hassell erwartete, über ihr Kommen informiert, die Gestapo an seinem Schreibtisch.[4]

Die Verhaftungen galten aber nicht nur den Verschwörern, sondern auch ihrer gesamten Umgebung und Vergangenheit. So wurden aus Yorcks alter Dienststelle, dem Reichskommissariat für Preisbildung, allen voran der ehemalige Reichskommissar Joseph Wagner sowie mehrere Kollegen aufgrund ihrer Bekanntschaft mit Yorck verhaftet. Von Schwerins Dienststelle in der Prinz Heinrich-Straße wurde Biel noch am 21. Juli und Limbach am 6. August verhaftet. Sie saßen mehrere Wochen lang in der Lehrterstraße 3, einem für die Gefangenen des 20. Juli geräumten Flügel der Moabiter Haftanstalten. Die Verhöre erstreckten sich auch auf Untergebene, die seit Monaten nicht mehr mit Schwerin zusammengewesen waren. Die Schneiderin Vogel, bei der Schwerin und Yorck sich am 17. Juli getroffen hatten, mußte für acht Tage ins Gefängnis. Wer das Pech hatte, in eine Hausdurchsuchung zu geraten, wurde gleich mitgenommen, so Ulrich Sahm, der 27jährige Schwager Schwerins, der wegen Verdunkelungsgefahr 13 Tage im Potsdamer Gefängnis zubrachte.[5]

Die Verhöre

Während die Verhaftungswelle der Gestapo immer weitere Kreise zog und mehr und mehr Menschen der Sonderkommission in die Hände fielen, während die Zahl der Sippenhäftlinge (vgl. S. 429) wuchs, arbeitete die Gestapo dem ersten Schauprozeß entgegen. So verschieden die Beamten und die Verhörmethoden waren, so unterschiedlich reagierten die Verhafteten. Schulenburg und Schwerin hatten wohl aufgrund des Volksgerichtshof-Prozesses gegen den Potsdamer Verleger Bonnes die Devise ausgegeben, »nur nichts gestehen, ableugnen«. Aber das war eine Gratwanderung. Nur zu gut wußten sie, was die Gestapo mit dem Euphemismus »Verschärfte Vernehmung« meinte. Den Freunden war noch das »es war die Hölle« von Nikolaus Halem im Ohr. Sie wußten, unter Folter konnte niemand für sich gerade stehen. In der französischen Resistance galt die Regel: Nicht länger als 48 Stunden. Die Männer waren den Gestapo-Beamten wehrlos ausgeliefert, zudem immer allein. Auch ihre Familien waren im Machtbereich der Gestapo. Um vor allem die Familienväter gefügig zu machen, drohten die Verhörenden immer wieder mit Verhaftung der Frauen, Kinder und Eltern.

Als die Sonderkommission am 21. Juli gebildet wurde, teilte Gestapo-Chef Müller den einzelnen Beamten die Verhafteten zu, zum Teil ergab sich die Verteilung aufgrund der bereits bestehenden Zuständigkeit der Beamten. So führte Dr. Neuhaus, ehemaliger Theologe, die Vernehmungen Yorcks und überhaupt des gesamten Kreisauer Kreises durch. Er gehörte planstellenmäßig der Gruppe IV B des Reichssicherheitshauptamtes an, das für die beiden großen Kirchen, die Sekten und Freimaurer zuständig und in der Meineckestraße 10 untergebracht war. SS-Standartenführer Walter Huppenkothen erhielt vom Amtschef Müller mehr wahllos als gezielt schon am ersten Tag Berthold Stauffenberg zugewiesen und wenig später

Schulenburg und Schwerin. Vermutlich als Kurzbezeichnung für diese eher zufällige Konstellation von Personen erfanden Huppenkothen und seine Kollegen die Bezeichnung »Grafenkreis« oder »Grafengruppe«. In gleicher Weise kam die Bezeichnung »Kreisauer Kreis« zustande. Wer neben den drei genannten außer Claus Stauffenberg noch zum »Grafenkreis« gerechnet wurde, ist nicht klar und nirgends eindeutig definiert.

Erst in den Verhandlungen des Volksgerichtshofes, die von Freisler darauf angelegt waren, die Angeklagten als von »Ehrgeiz zerfressen« und »reaktionär« hinzustellen, wurde dem Wort »Grafenkreis« eine abwertende Bedeutung untergeschoben. Dennoch benutzen manche Historiker diesen Begriff mit einer pejorativen Spitze, die auf angeblich Reaktionäres zielt, in schöner Naivität (?) weiter.

Wer für die Vernehmungen Brücklmeiers, der seit Ende Juli in der Lehrterstraße saß, zuständig war, ist nicht klar, möglicherweise der Gestapo-Beamte Schulz, der auch Brücklmeiers Frau vernommen hatte. Nach dem Krieg wurde der eine oder andere dieser Gestapo-Beamten zur Rechenschaft gezogen. Im Fall von Huppenkothen kann man wohl mit aller Vorsicht annehmen, daß die Vernehmungen Schulenburgs, Schwerins und Stauffenbergs sich in einer sachlichen Atmosphäre vollzogen. Zu Folterungen ist es unter Huppenkothens Verantwortlichkeit wahrscheinlich nicht gekommen. Gegen die »Abreibung«, die Schulenburg durch Pifrader erhalten hatte, will Huppenkothen angeblich beim Amtschef protestiert haben. Huppenkothen, der nach eigener Aussage Schulenburg flüchtig aus dessen Landratszeit in Fischhausen kannte, hielt sich während seiner Nachkriegsprozesse etwas darauf zugute, daß er die drei Gefangenen bei den Verhören mit Zigaretten, Kaffee, ja seinen eigenen Broten versorgt habe. Die Vernehmungen führte er allein durch. Zumindest von Stauffenberg wie Schulenburg ist bekannt, daß er sie zu längeren schriftlichen Ausarbeitungen über ihre Motivation veranlaßte. Berthold Stauffenberg hatte zunächst alles abgeleugnet, wie übrigens auch Witzleben, Yorck und Hoepner, um dann am 22. Juli in einer längeren Niederschrift Vorgeschichte und Beweggründe des Attentats zu schildern. Diese Teilgeständnisse waren bei der notwendigen Gratwanderung nicht zu umgehen. Die Verhafteten wurden ja ständig mit Aussagen anderer konfrontiert, um ihre Darlegungen zu erschüttern und sie zu weiteren Aussagen zu veranlassen. Auch Gegenüberstellungen waren ein erprobtes Mittel. So wurde Schwerin den zwei jungen Offizieren des Infanterieregimentes 9, Kleist und Fritzsche, in der Prinz-Albrecht-Straße gegenübergestellt. Schwerin bestätigte die zurückhaltenden Aussagen der beiden jungen Männer, was zu ihrem Überleben beitrug.

Die Verhafteten versuchten natürlich auch ständig zu bagatellisieren und zu relativieren. Bezeichnend ist dafür eine Aussage Schwerins über den voll eingeweihten Prof. Sauerbruch, der mit vielen der Verschwörer befreundet war: »Er sei auf seinem Fachgebiet genial, in politischer Hinsicht aber ein absolutes Kind«. Schulenburg soll zu Huppenkothen gesagt haben, man habe sich leider zu spät kennengelernt, und Schwerin soll sich nach dem Volksgerichtshofverfahren bei Huppenkothen besonders für die anständige Behandlung bedankt haben, die sich so sehr von der des Volksgerichtshofes unterschieden hätte. Zwar sind diese positiven Bemerkungen Schulenburgs und Schwerins von Huppenkothen selbst überliefert, aber es mag schon sein, daß sich der Beamte in diesen drei Fällen so verhalten hat. Jedenfalls ist das zu hoffen! Trotzdem blieb er ein Gestapo-Mann mit all den typischen grausamen Perversionen und Abgründen. Dies zeigte sich deutlich in anderen Fällen. So wenn Guttenberg durch Kriminalkommissar Franz Sonderegger, der der Dienstaufsicht Huppenkothens direkt unterstand, schwer mißhandelt wurde. Oder wenn Huppenkothen an der Gerichtsfarce und der auch in der Methode besonders grauenhaften Hinrichtung von Canaris, Oster, Sack, Gehre und Dietrich Bonhoeffer hauptverantwortlich mitwirkte. Wegen dieser beiden Anklagepunkte wurde Huppenkothen nach dem Krieg zu acht Jahren Zuchthaus verurteilt.[6]

Wenn schon ein Mann wie Huppenkothen mindestens zwei Gesichter hatte, so waren andere seiner Kollegen ganz eindeutig Schläger und Folterer. Besonders gegenüber den Sozialisten gab es im »Dritten Reich« von Anfang an überhaupt keine Zurückhaltung. Das bekannteste »bürgerliche« Opfer schrecklicher Folterungen war Schlabrendorff. Aber in vielen Fällen bedurfte die Gestapo gar nicht dieser Methoden: Wie Kießel berichtetete: »Der männliche Standpunkt der Idealisten (brachte) sofort einiges Licht in das Dunkel... Sie versuchten zwar, ihre Kameraden zu decken, für den erfahrenen Kriminalisten war es aber ein Leichtes, nunmehr Baustein auf Baustein zu fügen«. Die meisten der Gefangenen waren weder den Gestapo-Beamten noch der Verhandlungsführung Freislers gewachsen, die den Erniedrigungen und Qualen der Verhöre folgte.[7]

Da viele der Verhafteten Soldaten waren, war für diese Gruppe eigentlich die übliche Militärgerichtsbarkeit zuständig. Himmler traute aber ihrer Rechtsprechung nicht über den Weg, »wo eine Krähe der anderen nicht das Auge aushackt«, und erfand daher den »Ehrenhof des Heeres«. Dieser wurde mit Befehl Hitlers vom 2. August unter Vorsitz Keitels gebildet und hatte die Aufgabe, die Verschwörer aus dem Heer auszustoßen, um sie dem Volksgerichtshof überantworten zu können. Die bizarre Scheinlegalität, die hier hergestellt wurde, ist oft kommentiert worden: Der »Ehrenhof« ist ein Beispiel für viele derartige Bemäntelungen der Rechtsbeugung im totalitären Staat. Neben Keitel und mehreren anderen gehörten dem »Ehrenhof« Feldmarschall v. Rundstedt und Generaloberst Guderian an, dessen Memoiren zeigen, auf welchen Tiefpunkt des politisch-militärischen Verständnisses der letzte Chef des Deutschen Generalstabes gesunken war.

Nr. 1 auf der Liste der Ausgestoßenen bei der ersten Sitzung am 4. August war natürlich Witzleben, Nr. 10 und 12 Schulenburg und Yorck. Auf der zweiten Sitzung am 14. August erschien auch Schwerin auf dieser Liste einer ganz besonderen Ehre. Selbst die Toten wie Beck und Tresckow wurden noch über ihren Tod hinaus verfolgt, wahrscheinlich um die Pensionsansprüche streichen zu können. 55 Offiziere wurden so ausgestoßen, 29 weitere, die »nur« unter Verdacht standen, aus der Wehrmacht entlassen. 52 der ausgestoßenen Offiziere wurden standrechtlich erschossen, hingerichtet oder begingen Selbstmord. Von den entlassenen Offizieren endeten acht am Galgen. Yorck, Zivilist bis ins Mark und doch sehr in der Tradition seines Hauses stehend, kommentiert diesen Vorgang in seinem letzten Brief, wenn er schreibt: »Das Kleid kann man uns nehmen, aber nicht den Geist, in dem wir handelten. Und in ihm fühle ich mich den Vätern und Brüdern und auch den Kameraden verbunden.«[8]

Inzwischen wurde fieberhaft der erste große Schauprozeß vorbereitet. Freisler, den Hitler in Erinnerung an die Stalinschen Terrorprozesse »unseren Wyschinskij« nannte, sollte dem deutschen Volk zeigen, daß hier tatsächlich nur »eine ganz kleine Clique ehrgeiziger, gewissenloser und zugleich verbrecherischer, dummer Offiziere« – so Hitler am 21. Juli 1944, gehandelt hatte. Die Abfolge der Prozesse und die Gruppierung der Angeklagten in den einzelnen Verfahren bedeutete nur in wenigen Fällen die Aburteilung eines bestimmten zusammenhängenden Tatbestandes wie etwa im Fall der Verurteilung Goerdelers mit einem Teil seines Schattenkabinetts am 7./8. September oder Moltkes mit einem kleinen Teil des Kreisauer Kreises am 9.–11. Januar 1945. Die Prozeßfolge wurde natürlich auch durch den Zeitpunkt der Verhaftung und andere äußere Umstände bestimmt.

Die Prozesse sind nur sehr unvollständig durch Anklageschriften, Film- und Tondokumente sowie offizielle Berichte dokumentiert. Für viele Prozesse fehlt praktisch alles, manchmal selbst die mündliche Überlieferung. Oberreichsanwalt Lautz stellte die Anklageschriften zusammen, die eine fortlaufende Numerierung erhielten. Die ersten fünf Prozesse im August wurden noch entsprechend der Numerierung des Oberreichsanwalts verhandelt, danach müssen andere Gesichtspunkte für die Prozeßfolge ausschlaggebend gewesen sein. In den ersten fünf Prozessen wurde über 30 Angeklagte verhandelt, die im Schnellverfahren zum Tode verurteilt wurden. Im ersten Prozeß wurde unter anderem gegen Witzleben, Yorck und Klausing verhandelt, im zweiten gegen Schulenburg und Berthold Stauffenberg, im dritten gegen Haeften, Helldorf und Trott, im vierten gegen Schwerin und im fünften gegen Hofacker und den erblindeten, schwer verletzten Stülpnagel. Brücklmeier folgte mit seinem Freund Meichßner im neunten Prozeß Ende September.

Der ehrgeizige Präsident des Volksgerichtshofs, Dr. Roland Freisler, hatte mit seiner Amtsübernahme Ende August 1942 den Volksgerichtshof zu dem Terrorinstrument gemacht, für das es bereits 1934 geschaffen worden war. Nach seiner Übernahme hatte Freisler an Hitler den jeder Rechtsmaxime spottenden Satz geschrieben: »Der

Volksgerichtshof wird sich stets bemühen, so zu urteilen, wie er glaubt, daß Sie, mein Führer, den Fall selbst beurteilen würden«. Unterschrift: »Ihr politischer Soldat, Roland Freisler«. Von den 16500 Todesurteilen zwischen 1933 und 1945 (davon wurden allein 14841 zwischen 1942 und 1944 vollstreckt) steuerte der Volksgerichtshof rund ein Drittel – 5286 – bei. Der größte Teil der vom Volksgerichtshof ausgesprochenen Todesurteile wurde unter der Präsidentschaft Freislers gefällt, dessen demagogische Verfahrensleitung inzwischen bekannt ist. Nicht »in dubio pro reo«, wie ein Grundsatz europäischer Rechtsprechung und Zivilisation lautete, sondern »pro duce« war das erklärte Ziel des Präsidenten. Wie gezielt Freislers Verhandlungsführung war, zeigt folgende Stelle eines Freisler-Briefes: »Einige Angeklagte machten den Versuch zu längeren Ausführungen, konnte jedoch bei diesen nicht zur Sache gehörenden Dinge niemals über die allerersten zwei, drei Worte hinauskommen. Goerdeler versuchte einmal, sich auf den Generalfeldmarschall Kluge zu berufen, das geschah ganz unvermittelt, so daß es erst gelang, ihn abzustoppen, als er die erste Silbe dieses Namens genannt hatte. Ich glaube aber, daß so gut wie niemand diesen Versuch Goerdelers verstanden hat«. Freislers Vorgehen war selbst bei den Spitzen des Regimes nicht unumstritten. Am 8. September unterschrieb Justizminister Thierack, Vorgänger Freislers als VGH-Präsident, einen Bericht über den ersten Prozeßtag gegen Goerdeler, den sein Prozeßbeobachter, Ministerialrat Dr. Franke, entworfen hatte. Dort heißt es: »Leuschner und von Hassel ließ er nicht ausreden. Er überschrie sie wiederholt. Das machte einen recht schlechten Eindruck, zumal der Präsident etwa 300 Personen das Zuschauen gestattet hatte... Ein solches Verfahren in einer solchen Sitzung ist sehr bedenklich. Die politische Führung der Verhandlung war sonst nicht zu beanstanden. Leider redete er aber Leuschner als Viertelportion und Goerdeler als halbe Portion an und sprach von den Angeklagten als Würstchen. Darunter litt der Ernst dieser gewichtigen Verhandlungen erheblich. Wiederholte längere, nur auf Propagandawirkung abzielende Reden des Vorsitzers wirkten in diesem Kreis abstoßend. Auch hierunter litt der Ernst und die Würde des Gerichts. Es fehlt dem Präsidenten völlig an eiskalter, überlegener Zurückhaltung, die in solchen Prozessen allein geboten ist«. Dieser Bericht war auf direkten Befehl Hitlers geschrieben worden. Es ist jedoch nicht bekannt, daß Freisler sein Vorgehen und Verhalten änderte. Vermutlich war das hier als Mangel beschriebene Vorgehen des Gerichtspräsidenten genau das, was der Diktator wollte,[9] der schon in den frühen Morgenstunden des 21. Juli gellend verkündet hatte: »Es ist ein ganz kleiner Klüngel verbrecherischer Elemente, die jetzt unbarmherzig ausgerottet werden«.

Um für die geplanten Schauprozesse die richtige Bühne zu haben, wurden die ersten Prozesse nicht am Sitz des Volksgerichtshofs in der Bellevuestraße 15 durchgeführt, sondern im großen Saal des Kammergerichts (heute Kontrollratsgebäude) in der Potsdamerstraße. Im ersten Prozeß am 7. und 8. August wurde gegen sechs aktive und zwei Reserveoffiziere, darunter den ranghöchsten und ältesten Angeklagten, den 62jährigen Feldmarschall v. Witzleben, den 24 Jahre jungen Klausing und den Leutnant d. R. Yorck verhandelt. Über diesen Prozeß sind wir relativ gut informiert, da ein vollständiges Stenogramm sowie bruchstückhaft Film- und Tonaufnahmen vorliegen. Allerdings handelt es sich bei dem Stenogramm um eine gereinigte Version, da die Invektiven Freislers fehlen. Von Schwerin sprach Freisler etwa nicht als Verbindungsoffizier (Stenogramm), sondern als Verbindungsverbrecher (Tonaufnahme). Auch die entwürdigenden Ausfälle gegen Witzleben fehlen im Stenogramm, das die Atmosphäre so gut wie gar nicht wiedergibt. Die Filmaufnahmen vermitteln schon ein deutlicheres Bild. Danach hatte Witzleben in den nicht ganz drei Wochen Haft erheblich an Gewicht verloren. Stieffs Aussehen legte nahe, daß er gefoltert worden war. Um die Angeklagten optisch herabzuwürdigen, hatte man Witzleben Zahnprothese und Hosenträger und Stieff den Kragen vorenthalten. Hoepner mußte in einer alten Strickjacke erscheinen. Die Angeklagten standen zu ihren Vergehen. Witzleben sagte zu dem ersten Durchführungsbefehl, mit dem am 20. Juli der Ausnahmezustand verhängt wurde und den er selbst unterzeichnet hatte: »Etwas anderes konnte man ja nicht befehlen«. Und zu dem zweiten Befehl, der unter anderem die Verhaftung sämtlicher NS-Größen und die Besetzung der KZs sowie die Freilassung der politischen Häftlinge anordnete: »Aber selbstverständlich habe ich das gebilligt«. Im Stenogramm wurde aus dem letzten Satz: »Ich habe das ja gebilligt«. Die Nuance fehlt. Freislers Verhandlungsführung erzwang eine Beschäftigung mit dem platt Faktischen: Wer war wo zu welcher Zeit. Nur Yorck gelang es, etwas zu seiner Motivation zu sagen. Es kam zu folgendem, für Yorck so bezeichnenden Wortwechsel:

Yorck: Herr Präsident! Ich habe bereits bei meiner Vernehmung angegeben, daß ich mit der Entwicklung, die die nationalsozialistische Weltanschauung genommen hatte...

Freisler (unterbrechend): ... nicht einverstanden war. Sie haben, um es konkret zu sagen, ihm erklärt: ›In der Judenfrage paßt Ihnen die Judenausrottung nicht, die nationalsozialistische Auffassung vom Recht hätte Ihnen nicht gepaßt.‹

Yorck: Das Wesentliche ist, was alle diese Fragen verbindet; der Totalitätsanspruch des Staates gegenüber dem Staatsbürger unter Ausschaltung seiner religiösen und sittlichen Verpflichtung Gott gegenüber.

Freisler antwortete mit einer Suada über die »ungeheure Gesundung und Verstärkung des Rechts« und endete mit der entwaffnenden Feststellung: »Was Sie vorgetragen haben, bleibt rätselhaft«.

Das Beispiel des Schulenburg-Freundes Klausing, der am 20. Juli aus Überzeugung trotz Krankheit teilgenommen hatte, ist besonders tragisch. Er stellte sich am folgenden Tag selbst, da »er seine gefangenen Kameraden nicht im Stich lassen wollte.« Schon im Gerichtssaal und dann im Abschiedsbrief distanzierte er sich von seinen Mitangeklagten und dem gesamten Vorhaben. Er war offensichtlich tief enttäuscht von dem Verlauf des 20. Juli. Für die wenigen Sätze seines Verteidigers, Rechtsanwalt Boden, war die Behauptung typisch: »Irgendwelche Fehler sind (dem Hohen Senat, Verf.) selbstverständlich nicht unterlaufen«.

Die Pflichtverteidiger hatten sicherlich kein leichtes Amt. Zum Teil erhielten sie die Anklageschrift erst am Vorabend des Prozeßtages und konnten die Angeklagten nur kurz oder gar nicht vorher sehen. Aber die Charakterlosigkeit von Rechtsanwalt Boden war auch unter seinen Kollegen verbreitet. Der Gegenpol dazu war der tapfere Verteidiger Dr. Gustav Schwarz, der für v. Hagen die Todesstrafe abwenden wollte und dem Freisler schließlich drohend vorhielt: »Ich vermißte insofern bei Ihnen eine Ausführung darüber, ob denn unser gesundes Empfinden dabei mitgehen könnte«. Im folgenden Dialog zwischen Freisler und dem Verteidiger ist zu merken, wie sich bereits eine Anklage über dem Haupt von Dr. Schwarz zusammenzieht. Unter diesen Umständen verzichteten die meisten Angeklagten auf eine letzte persönliche Stellungnahme und Erklärung, sie baten nur um Vollstreckung durch Erschießen.

Marion Yorck, die aus ihrer Referendarzeit das Kammergericht gut kannte, hatte von den Wachtmeistern die Erlaubnis erhalten, den Prozeß von der Wachstube aus zu verfolgen. Sie konnte nur die gellende, böse Stimme Freislers vernehmen, mit der er die Angeklagten immer wieder unterbrach und niederschrie. Ihren Eindruck der zwei schrecklichen Tage faßte sie zusammen: »Es seufzte die Kreatur«.[10]

Freisler verkündete für alle acht Angeklagten die Todesstrafe durch den Strang. Die Hinrichtungsart war als besonders schwere Strafe und als Demütigung gedacht. Die Verhandlung schloß am 8. August um 16.15 Uhr. Die Verurteilten wurden sogleich nach Plötzensee gefahren. Dort gelang es Gefängnispfarrer Harald Poelchau, mit Yorck zum letzten Mal zu sprechen. Die beiden Männer kannten sich seit 1941. Yorck bat Poelchau, an die anderen auszurichten, daß in den bisherigen Vernehmungen die ganzen Gespräche von Moltke und ihm mit den Freunden noch nicht aufgetaucht und die drei Treffen in Kreisau noch nicht erwähnt seien. Wenig später stellte der Gestapo-Bericht bedauernd fest, daß Yorck anscheinend »stark zurückgehalten habe«. Sein Gespräch mit Yorck, so schreibt Poelchau, »wurde plötzlich gewaltsam unterbrochen. SS-Männer mit großen Scheinwerfern drangen in die Zellen ein und filmten die einzelnen Gefangenen, ehe sie zur Hinrichtung geschleppt wurden. Der Film – im Auftrag des Führers gedreht – sollte den gesamten Prozeß in all seinen Phasen ausführlich und in allen Einzelheiten zeigen, von der Verhandlung vor dem Volksgerichtshof bis zu den letzten Zuckungen der Opfer am Galgen«. Yorck trat seinen letzten Gang an. Während das Gericht das Urteil »beriet«, hatte er an seine Frau geschrieben: »Mein Tod, er wird hoffentlich angenommen als Sühne aller meiner Sünden und als Sühneopfer für das, was wir alle gemeinschaftlich tragen. Die Gottesferne unserer Zeit möge auch zu einem Quentchen durch ihn verringert werden. Auch für meinen Teil sterbe ich den Tod fürs Vaterland. Wenn der Anschein auch sehr ruhmlos, ja schmachvoll ist, ich gehe aufrecht und ungebeugt diesen letzten Gang und ich hoffe nur, daß du darin nicht Hochmut und Verblendung siehst, sondern mir bis zum Tode getreu. Die Lebensfackel wollten wir entzünden, ein Flammenmeer umgibt uns, welch ein Feuer«.[11] Yorck starb 39 Jahre alt am 8. August 1944 um 18.30 Uhr.[12]

Zwei Tage später folgten ihm seine Freunde Schulenburg und Berthold Stauffenberg. Über den Prozeß am gleichen Tag gibt es keinerlei Unterlagen. Auswendig gelernt von einem Freund, der die Protokolle einsehen konnte, erreichten folgende Worte Schulenburgs die Nachwelt: »Wir haben diese Tat auf uns genommen, um Deutschland vor einem namenlosen Elend zu bewahren. Ich bin mir klar, daß ich daraufhin gehängt werde, bereue meine Tat aber nicht und hoffe, daß sie ein anderer in einem glücklicheren Augenblick durchführen wird«. Vor seiner Hinrichtung schrieb er an seine Frau: »Mein berufliches Leben ist ist nur Fragment geblieben, aber am Ende wird die Geschichte richten und uns freisprechen. Du weißt, daß auch mich die Liebe zum Vaterland trieb«. Schulenburg starb noch nicht ganz 42 Jahre alt zusammen mit Berthold Stauffenberg und Alfred Kranzfelder am 10. August 1944 um 16.06 Uhr.[13]

Schon über den Prozeß gegen Stauffenberg und Schulenburg war nicht mehr in den Zeitungen berichtet worden. Am 17. August verbot Hitler ausdrücklich jede weitere Veröffentlichung über die Prozesse und die weiteren Verhaftungen.[14] Ganz offensichtlich hatten der groß aufgezogene erste Prozeß sowie die folgende Berichterstattung nicht das Echo gefunden, das sich die Machthaber erhofft hatten. Wie sollte auch über eine Formulierung berichtet werden, die Hans-Bernd Haeften am 15. August im dritten Prozeß fand, der Hitler als den »großen Vollstrecker des Bösen« in der Weltgeschichte bezeichnet hatte. Aus den Film- und Tonprotokollen geht hervor, wie dies selbst Freisler und Lautz die Sprache verschlug, und auch die ständig wachsende Zahl der Verhaftungen entsprach nicht der Sprachregelung »von einer ganz kleinen Clique ...«

Im vierten Prozeß am 21. August stand Schwerin vor dem Volksgerichtshof. Von den vier Mitangeklagten wird er als einzigen Oberst

Friedrich Jaeger gut gekannt haben. Freisler hielt Schwerin vor, daß er ja »ein besonderes Erlebnis gehabt habe«, da er seine »eigene Heimat als Soldat unseres Führers befreien durfte«. Gemeint war Sartowitz im Polnischen Korridor.

Schwerin: Herr Präsident, was ich an politischen Erfahrungen persönlich gemacht habe, hat für mich mancherlei Schwierigkeiten in der Folge gehabt, weil ich ja sehr lange für das Deutschtum in Polen gearbeitet habe, und aus dieser Zeit heraus ein vielfaches Hin und Her in der Einstellung gegenüber den Polen praktisch erlebt habe.

Freisler: Jedenfalls ist das Hin und Her etwas, was Sie dem Nationalsozialismus zur Last legen können?

Schwerin: Ich dachte an die vielen Morde...

Freisler: Morde?

Schwerin: Die im In- und Ausland...

Freisler: Sie sind ja ein schäbiger Lump. Zerbrechen Sie unter der Gemeinheit?

Schwerin: Nein!

Freisler brach daraufhin die Vernehmung ab. Wie schon bei den vorhergehenden drei Prozessen verhängte der Volksgerichtshof durchgehend die Todesstrafe. Der Pflichtverteidiger Schwerins, konnte nach dem Urteil gar nicht schnell genug auf Distanz zu seinem Mandanten gehen. Er gab ihm nicht einmal zum Abschied die Hand, sondern wandte sich einfach ab. [15] Die Gestapo-Beamten fühlten sich durch die raschen Hinrichtungen nach den Prozessen in ihren weiteren Vernehmungen behindert. Deshalb stellten sie Anträge zum Aufschub der sofortigen Urteilsvollstreckung. So wurde Trott, der laut Gestapo-Bericht »zweifellos sehr stark zurückgehalten hat«, noch elf Tage zwischen Prozeß und Hinrichtung weiter vernommen. Schwerin mußte in der Zelle 8 der Prinz-Albrecht-Straße 19 Tage auf seinen Tod warten. Vier Zellen weiter wurde seit dem 6. August auch Kielmansegg gefangen gehalten, der aus dem OKH-Lager Anna in Ostpreußen in das Gestapo-Hausgefängnis gebracht worden war.

Über die Zustände im Hausgefängnis liegen viele Berichte vor. Besonders zermürbend war, daß das Licht über der Zellentür Tag und Nacht brannte und die Gefangenen mit dem Gesicht zum Licht und den Händen über der Decke in ihren knapp 8 qm großen Zellen schlafen mußten. Wenn sie die Lage wechselten, wurden sie geweckt. Viele der Gefangenen waren auch an den Händen gefesselt. Schwerin gelang es, beim Waschen Kielmansegg zuzuflüstern, daß sie sich ausschließlich aus Roßleben kennen und sonst nicht. Eines Nachts wenig später standen sich die beiden Männer, flankiert von Wachen, im Luftschutzbunker gegenüber. Schwerin machte die alte Geste mit dem Zeigefinger über den Hals. Wenig später verschwand das Handtuch außen an seiner Zelle. Das war für die Gefangenen das Zeichen, daß wieder einer von ihnen zur Hinrichtung abgeholt worden war. Kurz vorher hatte ihn die Ehefrau eines Gefangenen durch Zufall gesehen. Ein Wachmann flüsterte ihr zu: Schwerin-Plötzensee. Als sie Schwerin so ruhig und gefaßt sah, dachte sie: »Das ist einer, der zu sterben weiß«.

Wenige Minuten vor seinem Tod schrieb Schwerin an seine Frau: »Du weißt, daß zu allen Zeiten mein Handeln auf Deutschland ausgerichtet war nach der Tradition der Familie aus glühender Vaterlandsliebe, die alles andere überwog. Andere Zeiten werden andere Sitten und Anschauungen im Einzelnen bringen, aber die Liebe zum Vaterland wird ewig der Bestandteil des Lebens bleiben, der alles andere beherrscht«. Schwerin starb, noch nicht ganz 42 Jahre alt, am 8. September um 16.42 Uhr.[16]

Schwerin wurde mit Wirmer, Hassell, Lejeune-Jung, deren Prozeß zwei Stunden vorher geendet hatte, und mit den Offizieren Smend sowie Hansen in Sträflingskleidung hingerichtet. Sein Henker wie der seiner Freunde war ein Wilhelm Friedrich Röttger. Die Todeszeiten wurden genau protokolliert, sie liegen bei den Männern ein bis zwei Minuten auseinander. Man kann daher davon ausgehen, daß sie nicht noch in besonderer Weise geschunden wurden. Die sechs Leichen wurden im Krematorium Wilmersdorf verbrannt, die Asche am nächsten Tag in einem einzigen Behältnis dem Ersten Staatsanwalt Pippert per Boten überbracht.[17]

Der neunte Prozeß, unter anderem gegen Brücklmeier und Joachim Meichßner, fand am 28./29. September statt. So gut wie nichts ist aus diesem Prozeß bekannt geworden. Gegen Brücklmeier erhob Freisler den besonderen Vorwurf, einen Aufruf geschrieben zu haben, mit dem die deutsche Kriegsschuld anerkannt wurde. Auch Brücklmeier mußte noch 21 lange Tage im Hausgefängnis der Gestapo auf seinen Tod warten. Er starb, 41 Jahre alt, zusammen mit Reichwein und Maas am 20. Oktober 1944.

Keine der Frauen hat ihren Mann noch einmal sehen oder sprechen können. Als Yorck nach der Verhandlung aus dem Gerichtsgebäude geführt wurde und bevor er den Wagen bestieg, sah er seine Frau von fern, nicht aber sie ihn. Charlotte Schulenburg war zwar am Tag des Prozesses und der Hinrichtung in Berlin, erfuhr aber erst vier Tage später indirekt über Gauleiter Hildebrandt vom Tod ihres Mannes. Marianne Schwerin erhielt die Nachricht durch ihren Bruder erst nach ihrer Haftentlassung, einen knappen Monat nach der Hinrichtung ihres Mannes. Amschy Brücklmeier gelang es als einziger, im Gefängnis Lehrterstraße noch einmal die Stimme ihres Mannes zu hören und durch die Milchglasscheibe seinen Schatten zu sehen. Das Gnadengesuch, das sie an Justizminister Thierack richtete, blieb jedoch unbeantwortet. Thierack hatte als Referendar bei ihrem Schwiegervater gearbeitet und kannte die Familie gut. Es ist kein Fall bekannt, in dem Thierack ein Gnadengesuch je anders beantwortet hätte als mit der routinemäßigen Anordnung der Urteilsvollstrekkung.[18]

Die Prozesse und Hinrichtungen gingen bis in die letzten Tage des »1000jährigen« Reiches weiter. Die Russen standen schon um Berlin und beschossen die Stadt, als die SS am 23. und 24. April aus dem Gefängnis in der Lehrterstraße einige Gefangene abholte und sie auf einem nahen Trümmergelände ermordete. Unter den 18 Toten befanden sich auch Guttenberg und Albrecht Haushofer. Bei Haushofer fanden sich diesen Zeilen:[19]

Als ich in dumpfen Träumen heut versank,
sah ich die ganze Schar vorüberziehn:
Die Yorck und Moltke, Schulenburg, Schwerin,
die Hassell, Popitz, Helfferich und Planck –
nicht einer, der des eignen Vorteils dachte,
nicht einer, der gefühlter Pflichten bar,
in Glanz und Macht, in tödlicher Gefahr,

nicht um des Volkes Leben sorgend wachte.
Den Weggefährten gilt ein langer Blick:
Sie hatten alle Geist und Rang und Namen,
die gleichen Ziels in diese Zelle kamen –
und ihrer aller wartete der Strick.
Es gibt wohl Zeiten, die der Irrsinn lenkt.
Dann sind's die besten Köpfe, die man henkt.

Sippenhaft

Während die Männer verhaftet, vor Gericht gestellt und getötet wurden, wurden auch ihre Familien verfolgt. Die von Himmler ersonnene »altgermanische« Sippenhaft war ein reines Terror- und Racheinstrument ohne jegliche rechtliche Basis, das nicht systematisch, sondern nach bloßem Ermessen angewandt wurde. Als Himmler diesen neuen Einfall auf einer Gauleitertagung in Posen am 3. August vorstellte und auf das »Verräterblut« zu sprechen kam, erntete er Beifall mit seinem Satz: »Die Familie Graf Stauffenberg wird ausgelöscht werden bis ins letzte Glied«. Außerdem sollte allen Angehörigen, die den »Namen eines Schufts und Verräters« trugen, freigestellt werden, sich einen anderen Namen zu wählen. Buchstabengetreu, aber willkürlich wurden Himmlers Wünsche dann auch umgesetzt.[20]

In der engeren Familie von Schwerin und Yorck wurden alle Familienangehörigen, die den Familiennamen trugen, verhaftet. Wie SS-Gruppenführer Müller, der Leiter der Sonderkommission, an Bormann schrieb: »Von den vier Schwestern des Verräters ist bisher keine festgenommen worden. Eine Festnahme ist auch nicht beabsichtigt, da sie mit ihrer Verehelichung aus der Sippe Schwerin ausgeschieden sind«. Eine Logik besonderer Art. Bei den Schwerins wurden darum Marianne Schwerin mit ihren drei Söhnen und ihre Schwiegermutter in Dresden am 7. August festgenommen, bei den Yorcks Marion Yorck am 10. August und ihre Schwiegermutter wie auch zwei unverheiratete Schwägerinnen am folgenden Tag. Der Schwager Paul Yorck durchlebte schwere Monate im Gefängnis und ab Ende Januar 1945 im KZ Sachsenhausen. Er wurde außerdem ohne jede formelle Anklage oder Gerichtsverfahren enteignet. Als die Schwester den Reichsführer SS um Haftentlassung ihres Bruders Paul bat, erhielt sie zur Antwort, dieser sei ein so entschiedener Gegner der Nationalsozialisten, daß er vor Kriegsende nicht entlassen werden könne. Bia Yorck wurde daher erst von den Russen befreit.[21]

Die Atmosphäre nach dem gescheiterten Staatsstreich war für Angehörige adeliger Verschwörer besonders furchterregend. Der Chef der nationalsozialistischen Zwangsgewerkschaft, der Deutschen Arbeitsfront, Dr. Robert Ley, hatte drei Tage nach dem Attentat im »Angriff« den Adel als den verlängerten Arm des Judentums bezeichnet: »Degeneriert bis in die Knochen, blaublütig bis zur Idiotie, bestechlich bis zur Widerwärtigkeit und feige wie alle gemeinen Kreaturen, das ist die Adelsclique, die der Jude gegen den Nationalsozialismus vorschickt... dieses Geschmeiß muß man ausrotten, mit Stumpf und Stiel vernichten. Es genügt nicht, die Täter allein zu fassen und unbarmherzig zur Rechenschaft zu ziehen, man muß auch die ganze Brut ausrotten«. Kein Wunder, daß Pfarrer Poelchau, als er Mitte August Marion Yorck in ihrer Zelle besuchte, ihr verdeutlichte, daß diese Zelle vielleicht ihre letzte Station auf dieser Welt sein würde.[22] Noch Ende des Monats erschien es durchaus nicht sicher, ob die Haßwünsche von Ley nicht doch noch Realität würden. In diesem Zusammenhang ist wohl auch die Weigerung des zuständigen Arztes zu sehen, den neun Wochen alten, todkranken Säugling Marianne Schwerins zu behandeln. Die Oberin des dem Gefängnis angeschlossenen Kinderheims holte schließlich auf eigene Verantwortung einen unabhängigen Kinderarzt und rettete damit vermutlich dem Verfasser das Leben.

Schwerin hatte seine Frau immer wieder beschworen, sich, wenn sie Hilfe brauche, an den Vetter, Finanzminister v. Krosigk zu wenden. Schwerin selbst hatte sich wegen Nikolaus Halem direkt und ein zweites Mal indirekt durch den Bruder Halems an den Finanzminister gewandt. Nachdem Marianne Schwerin Anfang August verhaftet worden war, stand ihr Bruder Ulrich Sahm zeitweise in nahezu täglichem telefonischem Kontakt mit Krosigk. Am 18. August schrieb der

Finanzminister an Hitler und bat nicht für Schwerin, »aber darum, daß im Falle seiner Verurteilung seine Angehörigen nicht unter den Folgen seiner Tat zu leiden haben«. Er und Schwerins Schwager, Generalmajor Thomale, »würden dafür einstehen, daß die Willensbildung und Einstellung der Söhne klar und eindeutig im nationalsozialistischen Sinne ausgerichtet werden«. Tatsächlich nützte dies Schreiben gar nichts. Der von Bormann um Stellungnahme gebetene Gestapo-Chef Müller meinte am 8. September nur kühl: »Im Hinblick auf die äußerst schweren Belastungen des Verräters Schwerin halte ich die Aufrechterhaltung der Sippenhaft in diesem Umfang für erforderlich.« Gemeint war die weitere Inhaftierung Marianne Schwerins und ihrer drei Söhne. Müller fuhr fort: »Ich beabsichtige daher nicht, dem Reichsführer SS vorzuschlagen, dem Wunsch des Reichsministers der Finanzen nachzukommen«. Es war deutlich, wie die Macht in der Endphase des »Dritten Reichs« verteilt war. Sieben Tage nach diesem Schreiben wurden die zwei älteren Söhne Schwerins von ihrer Mutter plötzlich getrennt, ohne daß die Mutter wußte, was geschehen war. Die zwei Söhne wurden zusammen mit 44 Kindern aus 19 anderen »Verräterfamilien« in ein Kinderheim nach Bad Sachsa im Harz verschleppt. Die Ängste der zurückbleibenden Mütter, von denen viele gerade erst ihren Mann verloren hatten, sind leicht vorstellbar. Es war der blanke Terror!

Nach ihrer Ankunft in Bad Sachsa erhielten die beiden Söhne Schwerins den Namen Seiffert und sollten nach dem Willen Himmlers mit ihrer neuen Identität auch ein neues, nationalsozialistisches Leben beginnen. Wilhelm Schwerin, mit 15 Jahren der Älteste dieser zusammengewürfelten Kinderschar, sorgte in der Geborgenheit des dunklen Schlafsaales jedoch dafür, daß die Kinder ihre wirklichen Namen nannten und damit begriffen, aus welchem Grund sie hier zusammen waren.[23]

Für die meisten der Kinder dauerte das »neue Leben« jedoch nicht lange. Der allmächtige Himmler hatte den Schlüssel für das Schicksal der Häftlinge in seinen Händen, und er ließ sich bitten. So bat General Thomale den Befehlshaber des Ersatzheeres bei einer dienstlichen Besprechung mit Himmler um die Freilassung seiner Schwiegermutter Schwerin, was Himmler noch in seiner Gegenwart telefonisch anordnete. Nach zwei Wochen Haft wurde Schwerins Mutter daher am 20. August entlassen. Bei einer weiteren Besprechung Ende September wurde Thomale bei Himmler wegen seiner Neffen Schwerin vorstellig. Die beiden Jungen waren neben den zwei Tresckow-Töchtern die ersten, die Bad Sachsa am 7. Oktober wieder verlassen durften. Wenige Tage später wurden bis auf 18 Kinder alle anderen entlassen. So willkürlich die Anordnung der Sippenhaft im Juli/August gewesen war, so undurchsichtig blieben auch die Gründe für die Haftentlassungen der Mütter, Kinder und anderen Verwandten.

Davida Moltke, die Schwester Yorcks, hatte über den Chef der Präsidialkanzlei, Staatsminister Dr. Meissner, am 15. August ebenfalls an Hitler geschrieben mit der Bitte, ihre kranke Mutter und ihre zwei Schwestern freizulassen. Wieweit diese Interventionen – andere Familien werden sicher auch vorstellig geworden sein – doch einen gewissen Druck ausübten, ist schwer abzuschätzen. Die Gauleitungen signalisierten jedenfalls im Oktober einen Klärungsbedarf in Sachen Sippenhaft. Himmler ließ Ende des Monats mitteilen, daß er es im Augenblick ablehne, »besondere Grundsätze zur Frage der Sippenhaftung aufzustellen«. Es bleibe bei der Einzelprüfung, also seinem persönlichen Ermessen.

Etwa im gleichen Zeitraum wie die Kinder waren Ende September/Anfang Oktober bereits der größere Teil der Ehefrauen, auch Marianne Schwerin und Marion Yorck, wieder freigelassen worden. Von 13 Frauen ist jedoch bekannt, daß sie bis Kriegsende in Gefängnissen und Konzentrationslagern festgehalten wurden. 37 »Sippenhäftlinge«, speziell aus den Familien Goerdeler und Stauffenberg, wurden nach einer langen Irrfahrt durch die Konzentrationslager Ravensbrück, Buchenwald und Dachau erst Anfang Mai in Tirol von den Amerikanern befreit.

Während viele Familien dieser »Sippenhaft« ausgeliefert waren, besonders extrem natürlich im Fall der Stauffenbergs, blieben andere davon gänzlich verschont. Charlotte Schulenburg wurde nur einmal, am 6. August, einem mehrstündigen Verhör unterworfen. Über sie und ihre Familie hielt vielleicht Gauleiter Hildebrandt in Erinnerung an ihren Schwiegervater, den alten General aus Tressow, seine Hand. Hildebrandt war so etwas wie ein politisches Ziehkind des Generals gewesen; neben dem Schreibtisch des Gauleiters stand in einer Nische die Büste des alten Grafen Schulenburg-Tressow. Auch Amschy Brücklmeier im fernen Grundlsee wurde nur verhört und nicht verhaftet. Die Sippenhaft erfolgte eben nicht nach einem einheitlichen Konzept.[24]

Als Marion Yorck entlassen wurde, verbot ihr der zuständige Gestapo-Beamte Dr. Neuhaus, über die Haft zu sprechen, nach Schlesien zu fahren, Trauer zu tragen und als Witwe aufzutreten. Die Witwen standen vor dem wirtschaftlichen Nichts, da das Todesurteil gegen ihre Männer immer auch den Vermögenseinzug mit einschloß. Nach der Haftentlassung fand Marion Yorck ihr Haus in der Hortensienstraße von einer SS-Familie bewohnt. Die Frau trug ihre Kleider. Auch Marianne Schwerin war nach ihrer Entlassung am 5. Oktober auf ihre Verwandten Arnim-Kröchlendorff angewiesen und durfte nicht mehr nach Göhren zurückkehren. Der Vermögenseinzug war von Himmler speziell befürwortet worden. In seiner bereits erwähnten Rede vom 3. August hatte er vor allem mit Blick auf die beteiligten Adeligen gefordert, daß deren Grundbesitz für Siedlungszwecke eingezogen werden müsse. Er meinte, daß derartige Konfiskationen (»30 oder 40 solche Güter«) bei den übrigen Familienmitgliedern Wunder an »Treue und Loyalität« bewirken würden. So ganz falsch war das nicht. Aus Angst um seinen Besitz, wie sie nach dem Krieg kleinlaut gestanden, schloß der Schulenburgsche Familienverband Charlotte Schulenburg prompt aus.

Mit der Betreuung der Hinterbliebenen und der Abwicklung vermögensrechtlicher Fragen beauftragte Himmler den SS-Obergruppenführer Breithaupt, der angeblich nach den Morden des Juni 1934 schon einmal mit derselben Aufgabe betraut gewesen war. Breithaupt versuchte offenbar zu helfen, wo es ging, was bisweilen groteske Züge annahm, so wenn er zu Amschy Brücklmeier sagte: »Bitte betrachten Sie mich von nun an als den Vater ihrer Tochter«. Auch er verbot der Witwe ausdrücklich, Trauer zu tragen. Da die Witwen und ihre Kinder in der Regel absolut mittellos geworden waren, wurde ihnen »im Gnadenwege« aus einem Hilfsfonds des Reichsführers SS RM 400,– und je Kind RM 100,– pro Monat in Aussicht gestellt. Die Zahlungen setzten rückwirkend mit dem Monat nach der Hinrichtung ein und sollten im Falle von Marianne Schwerin ab 1. März zur Auszahlung gelangen. Die Ordnung in der Perversion war bemerkenswert – und nur noch von kurzer Dauer.[25]

22. Kapitel

Danach

Es ist nicht mehr Aufgabe dieses Buches, Flucht, Befreiung und die folgenden Jahre der vaterlos gewordenen Familien und der wenigen überlebenden Männer zu schildern. Sie teilten das Schicksal von Millionen anderen Deutschen. Erwähnt werden muß aber das tragische Schicksal von Ernst v. Borsig, Horst v. Einsiedel und Hans Helfferich, die, kaum dem Terror der Nazis entronnen, wenige Monate nach der Befreiung Berlins von den Russen verschleppt wurden und bald darauf umkamen. Auch Wussow bekam etwas von der Ahnungslosigkeit der Besatzungsmächte zu spüren, wenn er, aus Lissabon deportiert, ausgerechnet mit SS-Leuten als Kalfaktoren monatelang von den Engländern im ehemaligen KZ Neuengamme gefangen gehalten wurde. Marianne Schwerin, Charlotte Schulenburg, Marion Yorck und Amschy Brücklmeier waren vollständig mittellos geworden. Dies war das Los unzähliger Frauen und Kriegerwitwen nach Kriegsende, vor allem, wenn sie aus dem Osten und Mitteldeutschland kamen und keine Verwandten westlich der Elbe besaßen. Marianne Schwerin erreichte den finanziellen Tiefpunkt in der zweiten Jahreshälfte 1946, als sie nur noch RM 40,– Unterstützung pro Monat erhielt. Aber auch noch sechs Jahre nach der Währungsreform und nachdem, wegen der schwierigen wirtschaftlichen Verhältnisse in vielen Familien, die Stiftung »Hilfswerk 20. Juli« gegründet worden war, war ihr monatliches Einkommen für sich selbst und zwei Kinder aus staatlicher Hinterbliebenenrente und Hilfswerkzuschüssen geringer, als ihr 1945 Himmlers Hilfsfonds in Aussicht gestellt hatte.[1] Charlotte Schulenburg hatte es in dieser Hinsicht noch schwerer, da die Behörden die Widerstandstätigkeit ihres Mannes, des PG mit der niedrigen Parteinummer, »bewiesen« haben wollten, bevor sie sich zur Zahlung der Pension ihres Mannes verstanden. Sie verdiente lange Jahre den Lebensunterhalt ihrer Familie als Erzieherin im Internat Birklehof in Hinterzarten. Dagegen wurde Frau Freisler noch 1974 vom Freistaat Bayern eine »Schadensausgleichrente« zugebilligt, da »aus rechtsstaatlichen Gründen nicht die Auffassung vertreten werden« könne, »daß Freisler, wenn er den Krieg überlebt hätte, zum Tode oder zumindest zum lebenslangen Freiheitsentzug verurteilt worden wäre«. In der Tat, warum sollte ausgerechnet Freisler belangt worden sein, wo doch von den 564 Richter – und Staatsanwaltskollegen, die von 1934–1945 am Volksgerichtshof gearbeitet haben, keiner rechtskräftig verurteilt worden ist. Das Landesversorgungsamt Bayern folgerte daher ganz richtig: »Es kann ebenso wahrscheinlich sein, daß Freisler in seinem erlernten oder einem anderen Beruf weitergearbeitet hätte, zumal da eine Amnestie oder ein zeitlich begrenztes Berufsverbot ebenso in Betracht zu ziehen sind«. Erst der öffentliche Protest im Jahr 1985 erzwang hier eine gewisse Korrektur.[2]

Marion Yorck begann 1946 mit 42 Jahren ihr durch ihre Ehejahre unterbrochenes Berufsleben wiederaufzunehmen. Sie holte noch die zweite juristische Staatsprüfung nach und wurde 1950 als erste Frau zur Vorsitzenden eines Schwurgerichts ernannt. Zwei Jahrzehnte arbeitete sie als Jugendstrafrichterin in Berlin. 40 Jahre nach dem Tod ihres Mannes erschien der schmale Band ihrer Lebenserinnerungen: »Die Stärke der Stille«. Auch Charlotte Schulenburg und Marianne Schwerin schrieben erst Jahrzehnte später ihre bisher nur für die Familien bestimmten Erinnerungen. Die meisten der Witwen, falls sie sich überhaupt schriftlich äußerten, taten dies erst mit erheblichem zeitlichem Abstand. In der Regel heirateten sie auch nicht ein zweites Mal, obwohl Männer wie Yorck, Trott und Schwerin in ihren Abschiedsbriefen ihren Frauen den Weg dazu zu ebnen gesucht hatten.

Für die wenigen durch Zufall überlebenden Männer, besonders für Kessel, galt in besonderer Weise das Wort von der »Bitternis des Zurückbleibenden«, wie Nikolaus Halem aus seiner Todeszelle 1943 an seinen Freund Guttenberg geschrieben hatte. Kessel, Gisevius, aber auch Wussow in Lissabon waren sicherlich mit die ersten, die das Erlebte mit Hilfe der schriftlichen Darstellung zu verarbeiten suchten. Es ist für Kessel, der sein Buch »Die verborgene Saat« bereits

1944/45 im Vatikan schrieb, und für Wussow bezeichnend, daß sie ihre Erinnerungen nicht veröffentlichten. Die Scheu vor der Profanierung des Andenkens an ihre Freunde hielt sie zurück. Kessel hat sein druckfertiges Manuskript seinen Freunden Brücklmeier, Schwerin, Trott und Yorck gewidmet.[3] Zeit seines Lebens ließ ihn das Erlebte nicht mehr los. Der erste bundesdeutsche Vertreter in Paris, dem Kessel 1950 als Berufsdiplomat beigegeben wurde, der Kunsthistoriker Wilhelm Hausenstein, muß etwas von dieser Seelenlage gespürt haben, wenn er schreibt: »Ich gewann den Eindruck, hier sei mehr als Schule, mehr als Routine, mehr als Bildung und Erfahrung, nämlich eine originale Intelligenz und eine nicht alltägliche Tiefe personalen Wesens, wiewohl mit einigen komplizierenden Zügen, die quer liegen konnten – und dazu das Ingredienz einer distinguierten, Achtung gebietenden Traurigkeit«.[4]

Kessel blieb besessen von der Politik. Sie war sein Lebensinhalt. Nach Paris ging er für knappe fünf Jahre als zweiter Mann an die Botschaft in Washington. Seine politischen Berichte galten als beispielhaft, seine Ansichten sehr bald nicht mehr. Er befürwortete schon Mitte der 50er Jahre eine deutsche Ostpolitik, wie sie dann in Ansätzen erst 15 Jahre später unter Bundeskanzler Brandt in die Wege geleitet werden konnte. Über diesen Dissens kam es zum Konflikt mit Adenauer. Kessel verließ das Auswärtige Amt, um nicht zum zweitenmal seine politische Überzeugung öffentlich verleugnen zu müssen. Hausenstein hatte das »Querliegen« Kessels intuitiv erfaßt. Seine politische Dünnhäutigkeit und seine begrenzte Bereitschaft, sich anzupassen, verwehrten ihm die politische Spitzenstellung, die ihm bei weniger Rückgrat sicher nicht versagt geblieben wäre. In den Jahren des vorzeitigen Ruhestandes ab 1959 arbeitete er als politischer Leitartikler verschiedener Zeitungen. Viele bundesdeutsche Nachwuchsdiplomaten formten ihre Welt- und Berufssicht in kontinuierlicher Diskussion mit ihm. Sie blieben bis zu seinem Todestag am 15. April 1976 mit ihm im Gespräch. Seine letzte Verbeugung galt seinen vorangegangenen Freunden. In seiner Todesanzeige heißt es sehr bezeichnend: »... seine innere Unabhängigkeit im Auswärtigen Dienst ... sowie das unaufdringliche Beispiel seiner Art zu leben verdankte er denen, die ihm Vorbilder und Freunde waren«.

Wussow war bereits fünf Jahre vorher, am 25. Mai 1971, gestorben. Der alte Freund war 1948 über England wieder nach Chile zurückgekehrt. Es war ein Abschied von Europa, den er ja eigentlich schon 1939 hatte nehmen wollen. Aufgrund inflationärer Entwicklungen in Chile hatte er während des Krieges sein ganzes dort angelegtes Vermögen, das er sich vor 1935 erarbeitet hatte, verloren und stand erneut vor dem Nichts. Der wirtschaftliche Neubeginn wurde ihm durch Krankheit und eine weitere Inflation immer wieder zerschlagen. Nach dem Tod seiner Frau kehrte er 1958 endgültig nach Deutschland zurück. Ähnlich wie Kessel trug er bis zum Schluß an dem Schicksal des zurückgelassenen Überlebenden. Wie viele Menschen in den ersten Jahren nach dem Krieg, die durch das Leben die Religion ihrer Kindheit verloren hatten, war Wussow zum Katholizismus konvertiert. In diesem neuen Glauben suchte er Trost und Erklärung für die erlebten Abgründe. Er sah dem Tod mit gläubigem Herzen dankbar und gelassen entgegen.

In den ersten Nachkriegsjahren war der deutsche Widerstand generell, und speziell der Teil der sich am Staatsstreichversuch vom 20. Juli 1944 beteiligt hatte, keineswegs unumstritten. Hierbei muß gar nicht nur an hartgesottene (Neo)Nazis mit ihren im Laufe der Jahrzehnte verschiedenen Splitterparteien gedacht werden. Die »Sozialistische Reichspartei«, 1950 von Otto Remer mitgegründet und 1952 verboten, war nur eine der ersten. Remer, der bekanntlich sich und das Wachbataillon am 20. Juli 1944 Goebbels unterstellt und damit den Zusammenbruch des Putsches beschleunigt hatte, wurde 1985 wegen Verunglimpfung von Widerstandskämpfern erneut verurteilt, nachdem er bereits 1952 wegen des gleichen Delikts in einem vielbeachteten Prozeß zu drei Monaten Gefängnis verurteilt worden war. Die Urteilsbegründung des Landgerichts Braunschweig stellte 1952 so etwas wie einen offiziellen Durchbruch in der Beurteilung des Widerstands dar, der in den Jahren nach 1945 im In- und Ausland aus unterschiedlichen Gründen vielfach negativ bewertet worden war.[5] Die Atmosphäre unter den Deutschen war auch nach der Befreiung so feindselig gegenüber dem Widerstand, daß etwa die kirchliche Trauerfeier für Schwerin an seinem ersten Todestag als ein Gottesdienst für »einen Gefallenen« bezeichnet werden mußte. In der frühen Debatte schwang viel von der noch nicht überwundenen Nazipropaganda von der »ganz kleinen Clique ehrgeiziger, gewissenloser und zugleich verbrecherischer, dummer Offiziere« mit. Schon in den Morgenstunden des 21. Juli hatte Hilter das Bild des Dolchstoßes benutzt, und diese politische Phrase mit ihrer unheilvollen Tradition wurde tatsächlich nach Kriegsende noch einmal gegen den Widerstand gerichtet. [6] Aber letztlich waren diese so nachhaltig diskreditierten und extremen Meinungen nicht das wirkliche Problem für die Nachkriegsbewertung des deutschen Widerstandes. Der Stachel im Gewissen, den der Widerstand darstellte, saß viel tiefer. Selbstreflektierende und charakterlich feste Menschen mochten wie Gustav Heinemann öffentlich formulieren: »Mich läßt die Frage nicht los, warum ich im Dritten Reich nicht mehr widerstanden habe«. [7] Viele werden das Beispiel des Widerstandes als Anfrage und Vorwurf an sich selbst verstanden haben und reagierten mit aggressiver Abwehr. Auch in diesem Punkt rächte es sich, daß die Besatzungsmächte dem deutschen Volk durch die spektakulären Nürnberger Prozesse die Chance zu eigenverantwortlichem gerichtlichem Vorgehen – so wie es der deutsche Widerstand von Anfang an geplant hatte – genommen hatten. Die Alliierten haben diese Last den Deutschen abgenommen und damit der Verdrängung und der demokratiefeindlichen »ohne mich«-Haltung des »unpolitischen« Bürgers Vorschub geleistet. Es dauerte daher mehr als ein Jahrzehnt, bis man sich der systematischen Verfolgung der Verbrechen im Dritten Reich zu stellen begann, deren Beginn mit der Gründung der Zentralen Stelle der Landesjustizverwaltungen zur Aufklärung von nationalsozialistischen Verbrechen in Ludwigsburg im Jahre 1958 datiert werden kann.

Natürlich kann man den deutschen Verdrängunsprozeß nicht den Alliierten anlasten, sie haben ihn nur durch die genannte Weichenstellung begünstigt. Auch der pauschale Vorwurf der Kollektivschuld war in diesem Zusammenhang nicht hilfreich. Wesentlich für die Verdrängung war aber die alles überschattende Aufgabe erst des Überlebens und dann des Wiederaufbaus. Ein so unverdächtiger Zeuge wie Gerstenmaier antwortete auf die Frage des Verfassers, warum die Verfolgung von Naziverbrechern nicht frühzeitiger eingesetzt und warum er persönlich sich nicht stärker dafür engagiert habe, mit dem Hinweis auf die Priorität der materiellen Sicherung der Gegenwart. Die Auseinandersetzung mit der Vergangenheit, um eine Perspektive für Gegenwart und Zukunft zu gewinnen, trat dahinter zurück.

Das offizielle Deutschland, gespalten wie es war, versuchte jedoch bald auch Legitimität und Identität durch Berufung auf den Widerstand zu erlangen. Für die Öffentlichkeit in West-Deutschland waren das Urteil im Remer-Prozeß 1952, das Wiedergutmachungsgesetz von 1953 und schließlich die Rede von Bundespräsident Heuss 1954 zum zehnten Jahrestag Zeichen einer öffentlichen Anerkennung des Widerstands und des 20. Juli. Die Polarisierung zwischen Ost und West führte bedauerlicherweise dazu, daß beide deutschen Teilstaaten nur den jeweils genehmen Teil des Widerstandes beanspruchten.

Bezeichnenderweise blieb es Ausländern vorbehalten, einen wesentlichen Beitrag zur Anerkennung des Widerstandes, der im 20. Juli mündete, geleistet zu haben. Für die Bundesrepublik war dies der Amerikaner Allan Dulles mit seinem Buch »Germany's Underground« aus dem Jahr 1947. Für die DDR leistete Daniil Melnikow diesen Dienst, dessen Buch »Der 20. Juli 1944, Legende und Wirklichkeit« 1965 in Moskau zum ersten Mal erschien. Trotzdem kann man feststellen, daß die Rezeption des der jeweiligen Ideologie nicht entsprechenden Widerstandes in beiden deutschen Teilstaaten auch schon im Jahrzehnt vor der Rückgewinnung der staatlichen Einheit auf relativ gutem Weg war.

Die staatliche Inanspruchnahme des Widerstandes in der Bundesrepublik, die mit viel Weihrauch und überhöhten Gesten einherging, stieß nicht auf einhellige Zustimmung der Hinterbliebenen, vor allem dann nicht, wenn, wie 1974, aus Protokollgründen und mangelndem Fingerspitzengefühl so unpassende Redner wie Ministerpräsident Hans Filbinger bemüht wurden. Die Distanzierung der Angehörigen gründete sich nicht nur auf die Form der Feiern in Berlin, sondern auch auf die Furcht vor Verfälschung des Vermächtnisses durch tagespolitische Inanspruchnahme. Ich selbst bin immer der Meinung gewesen, daß das Beispiel, das der Widerstand für die Pflichten des Menschen gegenüber seinen Mitmenschen und der

Bürger gegenüber dem Gemeinwesen gegeben hat, keine staatliche Gewalt auf Dauer manipulieren kann.

Was das Ausland betrifft, so konnte Freisler bereits am 21. August 1944 Schwerin höhnisch ein englisches Flugblatt entgegenhalten, das die Verschwörer »der perversen Liebe für Deutschland« zieh. Tatsächlich hatten die Angelsachsen Hitlers Version des Attentats und der dahinterstehenden Kreise übernommen und sie in offiziellen Rundfunksendungen etwa aus Washington verbreitet. Obwohl bereits am 11. Dezember 1945 während des Nürnberger Prozesses ein Filmstreifen aus den Volksgerichtshofverhandlungen gegen Yorck, Schwerin und andere gezeigt wurde, beschrieb Hans Rothfels die alliierte Haltung Mitte 1946: »Es scheint um diese Zeit unter Deutschen eine verbreitete Annahme gewesen zu sein – und selbst als Annahme hat sie symptomatische Bedeutung, daß es für die Beurteilung durch einige der alliierten Militärbehörden vorteilhafter war, ein richtiger Nazi gewesen zu sein, als zu den Überlebenden des 20. Juli zu gehören. Die Verschwörer galten als Militaristen, die versucht hatten, die Alliierten um ihren Sieg zu betrügen.«[8] Daß diese Sichtweise Rothfels durchaus zutreffend war, belegt auch die Tatsache, daß das »Hilfswerk für ehemalige KZ-Häftlinge« auf Anweisung der britischen Rheinarmee diejenigen KZ-Häftlinge nicht unterstützen durfte, »die an den Bombenattentaten« teilgenommen hatten.[9] Während das amerikanische Hauptquartier in Frankfurt den Rundfunkanstalten in seinem Einflußbereich jegliche Gedächtnisfeiern zum zweiten Jahrestag des 20. Juli verbot, soll Churchill 1946 angeblich folgende Erklärung im Unterhaus abgegeben haben: »In Deutschland lebte eine Opposition, die durch ihre Opfer und eine entnervende Politik immer schwächer wurde, aber zu dem Edelsten und Größten gehört, was in der politischen Geschichte der Völker je hervorgebracht wurde. Die Männer kämpften ohne eine Hilfe von innen oder von außen, einzig getrieben von der Unruhe ihres Gewissens... ihre Taten und Opfer sind das Fundament eines neuen Aufbaus«.[10] Ob dies bewegende und daher vielzitierte Churchill-Wort nun tatsächlich so stimmt oder nicht, ist letztlich unerheblich, denn es signalisierte richtig eine sich langsam anbahnende Neubewertung des deutschen Widerstandes im Ausland, wie sie als erster Allan Dulles mit seinem Buch 1947 dokumentierte. Deutschlands überraschend schnelle Wiederaufnahme in den Kreis der zivilisierten Nationen ist nicht nur ein Ergebnis der politischen Großwetterlage, sondern auch der Sichtveränderungen vieler politisch interessierter Menschen. Zwei Begegnungen in unseren Nachbarländern haben mich persönlich besonders berührt. In einem Fall berichtete mir ein älterer Pole, dessen Familienangehörige beinahe ohne Ausnahme von den Deutschen umgebracht worden waren, daß ihm nach Kriegsende eine Kontaktaufnahme mit Deutschen erst wieder möglich geworden sei, nachdem er durch den Filmausschnitt über meinen Vater gelernt habe, daß es eben auch ein anderes Deutschland gegeben hat; im zweiten Fall erhielten meine Mutter und ich 1957 die Einladung einer holländischen Familie, in der zwei Brüder als holländische Offiziere und Widerstandskämpfer im KZ umgebracht worden waren. Die Einladung war für die Umgebung der holländischen Gastgeber ein Signal, denn es war das erste Mal, daß Deutsche dort wieder zu Gast sein konnten.

Die Verschwörer hatten diese Entwicklung so sehr erhofft, zum Teil aber auch vorhergesehen. Tresckow hatte 1944 kurz nach der alliierten Invasion die Ansicht vertreten, daß der deutsche Widerstand vor der Welt und der Geschichte beweisen müsse, daß er den Wurf wage (vgl. S. 383). In den letzten Wochen vor dem Attentat wurde diese Meinung von allen verantwortlichen Männern, angefangen mit Beck, geteilt. Es war ein Opfergang für das so tief gefallene eigene Volk gewesen. Tresckow hatte das in die Worte gefaßt: »Wenn einst Gott Abraham verheißen hat, er werde Sodom nicht verderben, wenn auch nur zehn Gerechte darin seien, so hoffe ich, daß Gott auch Deutschland um unseretwillen nicht vernichten wird«. Yorck betrachtete ganz ähnlich seinen Tod »als Sühneopfer für das, was wir alle gemeinschaftlich tragen«.[11]

Der erste Bundespräsident, Heuss, der 1954 für die innerdeutsche Akzeptanz des Widerstandes eine so entscheidende Rede hielt, meinte in der Sprache seiner Generation zu diesem Aspekt: »Dank für ein Vermächtnis, das durch das stolze Sterben dem Leben der Nation geschenkt wurde. Die Scham, in die Hitler uns Deutsche gezwungen hatte, wurde durch ihr Blut vom besudelten deutschen Namen wieder weggewischt.«[12]

Aus der Sicht des Jahres 1944 war der 20. Juli ein Fehlschlag, und vor allem in den ersten Jahren nach dem Krieg, wo das Faktische noch mehr im Vordergrund des Interesses stand, hat es nicht an Schuldzuweisungen gefehlt. Auf den ersten Blick waren die jahrelangen Vorbereitungen und vor allem auch die vielen programmatischen Diskussionen umsonst gewesen, ungehört verhallt. Weder hatte der Krieg verkürzt noch die Zerstörung aufgehalten werden können, noch die Teilung Deutschlands verhindert, noch eine neue Gesellschaft errichtet werden können. Was dennoch bleibt, ist die Gewißheit, daß Menschen totgeschlagen werden können, der Henker für ihre Gedanken und Ideen und die Erinnerung an sie damit aber nicht gefunden ist.

Am meisten würde es die Verschwörer vermutlich überrascht haben, daß im westlichen Teil Deutschlands die parlamentarische Demokratie ohne große Diskussion erfolgreich wiedereingeführt wurde. Viele von ihnen hatten gemeint, das Scheitern der Weimarer Republik mit ihrem Regierungssystem erklären zu können. Das einzige von ihnen erarbeitete Gegenmodell war schließlich nur eine Wahlrechtsreform mit Stimmenhäufungen für bestimmte Stimmbürger und die staffelweise indirekte Wahl von der kleineren zur größeren Verwaltungseinheit. Daß es Wahlen und Volksvertretungen auf den verschiedensten staatlichen Ebenen geben würde, daran hatte auch die Mehrheit der Verschwörer stets festgehalten. Da die Deutschen nach 1945 nicht frei entscheiden konnten, wurde diese Kontroverse um die möglichen demokratischen Spielarten nie geführt. Hingegen sind so wichtige Überlegungen des Widerstandes wie Föderalismus, ›die europäische Lösung‹, die überstaatlichen Zusammenschlüsse und die Einheitsgewerkschaft verwirklicht worden und prägen unser politisches Leben. Der letzte Satz Leuschners am Vorabend seiner Hinrichtung war gewesen: »Schafft die Einheit«. Dem überlebenden Leuschner-Freund und Weggefährten Jakob Kaiser ist es mitzuverdanken, daß der für die deutsche Innen- und Wirtschaftspolitik so entscheidende Deutsche Gewerkschaftsbund gegründet wurde, der ganz den Plänen entspricht, die Leuschner so leidenschaftlich über Jahre entwickelt hatte. Auch die angestrebte christliche Orientierung der Politik und die sehr starke Einbeziehung der Kirchen wurde nach 1945 versucht. Es gehört zum Selbstverständnis des deutschen Widerstandes bis in die Reihen der Sozialisten, daß das Christentum im Nachkriegsdeutschland eine stärkere Rolle spielen sollte. Schon im Juni 1945 kam es daher in Berlin zur Gründung der »CDU-Deutschlands«. Gründungsmitglieder waren u. a. die überlebenden Kreisauer Gablentz, Lukaschek, Steltzer sowie Jakob Kaiser und Pechel, die zu dem hier beschriebenen Teil des deutschen Widerstand zu rechnen sind.

Im Ahlener Programm für die CDU der britischen Besatzungszone wurde in Anlehnung an die Kreisauer und an das Regierungsprogramm von Goerdeler eine »Verhinderung der Zusammenballung wirtschaftlicher Kräfte in der Hand weniger durch Kartellgesetze« gefordert, die Vergesellschaftung der Bergwerke und die Mitbestimmung der »Arbeitnehmer an den grundlegenden Fragen der wirtschaftlichen Planung und sozialen Gestaltung«. Manche der wenigen Überlebenden erreichten hohe Staatsämter, so Lukaschek und Jakob Kaiser als Bundesminister, Gerstenmaier als Bundestagspräsident, Schlabrendorff als Richter am Bundesverfassungsgericht oder Steltzer als Ministerpräsident von Schleswig-Holstein. Doch die Hitlersche Rachejustiz hat die Reihen des deutschen Widerstandes so dezimiert, daß er nicht politisch ausschlaggebend werden konnte. Ausschlaggebend wurde der Mann, der sich bewußt und »lebensklug« vom deutschen Widerstand ferngehalten hatte, Konrad Adenauer.

Bei dem Versuch einer Bilanzierung des deutschen Widerstandes muß auch gesehen werden, daß die gemeinsame Arbeit für den Widerstand gegen die Diktatur Hitlers bis hin zum gemeinsamen Tod eines der Bindeglieder zwischen West und Ost im geteilten Deutschland war. Ein Beispiel wachsenden Verständnis dafür war 1987 die Einweihung eines Gedenksteins durch DDR-Stellen im Göhrener Park 43 Jahre nach Schwerins Tod in Plötzensee. Die Witwe und die Söhne konnten im Dezember desselben Jahres in der Göhrener Kirche eine Tafel mit einer Inschrift enthüllen, die für alle Freunde Schwerins gleichermaßen gilt:

»Hingerichtet für ein Deutschland
des Rechts und der Gerechtigkeit«

Anhang

Umschwung in D

von Albrecht von Kessel, 1942*

I

Die äußere Form, in der sich der Umschwung in D., vollziehen wird, läßt sich heute kaum ahnen und nichts weniger als voraussehen. Es ist daher auch unmöglich, schon heute die Parolen anzugeben, unter denen die Umgestaltung vorgenommen werden sollte. Der staatsmännische Wunsch, die Kontinuität so weitgehend wie möglich zu wahren, legt das Schlagwort »Verwirklichung des NS« nahe – andererseits wird dieser Begriff mehr und mehr abgenutzt, ja verhaßt werden, je länger der Krieg dauert und je größere Opfer er fordert. Ausschlaggebend für diesen Sektor der Neugestaltung wird sein, unter welchen Umständen X seiner Stellung verlustig geht, durch unheilbare Krankheit oder natürlichen Tod, durch das gelungene Attentat eines Ausländers, durch eine inländische Verschwörung oder durch Flucht infolge unaufhaltsamer Niederlage. So muß gerade dieses ungemein wichtige Gebiet, das von der gröbsten Massenpropaganda bis zur ethisch formulierten geistigen Beeinflussung reicht, außerhalb des Rahmens jeder Untersuchung bleiben. Wir werden uns in dieser Beziehung vorläufig darauf beschränken müssen, die entscheidende Bedeutung dieses Problems immer im Auge zu behalten, die verschiedenen, einander bisweilen kraß widersprechenden Möglichkeiten zu erwägen und womöglich eine Auswahl von Personen zu treffen, die im gegebenen Augenblick aus der richtigen Mischung von

* Das handschriftliche Manuskript ist undatiert. Im gleichen Heft wie das Fragment »Umschwung in D« befinden sich Kessels ebenfalls handschriftliche Gedanken an der Schwelle zu seinem 40. Geburtstag am 6. 11. 1942. Ich datiere daher das vorliegende Fragment auf 1942.

kühler Erfahrung und schwungvollem Instinkt die erforderlichen Maßnahmen improvisieren.

Wenn somit das Gebiet der Propaganda – vor allem was den Liquidationsprozeß anbetrifft – ausscheiden muß, so bleibt gleichwohl eine überwältigende Fülle von Fragen übrig, deren grundsätzlicher Charakter schon jetzt den Versuch einer Beantwortung zuläßt.

II

Zwei Erwägungen möchte ich allen weiteren Erörterungen vorangestellt sehen, und zwar einmal die Tatsache, daß die Umgestaltung sich zu einem Zeitpunkt vollziehen wird, wo die Welt noch in das Chaos des Krieges getaucht ist und in Deutschland in jahrelang systematischer Destruktion alle Bindungen aufgelöst wurden, zum anderen die Tatsache, daß das XX. Jahrh. ein Zeitalter der Massen ist in einem Umfang, wie es uns erst im letzten Jahrzehnt mit erschreckender Deutlichkeit zu Bewußtsein gekommen ist.

Der Umstand, daß einerseits der Krieg noch fortdauern wird, wir andererseits innenpolitisch der von einer Tyrannis mit dämonischer Meisterschaft verwirklichten steppenartigen Nivellierung gegenüberstehen, schließt jeden Gedanken an eine Rückkehr zu einem konstition. Regime alter Prägung aus, dem es in außen- und innenpolitischer Beziehung an d. erforderl. Schlagkraft fehlen würde und das innenpol. mit lauter Unbekannten rechnen müßte. Ein solches Regime würde unter den heutigen Umständen binnen weniger Wochen weggefegt sein. Es ist demnach eine autoritäre Staatsführung milit. Charakters eine unabdingbare Forderung, der allerdings der Beweis obliegen würde, daß sie berufen ist, im Namen des ganzen Volkes zu handeln, die von vornherein ein Mindestmaß an Rechtssicherheit verwirklichen und den organischen Aufbau einer Mitbeteiligung und Mitverantwortung der Massen an der Regierung in Angriff nehmen müßte. Was die gestaltlosen Massen anbetrifft, die in den letzten Jahren zu einem immer beängstigenderen Problem geworden sind, so hat d. NS richtig erkannt, daß diese sich keineswegs nur aus der Arbeiterschicht rekrutieren, sondern ihren vielleicht gefährlichsten Zustrom – weil unberechenbar, romantisch-halbgebildet und dünkelhaft – aus dem Kleinbürgertum, ja aus der sog. besitzenden Schicht erhalten. Die Befriedigung ihrer materiellen Bedürfnisse ist in der Regel ein ausschlaggebender Faktor zu ihrer Eingliederung in den Staat – aber niemals der einzige, auch dies eine Erkenntnis des NS. Dem romantischen Charakter des Durchschnittsdeutschen reicht das Wahlrecht als Form der politischen Beteiligung nicht aus, er wünscht eine sichtbarere Art der Mitarbeit, die ihm gleichzeitig eine soziale Zwitterstellung zwischen der des Soldaten und des Beamten verleiht. Diese pseudo-soldatische Lebensform gibt ihm das Bewußtsein einer sozialen Stellung, er erblickt erfreulicherweise in ihr viel mehr als in der Enteignung des Kapitals die ihm genehme Art des Sozialismus. Hitlers Versuch, die Massen aufzugliedern und an seine Sache zu fesseln, indem er jedem zweiten oder dritten Parteigenossen ein »Amt« übertrug, muß daher ein Ansatzpunkt für jede weitere Entwicklung bleiben. Unter anderen Vorzeichen werden daher die zahllosen Gliederungen der Bewegung mit ihrer Hierarchie kleinen und kleinsten Maßstabs erhalten bleiben müssen, wollen wir nicht durch plötzliche Gewichtsverlagerungen innerhalb der Massen das Staatsschiff der Gefahr des Kenterns aussetzen. Daß daneben auf wirtschaftlichem Gebiet die Rückkehr spätkapitalistischer Formen »demokratischer« Prägung verhindert und durch einen Sozialismus soldatischer Prägung mit einem Recht auf Arbeit ersetzt werden muß, ist eine weitere Voraussetzung für die Konsolidierung. Schließlich sei noch betont, daß wer im XX. Jahrh. nicht die Sprache der Massen mit ihren Schlagworten und Vereinfachungen zu sprechen vermag, der Innenpolitik fern zu bleiben hat.

III

Der Entwurf einer zukünftigen Verfassung müßte im gegenwärtigen Zeitpunkt mangels Kenntnis der tatsächlichen innenpolitischen Strömungen und Machtverhältnisse eine rein ideologische Konstruktion bleiben. Aber auch nach dem Umschwung wird es auf mehrere Monate, wenn nicht noch länger unmöglich sein, ein organisches Verfassungswerk hinzustellen. Der Inhaber der tatsächlichen Macht, der sich etwa den Titel Reichsverweser zulegen könnte, wird sich daher auf die Proklamierung gewisser Grundsätze beschränken müssen, auf die weiter unten näher eingegangen werden soll. Bezüglich der Staatsform und Verfassung wird er am besten daran tun, eine solche für die Zukunft in Aussicht zu stellen unter ausdrücklicher Betonung seines Willens, zu gegebener Zeit das gesamte Volk über diesen seinen Vorschlag abstimmen zu lassen. Für falsch würde ich es dagegen halten, wenn in der Antrittsproklamation die Staatsform auch nur andeutungsweise festgelegt würde, solange man über die Stimmung der breiten Massen vollkommen im unklaren ist. Da die erwähnte Proklamation in jedem Fall zwei Programmpunkte, nämlich den Abschluß eines ehrenvollen Friedens nach außen und die Wiederherstellung der Rechtssicherheit im Innern enthalten wird, erübrigt sich auch ein sonst aus propagand. Gründen vielleicht erforderliches Eingehen auf Verfassungsfragen.

IV

Was dagegen unverzüglich in Angriff zu nehmen wäre, ist eine radikale Dezentralisierung und eine Wiederherstellung und Erweiterung der Selbstverwaltung. Eine Beschränkung der zentralen Reichsbehörden auf einen Bruchteil ihres bisherigen Aufgabenkreises muß den Anfang zu einer Umgestaltung des totalitären Regimes in einen zwar autoritären, aber sich in seinen Grenzen haltenden Staat bilden. Diese Grenzen sind bestimmt durch die staatsfreie Sphäre (Familie, Religion) einerseits, durch die Selbstverwaltung der Gemeinden und Länder (Gaue) andererseits.

Die Wiederherstellung und Erweiterung der Selbstverwaltung ist eines der vordringlichsten Probleme, weil sie zugleich den organischen Wiederaufbau des Staatslebens von unten auf ermöglicht. In dieser Zone können in kürzester Frist Wahlen angesetzt werden, aus deren Ergebnis sich auch Rückschlüsse auf die Volksstimmung ziehen lassen, ohne das es darüber zu grundsätzlichen ideologischen Auseinandersetzungen zu kommen braucht. Gegen ein allgemeines und geheimes Wahlrecht bestehen keine Bedenken, doch sprechen praktische und ideelle Erwägungen gegen s. Gleichheit. Es erscheint z. B. nur gerecht, wenn jeder Kriegsteilnehmer über eine zusätzliche Stimme verfügt, ebenso der Familienvater über eine Zusatzstimme für jedes seiner unmündigen Kinder, ferner der Bauer, der seinen Akker selbst bewirtschaftet, letzteres, um einer Entrechtung der dünn besiedelten landwirtschaftl. Gebiete zu steuern. Gegen die Wahl einer Landesregierung aus den Reihen eines auf diese Weise gewählten Landtages dürften keine Bedenken zu erheben sein, jedoch steht an der Spitze des Landes ein vom Reichsverweser eingesetzter Reichsstatthalter, der für die Wahrung der Belange und Einheit des Reiches zu sorgen hat.

Daß bei dieser Regelung etwa vorhandene partikularistische Strömungen an die Oberfläche kommen, dürfte eher ein Vorteil als ein Nachteil sein. Sie werden sich auf so zahlreichen Gebieten (Verwaltung, Kultur, Kirche) ausleben können, während andererseits wirtschaftliche, finanzielle u. militär. Faktoren ihr Schwergewicht zugunsten der Reichseinheit geltend machen werden.

Bewährt sich diese Dezentralisierung und Selbstverwaltung, was man in verhältnismäßig kurzer Zeit (Jahresfrist) wird feststellen können, so ist damit der Unterbau zur Reichsverfassung geschaffen, es ergeben sich damit automatisch Kontrollinstanzen (z. B. ein Reichsrat) neben der grundsätzlich autoritär zu gestaltenden Stellung des Reichsverwesers.

V

Ich möchte hier noch ein kurzes Wort über die Wiederherstellung einer staatsfreien Sphäre einflechten, in der fern von den Spannungen des polit. Geschehens inders. stille Früchte reifen, die letzten Endes doch wieder Volk und Staat zugute kommen. An erster Stelle steht hierbei die Familie, die unbewußte, aber instinktsichere Keimzelle des Volkes: ihr sind die Rechte und Pflichten wiederzugeben, die das totalitäre Regime ihr geraubt hat. Kunst und Literatur sind aus ihrer Zwangsjacke zu befreien, der Staat sollte sich auf diesem Gebiet auf das Beobachten und das Fördern und nur im Notfall auf eine möglichst indirekte Abwehr beschränken. Daß zu Literatur die Tagespresse nicht gehört, die vorerst auch weiterhin einer Zensur unterstehen müßte, bedarf wohl nicht der Betonung. Schließlich gehört in diesen Sektor auch die ungehinderte Ausübung der Religion, die auch dann keine Einschränkung erfahren darf, wenn etwa die Katholische Kirche im Gegenstoß zu den Einbußen der Jetztzeit und gestützt auf den Zuwachs an Gläubigen innerhalb des vergrößerten Reichs zur Offensive übergehen sollte. Dieser zu erwartenden Offensive wäre m. Erachtens am besten dadurch zu begegnen, daß die Regierung für den deutschen Episkopat eine Sonderstellung beim Vatikan erkämpfte, so wie die französischen Könige es sich immer haben angelegen sein lassen. Das Zentrum hätte in den Jahren der Republik nie eine solche Machtfülle erwerben und zu seinem und des Volkes Schaden ausnützen können, wenn die deutschen Bischöfe von der Reichsregierung und dem Vatikan als die einzigen berufenen Vertreter der Kirche angesehen worden wären.

VI

Das Übergangsregime wird der Natur der Sache nach eine Diktatur sein. Es ist dabei von vornherein darauf zu achten: Da, wie anzunehmen ist, der Reichsverweser dem Soldatenstande angehört, muß die ihm unterstehende Regierung (Direktorium) einen ausgeprägten zivilen Charakter annehmen, um nicht zwangsläufig in der Sackgasse einer starken Militärdiktatur ohne Entwicklungsmöglichkeiten zu enden. Ein weiteres Gefahrenmoment liegt darin, daß die Regierung den Anstrich des ehem. Herrenklubs erhält, in dem Adel, Bürokratie und Großbürgertum eine zwar ehrenwerte, aber durch ihren gesellschaftlich-liberalen Einschlag volksfremde Politik führen.

Lebensläufe

Dr. Eduard Brücklmeier

1903, 8.6.	Geburt in München als dritter von fünf Geschwistern
1909–1915	III. Höhere Bürgerschule und Thomas-Gymnasium in Leipzig
1915–1923	Kadettenkorps in Karlsruhe, Naumburg und Lichterfelde
1923	Abitur in Lichterfelde
1923, 1.5.	Jura-Studium in München
1925, Mai	Jura-Studium in Leipzig, Würzburg, Lausanne
1927, 14.2.	Referendarsexamen in Würzburg
1927, 16.2.	Juristische Promotion in Würzburg mit der Arbeit: »Die geschichtliche Entwicklung der Konsulargerichtsbarkeit und ihr Stand im Anschluß an den Weltkrieg«
1927, 2.5.	Eintritt in das Auswärtige Amt
1929, 21.12.	Diplomatisch-konsularische Prüfung in Berlin
1930, 26.6.	Konsulat Bagdad
1930, 8.12.	Gesandtschaft Teheran, Vorgesetzter Friedrich Werner Graf v. d. Schulenburg
1932, 8.7.	Konsulat Colombo
1933, 25.4.	Generalkonsulat Kattowitz
1934, 24.1.	Ernennung zum Legationssekretär
1935, 22.11.	Denunziation bei der NSDAP-Auslandsorganisation in Breslau-Carlowitz
1936, 3.1.	Botschaft London, ab Oktober 1936 Vorgesetzter Joachim v. Ribbentrop

1937, 14. 3.	Heirat mit Klotilde (Amschy) v. Obermayer-Marnach in Zagreb
1937, 1. 12.	NSDAP-Eintritt
1938, 11. 7.	Auswärtiges Amt, Berlin, Büro Minister v. Ribbentrop
1938, 1. 9.	Ernennung zum Legationsrat II. Klasse
1938, 14. 12.	auf Veranlassung Ribbentrops Aufnahme in die SS als Obersturmführer
1939, 7. 9.	Denunziation durch den Hausarzt
1939, 6. 10.	Verhaftung und am 10. 10. Verhör durch Reinhard Heydrich, Chef des Reichssicherheitshauptamtes
1939, 21. 10.	Außenminister v. Ribbentrop verfügt Entlassung aus dem Auswärtigen Amt
1940, 23. 4.	Versetzung in den Ruhestand
1940, 10. 10.	zum Wehrdienst nach Frankreich eingezogen
1941, 17. 1.	Auslandsbriefprüfstelle in Berlin als Wehrmachtsangestellter
1941, 20. 4.	Oberkommando des Heeres (Verwaltungsamt Ag VIII), Berlin, als Kriegsverwaltungsrat
1941, 7. 11.	Entlassung aus der SS
1942, 31. 10.	durch Intervention der Gestapo/SS Entlassung aus dem OKH
1942, Nov.	zum Landesschützenbataillon eingezogen, durch Intervention von General Friedrich Olbricht u.k.-Stellung
1943	Einstellung bei der »Nordsee GmbH«, Berlin
1943	Tod des Vaters Bruno Brücklmeier, Rechtsanwalt am Reichsgericht in Leipzig
1944, 27. 7.	Verhaftung in Prag
1944, 28./29. 9.	Prozeß vor dem Volksgerichtshof unter dem Vorsitz von Roland Freisler
1944, 20. 10.	hingerichtet in Plötzensee, Berlin

Albrecht v. Kessel

1902, 6. 11.	Geburt auf dem väterlichen Gut Ober-Glauche in Schlesien als Jüngster von vier Geschwistern
1919 Herbst	Eintritt in die humanistische Klosterschule Roßleben
1921, 11. 5.	Tod des Vaters, Kurt v. Kessel, Landwirt und Mitglied des preußischen Abgeordnetenhauses
1922	Abitur an der Klosterschule Roßleben
1922, 3. 5.	Jura-Studium in München
1924, Okt.	Jura-Studium in Breslau
1926, 14. 10.	Referendarsexamen in Breslau
1927, 2. 5.	Eintritt in das Auswärtige Amt
1929, 21. 12.	diplomatisch-konsularische Prüfung in Berlin
1930, 10. 5.	Botschaft Rom (Quirinal)
1932, 28. 9.	Generalkonsulat Kattowitz
1934, 24. 10.	Ernennung zum Legationssekretär
1935, 12. 4.	Generalkonsulat Memel
1935, 19. 11.	Gesandtschaft Bern, Vorgesetzter Ernst v. Weizsäcker
1937, 19. 2.	Auswärtiges Amt Berlin, Referat Protokoll
1938, Juni	Auswärtiges Amt, Berlin, Büro Staatssekretär Ernst v. Weizsäcker
1938, Nov.	persönlicher Referent bei Konstantin v. Neurath, Präsident des Geheimen Kabinettsrats in Berlin
1939, 3. 3.	Ernennung zum Legationsrat II. Klasse
1939, März	persönlicher Referent bei Konstantin v. Neurath, Reichsprotektor von Böhmen und Mähren in Prag
1939, 17. 7.	Auswärtiges Amt, Berlin, Büro Staatssekretär Ernst v. Weizsäcker
1940, 3. 1.	Konsulat Genf
1940, 22. 5.	Auswärtiges Amt, Berlin, Referat Politik I Militär
1941, 3. 2.	Konsulat Genf

1943, 20. 7.	Botschaft beim Vatikan, Vorgesetzter Ernst v. Weizsäcker
1943, 28. 12.	Ernennung zum Legationsrat I. Klasse
1945	Rückkehr aus dem Vatikan nach Deutschland
1948, 21. 6.	Zeugenaussage im Weizsäcker-Prozeß in Nürnberg
1946–1950	Herausgeber der »Außenpolitischen Briefe«
1950, 2. 7.	Generalkonsulat Paris (ab 1951 Botschaft)
1950, 20. 10.	Ernennung zum Vortragenden Legationsrat
1951, 10. 9.	Stellv. Leiter der Deutschen Delegation bei den Verhandlungen über die Europäische Verteidigungsgemeinschaft in Paris
1952, 15. 9.	Stellv. Leiter der Deutschen Delegation bei dem Interimsausschuß der »Konferenz für die Organisation einer europ. Verteidigungsgemeinschaft« in Paris
1953, 25. 11.	Botschaft Washington als Gesandter (ständiger Vertreter des Botschafters)
1958, 17. 5.	Urlaub angetreten
1958, 15. 7.	Auswärtiges Amt Bonn, zeitweilig dem Leiter der Arbeitsgruppe Genf zugeteilt
1959, 30. 9.	einstweiliger Ruhestand, journalistische Tätigkeit vor allem für »Die Welt« und »Die Zeit«
1967, 6. 11.	Verleihung des Großen Verdienstkreuzes mit Stern des Verdienstordens der Bundesrepublik Deutschland
1976, 15. 4.	gestorben in Bonn

Fritz-Dietlof Graf v. d. Schulenburg

1902, 5.9.	Geburt in London als vierter von fünf Geschwistern
1906–1915	Leben in Berlin, Münster, Berlin, Potsdam
1916	Eintritt in das Katharineum in Lübeck
1919	Grenzschutz Ost in Berlin und in der Neumark
1920	Abitur am Katharineum
1920, 26.4.	Jura-Studium in Göttingen
1921, Mai	Selbstschutz Oberschlesien bis Juni 1921
1922, Mai	Jura-Studium in Marburg
1922, 16.10.	Jura-Studium in Göttingen
1923, 13.10.	Referendarexamen in Göttingen
1923, 13.11.	Gerichtsreferendar
1925, 14.5.	Regierungsreferendar in Potsdam
1925, 16.9.	Regierungsreferendar in Kyritz, Meyenburg und Potsdam
1928, 29.9.	Assessorexamen in Potsdam
1928, 15.10.	Regierungsassessor in Recklinghausen
1932, 1.2.	NSDAP-Eintritt
1932, 1.3.	Regierungsassessor in Labiau, Gardenau und Heiligenbeil in Ostpreußen
1933, Feb.	NSDAP-Gauleitung Ostpreußen, Personalreferent der politischen Abteilung
1933, 1.3.	Regierungsassessor am Oberpräsidium in Königsberg, Generalreferent für politische Angelegenheiten und Polizeisachen
1933, 11.3.	Heirat mit Charlotte Kotelmann in Berlin
1933, März	NSDAP-Gauleitung Ostpreußen, Leiter des Politischen Amtes
1933, 1.6.	Persönlicher Referent des Oberpräsidenten und Gauleiters von Ostpreußen Erich Koch
1933, 1.11.	Ernennung zum Regierungsrat
1934, Mai	Verlust der Stelle als »Persönlicher Referent« des Oberpräsidenten/Gauleiters Erich Koch vor dem 10.6.1934

1934, 20. 11.	Landrat in Fischhausen, Ostpreußen
1935, 30. 1.	NSDAP-Gauleitung Ostpreußen, Auflösung des »Politischen Amtes«; damit entfällt Schulenburgs Parteiposition als dessen Leiter
1937, 30. 7.	Polizeivizepräsident von Berlin, Vorgesetzter Wolf Heinrich Graf v. Helldorf
1939, 19. 5.	Tod des Vaters Friedrich Graf v. d. Schulenburg, M.d.R., SS-Obergruppenführer, General der Kavallerie
1939, 1. 9.	Vizepräsident im Oberpräsidium in Breslau, Vorgesetzter Oberpräsident und Gauleiter Joseph Wagner
1940, 1. 6.	Wehrdienst bei dem IR 9
1941, 1. 1.	Ernennung zum Regierungspräsidenten
1941, 22. 6.	Teilnahme am Rußlandfeldzug als Zugführer bis zum 5. 11. 1941
1941, 1. 10.	Beförderung zum Oberleutnant d. R.
1941, Nov.	Verleihung des Eisernen Kreuzes 1. Klasse
1942, Jan.	Beurlaubung zum Reichswirtschaftsministerium bis zum 10. 4. 1942
1942, 5. 6.	Versetzung zum Stab der 11. Armee unter General Erich v. Manstein auf der Krim bis zum 2. 8. 1942
1942, 15. 8.	Beurlaubung zum Reichsernährungsministerium als Abteilungsleiter bis zum 31. 3. 1943
1943, Jan.	Mitarbeit beim »Sonderstab des Generals v. Unruh«
1943, 2. 4.	Verhaftung und Verhör durch die Gestapo
1943, 9. 6.	1. Paris-Aufenthalt mit »Sonderstab des Generals v. Unruh« bis zum 30. 7. 1943
1943, Sept.	2. Paris-Aufenthalt mit »Sonderstab des Generals v. Unruh«
1944, 7. 3.	Bataillonsführerlehrgang in Antwerpen bis zum 4. 4. 1944

1944, 20. 7.	Teilnahme am Staatsstreich und Verhaftung in der Bendlerstraße
1944, 10. 8.	Prozeß vor dem Volksgerichtshof unter Vorsitz von Roland Freisler und Hinrichtung in Plötzensee, Berlin

Ulrich-Wilhelm Graf v. Schwerin v. Schwanenfeld

1902, 21. 12.	Geburt in Kopenhagen als einziger Sohn unter sechs Geschwistern
1903–1914	Leben in München, Wien, Guatemala, Luxemburg
1914, Ostern	Eintritt in das Vitzthumsche Gymnasium in Dresden
1919, Ostern	Eintritt in die humanistische Klosterschule Roßleben
1921, 21. 2.	Abitur an der Klosterschule Roßleben
1921, 1. 4.	prakt. landwirtschaftliche Ausbildung
1922, 1. 11.	prakt. forstwirtschaftliche Ausbildung
1923, 3. 5.	Landwirtschaftsstudium in München
1924, 16. 4.	Adoption durch den Onkel Wilhelm Graf v. Schwerin
1924, 3. 11.	Landwirtschaftsstudium in Berlin
1925, 6. 5.	Landwirtschaftsstudium in Breslau
1926, 8. 3.	Diplomprüfung in Breslau
1926, 29. 10.	Erbschaft der Güter Göhren (Mecklenburg) und Sartowitz (Pomerellen / Polen)
1928, 18. 5.	Heirat mit Marianne Sahm in Danzig
1929, 21. 10.	aufgrund der polnischen Agrarreform Verkauf von Teilen von Sartowitz
1930, 4. 1.	Tod des Vaters Ulrich Graf v. Schwerin, Gesandter i. R.
1935, 1. 6.	NSDAP-Eintritt
1938, 1. 7.	Beförderung zum Leutnant d. R.
1939, 25. 8.	Mobilmachung und Einberufung, Teilnahme am Polenfeldzug im IR 48
1939, Nov.	Versetzung zum Stab der 1. Armee unter Generaloberst Erwin v. Witzleben, Teilnahme am Frankreich-Feldzug
1940, 25. 7.	u. k. gestellt
1940, 1. 9.	Beförderung zum Oberleutnant d. R.
1941, 10. 4.	Ende der u.k.-Stellung und Versetzung zum

	Stab des Oberbefehlshabers West Generalfeldmarschalls Erwin v. Witzleben in St. Germain bei Paris
1942, 12. 7.	Versetzung zum Stab des LXXXVIII. Armeekommandos unter General Reinhard in Utrecht
1943, 1. 3.	Versetzung zum Stab der Division Brandenburg unter Generalmajor Alexander v. Pfuhlstein in Berlin
1943, 1. 7.	Beförderung zum Hauptmann d. R.
1944, 1. 5.	Versetzung zur Passierscheinhauptstelle des Generalquartiermeisters General d. Artillerie Eduard Wagner
1944, 20. 7.	Teilnahme am Staatsstreich und Verhaftung in der Bendlerstraße
1944, 21. 8.	Prozeß vor dem Volksgerichtshof unter Vorsitz von Roland Freisler
1944, 8. 9.	hingerichtet in Plötzensee, Berlin

1901, 28. 9.	Geburt in Lüneburg als jüngster von drei Brüdern
1915	Eintritt in die humanistische Klosterschule Roßleben
1921–1922	landwirtschaftliche Lehre
1923, Herbst	Gasthörer an der Universität München
1924, Frühjahr	Auswanderung nach Chile, Verwaltung von landwirtschaftlichen Betrieben
1935, 30. 4.	Rückkehr nach Deutschland
1935, 15. 6.	Einstellung in das »Büro Ribbentrop« in Berlin
1936, Okt.	mit Botschafter v. Ribbentrop nach London
1937, 28. 6.	Heirat mit Mary Pilcher in London
1938, Jan.	Rückversetzung in das »Büro Ribbentrop« nach Berlin
1938, 12. 7.	Tod des Vaters Waldemar v. Wussow, Staatsminister i. R.
1938, Okt.	Kündigung der Stellung im »Büro Ribbentrop«
1939, 1. 1.	Einstellung bei dem Versicherungsmakler Otto Hübener, Hamburg/Berlin
1939, Sept.	Einstellung in die Informationsabteilung des Auswärtigen Amtes, Berlin
1942, Jan.	Denunziation von Mary v. Wussow
1942, Herbst	Versetzung nach Lissabon, Arbeit für die Informationsabteilung
1946	Internierung in Neuengamme
1947	Rückkehr nach Chile
1957, 20. 11.	Tod von Mary v. Wussow in Santiago de Chile
1958	endgültige Rückkehr nach Deutschland
1971, 25. 5.	gestorben in München

1904, 13. 11.	Geburt auf dem väterlichen Gut Klein-Öls in Schlesien als fünfter von zehn Geschwistern
1920, Okt.	Eintritt in die humanistische Klosterschule Roßleben
1923, 24. 2.	Tod des Vaters Dr. Heinrich Graf Yorck v. Wartenburg, Landwirt und Mitglied des ehem. preußischen Herrenhauses
1923	Abitur an der Klosterschule Roßleben
1923, 1. 5.	Jura-Studium in Bonn
1924, 30. 10.	Jura-Studium in Breslau
1926, 14. 10.	Referendarsexamen in Breslau
1926, 11. 11.	Gerichtsreferendar in Wansen und Brieg, Schlesien
1927, 7. 10.	Juristische Promotion in Breslau mit der Arbeit: »Die Haftung der Körperschaften des öffentlichen Rechts für Maßnahmen der Arbeiter- und Soldatenräte«
1928, 20. 6.	Mitarbeit im Rechtsanwaltsbüro Dr. A. Lindgens, Berlin
1928, 20. 12.	Gerichtsreferendar in Berlin
1930, 28. 5.	Assessorenexamen in Berlin
1930, 31. 5.	Heirat mit Dr. Marion Winter in Berlin
1930, 4. 6.	Gerichtsassessor in Wansen, Schlesien
1930, 1. 7.	Mitarbeit im Rechtsanwaltsbüro Dr. A. Lindgens in Berlin
1931, 1. 10.	Gerichtsassessor in Wansen und Oppeln, Schlesien
1932, 1. 4.	Kommissariat für die Osthilfe, Berlin
1934, 2. 1.	Arbeitsdienst in Ketzin, Brandenburg
1934, 10. 4.	Justitiar am Oberpräsidium in Breslau
1934, 1. 9.	Regierungsassessor am Oberpräsidium in Breslau, Vorgesetzter seit Dez. 1934 Oberpräsident und Gauleiter Joseph Wagner
1935, 1. 8.	Ernennung zum Regierungsrat

1936, 22. 10.	Reichskommissariat für die Preisbildung unter dem Reichskommissar Joseph Wagner, als Referent für Grundsatzfragen in Berlin; Einzug in die Hortensienstraße 50.
1938, 1. 2.	Beförderung zum Leutnant d. R.
1938, 1. 10.	Ernennung zum Oberregierungsrat
1939, 25. 8.	Mobilmachung und Einberufung, Teilnahme am Polenfeldzug im Panzerregiment 15
1939, Okt.	u. k.-Stellung für das Reichskommissariat für die Preisbildung
1942, 15. 7.	Oberkommando des Heeres (Wirtschaftsstab Ost)
1944, 20. 7.	Teilnahme am Staatsstreich und Verhaftung in der Bendlerstraße
1944, 7./8. 8.	Prozeß vor dem Volksgerichtshof unter Vorsitz von Roland Freisler
1944, 8. 8.	hingerichtet in Plötzensee, Berlin

Abkürzungen

BA	Bundesarchiv
BDC	Berlin Document Centre
d.R.	der Reserve
Frhr.	Freiherr
IfZ	Institut für Zeitgeschichte
i.G.	im Generalstab
IR	Infanterieregiment
KB	Kaltenbrunner Berichte, s. a. Jacobsen, Hans-Adolf (Hrsg.)
M.d.L.	Mitglied des Landtages
mdl.	mündlich
Mj.	Major
NB	Nachlaß Brücklmeier (privat)
NG	Nachlaß Goerdeler (BA: Nachlaß Goerdeler, 9, 12, 23, 26, 27)
NGu	Nachlaß Guttenberg (privat)
NH	Nachlaß Hofacker (privat)
NK	Nachlaß Krebs (privat)
NKe	Nachlaß Kessel (privat)
NM	Nachlaß Moltke (privat)
NNo	Nachlaß Nostitz (privat)
NR	Nachlaß Ritter (BA: Nachlaß Ritter, 131, 137, 138, 151–153, 155, 156, 158)
NV	Nachlaß Voss (privat)
RA	Rechtsanwalt
RM	Reichsminister
SR	Sammlung Roon (IfZ: ZS/A-18)
SSch	Sammlung Schwerin (privat)

SSchu	Sammlung Schulenburg (privat)
u.k.	vom Wehrdienst befreit, da im Zivilbereich »unabkömmlich«
u. U.	unter Umständen
VfZ	Vierteljahreshefte für Zeitgeschichte
VLR	Vortragender Legationsrat
ZS	Zeugenschrifttum
z. T.	zum Teil

Interviews des Verfassers

Aderbauer, Prof. L. 7. 5. 1986
Bistrick, Arnold 1. 2. / 26. 4. 1982
Bruns, Dr. Georg 2. 4. 1982
Bussche, Axel v. d. 29. 3. 1988
Dziembowska, Klotilde v., verw. Brücklmeier 29. 9. 1980, 13. 2. / 19. 2. 1982
Etzdorf, Hasso v. 29. 9. 1980
Fetzer, Dr. Franz Curt 5. 3. 1982
Georgi, Dr. Friedrich 19. 8. 1985
Gersdorff, Dr. Wolf Frhr. v. 10. 6. 1982
Halem, Friedrich v. 22. 7. 1984
Halem, Hanno v. 7. / 9. 5. 1982
Hammerstein, Ludwig Frhr. v. 4. 5. 1982
Heppe, Dr. Hans v. 2. 4. 1982
Kleist, Ewald-Heinrich v. 30. 9. 1980
Kretschmar, Siegfried 23. 10. 1987
Limbach, Ruth 5. 5. 1982
Moltke, Davida v., geb. Gräfin Yorck v. Wartenburg 10. 6. 1982
Oster, Achim 30. 9. 1980, 7. 4. 1982
Sahm, Dr. Ulrich 6. 9. 1980
Schreiner, Prof. Lorenz 26. 5. 1985
Schulenburg, Charlotte Gräfin v. d., geb. Kotelmann 19. 1. 1982
Voß, Gisela v., geb. v. Stülpnagel 15. 4. 1982
Willisen, Achim Frhr. v. 6. 4. 1982
Willisen, Carola Frfr. v., geb. Rüdt v. Collenberg 6. 4. 1982
Yorck v. Wartenburg, Dr. Marion Gräfin, geb. Winter 2. / 3. 9. 1981, 7. 5. 1982, 5. 6. 1983, 21. 10. 1987, 20. 1. 1988

Briefe an den Verfasser

Arnim, Hermann Graf v. 2. 7. 1982
Beck, Dr. Dorothea 12. 2. 1982
Becker, Prof. Dr. Hellmut 8. 3. 1988
Berlichingen, Olga Frfr. v. 1. 12. 1980
Bialuch, Jürgen 6. 6. 1982
Bierschenk, Theodor 3. 7. 1980
Bley, Gundel, geb. Sahm 16. 3. 1980, 15. 7. 1981, 20. 9. 1981, 1. 11. 1984
Borsig, Barbara v. 21. 7. 1985
Bülow, Dr. H. Jürgen v. 30. 7. 1984
Bussche, Axel v. d. 14. 4. 1988
Deutsch, Prof. Harold C. 21. 4. 1980, 22. 10. 1980
Dincklage, Gerda Frfr. v. 9. 4. 1980, 13. 7. 1980
Dönhoff, Dietrich Graf v. 18. 10. 1982
Dönhoff, Dr. Marion Gräfin v. 12. 11. 1980
Dziembowska, Klotilde v., verw. Brücklmeier 3. 8. 1981, 15. 6. 1984, 12. 8. 1988
Ehrensberger, Dorothee 8. 9. 1981, 30. 10. 1981
Fetzer, Dr. Franz Curt 9. 4. 1982
Fritzsche, Dr. Hans Karl 1. 1. 1982, 11. 5. 1988
Gersdorff, Dr. Wolf v. 12. 6. 1983
Gerstenmaier, Prof. Dr. Eugen 15. 12. 1980
Groeben, Karl Graf v. d. 9. 6. 1983, 5. 7. 1983
Groeben, Klaus v. d. 30. 6. 1983, 6. 7. 1983, 19. 8. 1983, 11. 11. 1983, 7. 9. 1984, 10. 2. 1986
Groscurth, Helmuth 12. 11. 1984
Guttenberg, Johann Berthold Frhr. v. und z. 20. 4. 1981, 27. 6. 1981

Haiger, Ernst 9. 3. 1985, 1. 5. 1985, 30. 8. 1986

Haushofer, Prof. Dr. Heinz 10. 2. 1982, 15. 8. 1983

Heinemann, Dr. Ulrich 6. 5. 1983, 21. 6. 1983, 10. 10. 1983, 8. 12. 1983, 10. 2. 1984, 27. 3. 1984, 24. 8. 1984, 29. 8. 1984, 14. 9. 1984, 11. 4. 1988

Hentig, Werner-Otto v. 6. 5. 1980

Hofacker, Alfred v. 20. 12. 1988

Hoffmann, Prof. Dr. Peter 15. 4. 1981, 30. 7. 1982, 29. 8. 1982, 7. 5. 1984

Hohnhorst, Anna v., verw. Sahm 10. 3. 1980, 14. 6. 1980

Jacobsen, Prof. Dr. H. A. 5. 2. 1982

Jessen, Dr. Uwe 14. 5. 1982

Jünger, Ernst 25. 9. 1984

Kähler, Prof. Dr. Ernst 10. 4. 1984, 14. 5. 1984

Kaiser, Dr. Peter M. 24. 1. 1983, 27. 7. 1983, 15. 10. 1987, 5. 11. 1987

Kessel, Kurt-Albrecht v. 8. 1. 1981, 10. 2. 1981, 31. 5. 1984, 22. 9. 1988

Kielmansegg, Johann Adolf Graf v. 16. 12. 1980, 20. 1. 1981, 15. 2. 1981

Klausa, Dr. Ekkehard 11. 9. 1989

Kleist, Ewald-Heinrich v. 25. 5. 1988

Kling, Gerhard 4. 6. 1982, 20. 6. 1982

Krauss, Barbara v., geb. Oster 30. 8. 1987, 27. 10. 1987

Lieser, Dietrich 21. 1. 1985, 6. 3. 1985

Maclaine Pont, P. F. H. 12. 6. 1986, 18. 7. 1986

Manteuffel, Prof. Dr. Claus Zoege v. 19. 7. 1983

Matuschka, Victor Graf v. 6. 12. 1987

Maulbeck, Therese 6. 9. 1981

Meyer-Barkhausen, Edith Ostern 1982

Meyer-Helfferich, Marianne 25. 7. 1982

Meyer-Krahmer, Dr. Marianne, geb. Goerdeler 20. 10. 1981

Moltke, Freya Gräfin v., geb. Deichmann 26. 1. 1981, 16. 10. 1981

Michaelis, Heinz 29. 11. 1986

Milbradt, Dr. Udo 23. 5. 1980, 10. 9. 1980
Mühlen, Dr. Heinrich v. z. 23. 4. 1982
Muthmann, Frauke 5. 10. 1987
Niederlande, Bernhard Prinz der 18. 12. 1982
Oppen, Beate Ruhm v. 17. 6. 1981, 17. 10. 1981
Pückler, Silvius Graf v. 18. 7. 1982, 18. 7. 1983
Pfuhlstein, Bernhard v. 27. 3. 1988
Puttkamer, Mathias v. 12. 6. 1981
Reimer, Edelgarde, geb. v. Witzleben 23. 4. 1982, 29. 6. 1982
Rieger, Dr. Georg 25. 7. 1987, 22. 10. 1987
Röseke, Erich 20. 9. 1984, 24. 9. 1984, 6. 11. 1984, 3. 4. 1985
Rösser, Verena, geb. Lemmer 13. 5. 1984
Rohrer, Dr. Herbert 4. 6. 1985
Sahm, Dr. Ulrich 11. 7. 1982, 19. 3. 1983, 7. 11. 1985, 4. 3. 1986, 23. 9. 1986
Sarre, Marie-Louise 13. 5. 1981
Schweinsberg, Erika Frfr. Schenk zu 23. 6. 1980
Schilling, Mady Freiin v. 29. 12. 1983, 31. 1. 1984
Schlabrendorff, Fabian v. 8. 8. 1980
Schreiner, Prof. Lorenz 16. 11. 1984
Schröder, Manfred Frhr. v. 25. 7. 1986
Schulenburg, Charlotte Gräfin v. d., geb. Kotelmann 10. 2. 1980, 20. 10. 1980, 10. 11. 1980, 13. 11. 1980, 24. 2. 1981, 19. 3. 1981, 21. 4. 1981, 9. 11. 1981, 15. 12. 1981, 22. 1. 1982, 25. 10. 1982, 7. 2. 1983, 31. 5. 1983, 8. 6. 1983, 17. 7. 1983, 10. 8. 1983, 5. 6. 1984, 15. 12. 1985, 17. 2. 1988, 26. 4. 1988
Schulenburg, Tisa Gräfin v. d. 5. 9. 1981
Schulz, Erich 22. 11. 1985, 10. 3. 1985
Schwerin v. Krosigk, Lutz Graf v. 27. 3. 1975
Stauffenberg, Nina Gräfin v. 12. 10. 1980
Thomale, Annilisa, geb. Gräfin v. Schwerin 2. 3. 1980
Töpelmann, Hans 10. 9. 1984
Uexkuell, Alexander Graf v. 28. 7. 1983, 10. 8. 1983
Veltheim, Maria v. 10. 6. 1981, 10. 2. 1982

Voß, Gisela v., geb. v. Stülpnagel 15. 6. 1982, 18. 6. 1982, 29. 6. 1982, 30. 7. 1982, 7. 2. 1983, 24. 2. 1983, 27. 10. 1983
Voß, Rüdiger v. 26. 5. 1982
Yorck v. Wartenburg, Dr. Marion Gräfin, geb. Winter 17. 3. 1981, 11. 6. 1982
Yorck v. Wartenburg, Paul Graf 2. 5. 1981, 30. 4. 1984

Unveröffentlichte Quellen und Manuskripte

Bauch, Botho, Erinnerungen an Graf Yorck, Nov. 1963.

Bargatzki, Walter, Persönliche Erinnerungen an die Aufstandsbewegung des 20. 7. 1944 in Frankreich, 20. 10. 1945.

Borsig, Barbara v., Erinnerungen an Yorck und Trott, o. J.

Borsig, Barbara v., Kreisauer Kreis, 15. 9. 1954.

Brink, Reinhard, Meine politische Haltung seit 1933, Frankfurt 31. 7. 1945.

Brücklmeier, Klotilde, Erinnerungen an Dr. Eduard Brücklmeier, ca. 1947.

Christiansen-Weniger, Fritz, Meine Mitarbeit im Kreisauer Kreis, 19. 8. 1963.

Eichenlaub, Otto, Vermerk, Neustadt a. d. W., 25. 2. 1946.

Falkenhausen, Gotthard Frhr. v., Erinnerungen an die deutsche Widerstandsbewegung, 1945.

Falkenhausen, Gotthard Frhr. v., In memoriam Cäsar v. Hofacker, ca. 1947.

Fetzer, Franz, Bestätigung, 27. 10. 1947.

Fritzsche, Hans Karl, Jahrgang Vierzehn, Bericht eines Überlebenden, Godesberg 1974.

Goltz, Rüdiger Graf v. d., Darstellung Prozeß Generaloberst v. Fritsch, 1945.

Goltz, Rüdiger Graf v. d., Zur Vorgeschichte des 20. 7. 1944, o. J.

Guttenberg, Karl Ludwig Frhr. v. und z., Notizkalender der Jahre 1942/1943

Groeben, Klaus v. d., Aus dem Lagertagebuch, Erinnerungen an F. D. Graf v. d. Schulenburg, 1946/7.

Haag, Inga, Aufzeichnungen, Frankfurt a. M. 4. 4. 1948.

Hardenberg-Neuhardenberg, Carl-Hans Graf v., Bericht, 31. 1. 1945.

Harnier, Alexander v., Beitrag zur Geschichte des deutschen Großgrundbesitzes im Lande der Netze und Warthe, Essen 1971.
Haushofer, Heinz, und Eberhardt Bethge, Bericht über die Sonderabteilung im Zellengefängnis Moabit, Lehrterstraße 3, 14. 7. 1945.
Heinemann, Ulrich, Fritz-Dietlof von der Schulenburg: Portrait eines Widerstandskämpfers in Denkschriften und Aufzeichnungen, Briefen und Aufsätzen, 2 Bde., 1988.
Hofacker, Cäsar v., Denkschrift, 6. 1. 1943.
Husen, Paulus van, Report on my participation in the enterprise of the 20. 7. 1944, 18. 10. 1945.
Junghann, Otto, Mein Leben in der Hitlerzeit, o. J.
Kaiser, Hermann, Tagebücher, 1. 1. – 3. 12. 1941, 1. 1. – 3. 8. 1943.
Kessel, Albrecht v., Gesichtspunkte über die Aufgaben des Reichsprotektorates in Böhmen und Mähren, Mai 1959.
Kessel, Albrecht v., Umschwung in D, 1942.
Kessel, Albrecht v., Verborgene Saat, Das »andere« Deutschland, Vatikan 1944/5 (1. Version), 1947 (revidiert).
Kessel, Albrecht v., Zusammenstellung von Material für eine eidesstattliche Erklärung über die Person und politische Aktivität des ehemaligen Reichsaußenministers Konstantin Frhr. v. Neurath, 1946.
Kessel, Albrecht v., Das stille Gut, Godesberg 1974.
Klausing – Bericht von Frau Klausing über ihren Sohn Hptm. Friedrich-Karl Klausing, undatiert.
Krosigk, Lutz Graf Schwerin v., Persönliche Erinnerungen, 3 Bde., 1973.
Leber, Annedore, Bericht vom 6. 10. 1948.
Lukaschek, Hans, Was war und was wollte der Kreisauer Kreis, Rede vom 20. 2. 1958.
Malone, Henry, Adam v. Trott zu Solz: The Road to Conspiracy against Hitler, Austin 1980.
Manteuffel, Alexandra Zoege v., Erinnerungen an meinen Bruder den Grafen Ulrich-Wilhelm Schwerin von Schwanenfeld, o. J.
Michaelis, Heinz, Das Infanterieregiment 48, Berlin 1978.
Müller, Gotthold, Meine Beziehungen zum Grafen Fritz v. d. Schulenburg, Stuttgart 31. 10. 1960.

Muthmann, Walter, Eidesstattliche Erklärung, 13. 10. 1948.
Naudé, Hans, Erinnerungen, o. J.
Neufurth, Bernd, Fritz Dietlof von der Schulenburg (1902–1944) – Leben und Denkschriften, Bonn o. J.
Nostitz, Gottfried v., Abschied von den Freunden, August 1945.
Nostitz, Gottfried v., Vermerk über k.(etteler), ca. 1946.
Nostitz, Gottfried v., Über die deutsche Österreichpolitik 1934–1938, ca. 1946.
Pfuhlstein, Alexander v., Meine Tätigkeit als Mitglied der Berliner Verschwörerzentrale der deutschen Widerstandsbewegung, 1. 10. 1936–20. 7. 1944, Mai 1946.
Pfuhlstein, Alexander v., 12 Abhandlungen über persönliche Erlebnisse, 24. 6. 1946.
Rüdt von Collenberg, Carola Freiin v., Aufzeichnungen über Männer vom 20. 7. 1944, August 1945.
Sahm, Heinrich, Tagebücher.
Schulenburg, Charlotte Gräfin v. d., Erinnerungen, ca. 1959.
Schulenburg, Tisa v. d., Erinnerungen, Nov. 1959.
Schwerin, Gerhard Graf v., In letzter Stunde, Meine Reise nach England vor Ausbruch des 2. Weltkrieges, Rottach-Egern Apr. 1979.
Schwerin, Marianne Gräfin v., Aufzeichnungen, Dez. 1945.
Schwerin, Ulrich-Wilhelm Graf v., Der Kampf um Sartowitz, März 1931
Schwerin, Ulrich-Wilhelm Graf v., Gedanken zur Wirtschaft von Göhren und Sartowitz, 26. 9. 1938.
Schwerin, Ulrich-Wilhelm Graf v., Tischrede zur Konfirmation, 6. 4. 1944.
Seifarth, F. C., Regierungspräsident F. D. Graf v. d. Schulenburg, Internierungslager Altenstadt 1945/6.
Sträter, Udo, Fritz-Dietlof von der Schulenburg: Gedanken über Staat, Verwaltung und Beamtentum, o. J.
Trott zu Solz, Clarita v., Adam von Trott zu Solz, Eine erste Materialsammlung – Sichtung und Zusammenstellung, den Freunden vorgelegt Berlin 1957.
Vossen, Peter, Stenogrammniederschrift der Volksgerichtshofverhandlung vom 7. und 8. August 1944.

Winkler, Karl v., Über Ketteler, Jordan und Halem, ca. Sommer 1945.
Wussow, Botho v., Bericht über Englandreise vom 28. 5.–13. 6. 1938.
Wussow, Botho v., Erinnerungen 1935–39, Lissabon 1945.
Wussow, Botho v., Erinnerungen an Ulrich-Wilhelm Schwerin in Roßleben, ca. 1947.
Wussow, Botho v., Einige Sätze zu dem SS-Bericht über den 20. 7. 1944, in: Nordwestdeutsche Hefte, H. 1 / 2, Jan. / Febr. 1947, im Sept. 1947.
Yorck, Marion Gräfin v., Eidesstattliche Erklärung zur Verwendung im Spruchkammerverfahren des Herrn O. Ehrensberger in Traunstein, 13. 12. 1948.
Ziegler, Gerhard, Eidesstattliche Erklärung, 29. 9. 1948.

Veröffentlichungen

Albrecht, Richard, Der militante Sozialdemokrat, Carlo Mierendorff, 1897 bis 1943, Eine Biographie, Berlin 1987.

Aster, Sidney, The making of the Second World War, London 1971.

Aurich, Peter, Der Deutsch-Polnische September 1939, Eine Volksgruppe zwischen den Fronten, München 1969.

Beck, Dorothea, Julius Leber, Sozialdemokrat zwischen Reform und Widerstand, Berlin 1983.

Bielenberg, Christabel, The Past is myself, London 1968.

Binder, Paul, Meine Zusammenarbeit mit Fritz Graf v. d. Schulenburg, in: Otto Kopp (Hrsg.), Widerstand und Erneuerung, Stuttgart 1966.

Blasius, Rainer A., Für Großdeutschland – gegen den großen Krieg. Staatssekretär Ernst Freiherr von Weizsäcker in den Krisen um die Tschechoslowakei und Polen 1938/39, Köln 1981.

Bleistein, Roman (Hrsg.), Alfred Delp, Gesammelte Schriften, Frankfurt 1984.

Bleistein, Roman (Hrsg.), Dossier: Kreisauer Kreis. Dokumente aus dem Widerstand gegen den Nationalsozialismus. Aus dem Nachlaß von Lothar König S. J., Frankfurt 1987.

Boberach, Heinz (Hrsg.), Meldungen aus dem Reich, Auswahl aus den geheimen Lageberichten des Sicherheitsdienstes der SS, 1939–1944, München 1968.

Böll, Heinrich, Erzählungen, Hörspiele, Aufsätze, Köln 1962.

Boveri, Margret, Der Diplomat vor Gericht, Berlin 1948.

Boveri, Margret, Der Verrat im 20. Jahrhundert, Hamburg 1956.

Bracher/Schulz/Sauer, Die Nationalsozialistische Machtergreifung, Studien zur Errichtung des totalitären Herrschaftssystems in Deutschland 1933/34, 2 Bde., Frankfurt 1974.

Bracher, Karl Dietrich, Die deutsche Diktatur, Entstehung, Struktur, Folgen des Nationalsozialismus, Köln 1976 (5. Aufl.).
Bracher, Karl Dietrich, Zeit der Ideologien, Eine Geschichte politischen Denkens im 20. Jahrhundert, Stuttgart 1982.
Brandes, Detlef, Die Tschechen unter dem deutschen Protektorat. Teil 1: Besatzungspolitik, Kollaboration und Widerstand im Protektorat Böhmen und Mähren bis Heydrichs Tod (1939–1942), München 1969.
Broszat, Martin, 200 Jahre deutsche Polenpolitik, München 1963.
Buchheim, Hans, Broszat, Martin, Jacobsen, Hans-Adolf, Krausnick, Helmut (Hrsg.), Anatomie des SS-Staates, 2 Bde., München 1967.
Buchheit, Gerd, Der deutsche Geheimdienst, Geschichte der militärischen Abwehr, München 1966.
Buchheit, Gerd, Richter in roter Robe, Freisler, Präsident des Volksgerichtshofes, München 1968.
Bülow, Bernhard Fürst v., Denkwürdigkeiten, 4 Bde., Berlin 1930/31.
Burckhardt, Carl J., Meine Danziger Mission 1937–1939, München 1960.
Bussche, Axel v. d., Eid und Schuld, in: Göttinger Universitätszeitung, 7. 3. 1947.
Deutsch, Harold C., Verschwörung gegen den Krieg, Der Widerstand in den Jahren 1939–1940, München 1969.
Deutsch, Harold C., Das Komplott oder Entmachtung der Generale, München 1974.
Documents on British Foreign Policy 1919–1939, E. L. Woodward und R. Butler (Hrsg.), 3. Serie, Bd. VI und VII, London 1949.
Dönhoff, Marion Gräfin, Menschen, die wissen, worum es geht, Hamburg 1976.
Droysen, Johann Gustav, Yorck von Wartenburg. Ein Leben preußischer Pflichterfüllung, Berlin 1936.
Dulles, Allen W., Germany's Underground, New York 1947.
Europäische Publikation e. V. (Hrsg.), Vollmacht des Gewissens, 2 Bde., Frankfurt/Berlin 1960/65.
Fetcher, Iring (Hrsg.), Marx-Engels Studienausgabe, Bd. 3, Frankfurt 1966.

Finker, Kurt, Stauffenberg und der 20. Juli 1944, Berlin 1972 (3. Aufl.).
Finker, Kurt, Graf Moltke und der Kreisauer Kreis, Berlin 1978.
Foerster, Wolfgang (1953), Generaloberst Ludwig Beck, Sein Kampf gegen den Krieg, München 1953.
Franz, G., Deutsche Agrargeschichte, Stuttgart 1966.
Fürstenberg, Wolfgang Frhr. v., Wilhelm Emanual Frhr. v. Ketteler zum Gedächtnis, in: Deutsches Adelsblatt, 12. Jg., No. 8 und 9. 1973.
Funke, Manfred (Hrsg.), Hitler, Deutschland und die Mächte, Materialien zur Außenpolitik des Dritten Reiches, Düsseldorf 1976.
Georgi, Friedrich, Soldat im Widerstand, General der Infanterie Friedrich Olbricht, Vortrag vor Offizieren des Heeresamtes der Bundeswehr am 23. 4. 1987, Berlin 1988.
Gersdorff, Rudolph-Christoph Frhr. v., Soldat im Untergang, Frankfurt 1979.
Gerstenmaier, Eugen, Hilfe für Deutschland, Frankfurt 1946.
Gerstenmaier, Eugen, Der Kreisauer Kreis, in: VfZ, H. 3, Juli 1967.
Gerstenmaier, Eugen, Streit und Friede hat seine Zeit. Ein Lebensbericht, Berlin 1981.
Gilbert, Gustav Mark, Nuremberg Diary, New York 1961.
Gisevius, Hans Bernd, Adolf Hitler, Versuch einer Deutung, Gütersloh o. J.
Gisevius, Hans Bernd, Bis zum bitteren Ende, 2 Bde., Hamburg 1947.
Gollwitzer, Helmut, Käthe Kuhn und Reinhold Schneider (Hrsg.), Du hast mich heimgesucht bei Nacht, Abschiedsbriefe und Aufzeichnungen des Widerstandes 1933–1945, München 1959.
Graml, Hermann (Hrsg.), Widerstand im Dritten Reich, Probleme, Ereignisse, Gestalten, Frankfurt 1984.
Groeben, Klaus v. d., Landräte in Ostpreußen, Köln 1972.
Groscurth, Helmut, Tagebücher eines Abwehroffiziers 1938-1940, Stuttgart 1970.
Grosser, Alfred, Geschichte Deutschlands seit 1945, München 1974.
Guderian, Heinz, Panzer Leader, London 1979.
Guttenberg, Karl Ludwig Frhr. v. und z., Die zeitgenössische Presse Deutschlands über Lenin, Würzburg 1930.

Hammerstein, Kunrad Frhr. v., Vor und nach dem Attentat, in: Frankfurter Hefte, 12 (1957), 491–500, 557–565, 622–631.
Hammerstein, Kunrad Frhr. v., Spähtrupp, Stuttgart 1963.
Hammerstein, Kunrad Frhr. v., Flucht, Aufzeichnungen nach dem 20. Juli, Olten / Freiburg 1966.
Hassell, Johann Dietrich v., Verräter? Patrioten! Der 20. Juli 1944, Köln 1946.
Hassell, Ulrich v., Vom anderen Deutschland; aus den nachgelassenen Tagebüchern 1938–1944, Freiburg 1946 (1. Aufl.); Berlin 1988 (2. durchgesehene Auflage).
Hausenstein, Wilhelm, Pariser Erinnerungen, München 1961.
Haushofer, Albrecht, Moabiter Sonette, Berlin 1946
Heinemann, Ulrich, Fritz Dietlof Graf v. d. Schulenburg – Das Problem von Kooperation und Opposition und der Entschluß zum Widerstand gegen das Hitler-Regime, in: Schmädecke / Steinbach (Hrsg.), München 1985, S. 417–435.
Heinemann, Ulrich, Ein konservativer Rebell, Fritz-Dietlof Graf von der Schulenburg und der 20. Juli, Berlin 1990.
Henk, Emil, Die Tragödie des 20. Juli 1944: Ein Beitrag zur politischen Vorgeschichte, Heidelberg 1946.
Hentig, Werner Otto v., Mein Leben, eine Dienstreise, Göttingen 1962.
Herwarth, Johnnie v., Against two evils, London 1981.
Herwarth, Hans v., Zwischen Hitler und Stalin, Erlebte Zeitgeschichte 1931–1945, Frankfurt 1982.
Hesse, Fritz, Das Vorspiel zum Kriege, Englandberichte und Erlebnisse eines Tatzeugen, 1935–1945, Leoni 1979.
Hildebrandt, Rainer, Wir sind die letzten, Das Leben Albrecht Haushofers, Berlin 1950.
Hill, Leonidas E. (Hrsg.) (1974), Die Weizsäcker-Papiere 1933–1950, Frankfurt 1974.
Hillgruber, Andreas (Hrsg.), Henry Picker, Hitlers Tischgespräche im Führerhauptquartier 1941–1942, München 1968.
Hillgruber, Andreas, Hümmelchen, Gerhard, Chronik des Zweiten Weltkrieges, Kalendarium militärischer und politischer Ereignisse 1939–45, Düsseldorf 1978.

Höhne, Heinz, Canaris, Patriot im Zwielicht, Gütersloh 1984 (2. Aufl.).
Höhne, Heinz, Canaris und die Abwehr zwischen Anpassung und Opposition, in: Schmädecke / Steinbach (Hrsg.), Der Widerstand gegen den Nationalsozialismus, München 1985, S. 405–416.
Hofer, Walter (Hrsg.), Der Nationalsozialismus, Dokumente 1933–1945, Frankfurt 1957.
Hoffmann, Peter, Widerstand, Staatsstreich, Attentat, München 1969 (2. Aufl.), 1979 (3. Aufl.).
Huber, Ernst Rudolf, Deutsche Verfassungsgeschichte seit 1798, Bd. 3, Stuttgart 1970 (2. Aufl.).
Irving, David, Feldmarschall Rommel, Eine Biographie, Hamburg 1978.
Informationszentrum Berlin (Hrsg.), Der 20. Juli 1944, Rede zu einem Tag der deutschen Geschichte, Berlin 1984.
Jacobsen, Hans-Adolf, Nationalsozialistische Außenpolitik 1933–1938, Berlin 1968.
Jacobsen, Hans-Adolf (Hrsg.), Hans Steinacher, Bundesleiter des VDA 1933–1937, Erinnerungen und Dokumente, Boppard 1970.
Jacobsen, Hans-Adolf (Hrsg.), Spiegelbild einer Verschwörung. Die Opposition gegen Hitler und der Staatsstreich vom 20. Juli 1944 in der SD-Berichterstattung. Geheime Dokumente des ehemaligen Reichssicherheitshauptamtes, Stuttgart 1984 (1. Aufl.), zitiert als KB.
Jäckel, Eberhard, Hitlers Weltanschauung, Stuttgart 1981 (2. Aufl.).
John, Otto, Falsch und zu spät, München 1984.
Jünger, Ernst, Strahlungen, Tübingen 1949.
Kardorff, Ursula v., Berliner Aufzeichnungen aus den Jahren 1942 bis 1945, München 1982 (2. Aufl.).
KB (Kaltenbrunner Berichte), s. a. Jacobsen, Hans-Adolf (Hrsg.), Spiegelbild einer Verschwörung, Stuttgart 1984.
Kaiser, Jakob, Drei Jahre danach, in: Neue Zeit (Berlin), 20. 7. 1947.
Kessel, Albrecht v. (Hrsg. Steinbach, Peter), Verborgene Saat, Aufzeichnungen aus dem Widerstand 1933–1945, Berlin 1992.
Keyser, Erich, Der Kampf um die Weichsel, Untersuchungen zur Geschichte des polnischen Korridors, Berlin 1926.

Kiesel, Georg, Aufzeichnungen des SS-Obersturmbannführers Dr. Georg Kiesel, in: Nordwestdeutsche Hefte, Jan./Febr. 1947, H. 2, S. 5–34.

Klausa, Ekkehard, Vom Bündnispartner zum »Hochverräter«. Der Weg des konservativen Widerstandskämpfers Ferdinand von Lüninck, in: Westfälische Forschungen, Bd. 43 (1993), S. 530–571.

Kordt, Erich, Nicht aus den Akten: Die Wilhelmstraße in Frieden und Krieg, Erlebnisse, Begegnungen und Eindrücke, 1928–1945, Stuttgart 1950.

Kopp, Otto (Hrsg.), Widerstand und Erneuerung, Neue Berichte und Dokumente vom inneren Kampf gegen das Hitler-Regime, Stuttgart 1966.

Krausnick, Helmut, Vorgeschichte und Beginn des militärischen Widerstandes gegen Hitler, in: Europäische Publikation e. V. (Hrsg.), Vollmacht des Gewissens, Bd. 1, Berlin 1960.

Krausnick, Helmut und Hans-Heinrich Wilhelm, Die Truppe des Weltanschauungskrieges, Die Einsatzgruppe der Sicherheitspolizei und des SD 1939–1942, Stuttgart 1981.

Krebs, Albert, Fritz-Dietlof Graf von der Schulenburg. Zwischen Staatsraison und Hochverrat, Hamburg 1964.

Krolak, Steven, Der Weg zum neuen Reich: Die politischen Vorstellungen von Claus Stauffenberg – Ein Beitrag zur Geistesgeschichte des deutschen Widerstandes, in: Schmädecke/Steinbach (Hrsg.), München 1985, S. 546–559.

Krosigk, Lutz Graf Schwerin v., Es geschah in Deutschland, Tübingen 1951.

Krosigk, Lutz Graf Schwerin v., Staatsbankrott, Die Geschichte der Finanzpolitik des Deutschen Reiches von 1920–1945, Göttingen 1974.

Laack-Michel, Ursula, Albrecht Haushofer und der Nationalsozialismus, Stuttgart 1974.

Lautarchiv des Deutschen Rundfunks (Hrsg.), Volksgerichtshofprozesse zum 20. Juli 1944, Transkripte von Tonbandfunden, Frankfurt 1961.

Leber, Julius, Ein Mann geht seinen Weg, Schriften, Reden und Briefe, Berlin 1953.

Leithäuser, Joachim, G. Wilhelm Leuschner, Ein Leben für die Republik, Köln 1962.

Malone, Henry O., Adam von Trott zu Solz, Werdegang eines Verschwörers 1909–1938, Berlin 1986.

Mau, Hermann und Helmut Krausnick, Deutsche Geschichte der Jüngsten Vergangenheit 1933–1945, Stuttgart 1953.

Milbradt, Udo, Deutsche Vereinigung: Eingaben und Denkschriften zur Agrarreformfrage und die Agrarreform in Posen und Pomerellen, Bomberg 1938.

Moltke, Freya v., Balfour, Michael, Frisby, Julian (Hrsg.), Helmut James von Moltke 1907–1945, Anwalt der Zukunft, Stuttgart 1975.

Mommsen, Hans (1), Gesellschaftsbild und Verfassungspläne des deutschen Widerstandes, in: Walter Schmidthenner und Hans Buchheim (Hrsg.), Der deutsche Widerstand gegen Hitler, Köln 1966.

Mommsen, Hans (2), Beamtentum im Dritten Reich. Mit ausgewählten Quellen zur nationalsozialistischen Beamtenpolitik, Stuttgart 1966.

Mommsen, Hans, Fritz-Dietlof Graf v. d. Schulenburg und die Preussische Tradition, in: VfZ, 1984, 32. Jg., H. 2, S. 213 bis 239.

Mommsen, Hans, Der Widerstand gegen Hitler und die deutsche Gesellschaft, in: Jürgen Schmädecke und Peter Steinbach (Hrsg.), Der Widerstand gegen den Nationalsozialismus, München 1985, S. 3–23.

Müller, Christian, Oberst i. G. Stauffenberg. Eine Biographie, Düsseldorf o. J.

Müller, Klaus-Jürgen, General Ludwig Beck, Studien und Dokumente zur politisch-militärischen Vorstellungswelt und Tätigkeit des Generalstabschefs des deutschen Heeres 1933–1938, Boppard 1980.

Müller, Klaus-Jürgen (1), Nationalkonservative Eliten zwischen Kooperation und Widerstand, in: Jürgen Schmädecke und Peter Steinbach (Hrsg.), Der Widerstand gegen den Nationalsozialismus, München 1985, S. 24–49.

Müller, Klaus-Jürgen (2), Zu Struktur und Eigenart der nationalkonservativen Opposition bis 1938 – Innenpolitischer Machtkampf, Kriegsverhinderungspolitik und Eventual-Staatsstreichplanung, in: Jürgen Schmädecke und Peter Steinbach (Hrsg.), Der Widerstand gegen den Nationalsozialismus, München 1985, S. 329–344.

Müller, Wolfgang, Gegen eine neue Dolchstoßlegende, ein Erlebnisbericht zum 20. Juli 1944, Hannover 1947.

Muthmann, Walter, Die deutsche Darstellung, in: Fortschritt (Essen), 7. 10. – 10. 1. 1949.

Nebgen, Elfriede, Jakob Kaiser, Der Widerstandskämpfer, Stuttgart 1967.

Neugebauer, Paul, Spaziergänge in und um Klein-Oels, Ohlau 1924.

Oppen, Beate Ruhm von (Hrsg.), Helmuth James von Moltke, Briefe an Freya, 1930–1945, München 1988.

Paul, Wolfgang, Das Potsdamer Infanterieregiment 9, 1918–1945, Osnabrück 1983.

Pechel, Rudolf, Deutscher Widerstand, Erlenbach-Zürich 1947.

Poelchau, Harald, Die letzten Stunden: Erinnerungen eines Gefängnispfarrers, aufgezeichnet von Graf Alexander Stenbock-Fermor, Berlin 1949.

Poliakov, L. und J. Wulf, Das III. Reich und seine Diener, Berlin 1956.

Rauschning, Hermann, Die Entdeutschung Westpreußens und Posens. 10 Jahre polnische Politik, Berlin 1930.

Remer, Otto Ernst, 20. Juli 1944, Hamburg 1951.

Reynolds, Nikolas, Beck. Gehorsam und Widerstand. Das Leben des deutschen Generalstabschefs 1935–1938, München 1976.

Rhode, Gotthold, Die Ostgebiete des Deutschen Reiches, Würzburg 1955.

Ringelnatz, Joachim, Mein Leben bis zum Kriege, Berlin 1931.

Ritter, Gerhard, Das Regierungsprogramm vom 20. 7. 1944, in: Die Gegenwart, 24. 6. 1946.

Ritter, Gerhard, Carl Goerdeler und die deutsche Widerstandsbewegung, Stuttgart 1956.

Ritthaler, Anton, Karl Ludwig Freiherr von und zu Guttemberg. Ein politisches Lebensbild. Neujahrsblätter der Gesellschaft für fränkische Geschichte XXXIV, Würzburg 1970.

Roon, Ger van, Neuordnung im Widerstand. Der Kreisauer Kreis innerhalb der Deutschen Widerstandsbewegung, München 1967.

Roon, Ger van, German Resistance to Hitler, Count von Moltke and the Kreisau Circle, London 1971.

Roon, Ger van, Widerstand im Dritten Reich, Ein Überblick, München 1979.

Roon, Ger van (Hrsg.), Helmuth James Graf v. Moltke, Völkerrecht im Dienste der Menschen, Berlin 1986.

Rose, Hans, Frhr. v. (Hrsg.), Saat und Ernte, Lebensbilder Posener deutscher Landwirte. 1978.

Rothfels, Hans, Die deutsche Opposition gegen Hitler, Krefeld 1951.

Royce, Hans, Zimmermann, Erich u. Jacobsen, Hans-Adolf, 20. Juli 1944. Bonn 1961 (3. Aufl.).

Ruhnau, B., Die landwirtschaftlichen Verhältnisse Westpreußens in der Gegenwart, Berlin 1911.

Sagel / Fuchs / Reiter (Hrsg.), Justiz und NS-Verbrechen, Sammlung Deutscher Strafurteile, Bd. 13, Amsterdam 1975.

Sahm, Heinrich, Erinnerungen aus meinen Danziger Jahren 1919–1930, Marburg 1955.

Scheurig, Bodo, Henning von Tresckow, Eine Biographie, Frankfurt 1979.

Schlabrendorff, Fabian von, Begegnungen in fünf Jahrzehnten, Tübingen 1979.

Schlabrendorff, Fabian v., Offiziere gegen Hitler, Berlin 1984 (2. Aufl.).

Schmädecke, Jürgen und Peter Steinbach (Hrsg.), Der Widerstand gegen den Nationalsozialismus, München 1985.

Schmidt, R., Die Ereignisse des 20. 7. 1944, in: Der Telegraf (Berlin), 3. 1. 1947.

Schmidt, Paul, Statist auf diplomatischer Bühne 1923–1945, Erlebnisse des Chefdolmetschers im Auswärtigen Amt mit den Staatsmännern Europas, Bonn 1949.

Schmidthenner, Walter und Hans Buchheim (Hrsg.), Deutscher Widerstand gegen Hitler, Vier historisch-kritische Studien, Köln 1966.

Schoenbaum, David, Die braune Revolution, München 1980.

Scholder, Klaus (Hrsg.), Die Mittwochsgesellschaft. Protokolle aus dem geistigen Deutschland 1932 bis 1944, Berlin 1982.

Schramm, Wilhelm Ritter v., Beck und Goerdeler. Gemeinschaftsdokumente für den Frieden 1941–1944, München 1965.

Schramm, Wilhelm Ritter v., Aufstand der Generale, Der 20. Juli in Paris, München 1964.

Schulenburg, Fritz Dietlof Graf v. d., Das Erbe des preußischen Staates, in: Württembergische Verwaltungszeitschrift (Stuttgart), Aug./Sept. 1937, S. 154ff.

Schulenburg, Sigrid v. d. (Hrsg.), Briefwechsel zwischen Wilhelm Dilthey und dem Grafen Paul Yorck v. Wartenburg 1877–1897, Halle 1923.

Schulenburg, Tisa Gräfin v. d., Zeichnungen, Aufzeichnungen, Gütersloh o. J.

Schulenburg, Tisa v. d., Ich habs gewagt. Bildhauerin und Ordensfrau – ein unkonventionelles Leben, Freiburg 1981 (2. Aufl.).

Schulz, Gerhard, Die Anfänge des totalitären Maßnahmestaates, Berlin 1974.

Schwerin, Detlef Graf v., Der Weg der »Jungen Generation« in den Widerstand, in: Schmädecke/Steinbach (Hrsg.), Der Widerstand gegen den Nationalsozialismus, München 1985, S. 460 bis 474.

Sendtner, Kurt, Die deutsche Militäropposition im ersten Kriegsjahr (1939/40), in: Vollmacht des Gewissens, München 1956, S. 381–524.

Skrierka, Volker, Von Sühne noch keine Spur, in: Süddeutsche Zeitung, No. 191, 1982.

Skorzeny, Otto, Geheimkommando Skorzeny, Hamburg 1950.

Skorzeny, Otto, Meine Kommandounternehmen, München 1976.

Sommer, Erich F., Botschafter Graf Schulenburg, Der letzte Vertreter des Deutschen Reiches in Moskau, Asendorf 1987.

Sontheimer, Kurt, Antidemokratisches Denken in der Weimarer

Republik. Die polnischen Ideen des deutschen Nationalismus zwischen 1918 und 1933, München 1983 (2. Aufl.).
Spaeter, Helmuth, Die Brandenburger – eine deutsche Kommandotruppe z. B. V. 800, 1982.
Speidel, Hans, Invasion 1944, ein Beitrag zu Rommels und des Reiches Schicksal, Stuttgart 1949.
Spengler, Oswald, Neubau des Reiches, München 1924.
Sprenger, Heinrich, Heinrich Sahm, Kommunalpolitiker und Staatsmann, Köln 1969.
SS-Bericht über den 20. Juli. Aus den Papieren des SS-Obersturmbannführers Dr. Georg Kiesel, in: Nordwestdeutsche Hefte, Jan./Febr. 1947, H. 2, S. 5–34.
Steiner, Felix, Die Armee der Geächteten, Göttingen 1962 (2. Aufl.).
Steltzer, Theodor, Von deutscher Politik, Frankfurt 1949.
Steltzer, Theodor, Sechzig Jahre Zeitgenosse, München 1966.
Stiller, Michael, Wäre Blutrichter nach dem Krieg Beamter geworden? In: Süddeutsche Zeitung, 13./19. 2. 1985.
Sykes, Christopher, Troubled Loyalty: A Biography of Adam von Trott zu Solz, London 1969.
Thun-Hohenstein, Romedio Galeazzo Graf v., Der Verschwörer, General Oster und die Militäropposition, Berlin 1982.
Tröger, Ernst, Widerstandskämpfer verunglimpft, in: Süddeutsche Zeitung, März 1986.
Tuchel, Johannes und Reinhold Schattenfroh, Zentrale des Terrors, Prinz-Albrecht-Straße 8; Hauptquartier der Gestapo, Berlin 1987.
Vermehren, Isa, Reise durch den letzten Akt, Hamburg 1946 (1. Aufl.), 1986 (2. Aufl.).
Vormann, Nikolaus v., Der Feldzug 1939 in Polen, Weißenburg 1958.
Wagner, Elisabeth (Hrsg.), Der Generalquartiermeister, Briefe, und Tagebuchaufzeichnungen des Generalquartiermeisters des Heeres, General der Artillerie Eduard Wagner, München 1963.
Wagner, Elisabeth, Meine Erlebnisse nach dem 20. Juli 1944, München 1977.
Warlimont, Walter, Im Hauptquartier der deutschen Wehrmacht 1939–1945, München 1978.

Weinberger, Lois, Tatsachen, Begegnungen und Gespräche. Ein Buch um Österreich, Wien 1948.

Weisenborn, Günther (Hrsg.), Der lautlose Aufstand, Bericht über die Widerstandsbewegung des Deutschen Volkes 1933–1945, Hamburg 1953.

Weizsäcker, Ernst v., Erinnerungen, München 1950.

Wheeler-Bennett, John W., Munich, Prologue to Tragedy, London 1948.

Winnig, August, Aus zwanzig Jahren 1925–1945, Hamburg 1948.

Winterhager, Wilhelm Ernst, Der Kreisauer Kreis, Portrait einer Widerstandsgruppe, Begleitband zu einer Ausstellung der Stiftung Preußischer Kulturbesitz, Mainz 1985.

Wistrich, Robert, Wer war wer im Dritten Reich: Anhänger, Mitläufer, Gegner aus Politik, Wirtschaft, Militär, Kunst und Wissenschaft, München 1983.

Yorck von Wartenburg, Marion Gräfin v., Die Stärke der Stille, Erzählung eines Lebens aus dem deutschen Widerstand, Köln 1984.

Zeller, Eberhard, Geist der Freiheit, Der Zwanzigste Juli, München 1965.

Einleitung

1 KB, S. 96.
2 Freya Moltke und Marion Yorck zählten in einer vom 15. 10. 1945 datierten Einleitung zu den Kreisauer Dokumenten vom 9. 8. 1943 (Sammlung Yorck) 17 Männer zu dem Gesprächskreis, den die Gestapo dann als Kreisauer Kreis bezeichnete. Roon erweiterte 1967 diese ursprüngliche Liste noch um Carl-Dietrich v. Trotha und Lothar König SJ und Winterhager 1985 um Otto-Heinrich v. d. Gablentz. – In diesem frühen Nachkriegsdokument der Witwen Moltke/Yorck wurde die Beziehung Schulenburg/Schwerin zu den Kreisauern wie folgt definiert: »Ab 1942 war immer wieder versucht worden, durch Persönlichkeiten wie Friedrich v. d. Schulenburg und Ulrich-Wilhelm v. Schwerin, Kontakt zu Offizierskreisen zu finden, die bereit waren, einen Staatsstreich auszuführen«. Das wird der Beziehung zu Schulenburg nicht ganz gerecht, um dessen Mitarbeit sich Yorck und Moltke zeitweise intensiv bemüht hatten und der den Kreisauern in bestimmten Fragen auch zugearbeitet hatte.
3 Schmädecke/Steinbach 1985, S. 1131.
4 KB, S. 521.
5 Mommsen (1) 1966, S. 75 f., ders. 1985, S. 8 f.
6 Krebs 1964; Roon 1967, S. 76–87; s. a. Yorck 1984; leider erschien das Buch von Ulrich Heinemann, Ein konservativer Rebell, Fritz-Dietlof Graf von der Schulenburg und der 20. Juli, Berlin 1990, erst nach Abschluß der Arbeit an dem vorliegenden Buch. Es konnte daher im einzelnen nicht mehr berücksichtigt werden. Statt dessen benutzte ich die Rohfassung des Buches von Heinemann aus dem Jahr 1988. Mein Dank gilt dem Autor für die Überlassung des Manuskriptes (s. a. Kapitel 6).
7 Müller (1) 1985, S. 26.
8 Mommsen spricht schon 1966 von den National-Konservativen, benutzt den Begriff aber als Synonym für die Völkischen. Mommsen (1) 1966, S. 82; inzwischen hat der Begriff eine ganz spezifische Definition erfahren. Müller (1) 1985, S. 25 ff.
9 Dies wird deutlich, wenn Schulenburg 1931 über die »Auslese der Führer« schreibt, »die das ganze Volk in allen seinen biologischen Bestandteilen und seinen Lebensströmungen erfaßt... Die Auslese muß immer wieder neue, frische Kräfte aus dem Mutterboden des Volkes heranziehen, damit die Führerschicht nicht an Inzucht mit ihren körperlichen und seelischen Folgen zugrunde geht«. SSchu: Schulenburg, Preußisches Beamtentum, 1931, S. 16. Und im Juli 1940 schreibt er: »Ich bin immer der Ansicht gewesen, daß es nötig ist, eine Führerschicht von unten her zu erneuern«. SSchu: Schulenburg, Reise nach Frankreich, 1940.

10 Wussow 1945, S. 17 (Rückseite).
11 Böll 1962.

1. Kapitel: Elternhaus und Kindheit

1 Kessel 1974, S. 3.
2 Droysen, 1936, S. 3.
3 Schulenburg, 1923.
4 Das Herrenhaus zählte 1911 347 Mitglieder. Die Familien der Schulenburgs und Schwerins erhielten das Präsentationsrecht zum Herrenhaus zusammen mit 16 anderen Familien aufgrund ausgedehnten Landbesitzes. Huber 1970, Bd. 3, S. 79ff.
5 Wussow 1945, S. 10.
6 Schulenburg o. J. (1. Aufl.), S. 5, 36.
7 s. a. Bülow 1930, Bd. I, S. 178.
8 Manteuffel o. J., S. 17.
9 Roon 1967, S. 77; Dönhoff 1976, S. 19.
10 Krebs 1964, S. 176; Hassell 1946, S. 24.
11 Ringelnatz 1931, S. 307.
12 Schulenburg o. J., S. 12.
13 Wussow 1945, S. 10.
14 Ringelnatz 1931, S. 320.
15 Kessel 1974, S. 35.
16 Schulenburg o. J., S. 27, 40f, 61.
17 Kessel 1974, S. 23.
18 Schulenburg o. J., S. 7ff.
19 Krebs 1964, S. 34.
20 Manteuffel o. J., S. 13, 19, 21f.
21 Kessel 1974, S. 9, 34, 41.
22 Schulenburg o. J., S. 38.
23 Kessel 1974, S. 35.
24 Manteuffel o. J., S. 18; Neugebauer 1924, S. 95.
25 Manteuffel o. J., S. 25.
26 Schulenburg o. J., S. 55.
27 Kessel 1974, S. 9f.
28 SR: Wolf v. Gersdorff an Ger van Roon v. 18. 9. 1964; Paul Graf Yorck an Ger van Roon v. 25. 8. 1964; Gespräch Verf. mit Dr. Wolf v. Gersdorff am 10. 6. 1982, mit Hanno v. Halem am 9. 5. 1982, mit Dr. Marion Gräfin Yorck am 5. 6. 1983. SSch: Paul Graf Yorck an Verf. v. 11. 5. 1981; SSch: Mathias v. Puttkamer an Verf. v. 12. 6. 1981; Wussow ca. 1947.

29 Schulenburg o. J., S. 55; Krebs 1964, S. 39f.
30 SSch: Klothilde Brücklmeier, Erinnerungen an Dr. Eduard Brücklmeier, ca. 1947.

2. *Kapitel: Universitätsjahre*

1 Schulenburg o. J., S. 61.
2 Albrecht Kessel erbte das für ihn von seinem Vater gekaufte 200 ha große Klein-Totschen in Schlesien, welches er an seinen älteren Bruder verpachtete.
3 Manteuffel o. J., S. 26.
4 Die Briefe verbrannten im April 1945 in Göhren/Mecklenburg.
5 NK: Tisa v. d. Schulenburg, Erinnerungen, Nov. 1959; Schulenburg o. J., S. 63.
6 s. a. Krebs 1964, S. 42ff.
7 NGu: K. L. Frh. v. u. z. Guttenberg, Tagebucheintragung v. 17. 6. 1923.
8 Wussow 1945, S. 14f.
9 NGu: Brief K. L. Frh. v. u. z. Guttenberg an Emil Frey v. 16. 11. 1923.
10 SSch: Brief A. v. Kessel an Lutz v. Krosigk v. 19. 12. 1951.
11 Ritthaler 1970, S. 9ff; NGu: K. L. Frh. v. u. z. Guttenberg an Emil Frey v. 16. 11. 1923 und v. 19. 4. 1924.
12 NGu: K. L. Frh. v. u. z. Guttenberg an Emil Frey v. 19. 4. 1924.
13 Die Ehefrauen von Schwerin und Yorck erinnern sich, daß ihre Männer in den ersten Reichstagswahlen nach der Hochzeit 1928 und 1930 jeweils Deutsche Volkspartei wählten. Diese Aussage wird auch durch Kessel unterstützt, der schreibt: »Und auf der anderen Seite stieß uns die Opposition der Rechten, welche unter Hugenbergs Führung ganz negativ geworden war, immer stärker ab. Resigniert mußten wir feststellen, daß wir für unsere konservative Grundhaltung bei keiner der politischen Parteien eine Heimat fanden. In Einzelfragen dagegen, wie etwa der Außenpolitik, schlossen wir uns Stresemann und seiner Deutschen Volkspartei eine Wegstrecke lang an«. Kessel 1947, S. 1. Freisler sagte im Prozeß am 7. 8. 1944, Yorck habe mit der DNVP und später mit der NSDAP sympathisiert; Yorck verbesserte, nicht sympathisiert, sondern gewählt. Bei dieser Parteiaufzählung vergaß Freisler die DVP. Wahrscheinlich wählte Yorck bei den Reichstagswahlen folgendermaßen: 1928 – DNVP; 1930 – DVP; 7/1932 – DVP?, 11/1932 – NSDAP?, 3/1933 – DVP?.
14 SSch: Brief Silvius Graf v. Pückler an Verf. v. 18. 7. 1982; Brief Wolf v. Gersdorff an Verf. v. 12. 6. 1983; SR: Brief Wolf v. Gersdorff an Ger van Roon v. 18. 9. 1964.

15 Der Widerstand der Söhne gegen den Vater nahm zum Teil groteske Züge an. Der ältere Bruder Erich-Fritz war im Urteil der Professoren ein hochbegabter Jurist. Sie rieten ihm zu einer Universitätslaufbahn. Der Vater sah ihn als seinen Nachfolger. Der Sohn entzog sich allen Ansprüchen, indem er bei der Abschlußprüfung schwieg. Zur angesetzten Wiederholungsprüfung lud er extra seine Freunde zur Steigerung des Spektakels ein. Er antwortete wieder nicht. Er wurde dann ein erfolgreicher Theaterregisseur, u. a. in Stuttgart.

16 Manteuffel o. J., S. 31.

3. Kapitel: Schwerin und die deutsche Minderheit in Polen

1 SSch: U. W. Schwerin, Gedanken zur Wirtschaft von Göhren und Sartowitz v. 26. 9. 1938. – Der erste Traktor wurde 1938 angeschafft.

2 SSch: Schwerin an seine Mutter v. 25. 8. 1942.

3 SSch: Testamentzusatz v. 26. 2. 1941.

4 DTV Atlas zur Weltgeschichte 1966, Bd. 2, S. 162.

5 Deutsche Vereinigung, Eingaben und Denkschriften zur Agrarreformfrage und die Agrarreform in Posen und Pomerellen, Bromberg 1938, S. 4ff (Verfasser: Udo Milbradt); Harnier 1971, S. XXXVIII ff.

6 Starkes Stellungnahme hatte eine etwas pikante persönliche Seite, da er in Runowo geboren und Patensohn von Bethmann-Hollwegs Mutter, Schwerins Großmutter, war. Als Bethmann-Hollweg im Dezember 1939, wie andere auch, einen Antrag auf Wiedereinsetzung in seine alten Rechte stellte, wurde er von einem Nachbarn wegen seines Verhaltens von 1928 denunziert. Bis auf Starke schlossen sich alle befragten Nachbarn noch 1942 dieser Verurteilung an. BA: R 49/69 (1).

7 Neue Preußische Kreuzzeitung v. 8./12./15. 2. 1929.

8 Der Gang der deutsch-polnischen Auseinandersetzungen um die Liquidationsfrage läßt sich nachvollziehen anhand der »Akten zur Deutschen Auswärtigen Politik 1918«. 1945, Serie B 1925–1933, Bd. II, 1, 2; VI; VII; XI; XII; XIII; Göttingen o. J.

9 Krosigk 1951, S. 350.

10 Sahm 1955, S. 163.

11 Jacobsen 1970, S. 526ff.

12 Jacobsen 1970, S. 542. Die Deutsche Vereinigung hatte ihre Hauptverwaltung in Bromberg und Geschäftsstellen in Posen, Ostrowo, Lissa, Thorn, Graudenz, Dirschau und Konitz. Ihre ca. 65 000 Mitglieder waren in rund 300 Ortsgruppen organisiert. IfZ: Fb 110: Kohnert an Deutsche Stiftung v. 4. 3. 1942.

13 Jacobsen 1968, S. 160ff, 580ff.
14 IfZ: Fb 110: Kohnert an Deutsche Stiftung v. 4. 3. 1942.
15 SSch: Udo Milbradt an Verf. v. 23. 5. und 10. 9. 1980.
16 SSch: Dr. Hans Kohnert an RA Heinz Rohwedder v. 27. 8. 1954; Manteuffel o. J., S. 36.
17 Da während der Auseinandersetzungen mit den Polen die Wohnsitzfrage ein entscheidendes Kriterium gewesen war, beabsichtigte Schwerin, Sartowitz zu seinem Hauptwohnsitz zu machen. Um dies zu unterstreichen, ließ er das Haus 1930 durch Einbau einer Zentralheizung und Verlegung von Elektrizität etc. modernisieren. Dies und der bessere Schnitt des Hauses sowie die landschaftlich bezaubernde Lage machten Sartowitz zu einem sehr viel attraktiveren Ort als Göhren. Entgegen den Intentionen lebte die Familie infolge der Schwangerschaften und zarten Gesundheit von Marianne Schwerin jedoch überwiegend in Göhren. In Sartowitz war keine befriedigende ärztliche Versorgung möglich.
18 Jäckel 1981, S. 2ff, 81.
19 Manteuffel o. J., S. 36.
20 SR: Otto Ehrensberger an Ger van Roon v. 6. 6. 1963, s. a. O. Ehrensberger v. 22. 7. 1947.
21 Broszat 1963, S. 188; Auswärtiges Amt Archiv: VI A, Förderung des Deutschtums in Polen, Bd. 16, Blatt E 644945 ff: Vermerk Siegfried v. 3. 5. 1934, Brief Starke an Frh. v. Neurath v. 4. 9. 1934, Vermerk VLR Roediger v. 7. 9. 1934.
22 Krosigk 1951, S. 351; Kessel 1944/45, S. 100ff: Kordt 1950, S. 298.
23 Aurich 1969, S. 6, 11, 19, 49ff, 73ff.
24 IfZ: MA 3a: 8. Verhandlungstag, S. 56. Auch Kessel erwähnt bereits die korrekten Zahlen. Kessel 1944/45, S. 177.
25 Einer der jungen Männer des Selbstschutzes, der die Kiesgrube und die Zufahrt dazu absperren mußte, sah während dieser Tätigkeit Schwerin in Uniform. Die Vermutung liegt nahe, daß Schwerin als Besitzer der Kiesgrube sich bei dieser Gelegenheit vergewisserte, was dort geschah. Als Zeitpunkt für die Begegnung Schwerins mit dem Mitglied des Selbstschutzes kommt nur Schwerins Besuch in Sartowitz Ende Sept./Anfang Oktober 1939 in Frage. Gespräch Papke mit Marianne Gräfin Schwerin, August 1959, s. a. SSch: Brief Grete Papke an Marianne Gräfin Schwerin v. 22. 3. 1980.
26 BDC: Personalakte Joachim Teetzmann, geb. Berlin-Treptow 24. 8. 1907. Vom Amtsgericht Berlin-Zehlendorf am 25. 11. 1950 für tot erklärt. Groscurth 1970, S. 406f; Krausnick/Wilhelm 1981, S. 88ff.
27 Schwerin wußte im August 1942, zum Zeitpunkt seines Testamentszusatzes, nichts von den offenbar weitergehenden Morden in der Kies-

grube. Es sollen dort insgesamt 10000 Menschen umgebracht worden sein. Heute ist die Kiesgrube eine Gedenkstätte mit einem hohen steinernen Kreuz.

28 Das Gut Glembokie, von Guderian Deipenhof genannt, gehörte vor der Enteignung einem Stefan v. Twardowski. BA: R 49/136, S. 8 ff.

29 An Kohnert wird deutlich, wie genau man in dieser Zeit die Umstände kennen muß, um einer Person gerecht zu werden. Für die Öffentlichkeit war Kohnert nach der Niederlage Polens zu einer Säule des »Dritten Reiches« geworden: SS-Oberführer (im Rang zwischen Oberst und Generalmajor der Wehrmacht), Träger des Goldenen Parteiabzeichens und des Ritterkreuzes zum Kriegsverdienstkreuz, Landesbauernführer. Folgendes war passiert: Als Kohnert von den deutschen Truppen in Lowicz befreit wurde, erlitt er einen Unfall, der ihn ein Bein kostete. Gewissermaßen als Kompensation ließ ihm Himmler eines Tages die Uniform eines SS-Oberführers und das Goldene Parteiabzeichen auf das Krankenbett legen. Der so Geehrte war entsetzt, konnte sich aber nicht entziehen. Für Schwerin stand bis zuletzt Kohnerts nicht-nationalsozialistische Haltung fest.

4. Kapitel: Politische Entwicklungen und persönliche Entscheidungen: Die Zeit bis zur Machtergreifung

1 Malone 1980, S. 151, 187; Sykes 1969, S. 32.

2 Kessel 1944/45, S. 138.

3 Die folgenden Ausführungen gehen im wesentlichen auf Gespräche Dr. Marion Gräfin Yorcks mit Verf. am 2. und 3. 9. 1981 zurück. S. a. Yorck 1984, S. 24 ff.

4 Nur schwer nachvollziehbar erscheinen heute die Gedankengänge, die diese Verbindung begleiteten: Während der evangelische Yorck Komplikationen voraussah, falls sich das ihn interessierende junge Mädchen als katholisch herausstellte, lehnte sein zukünftiger Schwiegervater anfangs die Verbindung ab, da seine Tochter mit Yorck gleichaltrig war und er zehn Jahre Unterschied als Voraussetzung für eine gute Ehe ansah!

5 Der um zwei Jahre ältere Fritz Schulenburg verdiente 1933 in Königsberg kurz vor seiner Heirat als Regierungsassessor genau 285 Mark. Gespräch Charlotte Gräfin v. d. Schulenburg mit Verf. am 19. 1. 1982.

6 Die Beziehung kam über Albrecht Katte-Roskow zustande, der sowohl ein Vetter ersten Grades von Yorcks Vater wie ein Vetter von Martin Katte-Zollchow war. Die Mutter von Albrecht Katte war die jüngste Schwester von Peter Yorcks Großvater Paul Yorck.

7 Z. B. Yorck gegenüber Freisler, offensichtlich, um weitere Fragen abzubiegen.
8 Gemäß Art. 155 der Weimarer Verfassung wurde die Rechtsform des Fideikommiß abgeschafft. Die Auflösung bestehender Fideikommisse wurde den Ländern übertragen, ein Prozeß, der sich bis in die Gegenwart hinzieht. Ein Fideikommiß war eine Rechtsform zur Erhaltung ungeteilten Grundbesitzes in der Hand von vorwiegend adeligen Familien. Die Besitzer, in der Regel die ältesten Söhne, hatten nur den Nutznieß, der Besitz konnte nicht veräußert werden, was die Schuldenaufnahme erheblich einschränkte.
9 Krebs 1964, S. 53–61.
10 Tisa Gräfin v. d. Schulenburg, Erinnerungen Nov. 1959, S. 4; Krebs 1964, S. 69; Kardorff 1982, S. 73.
11 Krebs 1964, S. 69.
12 Kessel 1944/45, S. 2.
13 SSchu: Schulenburg, Preußisches Beamtentum, März/Juni 1931.
14 ibidem.
15 Die Wiedergabe der Parlamentarismusdiskussion beruht auf Bracher 1960, S. 37ff.
16 Kessel 1947, S. 1f; zitiert nach Sprenger 1969, S. 202ff; Sahm 1955, S. 145ff. Als Seldte lange nach dem Krieg zufällig Marianne Schwerin begegnete, entschuldigte er sich für seinen Ausfall von 1929 gegen ihren Vater: »Jetzt könne er ihren Vater verstehen«.!!
17 Kessel 1947, S. 2. Lt. Gestapobericht wurde diese positive Sicht Brünings »als unerreichter Meister der Außenpolitik von Goerdeler bis zu Wirmer und Letterhaus« geteilt. »In der positiven Beurteilung Brünings waren sich die sonst vielfach auseinanderstrebenden Teilnehmer des Kreises fast völlig einig«. KB, S. 353.
18 So paraphrasierte Bracher diesen Schulenburg-Brief v. 30. 10. 1930. Bracher 1960, S. 348, Anm. 57, S. 349, 365, Anm. 4.
19 Schwerins Entscheidung für die Volkskonservativen und Brüning, d. h. gegen die Verbindung Hugenberg–Hitler, fiel Monate vor der Abwahl seines Schwiegervaters Sahm als Danziger Senatspräsident. Sahm wurde am 10. 1. 1931 Opfer der auch in Danzig entstandenen DNVP/NSDAP-Allianz. Sein Nachfolger wurde der deutschnationale Ziehm. Schwerin-Krosigk, der fälschlicherweise den NSDAP-Mann Rauschning zum Nachfolger Sahms erklärte, insinuierte in seinem 1951 erschienenen Buch »Es geschah in Deutschland« (S. 349ff) wiederholt und eben auch mit der angeführten Abwahl Sahms, daß Schwerin u. a. durch das Schicksal seines Schwiegervaters langsam in eine Ablehnung des Nationalsozialismus getrieben worden sei. Diese allein aufs Private abhebende

Sicht entspricht nicht den Tatsachen. Zum Verhältnis Schwerins zu seinem Vetter Krosigk s. a. Kapitel 10.

20 SSchu: Schulenburg, Preußisches Beamtentum, 1931, S. 24; Brief Schulenburg an seine Frau v. 23. 10. 1932; BDC: Personalunterlagen Schulenburg; Schoenbaum 1980, S. 59; Krebs 1964, S. 86.

21 Zitiert nach Krebs 1964, S. 84 f.

22 Zitiert nach Krebs 1964, S. 92.

23 Zitiert nach Bracher 1960, S. 669, Anm. 68.

24 Kessel 1944/45, S. 2 f; Schoenbaum 1980, S. 68 f.

25 Gespräch Verf. mit Dr. Marion Gräfin Yorck v. 2./3. 9. 1981.

26 Sahm 1955, S. 169 ff.

27 Sahm, Tagebücher. Die Äußerung soll am 23. 1. 1932 gefallen sein.

28 Sprenger 1969, S. 236 ff. Sahm, Tagebücher.

29 Kessel 1944/45, S. 1 ff.

30 Sahm, Tagebücher.

31 Kessel 1944/45, S. 3.

32 Zitiert nach Gebhardt 1959, Bd. 4, S. 176; s. Bracher 1960, S. 618 ff.

33 Kessel 1944/45, S. 3; SSch: Brief Alexandra Zoege v. Manteuffel an Lutz v. Krosigk v. 26. 10. 1951 und 5. 1. 1952 (A. Zoege v. Manteuffel war die Schwester Schwerins).

5. Kapitel: Das Leben unter dem Hakenkreuz

1 NB: Lebenslauf Brücklmeier, zusammengestellt vom Auswärtigen Amt, 1961.

2 Kessel 1944/45, S. 12.

3 Broszat 1963, S. 182 ff.

4 NB: Brief Brücklmeier an seinen Vater v. 3. 5. 1933.

5 Kessel 1944/45, S. 4.

6 NB: Brief Brücklmeier an seinen Vater v. 3. 5. 1933.

7 Kessel 1944/45, S. 6 f.

8 Kessel datierte seinen Aufnahmeantrag irrtümlich auf die Zeit vor den 30. 9. 1933. Kessel 1944/45, S. 36 ff; BDC: Unterlagen der NSDAP-Auslandsorganisation betr. A. v. Kessel, Bundestagsdrucksache 3465 v. Mai 1952. Allerdings überschätzte Kessel 1944/45 die Einbrüche der NSDAP in die Reihen der Diplomaten. Im August 1940 waren immerhin von 120 höheren Beamten nur 71, d. h. 59 % Parteimitglieder. Funke 1976, S. 145.

9 Kessel berichtet folgendes Gespräch mit einem Arbeiter der deutschen Minderheit: »Ich bin nämlich zwanzig Jahre am Zinkwerk in Hohen-

lohe-Hütte beschäftigt gewesen. Und wie ich nun vor zwei Jahren meinen Jungen in die deutsche Schule geschickt habe statt in die polnische, da bin ich nämlich sofort entlassen worden. Nun, und seitdem leben wir von Arbeitslosenunterstützung, wir fünf, da haben wir 37 Sloty (17 Mark) monatlich. Das ist wohl nicht genug. Aber jetzt ist der zweite Junge so weit, daß er in die Schule muß, in die deutsche natürlich, denn, nämlich wir wollen keine Polacken werden. Wir sind doch Deutsche – das wollte ich nur erzählen – weiter nichts – aber nämlich – das ist alles schwer.« Kessel 1944/45, S. 8, 10f.

10 NB: Lebenslauf Brücklmeier, zusammengestellt vom Auswärtigen Amt, 1961; Gespräch mit Klotilde v. Dziembowska, verw. Brücklmeier mit Verf. v. 13. 2. 1982.

11 Kessel 1944/45, S. 27ff.

12 Wussow 1945, S. 26.

13 ibidem, S. 27.

14 ibidem, S. 32.

15 ibidem, S. 45.

16 ibidem, S. 76.

17 ibidem, S. 12ff, 17ff, 22ff, 26ff, 34f, 46, 58, 64, 69ff. Der Aufnahmeantrag für die NSDAP-Mitgliedschaft datiert ursprünglich vom 17. August 1937, also nach Wussows Rückkehr von der Hochzeitsreise. Er muß den Antrag lange liegengelassen haben, denn das handschriftlich verbesserte Datum ist dann der 1. 12. 1937. S. a. BDC: Personalakte Wussow.

18 Wussow 1945, S. 46.

19 SSch: Brief Klotilde v. Dziembowska, verw. Brücklmeier an Verf. v. 12. 8. 1988; Gespräch K. v. Dziembowska mit Verf. v. 13. 2. 1982; Ribbentrop muß Brücklmeier im November 1938 über seine Aufnahme in die SS informiert haben, denn Brücklmeier füllte den SS-Personalfragebogen am 23. 11. 1938 aus. Die Ernennungsurkunde zum Obersturmführer datiert dann vom 14. 12. 1938, s. a. Unterlagen im NB und BDC.

20 SR: Brief Fritz Wohlhaupt an Bundesminister für Wirtschaft v. 12. 4. 1955.

21 SR: Brief Metzner an Botho Bauch v. 11. 10. 1963; SSch: Otto Ehrensberger, Meine Zusammenarbeit mit der Widerstandsbewegung des 20. 7. 1944, v. 22. 7. 1947.

22 SR: Brief Fritz Wohlhaupt an Ger van Roon v. 3. 7. 1964.

23 SR: Brief Metzner an Botho Bauch v. 11. 10. 1963.

24 Gespräch Dr. Marion Gräfin Yorck mit Verf. v. 2./3. 9. 1981.

25 Ritter 1956, S. 50, 76, 80ff. Die erste Amtsperiode begann am 18. 12. 1931, die zweite lief vom 5. 11. 1934 bis 1. 7. 1935. Gebhardt 1980, Bd. 20, S. 134.

26 Hofer 1957, S. 84ff.

27 Julius Scherney, der Teilnehmer an der Gesprächsrunde, legt die Göringrede auf den 18. 10. 1936, d. h. auf den Tag, an dem Göring zum Bevollmächtigten des Vierjahresplans ernannt wurde. Bei der Rede kann es sich m. E. nur um die vom 17. 12. 1936 gehandelt haben. Zitiert nach SR: Brief Fritz Wohlhaupt an Ger van Roon v. 3. 7. 1964.

28 SR: Brief Dr. Paulus van Husen an Ger van Roon v. 27. 2. 1964.

29 SSch: Otto Ehrensberger, Meine Zusammenarbeit mit der Widerstandsbewegung des 20. 7. 1944 v. 22. 7. 1947; Gebhardt 1980, Bd. 20, S. 133.

30 SR: Botho Bauch, Erinnerungen an Graf Yorck, Nov. 1963; Brief Hans Bormann an Fritz Wohlhaupt v. 1. 9. 1963; Brief Metzner an Botho Bauch v. 11. 10. 1963; Brief Fritz Wohlhaupt an Bundesminister für Wirtschaft v. 12. 4. 1955.

31 Allerdings war die Schlacht zugunsten der Warenhäuser schon siegreich geschlagen. Hier mag es sich um eines der zahlreichen Nachhutsgefechte gehandelt haben. S. a. Schoenbaum 1980, S. 174ff.

32 SR: Brief Fritz Wohlhaupt an Bundesminister für Wirtschaft v. 12. 4. 1955.

33 Schoenbaum 1980, S. 245.

34 Schoenbaum 1980, S. 272f.

35 NK: Brief Willy Bludau an Dr. A. Krebs v. 11. 8. 1960.

36 Krebs ist der Ansicht, daß auch die Denkschrift Schulenburgs »Reichsreform« von Pfingsten 1934 bereits vor der Machtergreifung entstand und in der Runde besprochen wurde. Dafür gibt es keinen Beleg. Krebs 1964, S. 309. Jedoch gibt es einen Hinweis, daß zumindest ein Vorläufer der »Reichsreform« bereits 1933 diskutiert wurde. SSchu: Brief Dr. Buchholz an Schulenburg v. 23. 1. 1936.

37 Krebs erwähnt als weitere Teilnehmer der Runde Dr. Schindowski, wahrscheinlich Großherr und Dargel aus der Gauleitung, sowie Offiziere des Infanterie-Regiments 1 in Königsberg. Krebs 1964, S. 309. Es gibt keinen Anhaltspunkt, daß Schulenburg diese Diskussionsrunde begründete, wie Mommsen 1984, S. 214 behauptet.

38 SSchu: Klaus v. d. Groeben, Aus dem Lagertagebuch, Erinnerungen an F. D. Graf v. d. Schulenburg, 1946/47.

39 BDC: Brief Großherr, Stellv. Gauleiter Ostpreußen, an Kurt Daluege, Kommissar beim Preuß. Innenministerium M.d.L. v. 23. 2. 1933.

40 ibidem.

41 Krebs 1964, S. 91, 97; der Vorgang wird geschildert in einem Brief von Gauleiter Erich Koch an Parteirichter Walter Buch v. 15. 3. 1933 mit Anlagen. Die Papiere wurden mir freundlicherweise von Dr. Ulrich

Heinemann zur Verfügung gestellt. Dazu auch SSch: Brief Charlotte Gräfin v. d. Schulenburg an Verf. v. 10. 8. 1983.

42 Krebs hat irrtümlicherweise einen weiteren Studienfreund Schulenburgs Friedrich v. Werder zu den Hochzeitsgästen gezählt. S. a. Krebs 1964, S. 95; NK: Brief Friedrich v. Werder an Krebs v. 29. 1. 1961.

43 NK: Brief Paul Wolff an Krebs v. 29. 10. 1959.

44 BDC: Brief Schulenburg an Göring v. 1. 4. 1933.

45 Krebs kannte die Unterlagen des Berlin Document Center nicht. Daraus läßt sich folgende ehrenamtliche »Parteikarriere« Schulenburgs ableiten:

1. 2. 1932	Parteieintritt
vor 23. 2. 1933	Personalreferent der polit. Abteilung der Gauleitung von Ostpreußen
3. 1933	Leiter des Politischen Amtes der Gauleitung von Ostpreußen
30. 1. 1935	Auflösung des Politischen Amtes der Gauleitung von Ostpreußen; damit schied Schulenburg aus dem Stab des Gauleiters aus.

S. a. Krebs 1964, S. 98, 128f.

46 NK: Brief Paul Wolff an Krebs v. 29. 10. 1959.

47 Zitiert nach Schoenbaum 1980, S. 245.

48 SSchu: Denkschrift Schulenburg »Neuaufbau des Höheren Beamtentums«, April 1933.

49 Krebs 1964, S. 99; zitiert v. Dr. P. Gusovius, Brief Dr. Paul Gusovius an Krebs v. 21. 6. 1959.

50 SSch: Brief Schulenburg an Erich Koch v. 31. 12. 1935.

51 Schoenbaum 1980, S. 245.

52 SSch: Brief Schulenburg an Erich Koch v. 31. 12. 1935.

53 ibidem.

54 ibidem, Brief Schulenburg an Erich Koch v. 12. 7. 1933 nach Krebs 1964, S. 111.

55 SSch: Brief Schulenburg an Erich Koch v. 31. 12. 1935.

56 KB, S. 326, 453.

57 Krebs 1964, S. 112.

58 Groeben 1946/47, S. 4.

59 Naudé, Landrat des Kreises Samland, S. 26.

60 NK: Brief Dr. Erich Keßler an Krebs v. 9. 8. 1960; SSch: Brief Dr. Erich Keßler an H. v. z. Mühlen v. 7. 9. 1948.

61 SSch: Brief Schulenburg an Erich Koch v. 31. 12. 1935.

62 NK: Brief Hans Heinrich an Krebs v. 7. 5. 1961.

63 Groeben 1946/47.

64 Krebs 1964, S. 120ff. Hier muß Krebs noch dahingehend ergänzt werden, daß Schulenburg als erste Amtshandlung in Fischhausen eine Miete für seine bis dahin mietfreie Dienstwohnung einführte. Danach konnte er auch die anderen Dienstwohnungen mit Miete belegen, eine sicher unpopuläre Sparmaßnahme. Bei einem Landratsgehalt von 600,– Mark pro Monat war die Abschaffung der mietfreien Wohnung eine empfindliche Einbuße. Gespräch Charlotte Gräfin v. d. Schulenburg mit Verf. v. 19. 1. 1982.
65 SSchu: Brief Schulenburg an seine Frau v. 7. 5. 1936; Krebs 1964, S. 135, 136f.
66 NK: Brief Paul Kanstein an Krebs v. 17. 11. 1961; Brief Helmuth v. Wedelstädt an Krebs v. 30. 8. 1961.
67 NK: Brief Rüdiger Graf v. d. Goltz an Krebs v. 15. 7. 1961.
68 Krebs 1964, S. 154; NK: Brief Paul Kanstein an Krebs v. 17. 11. 1961.
69 Winnig 1948, S. 11.

6. Kapitel: Schulenburgs Denkschriften und Vorträge

1 Sontheimer 1983.
2 Schulenburg, Das Erbe des preußischen Staates, 5. 7. 1937, in: Württembergische Verwaltungs-Zeitschrift, Stuttgart, Aug./Sept. 1937, S. 154, 156.
3 SSchu: Gotthold Müller, Meine Beziehungen zum Grafen Fritz v. d. Schulenburg, S. 1.
4 Krebs 1964, S. 63.
5 Auch das Buch Oswald Spengler, Neubau des Reiches, München 1924, hat ihn stark beeindruckt.
6 Hierzu Sträter o. J., S. 50f.
7 Zeller 1965, S. 168, zu Schulenburgs Vielseitigkeit: »Auf dem Trittbrett fahrend, kommentierte er seinen Freiherrn vom Stein, im Getümmel (des Krieges) lernte er aus dem Zweiten Faust auswendig«.
8 Mommsen, (1) 1966, S. 142.
9 Ritter 1956, S. 72.
10 Bracher 1976, S. 22, 156.
11 SSchu: Brief Schulenburg an seine Frau v. 15. 1. 1941. Von den verschiedenen Varianten dieses Vortrags ist nur noch das Manuskript »Das preußische Erbe und der nationalsozialistische Staat« vom März 1938 überliefert. Es entspricht in großen Teilen wörtlich dem Stuttgarter Vortrag vom Juli 1937; s. a. Krebs 1964, S. 203.
12 SSchu: Schulenburg, Das Erbe des preußischen Staates, S. 155.

13 SSchu: Schulenburg, Das preußische Erbe und der NS-Staat, März 1938; Brief Schulenburg an seine Frau v. 21. 5. 1936.
14 SSchu: Brief Schulenburg an seine Frau v. 4. 4. 1943.
15 SSchu: Schulenburg, Preußisches Beamtentum, 1931, S. 4; dito, Neuaufbau des höheren Beamtentums, 1933, S. 7 (abgedruckt in Mommsen (2) 1966, S. 137ff).
16 SSchu: Schulenburg, Preußisches Beamtentum, 1931, S. 1, 16, 20, 23. Schulenburgs Gedanken zur Rolle des Beamtentums sind zum Teil bis in die Wortwahl dem Buch Oswald Spenglers, Neubau des Reiches, München 1924, entnommen.
17 SSchu: Schulenburg, Neuaufbau des höheren Beamtentums, 1933.
18 SSchu: Brief Schulenburg an seine Frau v. 16. 10. 1934.
19 SSchu: Schulenburg, Beamtentum: Krise und Abhilfe, 1937. Schulenburg hatte diese Denkschrift lt. handschriftlichem Vermerk an das Reichsinnen-, Wirtschafts- und Finanzministerium und an das OKW überreicht (abgedruckt in Mommsen (2) 1966, S. 146ff).
20 SSchu: Schulenburg, Diskussionsrede auf Tagung Reichskommissar f. Preisbildung, Stuttgart, April 1939. Tatsächlich fand die Tagung Mitte März 1939 statt, s. a. Brief Schulenburg an seine Frau v. 16. 3. 1939. Zu dem Rundschreiben der NSDAP-Kanzlei, München, s. a. Krebs 1964, S. 162.
21 KB, S. 145f.
22 SSchu: Schulenburg, Preußisches Beamtentum, 1931, S. 17f.
23 SSchu: Schulenburg, Reichsreform, 1934, S. 6f, 12, 14f.
24 Schulz, 1974, S. 270f, 286, 294.
25 SSchu: Schulenburg, Reichsreform, 1934, S. 4f, 9. Teil V., S. 2.
26 SSchu: Kriegstagebuch: 28. 8. 1941.
27 IfZ: ZS/A29/3: Carola Freiin Rüdt v. Collenberg, Aufzeichnungen über Männer vom 20. 7. 1944, Aug. 1945; Gespräch mit Frfr. v. Willisen geb. Rüdt v. Collenberg v. 6. 4. 1982.
28 SSchu: Brief Karl v. Rumohr an Charlotte Gräfin v. d. Schulenburg v. 16. 4. 1946.
29 Der Hauptinformant zu dieser letzten großen Denkschrift Schulenburgs ist Dr. Erich Keßler, mit Schulenburg seit 1932 bekannt und befreundet. Keßler, seit 1939/40 Regierungsvizepräsident in Kattowitz, war nach dem 20. 7. 1944 in der Abt. I des Innenministeriums in Berlin tätig. Keßler sah Schulenburg zuletzt am 8. 1. 1944 in Breslau. – Der persönliche Referent von Staatssekretär Stuckart Ministerialrat Kettner teilte Keßler mit Brief v. 12. 7. 1948 mit, daß die letzte Denkschrift Schulenburgs nicht von diesem dem Innenminister Himmler vorgelegt, sondern von der Gestapo beschlagnahmt worden sei. Er, Kettner, selbst habe sie dann in sei-

nem Panzerschrank im Ministerium aufbewahrt. BA: Kl. Erwerb 759, Brief Dr. Erich Keßler an Dr. H. v. z. Mühlen v. 7. 9. 1948. Den Verbleib der Denkschrift hat Kettner 1961 offenbar gegenüber A. Krebs noch einmal mdl. bestätigt. S. a. NK: Brief Krebs an Keßler v. 6. 11. 1961. Da Kettners Aussage die authentischste war, hat Krebs sie akzeptiert. Krebs 1964, S. 264. – Neben Keßler und v. Rumohr hat auch Gustav Dahrendorf, der Schulenburg bei Leber begegnet war, über die letzte Denkschrift Schulenburgs berichtet. SR: Gespräch Dr. H. v. z. Mühlen mit G. Dahrendorf v. 5. 5. 1948. – Keßler war Teilnehmer des Vortrags durch das RSHA Ende 1944. S. a.: BA: Kl. Erwerb 759 Briefe Dr. Erich Keßler an Dr. H. v. z. Mühlen v. 2. 12. 1948 und an Prof. G. Ritter v. 28. 3. 1952.

30 BA: Kl. Erwerb 759, Brief Dr. Gerhard Isenberg an Dr. H. v. z. Mühlen v. 10. 2. 1949; Brief Dr. Erich Keßler an Dr. H. v. z. Mühlen v. 7. 9. und 2. 12. 1948 und an Prof. G. Ritter v. 28. 3. 1952; Brief Gerhard Ziegler an Dr. H. v. z. Mühlen v. 15. 2. 1949; SSchu: G. Ziegler, Eidesstattliche Erklärung v. 29. 9. 1948.

31 SSchu: Schulenburg, Gliederungsentwurf »Denkschrift f. d. Innenminister Rf. Himmler«, mit 7 Gliederungspunkten; Brief Min. Rat Dr. Brandt RMdI an Schulenburg v. 20. 1. 1944; Brief W. Muthmann an Charlotte Gräfin v. d. Schulenburg v. 6. 8. 1948. Die Denkschrift »Bombenzerstörung und Aufbau« wurde von Ehrensberger im Innenministerium in seiner amtlichen Funktion gelesen. Der ehemalige Schulenburg-Untergebene G. Ziegler wußte im »fernen« Breslau über die offizielle Überreichung der Denkschrift Bescheid. SSch: Brief Dr. Otto Ehrensberger an Spruchkammer Traunstein v. 22. 7. 1947; BA: Kl. Erwerb 759, Brief G. Ziegler an Dr. H. v. z. Mühlen v. 15. 2. 1949, S. 2.

32 Das Denkschriftenfragment (S. 8–27) setzt sich aus folgenden sechs Abschnitten zusammen: Sozialpolitik, Gemeindeordnung, Regierungsträger und Aufsicht, Städteringe, Großstadt, Handwerk und Technik.

a) *zur Datierung:* Ich datiere das Fragment auf die Monate nach Juni 1941, genauer auf die erste Hälfte 1942 aus folgenden Gründen:
- Im Abschnitt »Städteringe«, die »als wesentliche Säule des Reichsgedankens« bezeichnet werden, werden auch die erst im Juni/Juli 1941 von den deutschen Truppen eroberten Städte Dünaburg, Wilna, Minsk, Bresk und Bialystock genannt.
- Im August 1941 schreibt Schulenburg in seinem Kriegstagebuch über die Notwendigkeit der »großen Verwaltungsreform«.
- Schulenburg wurde am 13. 11. 1941, gerade aus Rußland zurück, von Yorck und Moltke zur Mitarbeit in ihrem Gesprächskreis aufgefordert. Schulenburg nahm an einigen Vorgesprächen für die erste Kreisauer Tagung Pfingsten 1942 (22.–25. 5. 1942) teil, z. B. am

16. 1. 1942, 24. 1. 1942. NM: Brief Moltke an seine Frau v. 14. 11. 1941, 12. 1., 23. 1. und 24. 1. 1942. Nach Beendigung seiner Tätigkeit für das Reichswirtschaftsministerium am 13. 4. 1942 wurde er zum Stab des Ersatzbataillons des IR 9 in Potsdam kommandiert; vom 28. 4.–15. 5. 1942 machte er bei seiner Familie in Trebbow, Mecklenburg, Urlaub und wartete auf eine Entscheidung über seine weitere Verwendung. Ab 27./28. 5. 1942 begab sich Schulenburg dann auf die Krim zum Armeestab Manstein. M. E. fällt die Entstehung des Denkschriftenfragments in die Monate April/Mai 1942. Im April berichtete Schulenburg seiner Frau mehrfach, daß er Muße zum Lesen und Arbeiten gehabt habe. SSchu: Briefe Schulenburgs an seine Frau v. 12. 4., 15. 4., 22. 4., 28. 5. 1942. Wie der Nachlaß von Pater König zeigt, hat es eine große Zahl von schriftlichen Vorarbeiten (viele davon leider undatiert und unsigniert) zu den Kreisauer Gesprächen gegeben. Dort findet sich z. B. ein vom 19. 6. 1942 datiertes Dokument zu der zukünftigen Staatsform, weitere undatierte Dokumente mit ähnlicher Fragestellung sind »Gedanken zur europäischen Ordnung« und »Das deutsche Verfassungsproblem«. Bleistein 1987, S. 127 ff, 200 ff, 216 ff. Aus dem Jahr 1942 stammt auch Kessels Denkschriftenfragment zu einer deutschen Übergangsverfassung. In diesem Diskussionszusammenhang steht Schulenburgs Denkschriftenfragment auch zeitlich.

– Im Abschnitt »Großstadt« wird vom gegenwärtigen »Bombenkrieg« und von den »gewaltigen Zerstörungen« gesprochen. Der Luftkrieg gegen deutsche Städte zog im ersten Halbjahr 1942 spürbar an (u. a. gegen Essen, Dortmund, Hamburg, Lübeck, Rostock, Köln).

b) *Zur Autorenschaft:* SSch: Brief Charlotte Gräfin v. d. Schulenburg an Verf. v. 26. 4. 1988. Wie im Text weiter oben dargestellt, gibt es keinen konkreten Hinweis einer Vorlage bei Himmler oder überhaupt im Innenministerium. Krebs bleibt diesen Beweis auch schuldig. Da er eine Vorlage bei Himmler »aus Tarnungabsichten« vermutet, »darf ihr Inhalt nicht überbewertet werden«. Das ist für Krebs offenbar der entscheidende Punkt. Krebs 1964, S. 266, 275.

c) *Zu »Teil der letzten großen Denkschrift«:* Gegen die Vermutung, daß das Fragment ein Teil der letzten großen Denkschrift Schulenburgs aus dem Jahr 1943/44 war, sprechen folgende Gründe:

– Der vorliegende konsistente Gliederungsentwurf Schulenburgs für eine 7-Punkte-Denkschrift für Himmler entspricht nicht der unsystematischen Gliederung des Fragmentes, das z. B. inhaltlich vollkommen unverbunden den Abschnitt »Regierungsträger« von »Städteringe« folgen läßt.

- Es erscheint nicht glaubhaft, daß Schulenburg nach den deutschen Niederlagen bei Stalingrad und Kursk/Orel noch im Herbst 1943/Frühjahr 1944 – dem Entstehungszeitraum der großen Denkschrift also – Städte wie Dünaburg, Wilna, Minsk, Brest, Bialystock etc. in Überlegungen für eine deutsche Hegemonialmacht einbeziehen konnte. Wie sein Kriegstagebuch aus Rußland zeigt, hat er das 1941 jedoch durchaus getan.
- Das Fragment ist aus der Sicht des III. Reiches vollkommen ungefährlich, so daß man es weder vor der Gestapo noch vor irgend jemandem anderen verstecken mußte. Aus diesem Grund bewahrte es Schulenburg auch »offen« zusammen mit anderen Papieren in einer Truhe neben seinem Schreibtisch in Trebbow/Wohnort seiner Familie auf. Die Ausarbeitungen, die Muthmann sah, mußten jedoch genau wie Schulenburgs Personalplanung versteckt werden und befanden sich daher nicht in der Truhe, sondern am 20. 7. 1944 bei Schulenburg in Berlin.
- Der Inhalt entspricht nicht den dargestellten Positionen Schulenburgs aus dem Jahr 1943/44, wie sie von seinen Kollegen und Vertrauten erinnert wurden.

Heinemann 1988, S. 74 f; Mommsen 1984, S. 236.

33 SSchu: Schulenburg, Denkschriftenfragment, in den Abschnitten: Gemeindeordnung, Regierungsträger und Aufsicht, Die Großstadt, S. 12–14, 15–18, 22.

34 SSchu: Schulenburg, Denkschriftenfragment, Sozialpolitik, S. 8, 11; Heinemann 1988, S. 78.

35 Heinemann 1988, S. 74. Heinemanns Skepsis gegenüber Aussagen nach 1945 ist zumindest für die Beispiele, die er bringt, nicht berechtigt. Siehe dazu meine Ausführungen und Anmerkungen im Kapitel »Peter Yorck und der Kreisauer Kreis«.

36 NM: Brief Moltke an seine Frau v. 10. 11. 1942.

37 Roon 1967, S. 276 Anm. 86, 545 ff.

38 NM: Brief Moltke an seine Frau v. 25. 11. 1942.

7. Kapitel: Über die Motivation zum Widerstand

1 Mommsen 1985, S. 5.
2 Kessel 1944/45, S. 24f.
3 Kessel 1944/45, S. 6f, 15ff.
4 KB, S. 146, 451ff; Buchheit 1968, S. 202.
5 Auf einer Rumänienreise im Sept./Okt. 1941 sagte dann ein hoher rumänischer Polizeioffizier zu Brücklmeier, was Folterungen und Hinrichtungen anbelangt, hätten die Deutschen die Rumänen bei weitem übertroffen. Gespräch K. v. Dziembowska mit Verf. v. 13.2.1982.
6 Krebs 1964, S. 172f; NKe: Vermerk Dr. Paul Kempner v. 2.1.1947.
7 KB, S. 450; Gespräch Dr. Marion Gräfin Yorck mit Verf. v. 2.9.1981; in der Verhandlung vor dem Volksgerichtshof zitiert Freisler aus dem Vernehmungsprotokoll Yorcks: »Sie haben, um es konkret zu sagen, ihm erklärt: In der Judenfrage paßt Ihnen die Judenausrottung nicht...« Buchheit 1968, S. 202.
8 Moltke, Frisby, Balfour 1975, S. 174, 215.
9 SSchu: Schulenburg, Kriegstagebuch, S. 5; Bussche, 7.3.1947; diesen Brief Schulenburgs bewahrte Bussche, da er ihm wichtig war, bis zum 21.7.1944 auf. Da er nach dem fehlgeschlagenen Staatsstreich den Brief als evtl. Beweismittel fürchtete und er ihn im Lazarett Hohenlychen, wo er damals lag, nicht anders vernichten konnte, verschluckte er ihn. Gespräch v. d. Bussche mit Verf. v. 29.3.1988; s. a. Krausnick/Wilhelm 1981, S. 260f, 271. Das Gespräch Manstein/Schulenburg muß Mitte Juni, vor der Einnahme Sewastopols am 1.7.1942 stattgefunden haben, s. a. SSchu: Briefe Schulenburgs an seine Frau v. 8.6., 12.6., 14.6.1942.
10 Gersdorff berichtet von einer Rede Himmlers am 26.1.1944 vor Teilnehmern eines Lehrgangs in Posen, bei der u. a. Schwerin anwesend war. Himmler sprach lt. vorliegendem Stichwortexposé auch über die »Judenfrage im Generalgouvernement«. Dort sei die »größte Beruhigung seit Lösung der Judenfrage« eingetreten. Im »Rassenkampf« gebe es nur die »totale Lösung«, um »nicht Rächer für unsere Kinder erstehen zu lassen«. Himmler habe in beinahe larmoyanter Weise über die Schwere der Aufgabe, die der Führer seiner SS mit der »totalen Lösung der Judenfrage« gestellt habe, gesprochen, erinnert sich Gersdorff. »Sonderbarerweise«, so Gersdorff, »schien die Mehrzahl der Zuhörer überhaupt nicht begriffen zu haben, wovon Himmler gesprochen hatte. Anders ist es nicht zu erklären, daß man ihm lebhaften Beifall schenkte und sich anschließend zu einem Essen drängte.« Nur sechs oder sieben Offiziere applaudierten nicht. Gersdorff, Schwerin und wenige andere verließen schweigend den Saal und trafen sich, getrennt von den übrigen Zuhö-

rern, in einem naheliegenden Restaurant. Gersdorff 1979, S. 145f; IfZ: MA 316 (T 175 Rolle 94).

11 KB, S. 457, 471.

12 Kessel 1944/45, S. 38f.

13 Yorck 1984, S. 45f; Roon 1967, S. 483, 488, 561.

14 KB, S. 146, 436.

15 KB, S. 167f.

16 Gerstenmaier 1985, S. 185; Moltke, Frisby, Balfour 1975, S. 176.

17 KB, S. 794; Yorck 1984, S. 15, 63, 136; NR: Gesprächsvermerk Dr. H. v. z. Mühlen mit Anneliese Schellhase v. 6. 5. 1948.

18 SSchu: Brief Schulenburg an seine Frau v. 21. 5. 1936, 8. 6. 1940, 19. 6. 1941, 21. 6. 1943; Nachlaß Karl v. Oppen: Brief Schulenburg, Frühjahr 1944; NK: Tisa Gräfin v. d. Schulenburg, Erinnerungen Nov. 1959.

19 Manteuffel o. J., S. 29.

20 SSch: Schwerin, Tischrede zur Konfirmation v. 6. 4. 1944.

21 KB, S. 146. Allein der Satz »die Führerschicht habe sich von den Grundsätzen der Einfachheit...« wurde im Kaltenbrunner-Bericht viermal zitiert.

22 Krebs 1964, S. 111; SSchu: Brief Schulenburg an Gauleiter Koch v. 31. 12. 1935.

23 KB, S. 326f, 416ff, 454ff.

24 Die im Schulenburg-Nachlaß befindliche Denkschrift »Verwaltungsvereinfachung« trägt zwar keine Unterschrift, handschriftliche Textkorrekturen weisen jedoch auf Schulenburgs Autorenschaft hin. Aufgrund inhaltlicher Bezüge muß die Denkschrift während Schulenburgs Arbeit im Oberpräsidium Breslau (Sept. 1939–Mai 1940) entstanden sein. Graf v. d. Schulenburg, Das Erbe des preußischen Staates, in: Württembergische Verwaltungszeitschrift, Stuttgart, Aug./Sept. 1937, S. 155; KB, S. 146.

25 SSchu: Brief Schulenburg an seine Frau v. 4. 4. 1943.

26 Kessels positive Beurteilung der Politik des preußischen Innenministers und SPD-Politikers Severing wurde z. B. auch von dem oberschlesischen Großindustriellen Dr. Nikolaus Graf v. Ballestrem, des späteren Arbeitgebers von Nikolaus v. Halem und Dr. »Beppo« Römer, geteilt. Er schrieb am 14. 2. 1933 an Papen folgende interessante Einschätzung des Problems: »Ich würde es als einen verhängnisvollen Fehler ansehen, wenn man von Staats wegen der polnisch sprechenden Bevölkerung gegenüber eine grundsätzlich andere Politik einschlagen würde als die bisher von der preußischen Regierung verfolgte. Der Erfolg hat gezeigt, daß es richtig war, die Entstehung jeden Gegendruckes zu vermeiden. Die pol-

nische Sprache geht ganz allmählich aber stetig zurück und das nationalbewußte Polentum wird immer schwächer, was sich in der bei jeder Wahl sinkenden Stimmenzahl zeigt. Es mag sein, daß man ohne Schaden und mit Erfolg in einzelnen Fällen entschiedener und energischer vorgehen könnte. Wollte man aber nach alldeutschen Rezepten versuchen, ›das Polentum auszurotten‹, so würde man bestimmt dessen Wiederbelebung erreichen.« BA 53/71.

27 KB, S. 146, 326, 453. Schulenburg schrieb über den Roman »Dschingis Khan« von Gmelin, den er während des Vormarsches in Rußland gelesen hatte: »Der Roman behandelt vor allem das Problem der absoluten grenzenlosen Macht, die sich zum Schluß selber besiegt und Grenzen setzt. Ich glaube, daß Dschingis Khan auch heute, oder gerade heute noch seinen großen Einfluß ausübt. Der Roman ist zweifellos ein Appell an die Träger der absoluten Macht, sich zu überwinden und Grenzen zu setzen.« SSchu: Brief Schulenburg an seine Frau v. 23.10.1941. Ob Yorck die Charakterisierung Hitlers als »Dschingis Khan« aus Gmelins Roman übernahm, ist nicht bekannt.

28 Kessel 1944/45, S. 12, 14.

29 1936/37 teilte Wussow mit dem jüngsten Sohn des Großherzogs von Hessen, Prinz Ludwig, eine Junggesellenwohnung in London. Der Großherzog hatte seinen Sohn veranlaßt, sich Ribbentrop als Mitarbeiter in London zur Verfügung zu stellen. Wussow schreibt über Ludwig Hessen: »Er konnte und wollte zuerst nicht glauben, daß Hitler einen Krieg, ein Blutbad und im günstigsten Falle eine Gewaltherrschaft über andere Völker erstrebte und im ungünstigsten Falle ... das Ende Deutschlands herbeiführen würde. Der Eindruck über die Erfolge Hitlers war so groß, daß auch ein Teil meiner Bekannten die innenpolitischen Exzesse der Partei bereit waren zu entschuldigen.« Wussow 1945, S. 55, 65.

30 KB, S. 146.

31 BDC: Brief Friedrich Graf v. d. Schulenburg an Generallt. M. v. Viebahn v. 25.3.1938. Dieser Brief widerlegt m. E. die Behauptung von Krebs, daß der alte General »spätestens seit 1937 seine Söhne vor Hitler warnte« und »die Partei die größte Gefahr nannte«. Krebs 1964, S. 309f, Anm. 48.

32 Bei den häufigen Berlin-Besuchen übernachtete Schwerin in der Regel bei seinen Schwiegereltern (1931–1936). Sobald sein Schwiegervater morgens das Haus verlassen hatte, zog er sich in dessen Arbeitszimmer zurück und telefonierte für die nächsten Stunden. Den Rest des Tages war er mit Besprechungen beschäftigt. Als Ergebnis war er dann besser informiert als sein Schwiegervater, der Berliner Oberbürgermeister. Gespräch Dr. Ulrich Sahm mit Verf. v. 6.9.1980; Manteuffel o. J., S. 37.

8. Kapitel: Das Jahr der Krisen

1 Schulenburg sah am 31.7.1937 Nikolaus Uexkuell, 7.8.1937 Peter Yorck, 11.8.1937 U.-W. Schwerin, 5.9.1937 Caesar Hofacker. Brief Charlotte Gräfin v. d. Schulenburg an Verf. v. 8.6.1983.
2 Gespräch Dr. Marion Gräfin Yorck mit Verf. v. 3.9.1981.
3 Kessel 1944/45, S. 236.
4 Krebs 1964, S. 158.
5 Der Besuch Weber-Krohses im polnischen Sartowitz 1934 endete mit größter Aufregung, da er bei der Abreise seine SA-Uniform vergessen hatte. Da es in Polen streng verboten war, deutsche Uniformteile zu besitzen und Schwerins das Risiko des Nachschickens nicht eingehen wollten, wurde sie schließlich verbrannt. Aufzeichnung Marianne Gräfin v. Schwerin 1978. NK: Brief Dr. Hans Kohnert an Krebs v. 29.5.1961. Kohnert lernte Schulenburg 1935/36 kennen.
6 Wussow, Sept. 1947, S. 3. Lt. Wussow stellten Peter Yorck, Kessel und er bereits 1937/38 in einem Gespräch die Notwendigkeit des Ausbaus ihrer Beziehungen zu den Militärs fest.
7 Gespräch Achim Oster mit Verf. v. 30.9.1980.
8 Krebs 1964, S. 163.
9 Thun 1982, S. 31.
10 Kessel 1944/45, S. 72, 81; SSch: Brief A. v. Kessel an Ernst Haiger v. 4.8.1975.
11 Hofer 1960, S. 193 ff.
12 Die Version, die Gisevius vom Auftauchen der Akte gibt, ist nicht unbestritten. Auf alle Fälle ist es jedoch einleuchtend, daß die Akte auch über Schulenburgs Schreibtisch wanderte. Gisevius 1947, Bd. I, S. 336.
13 Deutsch 1974, S. 105 f. Aus der SS-Personalakte beim BDC geht hervor, daß der Vater Schulenburgs in diesen Wochen in Bad Reichenhall war.
14 Deutsch 1974, S. 217 ff.
15 Thun 1982, S. 80.
16 Reynolds 1977, S. 108; Krausnick 1960, S. 284.
17 Kessel 1944/45, S. 63, 67.
18 SSch: Brief Charlotte Gräfin v. d. Schulenburg an Verf. v. 31.5.1983.
19 Deutsch 1974, S. 272.
20 ibidem, S. 266 ff, 270.
21 ibidem, S. 282.
22 SSchu: Dr. Rüdiger Graf v. d. Goltz, Darstellung Prozeß Generaloberst v. Fritsch, 1945, S. 8f. NK: Brief Dr. Rüdiger v. d. Goltz an Krebs vom 15.7.1961. Zum Termin dieser Schulenburg-Initiative ist zu sagen, daß es nach den ganzen Umständen nur nach der Rückkehr vom Ski-

urlaub gewesen sein kann und vor Eröffnung des Kriegsgerichtsverfahrens gegen Fritsch am 10. 3. 1938. Da Schulenburg lt. Goltz an einem Sonntagvormittag auftauchte, kann es nur der 6. 3. 1938 gewesen sein.

23 Goltz, auf den sich auch Krebs bezieht, sagt übrigens an keiner Stelle, daß Schulenburg selbst mit Oberst v. Hase gesprochen habe, wie dies der Schulenburg-Biograph Krebs berichtet. Krebs 1964, S. 164. Goltz 1945, S. 18. IfZ: ZS 49: Brief Dr. Rüdiger Graf v. d. Goltz an Dr. H. Krausnick vom 14. 7. 1955; NK: Brief Dr. Rüdiger v. d. Goltz an Dr. Albert Krebs vom 15. 7. 1961; Krausnick 1960, Bd. I, S. 309; Deutsch 1974, S. 271 f; Gisevius 1947, Bd. I, S. 360.

24 Krausnick 1960, Bd. I, S. 234.

25 Deutsch 1974, S. 48 f.

26 Gisevius 1947, Bd. I, S. 43.

27 Hildebrandt 1950, S. 92.

28 Bericht vom 2. 10. 1944, KB, S. 430.

29 Jacobsen 1968, S. 743.

30 Schulenburg wurde sehr wahrscheinlich nach seiner Übung vom 22. 7.–1. 9. 1938 zum Leutnant d. R. befördert. SSch: Brief Charlotte Gräfin v. d. Schulenburg an Verf. v. 8. 6. 1983; Auskunft des Militärarchivs Freiburg, Aachen vom 2. 1. 1979 und 19. 11. 1981.

31 Bericht vom 28. 7. 1944, KB, S. 87.

32 SR: Brief Heinrich Graf v. Luckner an Ger van Roon vom 6. 5. 1963.

33 Kessel 1944/45, S. 68 f.

34 NNo: Gottfried v. Nostitz, Über die deutsche Österreichpolitik 1934–1938, ca. 1946.

35 Zum Schicksal Wilhelm Ketteler: Wolfgang Frhr. v. Fürstenberg, Wilhelm Emanuel Frh. v. Ketteler zum Gedächtnis, in: Deutsches Adelsblatt, 12. Jg., No. 8 und 9, 15. 8. und 15. 9. 1973. NNo: Karl v. Winkler über Ketteler, Jordans, Halem, ca. Sommer 1945; NNo: Briefwechsel Gottfried v. Nostitz–Hanno v. Halem Sept./Okt. 1945; Gottfried v. Nostitz, Vermerk über K., ca. 1946.

36 Wussow, Sept. 1947, S. 3.

37 Reynolds 1974, S. 145, 149.

38 ibidem, S. 143 ff; Müller 1980, S. 552, 556.

39 Deutsch 1974, S. 195 ff.

40 Müller 1980, S. 557.

41 Foerster 1953, S. 126 f; Müller 1980, S. 560.

42 So schreibt z. B. Reynolds in seiner Beck-Biographie zu Becks Parole »Für den Führer« vom 19. 7. 1938: »Obwohl er die Partei und Hitler verabscheute, sah er nicht den Zusammenhang zwischen Hitler auf der

einen Seite und dem ›Albtraum‹ der Gestapo und der Bonzenwirtschaft auf der anderen« etc. Das alles bleiben Reynolds' Spekulationen. Bei Reynolds wird der Hinweis, daß Beck am 29. 7. 1938 Helldorf und Witzleben in Hinblick auf innere Auseinandersetzungen zusammenbringen wollte, in eine Fußnote verbannt und in ihrer Bedeutung heruntergespielt. Reynolds 1977, S. 146, 148, 269, Anm. 24 und 26. Auch der Oster-Biograph Thun und der Canaris-Biograph Höhne argumentieren wie Reynolds. Beck wird von diesen Autoren ganz platt beim Wort genommen, woran sich dann entsprechende Schlußfolgerungen reihen, ohne daß auch nur ein Gedanke daran verschwendet wird, daß sich Beck vor allem auf seinen Gesprächspartner, hier Brauchitsch, eingestellt haben mochte. Höhne 1976, S. 285; Thun 1982, S. 90. Sehr viel differenzierter gehen dagegen Krausnick und Hoffmann mit Beck um. Krausnick 1960, Bd. I, S. 320f; Hoffmann 1979, S. 140f, 685f, Anm. 134; s. a. Müller 1980, S. 555, Anm. 4.

43 SSchu: Brief Schulenburg an seine Frau v. 22. 7. 1938; Brief Charlotte Gräfin v. d. Schulenburg an Verf. v. 31. 6. 1983.

44 Kessel 1944/45, S. 81; SSch: Brief Albrecht v. Kessel an Lutz v. Krosigk v. 19. 12. 1951.

45 Krausnick 1960, Bd. I, S. 344; zu Witzleben s. a. S. 309, 321.

46 Wussow 1945, S. 89.

47 Protokoll der Aussage Kessels vor dem Nürnberger Gericht IV, Fall XI (Weizsäcker) am 21. 8. 1948, S. 9458, 9465; Kessel 1944/45, S. 72f.

48 Kessel 1944/45, S. 80f.

49 Kordt 1950, S. 237.

50 ibidem, S. 250f, 279ff.

51 Herwarth 1981, S. 124ff. »Ribbentrop teile den Optimismus des Führers oder gebe vor, ihn zu teilen, und die Gewißheit, daß Großbritannien unter keinen Umständen etwas unternehmen werde und Deutschland straflos in die Tschechoslowakei einfallen könne, komme mit alarmierender Klarheit in den Erlassen und Weisungen aus der Wilhelmstraße zum Ausdruck. Dies sei, wie unser Informant sagte, sehr beunruhigend für Berufsdiplomaten wie seinen Botschafter, die sähen, wie ihr Land im Begriff stehe, sich in einen Krieg zu verwickeln, in dem die Risiken für ihr Land ihrer Ansicht nach beträchtlich überwögen... Die Schuld würde ihres Erachtens im gewissen Umfang bei der Regierung Seiner Majestät liegen, die, wie im Jahr 1914, es unterlassen hätte, ihre eigene Position hinreichend klarzumachen. Ihrer Auffassung nach bestünde die einzige Hoffnung darin, daß ein Vertreter der Regierung Seiner Majestät den Führer selbst sehr kategorisch darüber unterrichten würde, daß unter gewissen Umständen Großbritannien zur Verteidigung der Tschechoslo-

wakei ganz gewiß in den Krieg ziehen würde. Dies könne sehr wohl den erforderlichen Abschreckungseffekt haben.« Herwarth 1982, S. 135 f.

52 Herwarth 1981, S. 131 ff.

9. Kapitel: Die »zweitbeste Lösung«

1 NB: Briefe Brücklmeier an seine Frau v. 7. 9. (?), 9. 9. und 10. 9. 1939.
2 Kessel 1944/45, S. 84.
3 Wussow 1945, S. 78; s. a. IfZ: ZS 2172: Brief Wussow an Otto John v. 29. 8. 1970.
4 Kessel 1944/45, S. 85 ff.
5 Weizsäcker 1950, S. 178.
6 Kordt 1950, S. 258; auch Weizsäcker spricht vom 13. September als dem Beginn von Maßnahmen, die auf Hitlers Festsetzung zielten. Weizsäcker 1950, S. 193.
7 Kessel 1944/45, S. 88; NB: Brief Brücklmeier an seine Frau v. 15. 9. 1938; Kordt 1950, S. 258.
8 Hill 1974, S. 143; Schmidt 1954, S. 401 ff.
9 Kordt 1950, S. 259 f.
10 Sahm erhielt Schwerins Brief in Oslo am 9. 8. 1938. Sprenger 1969, S. 291 f.
11 Sahm, Tagebücher, 14. 9. 1938; das Testament Schwerins datiert dann auch vom 23. September 1938.
12 IfZ: ZS 2172: Brief Botho v. Wussow an Otto John v. 29. 8. 1970; Wussow 1945, S. 79.
13 ibidem. Wussow bekommt hier offenbar die drei Besuche Chamberlains auf dem Obersalzberg, in Godesberg und München durcheinander. Es kann sich hier nur um die Ankündigung des Chamberlain-Besuches für Godesberg gehandelt haben. Auch Marianne Schwerin erinnert sich, daß es an diesem Abend viel Heimlichkeit vor der uneingeweihten Verwandtschaft und lange Telefonate gegeben habe. – Aus einem Brief Brücklmeiers kann gefolgert werden, daß am Spätnachmittag des 18. 9. 1938 bei Ribbentrop in Berchtesgaden die Nachricht eintraf, daß Chamberlain nach Godesberg zu reisen beabsichtige. NB: Brief Brücklmeier an seine Frau v. 19. 9. 1938.
14 Kessel 1947, S. 44 f.
15 SSch: Brief Gundel Bley, geb. Sahm, an Verf. v. 16. 3. 1980.
16 Krebs 1964, S. 170.
17 ibidem.
18 Winnig 1948, S. 111 ff; Deutsch 1974, S. 50. Winnig datiert diese Begeg-

nung mit Brockdorff auf vor die Fritsch-Krise, was Deutsch ohne Zögern übernimmt. Ich selbst bin mit Charlotte Schulenburg der Meinung, daß hier ein Irrtum vorliegt und nur der September 1938 gemeint sein kann. SSch: Brief Charlotte Gräfin v. d. Schulenburg an Verf. v. 17. 7. 1983.

19 Gisevius 1947, Bd. II, S. 45, 57.

20 Hugo Kükelhaus, der Bekannte Schulenburgs, beschreibt diese Situation wie folgt: »Als Schulenburg in Berlin Vizepolizeipräsident war, hatte er mich dazu ausersehen, einen Kontakt mit Graf Helldorf herzustellen, der ihm *nicht* möglich war. Ich genoß eine Art Narrenfreiheit. Er betraute mich mit der Modernisierung der Polizeiunterkünfte in Berlin, architektonisch, farblich, einrichtend – ausbauend, menschlicher, und dabei kam ich – und das war der Zweck dieser einjährigen Übung – mit Helldorf zusammen. Ich sollte ihm auf den Zahn fühlen. Ich konnte ihm bestätigen, was er selbst auch schon vermutete: Helldorf war ansprechbar... Schulenburg hatte es herausgekriegt, als er mit ihm einige Male in einem Hallenbad geschwommen hatte«. NK: Brief Hugo Kükelhaus an Krebs v. 29. 7. 1960. Krebs stellt in seinem Buch fälschlicherweise die Hallenbadbesuche als Ergebnis der Aushorchung Helldorfs durch Kükelhaus hin. Krebs 1964, S. 156f.

21 Krausnick 1960, S. 345, Anm. 409; Hoffmann 1979, S. 121, 694 Anm. 245.

22 Wheeler-Bennett 1948, S. 133ff.

23 Kordt 1950, S. 262f.

24 ibidem, S. 264.

25 Krausnick 1960, S. 347f; Hoffmann 1979, 123ff.

26 Wheeler-Bennett 1948, S. 148ff.

27 Hoffmann 1979, S. 127.

28 Kordt 1950, S. 266ff; Kessel 1947, S. 46; Gisevius 1947, Bd. II, S. 63f.

29 Wussow 1945, S. 79.

30 ibidem.

31 Kordt 1950, S. 268ff, 278; Gisevius 1947, Bd. II, S. 64ff.

32 Kordt 1950, S. 272; Kessel 1944/45, S. 95. Henderson nach Hoffmann 1979, S. 129.

33 Wussow 1945, S. 80.

34 ibidem, S. 79ff; Kordt 1950, 278; Kessel 1944/45, S. 95f.

35 Wussow 1945, S. 73, 80f.

36 Kessel 1944/45, S. 98.

37 Kordt 1950, S. 289ff.

38 ibidem, S. 285f.

39 ibidem, S. 292f; Kessel 1944/45, S. 100ff; Krosigk 1951, S. 351.

40 Hofer 1957, S. 219.

41 Kordt 1950, S. 278.
42 Kessel 1944/45, S. 105f.
43 Interessant ist, daß Groscurth die Tatsache eines gemeinsamen Abendessens und Gesprächs mit Yorck in seinem Bericht für Oster aufnimmt. Daraus geht hervor, daß Oster, aber auch Groscurth Yorck und seine Einstellung bereits kannten. Groscurth 1970, S. 346.
44 SR: Brief Otto Ehrensberger an Ger van Roon v. 8. 6. 1963; SSch: Otto Ehrensberger an Spruchkammer Traunstein v. 22. 7. 1947.
45 Krebs 1964, S. 172f; SSch: Brief Paul Graf Yorck an Verf. v. 30. 4. 1984.
46 SSch: Otto Ehrensberger an Spruchkammer Traunstein v. 22. 7. 1947.
47 Hoffmann 1979, S. 133.
48 Gisevius 1947, Bd. II, S. 84.
49 Kessel 1944/45, S. 109; Kordt 1950, S. 299.
50 Marianne Gräfin v. Schwerin an Verf.; s. a. Kessel 1944/45, S. 110; s. a. Wussow 1945, S. 81.

10. Kapitel: Wider den Krieg

1 Gisevius 1947, Bd. II, S. 121.
2 Kessel 1944/45, S. 110–114.
3 NKe: Albrecht v. Kessel, Zusammenstellung von Material für eine eidesstattliche Erklärung über die Person und politische Aktivität des ehemaligen Reichsaußenministers Konstantin Frhr. v. Neurath, 1946/47, S. 6f. Der gleiche Gedankengang, nur nicht so klar und ausführlich dargestellt, auch bei Kessel 1944/45, S. 114f.
4 NKe: Kessel, Zusammenstellung 1946/47, S. 7.
5 Kessel 1944/45, S. 130ff. Die Denkschrift wurde ohne Nennung des Autors im Auswärtigen Amt zu den Akten genommen (Auswärtiges Amt, Büro Staatssekretär, Tschechoslowakei, Bd. 9). Es besteht nach Meinung des Verf. kein Zweifel, daß die im AA archivierte Denkschrift von A. v. Kessel stammt. Das AA-Archiv schließt sich dieser Meinung an.
6 Brandes 1969, S. 37f.
7 Kessel meint hier wahrscheinlich den Leiter einer Einsatzgruppe der Sicherheitspolizei, der »Einsatzgruppe I Prag«, mit den vier Einsatzkommandos in Budweis, Prag, Kolin und Pardubitz. Krausnick/Wilhelm 1981, S. 25.
8 Kessel 1944/45, S. 132–136.
9 Die Eintragung in Groscurths Privattagebuch datiert v. 20. 6. 1939. Groscurth 1970, S. 178.
10 Brandes 1969, S. 37; Krausnick/Wilhelm 1981, S. 26.

11 NKe: Eintragung in Kessels Notizbuch 1939.
12 Am 6. 2. 1939 NKe: Eintragung in Kessels Notizbuch 1939.
13 Kessel datiert dieses Gespräch auf einen Sonntag im Juli 1939. Aufgrund von vorherigen Abwesenheiten Trotts und Kessels kann es sich nur um Sonntag d. 23. bzw. 30. Juli gehandelt haben. Kessel 1944/45, S. 139f, Kessel 1947, S. 67f; Sykes 1969, S. 217.
14 Reynolds 1977, S. 167, 272, Anm. 17.
15 Weizsäcker 1950, S. 222f.
16 Kordt 1950, S. 301ff.
17 Wussow 1945 (Englische Version), S. 88f; IfZ: ZS 2172: Brief Botho v. Wussow an David Astor v. 30. 5. 1969; Gerhard Graf Schwerin, In letzter Stunde, Meine Reise nach England vor Ausbruch des 2. Weltkrieges, Rottach-Egern April 1979, S. 38f; Sykes 1969, S. 200f.
18 Zwei Gespräche fanden am 3. und 6. Juli 1939 statt, während zweier Essen, die Admiral Godfrey, Direktor des Marine-Nachrichtendienstes, für Schwerin gab. Anwesend waren weitere Offiziere und Politiker. Documents on British Foreign Policy (3), Bd. VI, S. 295ff, 305ff. Ein weiteres dokumentiertes Gespräch fand mit Thomas Jones am 6. Juni 1939 statt. Sykes 1969, S. 201.
19 Burckhardt 1960, S. 341; Schwerin 1979, S. 33f. Thun stellt die Essen mit Admiral Godfrey vom Zeitpunkt, Teilnehmern und vom Ergebnis der Gespräche hier nicht richtig dar. Thun 1982, S. 127f.
20 Documents on British Foreign Policy (3), Bd. VI, S. 296. Gespräch am 6. 7. 1939.
21 Schwerin 1979, S. 36f, 39.
22 Wheeler-Bennett 1954, S. 481 Anm. 3. Was Gerhard Schwerin hier meinte, ist nicht ganz klar. U. U. hatte er von den Plänen des reaktivierten Generalobersten v. Hammerstein gehört, der beabsichtigte, Hitler am Westwall festzunehmen. Schlabrendorff hatte das seinerzeit dem britischen Botschaftsrat in Berlin am 3. 9. 1939 mitgeteilt. Schlabrendorff 1984, S. 37f.
23 Mdl. Mitteilung Marianne Gräfin v. Schwerin; Tagebuch Hermann Kaiser: 28. 5. 1943.
24 IfZ: ZS 2172: Brief Botho v. Wussow an David Astor v. 30. 5. 1969.
25 Schwerin 1979, S. 29, 31.
26 Sykes 1969, S. 191ff.
27 ibidem, S. 202f.
28 Kessel 1944/45, S. 139.
29 Weizsäcker 1950, S. 235.
30 Kordt 1950, S. 311ff.
31 Schlabrendorff 1979, S. 138ff; 1984, S. 35.

32 Krosigk, 1973, Bd. I, S. 107f, Bd. II, S. 213.
33 SSch: Brief Lutz Graf Schwerin v. Krosigk an Alexandra Zoege v. Manteuffel, geb. Gräfin v. Schwerin, v. 10.11.1951.
34 Hassell 1946, S. 30, 39f.
35 Krosigk 1973, Bd. II, S. 210ff. Wussow berichtet von einem persönlich erlebten Gespräch zwischen Krosigk und Kessel Mitte der dreißiger Jahre, in dem der Minister auf die Frage Kessels, warum er sich immer noch dieser Regierung zur Verfügung stelle, die allen seinen privaten Auffassungen zuwiderhandele, auf seine 8 Kinder, die er zu versorgen habe, hinwies. Krosigk bestritt später dieses wirtschaftliche Motiv. Wussow 1945, S. 4; Krosigk 1974, S. 279.
36 Erst als Weizsäcker 1943 durch v. Steengracht abgelöst wurde und an den Vatikan ging, hielt Schwerin auch Weizsäckers Demission für wünschenswert. SSch: Brief Albrecht v. Kessel an Marianne Gräfin v. Schwerin v. 19.3.1947.
37 Gilbert 1961, S. 330.
38 Krosigk 1973, Bd. I, S. 108.
39 ibidem, Bd. II, S. 213.
40 SSch: Brief Albrecht v. Kessel an Lutz Graf Schwerin v. Krosigk v. 19.12.1951. – Nach dem Krieg versuchte Krosigk sein Verhalten zu rechtfertigen; dies führte zu verzeichneten Darstellungen seines Vetters, aber auch Schulenburgs und Yorcks. In der Aufzählung der Beweggründe etwa, die Schwerin zum Gegner des Nationalsozialismus gemacht habe, von denen jedoch nicht einer stimmte, lautete der diskriminierende Satz: »Die Nationalsozialisten, die von je in der Aristokratie den reaktionären Gegner gesehen hatten, kamen seinen persönlichen Aspirationen nicht entgegen.« Krosigk 1951, S. 350f. Dies geht zurück auf ein Gespräch Mitte der 30er Jahre, das wiederum anknüpfte an Gespräche über Schwerins berufliche Möglichkeiten von vor 1926. Vor dem Antritt des Erbes 1926, aber auch danach hatte Schwerin immer wieder mit der Idee seines Eintritts in das Auswärtige Amt gespielt. Er wäre gern wie sein Vater und viele seiner Freunde Diplomat geworden. Natürlich kamen die Nazis seinen ›Luftschlössern‹ und ›Aspirationen‹ nicht entgegen, nicht weil er adelig war – man denke nur an die adeligen Karrieristen unter Ribbentrop –, sondern weil ihm das ganze Regime nicht paßte. Krosigk hat diese und die anderen Falschaussagen wie sachlichen Irrtümer in der zweiten Auflage seines Buches korrigiert. Obwohl für Freunde und die Familie Schwerins Krosigks Uninformiertheit und seine z. T. unpräzisen Erinnerungen (s. a. Burckhardt 1960, S. 174f) ärgerlich waren, verletzte vor allem sein Urteil über Schwerins Charakter und Motive, das den Tenor der Nazipropaganda nach dem Attentat, wie von Hit-

ler in seiner Ansprache in den ersten Stunden des 21. Juli 1944 vorformuliert, bedenkenlos wiederholte. Krosigk 1973, Bd. I, S. 107f; SSch: Brief Lutz Graf Schwerin v. Krosigk an Alexandra Zoege v. Manteuffel geb. Gräfin v. Schwerin v. 10. 11. 1951 und an den Verfasser v. 27. 3. 1975.

41 Schulenburg 1981, S. 124. Die Uniformgeschichte, so wie sie Tisa Schulenburg darstellt, ist ganz offensichtlich falsch. Krebs hatte sie in derselben Form von Tisa Schulenburg übernommen. Krebs 1964, S. 176f. Die richtige Version findet sich in den Aufzeichnungen von Charlotte Gräfin v. d. Schulenburg im Nachlaß Krebs.

42 NK: Tisa Gräfin v. d. Schulenburg, Erinnerungen Nov. 1959. Die Schwester hatte diese Erinnerungen für die Schulenburg-Biographie von Krebs geschrieben und sie erst Jahre später publiziert. Die Schwester verstand sich bis zu diesem Gespräch, das zwischen dem 24. 5. und 2. 6. 1939 in Berlin stattfand, als einziger Nicht-Nazi im Geschwisterkreis. Sie schrieb 1959: »Daß Fritzi mir dies zu diesem Zeitpunkt erzählte, kann ich jederzeit eidlich beschwören, weil es für mich eine derartige Umwälzung bedeutete, wie ich sie selten im Leben erlebt habe. Plötzlich waren alle Jahre und Jahrzehnte, die uns getrennt hatten, versunken, wir waren zu einem Ziel vereint. Einer meiner Familie stand auf meiner Seite.« S. a. Schulenburg 1981, S. 118. Bei Krebs sind Zeitpunkt und Inhalt nicht ganz korrekt wiedergegeben, s. a. Krebs 1964, S. 176. Nach Aussage der Schwester ist definitiv, daß ihr Bruder im Sommer 1939 von der Liquidierung Hitlers gesprochen hat. Diese Position hat Schulenburg offenbar nicht ständig und nicht gegenüber jedem Gesprächspartner im Widerstand eingenommen. Im Sommer 1940 nach dem Frankreichfeldzug drängte Schulenburg gegenüber Moltke, Yorck und van Husen auf einen gewaltsamen Systemwechsel, wobei van Husen nicht erwähnt, ob dieser »Gewaltakt« auch die Beseitigung Hitlers einschließen sollte. Wenig später, im Sept./Okt. 1940, soll Schulenburg in Paris gegenüber Gotthard Frhr. v. Falkenhausen (nicht zu verwechseln mit dem General) den politischen Mord abgelehnt haben. Er berief sich dabei auf »die Ethik und das christliche Sittengesetz«, Gedanken, die in dem vorigen Gespräch mit Moltke, Yorck und van Husen u. U. eine Rolle gespielt hatten. Im Herbst 1942 ist Schulenburg mit Rüdiger Graf v. d. Goltz einig, daß Hitler und Himmler »physisch zu vernichten« seien; ein Jahr später im Aug./Sept. 1943 sprach sich Schulenburg gegenüber einem neuen Bekannten, Paul Binder, nur für eine Festsetzung Hitlers aus. Jeder, der ihn näher kannte, wußte jedoch, daß Schulenburg im Grunde dies nicht für ausreichend hielt und hier u. U. nur den advocatus diaboli gespielt hatte; s. a. Kessel 1944/45, S. 204. – BA: NR: 151: Interview H. v. z. Mühlen mit P. van Husen, ca. 1948; Gotthard Frhr. von Falkenhausen, Erinnerungen an die deutsche Wider-

standsbewegung 1945, S. 6; Rüdiger Graf v. d. Goltz, Zur Vorgeschichte des 20. 6. 1944; Binder 1966, S. 234.

43 SSchu: Brief Schulenburg an seine Frau v. 20. 6. 1939. Der Besuch bei Heinz fand am 20. 6. 1939 statt.

44 SSchu: Brief Schulenburg an seine Frau v. 8. 8. 1937.

45 Das Datum ist bei Krebs falsch. Krebs 1964, S. 177. SSchu: Brief Schulenburg an seine Frau vom 21. 8. 1939.

46 Krebs 1964, S. 189. NK: Aufzeichnungen Charlotte Gräfin v. d. Schulenburg.

47 SSchu: Briefe Schulenburg an seine Frau v. 21. 7. und v. 21. 8. 1939.

48 NM: Brief Moltke an seine Frau vom 24. 8. 1939.

49 Wussow 1945, S. 25 (englische Version S. 22).

50 Kessel denkt hier m. E. an Moltke und Hans-Bernd v. Haeften.

51 Kessel 1944/45, S. 50f.

52 Kordt 1950, S. 372.

53 SSch: Vermerk Dr. Eichenlaub, Neustadt a. d. Weinstraße, 25. 2. 1946; KB, S. 512.

54 Roon 1967, S. 87, 285, 289.

55 Poelchau 1949, S. 109, 112. Gerstenmaier 1967, S. 227.

56 Steltzer 1966, S. 154.

57 So wenn Moltke am 21. 1. 1943 an seine Frau schreibt: »Ich kann ja doch nur warten. Ich bin zu sehr davon überzeugt, daß sich gar nicht anderes tun läßt, als daß ich an all die Geschäftigkeit der anderen glauben könnte. Warten ist eben viel schwieriger als Handeln, und daher ist es undankbar, Menschen dazu zu bewegen«. Brief Moltke an seine Frau v. 21. 1. 1943, s. a. seine Briefe v. 22. 1., 23. 1., 24. 1., 26. 1., 4. 3. 1943.

58 Roon hat diese Aussage in seinem Buch nicht berücksichtigt, obwohl sie ihn noch vor der Drucklegung erreichte. SR: Brief Marion Gräfin Yorck an Ger van Roon v. 20. 5. 1965. Auch gegenüber dem Verf. hat sich Marion Yorck wiederholt dahingehend geäußert, daß ihr Mann das Attentat auch schon in der Zeit vor Moltkes Verhaftung gebilligt habe. SSch: Briefe Marion Gräfin Yorck an Peter Hoffmann v. 10. 8. 1972 und an Marion Gräfin Dönhoff v. 28. 9. 1975.

59 SSch: Otto Ehrensberger, Meine Zusammenarbeit mit der Widerstandsbewegung des 20. 7. 1944, Traunstein, d. 22. 7. 1947. Ehrensberger schrieb an Roon: »Die Moltkesche Abneigung gegen ein Attentat hat meines Erachtens niemals einen Einfluß auf Peter Yorck gehabt. Seit Beginn unserer Erörterungen über die Zukunft des Reiches hat Yorck wohl in keinem Augenblick an etwas anderes als die Beseitigung des Diktators durch ein Attentat gedacht, um einen Neuaufbau beginnen zu können«. SR: Brief Otto Ehrensberger an Ger van Roon v. 6. 6. 1963.

60 Gerstenmaier 1967, S. 232 f; SSch: Brief Eugen Gerstenmaiers an Marion Gräfin Dönhoff v. 9. 8. 1975; Gerstenmaier 1981, S. 180.
61 BA: NR: 151, Interview Heinrich v. z. Mühlen mit Paulus van Husen, ca. 1948; SR: Brief Marion Gräfin Yorck an Ger van Roon v. 20. 5. 1965.
62 Gerstenmaier 1967, S. 231, 235 f.
63 BA: NR: 151, Interview Heinrich v. z. Mühlen mit Paulus van Husen, ca. 1948. Anfang Juli 1943 erklärte Moltke gegenüber Alexander Rüstow in Istanbul: »Er sei gegen ein Attentat auf Hitler, nicht aber gegen seine gewaltsame Entfernung«. Im Hinblick auf die Gefängnisbriefe Moltkes sagte u. a. seine Witwe: »Er hätte nie von sich gesagt, seine Aktivitäten gegen das Dritte Reich seien nur auf das Denken beschränkt gewesen. Aber es befriedigte ihn, daß seine Feinde ihn schon auf Grund seines Denkens verurteilen mußten«. Moltke, Balfour, Frisby 1975, S. 260 ff, 302.
64 Kessel 1947, S. 25; Gerstenmaier 1967, S. 233; Gerstenmaier 1981, S. 180; Kiesel 1947, S. 19.
65 Kordt 1950, S. 322.
66 Die Zeit v. 17. 6. 1977.
67 Gespräch K. v. Dziembowska mit Verf. v. 13. 2. 1982.
68 ibidem; BDC: Personalakte Brücklmeier: Vermerk Brücklmeier v. 9. 10. 1939, S. 6; Hesse 1979, S. 163 f.
69 Deutsch 1969, S. 19 f; SSch: Brief C. J. Burckhardt an Ulrich Sahm v. 12. 7. 1948; Burckhardt 1960, S. 146.
70 Documents on British Foreign Policy (3), Bd. VII, S. 123.
71 Sykes 1969, S. 218 ff; Bielenberg 1968, S. 46 f.
72 Aster 1973, S. 327 ff; Blasius 1981, S. 124 ff.
73 Hofer 1957, S. 68 ff.
74 Gisevius 1947, Bd. II, S. 115 ff.
75 Kessel 1944/45, S. 156.
76 Wussow 1945, S. 79. Auch Frau v. Ribbentrop hatte diese Sicht übernommen. Aus dem Frühsommer 1939 ist von ihr die Äußerung überliefert, daß der Krieg notwendig sei, denn nur ein solches »Stahlbad« sei geeignet, das deutsche Volk zu einem festen Block zusammenzuschweißen. NKe: Brief A. v. Kessel an Dr. Jürgen Tern v. 21. 11. 1958.

11. Kapitel: Von Warschau nach Paris

1 Michaelis 1978, S. 39 ff.
2 Kessel 1944/45, S. 176.
3 ibidem; SSch: Brief Otto Ehrensberger an Ger van Roon v. 6. 6. 1963.

4 Wussow 1945, S. 81, 84.

5 Brücklmeier meinte schon am 6. 9. 1939, daß Polen trotz mancher verbliebener Kraftreserven militärisch kein Problem darstelle. BDC: Personalakte Brücklmeier; Vermerk v. Schneller/Karnitschnig v. 8. 9. 1939, s. a. Kessel 1944/45, S. 174; Wussow 1945, Anhang S. 4.

6 Wussow 1945, Anhang S. 4.

7 BDC: Personalakte Brücklmeier: Vermerk v. Schneller/Karnitschnig v. 8. 9. 1939, s. a. Kessel 1944/45, S. 174.

8 Wussow 1945, Anhang S. 4; Sykes 1969, S. 225.

9 Wussow 1945, Anhang S. 1, 5; NB: Brief Brücklmeier an seine Frau v. 16. 9. 1939. Die Anstellung Trotts 1940 kam mit Hilfe Kessels und Josias v. Rantzau zustande. Sykes 1969, S. 226, 275; Malone 1980, S. 568; Trott 1957, S. 195. Malone 1986, S. 221 f.

10 Wussow 1945, Anhang S. 6. Der Verfasser war einmal in Polen tief beeindruckt, als seine Gastgeber das Telefon mit einem Kissen abdeckten, so wie seine Eltern und ihre Freunde vierzig Jahre zuvor (in Deutschland).

11 Gespräch K. v. Dziembowska, verw. Brücklmeier mit Verf. v. 13. 2. 1982.

12 zitiert nach Höhne 1984, S. 138.

13 Der gesamte Vorgang der Denunziation ist mit allen Schriftstücken in der Personalakte Brücklmeiers im BDC erhalten geblieben; s. a. Kordt 1950, S. 341 ff; Kessel 1944/45, S. 175; Wussow 1945, Anhang S. 6 f.

14 Kessel 1944/45, S. 154 f; Kordt 1950, S. 341 f.

15 Wussow 1945, Anhang S. 7. Gespräch K. v. Dziembowska, verw. Brücklmeier mit Verf. v. 13. 2. 1982.

16 Kessel 1944/45, S. 175 f.

17 Deutsch 1969, S. 72 ff.

18 Groscurth 1970, S. 219, 498; Deutsch 1969, S. 229.

19 Kessel 1944/45, S. 179.

20 Kordt 1950, S. 367 ff; Deutsch 1969, S. 169 ff.

21 Deutsch 1969, S. 122 ff.

22 Groscurth 1970, S. 299.

23 Kordt 1950, S. 369.

24 ibidem, S. 369 ff; Kessel 1944/45, S. 180 f; Gisevius 1947, Bd. II, S. 186; Kessel verlegt Kordts Entschluß in die Tage nach dem 5. November 1939, das ist aber nicht richtig. S. a. Deutsch 1969, S. 239 ff.

25 Groscurth 1970, S. 223 f, 502 ff; Gisevius 1947, Bd. II, S. 133 f; Deutsch 1969, S. 231 ff.

26 Kessel 1944/45, S. 179.

27 SSch: Briefe Schwerin an seine Mutter v. 22. 5. und 8. 6. 1940.

28 Kordt verwechselte hier allerdings Peter Yorck mit Schwerin. Yorck war nie im Stab Witzlebens tätig. Seit Ende des Polenfeldzuges war er u. k.

gestellt und arbeitete wieder in seiner alten Stelle beim Reichskommissar f. Preisbildung. Kordt 1950, S. 340. S. a. irrtümlich Wheeler-Bennett 1954, S. 480.

29 Kessel 1944/45, S. 81.

30 Am 8. 11. 1939 sagte Witzleben zu Oberst Vincenz Müller: »In seinem Stab könne er mit keinem darüber reden ... Es gäbe zwar einige zuverlässige Offiziere, aber ...« zitiert nach Groscurth 1970, S. 231, Anm. 618.

31 Hassell 1946, S. 100.

32 IfZ: ZS 658: Vermerk v. Lahousen v. 30. 1. 1953.

33 Gisevius 1947, Bd. II, S. 136.

34 Hoffmann 1979, S. 714, Anm. 195; Deutsch 1969, S. 253.

35 Deutsch 1969, S. 235.

36 Es ist möglich, daß Kessel durch Etzdorf am 4. und 6. 11. 1939 unterrichtet wurde. Gespräch H. v. Etzdorf mit Verf. v. 29. 9. 1980.

37 Kessel 1944/45, S. 179f.

38 Hildebrand o. J., S. 78.

39 Dulles 1947, S. 55; Zeller 1965, S. 496f.

40 Hoffmann 1979, S. 713f Anm. 190; Sendtner 1956, S. 414f.

41 Deutsch 1969, Höhne 1976, Hoffmann 1979, Thun 1982.

42 Groscurth 1970, S. 225, 305.

43 Zum Gesprächstermin s. a. Deutsch 1969, S. 258f Anm. 168.

44 Gisevius 1947, Bd. II, S. 140ff.

45 zitiert nach Deutsch 1969, S. 259.

46 Gisevius 1947, Bd. II, S. 147; Groscurth 1970, S. 228f.

47 Groscurth 1970, S. 227f Anm. 604, S. 230 Anm. 614.

48 ibidem, S. 229 Anm. 611.

49 ibidem, S. 230f Anm. 618, S. 234.

50 Eintragung Groscurths vom 15. 11. 1939, ibidem S. 232, 310 Anm. 911.

51 SR: Brief H. J. Abs an Ger van Roon v. 29. 2. 1964.

52 Groscurth 1970, S. 236, 314, 426f.

53 ibidem, S. 232, 313, 406f.

54 Poliakov/Wulf 1956, S. 518.

55 Groscurth 1970, S. 238, 316.

56 ibidem, S. 241.

57 Bei dieser Versetzung ist auch ganz interessant, daß das IR 172, im August 1939 neu aufgestellt, ein Ableger des IR 48 war. Ein wesentlicher Teil der Kader für das neue Regiment kam also aus Schwerins altem Regiment 48, d. h. die Offiziere müssen Schwerin aus seinen Reserveübungen bekannt gewesen sein. Die Vermutung liegt nahe, daß Schwerin bei Groscurths Versetzung gerade zu diesem Regiment Hilfestellung geleistet hat. Ibidem, S. 81ff, 472f.

58 SSch: Brief Hugo Frhr. v. Süsskind-Schwendi an Marianne Gräfin v. Schwerin v. 19. 2. 1980.
59 Roon 1967, S. 478 f.
60 Hassell 1946, S. 154, 157; Kessel 1944/45, S. 188; NM: Brief Moltke an seine Frau v. 15. 6. 1940; s. a. Gisevius 1947, Bd. II, S. 209.
61 Boberach 1968, S. 94, »Meldungen aus dem Reich« v. 27. 6. 1940.
62 Hassell 1946, S. 154 f.
63 NM: Brief Moltke an seine Frau v. 3. 7. 1940.
64 Hassell 1946, S. 157.
65 Kessel 1944/45, S. 197.

12. Kapitel: Warten

1 NB: Briefe Brücklmeier an seine Frau 14. 7.–14. 9. 1940, Gespräch K. v. Dziembowska, verw. Brücklmeier mit Verf. v. 19. 2. 1982.
2 NKe: Brief Brücklmeier an A. v. Kessel v. 21. 11. 1940.
3 NB: Bericht Wilhelm Roloff über E. Brücklmeier an Ricarda Huch 1947(?).
4 »Verräter vor dem Volksgerichtshof«, Film, 1944: Verhandlung gegen u. a. Brücklmeier am 29. 9. 1944.
5 NB: Bericht Wilhelm Roloff über E. Brücklmeier an Ricarda Huch, 1947(?), S. 2.
6 NR: Gespräch Dr. Heinrich v. z. Mühlen mit Anni Lerche am 9. 6. 1948.
7 IfZ: Nbg XI/X 8 Beweisstück 230, Eidesstattliche Erklärung von G. v. Nostitz v. 6. 4. 1948; s. a. Hassell 1946, S. 155; Kessel 1944/45, S. 183 ff, 191 f.
8 Hill 1974, S. 211; Weizsäcker 1950, S. 300 f; Kessel 1944/45, S. 193 f.
9 Kessel 1944/45, S. 192 f.
10 IfZ: Nbg XI/X 8 Vernehmung A. v. Kessel am 21. 6. 1948.
11 SSch: Brief Schwerin an seine Mutter v. 12. 6. 1941, 24. 6. 1941.
12 ibidem, 9. 10. 1942.
13 Kessel 1944/45, S. 219 f. Kessel war in Paris vom 15. bis 18. 9. 1941. SSch: Brief Schwerin an Gerda Neuhaus v. 18. 9. 1941. Hentig 1962, S. 360.
14 SSch: Brief Schwerin an seine Mutter vom 24. 6. 1941.
15 Brief Schulenburg an Mj. v. Oppen v. 17. 5. 1940 nach Krebs 1964, S. 191.
16 NK: Dr. Seifarth: Regierungspräsident F. D. Graf v. d. Schulenburg, Internierungslager Altenstadt 1945/46; Vermehren 1986, S. 118.
17 SSchu: Brief Schulenburg an seine Frau v. 25. 5. 1940. Der Brief ist un-

datiert, aber dem Text nach ist die Datierung auf den 25. 5. 1940 möglich.

18 NM: Brief Moltke an seine Frau v. 29. 5. 1940.

19 SSchu: Brief Schulenburg an seine Frau v. 2. und 14. 6. 1940. Der Brief v. 2. 6. ist undatiert, aber dem Text nach ist die Datierung auf den 2. 6. 1940 möglich.

20 ibidem v. 4. 9. 1939.

21 NK: Brief Wilhelm Adam an Dr. A. Krebs v. 23. 2. 1960 und Dr. Seifarth: Regierungspräsident F. D. Graf v. d. Schulenburg, Internierungslager Altenstadt 1945/46. Adam wie Seifarth waren Landräte unter Schulenburg.

22 Die Schulenburg-Briefe an den Regierungspräsidenten in Kattowitz v. 11. und 21. 12. 1939 stellte mir freundlicherweise Dr. Ulrich Heinemann zur Verfügung; s. a. Heinemann 1990, S. 54ff.

23 Krebs 1964, S. 181ff.

24 NK: Dr. Seifarth: Regierungspräsident F. D. Graf v. d. Schulenburg, Internierungslager Altenstadt 1945/46.

25 SSchu: Brief Schulenburg an seine Frau v. 4. 9. 1939, 14. 6. und 21. 7. 1940.

26 ibidem, 14. 6. 1940; Krebs 1964, S. 194. Moltke war in den Tagen, als Schulenburg seinen Entschluß faßte, vom 30. 4. bis 19. 5. 1940 in Kreisau.

27 SSchu: Brief Schulenburg an seine Frau v. 12. 10. 1940.

28 SSchu: Kriegstagebuch Schulenburgs vom 19. 8. 1941.

29 Krebs 1964, S. 193.

30 SSchu: Brief Schulenburg an seine Frau v. 25. 6. 1940.

31 ibidem.

32 ibidem v. Sept. 1940.

33 ibidem v. 23. 8. 1940.

34 ibidem v. 26. 9. 1940. NM: Brief Moltke an seine Frau vom 9. 8. 1940; Moltke, Balfour, Frisby 1975, S. 135f.

35 SSchu: Brief Schulenburg an seine Frau v. 27. 9. 1940.

36 Bussche 7. 3. 1947.

37 SSchu: Brief Schulenburg an seine Frau v. 10. 1. 1941.

38 ibidem v. 10. 12. 1940. Es muß Claus und nicht Berthold Stauffenberg gewesen sein, da ein gemeinsamer Besuch Bibra/Schulenburg bei Berthold S. keinen Sinn ergibt. Nur Claus Stauffenberg konnte beide Besucher interessieren, nämlich mit seinen militärischen Informationen.

39 NK: Brief Prof. A. Köttgen an Dr. A. Krebs v. 1. 6. 1960.

40 Zeller 1965, S. 243. Müller basiert auf Zeller, stellt aber zu diesem Treffen weiterreichende Erörterungen an. Müller o. J., S. 169ff.

41 SSchu: Brief Schulenburg an seine Frau v. 10. 12. 1940.

42 ibidem v. 8. 6. 1941.
43 ibidem v. 5. 2. und 24. 5. 1941.
44 ibidem v. 15. 1. 1941.
45 ibidem v. 25. 5. 1941.
46 ibidem v. 1. 6. 1941.
47 Krebs 1964, S. 205 ff. Der Bericht Schulenburgs über seinen Besuch bei Erich Koch am 1. 6. 1941 in Krasne datiert v. 11. 7. 1941.
48 SSchu: Brief Schulenburg an seine Frau v. 22. 8. und 25. 9. 1941.
49 Krebs 1964, S. 225.
50 SSchu: Kriegstagebuch Schulenburgs vom 28. 8. 1941.
51 ibidem v. 27. 8. 1941.
52 ibidem v. 10. 9. 1941.
53 ibidem v. 28. 8. 1941.
54 ibidem v. 9. 7. und vom 27. 8. 1941.
55 ibidem v. 28. 8. 1941.
56 ibidem v. 3. 11. 1941.
57 ibidem.

13. Kapitel: Von Moskau bis Stalingrad

1 Boberach 1968, S. 188 f.
2 Seit Beginn des Angriffs auf die UdSSR bis zum 31. 12. 1941 verlor das deutsche Ostheer als gefallen, vermißt oder verwundet 831 000 Soldaten oder ca. 25 % seiner Durchschnittsstärke. Hillgruber 1978, S. 113.
3 Moltke, Balfour, Frisby 1975, S. 165 f.
4 NM: Brief Moltke an seine Frau v. 28. 9. 1941.
5 Moltke, Balfour, Frisby 1975, S. 164.
6 Schlabrendorff 1984, S. 51 ff; Hassell 1946, S. 229.
7 Kessel 1944/45, S. 219 f; SSch: Brief Schwerin an Kessel v. 4. 10. 1941.
8 Hassell 1946, S. 231, 236.
9 Hassell 1946, S. 244 ff; Pechel 1947, S. 155 f.
10 Dr. Reinhard Brink, Meine politische Haltung seit 1933, Frankfurt 31. 7. 1945; Dr. Otto Eichenlaub, Vermerk, Neustadt a. d. Weinstr., 25. 2. 1946.
11 Hassell 1946, S. 246 ff.
12 Dr. Otto Eichenlaub, Vermerk, op. cit.
13 SSch: Inga Haag, Aufzeichnungen, Frankfurt a. M., 4. 4. 1948. Die Aufzeichnungen sind auch im IfZ vorhanden. Inga Haag war Groscurths Sekretärin im Generalstab des Heeres 1939/40 gewesen. Sie traf Groscurth 1942 »nach seiner ersten Unterredung mit Witzleben«. Bei dieser

Gelegenheit erzählte ihr Groscurth von den dargestellten Plänen Witzlebens und Schwerins. Zu Groscurths Besuch bei Witzleben s. a. Groscurth 1970, S. 91.
Rittmeister d. R. Alfred Graf v. Waldersee, seit 1940 IIA im Stab des Kommandanten von Paris (General v. Schaumburg), bestätigte 1965 in zwei Briefen (21. und 30. 7. 1965) an Prof. P. Hoffmann, daß ein Revolverattentat auf Hitler im Zusammenhang mit einer Parade geplant gewesen sei. In diesem Plan seien »eingeschalten gewesen« Witzleben, Voß, Schwerin und er selbst. Den Zeitpunkt legt Waldersee auf das Frühjahr 1941 fest, was nicht nur aufgrund des entgegenstehenden, sehr präzisen und frühen Zeugnisses von Frau Haag als eine Fehldatierung zu beurteilen ist, sondern auch, weil Waldersee selbst diesen Plan in Zusammenhang bringt mit einem Kriegsgerichtsverfahren gegen den ältesten Goerdeler-Sohn Christian. Waldersee war bei diesem Verfahren, das im März 1942 stattfand, Beisitzer (zu dem Verfahren gegen Christian Goerdeler s. a. Ritter 1956, S. 539, Hassell 1946, S. 255). Aus diesen Gründen ist die Darstellung Hoffmanns korrekturbedürftig. Sie ist es offenbar auch in Hinblick auf Attentatspläne von Rundstedt, Salviati und dem Oster-Sohn Achim. Auf diese Stelle bei Hoffmann am 7. 4. 1982 angesprochen, verneinte Achim Oster jegliche mit Salviati gemeinsam geplanten konkreten Attentatsabsichten. Offenbar hatten Salviati und Achim Oster Gespräche unter der Überschrift geführt: »Sollte der Kerl je nach Paris kommen, so sollten wir ihn erschießen«. Dies kann man aber nicht, wie Hoffmann es tut, als »Plan« bezeichnen. Für Rundstedts Haltung ist ein Gespräch bezeichnend, das Waldersee mit dem Feldmarschall im Winter 1942/43 führte, s. unten. Hoffmann 1979, S. 325 f.

14 NV: Briefe Voß an seine Frau v. 25., 26., 27. 1. 1942, 1., 6., 7. 2. 1942.

15 Dr. Reinhard Brink, Meine politische Haltung seit 1933. Frankfurt a. M., 31. 7. 1945.

16 Hassell 1946, S. 251, 253.

17 Balfour 1975, S. 166.

18 NV: Brief Voß an seine Frau v. 4. 2. 1942.

19 Hassell 1946, S. 251, 254 f.

20 ibidem, S. 223 f, 227 f; BA: NS 1/414 (Bestand RSHA).

21 Bielenberg 1968, S. 91 ff; SSch: Brief Wussow an Kessel v. 2. 3. 1942 und Wussow an Marianne Gräfin v. Schwerin v. 9. 6. 1946; Hesse 1979; IfZ: ZS 2172: Brief Wussow an David Astor v. 30. 5. 1969; Archiv Ausw. Amt: Stellenkontrolle d. Informationsabteilung v. 1. 9. 1942.

22 Pechel 1947, S. 155 f, 293 ff.

23 Das Verhaftungsdatum Halems ist der 23. und nicht der 25. Februar 1942, wie Zeller irrtümlich angibt. Zeller 1965, S. 177; Anklageschrift v.

22. 4. 1944 (AZ: IJ 85/44g) des Oberreichsanwalts beim VGH Lautz, in Privatbesitz v. Friedrich v. Halem.

24 Pechel 1947, S. 81 ff; Poelchau 1949, S. 95 ff.

25 SSch: Karl v. Winkler 1945. Winkler war ein junger Mitarbeiter Halems in dessen Industrieberatungsbüro gewesen. Sein Bericht bezieht sich vor allem auf Halem, aber auch Ketteler, Jordan etc. Die Charakterisierung Römers stammt von Winkler und wurde ganz offenbar von Schlabrendorff übernommen. Schlabrendorff 1984, S. 61.

26 Mündlicher Bericht des Sohnes Friedrich v. Halem, am 22. 7. 1984.

27 IfZ: Gm 07.14/2 Brief Franz Sonderegger an Präsidenten des Landgerichts München 1 v. 14. 1. 1951. Die Behauptung Sondereggers, Guttenberg habe von den Attentatsplänen Halems/Römers gewußt und sie unterstützt, wird von Ritthaler und damit wohl von der Witwe Guttenbergs bestritten. Wenn man jedoch sieht, wie eng Guttenberg und Halem verbunden waren, wovon die Häufigkeit der Begegnungen der beiden Männer und Halems Briefe an Guttenberg aus dem Gefängnis bzw. KZ Zeugnis ablegen, so ist die Behauptung Sondereggers ausgesprochen plausibel. Weniger wahrscheinlich ist jedoch die Behauptung des Ex-Gestapisten Sonderegger, die Gestapo habe von der Mitwisserschaft Guttenbergs gewußt und nichts getan. Diese Aussage Sondereggers gründet sich wahrscheinlich auf den Stand seiner gerichtlichen Verfahren nach dem Kriege. Ritthaler 1970, S. 32. Zu Halem/Wussow: s. a. Wussow Sept. 1947, S. 2.

28 Ritthaler 1970, S. 32; Hassell 1946, S. 290; NGu: Brief Ilse v. Halem an Therese Frfr. v. u. z. Guttenberg v. 9. 2. 1946.

29 Krosigk 1974, S. 340. Krosigk datiert diese Intervention Schwerins zugunsten Halems auf Ende 1943. Andere Daten sind jedoch auch denkbar, z. B. gleich nach der Verhaftung im März 1942, als Schwerin auf Kurzurlaub in Berlin war, oder im Juli 1944, als Schwerin den Bruder Halems zum Finanzminister schickte.

30 SSch: Brief Schwerin an seine Mutter vom 11. 1. 1942; mdl. Mitteilung Marianne Gräfin v. Schwerin.

31 Hassell 1946, S. 254.

32 Hassell 1946, S. 263 ff; Weizsäcker 1950, S. 343.

33 SSch: Brief Schwerin an seine Mutter vom 23. 4. 1942.

34 SSch: Bildwidmung Hilperts vom 24. 4. 1942.

35 NV: Briefe Voß an seine Frau v. 14., 19., 25. 5. 1942.

36 Dr. Reinhard Brink, Meine politische Haltung seit 1933, Frankfurt 31. 7. 1945; Dr. Otto Eichenlaub, Vermerk, Neustadt a. d. Weinstraße 25. 2. 1946.

37 NKe: Brief Theodor v. Kessel an Albrecht v. Kessel, Brüssel v. 10. 8. 1942.

38 Groscurth 1970, S. 92f, 546. Mündliche Mitteilung von Marianne Gräfin v. Schwerin an Verf.: In der weiteren Familie fehlte es nicht an Bemerkungen über Schwerins niedrigen militärischen Rang und seine untergeordneten Stellungen. Als Marianne Schwerin daher das Angebot von Groscurth ganz verlockend fand, meinte Schwerin nur, sie solle nun nicht auch noch vom militärischen Ehrgeiz »gebissen« werden.
39 NGu: Guttenberg Notizkalender, Eintragung v. 23.11.1942. SSch: Brief Schwerin an seine Mutter v. 20.11.1942.
40 NM: Brief Moltke an seine Frau v. 24.11.1942.
41 Mündliche und schriftliche Mitteilungen des holländischen Vertrauensmannes von Schwerin vom Oktober 1970 und vom 25.5.1983. Der Holländer bat darum, nicht genannt zu werden.
42 Hassell 1946, S. 272.
43 SSchu: Brief Schulenburg an seine Frau v. 23.4.1942.
44 SSchu: Diverse Schreiben zur Überprüfung der Reichsstellen des Reichswirtschaftsministeriums. Das erste Schreiben datiert vom 3.2.1942, der Abschlußbericht v. 8.4.1942, s. a. Krebs 1964, S. 227f.
45 SSchu: Brief Schulenburg an seine Frau v. 13.4.1942.
46 ibidem v. 15.4.1942.
47 Bussche 7.3.1947.
48 Krebs 1964, S. 232.
49 SSchu: Brief Schulenburg an seine Frau v. 1.6.1942.
50 Gersdorff 1979, S. 134ff; Schlabrendorff 1979, S. 224f, 306.
51 NK: Gotthold Müller, Meine Beziehungen zum Grafen Fritz v. d. Schulenburg, Stuttgart 31.10.1960, S. 4; Brief Gotthold Müller an Krebs v. 11.6.1963.
52 Neufurth o. J., S. 83; Krebs 1964, S. 235ff.
53 SSchu: Walter Muthmann, Eidesstattliche Erklärung v. 13.10.1948.
54 Groscurth 1970, S. 93f; Ritter 1956, S. 349f, S. 534 Anm. 13; Gisevius 1947, II, Bd., S. 225; Waldersee an Marianne Gräfin v. Schwerin Dez. 1980. Waldersee gab gegenüber M. Schwerin den Dez. 1942 als Zeitpunkt seines Fluges aus dem Kessel an.
55 Groscurth 1970, S. 533.
56 Meldungen aus dem Reich: 28.1. und 14.2.1943.
57 Marianne Gräfin v. Schwerin.

14. Kapitel: Peter Yorck und der Kreisauer Kreis

1 Gespräch Marion Gräfin Yorck mit Verf. v. 3.9.1981. U. U. stammt diese Charakterisierung von einem Code, den das Ehepaar Trott am 13./14.11.1943 für ihren Briefwechsel vereinbarte. Danach war Moltke =

Kopf, Hans-Bernd Haeften = Herz, Yorck = Schulter und Gerstenmaier = Bauch. Trott 1957, S. 230.

2 Gerstenmaier 1981, S. 184.

3 NR: Heinrich v. z. Mühlen: Interview mit Dr. jur. Paulus v. Husen.

4 Die Briefe an seine Frau waren einem Kindermädchen in Klein-Oels anvertraut. Aus Angst verbrannte diese die Briefe nach dem 20. 7. 1944. Um die Vernichtung seiner weiteren Privatkorrespondenz, die Yorck bei den Schwiegereltern eines Arbeitskollegen vergraben hatte, bat Yorck am 20. 7. selbst! Yorck 1984, S. 26, 127; SSch: Brief Gerhard Kling an Verf. v. 4. 6. 1982.

5 Oppen 1988.

6 Gerstenmaier 1967, S. 221 ff.

7 Zu dem Mittagessen am 17. 6. 1940 s. a. NM: Brief Moltke an seine Frau v. 16. 6. 1940 und Yorcks Briefe v. 7. 6. 1940, in dem er auf die gemeinsam erörterte Notwendigkeit »ernster Arbeit« eingeht. Die Briefe sind abgedruckt bei Roon 1967, S. 478 ff.

8 Wistrich 1983, S. 286 f; SR: Brief York an Martin v. Katte v. 22. 5. 1942; NM: Brief Moltke an seine Frau v. 28. 4. 1942; SSchu: Brief Otto Ehrensberger an Spruchkammer Traunstein v. 22. 7. 1947; SSchu: Brief Gerhard Kling an Verf. v. 4. 6. 1982. Kling war seit Herbst 1943 Hilfsreferent von Yorck.

9 Kessel 1947, S. 51; s. a. Yorck 1984, S. 57.

10 Yorck 1984, S. 60; s. a. KB, S. 299 f.

11 Kessel 1947, S. 52.

12 SSch: Brief Otto Ehrensberger an Spruchkammer Traunstein v. 22. 7. 1947 und an Dr. Heinrich v. z. Mühlen v. 15. 7. 1948. Van Roon stützt seine Darstellung in wörtlicher Wiedergabe auf den Ehrensberger Brief v. 22. 7. 1947 (bei Roon fälschlich datiert 8. 8. 1947). Das sehr viel ausführlichere Schreiben v. 15. 7. 1948 blieb Roon, aber auch Krebs und unbegreiflicherweise Ritter unbekannt. Ich habe wie Ritter und Roon keinen Anlaß, den detaillierten Erinnerungen Ehrensbergers an die Gespräche von 1938/39 keinen Glauben zu schenken, auch wenn, wie schon Ritter bemerkt, der Originaltext der Verfassungsgrundsätze von 1938/39 nicht vorliegt. Ich zweifle auch, ob diese Grundsätze als Diskussionsergebnis in der Weise schriftlich niedergelegt worden sind, wie es später die Kreisauer getan haben. Wäre es anders gewesen, hätten die beiden einzigen Überlebenden, Ehrensberger und Kessel, mit Sicherheit nach dem Kriege darauf Bezug genommen, auch wenn die Texte in der Zwischenzeit verlorengegangen wären. Roon 1967, S. 84, 213 f; Krebs 1964, S. 157 f; Ritter 1956, S. 303, 520. Bisher hat allein Heinemann Zweifel an dem Zeitzeugen Ehrensberger angemeldet, und zwar vor allem, weil

er sich nicht vorstellen kann, daß Schulenburg 1938/39 an einem Verfassungsmodell mitgedacht haben soll, das einen föderalistischen Staatsaufbau vorsah. Selbst wenn Schulenburg nicht überzeugter Föderalist war, spricht nichts dagegen, daß er sich an Diskussionen beteiligte, wie sie Ehrensberger dargestellt hat. Daß Ehrensbergers Darstellung der Diskussion im Hause Yorck 1938/39, die er mit seinen Schreiben vom 22.7.1947 und 15.7.1948 gibt, zumindest in der Tendenz richtig ist, bestätigt Marion Gräfin Yorck. In einer Eidesstattlichen Erklärung v. 13.12.1946 schreibt sie: »In dieser Zeit hatte sich in Berlin ein kleiner, vertrauter Kreis von Männern zusammengefunden, die im Geheimen an der Aufstellung von Grundsätzen einer Verfassungsreform arbeiteten. Diese Pläne sahen eine demokratische, stark föderative Konstruktion vor. Zu diesem Kreis gehörten Verwaltungsbeamte wie Fritz Schulenburg und mein Mann.« SSch: Marion Gräfin Yorck, Eidesstattliche Erklärung zur Verwendung im Spruchkammerverfahren des Herrn O. Ehrensberger in Traunstein v. 13.12.1948. Heinemann 1988, S. 71.

13 S. a. die entsprechenden Kreisauer Dokumente vom 18.10.1942 und vom 9.8.1943, abgedruckt bei Roon 1967, S. 545, 562 ff.

14 Bleistein 1987, S. 47–58.

15 Moltke, Balfour, Frisby 1975, S. 162; NM: Brief Moltke an seine Frau v. 18.7. und 13.10.1941; SR: Barbara v. Borsig, Erinnerungen an Yorck, undatiert; Trott 1957, S. 217.

16 Gisevius 1947, Bd. II, S. 283; NM: Brief Moltke an seine Frau v. 20.9.1943; SR: Fritz Christiansen-Weniger, Meine Mitarbeit im Kreisauer Kreis v. 19.8.1963.

17 Für die *erste* Sitzung in Groß-Behnitz vom 13.–16. März 1942 konnten folgende Teilnehmer gewonnen werden:
Dr. Ernst v. Borsig, Dipl. Landwirt
Dr. Fritz Christiansen-Weniger, Prof. f. Pflanzenbau u. Pflanzzüchtung
Dr. Constantin v. Dietze, Professor für Volkswirtschaft in Freiburg
Hans v. Galli, S. J., Ökonom am Jesuitenkolleg, Stella Matutina in Feldkirch
Moltke
Margarete v. z. Mühlen, Landwirtin
Yorck
Friedrich-Karl v. Zitzewitz-Muttrin, Landwirt
An der *zweiten* Sitzung in Groß-Behnitz vom 25.–27. Juli 1942 nahmen teil:
Borsig; Dietze; Galli; August v. Joest, Landwirt; Hans Krüger, Staatssekretär a. D. des preuß. Landwirtschaftsministeriums; Moltke; Mühlen; Yorck.

An der *dritten* Sitzung in Groß-Behnitz vom 6.–7. Februar 1943 nahmen teil:
Borsig, Christiansen-Weniger, Moltke, Yorck.
SR: Barbara v. Borsig, Kreisauer Kreis v. 15. 9. 1954; Christiansen-Weniger lernte im März 1940 Yorck und Moltke durch Einsiedel kennen; Yorck kannte v. Dietze durch seine Beziehungen zum »Freiburger Kreis«; v. Galli nahm auf Empfehlung des Jesuitenprovinzials Pater Rösch teil; v. Joest war ein Verwandter von Moltkes Ehefrau; v. z. Mühlen war die Witwe von Karl Ohle, SPD-Landrat von Waldenburg; v. Zitzewitz-Muttrin war ein Freund von Borsigs; Krüger war Sozialdemokrat. Die Art und Weise seiner Bekanntschaft mit Yorck und Moltke ist mir nicht bekannt. Nach einer nur teilweisen Aufzählung dieser Teilnehmer kommt K. Finker sehr schablonenhaft zu dem Schluß: »Offensichtlich war also gerade in diesem Bereich die Konzentration reaktionärer Kräfte besonders stark.« Finker 1980, S. 225.

18 NM: Brief Moltke an seine Frau v. 24. 11. 1941; Roon 1967, S. 521 ff.

19 Bleistein 1987, S. 47–58; Finker 1980, S. 225; s. a. Moltke, Balfour, Frisby 1975, S. 244 f.

20 SR: P. van Husen, Report on my participation in the enterprise of the 20. 7. 1944, 18. 10. 1945, S. 8; NR: Interview Dr. Heinrich v. z. Mühlen mit Gustav Dahrendorf v. 5. 5. 1948; Franz 1966, S. 58.

21 Marianne Gräfin v. Schwerin, Erinnerungen, Dez. 1945.

22 SSchu: Schulenburg, Bombenzerstörung und Aufbau, Okt. 1943.

23 Zur Haltung v. Graf v. Hardenberg s. a. IfZ: ZS 49; Rüdiger Graf v. Goltz, Zur Vorgeschichte des 20. 7. 1944; S. 3, Barbara v. Borsig, Kreisauer Kreis v. 15. 9. 1954; SSch: Brief Barbara v. Borsig an Verf. v. 21. 7. 1985; zur Haltung Schwerin / Stauffenberg: SSch: Brief Nina Gräfin v. Stauffenberg an Verf. 12. 10. 1980; Zeller 1965, S. 294.

24 BA: Oberreichsanwalt Lautz, Anklageschrift gegen Goerdeler et. al., v. 3. 9. 1944, S. 22; Ritter 1946; Mommsen 1966 (1), S. 96 ff. Trott soll allerdings im Frühsommer 1944 Hans-Werner v. Oppen berichtet haben, »daß sowohl im Kreisauer Kreis als auch bei den Vertretern der älteren Generation – ich erwähne nur Namen wie Goerdeler, Popitz u. a., die von den Sozialisten bei der Besprechung eines Regierungsprogrammes vorgebrachte Forderung einer Bodenreform auf Ablehnung gestoßen war«. Es ist durchaus vorstellbar und wahrscheinlich, daß die Forderungen der Sozialisten weiter reichten, als Goerdeler zu gehen bereit war. Die Formulierung Goerdelers in der geplanten Rundfunkrede ist ja relativ vage. Dennoch gab es um Goerdeler m. E. einen Grundkonsens über die Notwendigkeit einer Bodenreform. Bei den Jüngeren war dies eine feste Überzeugung. Trott sagte zu Oppen, daß seine Anschauung zu diesem

Punkt »nur von wenigen seiner engeren politischen Freunde geteilt würde«. Positiv ausgedrückt, einige von Trotts engeren Freunden teilten seine Auffassung von der Notwendigkeit einer Bodenreform »als großes und sichtbares Opfer der alten Oberschicht«. H.-W. v. Oppen 1947, in: Trott 1957, S. 233, Anhang 1.

25 Nach einer von den Ehefrauen Yorcks und Moltkes im Oktober 1945 erstellten Liste müssen 14 Männer neben Yorck und Moltke zu den Kreisauern gerechnet werden. Van Roon erweitert diese Aufstellung noch um Trotha und König. SSch: Abschrift der Kreisauer Dokumente v. 9. 8. 1943 mit Vorspann, unterzeichnet von den Gräfinen Yorck und Moltke, datiert 15. 10. 1945; s. a. Roon 1967.

26 Obwohl Yorck während seiner Bonner Universitätszeit 1923/24 gern bei den Bonner Preußen aktiv gewesen war, sagte er später: »Heute würde ich natürlich nicht mehr in ein Corps gehen.« Gespräch Marion Gräfin Yorck mit Verf. v. 2. 9. 1981.

27 SSch: Brief Schwerin an Kessel v. 4. 10. 1941.

28 Gerstenmaier 1981, S. 184ff.

29 NM: Brief Moltke an seine Frau v. 8. 1. 1940; Moltke, Balfour, Frisby 1975, S. 192.

30 NM: Brief Moltke an seine Frau v. 8. 1. 1942.

31 NKe: Brief Yorck an Kessel, undatiert, ca. Febr. 1942.

32 NKe: Brief Kessel an Yorck v. Herbst 1942.

33 Hassell 1946, S. 240.

34 NM: Briefe Moltke an seine Frau v. 14. 11. 1941; 10. 9. 1942; 11. 11. 1942; 25. 11. 1942.

15. Kapitel: Stalingrad und die Folgen

1 Hassell 1946, S. 240f; lt. Trott 1957, S. 225 hatte Trott Niemöller nicht als Reichskanzler, sondern als Reichspräsidenten ins Gespräch gebracht. Hassell habe sich in diesem Punkt bei seiner Tagebucheintragung v. 21. 12. 1941 geirrt. Lt. Gerstenmaier hielten auch Männer der evangelischen Kirche Niemöller als Staatsoberhaupt für nicht geeignet. Gerstenmaier 1981, S. 172; s. a. Moltke, Balfour, Frisby 1975, S. 167.

2 Zum Verlauf des 8. Januar 1943 gibt es Darstellungen von Gerstenmaier, Hassell und Moltke; Gerstenmaier 1981, S. 168ff; Hassell 1946, S. 290, 370f; Moltke, Balfour, Frisby 1975, S. 204f; s. a. Ritter 1956, S. 352f; Roon 1967, S. 270f; s. a. das VGH-Urteil gegen Moltke u. a. v. 11. 1. 1945. Das Wort »Kerenski-Lösung« war offenbar keine Erfindung Moltkes, sondern unter den politischen, vor allem sozialistischen Gegnern Hitlers verbreitet.

3 Tagebuch Hermann Kaiser: 29.1., 8.2.1943; Roon 1967, S. 271 Anm. 52.
4 Tagebuch Hermann Kaiser: 21.1. und 1.2.1943.
5 Schlabrendorff 1984, S. 61, 65.
6 Tagebuch Hermann Kaiser: 20.2.1943.
7 ibidem, 1.2., 15.2., 20.2.1943.
8 ibidem, 6.2., 12.2., 19.2., 2.3., 3.3.1943; Schlabrendorff 1984, S. 65f; Hoffmann 1979, S. 350.
9 SSchu: Bericht betr. Überprüfungen des Heereswaffenamtes unter dem Gesichtspunkt der Personaleinsparung v. 8.4.1943.
10 Roon 1967, S. 545.
11 Krebs 1964, S. 59.
12 »Gesetz über die Wiederherstellung geordneter Verhältnisse im Staats- und Rechtsleben (vorläufiges Staatsgrundgesetz)«, Art. 2 (2), abgedruckt in Hassell 1946, S. 378. Zeller behauptet zwar, daß Schulenburg an der Formulierung dieses Gesetztextes mitgearbeitet hätte, bleibt aber den Beweis dafür schuldig. Ich habe keinen anderen Hinweis finden können. Zeller 1965, S. 171f, 511.
13 SSchu: Brief Schulenburg an seine Frau v. 15.7.1942. Schulenburg war zwar preußischer Regierungspräsident, trotzdem wird man davon ausgehen dürfen, daß die Herausgabe von Kartenmaterial durch Ehrensberger an einen Dienststellenfremden nicht einer engen Dienstauffassung entsprach. Wahrscheinlich hätte dies bei Bekanntwerden die eine oder andere peinliche Frage des Vorgesetzten an Ehrensberger zur Folge gehabt. Heinemann benutzt dieses Beispiel, um die Wichtigtuerei von Nachkriegszeugnissen zum demonstrieren, schießt aber dabei weit über das Ziel hinaus, wenn er schreibt: »Das Innenministerium lieferte Männern wie Schulenburg und wohl auch Wartenburg, Moltke und Goerdeler Karten und Planungsskizzen gewissermaßen frei Haus.« So war es sicherlich nicht! Ehrensberger und wenig später die Reichsstelle für Raumordnung bewegten sich in einem halblegalen Raum. Mit einigem Recht spricht daher der Referent in der Partei-Kanzlei Berlin und Beobachter des Moltke-Prozesses Lorenz am 10.1.1945 von einem »krummen Weg« der Kartenbeschaffung. S. a. Heinemann 1988, S. 71f.
14 Laak-Michel 1974, S. 254f; SSch: Brief Dr. H. v. z. Mühlen an Otto Ehrensberger v. 5.6.1948.
15 Der Aktenvermerk Isenbergs vom 22.2.1943 über den Auftrag Schulenburgs an die Reichsstelle für Raumordnung ist im Nachlaß Schulenburgs erhalten geblieben. Er wurde veröffentlicht in Walther Muthmann, Die Deutsche Darstellung, in: Fortschritt, Essen, 7.10.–10.11.1949, und von Krebs 1964, S. 24. In beiden Veröffentlichungen wurde die Autori-

sierung Schulenburgs durch seinen kommissarischen Minister Backe nicht unterschlagen. Selbst wenn Dr. Isenberg nach 1945 seine Zusammenarbeit mit dem Widerständler Schulenburg zu stark herausgestrichen haben sollte, so läßt sich daraus nicht notwendigerweise eine verzerrte Darstellung oder gar mangelnde Wahrhaftigkeit Dr. Isenbergs oder anderer Zeitgenossen ableiten, wie es Heinemann 1988, S. 71 ff. tut. Der »Zeitzeuge« Muthmann hatte 1948 bescheiden und zutreffend geschrieben: »Dieses Aktenstück, das in seinen weiteren Verfügungen interessanten Aufschluß über die sachliche und verwaltungsmäßige Behandlung dieser Arbeit gibt, hat deswegen besonderen dokumentarischen Wert, weil es zeigt, wie es möglich war, innerhalb der Verwaltung Vorarbeiten für den Umschwung zu leisten. Damit wurde die Voraussetzung geschaffen, daß wir innerhalb der Reichsstelle für Raumordnung auch unter Heranziehung außenstehender Persönlichkeiten ungestört eine Karte für die Reichs- und Verwaltungsreform erstellen (konnten)«. SSchu: Brief Walther Muthmann an Charlotte Gräfin v. d. Schulenburg v. 6. 8. 1948, Anlage: Die Neuordnung der Ländergrenzen im Lichte des 20. Juli, S. 4. Der Auftrag Schulenburgs an die Reichsstelle bzw. Dr. Isenberg zeigt deutlich Schulenburgs konspirative Arbeitsweise. Unter Ausnützung seiner Dienststellung erteilt Schulenburg einen offiziellen, durch seinen Minister gedeckten Auftrag, verfolgt aber mit den Arbeitsergebnissen ganz andere, nämlich illegale Ziele. Es gibt keinen Anlaß, z. B. an der Aussage Muthmanns zu zweifeln, daß er um die Widerstandstätigkeit Schulenburgs, also um die mit Todesstrafe bedrohte Vorbereitung des Hochverrats gewußt hat. Unter diesem Vorzeichen war er 1941 von Hermann Kaiser und Gehre mit Schulenburg bekannt gemacht worden. SSchu: Walther Muthmann, Eidesstattliche Erklärung v. 13. 10. 1948.

16 Der Aktenvermerk Dr. Isenburgs v. 22. 2. 1943 enthält u. a. folgenden handschriftlichen v. 6. 4. 1943 datierten Durchführungsvermerk: »Auf Grund des Vortrages bei Herrn Staatssekretär vom 25. und 26. März soll die persönliche Beratung des Regierungspräsidenten Graf v. d. Schulenburg fortgesetzt werden ...« Es ist nicht bekannt, ob der Vortrag bei dem Leiter der Reichsstelle für Raumordnung Staatssekretär Dr. Muß (Muhs?) oder dem kommissarischen Minister für Ernährung Staatssekretär Dr. Herbert Backe erfolgte; vermutlich jedoch bei Dr. Muß. Ziegler nennt Dr. Muß als Leiter der Reichsstelle. BA: Kl. Erwerb 759, Brief G. Ziegler an Dr. H. v. z. Mühlen v. 15. 2. 1949.

17 Nachlaß Muthmann: Dr. G. Isenberg, Betrifft landwirtschaftliche Markbezirke, 4 Anlagen, v. 26. 3. 1943. Das Dokument wurde zum ersten Mal von Walther Muthmann veröffentlicht: Die deutsche Darstellung, in: Fortschritt, Essen, 7. 10.–10. 11. 1949. Anlage 1 zum 26. 3. 1943 fehlt;

Anlage 2, eine Karte mit den 22 Marktbezirken, wurde 1964 von Krebs veröffentlicht; Anlage 3, eine Tabelle mit Statistiken zu den 22 Marktbezirken, befindet sich im Nachlaß Muthmann, Anlage 4 fehlt, ist aber aus Anlage 3 zu rekonstruieren. S. a. Krebs 1964, S. 269 ff.

18 Tagebuch Hermann Kaiser: 11., 16., 25. 2., 28. 5., 5. 6. 1943; angeblich hat Schulenburg zu Steiner im selben Gespräch ganz unverblümt gesagt: »Wir werden Hitler totschlagen müssen, bevor er Deutschland völlig zugrunde richtet«. Steiner sagte dazu später, er habe das nicht ganz ernst genommen, er habe ihn doch gekannt. Krebs 1964, S. 145 f, 262 f; Steiner 1962, S. 185 f.

19 Tagebuch Hermann Kaiser: 16. 2., 18. 2., 8. 3., 10. 3., 12. 3., 16. 3. 1943.

20 SSch: Brief Schwerin an seine Mutter v. 17. 2. 1943. KB, S. 408.

21 Kaiser, der im Zivilberuf Studienrat u. a. für Geschichte war, gab Schwerin in seinem Tagebuch den Decknamen »Sieger von Prag im Andenken«. Tagebuch Hermann Kaiser: 8. 3. 1943.

22 SSch: Alexander v. Pfuhlstein, Meine Tätigkeit als Mitglied der Berliner Verschwörungszentrale der deutschen Widerstandsbewegung v. 1. 10. 1936–20. 7. 1944, v. Mai 1946; Spaeter 1982, S. 169, 249, 274. S. a. Hoffmann 1979, S. 343 ff.

23 SSch: Briefe Prof. Lorenz Schreiner v. 16. 11. 1984 und v. 25. 1. 1985; Dr. Herbert Rohrer v. 5. 4. 1986; Dr. Georg Rieger v. 25. 7. und 22. 10. 1987 an Verf.; Mittl. Marianne Gräfin v. Schwerin.

24 KB, S. 371; Brief Alexander v. Pfuhlstein an Schwurgericht Münster v. 2. 2. 1951. Leider ist die Antwort Pfuhlsteins auf diese Anfrage von Canaris nicht bekannt. Spaeter 1982, S. 279, 381, 383.

25 IfZ: ZS 592: A. v. Pfuhlstein, 12 Abhandlungen über persönliche Erlebnisse v. 24. 6. 1946, S. 2; SSch: Brief Schwerin an A. Zoege v. Manteuffel v. 29. 10. 1943.

26 SSch: A. v. Pfuhlstein, Meine Tätigkeit als Mitglied der Berliner Verschwörerzentrale . . ., S. 3.

27 Die Verhaftung Schulenburgs wurde von Goltz, Hassell und Kaiser beschrieben, wobei die beiden letzteren nicht direkt mit Schulenburg gesprochen hatten. Das Stichwort »Regiment Brandenburg« fällt nur bei Goltz, dem als Gastgeber Schulenburgs die authentischste Darstellung der Ereignisse zuzubilligen ist. IfZ: ZS 49: Rüdiger Graf v. d. Goltz, Zur Vorgeschichte des 20. Juli 1944, S. 6; Hassell 1946, S. 305; Tagebuch Hermann Kaiser: 2. 4. 1943. S. a. Hoffmann 1979, S. 363, 763. Krebs datiert die Verhaftung falsch, Krebs 1964, S. 145 f, 245, 252.

28 Tagebuch Hermann Kaiser: 12. 3. und 6. 4. 1943.

29 Tagebuch Hermann Kaiser: 19. 4. 1943; Gespräch E. H. v. Kleist mit Verf. v. 30. 9. 1980.

30 SSch: Briefe Dr. H. Jürgen v. Bülow an Verf. v. 21. und 30.7.1984, 21.9.1987. Gespräche Arnold Bistrick mit Verf. v. 1.2. und 26.4.1982; s. a. Hoffmann 1979, S. 666f; Werner Altpeter, Gedenkrede auf F. W. Heinz, Bad Nauheim am 20.7.1968; Tagebuch Hermann Kaiser v. 10.5.1943.
31 Buchheit 1966, S. 324f.
32 Höhne 1984, S. 473f., 548.
33 Mitteilung Marianne Gräfin v. Schwerin an Verf.; SSch: Briefe Schwerin an A. v. Kessel v. 12.3., 29.8., 3.11.1943.
34 SSch: Prof. Lorenz Schneider an Verf. v. 16.11.1984 und v. 25.2.1985; A. v. Pfuhlstein, Meine Tätigkeit als Mitglied der Berliner Verschwörerzentrale, S. 2a; Brief A. v. Pfuhlstein an Marianne Gräfin v. Schwerin v. 19.7.1946.
35 Gespräch Dr. Arnold Bistrick mit Verf. v. 1.2.1982; SSch: Brief Schwerin an A. v. Kessel v. 14.4.1944; SSch: A. v. Pfuhlstein, Meine Tätigkeit als Mitglied der Berliner Verschwörerzentrale, S. 3.
36 KB, S. 408.
37 Höhne 1984, S. 548f.
38 KB, S. 88.
39 Schlabrendorff 1979, S. 225ff; Schlabrendorff 1984, S. 66ff; Hoffmann 1979, S. 345f.
40 Schlabrendorff 1979, S. 230f; Gersdorff 1979, S. 128f; Tagebuch Hermann Kaiser v. 19.3.1943.
41 Moltke, Balfour, Frisby 1975, S. 218f; Ritter 1956, S. 353ff, 593ff; Tagebuch Hermann Kaiser v. 8.3., 12.3., 29.3., 6.4., 7.4., 8.4., 12.4.1943.
42 Moltke, Balfour, Frisby 1975, S. 217; Tagebuch Hermann Kaiser v. 6.4.1943.

16. Kapitel: Der Sommer 1943

1 Hassell 1946, S. 307; Höhne stellt von allen mir bekannten Autoren die Schmidhuber-Affäre mit ihren weitreichenden Folgen für Oster und die Abwehr am detailliertesten dar. Höhne 1984, S. 475ff; s. a. Thun 1982, S. 236ff.
2 Im Tagebuch von Hermann Kaiser wird der Goerdeler-Brief v. 26.3.1943 abwechselnd als Brief bzw. Memorandum bezeichnet. Roon ist aus diesem Grund irrtümlich der Meinung, daß Goerdeler das Schulenburg-Memorandum von Mitte Februar 1943 Ende März an Guderian gegeben habe. S. a. Roon 1976, S. 281; Tagebuch Hermann Kaiser v. 29.3., 8.4., 12.4., 9.6.1943: SSch: Brief Annilisa Thomale, geb. Gräfin v. Schwerin, an Verf. v. 2.3.1980.

3 Die Urteile über die Generalität sind alle dem Tagebuch Hermann Kaisers entnommen:
11.4.1943 Tresckow über Kluge und Küchler
7.7.1943 über Model
7.7. und 26.7.1943 Pekrun über Kesselring
9.6.1943 Tresckow über 6 Abteilungschefs des Generalstabes des Heeres
14.5. und 2.6.1943 Olbricht über Stülpnagel
25.5.1943 Olbricht über Divisionskommandeure
9.6.1943 Tresckow über Stülpnagel und Falkenhausen
4 Tagebuch Hermann Kaiser v. 15.5., 19.5., 20.5., 22.5., 25.5., 9.6., 10.7., 22.7.1943.
5 Gespräch K. v. Dziembowska, verw. Brücklmeier mit Verf. v. 13./19.2.1982.
6 Tagebuch Hermann Kaiser v. 11.5.1943.
7 Das Gespräch Brücklmeier–Goerdeler–Hassell–Schulenburg datiere ich auf Ende Juli/Anfang August 1943, da Goerdeler am 3.8.1943 Kaiser von Brücklmeiers Ansichten zu einem Ausgleich Stalin/Hitler berichtet, die von der »jungen Gruppe« geteilt würden, und Hassell erstmalig am 18.7.1943 über einen russischen Sonderfrieden schreibt. Unter dem 15.8.1943 notierte Hassell dann seine hier wiedergegebene Haltung. Hassell 1946, S. 315, 321; KB, S. 301; Tagebuch Hermann Kaiser v. 3.8.1943; Hoffmann 1979, S. 309f; Ritter 1956, S. 386f; Ingeborg Fleischauer, Der deutsche Widerstand gegen den Rußlandfeldzug, Vortrag am 19.7.1987, S. 12.
8 NB: Brief Brücklmeier an seine Frau v. 1.8.1943.
9 Aus unveröffentlichten Aufzeichnungen aus dem Nachlaß v. G. F. Duckwitz; P. Kanstein und dann Krebs datieren den Schulenburg-Besuch in Dänemark fälschlich auf Frühjahr 1943; Krebs 1964, S. 245; aufgrund der sehr viel detaillierteren Angaben von Duckwitz gegenüber denen Kansteins gehe ich auch davon aus, daß Schulenburg Best und den dänischen Justizminister Thune-Jakobsen nicht besucht hat, wie auch Kanstein nur vage vermutet. NK: Brief Paul Kanstein an Krebs v. 17.11.1961.
10 Krebs 1964, S. 237, 246.
11 SSchu: Aussage Axel v. d. Bussche im Nürnberger Weizsäcker-Prozeß v. 2.7.1948.
12 Für den Zeitraum 2.6.–24.7.1943 liegen 24 Briefe Schulenburgs an seine Frau aus dem Nachlaß vor. Zitate und Schilderungen aus diesem Zeitraum stammen, wenn nicht anders angegeben, aus diesen Briefen.
13 Nachlaß Hofacker: Antrag auf anderweitige Verwendung von Oberstleutnant Dr. v. Hofacker an Chef d. Militärverwaltung v. 28.7.1943.

14 KB, S. 135; Nachlaß Hofacker: Brief Hofacker an seine Frau v. 22. 9. 1942 und Denkschrift ohne Titel v. 6. 1. 1943; NR: 155: Walter Bargatzky, Persönliche Erinnerungen an die Aufstandsbewegung des 20. 7. 1944 in Frankreich v. 20. 10. 1945, S. 4, und Dr. Gotthard Frhr. v. Falkenhausen, In memoriam Cäsar v. Hofacker, ca. 1947, S. 4.

15 Zu dem Besuch Hassells im Westen: Hassell 1946, S. 312 ff und Tagebuch Hermann Kaiser v. 1. 7. 1943. Zu den Reisen Moltkes im Westen: Moltke, Balfour, Frisby 1975, S. 253 ff.

16 Schramm 1965, S. 13.

17 Schramm 1965, S. 12 ff geht eingehend und insgesamt richtig auf Schulenburgs Paris-Aufenthalte ein. Falsch ist jedoch dessen Datierung. Schulenburg war mit dem Sonderstab des Generals v. Unruh nicht von Ende Juli bis Ende Nov. 1943 in Frankreich, sondern vom 9. 6.–30. 7. 1943, vielleicht noch einmal wenige Tage im August und Ende September/Oktober 1943. Die Zuordnung der Gespräche Schulenburgs mit Bargatzky, Brink, Falkenhausen, Teuchert zu einem der insges. drei Aufenthalte in Paris ist nur schwer möglich. Ernst Jünger, Strahlungen, 1949, S. 369, 508; s. a. Fußnote 42.

18 NB: Briefe Brücklmeier an seine Frau v. 1. und 4. 8. 1943.

19 Die Wohnung Gerstenmaiers wurde offenbar vom 31. 8. 1943 auf den 1. 9. 1943 so demoliert, daß Gerstenmaier seine Familie nach Mecklenburg brachte und er selbst zu Yorck zog, s. a. Gerstenmaier 1981, S. 177 ff. Laut Marion Yorck lebte Moltke seit März 1943 in der Hortensienstraße, Moltke selbst berichtet aber erst am 22. 8. 1943 darüber. Vorher hatte drei Monate lang Dr. Anton Böhm bei Yorcks gewohnt. Yorck 1984, S. 59; SSch: Marion Gräfin Yorck, Eidesstattliche Versicherung zu Dr. Anton Böhm v. 4. 5. 1947; NM: Briefe Moltke an seine Frau v. 22. 8. und 6. 9. 1943.

20 Gespräch Herr und Frau Dr. Hans v. Heppe mit Verf. v. 2. 4. 1982; NK: Brief Anni Berndt an A. Krebs v. 4. 9. 1963; Krebs 1964, S. 259; Kardorff 1982, S. 72.

21 Hassell 1946, S. 264 ff, 306, 314; SSch: Brief Therese Frfr. v. u. z. Guttenberg an Marianne Gräfin v. Schwerin v. 14. 3. 1947; NGu: Tagebuch K. L. Frhr. v. u. z. Guttenberg 19.–26. 5. 1943. Die Fahrten nach Ostpreußen führten Schwerin u. a. in das Lager Anna zu einem alten Roßleber, Graf J. A. v. Kielmannsegg, der in der Operationsabteilung des Generalstabs des Heeres unter Heusinger arbeitete. Schwerin holte sich von Kielmannsegg alle paar Wochen die neueste Beurteilung der Lage an der Ostfront. Bei einer dieser Fahrten mit dem Kurierzug nach Ostpreußen traf Schwerin seinen Vetter, den Panzergeneral Gerd Graf v. Schwerin. SSch: Brief J. A. Graf v. Kielmannssegg an Verf. v. 20. 1. und 15. 3. 1981.

22 Wegen der Vernehmungen war Guttenberg am 16.–18.7. und 31.7.–3.8.1943 in Berlin. Tagebuch K. L. Frhr. v. u. z. Guttenberg; Hassell 1946, S. 314, 323; Ritthaler 1970, S. 33.

23 Hoffmann 1979, S. 374ff; KB, S. 157ff; Tagebuch Hermann Kaiser v. 29. und 31.7.1943.

24 Hoffmann kannte offenbar nicht den vollständigen Text des Tagebuchs von H. Kaiser und berichtet daher diese Vorgänge nicht ganz korrekt. So kam z. B. Schulenburg nicht aus dem OKH, sondern aus Paris, und nicht Zeitzler, sondern Stülpnagel hatte eine Zusage gegeben. Dagegen berichtet Roon richtig. S. a. Hoffmann 1979, S. 371; Roon 1976, S. 282f; Tagebuch Hermann Kaiser v. 14.7., 26.7., 29.7., 31.7., 2.8., 3.8.1943; KB, S. 88. Tresckow war noch am 31.7. morgens entschlossen gewesen, am 2.8. abends in Urlaub zu fahren. Offenbar aufgrund der mit Olbricht und Kaiser gefaßten Beschlüsse vom 2.8. blieb Tresckow auch zur Überraschung Kaisers in Berlin, um weiter mitarbeiten zu können. Die entsetzlichen Luftangriffe auf Hamburg und das folgende Chaos in Berlin unterstrichen für Tresckow die Notwendigkeit, jetzt zu handeln. Scheurig 1980, S. 169f. Die Darstellung von Schlabrendorff ist sehr verkürzt und insgesamt so nicht richtig. Schlabrendorff 1984, S. 77.

25 Zur Karte von Pater König und van Husens Aussage zur Neugliederung s. a. Winterberger 1985, S. 114ff. Der Föderalismus ist ein Grundbestandteil der Pläne von Goerdeler, Beck und der Kreisauer. Diese Ausrichtung geht nicht auf die Alliierten zurück, wie Lukaschek und dann fälschlich van Roon meint, sondern entspricht deutscher Staatstradition und wurde verstärkt durch die Erfahrungen der NS-Zeit. Sie wurde bereits in den von Yorck organisierten Gesprächen 1938/39 artikuliert. Roon 1967, S. 394ff.

26 Husen, einer der Teilnehmer der Nachtsitzung vom 8./9.8.1943, erinnerte sich bestimmt, daß sein Kartenexemplar von Pater König stammte. S. a. Roon 1976, S. 396. Zu der Nachtsitzung gibt es zwei Quellen: NM: Brief Moltke an seine Frau v. 10.8.1943, s. a. Moltke, Balfour, Frisby 1975, S. 232, und einen Brief v. Yorck an wahrscheinlich Pater Delp v. 9.8.1943. Dieser Brief und ein Brief Yorcks vom 2.7.1943 ist ein wichtiges Zeugnis für die Beteiligung der Kreisauer an einem geplanten Staatsstreich und speziell für die Vorbereitung des Umsturzes im August 1943. Sie wurden erstmals 1984 publiziert in: Bleistein 1984, Bd. 4, S. 405ff.

27 Die hier besprochenen Kreisauer Dokumente sind inzwischen mehrfach abgedruckt worden, s. insbesondere Roon, 1967, S. 217 Anm. 2, 550–571 und neuerdings mit ergänzenden Texten: Bleistein 1987, S. 289–344. Zu der Endredaktion der Dokumente über die Aburteilung von Naziverbrechen s. a. NM: Briefe Moltke an seine Frau v. 19.6.,

28.6., 17.7., 21.7.1943. Über die Rolle Husens: Gerstenmaier 1981, S. 165; Bleistein 1987, S. 296 ff.

28 Roon 1967, S. 553 ff.

29 Scheurig 1969, S. 77 f; Finkler 1980, S. 214.

30 Tagebuch Hermann Kaiser v. 24.7.1943.

31 Scheurig 1969, S. 119.

32 NM: Brief Moltke an seine Frau v. 26.11.1942.

33 Roon 1967, S. 257 f.

34 Yorck kam am 29.7.1943 aus Ostpreußen nach Berlin zurück. NM: Briefe Moltke an seine Frau v. 28. und 30.7.1943; s. a. Dönhoff 1976, S. 31 f. VGH-Prozeß v. 14.9.1944 gegen Heinrich Graf zu Dohna: Vernehmung (Filmausschnitt) und Urteilsbegründung durch Freisler (Lautarchiv 1961, S. 64 ff, 72 ff).

35 Nebgen 1967, S. 190 f.

36 Bleistein 1987, S. 339 ff; Weinberger 1948, S. 137 ff; Gespräch Dr. Franz Curt Fetzer mit Verf. v. 5.3.1982.

37 SR: Brief Frhr. v. Twickel an Roon v. 7.7.1963, s. a. Roon 1967, S. 258; Trott 1957, S. 227, 247; Hoffmann 1979, S. 738, Anm. 80.

38 Hoffmann beurteilt den Bericht Lukascheks, den er offenbar nie vollständig gesehen hat und der tatsächlich ein Redemanuskript aus dem Jahr 1958 ist, als unzuverlässig. Lt. Moltke war Lukaschek am 9.8.1943 bei ihm. Lukaschek verdanken wir eine Wiedergabe des wesentlichen Gesprächsinhalts. Marion Gräfin Yorck und Gerstenmaier, die Lukaschek natürlich beide persönlich kannten, halten ihn für zuverlässig. Lukascheks Bericht ist in den wesentlichen Punkten auch im Kontext dessen, was durch die Briefe Yorcks v. 2.7. und 9.8.1943 dargestellt werden konnte, durchaus plausibel. Daß der 73jährige Lukaschek 1958 in den Details nicht mehr ganz sicher war, ist nicht überraschend. M. E. ist die Urkunde, die er von Moltke ausgehändigt bekommen haben will und an der sich Gerstenmaier zu Recht stößt, die »Erste Weisung an die Landesverweser«. Die Weisung mit Anlagen lag erst am 9.8. abends mehrfach vor. Daher gehe ich davon aus, daß Lukaschek die Dokumente erst bei einem zweiten Besuch Moltkes am 10.8.1943 erhielt. Der 13.8., an dem nach Lukaschek die vorgesehene Festnahme Hitlers in der Wolfsschanze fehlschlug, war der Tag, an dem die neuen Walküre-Befehle in Kraft traten und an dem Stieff mit Kluge in dessen Hauptquartier sprach. Lukaschek lebte in Breslau und hörte von den Staatsstreichplänen immer nur aus zweiter Hand, außerdem immer nur eine geraume Weile nach den Ereignissen. Insofern ist seine Version des Fehlschlags vom 13.8. sicher unzutreffend, aber mindert nicht den Aussagewert seines Berichtes über sein Gespräch mit Moltke. Hoffmann 1979, S. 767 Anm. 162; Gersten-

maier 1967, S. 231, 244; Roon 1967, S. 284; NM: Brief Moltke an seine Frau v. 10. 8. 1943; SR: Hans Lukaschek, Was war und was wollte der Kreisauer Kreis, Rede v. 20. 2. 1958.

39 Unveröffentlichte Aufzeichnungen aus dem Nachlaß von G. F. Duckwitz.

40 Tagebuch Hermann Kaiser v. 29. 7., 2. 8., 3. 8. 1943; KB, S. 87f; Hoffmann 1979, S. 372; Ritter 1956, S. 363f.

41 Guderian 1979, S. 312; KB, S. 88.

42 Walter Bargatzky wurde von Teuchert wenige Tage nach dem 5. 8. 1943 eingeweiht. »Sehr bald« wurde Bargatzky auch Schulenburg vorgestellt. Schulenburg wurde von Teuchert, Bargatzky und Brink mit dem Zeitpunkt August 1943 als designierter Innenminister bezeichnet. Aufgrund dessen fragte Schulenburg Brink, an welcher Stelle er mitarbeiten wolle. Brink erwiderte, er wolle »nur ein einmaliges Ehrenamt übernehmen, nämlich den Vorsitz im Gericht über die Naziverbrecher«. SSch: Dr. Reinhard Brink, Meine politische Haltung seit 1933, Frankfurt 31. 7. 1945, S. 7, s. a. Fußnote 17.

43 Schramm 1964, S. 14. Der Bericht Teucherts stammt aus dem Jahr 1946.

44 Tagebuch Hermann Kaiser v. 10. und 14. 5. 1943; SSch: Dr. Eichenlaub, Bericht, Neustadt a. d. Weinstr. 25. 2. 1946, S. 2.

45 Mdl. Mitteilung Alfred Graf v. Waldersee an Marianne Gräfin v. Schwerin v. Dez. 1980.

46 SSch: Dr. Reinhard Brink, Meine politische Haltung seit 1933, Frankfurt 31. 7. 1945, S. 4; Gotthard Frhr. v. Falkenhausen, Erinnerungen an die deutsche Widerstandsbewegung, Sommer 1945, S. 12; Ritter 1956, S. 336f.

47 Tagebuch Hermann Kaiser v. 2. 8. 1943.

48 NB: Brief Brücklmeier an seine Frau v. 8. und 10. 8. 1943; SSch: Brief Schwerin an Albrecht v. Kessel v. 29. 8. 1943.

17. Kapitel: Stauffenberg und die »Junge Generation«

1 Müller o. J., S. 294f, 312f; Zeller 1965, S. 243, 253ff.

2 Müller o. J., S. 313; Zeller 1965, S. 255; KB, S. 408f, 410ff.

3 KB, S. 89.

4 In den Kaltenbrunner Berichten findet sich der Befehl an die Wehrkreisbefehlshaber an zwei Stellen, KB, S. 25f, 66f; die übrigen Befehle finden sich abgedruckt in KB, S. 37–44, 65–82; s. a. Hoffmann 1979, S. 896–906.

5 KB, S. 88.

6 Scheurig 1980, S. 175–179; Müller o. J., S. 314–329.

7 KB, S. 38f; Hoffmann 1979, S. 383f; SSch: A. v. Pfuhlstein, Meine Tätigkeit als Mitglied der Berliner Verschwörungszentrale..., S. 2f. Lt. Pfuhlstein hat er diesen Befehl nur mit Stauffenberg und nicht auch mit Tresckow ausgearbeitet. Nach dem alten Plan von Oster vom Februar 1943 sollte Pfuhlstein mit dem 4. Rg. seiner Division die Westhälfte von Berlin und die Waffen-SS-Artillerieschule besetzen. Es erscheint daher durchaus plausibel, daß Stauffenberg sich die Kenntnisse Pfuhlsteins aus der damaligen Situation zunutze machte.

8 KB, S. 130.

9 KB, S. 211, 465; BA: Oberreichsanwalt Lautz, Anklageschrift gegen Goerdeler et. al. v. 3.9.1944, S. 16f.

10 KB, S. 189, 466; Beck 1983, S. 182; Krebs 1964, S. 243. SSchu: Annedore Leber, Bericht v. 6.10.1948; s. a. Müller o. J., S. 369, 372f. Wussow war offenbar aufgrund seiner Gespräche in Berlin Ende April 1944 der Ansicht, daß die persönlichen Kontakte Leuschners zu Stauffenberg, Yorck, Schwerin und Schulenburg von Brücklmeier arrangiert worden waren. SSch: Wussow Sept. 1947, S. 4.

11 KB, S. 305.

12 SSch: Marianne Gräfin v. Schwerin, Aufzeichnungen v. Dez. 1945; Zeller 1965, S. 293f.

13 SSch: Brief Nina Gräfin v. Stauffenberg an Verf. v. 12.10.1980.

14 Der engste Mitarbeiter von Prof. Jens Peter Jessen war Dr. R. Limbach. Limbach berichtet ebenfalls über die sehr häufigen Besuche bei General Olbricht, dessen Büro in unmittelbarer Nähe von Jessens Dienststelle lag. NR: Interview Dr. Heinrich v. z. Mühlen mit Dr. Limbach v. 21.3.1948 und mit Anni Lerche v. 9.6.1948.

15 Gerstenmaier 1981, S. 179f; Moltke, Balfour, Frisby 1975, S. 281f; NM: Briefe Moltke an seine Frau v. 18.9. und 31.12.1943; Yorck 1984, S. 62f.

16 KB, S. 305, 417.

17 Schramm 1964, S. 12.

18 Kardorff 1982, S. 79; mdl. Mitteilung Charlotte Gräfin v. d. Schulenburg an Verf. v. 20.10.1987. Als Ursula v. Kardorff am 22.10.1943 Schulenburg im Ithweg besuchte, sprachen sie über seine Sicht der Großstädte.

19 SSchu: Am 27.10.1943 schickte Schulenburg seine Denkschrift »Bombenzerstörung und Aufbau« an die Reichsstelle für Raumordnung, am 19.11.1943 an das Arbeits- und das Innenministerium, am 12.6.1944 an Erna Hanfstängel. Im Brief an Frau Hanfstaengel datiert Schulenburg die Denkschrift fälschlich auf September 1943. S. a. Krebs 1964, S. 261;

SSch: Brief Dr. Otto Ehrensberger an Spruchkammer Traunstein v. 22. 7. 1947, S. 5.

20 SSchu: Brief Schulenburg an seine Frau v. 26. 1. 1944; zu seiner Tätigkeit beim Ersatzbataillon s. a. Brief v. 29. 2. 1944; S. a. Krebs 1964, S. 294 f.

21 S. a. Exkurs zu der persönlichen Sicherheit Hitlers 1943/44 in Hoffmann 1969, S. 655–669.

22 Müller o. J., S. 340 f, 386; Hoffmann 1979, S. 396 ff.

23 Zeller 1965, S. 330, 525; Müller o. J., S. 343 f.

24 Bussche 1947; SSchu: Aussage Axel v. d. Bussche im Weizsäcker-Prozeß, Nürnberg v. 12. 7. 1948; Zeller 1965, S. 333–336; Müller o. J., S. 342 f; Hoffmann 1979, S. 398–405.

25 IfZ: Sammlung Zeller (ED 88/II): Bericht Ewald Heinrich v. Kleist an Alexander Graf Stauffenberg v. 14. 2. 1946; Hammerstein 1963, S. 235; KB, S. 90; Zeller 1965, S. 336 f; Müller o. J., S. 382–384; Hoffmann 1979, S. 405 f; Scheurig 1968, S. 187.

26 Fritzsche 1974, S. 137, 145.

27 Kessel 1944/45, S. 253, 256 f; Hassell 1946, S. 336 f.

28 Lautarchiv 1961, S. 113; KB, S. 536; Hoffmann 1979, S. 776 Anm. 60; Müller o. J., S. 363 f. Hierbei ist noch anzumerken, daß Schwerin und Schulenburg beide über Weihnachten bei ihren Familien in Göhren und Trebbow waren, was nicht auf sehr konkrete Attentatsaussichten schließen läßt, sondern eher für den Vorweihnachtstermin spricht.

29 Hoffmann 1979, S. 407–410.

30 NR: Walter Bargatzky, Persönliche Erinnerungen an die Aufstandsbewegung des 20. 7. 1944 in Frankreich v. 20. 10. 1945, S. 2 f.

31 Hassell 1946, S. 337; KB, S. 90, 536; zu Goerdeler–Stauffenberg vor allem auch: Lautarchiv 1961, S. 113 f.

32 Für den ganzen Abschnitt s. a. Hoffmann 1979, S. 429 f.

33 Mommsen 1985, S. 581 f.

34 KB, S. 145, 257; Hoffmann 1979, S. 381 f.

35 Schulenburg sagte aus, daß Schwerin bei der Aufstellung der Liste mitgewirkt habe. Dr. Elfriede Nebgen betont besonders die aktive Rolle Schulenburgs, KB, S. 145; NR: 131: Dr. E. Nebgen, Kommentar zu Ritter 1956, S. 372 f; s. a. Hoffmann 1979, S. 439.

36 S. a. Hoffmann 1979, S. 439 f; zu RA und Ex-Bürgermeister v. Ratibor Adolf Kaschny KB, S. 137; zu Ex-Bürgermeister von Hannover Dr. Arthur Menge KB, S. 783 f; zu RA Reinhold Frank KB, S. 708; zu allgemein den Politischen Beauftragten KB, S. 57, 76 ff, 136 f, 145, 357 ff, 388.

37 Scheurig 1968, S. 185; KB, S. 81, 110, 137, 260, 357; Klausa 1993.

38 Gespräch Achim Frhr. v. Willisen mit Verf. v. 6. 4. 1982; SSchu: Aufzeichnungen Charlotte Gräfin v. d. Schulenburg; Krebs 1964, S. 286.

39 Nach Dr. E. Nebgen war auch Leuschner bei der Übergabe der Liste an Schwerin zugegen. NR: 131: Dr. E. Nebgen, Kommentar zu Ritter 1956, S. 372 f.

40 KB, S. 57, 256; Ehrentafel der Toten des 20. Juli 1944: s. a. Royce 1961, S. 218 ff; IfZ: ZS 249: US-Vernehmung von Walter Huppenkothen.

41 KB, S. 67.

42 SSchu: Gustav Dahrendorf, Erklärung v. 13. 4. 1949.

43 BA: Kl. Erwerb 759: Brief Dr. Erich Keßler an Dr. Heinrich v. z. Mühlen v. 7. 9. 1948, S. 3 f. Krebs erweckt den Eindruck, daß es sich bei der Planung um »einige tausend Menschen« gehandelt habe. Das ist sicher falsch. Krebs gibt dafür auch keine Quelle an. Krebs 1964, S. 240; Buchheit 1968, S. 204.

44 Nach Oberreichsanwalt Lautz sollten die Politischen Beauftragten in »etwa die Stellung von Oberpräsidenten« einnehmen. Nach Graf Matuschka habe Schulenburg ihn vor Weihnachten 1943 gefragt, ob er Lukaschek als Oberpräsidenten für geeignet hielte; ferner, daß Voigt als Oberpräsident für Niederschlesien vorgesehen sei. Lukaschek und Kaschny stünden in engerer Wahl als Oberpräsidenten für Oberschlesien. Voigt, Lukaschek und Kaschny waren dann die designierten Politischen Beauftragten. KB, S. 388; BA: Oberreichsanwalt Lautz, Anklageschrift gegen Goerdeler et al. v. 3. 9. 1944, S. 11 f; Lautarchiv 1961, S. 73.

45 SSch: Carl-Hans Graf v. Hardenberg-Neuhardenberg, Bericht v. 31. 12. 1945, S. 6; Gisevius 1947, Bd. II, S. 293; Hammerstein 1966, S. 9.

46 BA: Kl. Erwerb 759: Brief Dr. Erich Keßler an Dr. Heinrich v. z. Mühlen v. 7. 9. 1948, S. 4 und v. 2. 12. 1948, S. 5 f. Keßler berichtet auch über die Vernichtung der Personalunterlagen. Das Original durch Frl. v. Grünberg, die Zweitschrift durch Keßler. Eine weitere Kopie verblieb bei Schulenburg. Krebs hatte irrtümlich Dr. Otto Ulitz in Dr. Ulitzka umbenannt, dazu und zu Dr. Alois Zimmer, NK: Brief Keßler an Krebs v. 30. 5. 1963 und 14. 4. 1964; s. a. Krebs 1964, S. 239; SSch: Gerhard Ziegler, Eidesstattliche Erklärung v. 29. 9. 1948.

47 KB, S. 259; Lautarchiv 1961, S. 66 ff, 73 f, 134 f; Nachlaß Karl v. Oppen, undatierter Bericht; Vossen, S. 113.

48 Hoffmann 1979, S. 441.

49 KB, S. 309, 535.

50 Hassell 1946, S. 350. Gespräch Dr. Franz C. Fetzer mit Verf. v. 5. 3. 1982.

51 KB, S. 477 ff; Tagebuch Hermann Kaiser v. 5. 1., 15. 2. 1943.

52 Hoffmann 1979, S. 452 f, 792 Anm. 238; SR: van Husen, Report on my participation in the enterprise of the 20. 7. 1944 v. 18. 10. 1945, S. 11;

Ritter 1956, S. 369f, 542 Anm. 55, 617; BA: Kl. Erwerb 759: Brief Dr. Erich Keßler an Dr. Heinrich v. z. Mühlen v. 7. 9. 1948, S. 3f; Carl-Hans Graf v. Hardenberg-Neuhardenberg, Bericht v. 31. 12. 1945, S. 6.

53 KB, S. 59, 189, 361, 541 (s. a. die Skizzen zur Regierungserklärung); NR: Interview Dr. Heinrich v. z. Mühlen mit Gustav Dahrendorf v. 5. 5. 1948; Tagebuch Hermann Kaiser v. 12. 3. 1943.

54 KB, S. 56, 110, 422f, 736ff. Lenz hat in dieser VGH-Verhandlung seine Gespräche mit Goerdeler so dargestellt, daß die Ablehnung von ihm, Lenz, ausging. Lenz wurde von Freisler zu vier Jahren Zuchthaus verurteilt. Zu Yorck s. a. Buchheit 1968, S. 204.

55 KB, S. 130, 364f; Marianne Gräfin v. Schwerin, Aufzeichnungen, Dez. 1945; SR: Brief Carola Frfr. v. Willisen geb. Rüdt v. Collenberg an Ger van Roon v. 18. 11. 1962. Tonprotokolle (Film) des VGH-Prozesses v. 21. 8. 1944; selbst nach 37 Jahren fühlte sich Gerstenmaier noch im Bann Becks, s. a. Gerstenmaier 1981, S. 167.

56 Gespräch K. v. Dziembowska, verw. Brücklmeier mit Verf. v. 13./19. 2. 1982; SSch: Dr. Franz C. Fetzer, Bestätigung v. 27. 10. 1947.

57 KB, S. 211, 359, 544f; BA: Oberreichsanwalt Lautz, Anklageschrift gegen Goerdeler et. al., v. 3. 9. 1944, S. 6, 21f.

58 Der Denunziant Granzow hatte Helfferich als »protestantischen Jesuiten« und »ausgesprochenen weltanschaulichen Gegner« bezeichnet. Ohlendorf, der das kommentieren mußte, bezeichnete Helfferich als für die Dauer des Krieges unersetzlich. So passierte Helfferich erst einmal nichts. Er wurde nach dem 20. 7. verhaftet und für drei Monate festgehalten. Nach der Befreiung wurde er von den Russen wiederum verhaftet und starb in deren Haft in Posen im Sept. 1945. BA: NS 19/neu 220. SSch: Brief Marianne Meyer-Helfferich an Verf. v. 25. 7. 1982; KB, S. 57f, 145, 422.

59 KB, S. 56, 308f; Hassell 1946, S. 327f, 332.

60 Ich habe hier die Zusammenstellung der fünf Kabinettslisten von Hoffmann benutzt. Mierendorff, der auf einer der Listen als Propagandaminister geführt wird, starb bereits im Dez. 1943 durch einen Luftangriff. Hoffmann 1979, S. 453f; s. a. Ritter 1956, S. 617ff.

61 KB, S. 145.

18. Kapitel: Sozialisten, Gewerkschaftler und andere Politiker

1 Roon 1967, S. 226.

2 Es wären hier sehr diffizile Nachweise zu führen, daher nur der Verweis auf Schoenbaum 1980, S. 108 f.

3 Hassell 1946, S. 229; Kessel 1944/45, S. 233; SSch: Wussow, Sept. 1947, S. 3.

4 Hoffmann 1979, S. 124, 159, 169; nach dem ersten Treffen im Herbst 1939 oder im Frühjahr 1940 hielt Beck den Kontakt mit Leuschner weiter aufrecht und besuchte ihn sogar in seiner kleinen Fabrik in Kreuzberg. Henk 1946, S. 18, 28.

5 Leuschners Möglichkeiten im Rahmen einer illegalen Gewerkschaftsorganisation werden von Henk im Gegensatz zur Darstellung Wussows sehr positiv geschildert. Henk 1946, S. 8 f. Henks Sichtweise wurde aber gleich nach Veröffentlichung widersprochen. S. a. NR: Interview Dr. Heinrich v. z. Mühlen mit Gustav Dahrendorf v. 5. 5. 1948, S. 2, und Dr. Elfriede Nebgen, Der 20. Juli in der Geschichte. In: Neue Zeit, Nr. 122 v. 26. 5. 1946. Ähnlich positiv wie Henk äußerte sich der Regierungspräsident a. D. Junghann über die Möglichkeiten Leuschners. Dieser soll 1941/42 fest einen Generalstreik zur Unterstützung eines Staatsstreichs geplant haben. »Leuschner wartete auf das Signal, wo er auf den Knopf drücken mußte.« Das Signal sei aufgrund der Zurückhaltung v. Brauchitschs nicht gegeben worden. Junghanns Mitteilungen sind aus zweiter Hand, sie stammten von Ernst v. Harnack. Sie sind für den Zeitpunkt 1941/42 nicht stimmig, obwohl sich in der Krise vor Moskau Erwartungen an Brauchitsch knüpften. SR: Dr. Otto Junghann, Mein Leben in der Hitlerzeit, S. 8. Diese Passage wird unkritisch zitiert von Roon 1967, S. 281 f, und Moltke, Balfour, Fisby 1975, S. 164.

6 SSch: Wussow Sept. 1947, S. 3 ff.

7 Gespräch K. v. Dziembowska, verw. Brücklmeier mit Verf. v. 13./19. 2. 1982; Gespräch Dr. Franz C. Fetzer mit Verf. v. 5. 3. 1982.

8 NM: Brief Moltke an seine Frau v. 15. 12. 1941.

9 Marianne Gräfin v. Schwerin, Aufzeichnungen, Dez. 1945; sehr bezeichnend für diese positive Haltung gegenüber den Gewerkschaften ist auch ein Ausspruch von Alfred Graf v. Waldersee von Mitte Januar 1944: »Warum versteht man sich mit einem alten Gewerkschaftler so viel besser als mit diesen deutschnationalen Adligen?« Kardorff 1982, S. 105.

10 Jacob Kaiser, Drei Jahre danach. In: Neue Zeit, Berlin 20. 7. 1947.

11 NM: Brief Moltke an seine Frau v. 4. und 20. 8. 1943; NR: Interview Dr. Heinrich v. z. Mühlen mit Dr. Paulus van Husen, ca. 1948, S. 2.

12 Gerhard Ritter, Das Regierungsprogramm vom 20. 7. 1944 in: Die Ge-

genwart v. 24. 6. 1946; s. a. die Einschätzung der Gewerkschaftsbewegung in der Gemeinschaftsdenkschrift Beck/Goerdeler »Der Weg« von 1944, Scheurig 1969, S. 224.

13 BA: Oberreichsanwalt Lautz, Anklageschrift gegen Goerdeler et. al. v. 3. 9. 1944, S. 16f; Zeller 1965, S. 297; Müller o. J., S. 375.

14 KB, S. 188f, 206, 234f, 286; Müller o. J., S. 373. NR: Oberreichsanwalt Lautz, Anklageschrift gegen Leber et. al. v. 19. 9. 1944, S. 2a.

15 KB, S. 205f, 211, 465, 500. Zu Maas s. a. NR: Oberreichsanwalt Lautz, Anklageschrift gegen Leber et. al. v. 19. 9. 1944, S. 4ff.

16 Das wörtliche Verständnis geht bei Ritter z. B. so weit, daß er den Satz »überkommene Güter nicht einfach über Bord geworfen« auf »Großgrundbesitz«, allerdings mit Fragezeichen, bezieht. Müller rückt diesen absurden Fall zwar zurecht, bleibt aber sonst an den Worten kleben, ebenfalls Mommsen. Ritter 1956, S. 541; Müller o. J., S. 305f; Mommsen in: Graml 1984, S. 49f.

17 KB, S. 212.

18 Zitiert nach Ritter 1956, S. 540 Anm. 46.

19 SSchu: Brief Karl v. Rumohr an Charlotte Gräfin v. d. Schulenburg v. 16. 4. 1946; Briefe Schulenburg an seine Frau v. 25. 1. und 21. 2. 1944.

20 Schulenburg 1981, S. 152f.

21 Kardorff 1982, S. 122, 133 (19. 2. und 18. 4. 1944); SSch: Brief Otto Ehrensberger an Spruchkammer Traunstein v. 22. 7. 1947, S. 5f.

22 SSch: Briefe Schwerin an Albrecht v. Kessel v. 14. 4. und 8. 5. 1944. Zur Charakterisierung von Ribbentrops Vater und Ehefrau s. a. Wussow 1945, S. 45.

23 KB, S. 496ff.

24 Christoph Klessmann, Das Problem der Volksbewegung im deutschen Widerstand; William S. Allen, Die sozialdemokratische Untergrundbewegung: Zur Kontinuität der subkulturellen Werte, und Hans Mommsen, Der Widerstand gegen Hitler und die deutsche Gesellschaft, in: Schmädecke 1985, S. 14, 822ff, 849ff.

25 SSch: Wussow Sept. 1947, S. 2a, 4; Speidel 1977, S. 164f; Schramm 1964, S. 21ff; Tagebuch Hermann Kaiser v. 10. 6. 1943.

26 Schwerin riet seiner Frau wiederholt bei der bevorstehenden Flucht vor den Russen, über die Elbe zu gehen, was sie auch trotz Protest von Verwandten, die sie aufgenommen hatten, tat.

27 KB, S. 179, 211f.

28 KB, S. 500f; Beck 1983, S. 187f; Roon 1967, S. 589f.

29 KB, S. 179, 211f.

30 NR: Interview Dr. Heinrich v. z. Mühlen mit Dr. R. Limbach v. 21. 3. 1948.

31 KB, S. 179, 212; BA: Oberreichsanwalt Lautz, Anklageschr. gegen Goerdeler et. al. v. 3. 9. 1944, S. 19, und RM Thierack, Fernschreiben an Reichsleiter Bormann v. 8. 9. 1944, S. 3.

32 KB, S. 118, 206, 212. Bei dem Gespräch am 16. Juni war ganz offensichtlich der Goerdeler-Intimus Hermann Kaiser und nicht der Gewerkschaftler Jakob Kaiser ein Teilnehmer. Bei der Besprechung wurde so viel vorgelesen und diskutiert, daß man sich das Hotel Esplanade schwer als Treffpunkt vorstellen kann. Der Text erlaubt als Alternative die Wohnung Wirmers wie schon am 15. 5. 1944. KB, S. 118. NR: Oberreichsanwalt Lautz, Anklageschrift gegen Leber et. al. v. 19. 9. 1944, S. 3.

33 KB, S. 465.

34 KB, S. 189; zu der Übergangsfunktion einer Regierung Goerdeler s. a. NR: Interview Dr. Heinrich v. z. Mühlen mit Dr. Paulus van Husen, ca. 1948, S. 4.

35 Roon 1967, S. 269f; SSch: Marion Gräfin Yorck, Eidesstattliche Erklärung zu Dr. Anton Böhm v. 4. 5. 1947; s. a. Yorck gegenüber Lehndorff im Herbst 1943, KB, S. 257.

36 KB, S. 234, 257; Kessel 1944/45; S. 201f, 234.

37 NM: Briefe Moltke an seine Frau v. 11., 28., 30. 11. 1943 und 2., 9. 1. 1944; SR: Dr. H. Lukaschek, Was war und wollte der Kreisauer Kreis, Rede v. 20. 2. 1958, S. 8; Trott 1957, S. 230–232.

38 SR: Brief Dr. Gleissner an Ger van Roon v. 4. 10. 1962; SR: Dr. H. Lukaschek, Was war und wollte der Kreisauer Kreis, Rede v. 20. 2. 1958, S. 9; SR: Paulus van Husen, Auskünfte v. 2. 1. 1962; Leithäuser 1962, S. 234; NR: Interview Dr. Heinrich v. z. Mühlen mit Dr. Rudolf Schmid v. 25. 3. 1948; R. Schmid, Die Ereignisse des 22. 6. 1944. In: Telegraf, Berlin v. 3. 1. 1947.

39 Kardorff 1982, S. 156ff.

19. Kapitel: Die letzten Wochen

1 SSch: Brief J. A. Graf Kielsmansegg an Verf. v. 20. 1. 1981; Brief Schwerin an A. v. Kessel v. 14. 4. 1944.

2 Hoffmann 1979, S. 365; Briefe Gertrud Oster an ihre Tochter Barbara 1941–1944.

3 SSch: Alexander v. Pfuhlstein, Meine Tätigkeit als Mitglied der Berliner Verschwörerzentrale der Deutschen Widerstandsbewegung v. Mai 1946, S. 2ff; IfZ: ZS 592: BA an A. v. Pfuhlstein v. 11. 7. 1969 mit 2 Anlagen.

4 NR: Interview Dr. Heinrich v. z. Mühlen mit Käthe Jessen ca. 3. 1948

und mit Dr. R. Limbach v. 21. 3. 1948; Schulenburg 1981, S. 47, 81, 181; John 1984, S. 39f.

5 Fritzsche 1974, S. 142; Gespräch Ewald-Heinrich v. Kleist mit Verf. v. 30. 9. 1980; NK: Brief Gotthold Müller an Dr. Albert Krebs v. 31. 10. 1960; Kardorff 1982, S. 131; s. a. Krebs 1964, S. 304.

6 Yorck hatte Dohna bereits Ende Juli 1943 in Tolksdorf besucht. Diesmal war neben Üxküll auch der Yorck-Schwager Friedrich Carl Siemens mitgereist. Neben den Dohnas hatten sie auch die Dönhoffs in Friedrichstein und Quittainen besucht. Zu Dohnas auf Tolksdorf war auch Heinrich Lehndorff mitgekommen. Gespräch Marion Gräfin v. Yorck mit Verf. v. 21. 10. 1987.

7 Zeller 1965, S. 489f, 523 Anm. 31; Müller o. J., S. 466; zur Ostpreußen-Reise s. a. Krebs 1964, S. 291f.

8 Krebs 1964, S. 291, 294f; Himmlers Rede über den 20. 7. 1944 v. 3. 8. 1944, VfZ 10, 1953 (Sonderdruck), S. 24.

9 KB, S. 43, 273, 366, 419; Buchheit 1968, S. 166ff; Verräter vor dem Volksgerichtshof: Filmstreifen vom VGH-Prozeß v. 7. / 8. 8. 1944. SSch: Brief Erwin v. Witzleben an Schwerin v. 24. 6. 1944. Brief Schwerin an A. v. Kessel v. 29. 8. 1943. Nach KB, S. 43 und dem Gerichtsprotokoll suchte Witzleben erst im Oktober / November 1943 Olbricht auf. Das erscheint als sehr spät, wenn Witzleben damals, wie er behauptet, noch nichts von Stauffenberg erfahren haben will. Ich datiere daher diesen Besuch eher auf Ende Sept. / Anfang Okt. 1943. Zu diesem Zeitpunkt müßte er dann auch den ersten Durchführungsbefehl unterzeichnet haben. S. a. Zeller 1965, S. 305; Ritter 1956, S. 368.

10 KB, S. 110, 170; Buchheit 1968, S. 202; Müller o. J., S. 426f; NK: Horst-Werner Dittmann, Bericht v. 8. 11. 1960.

11 KB, S. 417; Müller berichtet richtig, daß Ludwig Hammerstein, Oppen und Kleist am 7. / 8. Juli in Neuhardenberg waren, nur Stauffenberg war es nicht. Stauffenberg war das Wochenende davor in Neuhardenberg gewesen. Nur Oppen fuhr zweimal hintereinander; Müller o. J., S. 431; 590 Anm. 87; mdl. Auskunft Frhr. v. Hammerstein. SSch: Brief Karl v. Oppen an Beate Ruhm v. Oppen v. ca. Juli 1969.

12 SSch: Gottfried v. Nostitz, Abschied von den Freunden. August 1945, S. 8f; Zeller 1965, S. 366.

13 KB, S. 39; SSch: Brief Dr. H. Jürgen v. Bülow an Wilhelm Graf v. Schwerin v. 21. 7. 1984.

14 KB, S. 91, 130; Müller o. J., S. 400f, 424, 430; Kielmannsegg selbst konnte diese Episode nur Frühjahr, spätes Frühjahr 1944 und nicht Juli 1944 datieren. Es bleibt daher nur Stauffenbergs erste Teilnahme an einer Lagebesprechung am 7. 6. 1944 übrig. Kielmannsegg ist sich auch

sicher, daß Schwerin vom Berghof und nicht z. B. von der Wolfsschanze gesprochen hatte. SSch: Brief Graf J. A. Kielmansegg an Verf. v. 20. 1. 1981.

15 SSch: Gottfried v. Nostitz, Abschied von den Freunden, Aug. 1945, S. 12; Gespräch Dr. Franz C. Fetzer mit Verf. v. 5. 3. 1982.

16 Gespräch E. H. v. Kleist mit Verf. v. 30. 9. 1980; s. a. Krebs 1964, S. 259f.

17 KB, S. 44, 226, 694; Gisevius 1947, Bd. II, S. 246f; Hammerstein 1963, S. 256ff; Buchheit 1968, S. 207.

18 Schlabrendorff 1984, S. 109.

19 Buchheit 1968, S. 172; SSch: Brief Schwerin an seine Frau v. 12. 7. 1944.

20 Die erste schriftliche Erwähnung des Ausdrucks »Grafengruppe« findet sich in der Anklageschrift gegen Goerdeler et al. v. 3. 9. 1944 von Oberreichsanwalt Lautz. In dem Urteil gegen Goerdeler u. a. definiert Freisler die »Grafengruppe« oder auch »junge Generation«, die Stauffenberg nahegestanden habe, als aus Schulenburg, Schwerin, Trott u. a. bestehend, KB, S. 536.

21 Gisevius 1947, Bd. II, S. 271f, 274, 283, 285; KB, S. 28ff, 47f. Tagebuch Hermann Kaiser v. 5. 6., 7. 6. 1943; Müller o. J., S. 434ff. Lt. Dr. Toepfer, die seit Ende November 1943 mit Brücklmeier und Schwerin in Potsdam zusammenlebte, kam es am 13. Juli 1944, auf alle Fälle unmittelbar vor dem 20. 7., zur endgültigen Trennung zwischen Goerdeler und Leuschner. Die Gründe dafür seien gewesen 1. Auseinandersetzung wegen der personellen Besetzung wichtiger Posten und 2. die Frage, ob die geplante Aktion nicht inzwischen zu spät sei. Brücklmeier habe zu Dr. Toepfer gesagt, er werde zusammen mit Leuschner in die zweite Linie treten, da er die Ansichten von Goerdeler und seinem Kreis nicht teile. Diese Geschichte ist offensichtlich nicht richtig.

1. Laut Gisevius war Goerdeler am 13. 7. in Frankfurt am Main. 2. Brücklmeier war zwar am 9. / 10. 7. nach Berlin gekommen, aber gleich wieder nach Österreich zurückgefahren, angeblich hatten neben Goerdeler und Leuschner an dem Treffen auch Brücklmeier, Schwerin und Schulenburg teilgenommen. 3. Goerdeler sieht Gisevius am 15. 7., Jakob Kaiser und Leuschner am 18. 7. Weder Gisevius noch Kaiser berichten von diesem Ereignis. Jakob Kaiser bestreitet generell und energisch einen Bruch. 4. Die Gestapo, die alle Unstimmigkeiten der letzten Wochen mit Genugtuung registriert hatte, berichtet nicht davon. Alles spricht dafür, daß Frau Toepfer sich geirrt hat, zumal sie von Anfang Juli bis zum 17. 7. gar nicht in Berlin oder Potsdam gewesen ist. Sie bezog sich wahrscheinlich auf die Auseinandersetzungen von Mai / Juni, wobei es zu *dem* endgültigen Bruch nie gekommen ist. Personalfragen spielten sowieso nicht

eine derartig entzweiende Rolle. Festzustellen bleibt, daß Brücklmeier offenbar sehr stark gegen Goerdeler Stellung bezogen hat. NKe: Brief Botho v. Wussow an Albrecht v. Kessel v. 3. 3. 1947; Nebe 1967, S. 185, 192; Ritter 1956, S. 411 ff; Gisevius 1947, Bd. II, S. 285 ff; SSch: Briefe Schwerin an seine Frau v. 6. und 17. 7. 1944.

22 KB, S. 44, 112, 130, 195, 330, 694; SSch: Brief Schwerin an seine Frau v. 12. 7. 1944; SR: Hans Lukaschek, Was war und wollte der Kreisauer Kreis, Rede v. 20. 2. 1958, S. 9 f. Lukaschek datiert das Treffen auf den 10. Juli, Husen auf den 14. 7. abends. SR: Brief Paulus van Husen an Ger van Roon v. 2. 1. 1962; Müller o. J., S. 443 f. R. Limbach, Hptm. d. R., berichtet, daß ca. 14 Tage vor dem 20. 7. 1944 eine Besprechung zwischen seinem obersten Vorgesetzten General Wagner und ihm wie den weiteren Offizieren der Passierscheinhauptstelle, also Schwerin und Biel, im Adlon stattgefunden hätte. Limbach erhielt den Auftrag, das Flugzeug Wagners in Rangsdorf für Stauffenberg am nächsten Tag bereitzuhalten. Vermutlich handelt es sich um die Besprechung am 14. 7., von der auch Schwerin berichtete. Am 15. 7. flog Stauffenberg nach Rastenburg. NR: Gespräch H. v. z. Mühlen mit Dr. R. Limbach v. 21. 3. 1948.

23 KB, S. 360, 694; Gisevius 1947, Bd. II, S. 262, 276, 279, 288, 296; Hammerstein 1963, S. 263; Buchheit 1968, S. 204; Kardorff 1982, S. 157, 326 ff; Hoffmann 1979, S. 471 ff; Müller o. J., S. 444 ff; SSch: Brief Schwerin an seine Frau v. 16. 7. 1944.

24 Kardorff 1982, S. 158 f. Kardorff irrt sich im Datum. Wenn das Treffen am Sonntag gewesen war, fand es am 16. und nicht am 17. 7. 1944 statt. Gisevius 1947, Bd. II, S. 292, 301; SR: Paulus van Husen, Report on my participation in the enterprise of the 20. July 1944 v. 18. 10. 1945, S. 13; SR: Brief van Husen an Ger van Roon v. 2. 1. 1962.

25 KB, S. 91, 101 f, 111, 136, 174 ff, 409, 492 ff; SR: Brief Hermann Abs an Ger van Roon v. 29. 2. 1964; Hillgruber 1978, S. 219, 230 f; Buchheit 1968, S. 206. Als Verhandlungsteam mit dem Westen war auch das Gespann Trott, General von Falkenhausen im Gespräch gewesen.

26 Speidel 1977, S. 184 ff; Schramm 1964, S. 50 f; s. a. Irving 1978.

27 Gisevius 1947, Bd. II, S. 300 ff; ironischerweise hatte Himmler auf Kaltenbrunners Bericht mit dem Antrag auf Haftbefehl für Goerdeler mit »nein« geantwortet. Huppenkothen erfuhr dies am 23. 7. 1944 von seinem Vorgesetzten Müller. IfZ: ZS 249 I, S. 147.

28 Die Schneiderin Frl. Vogel lebte seit Jahren in Berlin unter ihrem Mädchennamen illegal ohne Lebensmittelkarten. Ihr Mann war als Jude in Auschwitz umgekommen. Schwerin fragte sie, ob er Yorck bei ihr treffen könne, da sie sich sonst nirgendwo ungestört unterhalten könnten. Die kluge Frau trug sofort Gräfin Yorck als ihre Kundin in ihr Buch ein.

Tatsächlich wurde sie nach dem 20. Juli verhaftet und verhört. SSch: Brief Marianne Gräfin v. Schwerin v. 6. 3. 1947.

29 Gespräch Hanno v. Halem mit Verf. v. 7./9. 5. 1982; Friedrich v. Halem mit Verf. v. 22. 7. 1984; wegen seines unrechtmäßig ausgestellten Einreisevisums mußte Hanno Halem bereits am 20. 7. 1944 Berlin verlassen. Am Abend des 20. 7. traf er wieder in Lichtenstein ein. Als Papen wenige Jahre später seinen Sohn aus Nürnberg zu Halem nach Lichtenstein schickte, war dessen Antwort: »Nachricht erhalten, kein Kommentar!«

30 KB, S. 21, 82, 110; Hammerstein 1963, S. 292; Krebs 1964, S. 297; Kardorff 1982, S. 159f; Müller o. J., S. 455f; SSch: Brief Schwerin an seine Frau v. 18. 7. 1944; mdl. Mitteilung v. K. v. Dziembowska, verw. Brücklmeier. NKe: Brief Botho v. Wussow an Albrecht v. Kessel v. 3. 3. 1947.

31 KB, S. 45, 136; Hammerstein 1963, S. 270, 292; NR: Brief Fritz Thiel an Marion Gräfin Döhnhoff v. 28. 5. 1948; Yorck 1984, S. 70f; Gespräch Marion Gräfin Yorck mit Verf. v. 7. 5. 1982; SSch: Brief Silvius Graf v. Pückler an Verf. v. 18. 7. 1982; Buchheit 1968, S. 173, 205; Paul 1983, S. 548.

20. Kapitel: Der Staatsstreich

1 KB, S. 21; Hoffmann 1979, S. 486; Müller o. J., S. 476.

2 KB, S. 39; SSch: Brief Dr. H. Jürgen v. Bülow an Wilhelm Graf Schwerin v. 21. 7. 1984.

3 Vossen S. 114; Krebs 1964, S. 298f.

4 KB, S. 97.

5 Der vernehmende Gestapobeamte Walter Huppenkothen sowie Hptm. d. R. Dr. R. Limbach, ein Kollege Schwerins aus der Passierscheinhauptstelle in der Großadmiral Prinz-Heinrich-Straße, bestätigten nach dem Krieg, daß Schulenburg, Yorck und Berthold Stauffenberg bei Schwerin gewartet hätten. Limbach nennt als Dritten nicht B. Stauffenberg, sondern Oberst Friedrich Jäger. Vermutlich wartete Jäger auch einige Zeit in Schwerins Büro. IfZ: ZS 249, S. 168; NR: Gespräch H. v. z. Mühlen mit Dr. R. Limbach v. 21. 3. 1948.

6 Hammerstein 1963, S. 270f; Hammerstein 1966, S. 116; KB, S. 694.

7 Reith sah einen Offizier in Marineuniform. An Schulenburg, Yorck oder Jäger konnte er sich nicht erinnern. Entweder waren diese drei Offiziere noch beim Mittagessen oder hatten in dieser Umgebung in ihren Heeresuniformen für Reith keinen besonderen Erinnerungswert. SSch: Brief Reith an Marianne Gräfin Schwerin v. 7. 4. 1947.

8 KB, S. 83ff; Hoffmann 1979, S. 486ff.

9 Hoepner war zugegen, als Olbricht den Anruf von Haeften aus Rangsdorf erhielt, wie er vor dem Volksgerichtshof aussagte. Freisler gab den Zeitpunkt dieses Anrufs mit 15.50 Uhr an, was Hoepner jedoch nicht bestätigen konnte (Vossen, S. 90 f). Von einem zweiten Anruf Haeftens berichtet Delia Ziegler, Olbrichts Sekretärin. Danach habe Haeften zwischen 14 und 15 Uhr angerufen und um Abholung durch Stauffenbergs Fahrer Schweizer vom Flughafen gebeten. D. Ziegler verbürgt sich jedoch nicht für den Zeitpunkt. (Hoffmann 1979, S. 824) Entgegen der Aussage Freislers, die von der gesamten Literatur übernommen wurde, bin ich der Meinung, daß Haeften Olbricht kurz nach der Landung in Rangsdorf, also gegen 15.15 Uhr und nicht um 15.50 Uhr angerufen hat. Ferner ist der Anruf Haeftens bei Schwerin (Anruf Nr. 3) *meine* Folgerung, da ich nicht annehme, daß zu diesem sehr frühen Zeitpunkt kurz nach 15 Uhr Olbricht die Alarmierung Schwerins und der dort wartenden Freunde veranlaßt haben könnte. So wurden z. B. die im Esplanade ebenfalls wartenden vier jungen Offiziere des IR 9 erst nach 16 Uhr informiert. Ein direkter Anruf Haeftens bei Schwerin liegt sehr nahe, da dort auch Berthold Stauffenberg wartete und Schwerin eine ganz zentrale Person, nämlich Beck, rechtzeitig in die Bendlerstraße bringen sollte. Folgende Punkte sprechen dafür, daß Haeften seine drei Telefonate von Rangsdorf gegen 15.15 Uhr führte:

a) Aus der Vernehmung Yorcks durch Freisler am 7. 8. 1944 ergibt sich, daß Yorck in Schwerins Büro durch Schwerin erfahren hat, daß das Attentat geglückt sei und Claus Stauffenberg wieder in Rangsdorf eingetroffen sei. (Vossen, S. 114) Mit Yorck erfuhren das aber auch Schulenburg und Berthold Stauffenberg, die ebenfalls in Schwerins Büro warteten.
b) Aus diesem Grund konnte Schulenburg überhaupt nur eine Zeitangabe über Haeftens Anruf machen, nämlich kurz nach 15 Uhr. KB, S. 97. Auch Trott wurde in seinem Büro im Auswärtigen Amt gegen 15 Uhr »von den Offizieren« angerufen und mit einem Codewort über das gelungene Attentat informiert, wie er gleich darauf seinem Freund und Kollegen Wilhelm Melchers mitteilte. Vermutlich war Trott von Schwerins Büro aus angerufen worden. Trott 1958, S. 271.
c) Schwerin kam gegen 15.30 Uhr zu Reith, der in der Paßstelle einen Stock tiefer arbeitete, um ihm mitzuteilen, daß »etwas wichtiges geschehen sei«. Zum selben Zeitpunkt teilte Schwerin seinem Kollegen Hptm. d. R. Dr. R. Limbach mit, daß Hitler tot sei. SSch: Brief Reith an Marianne Gräfin Schwerin v. 7. 4. 1947; NR: Gespräch H. v. z. Mühlen mit Dr. R. Limbach v. 21. 3. 1948.
d) Hoepner sagte am 7. 8. 1944 aus, daß Beck, der von Schwerin im Auto

geholt worden war, etwa 90 Minuten nach dem Anruf Haeftens in der Bendlerstraße eintraf, und zwar kurz nach Stauffenberg und Haeften. (Vossen, S. 93) Beck kam jedoch vor Kleist und seinen drei Freunden an; laut Ludwig Hammerstein um 16.15 Uhr. (Hoffmann 1979, S. 522, 834). Glaubt man Hoepners Angabe von 90 Minuten, so würde auch dies den Anruf Haeftens bei Olbricht auf ca. 15 Uhr legen. Es erscheint logisch, daß sich Schwerin erst nach dem Anruf Haeftens auf den Weg zu Beck machte, laut Reith nicht vor 15.30 Uhr. Für die Strecke Großadmiral Prinz-Heinrichstraße–Goethestraße 9 in Lichterfelde–Bendlerstraße waren sicher 45 Minuten bis 60 Minuten Fahrzeit angemessen.

e) Hoffmann ermittelte folgende Zeiten für Stauffenberg/Haeftens Rückflug: Rastenburg ab 13.15 Uhr – Rangsdorf an zwischen 14.45 und 15.15 Uhr. Es war sinnvoll, daß Haeften, nachdem er schon nicht mehr aus der Wolfsschanze telefonieren konnte, sofort nach Ankunft in Rangsdorf Olbricht und die Freunde alarmierte. Hoffmann 1979, S. 511, 823 ff, Anm. 83.

f) Huppenkothen, der unter anderem für B. Stauffenberg, Schulenburg und Schwerin zuständige Gestapo-Beamte, behauptete ebenfalls, daß Stauffenberg gegen 15 Uhr nach Berlin zurückgekehrt sei. IfZ: ZS 249, S. 167.

Hoffmann führt auf S. 826 ff, Anm. 99 eine Vielzahl von Angaben auf, nach denen die ersten Walküre-Maßnahmen zwischen 15 und 16 Uhr anliefen. Für mich steht aufgrund der oben dargestellten eigenen Überlegungen unter Bezug auf die Arbeiten von Hoffmann 1979 und C. Müller fest, daß

- Stauffenberg/Haeften gegen 15 Uhr zurückkehrten,
- der Flugplatz wieder Rangsdorf war,
- Haeften gegen 15.15 Uhr zumindest drei Telefonate führte,
- es Schwierigkeiten bei der Wagenbeschaffung gab, da der Fahrer Schweizer aus unbekanntem Grund nicht, wie befohlen, zur Stelle war,
- Stauffenberg/Haeften zwischen 16.15 und 16.30 Uhr in der Bendlerstraße eintrafen.

S. a. Hoffmann 1979, S. 823 ff; Müller o. J., S. 605 f.

10 Hoffmann 1979, S. 511 ff; Vossen, S. 92; KB, S. 97.

11 Hoffmann 1979, S. 522.

12 Vossen, S. 93.

13 IfZ: ZS 249, S. 147.

14 Hammerstein 1963, S. 271, 279. Klausing verlangte im Esplanade nicht Kleist, wie es wahrscheinlich mit Schwerin abgesprochen war, sondern

Oppen an den Telefonapparat. Laut Hammerstein 1963 erfolgte die Alarmierung durch Klausing um 16.15 (S. 279) oder um 16.30 (S. 271). Laut Vernehmungsprotokoll um 16.30. KB, S. 695.

15 Hammerstein 1963, S. 279.

16 ibidem S. 282; Schlabrendorff 1946, S. 149 ff; Hoffmann 1979, S. 519 f.

17 Gisevius 1947, Bd. II, S. 313 ff; Hoffmann 1979, S. 521.

18 Gisevius 1947, Bd. II, S. 314, 324 f. Reith wurde vereinbarungsgemäß Punkt 17 Uhr an der Großadmiral Prinz-Heinrich-Straße mit einem Wagen abgeholt und zur Bendlerstraße gefahren. Er hielt gegenüber dem Eingang. Kurze Zeit nach der Ankunft, etwa 17.15 Uhr, wurde das Haupttor geschlossen und Maschinengewehre davor aufgestellt. SSch: Brief Reith an Marianne Gräfin v. Schwerin v. 7. 4. 1947.

19 Gisevius 1947, Bd. II, S. 328 f, 332. Ich nehme an, daß Gisevius für diese Strecke 15–20 Minuten benötigte.

20 Gisevius 1947, Bd. II, S. 329, 332.

21 KB, S. 696.

22 Hoffmann 1979, S. 524, 592.

23 Hammerstein 1963, S. 280 f.

24 Die Passierscheine waren von der Passierscheinhauptstelle vorbereitet und offenbar von Klausing am 19. 7. 1944 mit dem Faksimile von Stauffenberg versehen worden. Vossen, S. 115, 117; NR: Gespräch H. v. z. Mühlen mit Dr. R. Limbach v. 21. 3. 1948.

25 Hoffmann 1979, S. 540.

26 KB, S. 40.

27 Zwar war vorgesehen, Maj. Jakob in seiner Aufgabe durch einen Nachrichtenoffizier zu unterstützen, dies gelangte aber aufgrund Generalleutnant Thieles Weigerung und der um sich greifenden Verwirrung nicht zur Ausführung. Der Sender in Herzberg wurde um 18.45 Uhr, in Königswusterhausen um 20 Uhr und in Nauen wie Tegel um 21 Uhr als besetzt gemeldet. Hoffmann 1979, S. 531 ff, 837.

28 Vossen, S. 93.

29 Auch Gisevius war voller Aktionismus. Er plädierte im Laufe des Abends immer wieder dafür, bestimmte Personen wie Fromm und den SS-Oberführer Pifrader zu erschießen. Gisevius 1947, Bd. II, S. 326, 331, 338.

30 Yorck sagte in dem VGH-Prozeß am 7. 8. 1944 aus, daß er die Ausweise/Schreiben »für die in die Reichsministerien abzusendenden Offiziere« entworfen habe. Die Annahme liegt daher nahe, daß das von Gerstenmaier erhaltene Schriftstück aus der Feder Yorcks stammte. Vossen, S. 114; Gerstenmaier NZZ, 23./24. 6. 1945; ders. 1981, S. 190 ff. Auch Hans-Bernd v. Haeften hatte ein derartiges Übernahmeschreiben für das Auswärtige Amt in der Tasche. Trott 1958, S. 273.

31 Fraenkel/Manwell 1964, S. 251ff; John 1984, S. 60ff; Hoffmann 1979, S. 522f, 613f.
32 Gisevius 1947, Bd. II, S. 339.
33 ibidem, S. 335ff.
34 Vossen, S. 53ff.
35 Gerstenmaier 1981, S. 193; Zeller 1965, S. 532.
36 Gisevius 1947, Bd. II, S. 342; Hammerstein 1963, S. 285.
37 Hoffmann 1979, S. 506.
38 Guderian 1979, S. 339f; Zeller 1965, S. 447; Hoffmann 1979, S. 535f, 599f, 838.
39 KB, S. 22.
40 KB, S. 97.
41 KB, S. 22.
42 KB, S. 460; Müller 1947, S. 46.
43 Seit 17 Uhr hatte er vor dem Haupttor der Bendlerstraße in einem Wagen gesessen und gewartet.
44 SSch: Brief Reith an Marianne Gräfin v. Schwerin v. 7. 4. 1947.
45 KB, S. 22; BA: NS 6/46; VGH-Urteil gegen Kaiser/Thoma, S. 8; Vossen, S. 123f.
46 Vossen, S. 115.
47 Hoffmann 1979, S. 619–625; Müller o. J., S. 505f.
48 Gerstenmaier 1981, S. 193f; Hoffmann 1979, S. 621.
49 Gerstenmaier 1981, S. 194f; SSch: Brief Gerstenmaier an Verf. v. 15. 12. 1980.
50 Hammerstein 1963, S. 285; Zeller 1965, S. 531; Gerstenmaier 1981, S. 195f.

21. Kapitel: Haft, Prozeß und Tod

1 Gerstenmaier 1946, S. 10; Gerstenmaier 1981, S. 196ff; Gespräch Ewald-Heinrich v. Kleist mit Verf. v. 30. 9. 1980.
2 Vermehren 1986, S. 22, 37; SSchu: Gustav Dahrendorf, Erklärung v. 13. 4. 1949; angeblich war Pifrader durch Schulenburg festgenommen worden, was aber von anderen Aussagen nicht gestützt wird. IfZ: Vernehmungen Huppenkothen v. 9. 6. 1950; SSch: Brief Yorck an seine Frau v. 23. 7. 1944(?). SSch: Brief Schwerin an seine Frau v. 8. 9. 1944; SSch: Brief Dr. Ulrich Sahm an Gundel Bley v. 1. 12. 1944.
3 Gespräch K. v. Dziembowska mit Verf. v. 19. 2. 1982.
4 KB, S. 23, 36, 46; Hoffmann 1979, S. 628, 634, 636, 638; Gisevius 1947, Bd. II, S. 364ff; Ritthaler 1970, S. 34f; Hassell 1946, S. 359; Schwerin

hat angeblich vor dem 20. 7. Kontakt mit einem Piloten aufgenommen, damit im Falle des Mißlingens einige Personen (wer?) nach Schweden geflogen werden könnten. SSch: Brief Werner Fuess an Wilhelm Graf v. Schwerin v. 10. 11. 1946. Gegenüber dem Vernehmungsbeamten Huppenkothen haben Schulenburg, Schwerin und Berthold Stauffenberg erklärt, daß keine Pläne für den Fehlschlag und die eigene Sicherheit bestanden hätten. IfZ: ZS 249, S. 148.

5 SR: Brief B. Bauch an Ger van Roon v. 29. 11. 1963; SSch: Brief Reith an Marianne Gräfin Schwerin v. 7. 4. 1947; Gespräch Prof. L. Schreiner mit Verf. v. 26. 5. 1985; SSch: Brief Ulrich Sahm an Gundel Bley v. 14. 8. 1944.

6 Vernehmungen W. Huppenkothen: IfZ: MA3a, S. 38, 188 ff, 174. IfZ: ED 92 Urteil gegen Sonderegger v. 12. 1. 1949. KB, S. 18 f, 21, 57, 326 f, 454; IfZ: Gm 07.14 / 2 Brief F. Sonderegger an Landgericht München I v. 14. 1. 1951; Sagel 1975, S. 284 ff, 358; Gespräch Ewald-Heinrich v. Kleist mit Verf. v. 30. 9. 1980; Gerstenmaier 1981, S. 200; SSch: Brief Dr. H. K. Fritzsche an Verf. v. Nov. 1981.

7 Hoffmann 1979, S. 628, 642.

8 KB, S. 789; Himmlers Rede über den 20. 7. v. 3. 8. 1944, VfZ 10, 1953 (Sonderdruck): S. 27, 33; IfZ: Fd 44 Führerbefehl v. 2. 8. 1944 und Schreiben vom Heerespersonalamt v. 16. 9. 1944.

9 Buchheit 1968, S. 108 f, 127; Weisenborn 1953, S. 259; Volker Skierka, Von Sühne noch keine Spur, in: Süddeutsche Zeitung 8 / 1980 nr. 191, S. 8; BA: Brief R. Freisler an RM Thierack v. 9. 9. 1944; BA: Fernschreiben RM Thierack an Bormann v. 8. 9. 1944.

10 Buchheit 1968, S. 141–244; KB, S. 800. Lautarchiv 1961, S. 7–46; SSch: Brief Edelgarde Reimer geb. v. Witzleben an Verf. v. 29. 6. 1982; NR: Bericht von Frau Klausing über ihren Sohn Hptm. Friedrich-Karl Klausing, undatiert; Yorck 1984, S. 75; mdl. Mitteilung Marion Gräfin Yorck.

11 KB, S. 792; Goethe, Faust II, I. Akt, 1. Szene.

12 KB, S. 300; Poelchau 1949, S. 107; Yorck 1984, S. 78; Reichenhaller Tagblatt v. 10. 8. 1944.

13 SSchu: Charlotte Gräfin Schulenburg, Erinnerungen, o. J., S. 28, 31; Brief Schulenburg an seine Frau v. 10. 8. 1944.

14 IfZ: MA 95 / 2 (Rolle 2): Tätigkeitsbericht Schmund 19. 7.–1. 10. 1944.

15 »The Nazi Supreme Court Trial of the Anti Hitler Plot«. US-Dokumentarfilm, zusammengestellt für den Nürnberger Prozeß, 1945; IfZ: MA 3 a, S. 174, Vernehmung W. Huppenkothen v. 5. 2. 1951.

16 KB, S. 249; SSch: Brief J. A. Graf v. Kielmannsegg an Verf. v. 20. 1. 1981; bei der Zeugin von Schwerins letztem Gang handelt es sich

um Annemarie Freifrau v. Falkenhausen. SSch: Brief Dr. G. Frhr. von Falkenhausen an Dr. U. Sahm v. 1. 1. 1971; Brief Vera v. Carlowitz an Alexandra Zoege v. Manteuffel v. 12. 1. 1949.

17 BA: Brief Dr. Franke an Krematorium Wilmersdorf v. 8. 9. 1944; Brief Krematorium Wilmersdorf an Dr. Franke, RJM v. 9. 9. 1944; Der Henker des 20. Juli, in: Hannoversche Neueste Nachrichten v. 24. 8. 1946; zu der Art und Weise der Hinrichtungen s. a. Hoffmann 1979, S. 649f, 871ff; der Bericht der Kameraleute in: Royce 1961, S. 214f; sowie einen Brief des Pers. Referenten des RM Thierack. SSch: Brief Ebersberg an Dr. Ulrich Sahm v. Ostern 1946; Zeller 1965, S. 540 Anm. 17.

18 Mdl. Mitteilung Marion Gräfin Yorck an Verf. v. 20. 1. 1988; Gespräch K. v. Dziembowska, verw. Brücklmeier, mit Verf. v. 19. 2. 1982; SSch: Charlotte Gräfin Schulenburg, Erinnerungen o. J., S. 20ff; zu dem VGH-Prozeß gegen Brücklmeier s. a. den NS-Film »Verräter vor dem Volksgerichtshof«.

19 NR: Heinz Haushofer, Eberhard Bethge, Bericht über die Sonderabteilung im Zellengefängnis Moabit, Lehrterstr. 3 v. 14. 7. 1945; Haushofer 1946, S. 31.

20 Himmlers Rede über den 20. Juli v. 3. 8. 1944, VfZ 10, 1953 (Sonderdruck): S. 29.

21 KB, S. 676ff; Yorck 1984, S. 80f; SSch: Brief Paul Graf Yorck an Verf. v. 30. 4. 1984.

22 Dr. Robert Ley, Gott schütze den Führer, in: Der Angriff v. 23. 7. 1944; Yorck 1984, S. 82.

23 KB, S. 675ff; SSch: Briefe Dr. Ulrich Sahm an Gundel Bley, Aug. 1944–April 1945; Christa v. Hofacker, Die Rache am ganzen Geschlecht, in: FAZ v. 19. 7. 1961.

Die 46 Kinder trafen ab etwa 19. 8. 1944 in Bad Sachsa ein und kamen aus folgenden Familien: Bernardis (2), v. Diddersdorf (2), Dieckmann (3), v. Freytag-Loringhofen (4), Gehre (1), Goerdeler (2), Hayessen (2), v. Hagen (2), Hansen (5), v. Hase (1), Henke (1), v. Hofacker (3), Graf Lehndorff (3), Lindemann (1), v. Seydlitz (2), Graf Schwerin (2), Graf Claus Stauffenberg (4), Graf Berthold Stauffenberg (2), v. Tresckow (2), v. Trott zu Solz (2).

Um Monika Brücklmeier vor einer möglichen Verschleppung zu bewahren, erbot sich eine der Mutter gänzlich unbekannte Frau Dr. Pommer, von Berlin zu ihren Tanten an den Schliersee zu fahren, um in dem von den Tanten geleiteten Kinderheim einen Platz unter falschem Namen für Monika B. zu reservieren, was Frau Pommer auch tat. Dies war unter den damaligen Umständen sehr mutig und zudem äußerst strapaziös. Gespräch K. v. Dziembowska mit Verf. v. 19. 2. 1982.

24 KB, S. 674, 677ff; SSch: Brief Lutz v. Krosigk an Freda Gräfin v. Schwerin v. 12. 9. 1944; Vermehren 1986, S. 146ff; SSch: Charlotte Gräfin Schulenburg, Erinnerungen o. J., S. 20ff; zu Frau Brücklmeier sagte der Gestapobeamte, der extra aus Berlin angereist war: »Ich werde Sorge tragen, daß Ihnen nichts passiert.« Gespräch K. v. Dziembowska, verw. Brücklmeier, mit Verf. v. 19. 2. 1982.

25 Yorck 1984, S. 92f; Himmlers Rede über den 20. Juli 1944 v. 3. 8. 1944, VfZ 10, 1953 (Sonderdruck): S. 29; SSch: Brief Breithaupt, SS-Obergruppenführer, an Marianne Gräfin v. Schwerin v. 7. 2. 1945; Gespräch K. v. Dziembowska, verw. Brücklmeier, mit Verf. v. 13. 2. 1982.

22. *Kapitel: Danach*

1 Aufgrund des »Landesgesetzes zur Gewährung von Sonderhilfen für Verfolgte der nationalsozialistischen Gewaltherrschaft« v. 22. 9. 1948 erhielt Marianne Schwerin 1949–1952 in Niedersachsen DM 120 plus DM 50 für sich und zwei ihrer Söhne, die bei ihr lebten. Als sie im Juni 1952 aus dem Geltungsbereich des Gesetzes nach Heidelberg wegzog, erhielt sie nur noch eine Kriegshinterbliebenenrente von DM 60,–. SSch: Brief Dr. Ulrich Sahm an Brit. Militärregierung v. 10. 9. 1946; Briefe Marianne Gräfin Schwerin an Innenminister bzw. Staatskanzlei Hannover v. 19. 6. 1952 und 21. 9. 1953; Marianne Gräfin Schwerin, Antrag auf Rente nach Bundesentschädigungsgesetz, Aug. 1954; s. a. Grosser 1974, S. 309f.

2 Michael Stiller, »Wäre Blutrichter nach dem Krieg Beamter geworden?«, in: Süddeutsche Zeitung v. 13. und 19. 2. 1985; »Kleines Zubrot« in: Spiegel v. 18. 2. 1985, S. 76f; Volker Skierka, »Von Sühne noch keine Spur«, in: Süddeutsche Zeitung Nr. 191, 1982, S. 8.

3 Der erste, der das Buch Kessels ausführlich als Quelle benutzte, war Allen W. Dulles in »Germany's Underground«, New York 1947.

4 Hausenstein 1961, S. 26f.

5 Wheeler-Bennett 1954, S. 724; Ernst Wolf, Zum Verhältnis der politischen und moralischen Motive in der deutschen Widerstandsbewegung, in: Schmitthenner/Buchheim 1966, S. 215f; Remer 1951; Ernst Tröger, »Widerstandskämpfer« verunglimpft, in: Süddt. Zeitung v. März 1986.

6 Müller 1947.

7 Informationszentrum Berlin 1984, S. 105.

8 Rothfels 1951, S. 27f; bei dem Film, der am 11. 12. 1945 in Nürnberg zum erstenmal gezeigt wurde, handelt es sich um eine amerikanische Auswahl aus dem Goebbelschen Filmmaterial über die Volksgerichtshof-

prozesse unter dem Titel: »The Nazi Supreme Court Trial of the Anti-Hitler Plot«. Der noch 1944 fertiggestellte Goebbels-Film »Verräter vor dem Volksgerichtshof« wurde erst 1980 von der Chronos-Film GmbH wieder aufgefunden. Der amerikanische Film, hergestellt im Auftrag des Office of Strategic Services (OSS), wurde am 20. 8. 1946 erstmalig Hinterbliebenen in Nürnberg vorgeführt, und das auch nur nach Überwindung »erheblichen Widerstands« von amerikanischer Seite. Die Söhne Hassell schrieben nach der Vorführung u. a.: »... läßt sich das Gefühl nicht abweisen, daß die neue Zusammenstellung den Zweck verfolgt, den 20. Juli in den Geruch einer Fortsetzung des Nationalsozialismus und Militarismus zu bringen und seine Träger nur als zeitweilig ungetreue Kämpfer des dritten Reiches darzustellen ... Für die deutsche Öffentlichkeit ist die amerikanische Fassung im Interesse des 20. Juli völlig ungeeignet. Hauptmotiv der Amerikaner dürfte sein, sich durch den Film das Argument der Kollektivschuld nicht zerstören zu lassen.«

9 SSch: Brief Dr. Ulrich Sahm an Dr. Marion Gräfin Dönhoff v. 6. 3. 1946. Sahm war damals beim Regierungspräsidenten in Lüneburg beschäftigt und hatte daher Zugang zu derartigen Durchführungsverordnungen.

10 Fraenkel/Manvell 1964, S. 258 berichten, daß es ihnen trotz Anstrengungen nicht gelungen sei, dies Churchill-Zitat zu belegen.

11 Zu Tresckow s. a. Schlabrendorff 1984, S. 109, 129; Yorck, Abschiedsbrief an seine Frau; s. a. KB, S. 792.

12 Informationszentrum Berlin 1984, S. 61.

Register

Bildnachweis:
Sämtliche Fotos stammen aus Privatbesitz, mit Ausnahme der beiden Bilder auf Seite 11 des Bildteils (Süddeutscher Bilderdienst, München).

Das Dritte Reich im Überblick

Chronik · Ereignisse · Zusammenhänge
Herausgegeben von Martin Broszat und Norbert Frei
in Verbindung mit Wolfgang Benz, Manfred Funke,
Hermann Graml, Lothar Gruchmann, Ludolf Herbst,
Hartmut Mehringer, Günter Plum, Werner Röder,
Albrecht Tyrell
335 Seiten. Serie Piper 1091

Dieser Band ist Nachschlagewerk und Gesamtdarstellung in einem: In zwölf Studien beschreiben ausgewiesene Sachkenner die einzelnen Phasen und die wichtigsten Aspekte des nationalsozialistischen Herrschaftssystems, seine Zielsetzungen, die Innen- wie die Außenpolitik. Kernstück des Buches ist eine ausführliche Chronik aller wesentlichen Daten und Fakten des Dritten Reiches.

Inhalt:
Das Dritte Reich als Gegenstand historischen Fragens · Das Scheitern der Weimarer Republik und der Aufstieg der NSDAP
Übernahme und Sicherung der Macht 1933/34
Konsolidierung und Konsens 1934–1939 · Deutschland im Krieg 1939–1945 · Hitler, die Partei und die Institutionen des Führerstaates · Das weltanschauliche und gesellschaftliche Kräftefeld · Gegner, Widerstand, Emigration · Die Juden im NS-Staat · Großmachtpolitik und Weltmachtstreben
NS-Besatzungspolitik und Résistance in Europa
Die Kapitulation und ihre Folgen
Die NSDAP in der Weimarer Republik · Das Dritte Reich